七　方　教　育　丛　书

中国民办教育研究

ZHONGGUO MINBAN JIAOYU YANJIU

主　编　黄　藤
副主编　张积玉　李明富

2020

高等教育出版社·北京

内容提要

本书是继《中国民办教育研究(2019)》后推出的又一部引领中国民办教育研究与实践的作品。本书围绕民办教育最新动态展开论述，精选了2019年各学术期刊发表的有关民办教育理论与实践研究的论文50篇，按5个专题编排，分为理论探索、改革与发展研究、教育与教学研究、制度与管理研究、教育史与比较教育，较清晰地反映了我国民办教育研究的新理论、新观点、新进展，可为民办教育教学研究与民办高校办学实践提供重要参考。

本书可以作为民办教育教学与研究人员、民办高校管理人员参考用书。

图书在版编目(CIP)数据

中国民办教育研究. 2020 / 黄藤主编. —北京：高等教育出版社，2021.5
ISBN 978-7-04-056048-0

Ⅰ.①中… Ⅱ.①黄… Ⅲ.①社会办学—中国—文集 Ⅳ.①G522.74-53

中国版本图书馆CIP数据核字(2021)第079768号

策划编辑 余 红 **责任编辑** 余 红 **封面设计** 张文豪 **责任印制** 高忠富

出版发行	高等教育出版社	**网 址**	http://www.hep.edu.cn
社 址	北京市西城区德外大街4号		http://www.hep.com.cn
邮政编码	100120		http://www.hep.com.cn/shanghai
印 刷	当纳利(上海)信息技术有限公司	**网上订购**	http://www.hepmall.com.cn
开 本	787mm×1092mm 1/16		http://www.hepmall.com
印 张	29.5		http://www.hepmall.cn
字 数	678千字	**版 次**	2021年5月第1版
购书热线	010-58581118	**印 次**	2021年5月第1次印刷
咨询电话	400-810-0598	**定 价**	80.00元

本书如有缺页、倒页、脱页等质量问题，请到所购图书销售部门联系调换

物 料 号 56048-00

《中国民办教育研究(2020)》
编辑委员会

前　　言

化鱼成龙是一个流传了数千年的美丽传说。坐落于传说发生地西安市鱼化寨的西安外事学院，是一所充满生机活力、富有探索创新精神的国际化、综合性、应用型、高水平民办大学。自1992年建校以来，学校始终秉持"学无长幼、校无大小、教无高下、育无国界"的办学理念，明确非营利性公益办学方向，朝着"赶世界水平，创百年名校"的目标，在努力提高教育教学质量、培养区域经济社会建设需要的应用型人才、推动我国高等教育事业由精英型向大众化迈进等方面做出了突出成绩，形成了党建引领示范、人文教育全覆盖、创业教育实战为先、国际教育小语种突破、学术研究自成体系等鲜明办学特色。

1996年，学校开风气之先，由董事长黄藤亲任所长，创建了国内首家民办教育研究机构——西安外事学院七方教育研究所，并提出以"汇南北之气，凝东西之髓，顺乾坤之理，立民校之魂"作为研究所的指导思想，策划设计课题，并投入数量可观的经费，面向海内外组织团队，扎扎实实地开展民办高等教育理论研究和实践探索。2016年12月，根据学校发展需要，民办教育研究所又升格、更名为七方教育研究院。目前研究院有专、兼职研究人员60余名，先后承担国家、教育部及陕西省等各级各类课题80余项；出版"七方民办教育丛书"，包括《民办教育求索》《民办教育引论》《中国民办教育史》《中国民办教育发展报告》《中国民办教育政策分析》《外国私立教育》《学校教育基本功能研究》《近代中国私立大学发展史》《我国民办高校评估指标体系研究》《美国营利性教育机构制度环境分析》《中国民办普通高校的办学特色——亚非拉七国私立大学的经验借鉴》《民办高校大学生学习风格研究》《民办高校大学生心理健康教育》《国外高层次应用技术型人才培养模式研究》等18部；出版"七方人文教育丛书"，包括《鳞爪集》《文学·美学》《激情北方》3部以及专著《中国民办教育思考与实践》《化鱼成龙》等，在国内外学术期刊发表论文数百篇。2007年，七方教育研究所(院)被教育部、人事部授予"全国教育系统先进集体"称号，同年，被中国高等教育学会确定为"全国民办教育科学研究基地"；2008年，被陕西省教育厅批准为"陕西(高校)哲学社会科学重点研究基地"；2012年，被陕西省高等教育学会确定为"民办高等教育科学研究基地"和"高水平民办大学建设研究工作站"；2017年，被陕西省社会科学界联合会授予"陕西省社会科学普及基地"。七方教育研究所(院)于2005年、2008年、2014年先后三次荣获中国高等教育学会授予的"全国高校优秀高等教育研究机构"称号，已成为在国内享有盛誉的专业研究实体和智库机构。2019年"民办教育研究中心”通过了陕西省教育厅组织的“陕西(高校)哲学社会科学重点研究基地”发展建设评估验收。

依托自身民办教育研究的较强实力，学院于2002年创办国内最早的民办教育专业学术期刊——《民办教育研究》杂志，之后，又创办《西安外事学院学报》，作为反映本校教学科研成果及海内外私立知名大学及相关学科专业领域创新成果的平台。《民办教育研究》创办近20年来，坚持面向西部，辐射全国，关注世界私立大学办学历史与现实发展，广泛吸纳名家名作，立足学术前沿，积极探索研究民办高校改革、发展中的重大理论与实践问题，催生了一大批有较高水平的研究成果，在民办教育改革与发展、民办教育政策与管理、中外私立(民办)大学史与比较教育等领域形成了鲜明研究特色，为促进教学、科研，发现、引进与培养人才，推动民办高校办学实践、学科建设、国际教育和学术交流发挥了重要作用。2016年，该刊先后荣获“陕西省高校优秀期刊”“全国民办高校优秀学报一等奖”“全国民办高校十佳期刊”等荣誉，并在2019年陕西省高校社科期刊评优中荣获“陕西高校学报特色期刊”称号，该刊“中外民办(私立)大学与比较教育”专栏获“特色栏目”奖。《西安外事学院学报》2016年至今先后荣获“陕西省高校优秀期刊”“全国民办高校十佳期刊”“全国民办高校优秀学报一等奖”等荣誉，并在2019年6月荣获“陕西省高校学报特色期刊”称号。

《中国民办教育研究》自2015年起，每年编辑出版一辑。自2019年起，本书改由高等教育出版社出版。《中国民办教育研究(2020)》是从2019年全国各学术期刊上发表的有关民办教育研究的1 400多篇论文中选精拔萃编就的。它既是对过去一年里中国民办教育研究的学术总结，也是对我国民办教育改革与发展面貌一个侧面的展示。其宗旨在于汇聚优秀研究论作，更好地服务民办教育科学研究，更扎实地推动我国民办高校办学实践和理论研究的繁荣发展。

《中国民办教育研究(2020)》共收入论文50篇，分理论探索、改革与发展研究、教育与教学研究、制度与管理研究、教育史与比较教育五个专题。其遴选遵循以下原则：

坚持民办教育研究问题导向。入选文章突出问题和价值导向，关注民办教育发展中的若干重大理论和实践问题，倡导学术为本，非学术类文章一概不予编收。

坚持质量第一。入选论文对所研究的问题有独创性见解，且论证清晰充分，逻辑结构严谨，文字简洁通畅，写作科学规范，篇幅多在10 000字以上；另外，收编了个别实践性较强且有特色的内刊文章。

坚持尊重原作风格风貌。对所收论文基本不作修改，仅对部分论文摘要、关键词、明显错误、注释或参考文献作文字性订正或格式的规范处理。

本书由西安外事学院七方教育研究院组织编辑。为保证书稿质量，在初选稿件确定后，特组织聘请陕西师范大学新闻与传播学院博士生导师张积玉教授，陕西师范大学教育学院博士生导师田建荣教授，西北大学管理学院博士生导师张正军教授，陕西省高等教育学会副会长、西北大学高教研究所原所长梁克荫教授，西北政法大学高教研究所所长、《政法教育研究》主编闫亚林教授等专家、学者，对所选文章进行综合评审和把关。西安外事学院七方教育研究院副院长李明富研究员具体负责本书的策划、组织和统筹事宜。

本书编辑工作始终得到西安外事学院党政领导的关心与重视，以及全国和陕西省民办教育协会的支持和指导。西安外事学院七方教育研究院雷润玲研究员、孙军红博士、张燕助理研究员参与了本书的编辑工作，张健博士、张驰硕士承担了本书的编务工作，在此谨致谢忱。

《中国民办教育研究》编委会

2020年10月

目　录

专题一　理论探索

专题二　改革与发展研究

专题三 教育与教学研究

专题四 制度与管理研究

专题五 教育史与比较教育

专题一　理论探索

我国民办教育分类管理的逻辑理路、本质属性与价值选择*

黄炳超　肖　昊

摘　要：我国民办教育实施分类管理是依法治校、规范发展的一项重大举措，从法律法规层面破解民办教育发展面临的法人属性、产权归属、扶持政策、平等地位等方面的突出矛盾和关键问题，是对反对营利性教育传统观念的一种实践性反思，也是民办教育发展理念的创新性变革。新修订的《中华人民共和国民办教育促进法》及其配套政策法规为深入推进"非营利性"和"营利性"分类管理提供了法律依据，为解决民办教育领域不平衡、不充分发展问题营造了制度环境，为民办教育在国家教育分类体系中寻求了一条健康可持续发展的实现路径。

关键词：民办教育；分类管理；逻辑理路；本质属性；价值选择

改革开放40多年来，我国民办教育事业在改革开放春风带来的时代"红利"滋润下如雨后春笋般蓬勃发展，为经济社会发展作出了积极贡献。同时，民办教育发展过程中也遇到了法人属性不清晰、法律地位不平等、资源分配不均衡等一系列现实问题，这些成为阻碍民办教育健康发展的"制度困境"。唯物辩证法观点认为，事物发展的具体道路是迂回曲折的，曲折性是事物螺旋式发展的一个基本特征。新时代背景下，国家修订并颁布实施《中华人民共和国民办教育促进法》（以下称为《民办教育促进法》）及其系列配套政策法规，开启了民办教育"非营利性"与"营利性"分类管理的新征程，体现了国家通过有效的制度安排科学合理地配置教育资源，分类管理的逻辑理路清晰可循、本质属性公平客观、目标定位科学准确，为民办教育在国家教育分类体系中寻求了一条健康可持续发展的路径。

一、我国民办教育分类管理的逻辑理路

目前，各国关于营利性学校的准入大多集中在私立高等教育领域。美国私立教育分类管理通过颁布《高等教育法案》《国内税收法》等政策法规，提供政府资助、税收优惠和监管的措施来实现，引导社会自主选择举办不同类型的私立教育。英国通过设立相关高等教育法案进行分类管理，立法允许私立大学进行营利性运营。澳大利亚实施教育分权制度，从州和地方政府层面给予营利性高等教育机构合法生存空间，通过财政拨款和政府监管来实现分类管理。日本颁布《结构改革特别区域法》，建立营利性学校特区，实现法律框

---

*　基金项目：广东省哲学社会科学"十三五"规划2017年度学科共建项目（GD17XJY09）和广东省普通高校特色创新类项目（2018WTSCX169）。

架内外分类管理。总的来说,私立教育发展较快的国家基本上都是通过立法的手段赋予营利性学校合法地位,明确允许民营资本进入的教育领域,同时加以引导资助和监督监管[1]。

改革开放40多年来,我国民办教育事业在曲折中发展且不断壮大,然而由于相关政策法规的缺失,导致民办学校法律地位不平等、资源分配不均衡等现实问题逐步显现,成为阻碍其健康可持续发展的瓶颈。新时代背景下,民办教育实施分类管理是依法治校、规范发展的一项重大举措,有利于鼓励和引导民间资金进入教育领域,为各类民办学校营造公平的政策环境,能够有效促进民办教育事业健康发展[2]。经过了几十年的办学实践检验,我国民办教育分类管理政策的发展脉络和内在逻辑理路逐步清晰起来,主要包括以下几个方面。

首先,从属性逻辑的角度来看,我国民办教育的法人属性、产权归属逐步清晰,法律地位趋于平等,是社会主义公益性教育事业。新制度经济学者道格拉斯·诺思认为:"制度是一个社会的游戏规则,是决定人们的相互关系的一系列约束,由非正式约束和正式的法规组成。"[3]20世纪90年代开始,国家教委部门规章、地方政府规章和国家层面的立法逐步完善,先后颁布实施了《中华人民共和国教育法》和《中华人民共和国高等教育法》,标志着中国教育工作进入全面依法治教的新阶段。民办教育政策法规经历了从《社会力量办学条例》到《民办教育促进法》的颁布实施,为民办教育的蓬勃发展提供了良好的土壤,直至国家"十二五"期间,全国民办学校数量和在校生人数达到了峰值。与此同时,由于民办教育政策法规立法不够完善,加上配套实施细则的"缺席",民办学校法人属性、法律地位、产权归属等方面并没有相应法律法规进行规范。党的十八大以来,习近平总书记高度重视依法治国,全国人大针对教育领域法律法规进行了一揽子修订,新修订的《民办教育促进法》"千呼万唤始出来",于2016年11月正式获得第十二届全国人民代表大会通过。国务院及有关部委也及时颁布实施《关于鼓励社会力量兴办教育促进民办教育健康发展的若干意见》《民办学校分类登记实施细则》和《营利性民办学校监督管理实施细则》,以及《民办教育促进法实施条例(修订草案)》等一系列配套法规,从而构成了由国家教育法律、行政法规、部委规章和地方性教育法规规章等组成相对完备、系统的民办教育法律法规体系。由此可知,民办教育事业是社会主义教育事业的组成部分,具有公益性属性,与公办学校具有同等的法律地位,享有法人财产权,举办者可以自主选择设立非营利性或者营利性民办学校,教师的法律地位得到保障,等等。许多困扰民办教育健康发展的重要现实问题得到了明确,其发展的制度环境得到更大改善,进入了依法治校、规范管理的法治轨道。

其次,从制度逻辑的角度来看,我国民办教育发展经历了"不以营利为目的"、允许"合理回报"和"非营利性或营利性"分类管理三个阶段,政策法规变迁历程中发生了巨大的"制度断裂"。在历史制度主义看来,制度的发展是一个断续式的均衡过程。民办教育发展的三个阶段之间出现了两个重要的"历史否决点",也就是说"合理回报"是对前面制度"不以营利为目的"的否决,而"非营利性或营利性"分类管理是对"合理回报"的否决。从制度变迁的逻辑可知,民办教育政策的重大制度变迁,是国家通过自上而下的立法手段和行政权力等外在强制力推行,属于强制性制度变迁的结果[4]。我国是教育大国,民办教育改革的重大制度变迁有赖于国家整体力量中断原来制度体系的巨大惯性，这种制度安排符合我国的国情和党的教育方针。

纵观民办教育分类管理政策法规的变迁历程，强制性制度变迁的痕迹尤为明显，变迁情况如表1所述。1997年颁布实施的《社会力量办学条例》第六条规定："社会力量举办教育机构，不得以营利为目的。"1999年民政部颁布实施《民办非企业单位登记管理暂行条例》，要求各级各类民办学校及民办教育机构登记为民办非企业单位。民办学校举办者办学过程中遇到法律地位不平等、产权属性不清晰、办学收益难以分割等现行政策法规尚未界定清楚的现实问题。为进一步激励民办教育举办者的积极性，2002年颁布的《民办教育促进法》第五十一条规定："民办学校在扣除办学成本、预留发展基金以及按照国家有关规定提取其他的必需的费用后，出资人可以从办学结余中取得合理回报。"这是我国第一部关于民办教育的法律，对促进民办教育发展具有重要的里程碑意义。《民办教育促进法》实施以来，民办教育举办者及其利益相关者最关心的"合理回报"问题，在法律法规层面尚未完全界定清楚允许"合理回报"的细则，因此在现实办学过程中难以操作。2016年修订的《民办教育促进法》第十九条规定："民办学校的举办者可以自主选择设立非营利性或者营利性民办学校，但是不得设立实施义务教育的营利性民办学校。"新修订的《民办教育促进法》通过"非营利性"和"营利性"分类管理的方式，解决了"合理回报"的法律边界模糊的理论问题以及缺乏可操作性的现实问题，为民办教育健康发展提供了法律依据。司法部制定的《民办教育促进法实施条例（修订草案）（送审稿）》，进一步增加和明确了扶持政策，从教学自主权、招生自主权、用人自主权和收费自主权等四个方面保障民办学校的办学自主权[5]。这为民办教育推进分类管理和健康可持续发展释放了更大的自主办学空间。

表1　民办教育政策法规制度变迁情况

主要要素	法律法规			制度变迁情况
	《社会力量办学条例》(1997)	《民办教育促进法》(2002)	《民办教育促进法》(2016)	
法人属性	社会主义教育事业的组成部分	公益性事业，社会主义教育事业的组成部分	公益性事业，社会主义教育事业的组成部分	非营利性民办学校可登记为民办非企业单位或事业单位；营利性民办学校到工商部门登记
产权归属	可以依法管理和使用其财产	享有法人财产权	享有法人财产权； 非营利性民办学校终止时，清偿后有剩余的除给出资人补偿和奖励外，其余财产继续用于办学； 营利性民办学校终止时，进行财务清算，依法明确财产权属，并缴纳相关税费，重新登记，继续办学	从只有财产使用权到享有法人财产权，产权归属发生巨大的制度断裂现象； 分类管理后是非营利性与营利性民办学校，财产处置更加清晰明确

续　表

主要要素	法律法规			制度变迁情况
	《社会力量办学条例》(1997)	《民办教育促进法》(2002)	《民办教育促进法》(2016)	
奖励与扶持	依照有关法律法规给予扶持	采取经费资助,出租、转让闲置的国有资产等措施对民办学校予以扶持	采取购买服务、助学贷款、奖助学金和出租、转让闲置国有资产等措施扶持	对非营利性民办学校还采取政府补贴、基金奖励、捐资激励等扶持
税收及土地供给优惠	按照公益事业用地办理,并可以优先安排	享受国家规定的税收优惠政策;新建、扩建民办学校,按照公益事业用地及建设的有关规定给予优惠	享受国家规定的税收优惠政策;新建、扩建非营利性民办学校,按照与公办学校同等原则,以划拨等方式给予用地优惠;新建、扩建营利性民办学校,按照国家规定供给土地	非营利性民办学校享受与公办学校同等的税收及土地供给优惠政策
分类管理形式	不得以营利为目的	扣除办学成本、预留发展基金以及提取必需费用后,可以从办学结余中取得合理回报	可以自主选择设立非营利性或者营利性民办学校(义务教育除外);非营利性民办学校不得取得办学收益,办学结余全部用于办学;营利性民办学校可以取得办学收益,办学结余依照公司法等有关法律、行政法规的规定处理	民办教育发展历程划分为"不以营利为目的"、允许"合理回报"和"非营利性与营利性"分类管理三个主要阶段,制度变迁过程中发生巨大的制度断裂现象

最后,从效益逻辑的角度来看,我国民办教育分类管理思路主要以经济效益作为考量的前提基础和出发点,通过经济手段驱动社会资本参与发展民办教育事业。王一涛(2018)认为:"我国民办教育发展过程中经济逻辑占据重要地位,资本逐利性赋予民办教育从无到有、从小到大的发展动力和竞争本能。"[6]民办教育在实行分类管理政策之前,举办者可以取得合理回报;但是实行分类管理以后,非营利性民办学校的举办者不得取得办学收益,办学结余全部用于办学。因此,民办学校举办者及利益相关者为了把握对学校经济收入与管理的控制权和主导权,可能更多考虑选择举办营利性民办学校。但是,《民办教育促进法》规定非营利性民办学校举办者根据出资情况及办学效益等因素,可以取得相应的补偿或者奖励。部分民办学校举办者为了享受国家优惠政策,谋求自身利益最大化,可能不会在短期内完全放弃获得经济回报的办学动机,这也是他们利用国家政策进行"制度寻租"的主要考虑。

二、我国民办教育分类管理的本质属性

《民办教育促进法》把民办教育事业定位为公益性事业并实行分类管理,公平客观地

兼顾非营利性和营利性民办学校的普遍性和特殊性问题，促进教育资源科学合理配置，体现了教育的公益性、公平性和效率性的本质属性。

（一）公益性：明确定位为公益性教育事业

公益原意是“公共利益”或“福利”。教育的本质属性是传递知识与文明，促进人类的文明与社会化，代表人类的公共利益，可见公益性也是教育本质的内在追求。《民办教育促进法》把民办教育事业定位为公益性事业，明确指出是社会主义教育事业的组成部分，这与《中华人民共和国教育法》和《中华人民共和国高等教育法》所规定的不得以营利为目的的立法精神一脉相承，符合社会大众所期许的希望能够享受更好更优质的公益性教育服务的愿望。马克思主义教育理论一个观点认为应对所有儿童一律实行义务免费公共教育，以确保消灭文化或知识的垄断，消灭教育的种种特权。民办教育分类管理政策倾向于公益性的引导，非营利性与营利性扶持政策的差别比较明显。从政策扶持、奖励和优惠的条件来看，非营利性民办学校享受与公办学校同等的土地、税收优惠政策，这是一种积极的、正向的政策引导，强调民办教育不以营利为目的，大力鼓励发展非营利性民办学校，使得社会公共利益最大化。

（二）公平性：制定政策法规兼顾分类差异

新时代背景下，我国社会主要矛盾已经转化为人民日益增长的美好生活需要和不平衡不充分的发展之间的矛盾。孔子曾说过“不患寡而患不均”，可见公平已经在人们的价值观念中根深蒂固。教育公平一直都是党和国家，以及社会各界高度关切的现实问题，也是各级政府制定教育政策法规过程中优先考虑的问题。在经济社会转型升级的关键时期，公平问题显得尤为重要。民办教育分类管理政策法规兼顾公平性的原则，其考量依据是非营利性或者营利性民办学校为社会提供教育服务的社会功能并没有本质上的差别。民办教育分类管理的公平性体现在政策制定过程中兼顾了非营利性与营利性两类学校的普遍性与特殊性问题。虽然扶持奖励、土地税收优惠等方面政策倾向非营利性民办学校，但是同时也给营利性民办学校留出了一定的发展空间，营利性民办学校同样享受国家规定的税收优惠政策，享受地方政府的专项资金、购买服务、助学贷款、奖助学金和出租、转让闲置的国有资产等措施与形式的扶持，由此可见民办教育分类管理的政策环境相对公平合理。

（三）效率性：促进教育资源科学合理配置

分类管理政策充分调动最有效的社会资源，鼓励民营社会资本参与发展教育，把民办教育“蛋糕”做大。分类管理既是对现有民办教育市场中非营利性和营利性定位的分流，更是对现有市场的改造提升，提高可供选择的多样化教育资源的供应[7]。分类管理政策坚持民办教育公益属性的原则，这是坚定社会主义办学方向的正确体现，同时在兼顾“公平”基础上注重“效率”优先，最大效度地配置与使用社会资源以满足人们的愿望和需要。非营利性与营利性的分类管理把民办教育推向市场，使得民办学校必须同时按照教育规律和市场规则办学，接受市场对办学质量和社会效益的全方位检验。由于市场采取的是优胜劣汰的机制，真正优质的民办教育才能在竞争中胜出，而办学质量较差的民办学校将逐步被淘汰，这样一来可以在更大程度上满足人们期盼接受多样化、高品质教育服务的现实需求，解决高等教育大众化不平衡不充分发展的问题，使教育资源配置科学合理，进而提高整个社会资源配置的效率。

三、我国民办教育分类管理的价值选择

我国关于民办教育营利性与公益性的矛盾辨析、举办者可否取得合理回报等现实问题，长期以来引起社会各界广泛讨论，成为困扰民办教育健康可持续发展的难题。关于教育是否可以商品化与营利化，不仅取决于教育本身属性，而且关乎公民的基本权利，反对教育营利的观点认为“教育领域不是市场领域，教育作为一种公共物品，如果沦为商品则损害了教育的公共性”；支持教育营利的观点认为“教育与商品具有共性特点，教育市场化、营利化有利于教育自身发展”[8]。从本质上来说，教育事业作为推动人类文明与进步的社会公共活动，不宜追求直接的经济回报。然而，从近几十年国内外教育发展历程来看，教育与市场的界限越来越模糊，教育与产业的结合越来越紧密。举办营利性教育是国内外教育产业化发展的趋势，美国在 1989—2004 年的 15 年间，四年制的营利性大学从 53 所增加到 318 所，两年制营利性大学从 272 所增加到 490 所。随着经济主义的传播，教育产业化、市场化的趋势大大推动了我国教育事业的发展。教育部公布的《2017 年全国教育事业发展统计公报》显示，全国共有各级各类民办学校 17.76 万所，占公办、民办学校总数的比重为 34.57%；各类民办教育在校生达 5 120.47 万人。新时代背景下，我国鼓励民间力量参与社会主义现代化建设，民营企业家进入教育领域投资举办营利性学校是对反对营利性教育传统观念的一种实践性反思，也是民办教育发展理念的创新性变革。

《民办教育促进法》的修订及其配套系列政策法规的颁布实施，为民办教育非营利性与营利性办学的合理性争论画上了休止符，为新时代民办教育分类发展明确了目标定位。非营利性或者营利性分类是两种截然不同的办学类型，扶持激励政策存在很大差异，非营利性学校享受与公办学校同等的各项政府扶持政策、税收优惠政策和土地优惠政策，举办者可以根据自身实际情况自主选择，国家按照分类管理政策的规范实行不同程度的激励、限制与监管等方面的措施。余雅风(2018)认为，“办学收益、收费办法、剩余财产、办学领域则是对两类民办学校采取的限制措施，其中对非营利性民办学校在办学收益、剩余财产处理方面作了明确限定”[9]，民办教育分类管理政策差异对照分析详见表 2 所示。

表 2　民办教育分类管理政策差异对照

<table>
<tr><th colspan="2">法律规范</th><th>非营利性民办学校</th><th>营利性民办学校</th></tr>
<tr><td colspan="2">法律法规</td><td colspan="2">《民办教育促进法》《民办教育促进法实施条例(修订草案)》《民办学校分类登记实施细则》和《营利性民办学校监督管理实施细则》</td></tr>
<tr><td rowspan="5">激励</td><td rowspan="2">扶持奖励</td><td colspan="2">政府采取购买服务、助学贷款、奖助学金和出租、转让闲置的国有资产等措施对民办学校予以扶持</td></tr>
<tr><td>采取政府补贴、基金奖励、捐资激励等扶持措施</td><td></td></tr>
<tr><td rowspan="2">税收优惠</td><td colspan="2">民办学校享受国家规定的税收优惠</td></tr>
<tr><td>享受与公办学校同等的税收优惠</td><td></td></tr>
<tr><td>土地优惠</td><td>按照公益事业用地及建设的有关规定以土地划拨等方式给予优惠</td><td>按照国家规定供给土地</td></tr>
</table>

续 表

法律规范		非营利性民办学校	营利性民办学校
限制	办学收益	举办者不得取得办学收益，学校的办学结余全部用于办学	举办者可以取得办学收益，学校的办学结余依照公司法等有关法律、行政法规的规定分配
	收费办法	收费办法，由省、自治区、直辖市人民政府制定	收费标准实行市场调节，由学校自主决定
	财产处置	清偿债务后的剩余财产继续用于教育事业	清偿债务后的剩余财产，依照公司法的有关规定分配
监管	监管	《民办教育促进法》第六章及相关规定	《营利性民办学校监督管理实施细则》
	终止	财产依法清偿后有剩余的，根据出资者的申请，给予出资者相应的补偿或者奖励，其余财产继续用于非营利性学校办学	进行财务清算，依法明确财产权属，并缴纳相关税费，重新登记，继续办学

(一) 非营利性民办学校

非营利组织的名称来源于美国国内税法，即非营利组织是组织的一种，该组织限制将盈余分配给组织的人员，包括组织成员、董事或者理事等[10]。根据“民办教育新政”有关规定，正式批准设立的非营利性民办学校，根据自身条件情况可以登记为民办非企业单位或者事业单位。从法理角度上来讲，非营利性民办学校既要遵从非营利组织的管理规范，也要按照教育政策法规进行办学。我国民办教育诞生于市场经济环境之中，具有浓厚的经济逻辑属性，寻求民办教育的经济逻辑和教育逻辑的平衡一直是我国民办教育的关键性问题之一[11]。党的十九大报告指出，随着中国特色社会主义进入新时代，人民日益增长的美好生活需要和不平衡不充分的发展之间的矛盾逐步凸显，在教育领域表现为人们对接受教育的需求逐步向多样化、高质量方面转变，这就有赖于政府加大对民办教育的扶持和投入，满足人们对教育多样化选择的需求。举办非营利性的民办高校，要保证学校办学的非营利属性，落实和扩大学校的办学自主权，基金会办学模式是目前比较有效的通行方式。非营利性学校办学可以采取建立基金会形式，把全部获得的社会捐赠、学生学费、政府扶持经费等收入纳入基金会进行统一管理和使用，任何人不得挤占、挪用，所有经费必须用到投资办学上，从而有效避免“家族式”或“垄断式”的管理，有利于学校规范管理和健康可持续发展。

(二) 营利性民办学校

根据“民办教育新政”有关规定，营利性民办学校与非营利性民办学校相比的最大差异就是拥有法人财产权，需要进行财务清算，明确财产的权属并缴纳相关税费，办理新的办学许可证，依法到工商行政管理部门登记，执行《中华人民共和国公司法》及有关法律规定的财务会计制度。我国民办教育发展的重要政策导向是“政府支持”与“规范发展”并重，党的十九大报告强调“支持和规范社会力量兴办教育”。民办教育政策以规范为基调，进入分类管理阶段以后，政策基调需要由规范向支持转变，大多数民办学校将选择登记举办非营利性民办学校，民办教育发展将由经济逻辑逐步向教育逻辑过渡，因此有赖于政府加大对民办教育的支持力度[12]。“民办教育新政”有望支持社会资金进入教育领域，有利于扩大教育资源、提高教育质量,从而有利于增进教育的公益性。弗里德曼认为:“通过市场价格机制完全可以解决公办教育效率低下的弊端,市场机制与教育的公益性并不矛盾。”[13]营利性民办学校的办学自主性要大大增强,可以通过上市募集资金支持学校办学,改善各项办学条件,建设一流的教学环境、学习环境和生活环境;同时改善教职员工的薪酬待遇,吸引更多高层次人才,为学校人才培养建立一支高层次、高素质的师资队伍。营利性民办高校通过上市募集办学资金的,除了接受教育行政部门的监管外,还要接受金融体系的监管和媒体的监督,也有利于进一步规范管理和提高效率。从这个意义上说,资本运作与教育公益性并不矛盾,还进一步拓宽了营利性民办教育发展壮大的路径。

四、结语

总的看来,我国民办教育虽然与发达国家相比发展起步较晚,但可喜的是在改革开放以来的短短几十年间取得了跨越式的发展,大力推动了国家高等教育结构的改革和促进了社会经济的发展。在新时代历史背景条件下,新修订的《民办教育促进法》及其配套政策法规的颁布实施,充分尊重了民办教育投资办学的历史和国情,充分考虑了利益相关者的现实需求,破解了阻碍民办教育健康发展的“制度困境”,在很大程度上改善了促进民办教育发展的制度环境,为深入推进“非营利性”和“营利性”分类管理提供了法律依据,必将推动民办教育更好更快健康可持续发展。

参考文献:

[1] 董圣足,刘荣飞.营利性民办学校治理体系的构建与完善[J].教育与经济,2018(6):3-8.

[2][7][8] 周海涛.民办学校分类管理政策研究[M].北京:经济科学出版社,2016:95-103.

[3] 吕红军.民办教育可持续发展的路径选择[M].北京:中国商务出版社,2013:10.

[4] 科斯.财产权利与制度变迁:产权学派与新制度经济学派译文集[M].刘守英,译.上海:格致出版社,1991:374.

[5] 胡浩.保障民办学校办学自主权规范集团化办学行为[N].中国教育报,2018-08-16.

[6][11][12] 王一涛.民办教育分类管理需要解决好五大关系[J].华中师范大学学报(人文社会科学版),2018(4):164-170.

[9] 余雅风.公共性:民办学校立法分类规范的分析基础[J].教育研究,2018(3):103-109.

[10] 王名.社会组织概论[M].北京:中国社会出版社,2010:10.

[13] 弗里德曼 M,弗里德曼 R.自由选择[M].张琦,译.北京:机械工业出版社,2008:253.

作者: 黄炳超,武汉大学教育科学研究院博士研究生,广州商学院科研与发展规划处副处长、副研究员;肖昊,武汉大学教育科学研究院教授、博士生导师。

(原载《高教探索》2019年第9期)

浅论教育政策滞后性现象*
——以民办高校分类管理政策为例

徐绪卿

摘　要： 教育政策是政府在一定时期内为明确教育发展方向、解决教育实践问题和实现教育发展目标而制定的行为规范。理论上说，教育政策应该先行，尤其是一些涉及长远发展的重要政策。但在许多情况下教育政策的制定和执行都是滞后的，由此对教育实践带来偏离政策导向的影响。我国民办高校分类管理中的政策演变过程，启示我们教育政策应该尽量先行，准确引导教育实践的健康发展。

关键词： 教育政策；制定和执行；政策滞后

一、教育政策滞后性的两种状态

教育政策，是政府在一定时期内为指引教育发展方向、解决教育实践中的问题和实现教育发展目标而制定的行为规范。科学正确的教育政策是教育事业稳定健康发展的保证，而没有正确的教育政策指导，教育事业的发展将陷入无序、混乱的状态。

教育政策具有明确的导向性、针对性、超前性和实践性，对未来教育实践具有引导与指向性功能。因此，从理论上说，教育政策应该先行。但是，由于教育实践中许多复杂的条件和问题，导致教育政策制定和执行出现诸多的滞后性。这种滞后性在政策制定中一般表现为两种状态。一种状态是“无意滞后”。这种滞后往往是由于教育政策制定部门受某些条件影响，没有将出现的教育问题上升到政策层面，无意以政策干预的方式及时解决问题，以致出现问题迟迟得不到解决而产生的政策缺失状态。另一种状态是“有意滞后”。在发现教育问题后，教育政策制定者对问题的性质有分歧而没有形成共识，或者在当时状态下还没有良好的解决对策，或者由于问题还没有完全暴露，还需要深入观察和思考，教育政策制定者以旁观者的姿态，观望或者关注问题的继续发展，直至问题充分暴露或者决策和实施层面形成广泛的共识后，再制定出台相关的政策来解决问题。在政策执行中，有时教育政策虽然有明确的规定，但是由于各种因素的影响，在实际工作中并没有强制执行。尽管政策制定部门会关注问题的发展，甚至下发相关风险预警或告知函件，但是本着摸着石头过河的改革原则，或者由于认识不统一而导致政策迟迟难以到位。这种方式虽然可以充分地暴露问题，但可能耗时过长，并产生一定的不良后果，甚至有部分利益群体的利益受到侵害，从而损伤了政策的权威性。由于教育本身具有较长的周期性及效果的

* 基金项目：2015 年度国家社科基金教育学重点项目（AFA150012）。

滞后性等特点,对于教育问题的观察和理解需要实践的验证,因此教育政策的制定滞后于教育实践问题已成为较为普遍的现象。

教育政策制定过程中的“无意滞后”与“有意滞后”对于教育问题的解决都会产生一定的影响,有时也会在客观上起到放任问题发展和使问题影响度扩大的作用。当然,如果我们能以积极的态度和科学的认识来关注和分析教育政策制定的滞后性,准确认识和把握“无意滞后”与“有意滞后”产生的作用,有针对性地提出预防负面影响的措施,也可能有助于及时解决教育问题,提高教育政策的科学性和实效性。

我国民办高等教育作为改革开放以后办学体制改革的产物,是在公办高等教育发展“铁板一块”的大环境中起步的。在发展的开始阶段,相关政策一片空白。但是政策具有导向性功能,政策的制定和实施一直受到国家教育政策制定者的高度关注,民办高等教育发展速度和规模一定程度上取决于国家政策的开放程度。而各级政府发展和管理民办高等教育,也主要是通过制定和实施政策来实现的。民办高等教育发展政策不但体现了国家的意志和导向,体现了民办高等教育的阶段性特征,也代表了民办高等教育发展的时代走向,是民办高等教育健康快速发展的重要保障。

民办高校的营利行为是伴随民办高校的产生而产生的,早就引起社会的关注和讨论。但是从政策上提出对营利性民办高校和非营利性民办高校实施分类管理则是在2010年国务院印发的《国家中长期教育改革和发展规划纲要(2010—2020年)》(以下简称《教育规划纲要》)文本中,并且提出的是开展“试点”。而真正从法律上确定分类管理的实施则是2016年11月7日召开的全国人大常委会议对《民办教育促进法修正案》审议通过以后。从时间的角度来说,政策的制定和实施大大滞后于实践。

在我国现代高等教育发展中,私立大学与公立大学同时起步,并且占有较大份额。1912年11月,刚刚成立的民国政府教育部就公布《公立私立专门学校规程》,1913年1月16日民国政府教育部又公布《私立大学规程》,私立大学办学体制得到法律保证,私立大学一度发展较快,并且涌现了一批名校。尽管也时有一些状况发生,甚至有些私立大学因违规被取缔,但是总体来说发展稳定。燕京、复旦、南开、厦大等私立大学名扬海内外,为国家经济和社会发展做出了贡献。中华人民共和国成立以来,由于政治和经济体制的原因,我国逐渐形成了只有公办大学的单一办学体制,政府管理大学的相关政策全部是面向公办大学的。换句话说,民办高校是在国家政策一片空白的环境中起步发展的,许多民办高等教育发展政策的制定和实施相对滞后于民办高校的发展实践,在实践中往往是出现了问题,然后针对问题进行简单的规范和解决,最后出台相应的法律法规和政策制度。因此,我国民办高校发展中许多问题的解决,是在不断争论和妥协中缓慢前行的。

二、政策滞后性:从个别营利行为到合理回报政策

民办高校分类管理,指的是按照民办高校举办资金的来源和举办诉求的不同,分类别采用不同的政策来管理。具体而言,就是按照“营利”与“非营利”的办学类别分类管理。表面上看,分类就是将民办高校按照办学的诉求分为营利性和非营利性两大类,是管理的一种方法,但实际上,分类管理是允许高等教育营利的国家或地区民办(私立)高等教育政策的基础,也是政策制定的一条主要依据。

是否允许“营利”，是许多国家（地区）私立大学发展模式的政策界限。从2000年以来，美国等一些国家营利性教育规模不断扩大，成为全球私立高等教育发展竞相模仿的范式。以美国凤凰城大学为代表的营利性大学受到了全球学者的广泛关注。一些国家（地区）不允许营利性高等教育的存在，日本、韩国和我国台湾地区私立大学在校生占比高达75%～80%，但是这些国家和地区的有关规定禁止私立大学营利。

美国学者丹尼尔·列维将世界各国私立高等教育的发展类型划分为精英型、宗教型、需求吸纳型、营利型[1]。根据这个划分，我国民办高等教育主要属于需求吸纳型。改革开放初期，无论是经济建设和社会发展对人才的需求，还是民众对就读大学的求学需求，已有的办学体制都难以满足。在这种情况下，国家进行办学体制改革，鼓励社会力量举办高等教育。1982年修订的《中华人民共和国宪法》首先发声，提出“国家鼓励集体经济组织、国家企业事业组织和其他社会力量依照法律规定举办各种教育事业”。尽管只有一行法律条文，社会还是给予了强烈的回应，民办高等教育机构开始出现。1984年至1988年，在改革开放浪潮推动下，大量民办高等教育机构开始兴起。与世界上大多数国家私立大学兴起的过程无异，“营利性”行为作为社会力量办学的一种附属品，在我国民办高校发展进程中始终或隐或现地存在。当时高等教育资源十分紧张，生源丰富，获准招生就可以筹集资金，鼓舞了一批举办者的办学热情，也吸引了一批具有“营利”诉求的“投资者”参与其中，营利问题逐渐表现出来，有人甚至将办学作为挣钱的主要途径。越来越多的“违法”“违规”现象和行为出现，给教育管理部门的管理带来难度。如1984年10月教育部在报请国务院颁发《关于社会力量举办高等教育和中等专业学校试行条例》的请示中就提到，“有的流窜办学，一个人办三所‘大学’（捞到学费就跑掉）”，这是明显的违规违法行为。又如1986年天津市委、市人民政府信访办公室在《群众反映》上刊登《天津外贸学院薛立亚、张惠敏夫妇以办学为名大捞其钱》的材料[2]。在全国两会和其他一些地方，常有为杜绝教育“营利”现象、防止“学店”行为的呼吁。

我国民办高校与国外私立大学不同，它是中国共产党领导下以公有制为基础的经济制度下教育体制改革重大创新的产物。由于民间资金集聚率低，早期大部分民办高校投入不到位，依赖学费运作，并利用办学结余“滚动发展”。因此，民间对此类学校的营利现象多有争议，而界定和规范民办高校营利性办学行为的政策却迟迟没有出台。民办高校营利行为的蔓延在社会上引发了激烈的讨论，也引起了国家有关部门的关注。原国家教委和财政部于1988年联合发布的《社会力量办学财务管理暂行规定》，规制有关民办学校经费的不规范使用行为，但还没有提及国家对“营利性”办学行为的态度，显然是一种有意的“政策滞后”。1993年，政策发生了明显变化。原国家教委印发的《民办高等学校设置暂行规定》明确提出，“民办高等学校不得以营利为办学宗旨”（第七条），表明了主管部门对民办高校办学“营利”的态度。1995年颁布的《广东省私立高等学校管理办法》明确提出“私立高等学校不得以营利作为办学宗旨”，主要遵循了这一依据。1995年9月1日起施行的《中华人民共和国教育法》（以下简称《教育法》）第二十五条规定：“国家鼓励企业事业组织、社会团体、其他社会组织及公民个人依法举办学校及其他教育机构。任何组织和个人不得以营利为目的举办学校及其他教育机构。”这从法律上明确了民办高校“不得以营利为目的”的基本原则。随后，相关法律也开始强调这一原则。1999年1月1日起施行的《中华人民共和国高等教育法》(以下简称《高等教育法》)第二十四条也明确规定:“设立高等学校,应当符合国家高等教育发展规划,符合国家利益和社会公共利益,不得以营利为目的。”在此后诸多与民办高校发展的相关文件中,针对民办学校日益严重的“营利”倾向,相关部门制定法规时都明确强调“民办教育属于公益性事业”“不得以营利为目的”等。可见,在国家允许社会力量办学的10多年后,才有了限制营利性办学的相关文件。一方面,由于当时民办高校总量较少,整个民办高等教育事业尚待发展,出现的问题不是过分突出,尚未引起社会的广泛关注;另一方面,由于发展民办学校能够弥补公办教育资源的不足,地方政府担心纠正问题可能会影响改革的稳定推进,因此限制营利的政策在实践中遭遇“软执行”、不严格,对出现的问题也没有得到普遍有效的规范和纠正。当然,对于个别学校的严重“违法”“违规”现象和行为,教育部门也出手干预,及时做了纠正,以免损害整个民办教育事业的发展态势,保证其稳定有序地发展。尽管如此,鉴于当时改革开放的形势和整个社会“摸着石头过河”的实际,对发生在个别民办学校的“营利”问题的处理还是相对“柔性”的,主要体现警示性质。民办高校中的“营利”行为实际上还是禁而不止,有增无减。

民办高校的发展壮大和营利性办学行为的凸显,引发社会各界高度关注和争议。在国家相关政策制定中,是否允许“营利性”办学成为一个重要的焦点,也成为2001年全国人大制定《中华人民共和国民办教育促进法》(简称《民办教育促进法》)的讨论焦点。通过《民办教育促进法》(草案)四次审议和讨论,各界认识有所统一,“不得以营利为目的”的政策原则得以维持和强调。2002年颁布的《民办教育促进法》规定:“民办教育事业属于公益性事业,是社会主义教育事业的组成部分(第三条)。”法律虽然没有提及“不得以营利为目的”,但是根据解释,在《教育法》和《高等教育法》等上位法中均已有相关规定,因此也排除了“营利性”民办高校的存在。同时,考虑到部分民办高校举办者强烈的利益诉求,给出了“民办学校在扣除办学成本、预留发展基金以及按照国家有关规定提取其他的必需的费用后,出资人可以从办学结余中取得合理回报。取得合理回报的具体办法由国务院规定”的相关条文。在办学实践的强力推动下,政策开始做出“灵活”的让步,间接默认举办者营利动机和营利行为的合理性,使得相关问题得以暂时平息,但是这实际上已经预示着民办高校“营利”问题的法律“松动”,给予“营利性”办学更多的想象和运行空间。而《民办教育促进法》“合理回报”条款,也由于国家对非营利性民办高校缺乏清晰的界定,以及各种因素的影响,允许的“合理回报”的相关政策条文始终没有面世,使得法律条款无法实施,最后使营利以“无法可依”“不准自准”的形态蔓延和发展。在“不以营利为目的”的背后,大量的营利行为在发生,产生了一些混乱的现象。政策退却和滞后带来管理中的被动,开始产生一系列的复杂问题。

三、政策滞后性:从资本营利行为到分类管理政策

1999年高等教育扩招以来,随着全国招生数量的增加,公办高校由于办学定位和办学条件限制,短期内也很难吸纳如此大规模的学生,民办高校在此期间如雨后春笋,大量产生。一方面是既有民办高校的大规模扩张,产生了“规模生存理论”,认为在一定阶段内必须实行规模优先发展,积累发展实力;另一方面是多种体制机制办学,大量新的举办模式的民办高校诞生,尤其是投资型民办高校增加,资本开始介入民办高等教育发展,至今

甚至出现了民办高校上市融资、并购发展等行为。民办高校的营利性行为逐渐公开化。国家从法律上明确禁止民办高校的营利性行为，而具体的办学实践又禁而不止，营利性行为在实际中大量发生，原有法律条款的执行变得非常困难，引发国家有关部门的关注和研究。如何变滞后为前瞻、变被动为主动，成为政策制定需要考虑的一个核心问题。

2010年，国务院印发《教育规划纲要》，提出要“健全公共财政对民办教育的扶持政策。政府委托民办学校承担有关教育和培训任务，拨付相应教育经费。县级以上人民政府可以根据本行政区域的具体情况设立专项资金，用于资助民办学校”。鉴于许多部门提出的明确政府导向，规范公共财政流向和使用的要求，避免政府对于民办学校的优惠措施流出学校之外，《教育规划纲要》中提出“开展对营利性和非营利性民办学校分类管理试点”。这不仅仅意味着从国家层面默认“营利性”民办学校的存在，而且标志着国家将放弃原有“不得以营利为目的”的法律原则。由于对民办高校的财政补助迟迟无法到位，办学实践中一部分营利性民办学校的举办者也不愿承担“不明不白、合理不合法”的回报风险，多方呼吁给予营利性学校的法律地位。回到“不得以营利为目的”的初始政策已无可能，多种因素导致了对营利性和非营利性民办高校分类管理的呼声日益高涨，“倒逼”教育政策导向发生重大的变化。

2015年12月，第十二届全国人大常委会第十八次会议通过了对《教育法》和《高等教育法》的修订，“不得以营利为目的”等表述从上述两项法律中删除，从上位法的层面为营利性民办学校存在和实施分类管理清除了法律障碍。2016年4月，中央全面深化改革领导小组第二十三次会议审议通过了《民办学校分类登记实施细则》《营利性民办学校监督管理实施细则》。2016年11月7日，全国人大常委会顺利通过《民办教育促进法》修正案，明确“民办学校的举办者可以自主选择设立非营利性或者营利性民办学校。但是，不得设立实施义务教育的营利性民办学校”。同年12月，围绕新修订的《民办教育促进法》的实施，有关部门密集下发了一系列文件：12月29日，中共中央办公厅印发《关于加强民办学校党的建设工作的意见（试行）》的通知，对民办学校党的建设作出新的部署；同日，国务院印发了《关于鼓励社会力量兴办教育促进民办教育健康发展的若干意见》，对贯彻落实新修订的《民办教育促进法》作出全面部署；30日，教育部等五部委下发《关于印发〈民办学校分类登记实施细则〉的通知》，教育部、人社部、工商总局下发《关于印发〈营利性民办学校监督管理实施细则〉的通知》。这些法律法规以及相关政策，连同新修订的《民办教育促进法》一起，构成了实行分类管理以后我国民办高等教育发展政策重构的基本依据，成为保障和规范我国民办高等教育发展的主要制度体系。至此，几千年来教育不得以营利为目的的传统观念和国家制度被突破[3]，营利性民办高校在我国正式获得法律地位，民办高等教育发展将进入分类管理新时代。

四、分类管理政策：在超前与滞后之间把握好度

从我国民办高校发展政策制定和执行滞后的实践中，我们可以得出一些重要的结论和启示。教育政策滞后性具有一定的必然性，把握时机出台政策，能够较好地保证最终制定的政策符合发展实际。但是，如果过于容忍教育政策的滞后，也会损害政策的权威性和执行环境，甚至动摇政策执行和存在的法律基础，最终导致政策改变方向。实施民办高校

分类管理以后，在制定具体实施细则相关文件中，也要从之前的激烈争论和曲折发展中吸取教训，克服政策“过度滞后”可能带来的弊端和风险。

首先，教育政策的制定必须从基本国情出发。毫无疑问，美国拥有世界一流的高等教育体系，也拥有世界一流的私立高等教育体系，所以，当我们放眼世界，寻找高等教育发达国家的历史经验对我国民办高等教育发展的启示时，我们很容易将目光停留在美国。不可否认关于民办高校分类管理的讨论，一个很重要的缘起就是所谓的美国经验——美国的私立高校分为营利性高校和非营利性高校，而且营利性高校也可以授予学位。但是，美国的私立高等教育是在美国的经济、政治、社会和文化的背景下形成的，可以借鉴经验，但是绝不可以照搬照抄。

美国非营利性私立高等教育一般分为两种情况，第一种情况是公共机构创办的，后来得到了社会捐赠，比如哈佛大学是美国殖民地时期由马萨诸塞州立法机关于1636年创办的，1638年时得到了约翰·哈佛的捐赠。第二种情况是私人捐赠，在发展后期得到了大量的政府资助。另外，美国大量的私立大学多由教会举办，接受教会的拨款。美国是首先拥有了发达的非营利性私立高等教育体系，然后才在20世纪末期兴起举办营利性私立高等教育。我国民国时期的私立高等教育与美国早期的非营利性私立高等教育具有相似性，很多私立高校是宗教机构或社会贤达捐赠办学，前者如圣约翰大学、燕京大学，后者如厦门大学和南开大学。然而改革开放初期，我国既没有能够捐赠兴办民办高校的社会贤达，也没有宗教机构办学的社会环境。所以，部分民办高校从一开始就采取“以学养学”“滚动发展”的发展模式，办学积余是学校发展经费的主要来源。部分举办者希望通过办学来培养人才，增加积余完善办学条件，提高教育质量，同时部分举办者也希望从办学积余中取得适当的经济“回报”，这是我国民办高等教育的基本特征之一，镶嵌于我国改革开放以后的基本经济、社会背景之中。脱离我国的历史和国情，就无法认识我国民办高等教育发展的基本脉络，也无法制定有效的民办高等教育发展政策。因此，他国经验可以借鉴，但不可以直接复制。

我国民办教育分类管理政策的制定，从最早的政策建议到最终实施，前后经过了20余年的时间。这个过程可以认为是“有意滞后”的过程，以避免政策实施对稳定发展带来的冲击。但是如果不尽快明确和严格实施分类管理，则又可能影响政策执行，会制约发展、误导发展，从而错失发展良机。

其次，教育政策必须加强国家的顶层设计。鼓励社会力量举办高等教育，积极发展民办院校，首先需要国家制度的支持，需要从国家顶层设计上来规制民办高校的办学方向。顶层设计需要明确国家对于民办高等教育发展的战略定位，形成不同政策层级和类别之间一个清晰的框架体系，确保政策体系的系统性、全面性、科学性和规范性；同时，要加强各政策制定部门之间相互协同，确保在协同治理机制下开展政策制定工作，达成多方一致后方可出台政策。如果顶层设计不清晰，其他的政策就很容易发生方向上的“漂移”，“头痛治头脚痛治脚”，无法形成明确的政策预期，从而制约和影响民办高等教育的稳定发展。

加强顶层设计也是世界各国私立高等教育发展的重要经验。世界各国私立高等教育的发展模式和制度体系，都是通过各种因素的影响而形成的，其中政府政策起到了很重要的作用。比如，以英国为代表的欧洲大学完全自治制度、大学拨款制度和印度的公办高校独立学院制度，日本、韩国采用私立大学的财团法人举办制度，美国私立大学从哈佛大学的双轨制发展并稳定后采用耶鲁大学单轨制的董事会制度等，都是教育制度的顶层设计，经过漫长的实践运行比较演变，最后成型。

相对而言，我国民办高校办学体制先天不足，制度供应缺乏，致使许多问题长期得不到解决。教育制度体现着国家的教育意志和教育价值，引导着民办高校的发展方向，必须适时把握时机完善制度，明确政策及其价值取向。对于一些重要的问题，应该从国家教育意志上去考量，做好顶层设计，而不是搞拉锯式的讨论，坐而论道，议而不决，导致政策的"过度滞后"，长此以往民办高校会无所适从，迷失方向，甚至采取过激行为和短期行为，从而阻碍民办高校的健康、稳定和可持续发展。

就当前阶段而言，民办高等教育的顶层设计问题中，最受到社会关注的就是对民办高校的财政补助问题，这是民办高校分类管理的基础性配套政策之一。很多民办高校对分类管理持有抵触心态，分类管理政策进展相对缓慢，很重要的一个原因是政府对民办高校的财政补助政策态度不明朗，政策预期不明确。今后，分类管理正式实施以后，我们不仅要落实非营利性民办高校财政补助的相关政策，同时对营利性民办高校也要给予必要的支持。就对民办高校的财政补助而言，政策既要立足当下，更要着眼未来，充分认识到民办高校在高等教育强国进程中的重要作用，牢固确立民办高等教育在国家高等教育发展战略中的地位，以财政支持来体现国家对民办高等教育的政治支持。当这个大的方针政策明确以后，其他的政策就会更加容易推行。

再次，教育政策执行必须清晰、明确、严格。这里主要涉及三个方面：

第一，条文要明确，不能含糊其词。我国很多的政策条文不明确，无法严格实施。比如，教育部《关于鼓励和引导民间资金进入教育领域促进民办教育健康发展的实施意见》(教发〔2012〕10号)中"规范民办学校董事会(理事会)成员构成，限定学校举办者代表的比例，校长及学校关键管理岗位实行亲属回避制度"的规定；又如《教育规划纲要》提出要建立民办学校的监事会制度等。由于这些政策笼统不清，操作性不强，在实际中并没有得到普遍有效的实施。

第二，文本要一致，避免相互矛盾。当上位法的条文得以明确以后，下位法服从上位法。我国往往会出现"有法不依"或者"部门文件大于法"的情况。比如，无论是《高等教育法》还是新修订的《民办教育促进法》都规定民办高校享有专业设置自主权，分类管理以后，民办高校更加需要面向市场办学，服务地方经济和社会发展需要，但是教育行政部门往往以保证教学质量为由取消乃至剥夺民办高校自主设置专业的权利，这实际上是一种"违规行为"，虽然社会呼吁强烈，但是长期以来并没有得到有效纠正。

第三，各项政策要保持配套。民办高等教育政策的执行涉及教育、编制、财政、税务、土地、物价等多个部门。在这些部门中，教育部门往往处于相对的弱势地位，各相关部门往往根据各自通用的政策来处理涉及民办高等教育的政策文本。所以，如果民办高等教育政策与其他部门的政策不一致的时候，这些部门就会用他们的部门文件来否定民办高等教育政策。比如，新修订的《民办教育促进法》规定非营利民办学校可以享受与公办学校同样的税收减免政策，但是税务部门的政策文件尚未修改，致使政策难以到位，导致民办高校税收优惠权利得不到保障。可以预计，分类管理政策正式出台以后，非营利性民办高校会享受较大的优惠政策,但是一定要保证不能因为各个部门之间的相互“扯皮”而导致民办高校的优惠政策空心化。

最后,政策制定必须顾及各方利益。在政策制定的过程中,我们必须提供一个畅通的利益表达的平台和渠道,允许各个利益相关者表达和维护自己的利益。政策的最终形成往往取决于各个利益相关者的相互妥协。如果我们试图以所谓的公共利益为借口,以损害某些群体的利益为代价来维护其他的群体,那么最终通过的政策往往无法有效实施。

民办高等教育政策的制定和实施涉及众多的利益相关者,其中学生、教师和举办者是三个最关键的利益相关者。学生看起来似乎是“沉默的大多数”,但是当其利益受到侵犯时,他们的力量有时候会超出我们的想象。2006 年当多所民办高校学生意识到自己拿不到国家认可的文凭而感觉上当受骗后,他们组织群体活动,采取了过激的方式来维权,在社会上造成极大影响,甚至影响局部地区的稳定,这个教训我们不能忘记[4]。此外,多所民办高校在发展过程中曾出现资金链断裂、教师工资无法按时发放导致教师罢课的群体事件,也应该为我们经常敲响警钟。严重损伤教师和学生的利益,有可能导致学校不稳定甚至群体性事件的发生,有鉴于此,很多学者和政策制定者提出限制举办者的权力,是有一定道理的。

举办者的权力需要限制,但是他们的权益也需要保护。举办者是学校发展的创立者,他们的作用是不可替代的。长期以来,我们对教育营利现象持批评态度,很多政策的出发点是希望限制举办者的利益,以此来增进所谓的公共利益。实施分类管理,允许办学营利,需要限制举办者的权力,但是也不能丑化甚至妖魔化举办者,同时要注意到,在分类管理的背景下出台的政策也可能会对举办者的权益保护力度不足。个别地方政策不仅否定举办者的收益权,也否定他们的所有权,导致举办者预期不清、信心不稳,已经出现对民办高校投入减少或弱化的现象,直接影响我国民办高校的办学稳定和质量提高。所以,在实施新修订的《民办教育促进法》,制定营利与非营利性民办高校发展和管理政策的过程中,既要充分保护学生和教师的利益,也要积极维护和保护举办者的合法权益,使政策的落实具有最坚实的社会基础。

参考文献:

[1] 阎凤桥.私立高等教育的全球扩张及其相关政策——对 2009 年世界高等教育大会报告文本的分析[J].教育研究,2010(11):95-101.

[2] 林小英.教育政策变迁中的策略空间[M].北京:北京大学出版社,2012:50.

[3] 方晓田.中国民办高等教育七十年发展历程——基于政府与市场关系演进的视角[J].高等教育研究,2019(9):10-19.

[4] 徐绪卿.我国民办高校治理及机制创新研究[M].北京:中国社会科学出版社,2017:303.

作者:徐绪卿,二级教授、教育学博士,浙江树人大学中国民办高等教育研究院院长、中国民办教育协会研究分会理事长。

(原载《教育与经济》2019 年第 6 期)

营利与非营利：民办学校的两难选择与政府的理想管理

黄　藤

摘　要：分类管理是《中华人民共和国民办教育促进法》(2016)的最大亮点之一。民办学校选择营利或非营利各有利弊：选择非营利性，是在获得了国家各项扶持后不能取得办学收益，这与我国民办教育所具有的投资属性无法完全吻合；选择营利性，是在取得办学收益后不能享受更多的政策扶持，且有极大的办学风险。经费短缺是长期以来一直困扰民办教育发展的主要问题之一，所以说，营利与非营利，对于民办学校贯彻新法是一个两难选择。基于我国民办教育的现状，建议分类管理的实施既要保护举办者的权益，调动社会力量办学的积极性，更要在提质增效的前提下，保障民办教育健康、快速发展。

关键词：民办教育促进法；分类管理；民办学校

对于分类管理，我国早在2010年教育部发布的《国家中长期教育改革和发展规划纲要(2010—2020年)》中就指出："积极探索营利性和非营利性民办学校分类管理。"随着2016年11月7日《中华人民共和国民办教育促进法》(以下称2016年《民办教育促进法》)的正式发布，民办教育分类管理制度就有了法律依据。随后，配套文件《国务院关于鼓励社会力量兴办教育 促进民办教育健康发展的若干意见》(国发〔2016〕81号)、《关于加强民办学校党的建设工作的意见(试行)》(中办发〔2016〕78号)、《民办学校分类登记实施细则》(教发〔2016〕19号)、《营利性民办学校监督管理实施细则》(教发〔2016〕20号)等相继出台，各省(区市)也抓紧出台地方配套文件。我国民办教育迎来了分类管理全面落地的新时期，"国家积极鼓励和大力支持社会力量举办非营利性民办学校"，采取差异化扶持政策，明确了支持举办非营利性民办学校的导向。同时，国家允许举办营利性民办学校，这也是我国教育制度的一个突破，有利于吸引社会资本参与办学。在民办教育分类管理的框架下，民办学校可以自主选择营利或非营利办学。但是，任何一种选择都有利有弊，且不分伯仲，因此，民办学校面临着营利与非营利的两难选择。

一、选择非营利性利弊分析

在法律上对民办学校进行营利和非营利划分，有利于根据民办学校的不同类型制定不同的管理规则，从而有利于各个民办学校的发展。非营利性民办学校不能取得办学收益，办学结余也必须全部用于教育事业，但关于税收、土地等优惠政策方面，非营利性民办学校则享有更大的扶持和优惠力度。

(一) 选择非营利性的优势

1. 政府扶持政策向公办学校靠近

2016 年《民办教育促进法》规定:"县级以上各级人民政府可以采取购买服务、助学贷款、奖助学金和出租、转让闲置的国有资产等措施对民办学校予以扶持。"同时规定:"对非营利性民办学校还可以采取政府补贴、基金奖励、捐资激励等扶持措施。"可以看出,政府对非营利性民办学校的扶持政策有向公办学校靠近的趋势。

地方政府对非营利性民办学校的直接扶持力度更大。比如上海市出台的《上海市人民政府关于促进民办教育健康发展的实施意见》中,"探索试点政府资金支持符合条件的非营利性学校的教育教学等设施建设",突破了以往公共财政只能用于教育教学条件的改善,而不能用于基础建设的限制[1]。

2. 享受与公办学校同等税收优惠

2016 年《民办教育促进法》规定:"民办学校享受国家规定的税收优惠。"这表明不管是营利性还是非营利性民办学校,都有享受税收优惠的权利。只是"非营利性民办学校享受与公办学校同等的税收优惠",进一步表明了非营利性民办学校比营利性民办学校将会享受更多的税收优惠。同时,对于非营利性民办学校免税资格认定的条件、流程及需要递交材料等内容,在财政部、税务总局于 2018 年 1 月 1 日起执行的《关于非营利组织免税资格认定管理有关问题的通知》(财税〔2018〕13 号)中已作出具体规定。

3. 以土地划拨等方式给予土地优惠

2016 年《民办教育促进法》规定:"新建、扩建非营利性民办学校、按照公益事业用地及建设的有关规定以土地划拨等方式给予优惠。"地方政府在颁布实施意见时对土地优惠政策做出细化规定。比如《广东省人民政府关于鼓励社会力量兴办教育 促进民办教育健康发展的实施意见》中指出,"非营利性民办学校供地方式及规费减免享受公办学校同等政策,符合《划拨用地目录》的民办学校设施用地,按划拨方式供地"。

4. 办学领域包含义务教育

2016 年《民办教育促进法》未对非营利性民办学校办学领域作出限制,也就是说,包含义务教育在内的所有领域都对非营利性民办学校开放办学。

5. 可登记为事业单位法人

非营利性民办学校可以选择登记为事业单位法人,其身份的转变有助于提升非营利性民办学校的社会声誉,由此可扩大招生,提高办学质量。

(二) 选择非营利性的劣势

1. 举办者不得取得办学收益

非营利性民办学校"举办者不得取得办学收益,学校的办学结余全部用于办学"。不能取得办学收益显然违背了资本逐利的本性,而且投资办学是我国民办教育的基本特征。

2. 收费办法由地方政府制定

2016 年《民办教育促进法》规定:"收费办法,由省、自治区、直辖市人民政府制定。"非营利性民办学校收费办法由地方政府制定,为了保证教育的公益性,地方政府往往会制定一个收费上限,民办学校必须在政府规定的范围以内进行收费,这对欲提供价高质优的教育服务的民办学校而言，则是一个限制条件。

3. 剩余财产继续用于教育事业

非营利性民办学校“清偿债务后的剩余财产继续用于教育事业”。由于非营利性民办学校举办者不享有产权，故清偿债务以后，非营利性民办学校不得享有剩余财产权，剩余财产权只能继续用于教育事业。

4. 办学自主权受限

民办学校选择非营利以后，随着政府参与力度的加大，举办者的办学自主权会受到限制和影响。

二、选择营利性利弊分析

逐利是资本的天性，社会资本进入民办教育行业，在很大程度上也是期望追求其资本的保值和增值。所以，选择营利性的民办学校，可以更加市场化地办学，选用更加灵活的体制、机制和教育管理方式办学，有利于实现差异化的办学目标。从胡晨曦等人对全国2 687份样本的统计中发现，民办幼儿园办园意向中，选择营利的占 52.1%，选择非营利的占 47.9%，整体呈现出营利性的趋势[2]。

(一) 选择营利性的优势

1. 举办者可以取得办学收益

“举办者可以取得办学收益，学校的办学结余依照公司法等有关法律、行政法规的规定分配。”2016 年《民办教育促进法》关于营利性民办学校办学收益的规定是营利性民办学校产权清晰，遵照《中华人民共和国公司法》有关规定处理的结果，往往也是举办者选择营利的最根本目的。

2. 收费标准由学校自主决定

2016 年《民办教育促进法》规定，营利性民办学校“收费标准实行市场调节，由学校自主决定”。放开收费标准有助于营利性民办学校根据自己提供的产品和服务的质量情况，依据市场反应自主决定价格，不设上限，有助于提高民办学校的收益。

3. 剩余财产可以进行分配

营利性民办学校“清偿债务后的剩余财产，依照公司法的有关规定分配”。而按《中华人民共和国公司法》第一百八十四条的规定，公司清偿债务后的剩余财产，由清算组在清算期间行使职权。《公司法》第一百八十六条规定：“公司财产在分别支付清算费用、职工的工资、社会保险费用和法定补偿金，缴纳所欠税款，清偿公司债务后的剩余财产，有限责任公司按照股东的出资比例分配，股份有限公司按照股东持有的股份比例分配。”

4. 可以拥有较多的办学自主权

选择作为营利性学校，举办者可根据《公司法》中董事会、股东会等章程规定，获得学校的合法管理权，依此实现办学自主权，有利于在法律框架下进行人才培养的系列创新。

(二) 选择营利性的劣势

1. 政府扶持较弱

跟非营利性民办学校一样，对于营利性民办学校，2016 年《民办教育促进法》规定：“县级以上各级人民政府可以采取购买服务、助学贷款、奖助学金和出租、转让闲置的国有资产等措施对民办学校予以扶持。”但是,非营利性民办学校可以享受的政府补贴、基金奖励等扶持措施,营利性民办学校就享受不到。

2. 税收优惠较少

营利性民办学校与非营利性民办学校一样,也可以享受2016年《民办教育促进法》中规定的“民办学校享受国家规定的税收优惠”,但不能享受与公办学校同等的税收优惠。

3. 不能享受土地划拨优惠

营利性民办学校在新建或者扩建时,不能够享受公益事业用地及建设的有关规定以土地划拨等方式给予优惠,而大多只能以公开出让的方式供应土地。

4. 不得涉足义务教育办学领域

2016年《民办教育促进法》规定:“不得设立实施义务教育的营利性民办学校。”依照《中华人民共和国义务教育法》,义务教育是“国家统一实施的所有适龄儿童、少年必须接受的教育,是国家必须予以保障的公益性事业。”各国的实践表明,义务教育的国家责任在于强制入学、在基本公共服务的层面提供免费教育,是政府的职责担当,在义务教育阶段不设立营利性民办学校是完全必要的。

5. 法人属性为企业法人

营利性民办学校将按照企业法人属性在工商部门登记,同时其资质需要得到教育主管部门的认可。作为企业运营性质的营利性民办学校将完全依靠市场机制来获得办学发展的滚动资金,因此对其质量将有更高的要求;与此同时,营利性民办学校还要面临着长期以来人们形成的“信公不信民”的传统风险。

6. 选择营利性后涉及赔偿

由于较多地方政府为了鼓励民办教育的发展,早在几年前就设立了民办教育发展专项资金,鼓励各级各类民办学校的发展。如果选择非营利性,不存在赔偿问题;但是,如果选择营利性,随着专项资金的投入接近或超越民办学校办学原始出资额和累计出资额,营利性民办学校如何偿还专项资金则是个难题。

总之,由于选择营利和非营利存在各有利弊的情况,民办学校在选“营”选“非”过程中陷入两难境地。选择营利,可获得资产所有权和办学收益,但也意味着学校将历经财务清算、税费补缴和重新登记等法定程序环节,所获的财政支持和税收优惠都将变少或没有,而且在社会公众中形成较差的公信力,从而导致生源减少,学费收入锐减,运营成本增加等风险,同时减少甚至无法取得办学收益。这与民办学校选择营利的初衷完全相悖。而选择非营利,有利于彰显学校的公益性办学宗旨,体现举办人捐资办学的高尚情操,也有利于学校获得政府和社会的大力支持。虽然目前对民办学校的关联交易没有完全禁止,但随着管理的规范,“过程利益”的获取也将会难上加难,再加上学校要放弃资产所有权,这与大部分民办学校举办者投资办学的出发点相距甚远,这种结局也不是举办者想要的。

三、政府的理想管理

国家从法律层面对民办学校分类管理提出了原则性的指导意见,并且为地方政府制定政策也留有一定的创新空间。民办学校分类管理的顺利落地需要地方政府的科学管理,地方政府要鼓励民办学校的创新实践,也要出台分类管理的具体意见,以解决民办学校的选择尴尬,实现民办教育的健康发展。

(一) 负责全面解读相关政策

由于当前政策下发比较密集,各级政府出台文件相对较多,为了更好地贯彻执行各类文件精神,政府宜做好相关政策的解读工作,明确各民办学校的权责,防止民办学校误读误解,达不到政府的预期要求。

(二) 依法保护相关者利益

《国务院关于鼓励社会力量兴办教育 促进民办教育健康发展的若干意见》中指出,对于 2016 年 11 月 7 日前设立的民办学校,规定“选择登记为非营利性民办学校的,终止时,民办学校的财产依法清偿后有剩余的,按照国家有关规定给予出资者相应的补偿或者奖励”。若干意见中取消了“合理回报”,改为“补偿或者奖励”,保护了举办者的利益诉求。但如何进行补偿或奖励,有待于地方政府出台细则,作出说明,切实保障举办者的合法权益。在教师权益保障方面,辽宁等地除按国家规定为教职工建立补充养老保险以外,还增加了企业年金制度;上海则鼓励民办学校通过建立年金制度、购买商业保险等补充养老保险方式,改善教职工退休后的待遇[3]。

(三) 创新投、融资机制

资金是民办学校办学的生命线,多年来民办学校基本都是靠学费收入作为办学的维持经费,多渠道筹措资金迫在眉睫。国家一直有鼓励社会力量兴办教育的号召,许多地方政府也在积极响应,在配套文件中积极探索多渠道投、融资机制,值得在全国范围内推广。例如,辽宁、湖北规定探索民办学校固定资产抵押等贷款业务;浙江规定民办学校学费和住宿费收费权可用于质押;安徽允许营利性民办学校发行专项债券;湖北允许民办学校依法设立教育基金实现保值增值,等等。可见,投、融资机制的创新有助于理顺社会资本进入教育领域的路径,切实激发全社会兴办教育的热情。

(四) 给予更多的财政扶持

建立对两类民办学校的财政扶持政策。可运用政府补贴等直接财政扶持手段支持非营利性民办学校,运用购买服务等间接财政扶持手段扶持营利性民办学校。增加民办学校使用财政资金的自主性,除负面清单规定的内容,民办学校还可以根据自身的发展需要,提前整理,做出资金使用计划,根据项目的轻重缓急来安排财政资金的使用先后顺序,并呈报主管部门备案。当然,对民办学校的财政投入越大、范围越广,对其的监管力度也会越大,过程管理将会更加严格。

(五) 给予更多的税收优惠

对营利性民办学校的税收优惠应该更加明确,可借鉴高新技术企业所得税的有关优惠政策,降低其所得税税率,并免征房产税和城镇土地使用税。对完成资产过户的学校,可以:①参照上海的减免土地增值税和契税等政策。②参考辽宁政策,民办学校提供技术开发、技术转让和与之相关的技术咨询、技术服务,符合相关规定的,免征增值税;一个纳税年度内,居民企业技术转让所得不超过 500 万元的部分,免征企业所得税;超过 500 万元的部分,减半征收企业所得税。③借鉴天津、河北等地的规定,对民办幼儿园提供的保育教育服务和从事学历教育的民办学校提供的教育服务免征增值税。

(六)理性看待,积极支持营利性民办学校发展

分类管理是教育领域的一项重大改革,目的并不是通过规范来限制民办学校的发展,而是促进民办学校的发展,也不是通过分类来鼓励非营利性民办学校和限制营利性民办学校的发展,而是要同时鼓励和促进两类民办学校的发展。国家要尊重资本的逐利本性,也要营造更好的环境欢迎社会资本进入教育领域,不管何种资本进入教育领域,教育的公共产品属性和公益性都不会改变。因此,营利性民办学校的"营利性"更需要得到政府的支持,而不是打压和抑制。在某种程度上,政府对营利性民办学校管理的成败,正是决定国家鼓励社会力量兴办教育、促进民办教育健康发展指导思想落地的关键。

(七)完善营利性民办学校的管理政策

对于选择非营利性民办学校的管理政策,因为有向公办学校靠拢的趋势,民办学校举办者对其认识相对清晰。但是,对于选择营利性的民办学校的管理政策,由于是此次修法产生的新事物,除国家和地方政府已经出台的政策法规以外,社会各界对其完备性和可操作性都还不甚清楚。因此,应该进一步明确营利性民办高校的转设条件与程序、财产清算与资产转换以及学历层次、招生、专业设置等相关问题,尤其是要尽快完善营利性民办高校的土地税费、资产清算与过户等优惠政策[4]。同时,要根据《营利性民办学校监督管理实施细则》及地方相关政策法规,监督营利性民办学校活动,以保障其合法开展教育教学活动。

总之,基于我国民办教育投资办学的性质以及教育所具有的公益性、非营利性,在2016年《民办教育促进法》实施分类管理过渡期限越来越迫近的状况下,使得民办教育举办者呈现出一种越来越严重的选择焦虑。办学经费短缺一直是困扰民办教育发展的限制因素之一,既希望得到政府的更多扶持,又希望能够保护举办者的权益,进一步调动社会力量办学的积极性,这是民办教育举办者的长久诉求。2016年《民办教育促进法》分类管理的目的并非要将所有民办学校转为非营利性民办学校,如果那样,就失去了立法的意义。所以,在营利性民办学校的扶持问题上,还有待于政策的进一步细化。

参考文献:

[1] 王纾然,何鹏程.分类管理背景下民办教育财政扶持政策的转向[J].教育发展研究,2018(7):16-20.

[2] 胡晨曦,魏聪,胡辰方,等.分类管理背景下民办幼儿园办园意向研究——基于对全国11个省2 687位民办园举办者的实证调查[J].教育发展研究,2018(8):28-37.

[3] 方芳.多地出台民办教育分类管理实施细则——"分类"落地 各有路径[J].江科学术研究,2018(6):95-96.

[4] 陈文联."道德人"还是"经济人":民办高校分类管理制度下举办者的人性困惑[J].浙江树人大学学报(人文社会科学版),2018(7):1-4.

作者: 黄藤,西安外事学院董事长,教授、教育学博士。

(原载《民办教育研究》2019年第1期)

民办高校董事会制度的治理价值及其实现*

石　猛

摘　要：民办高校董事会制度是以董事会为核心的治理体系，体现了遴选的效率、制衡的精神与共同发展的价值。但举办者的控制性权力致使董事会制度存在严重缺陷，部分民办高校存在着举办者控制与权力制衡、举办者主导与利益主体参与、举办者个体诉求与公共利益的矛盾。规范民办高校董事会制度的运行，超越董事会治理的困境，实现董事会制度的治理价值，需要政策的激励与制度的规范，既要鼓励举办者自主规范办学，又要对举办者权力进行约束与制衡。

关键词：董事会制度；治理价值；民办高校

民办高校董事会制度的形成是政策驱动、法律规范与学校实践的结果，是符合我国民办高校实际的大学制度安排，也是民办高校的基本治理制度。理论上，现代高校董事会是一个混合的、多元的结构，在多元主体的共同参与中，民办高校董事会制度体现了遴选的效率、制衡的精神与共同发展的价值。但在民办高校办学实践中，部分举办者权力过大，形成了控制性的特征，导致董事会制度运行不规范。2016 年修订的《中华人民共和国民办教育促进法》已于 2017 年 9 月实施，我国民办教育已经进入分类管理时代。为了推动民办教育事业的发展，党的十九大进一步提出了“支持和规范”社会力量办学的要求。在分类管理、分类扶持的背景下，规范发展将成为社会评价民办高校的重要标准，董事会制度也必将受到更多的关注。

一、民办高校董事会制度的治理价值

美国高等教育专家克拉克・克尔认为，董事会制度是美国若干私立高校成为世界知名高校的重要制度保障，是促使美国形成当今世界上最为成功的高等教育体系的六要素之一[1]。在以董事会制度为核心的民办高校治理体系中，董事会是最高决策机构，在聘任和解聘校长、修改学校章程、制定发展规划、审核预算决算等重大事项中拥有决策权。民办高校董事会制度在学校治理中体现出重要价值。

第一，民办高校董事会制度体现了遴选的效率。制度本质上是对不确定性的一种控制和对确定性的一种规定[2]，良好的制度效率源于制度要素的适度运行，是组织发展的重要保障。根据法律规定，民办高校第一届董事会由举办者决定，后期董事发生缺额时，董

* 基金项目：山东省教育科学“十三五规划”重点资助项目（ZZ2017014）。

事会可以根据法定程序进行自我增选。相对于传统的任命、委派、竞选等遴选形式,董事会遴选是一种自我永续的增选机制[3],有利于避开不必要的政治势力的干扰和操纵,保证办学的独立性;可以避开烦琐的竞选程序,高效地挑选合适的董事。董事会的自我增选实质是在为自己挑选合作伙伴,有助于较好地延续创办者的理念与董事会的决策,维系董事会的文化传统。另外,作为通过遴选制度构建起来的最高决策机构,董事会的基本责任是坚守信托责任、维系办学使命,选聘大学校长是其维系办学使命的重要方式之一。董事会的核心职能是为民办学校挑选合适的校长,其最重要的工作是对校长授权。校长是学校的最高行政长官,基于董事会的授权处理教学和行政事务。在规定的职责范围内,校长有充分的权力按照自己的理念经营大学。在委托代理机制下,董事并不直接参与学校的管理,而是选聘校长管理,突显了校长及其团队在学校发展中的作用,保证了民办高校管理的专业化。高效反映的是单位时间内完成的任务数量或质量。董事会制度的效率是一种机制性效率,规范的遴选制度是其运行的内在要求,民办高校治理的规范化与办学水平的持续提升有赖于董事会制度的规范运行。

第二,民办高校董事会制度体现了制衡的精神。制衡原意是事物间的相互联系与控制,后来逐渐演变为权力的制衡,主要依靠权力与相应的责任、利益和能力来实现彼此间的制约与平衡[4]。按照规定,民办高校董事会应该由举办者或者其代表、校长、党组织负责人、教职工代表等共同组成,因而董事会是一个多元主体的议决平台。董事会制度所体现的制衡精神是在决策中赋予所有董事以话语权,并通过相关制度安排限制传统主体的权力,从而保证其他利益主体的参与,使决策在诸多利益主体间保持一种平衡。为了保证决策效率,法律规定了董事会制度体系的实体性制度与程序性制度。前者规定了主体的权利与义务,如董事会的组织结构、董事构成、董事长与董事的权利与义务及其责任机制等;后者规定了主体行使权利和职权、履行义务和责任的制度规范,如会议制度和议事规则[5]。董事会会议制度是一种委员会会议决策制度,其发挥作用的方式是召开董事会会议或临时会议,在会议决策中采取民主协商的议事规则。董事会构成的广泛性决定了利益的多元化,决策中必然会出现分歧。如何平衡各方面的利益,关键是让各利益主体平等地参与决策,通过民主协商的方式实现合作。民主协商是共同治理制度下,多元主体参与决策的机制。这是一种民主机制,利益主体根据自己的能力和职责共同参与决策,通过保障他们参与决策的权力,对传统的决策主体产生制衡作用。

第三,民办高校董事会制度体现了共同发展的价值。治理是利益主体共同参与的活动,其本意应该包括利益主体共同参与举办、利益主体共同参与决策、利益主体共同参与监督、利益主体共同参与成果分享等四个方面[6]。其中,共同参与成果分享是组织治理的直接目的,因此四个“共同”体现了治理视野下组织发展的价值,而“共同”也代表了价值的一致性。董事会是民办学校审批时的必备条件,法律所规定的董事会决策事项与民办高校发展密切相关,决定了民办高校发展的速度与水平。董事会的价值取向是保障学校的发展、实现学校的使命,而学校的健康发展是各主体利益的核心保障。因此,各利益主体的核心纽带是学校,学校的发展与各利益主体的利益是一致的,董事会的价值追求与学校各利益主体的利益诉求也是高度统一的。民办高校的决策经营活动应关注各利益主体的诉求,保证他们的利益,以争取其信任和支持。对于各利益主体来说,最能保证其利益的活动是参与董事会决策。相关利益主体参与决策，实现共同治理，并不意味着董事会权力的旁落。恰恰相反，董事会治理的核心不是权力，而是保证有效的决策[7]。董事会制度授权其他利益主体参与决策，如校长和教师参与决策，有利于获得更多的信息，而且还能通过民主协商的方式提升决策效率，保持大学的学术组织属性，促进学校发展，各主体又从中分享了学校发展的成果。因此，董事会制度的正常运行促进了学校的发展，保证了主体的利益，体现了共同发展的价值。

二、民办高校董事会制度的治理困境

民办高校董事会制度的建立有其法定的规范与价值需求。作为一种制度安排，它以平衡各主体利益、制衡各种权力关系、提升办学水平为根本目的。但不可否认的是，仍有部分举办者过于追逐控制权，致使董事会制度悬置和虚化，作用和优势得不到充分发挥，甚至陷入治理困境。

（一）举办者主导与利益主体参与的矛盾

为保证各利益主体参与决策，民办高校董事会需要合理安排、确定董事会成员，使董事会构成有一定的代表性，这是保证利益主体参与权的核心制度安排。按照相关规定，举办者将投入学校的财产过户到学校法人，从而作为法人代表具有了组建首届董事会的权力。在办学实践中，举办者通过让渡财产，获得了组建董事会、参与董事会会议并对学校重大事务做出决策的强制性产权权力契约[8]。他们通过推荐首届董事组建董事会，从而控制了董事会最初的人员构成。董事一般有一定的任期，但部分举办者后来又采取了内部举荐的形式产生新的董事会，继续保持对董事会的控制。面对举办者的控制性需要，国家和学校都还缺少相关规范的设计，以至于董事的产生缺少制度约束和规范要求，董事会成员结构比例失衡，学校形成了内部人控制的两个特征。一是举办者及其代表在董事会担任重要职务且往往处于控制地位。民办高校由个人创办，举办者个人往往担任董事长；民办高校由企业创办，那么企业董事长容易成为学校董事会的核心，有时企业董事长还会安排企业领导担任学校董事长或主要领导。二是举办者亲属在董事会中占有重要位置。作为最高权力机构，董事会应该实行亲属回避，且避免家族成员在董事、监事、校长等重要岗位上兼任职务。但在举办者的控制下，举办者家族成员控制了学校的关键岗位，在决策、执行、监督等岗位中享有主导性话语权，致使其他利益主体难有话语权，决策缺乏广泛性和代表性，其他利益主体的利益难以得到保证。民办高校董事会的内部人控制导致其他主体的参与权力弱化，既无法通过参与决策保证自己的利益，也无法对举办者进行有效的监督。这可能会导致权力的滥用，最终损害他人利益或学校整体利益。

（二）举办者控制与权力制衡的矛盾

由于董事会具有最高决策地位，谁控制了董事会，谁就拥有不对称的权力。所以，权力受到监督和制约，不能任由其说了算，是对举办者权力制衡的重要制度安排。按照相关规定，民办高校董事会会议每年至少召开一次，临时会议有 1/3 以上的董事提议即可召开，董事会重大决策需要获得 2/3 以上的董事同意。但由于举办者控制了各关键岗位，进而控制了学校的经营决策权，致使董事会运行不规范，从而影响了决策效率。一是董事会议事制度不规范，即董事会会议不能按规定召开。通过调研发现，30％的民办高校几乎从来没有召开过正式的董事会会议,处于"有组织无会议"的状态;部分民办高校是否召开董事会会议取决于举办者的意愿,举办者希望召开时可以临时召开[9]。曾有民办高校校长递交的辞呈一直没有被批准,究其原因主要是在董事会聘任校长的制度框架下,董事会一直没有召开。二是议事规则不规范,即董事会会议不能按程序做出决策。董事会决策实行委员会制,遵循少数服从多数的原则。虽然民办高校董事长是学校的法定代表人、最高负责人,有权召集董事会会议,但不能独自行使应该属于董事会集体的最高决策权,无权作为董事会的最高长官代表董事会做出最高决策。实践中,由于董事长的权力没有受到制衡,董事会的权力被制约或架空,董事会决议成为举办者个人的决议,导致董事会形同虚设、董事长包揽一切。民办高校董事会制度运行不规范,往往是因为举办者的权力过大,形成了举办者控制与权力制衡的矛盾,无法实现制衡。

(三) 举办者个体诉求与公共利益的矛盾

正如吴华所说,民办教育的发展是情怀诱发了办学,但更重要的是办学提升了情怀。民办高校有今天的规模,不能否定举办者的教育情怀,但也不能排除一些举办者按照自己的财务利益处理学校事务,甚至是对其他各方面利益有过分的诉求[10]。他们主要是利用控制董事会的权力,通过绕过董事会决策或模糊决策的形式,谋取个人经济利益。部分民办高校由此成了举办者借以实现个人利益的法人组织,办学活动侵害到了公共利益。其一,一些举办者不愿意在基础条件、师资等方面加大投入,甚至会腾挪办学经费。民办高校普遍收取高额学费,有的学校所收取的学费甚至是公办高校学费的四五倍。许多举办者在需要持续加大投入的情况下,却为了规避风险、保护个人或家族利益,不再加大办学条件上的投入,反而维持一种最低限度的运行。个别举办者甚至通过控制权把大部分学费收入转移到其他账户,进行违规经营。有专家经过调研指出,一些举办者实际投入的生均经费还不足学费的 1/6。经费投入不足导致学校办学质量不高,所提供的教育服务远远比不上学生的学费付出,这对学生、家长和社会的利益都是一种损害。其二,为了方便谋取个人利益,一些举办者排斥专业校长的权力。校长是民办高校专业的管理者,对民办高校的规范化发展具有重要作用,但他们对办学质量的追求往往与举办者对经济利益的追逐形成矛盾。为了保证个人利益,举办者通过控制校长的选聘,实现对校长及行政官员的终极控制,致使校长的办学权得不到有效落实,管理秩序不规范,影响了民办高校公益性的发挥。所以,在举办者过度控制董事会的情况下,可能会导致资本裹挟教育,民办高校的公益性无法最大限度地发挥,甚至还可能出现违规办学、侵害师生权益的情况,一些民办高校濒临破产甚至转让就是最好的例证。

三、民办高校董事会制度治理困境的突破

从以上分析来看,解决民办高校董事会制度的相关问题,最根本的在于规范举办者的权力。基于此,超越董事会治理的困境,实现董事会制度的治理价值,需要在政策激励与制度规范的基础上,鼓励举办者自主规范办学,同时对举办者的权力进行约束;也需要构建规范的内部治理框架,发挥党委的政治核心作用及校长的行政领导作用,对举办者权力进行制衡。

(一) 落实各种扶持政策,鼓励举办者自主规范办学

投资办学是我国民办教育的基本特征。分类管理以后,预计大部分民办高校会选择成为非营利性民办高校。一部分选择非营利性民办高校的举办者确实属于捐赠办学,但是也有一部分举办者并不会完全放弃产权。基于不同的产权诉求,新法新政给予非营利性民办学校与营利性民办学校不同的扶持与奖励政策。对于现有民办学校选择非营利性办学的,可根据前期的出资、取得合理回报的情况以及办学效益给予补偿和奖励,这是保护举办者办学积极性的重要举措。控制型董事会的形成是举办者通过相关举措维护财产性权益和其他非财产性权益的需要,保护举办者的相关利益诉求是新形势下打消举办者的顾虑、促使举办者积极按照现代大学制度的要求完善董事会制度和内部治理结构的思想底线。

新法新政规定了不同法人类型的举办者可以获得的财产权益及其他利益,但这只是对未来民办教育政策提纲挈领的勾勒,真正落实还需要地方政府的努力。从当前各省(区市)已经出台的促进当地民办教育发展的政策看,多数省(区市)并没有做出突破,一些省(区市)的政策甚至引起了举办者的不满,这无助于从根本上解决举办者过度控制董事会的状况。地方政府可通过落实新法新政的以下措施,激励举办者自主规范办学。一是要明确举办者的举办权。举办权是举办者因其资本投入而形成的财产性与非财产性权力。地方政策不避讳举办权,相当于肯定了现有民办高校举办者所投入财产的所有权及举办者在学校中的权威性影响,也可以满足部分学校举办者变更与资产转换的要求,有利于延续其办学理想,保护财产利益。二是落实奖励和补偿政策。合理回报政策取消后,补偿与奖励成为现有民办高校举办者选择非营利性民办学校后可获得的法定财产收益。由于大多数举办者的原始投入并不是捐资,所以地方政府应正确看待举办者的利益诉求,理清学校资产构成属性,坚持增量原则,合理确定奖励与补偿政策,以保证有财产主张的举办者获得合法的财产收益。三是通过差异化政策扶持不同类别民办高校的发展。分类管理不是强制举办者退出,而是要在不同的制度环境下形成不同类型民办高校共同发展的局面。举办者选择不同的办学类型,是在不同制度环境下实现社会目标与个人目标的路径选择。因此,地方政府要通过制度创新实施差异化政策,当前特别要明确对营利性民办高校的扶持政策,以帮助不同类型的举办者发展民办高等教育事业。举办者的初始财产权和收益权受到保护、事业发展受到尊重,既保证了不同的产权诉求,有利于理顺内部权力关系,又拓展了不同类型民办高校的生存空间,发展了民办高等教育事业,丰富了教育生态。财产性权益与非财产性权益得到保护,有利于激发举办者规范办学的自觉性,理顺董事会运行中的相关问题。

(二) 构建外部规范,形成对举办者的权力制约

举办者的控制性权力是基于举办者的资本权力与人格权威形成的控制性影响力。在民办高等教育实践中,举办者让渡财产所有权给学校法人,通过组建董事会、担任董事长控制学校运营,最终形成控制型的董事会格局。同时,外部监督机制的缺失也是导致民办高校治理出现控制型格局的关键原因[11]。从组织发展的角度来说,平衡民办高校举办者的这种不对称性权力,需要用外部的强制性手段改变内部结构,亦即从法律政策层面构建董事会制度的运行规范,对举办者权力进行制约。

分类管理之后,政府必定会完善民办高校外部治理机制,加强对民办学校运营的监管,而首当其冲的是规范举办者的权力。正在征求意见的《民办教育促进法实施条例》(2018修订草案)对举办者在董事会产生中的权力,民办学校法定代表人的标准,以及董事会的构成与决策制度、监管制度做出了明确规定。举办者的任务在于筹设学校,在学校筹设完成之后,对学校运营具有重大影响的应该是董事会。举办者的角色是根据章程依法参与董事会决策、学校办学及其他管理活动,其行为也应该受到监督。政府应根据新法新政精神及相关规定,通过法律制度重构民办学校内部组织机构与董事会运行机制。一是依法推进民办高校章程建设。章程既是民办高校处理与外部主体的关系、自主办学的依据,也是民办高校内部治理的依据。为此,应该激励民办高校进行章程建设,通过章程明确决策体制以及举办者、办学者和其他利益主体在民办高校中的地位和权力关系,从而对权力运行进行有效的约束。二是完善民办高校董事会运行的制度规范。其中包括:明确董事会的职责,形成董事会的权力边界及董事会决策的公众参与机制;明确董事会的人员结构和组织结构,确立、落实关键岗位的家族成员回避制度;完善校长的遴选制度,明确董事会与校长的权力关系。三是完善民办高校董事会运行的监管机制,对权力主体进行监督。建立健全内部监督机构,特别是完善监事会建设,监事会应与董事会平行且相对独立;建立健全民办高校董事会信息公示制度,推动民办高校董事会制度运行的社会评价制度建设。新政所明确的制度规范,有利于促使举办者形成对规则的信任与程序的敬畏,不再唯前期的努力来自我标榜或进行自我合法性论证,而是自我约束、努力规范办学。

(三)落实党组织的政治核心作用,形成对举办者的权力制衡

加强党对学校的领导是由我国的国家性质和党的执政地位决定的。民办高校虽然是以社会力量办学,且董事会处于决策地位,但这并不影响民办高校的党组织建设及党委的政治核心作用。一般来说,党组织的政治核心作用主要表现在政治上的领导权、决策上的参与权和行为上的监督权三个方面[12],所以它与董事会的决策地位是不同的,两者也不矛盾。党组织政治核心地位的确立更符合学校利益与公共利益,更有利于董事会制度治理价值的实现。

我国重视民办高校党建工作,规定社会力量举办的学校应及时建立党组织。但之前学校党组织发挥作用的主要领域是党建和党务,有的起到了督导和帮办的作用,真正融入学校发展的比较少[13]。在分类管理新政中,相关法律和政策文件明确提出民办学校要加强党的建设,党组织成员必须全方位介入学校的决策层、监督层和管理层,是学校董事会、监事会和校级领导层的法定成员;不少省份也在督促民办高校完善董事会建设,推进党委书记进入董事会参与决策,这从专业法律的地位明确了民办高校党组织工作的合法性,填补了党组织参与民办高校治理的法理空白[12]。党委书记进入董事会,充当了当然董事的角色,平衡了董事会的人员结构;作为派驻人员,形成了政府对决策与执行权力主体的监督;参与重大问题的讨论与决策,分享了董事会的决策权力,形成了对举办者权力的制衡,因而是提高董事会制度实效性的重要举措。党组织参与治理有其理论基础与现实依据,也有其法律规定性。因此,需要落实党组织的政治核心作用,发挥党委书记的主体责任。一是进一步明确民办高校党委书记制度的法律规定性。民办高校党委书记制度意义重大,特别是在公共财政加大补助的情况下,党委书记对公共财政公益性的发挥有着重要的

续　表

序号	高校资产	母体公司	所在地	教育层次	上市时间
19	石家庄理工职业学院	21世纪教育	河北石家庄	专科	2018年5月
20	西南交通大学希望学院	希望教育	四川成都	本科	2018年8月
21	贵州财经大学商务学院		贵州惠水	本科	
22	山西医科大学晋祠学院		山西太原	本科	
23	四川天一学院		四川绵竹	专科	
24	四川希望汽车职业学院		四川天府新区	专科	
25	四川文化传媒职业学院		四川成都	专科	
26	贵州应用技术职业学院		贵州福泉	专科	
27	四川托普信息技术职业学院		四川成都	专科	
28	商丘学院	春来教育	河南商丘	本/专科	2018年9月
29	安阳学院		河南安阳	本/专科	
30	商丘学院应用科技学院		河南开封	本/专科	

注：* 此日期为首控集团更改公司名称和股份简称的时间，此前首控集团的名称为“中国车辆零部件科技控股有限公司（简称：中国车辆零部件）”。** 金侨教育在上市交易的同年10月就以“公司发展需要”等理由主动退出新三板。*** 新华文轩2016年8月重回A股，成为国内首家“A＋H”出版传媒企业，但其主营业务为出版发行。四川文轩职业学院在集团业务板块中所占份额较小，自2016年年底以来，新华文轩逐渐剥离旗下职教业务，出售旗下四川文轩卓泰投资有限公司48%的股权及1.2亿元的债权，其中就包含四川文轩职业学院等教育实体的股权投资及经营。**** “三一学院”为新三板市场上仅有的高等职业院校。

部分上市公司的业务以单营高等教育为主，通过协议控制两所以上中国内地普通民办高等学校。例如，民生集团在国内举办的4所学校中，重庆人文科技学院和重庆工商大学派斯学院提供大学学历教育和大专教育，其余两所学校仅提供大专教育。还有部分上市公司合营各阶段教育，涵盖了自K12阶段教育到高等教育全系列的学历教育阶段。例如，宇华教育旗下现有从幼儿园到本科高校（郑州工商学院）共25所学校，校区遍布河南9个城市。

（二）上市动因分析

1. 教育市场广阔，可发掘潜力大

近年来随着中国经济的发展，居民消费水平正以惊人的速度提升。习近平总书记在十九大报告中指出，中国特色社会主义进入新时代，我国社会主要矛盾已经转化为人民日益增长的美好生活需要和不平衡不充分的发展之间的矛盾。教育需求的提升也使得资本越来越关注这个行业。互联网教育研究院的研究数据表明，2017年，中国教育市场总规模超过9万亿元[3]，其中高等教育市场规模2 530亿元，职业教育市场规模约6 000亿元。另一方面，在经济高速发展和产业结构调整的背景下，国家对高素质人才的需求愈加旺盛。教育部《2016年全国教育事业发展统计公报》显示，我国高等教育毛入学率①已经达

① 国际上通常认为，高等教育毛入学率在15%以下时属于精英教育阶段，15%～50%为高等教育大众化阶段，50%以上为高等教育普及化阶段。我国自1999年开始大学扩招，高等教育毛入学率快速上升，2002年达到15%，高等教育从精英教育阶段进入大众化阶段。

到42.7%,我国高等教育已经处于大众化阶段,并进一步向普及化阶段迈进。在这一背景下,高等教育在国民经济和社会发展中的地位将由原来的基础性向支撑性和引领性转变。单靠公共财政支持下的公办高校,已经无法满足经济社会发展对高等教育的需求。迈向高等教育普及化,需要发展类型更加多元、体系更加完备、层次更加合理的高等教育。

2. 教育行业现金流好、利润率高

教育行业是预付费的行业,"先交钱、后提供服务"。高等教育市场化程度低,监管严、门槛高、收入稳,尤其是本科教育仍是稀缺资源,还是卖方市场,国家控制招生计划,具有一定垄断性,学费收入也有保障。相比其他传统行业,学历教育领域有关公司的纯利率要高很多,这是任何其他行业所不具有的独特优势。根据公开数据,民生教育在2013年、2014年和2015年的收入分别是3.84亿元人民币、4.03亿元人民币和4.26亿元人民币。2016年上半年的收入就达到2.43亿元人民币,其中学费收入达2.26亿元,占总收入的93%,而剩下的收入主要来自学生的住宿费。该集团2016年的净利润为1.5亿元人民币,纯利率达到了61.6%。

3. 新法颁布背景下的政策利好

新法删除了关于"合理回报"的有关表述,明确了营利性和非营利性的分类管理办法,从法理上允许了教育机构或教育行业的营利属性。目前,教育部等三部门出台了《营利性民办学校监督管理实施细则》,但具体的管理办法尚处于摸索和完善阶段。现行的政策体系并未禁止高校与企业通过关联交易的形式实现海外上市。政策的利好提高了投资者对教育概念股的信心,再加上部分已上市的教育集团客观的投资回报率,进一步吸引了包括风险投资人在内的投资人进入相对稳健的教育股。

4. 境外市场上市门槛低、筹资速度快

从目前上市的教育企业来看,大部分都选择在境外上市。虽然国内A股也有部分投资教育的企业上市,但是将学校资产打包在国内证券市场上市的案例屈指可数(截至目前来看可能仅有在新三板挂牌的"三一学院")。一方面是由于国内A股市场对学历教育机构或学校上市仍存在诸多限制,也有相关业内人士认为A股市场对教育股尚未形成较为完善的估值体系[4];另一方面,在海外上市意味着能够募集到更加优质的资金资源,对教育股的限制也相对较为宽松。很多教育集团通过搭建VIE结构在境外上市,较容易、较快速地获得融资,也为企业带来一定的国际影响力。

(三)上市特点

从目前上市的几家教育股的实际情况来看,民办高校上市具有以下几个显著特点:

第一,目前在港股上市的民办高等教育集团均通过VIE模式实现对内地高校的日常管理和利益分配。通过管理公司与高校签订合约的形式,这些公司规避了"非营利性高校上市"的悖论,回避了分类管理对公司上市可能存在的制约与影响。以目前在港股上市的三家单营高等教育的公司为例,民生教育集团旗下四所高校中,仅有重庆人文科技学院在学校章程中明确要求"合理回报",其他高校均未明确办学属性;新高教旗下两所高校中,云南工商学院要求"合理回报",但贵州工商职业学院"不要求合理回报";中教控股旗下两所学校均"不要求合理回报"。但在VIE结构下,教育集团下的民办高校可以在选择成为非营利性民办高校的情况下,依然通过各种关联交易安排从学校获得不平等收益,而且还通过协议控制方式转移学校全部结余，使得学校举办者能够以上市公司股东的身份，通过股权分红间接实现对学校办学结余的占有[5]。例如，宇华集团在招股书里如此描述集团公司与学校实体之间的关系："本集团并无持有中国控股公司（即我们学校的控股实体）的任何股权。我们通过合约安排维持及行使对并表附属实体（包括中国控股公司及学校）的控制权，从而获取并表附属实体的经济利益。"

第二，上市主体一般由高校举办者担任董事，且董事会成员中家族化现象较为普遍。根据香港交易所对外披露的信息，成实外教育集团董事会主席兼执行董事为王小英，与董事会执行董事严玉德为配偶关系；中教控股董事会成员中，喻恺为于果的儿子，执行董事谢少华为谢可滔的胞姐；民生教育的初始投资中，李学春占 90%，其女李宁占 10%，公司执行董事左熠晨为李学春的女婿。以往民办高校的家族式管理主要表现在学校关键领导岗位的家族化，以及领导岗位轮替的家族化。董事会成员的家族化，抑或投资者结构的家族化，都属于集团公司领导层的家族化。虽然这一现象在全球企业里并不罕见，但就教育集团来看，家族化对其长远发展仍存在一定影响。其中一个可能的影响是降低集团控制风险的能力。

第三，合营各阶段学历教育的概念股表现相对较好，上市集团营收对学费的依赖度较高。从七家港股上市企业披露的相关数据来比较，中教控股的市场估值最高，合营各阶段教育的上市公司市值普遍比民生教育和新高教高。从营收数据来看，大部分集团的收入来源于学费和住宿费，占比均高于 90%。以目前国内综合实力较强的某民办高校（未上市）为例，该校 2016 年全年收入为 510 012 万元，其中学费收入为 369 559 万元，学费占比为 72.5%。除学费外，该校的收入还包括科研事业收入等。表 2 为部分上市民办教育集团财务数据，可作参考。

表 2　部分上市民办教育集团财务数据*

代码	简称	市值**/亿元	全年纯利***/亿元		全年营收****/万元	学费收入****/万元	学费收入占比	业务范围
			2017 年	2016 年				
1569.HK	民生教育	59.06	2.61	2.50	346 600	319 577	92.2%	高等教育
2001.HK	新高教	80.71	2.33	1.12	340 996	310 678	91.1%	高等教育
0839.HK	中教控股	208.08	4.29	4.13	417 976	384 320	91.9%	高等教育
1565.HK	成实外	151.35	—	3.02	364 822	344 487	94.4%	K12＋高等教育
6169.HK	宇华教育	138.43	3.14	3.12	781 331	—	—	K12＋高等教育

注：* 本表数据来源于各公司年报和公开招股书中发布的公开数据；** 市值为 2018 年 4 月 10 日公开数据；*** 全年纯利为各集团公司年报中"除税后盈利"；**** 全年营收和学费收入，成实外为 2015 年数据，其余均为 2016 年数据。

二、我国民办高校上市融资的利弊分析

（一）积极作用

第一，扩大了民办高校的融资渠道，有利于扩大民办教育总供给。根据有关统计数

据,美国高等教育投入占总教育投入的比例在2007年就达到了46.5%①,而我国高等教育经费在2013年也仅达到全国教育经费的26.93%②。民办高校因为特殊的办学性质所获得的财政性教育经费,更是不可与公办高校同日而语。我国民办高等教育的经费明显不足,与民办高等教育的地位明显不相称,导致民办教育质量上的供求失衡。其主要原因是政府拨款、捐赠、学校自营及其他收入的比例都较低。而上市融资能最大限度地吸引优质资本支持高校发展,有利于扩大教育资源供给,为民办高校开辟新的融资渠道,扭转长期以来民办高校办学资金不足的窘境,进而提高民办教育质量。

第二,提升了民办高校的管理水平,有利于我国民办院校内部管理体制改革。党的十九大对高等教育提出了"实现内涵式发展"的要求,而内部管理体制的建设是高校内涵建设的基础。根据证券交易的规则要求,上市挂牌交易的公司必须定期披露公司整体的业务经营情况。从挂牌的交易所网站上,都能查到有关公司的数据信息。同时,这些数据也能从集团官方网站的"投资者关系"板块同步获得。这就要求有关高校建立专业化的、有针对性的现代企业管理体系和监督机制,建立高度透明的信息披露制度。这和一直以来学界讨论的高校信息披露制度可谓殊途同归。而信息的及时披露意味着,原本未及时公开的信息会光明正大地被各类媒体、公众及投资者用于分析企业的经营状况。这在无形中提高了对高校管理水平的要求,与民办高校内部管理体制改革的要求不谋而合。

第三,推动了专业化教学和管理人才队伍建设,有利于民办院校人才培养体制改革。民办高校的发展,归根结底要以人才培养来检验。高校上市之后,毕业生就相当于企业最主要的"产品"。人才培养的质量,抑或是教学质量,就相当于评价其"产品"优劣和经营状况好坏的最主要指标。除了扩大学校规模和招生规模外,打造一支专业化的教学和管理团队是企业获得资本青睐的主要方式,也是教育企业长足发展的基本条件。市场竞争逼迫这些民办高校不断提高师资队伍建设质量。

(二) 不利影响

第一,从宏观政策角度来看,与高等教育内涵式发展的理念存在一定冲突。民办学校的办学活动处于公益和盈利的冲突之中[6]。投资人并非投资慈善事业,企业上市后,需要学校追求利润的增长。部分企业为了募集更多资金、做高利润率,看重短期投资、减少教学投入,很可能选择通过降低成本获利。这种在金融领域较为常规的运作方式与高等教育内涵式发展的要求背道而驰。我国高等教育已经从追求"数量"向追求"质量"迈进。对于高校来说,办学理念和办学特色、学校文化、教学科研水平、师资团队、人才培养质量等方面的建设才是重中之重。如果单纯追求利润率、做大规模,照搬企业管理的思路而罔顾教育发展规律,可能会使资本成为民办教育的指挥棒,造成教学质量下降,影响民办高等教育系统整体的稳定发展。

第二,从学校经营角度来看,引发高等教育行业不规范的运作行为。"快资本"与"慢教育"存在矛盾。追求短期、快速获利是部分投资者的需求,营利是上市教育机构的重要目标。为此,学校需要通过规模扩张或提高收费,抑或两者结合实现利润增长。提价不利

---

① 数据来源于《美国及其他G8国家教育指标比较(2011)》,具体参见美国教育科学研究院国家教育数据中心网站https://nces.ed.gov/。

② 数据来源于《中国教育经费统计年鉴(2014)》。

于市场竞争，扩大规模则会为品牌带来负面风险。教育需要稳定的、可持续的投入，回报周期较长。一快一慢，两者有着不可调和的矛盾。资本市场非常活跃，但风险也很大。特别是市场上的“热钱”进入民办教育领域后，受制于严格的“控制协议”和相关约束条件，可能对教育发展产生干扰。资金链一旦断裂，将对教育带来更大冲击。客观而言，我国民办高等教育现有的制度安排还很难适应股市的震荡。

第三，从金融角度来看，VIE 架构存在一定运行风险。目前这些民办教育集团都通过 VIE 模式上市。这种结构在国内的立法中虽没有直接被某一具体条款禁止，但如果立法发生变化，对集团的业务开展将会产生重大的不利影响。另外，VIE 架构导致外资变相进入教育等限制领域[5]。民办教育集团进入资本市场，即按市场规则进行自由交易。如若境外公司通过购买大量股票成为上市教育机构的大股东，就可以通过控制上市公司来间接控制民办高校举办权。这种状况可能会增加民办学校上市的费用负担和海外法律风险隐患。《外商投资产业指导目录（2017 年修订）》已于 2017 年 7 月施行，高等教育仍位列“限制”级别，且外商仅被允许通过中外合作办学从事高等教育，国内合作方须在合作中起主导作用。

三、我国民办高校上市融资风险管理的对策与建议

我国民办高等教育已初步形成一定的办学规模并具有一定的办学实力，但是，与公办学校相比，民办高校办学时间较短，整体实力较弱[7]。行业内没有占据市场大量份额的领军民办高校，数量相比公办高校极少；民办高校分布地域广阔，难以形成规模协同效应；我国现有民办高校没有建立现代大学制度，普遍缺乏科学化、标准化的管理，仍然处于管理低下的运营状态；民办高校的专业能力（如招生、教学、后勤、运营等）仍处于十分薄弱的层级，远远没有形成精细化、专业化的综合能力。我国民办高等教育一直以来被归为“民办非企业单位”的性质，坚持公益属性，外资禁入，多头监管。这些因素使得高教资产总体上证券化程度很低，大资本不敢贸然进入，缺乏充足的初始投入，长期依赖学费收入滚动发展，多年沉淀的庞大资产也无法盘活。高等教育是资金密集型行业，需要巨额的资金投入，资金的匮乏长期制约了民办高等教育的发展。通过上市融资，可以在一定程度上突破资金瓶颈问题，推动民办高等教育快速健康发展。高等学校上市融资尚属新动态，各级政府及有关部门应正确认识我国民办高等教育转型发展的客观需要，扶持和监管并重。一方面，以扶持现代服务业和新兴教育产业的理念，支持民办高等教育机构上市；另一方面，完善民办高校上市融资监管体系。

（一）多方面、多部门联动落实民办教育分类管理改革理念，进一步推进分类管理制度的改革

今后要积极联动多个部门，探索对民办高等教育融资的监督与管理机制。目前上市的高校概念股并非高校直接在香港交易所挂牌上市，而是通过协议关联的香港壳公司挂牌上市，旗下高校仅通过协议与该公司关联。这种结构存在内地管理公司、香港壳公司、海外公司、离岸公司、相关投资公司等诸多关联方，但受到国家工商部门监管的仅是其内地管理公司，而且公司并不直接提供学历教育，仅仅提供教育管理咨询。另外，最终的上市公司并非内地的管理公司，而是香港的壳公司。香港的壳公司一方面仅仅负责对内地的教

育投资,另一方面不受内地金融证券机构监管。受到国家法律监管的只有主体高校和内地管理公司。这就要求教育主管部门和工商、金融、证券等部门加强联动,进一步健全法律法规对相关高校和管理公司办学经营行为的监管。民办学校的问题不能只着眼于教育领域,单寄希望于教育部门,而需要联动工商、金融等多部门,坚持市场取向的改革,充分利用市场机制的积极作用[8],保证民办教育新政的顺利实施,促进民办教育的稳定、健康发展。

(二) 探索符合我国民办高校发展规律的民办高校内部治理体系和风险控制机制

习近平总书记在党的十九大报告中强调"全面深化改革的总目标是完善和发展中国特色社会主义制度、推进国家治理体系和治理能力现代化"。新法出台后,随着相关配套办法的落实,更应加快治理理念的更新,探索符合我国民办高校发展规律的现代大学治理体系。一是完善和创新"董事长领导下的校长负责制"。建立和健全董事会的监督机制,发挥其在重大投资及改革中的核心决策作用。完善选任制度,优选提拔校长,并给予校长独立开展日常工作的执行权。创新党委参与民办学校的管理决策机制,不断加强党委在民办高校治理体系中的政治堡垒作用。二是建立民办学校信息公开制度。民办学校信息公开包括学校的办学信息、组织结构、财务预决算等信息的公开。在证券市场上市的企业需要向投资者定期公开学校有关信息。三是建立教育企业投资风险预警机制。在学校内部设立风险决策委员会等决策咨询机构,对教育投资、企业并购、业务变更等重大活动进行风险评估,并提出有针对性的预警机制和应对方案。特别是财务风险的监控,学校要自觉接受政府和第三方的评估考查,防止股票市场动荡对学校日常教学带来不利影响。

(三) 深化"放管服"改革,以行业协会机制促进教育行业内部的良性竞争和健康发展

分类管理促进了我国高等教育的多样化发展,肯定了营利性学校的合法性,也意味着这些高校将以公司形式运行,更多受到市场的影响。从国际经验看,具有高度自律性质的高等教育行业组织对这些营利性高校进行保护和规范,是替代或补充传统政府管理模式的良好机制。例如,美国高等教育认证理事会(CHEA)、美国大学协会(AAU)、美国社区学院协会(AACC),都有明确的入会门槛,通过与会员单位、社会、政府之间的良性互动,形成一种独特的机制,影响政策制定和学校治理,是美国高等教育自治的独特优势。在新法鼓励社会力量办学的背景下,亟待建立社会性治理的新型管理体制。一方面,政府的角色由原先的主导向"指导"转变,由限制向"扶持"转变。另一方面,进一步贯彻"简政放权"的精神,赋予行业协会更大的活动空间。鼓励不同层次、不同类型的民办高校组成若干行业组织,发挥社会治理在民办高校内部治理现代化中的重要作用。以行业组织的机制实现不同民办高校,特别是民办高校企业之间的制衡,保护、约束行业组织内会员单位的良性竞争,防止因盲目并购和扩张导致行业整体的发展失衡。

(四) 加强对民办教育资本市场的建设,改善民办学校的融资环境

分类管理改革的一个重要目标是要激发社会资金进入民办教育领域的积极性。一方面,贯彻新法有关精神,鼓励有关金融机构使用信贷手段支持民办教育发展。在相关法律法规框架下,在保证风险受到合理控制的前提下,教育主管部门可联合有关金融机构开发适合民办学校特点的金融产品,允许民办学校将有偿获得的土地、设备设施、部分经营收入、知识产权等财产用于抵押融资。另一方面，创造一切有利条件，支持营利性民办高校在国内上市，在合理范围内放松对民办学校上市的管制。虽然新法颁布后"营""非"分类管理，对于营利性民办高校上市已再无法律障碍，但是国内证券市场采取核准制，对上市企业的公司管理和财务公开有诸多要求。有关部门应加以正面引导，鼓励其回归国内资本市场，以实现有效监管。目前，新三板的扩容可能为教育企业上市融资提供了一条新的路径。新三板政策环境宽松，财务门槛低，申请手续少，对于许多教育企业来说不失为一个进入资本市场的理想选择。宏观上须加大对资本市场的改革力度，工商、金融部门应联合教育主管部门做好对申请上市机构的审查和评级；对于营利性民办高校，可借鉴国外经验逐步开放创业板和A股市场，符合条件的允许其上市融资，以促进教育企业健康发展。

参考文献：

[1] 钟秉林.民办教育发展步入新阶段[J].中国教育学刊，2017(3)：1-2.

[2] 邬大光，王建华.对高等教育介入资本市场的反思——营利与非营利的视角[J].教育发展研究，2005(8)：54-57.

[3] 2017年，中国教育市场总规模将超过9万亿元[EB/OL].[2017-11-20]http://www.sohu.com/a/205754795_100011243.

[4] 蓝鲸教育.教育股：A股最贱>港股最贵[EB/OL].[2017-10-19]http://www.lanjinger.com/news/detail?id=78560.

[5] 潘奇，董圣足.VIE架构在教育领域的应用、问题及其对策[J].教育发展研究，2018(5)：17-22.

[6] 柯佑祥.非盈利组织视角下的民办高等教育盈利[J].高等教育研究，2002(1)：86-93.

[7] 周海涛，刘侠.民办高等教育发展研究报告——基于近十年全国民办高校数据统计与政策文本分析[J].中国高等教育，2016(2)：18-22.

[8] 吴华.地方实施民办教育新政要坚持市场取向的变革方向[J].教育发展研究，2017(3)：51-53.

作者：王磊，浙江树人大学中国民办高等教育研究院助理研究员，硕士；王一涛，苏州大学教育学院教授，博士。

（原载《复旦教育论坛》2019年第2期）

民办学校协议控制模式的制度风险与立法应对*

张文国

摘　要：民办教育领域的协议控制模式根源于民办学校的融资需求和举办者的营利需求。这一模式的运用既规避了国家外商投资制度，也规避了非营利性民办学校禁止营利的制度。随着政策的调整和法律的完善，这一模式面临着合法性风险，控制协议也有被认定无效的风险。当前，我国资本市场的发展动摇了民办学校协议控制模式的合理性基础，民办学校分类管理改革则动摇了其合法性基础。为此，应完善立法，禁止在非营利性民办学校运用协议控制模式，并在外国投资领域加强对营利性民办学校协议控制模式的监管。

关键词：民办学校；协议控制模式；制度风险；VIE

一、引言

2018年8月10日，司法部发布《中华人民共和国民办教育促进法实施条例》修订草案送审稿（以下简称"送审稿"）向社会公开征求意见，引起民办教育界的广泛讨论，尤其第十二条关于禁止集团化办学以协议控制方式控制非营利性民办学校的规定，甚至还造成大陆赴香港联交所上市民办教育板块股价暴跌，一时间引起关于该规定合理性甚至合法性的讨论。

协议控制模式（Variable Interest Entities，简称VIE）产生于公司治理领域，是相对于股权控制模式而言的。传统上，要取得一家公司的控制权需以取得该公司绝对或相对控股权为前提，基于公司股权制度，通过持股优势取得在股东会中的多数表决权，进而取得对董事和高管人选的控制，最终实现对公司的控制。协议控制模式不以持有股权为前提，而是通过系列协议安排实现对公司的控制。其典型运作方式是：①A公司通过签订贷款协议向B公司股东提供贷款，用于投资设立B公司，B公司股东将其每年在B公司的股权收益支付给A公司作为该贷款的对价；②B公司股东与A公司签订股权质押协议，以所持B公司全部股权为A公司在前述协议中的贷款提供担保；③A公司与B公司签订独家咨询服务协议或者资产租赁协议，B公司向A公司支付咨询服务费或者租赁费；④B公司全体股东与A公司签订表决权委托协议，将其在B公司股东会中的表决权永久委托给A公司行使，A公司控制B公司股东会进而控制董事会及高管人选；⑤A公司与B公司签订运营控制协议，将B公司的经营管理委托给A公司依据协议组建的经营管理团队负

*　基金项目："上海市教育法学人才计划"项目（2017JYFXR022）。

责[1]。通过上述系列协议，A 公司实现了对 B 公司的全方位控制。

在我国，协议控制模式首先被用于科技、媒体和通信（TMT，即 Technology，Media，Telecom）领域，首要目的是解决 TMT 企业的境外融资难题。阿里巴巴、京东、百度等公司均采取这一模式，借助所谓 VIE 架构实现“境外上市融资、境内经营”的目标。TMT 企业采用协议控制模式融资主要基于两个原因：其一，这类企业前期投资大、风险大，需要大量融资，但国内融资渠道窄、上市门槛高，难以满足融资需求，美国和我国香港等地证券市场发达，资本充裕，上市门槛低，较容易融资；其二，国内产业政策限制或者禁止外资进入 TMT 相关行业，外资无法通过股权投资方式取得境内 TMT 企业控制权，协议控制模式将境外投资者的投资风险、收益与企业控制权通过协议联结起来，解决了投资人与企业控制权分离的难题。

二、协议控制模式在民办学校中的运用

（一）民办学校协议控制模式中的控制协议

在新《民办教育促进法》生效前，法律规定所有民办学校都是非营利性的。在不得营利的背景下，民办学校协议控制模式中控制协议的双方当事人通常是民办学校与举办者、举办者代表或者其实际控制人（以下统称“举办者”）。与公司不同，在法规政策层面，非营利性民办学校中不存在股东和股权这类构造，因而其控制协议体系中不能出现类似公司协议控制模式中的股权质押担保协议和股东表决权委托等协议。民办学校的控制协议体系主要包括借款协议、办学场所和设施设备租赁协议、独家咨询服务协议、学校品牌冠名协议、学校运行控制协议等。通过系列协议，举办者向民办学校提供办学资金、办学场所、设施设备、课程体系、教育教学模式、教育品牌等资源，并进而控制学校的管理和运行，民办学校则以支付借款利息、办学场所与设施设备租金、咨询服务费、品牌使用费、运行管理费等形式，将办学收入转移给举办者。

在上述系列协议中，从形式上看，举办者与民办学校是两个彼此独立的、平等的交易主体，举办者从民办学校获得的只是基于平等、自愿原则的交易对价，而非基于股权投资的持股收益，因此并未违反民办学校盈余不得分配的制度。由此可见，与 TMT 领域不同的是，民办教育领域的协议控制模式不仅解决了民办学校发展中的融资难题，而且还有另一关键作用，即绕开了法律关于民办学校禁止营利的制度。协议控制模式可以实现融资办学（包括境外融资和境内融资）和规避民办学校禁止营利制度双重目的[2]。

（二）民办学校协议控制模式的融资功能

1. 通过协议控制模式境内融资

兴办民办学校前期投资大、周期长，需要借助融资促进发展。但是，一直以来，民办学校融资面临难以逾越的法律障碍。首先是直接融资障碍。非营利性民办学校不是公司，不存在股权，无法通过出资入股或者发行股票的方式筹集办学资金。其次是间接融资障碍。《中华人民共和国商业银行法》第七条规定：“商业银行开展信贷业务，应当严格审查借款人的资信，实行担保，保障按期收回贷款”；第三十六条规定：“商业银行贷款，借款人应当提供担保”。但是，《中华人民共和国物权法》和《中华人民共和国担保法》都规定，学校、幼儿园的教育设施等财产不得抵押。因而，民办学校没有能够用以提供担保的资产，

难以获得银行贷款。

协议控制模式可以通过两种方法解决民办学校的国内融资难题:其一,由举办者与民办学校签订借款协议,直接向民办学校提供无须担保的信用借款;其二,民办学校向银行贷款,由举办者为该贷款向银行提供担保。在这两种融资方法中,举办者可以通过与民办学校的系列协议安排,全方位控制民办学校的运行和管理,进而控制融资风险,实现投资收益。

2. 通过协议控制模式境外上市融资

民办学校利用协议控制模式赴境外上市融资,需要借助 VIE 架构完成,其 VIE 架构与 TMT 企业境外上市融资的 VIE 架构基本相同(见图 1)。以在我国香港上市为例,民办学校 VIE 架构的基本框架是:①国内民办学校创办人在有“避税天堂”之称的离岸金融中心英属开曼群岛联合风投基金(VC)、私募基金(PE)共同设立公司作为上市主体;②上市主体在香港联交所公开发售股票,并在香港设立全资子公司;③香港全资子公司在内地投资设立外商独资企业将境外募得资金投入境内;④由外商投资企业直接或者间接作为民办学校境内投资主体与民办学校签订系列控制协议;⑤境内投资主体将从民办学校获得的“合同收益”通过外商投资企业转移至境外上市主体,实现创办人和境外投资者的投资收益。在香港设立全资子公司主要出于税收考虑,香港与内地有税收协定,港资企业在内地可享受相关税收优惠,而开曼群岛与我国则无类似协定。

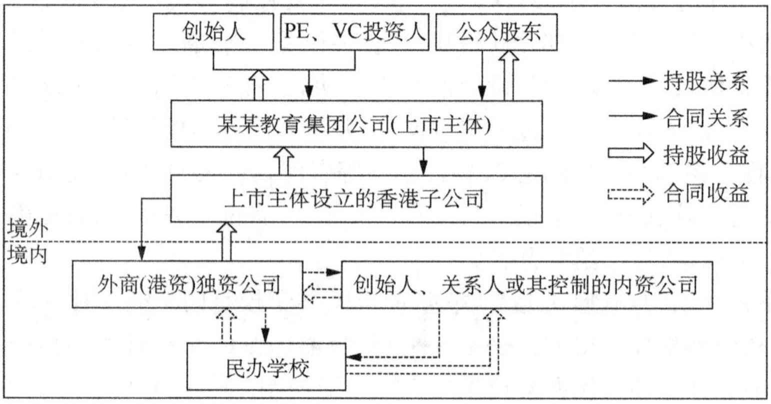

图 1　民办学校利用协议控制模式境外上市融资架构图

目前,借助 VIE 架构在美国和我国香港上市的民办教育集团已有 20 多家,虽然所占民办教育总体份额不大,但均为很有市场知名度和影响力的民办教育品牌,其中多家上市民办教育集团以 K12 为主营业务,上市成功后均凭借其资金和品牌优势加速扩张。

三、民办学校协议控制模式的制度风险

分类管理改革后,营利性民办学校按公司形式组建,协议控制模式作为规避禁止营利制度的手段已无必要。本文所说的协议控制模式的制度风险,存在于非营利性民办学校以及赴境外上市融资的民办学校领域。

(一) 民办学校协议控制模式的监管风险

监管风险是指外商投资领域的实质性审查风险。民办学校境外上市进行股权融资可

以一举多得，不仅能以增加资产而不增加负债的方式获得发展资金，而且上市成功还对其教育品牌有信用升级作用，能提升品牌价值和市场影响力。但境外上市突破了国家在外商投资领域的法律限制，可能诱发政府监管风险。

TMT 企业以协议控制方式赴境外上市，目的之一是绕开国家产业政策在 TMT 行业对外商投资的限制。我国《外商投资产业指导目录》(以下简称《指导目录》)虽多次修订，但 TMT 相关领域一直被列入限制或者禁止外商投资的产业目录。自 2000 年新浪网首开国内企业借助协议控制模式赴美上市成功的先河后，该模式被多家企业效仿。该模式能成功绕开国家外商投资制度，取决于两点：第一，《指导目录》只限制或禁止外资以股权投资方式在境内直接投资，没有明文限制外资以协议方式控制这类公司；第二，相关机关在向境内被协议控制的公司颁发营业执照和核发特定行业经营许可证时，对资金来源和控制关系不作实质审查。

民办教育领域也存在外商投资限制。2018 年发布的《外商投资准入特别管理措施(负面清单)》(属于《指导目录》组成部分)延续修订前的规定，将学前、普通高中和高等教育列入限制外商投资目录，并且外商投资也仅限于中外合作办学形式，且须由中方主导(校长或者主要行政负责人应当具有中国国籍，理事会、董事会或者联合管理委员会的中方组成人员不得少于 1/2)；义务教育则一如既往地被列入禁止外商投资目录。目前，境外上市各民办教育集团的营运范围几乎都有限制或禁止外资进入的领域，如果国家加强教育领域外商投资监管，实行实质审查，协议控制模式可能被认定为违法。

执法机关强化外商投资监管并非不可能。在特定行业强化外资监管执法，对协议控制模式进行实质审查已有先例。例如，2011 年，为了让支付宝获得国内支付业务许可证，马云将支付宝从阿里巴巴协议控制框架下拆解出来，就与金融主管机关对外商投资的实质审查有关[3]。

(二) 法律制度变动的不确定性风险

1.《外商投资法》相关制度的不确定性

2019 年 3 月，全国人大审议通过了《中华人民共和国外商投资法》，该法将于 2020 年 1 月 1 日生效。该法规定，本法所称外商投资是指外国投资者“直接或者间接在中国境内进行的投资活动，包括下列情形：(一)外国投资者单独或者与其他投资者共同在中国境内设立外商投资企业；(二)外国投资者取得中国境内企业的股份、股权、财产份额或者其他类似权益；(三)外国投资者单独或者与其他投资者共同在中国境内投资新建项目；(四)法律、行政法规或者国务院规定的其他方式的投资”。

《外商投资法》将股权投资作为外商投资的认定标准，未回应外商投资领域的协议控制模式，未采纳 2015 年 1 月商务部发布的《中华人民共和国外国投资法(草案征求意见稿)》的规定。征求意见稿第十五条规定，外国投资者通过合同、信托等方式直接或间接控制境内企业或者持有境内企业权益，属于本法规定的外国投资；第十八条规定，“通过合同、信托等方式能够对该企业的经营、财务、人事或技术等施加决定性影响的，属于本法所称的“控制”。商务部在征求意见稿《说明》中指出：“外国投资企业通过签署一系列协议获得内资企业控制权的问题，受到广泛关注。征求意见稿将协议控制明确规定为外国投资的一种形式，本法生效后，以协议控制方式进行投资的，将适用本法。”征求意见稿体现了对协议控制模式严格监管的立法导向[4]。但是,很多人从协议控制模式融入大量外资促进了国内TMT等领域发展为理由,反对对协议控制模式采取一刀切的否定态度[5]。由于反对者众多,触动利益太大,正式颁布的《外商投资法》最终回避了协议控制问题,将其留给"法律、行政法规或者国务院其他规定",协议控制模式再次回到模糊的灰色地带,这对以协议控制模式境外融资的民办学校而言,增加了诸多不确定性[6]。

2. 新《民办教育促进法实施条例》相关制度的不确定性

新《民办教育促进法》生效后,《民办教育促进法实施条例》面临修改。2018年8月10日,司法部发布新《民办教育促进法实施条例》(修订草案)送审稿公开征求意见,送审稿第五条规定,在中国境内设立的外商投资企业以及外方为实际控制人的社会组织不得举办、参与举办或者实际控制实施义务教育的民办学校;举办其他类型民办学校的,应当符合国家有关外商投资的规定;第十二条规定,实施集团化办学的,不得通过兼并收购、加盟连锁、协议控制等方式控制非营利性民办学校。上述规定是对包括义务教育在内的非营利性民办学校协议控制模式的直接否定,第五条针对境外上市民办教育集团,第十二条则禁止以协议控制模式控制非营利性民办学校。上述规定一旦通过,相关民办学校的协议控制体系便面临被强制拆解的风险。

(三)民办学校系列控制协议的有效性风险

协议控制模式目标实现的前提是系列控制协议符合《中华人民共和国合同法》关于合同有效性的规定,否则控制目标难以实现。关于合同无效,《合同法》第五十二条规定:"有下列情形之一的,合同无效:(一)一方以欺诈、胁迫的手段订立合同,损害国家利益;(二)恶意串通,损害国家、集体或者第三人利益;(三)以合法形式掩盖非法目的;(四)损害社会公共利益;(五)违反法律、行政法规的强制性规定。"控制协议可能违反该条后三项规定而被认定无效。

1. 控制协议存在规避法律的风险

控制协议是规避监管的行为。首先,它规避了《指导目录》限制或禁止外商进入教育领域的规定;其次,它存在规避非营利性民办学校盈余不得分配制度的嫌疑。《指导目录》是商务部和国家发改委共同颁布的部委规章,不属于法律和行政法规。根据《合同法》第五十二条第五款,只有规避法律和行政法规的合同才能被认定无效,控制协议规避部委规章,目前尚不能认定无效。但是,《外商投资法》第四条规定,国家对外商投资实行负面清单管理制度,"负面清单由国务院发布或者批准发布",作为《指导目录》组成部分的负面清单一旦上升为国务院行政法规,控制协议即可被认定为无效。并且,非营利性民办学校"盈余不得分配"既是《民办教育促进法》的规定,也是《民法总则》关于非营利法人的要求,控制协议一旦被认定为规避这两部法律中的不得分配制度,也可以被认定为无效。

2. 控制协议存在损害社会公共利益的风险

《指导目录》最早发布于1995年,其上位法律依据是国务院发布的《指导外商投资方向规定》。《指导外商投资方向规定》的立法目的是"使外商投资方向与我国国民经济和社会发展规划相适应",其中要求《指导目录》应将属于国家"逐步开放"的产业以及法律、行政法规规定的其他的领域,列入限制类外商投资目录;属于危害国家安全或者损害社会公共利益的领域,列入禁止类外商投资目录。至2018年,《指导目录》已历经八次修订,其中限制和禁止外商投资领域的每次调整，都与国家经济命脉、宏观经济安全、国计民生和敏感领域密切相关，其中涉及的社会公共利益不言自明[7]。极端地讲，《指导目录》规定的限制或者禁止外商投资的领域形式上几乎都可通过协议控制模式规避，如果都采取放任态度，国家外商投资管理制度岂非形同虚设。因此在教育领域，特别是义务教育领域，一旦涉及公共利益审查，极有可能触及《合同法》第五十二条第四款之适用，控制协议面临被认定无效的风险。

3. 控制协议存在以合法形式掩盖非法目的的风险

从表面上看，控制协议中的每一个协议从形式、内容到目的都具有合法性，但是当系列协议组合起来其所达成的总目标则存在违法风险。对赴境外融资的营利性民办学校而言，采取协议控制模式是为绕开《指导目录》限制或禁止外商投资的规定，这显然与《指导目录》"立法目的"相悖。非营利性民办学校向举办者和资金提供者支付合同对价的行为，表面上看是履行合同义务，但实际上却可通过这种关联交易转移学校盈余，使举办者实现与营利性民办学校投资人相同的投资目的，控制协议目的的合法性面临考验。实际上，在限制外商投资的金融领域，依据《合同法》第五十二条第三款，对"以合法形式掩盖非法目的"为理由认定控制协议无效，在司法实践中已有先例。

四、协议控制模式制度风险的立法应对

民办学校协议控制模式是在我国外国投资和民办教育领域法律不健全的背景下发展起来的，长期无法可依是实践中放任发展的根本原因，实践乱象也正因放任而生。从本质上讲，该模式的制度风险主要来自法治进步和法律发展，因此其制度风险也只有通过完善相关立法来解决。

笔者建议从以下方面着手：第一，完善民办教育促进法，在非营利性民办学校领域明确禁止使用协议控制模式，旨在防止通过协议控制模式变相营利；第二，完善外国投资制度，由国务院颁布行政法规，对营利性民办学校境外融资进行实质审查，限制或者禁止外国投资者以协议方式控制这类民办学校，旨在防止利用该模式规避国家产业政策；第三，制定完善民办学校融资法规，拓宽民办学校融资渠道和融资方式，旨在解决民办学校融资难题，取代协议控制模式的融资功能。

不论 TMT 领域还是民办教育领域，都存在利用协议控制模式规避法令政策的非正当目的，在着力建设法治国家的背景下，这是协议控制模式的致命缺陷[8]。实践中之所以默许这种法律规避行为发展，在于有关机关的"利益衡量"，即这种规避行为所带来的社会效益至少在表面上看大于所造成的社会成本。但是，目前，这种以牺牲法治为代价的法律规避行为的正当性正在丧失。

（一）经济法律环境发展动摇了协议控制的合理性基础

1. 为境外融资而规避法律的正当性在削弱

监管机关对民办学校利用协议控制模式境外融资的放任态度在某种程度上搭了 TMT 领域的便车。自 2000 年新浪网以协议控制模式境外成功上市至今，国内资本市场发生了深刻变化，从 20 年前的单一主板市场，已发展成主板、中小板、创业板、新三板等多层次市场共建并存。2019 年 1 月，中央深改组审议通过《在上海证券交易所设立科创板

并试点注册制总体实施方案》,不仅科创板即将落地,而且注册制改革也进入实质阶段。同时,国内PE、VC等机构投资者发展迅速。国内融资环境的发展动摇了境外融资的必要性和合理性,加之以协议控制模式境外融资本身的高成本和高风险,这些都削弱了以协议控制模式规避法律的正当性基础。

2. 通过协议控制模式境内融资的必要性在削弱

分类管理改革后,营利性民办学校采取公司形式,协议控制模式的融资功能可以被股权融资代替,以学校股权融资比协议控制融资更加合理、可行,并且成本低、风险小。对非营利性民办学校而言,虽然融资难题仍然存在,但是国家和地方已在开展破解民办学校融资难题的各种探索,这些探索和经验对营利性和非营利性民办学校都适用,多元化、便利化、低成本、非风险的民办学校融资体系正在形成。

2016年12月底,国务院颁布《关于鼓励社会力量兴办教育促进民办教育健康发展的若干意见》(国发〔2016〕81号),规定"鼓励金融机构在风险可控前提下开发适合民办学校特点的金融产品,探索办理民办学校未来经营收入、知识产权质押贷款业务,提供银行贷款、信托、融资租赁等多样化的金融服务"。各地政府在贯彻落实这一意见时,不断细化和创新民办学校融资方式。例如,浙江省明确规定民办学校学费、住宿费收费权可用于质押;辽宁省规定探索民办学校固定资产抵押和学费收费权、未来经营收入质押及担保中心信用担保等贷款业务;安徽省支持利用BT模式、BOT模式、企业债券、项目收益债、中期票据等融资工具投入学校项目建设,允许营利性民办学校发行专项债券。

(二)变相营利的风险动摇了协议控制的合法性基础

分类改革前,以协议控制方式规避营利性限制是民办教育领域公开的秘密,这种情形延续至今,以非营利之名行营利之实是民办教育由来已久的发展逻辑。对此,可以从相关赴我国香港上市民教集团的财务报告一窥端倪。根据港交所上市规则,存在VIE架构的上市公司应将其所控制的VIE的财务报表并入上市公司。实际上,如果没有控制协议,就无法以合并报表方式将民办学校的盈余并入上市主体,上市主体就成为空壳公司。正是港交所合并报表的上市规则才使我们有机会了解相关民教集团从民办学校的获利状况。从财务报告可见(参考表1),通过协议控制方式,控制主体从民办学校不仅可以实现营利,而且其纯利润率甚至远远超过很多营利性行业,甚至这些利润还有相当部分来自分类改革后禁止营利的实施义务教育的民办学校。

表1 港交所部分上市民教集团2017年度财务报告摘录

名称	在校学生/人	学校/所	纯利润/元	纯利润率
宇华教育	53 308	26	429 882 000	50.8%
枫叶教育	28 111	73	427 964 000	39.5%
睿见教育	41 180	7	248 517 000	25.4%
成实外教育	38 498	17	339 624 000	35.6%

实践表明,协议控制模式的普遍运用触动了民办教育的制度根基。本轮民办教育改革的中心主旨是分类管理,其中"分类"是前提,分类管理的首要目标是保证学校分类的真

实性，没有准确的学校类型甄别，分类促进、分类施策都会落空。长期以来，民办教育的突出乱象是假的非营利性民办学校普遍存在，若不能彻底扭转这一乱象，让名“非”实“营”的民办学校不仅能获得各种政府支持，而且投资人还能变相获取办学收益，这将从根本上破坏民办教育生态，必定重回过去的老路。问题的症结就是协议控制模式，它被投资人用作具有形式合法性的“获利通道”。

协议控制模式是我国民办教育特定发展阶段的产物，它在一定程度上促进了我国民办教育由小到大的发展，但是要实现民办教育由大到强的转型升级，完善立法，严格监管，并在特定民办教育领域禁止使用，应是理性选择。其实，在最早使用协议控制模式赴境外融资的 TMT 领域早已认识到这一模式存在的问题，并且已在减少和摆脱对这一模式的依赖，有些企业已成功拆解 VIE 架构回归国内，但是所付出的代价却非常巨大，这也从侧面证实了完善立法、加强民办教育领域协议控制模式的监管和控制的必要性和紧迫性。

参考文献：

[1] 刘纪鹏，林蔚然.VIE 模式双重道德风险及监管建议[J].证券市场导报，2015(10)：4-12.

[2] 潘琦，董圣足.VIE 架构在教育领域的应用、问题及对策[J].教育发展研究，2018(5)：17-22，74.

[3] 屈丽丽.支付宝股权风波引发“新浪模式”法律风险[N].中国经营报，2011-06-27(B02).

[4] 柴珂楠.论《外国投资法》(草案征求意见稿)对“协议控制”架构的影响[J].南方金融，2015(6)：89-98.

[5] 沈恂.浅析 VIE 模式的法律监管及《外国投资法》对 VIE 架构的影响[J].银行家，2017(1)：123-125.

[6] 谷枫.是否接纳 VIE 争议不断 上交所喊话“可以上市”[N].21 世纪经济报道，2019-1-17(12).

[7] 李敏.互联网行业 VIE 协议控制的法律效力[J].重庆邮电大学学报(社会科学版)，2015(4)：34-40，74.

[8] 谷世英.论协议控制模式法律监管的完善[J].证券市场导报，2013(10)：67-73.

作者：张文国，华东师范大学教育学部教育管理学系副教授。

（原载《教育发展研究》2019 年第 12 期）

独立学院发展再审视*

钟秉林　周海涛

摘　要： 独立学院是我国高等教育事业的重要组成部分。当前，独立学院的规范设置工作进展缓慢，面临着政策预期模糊、办学经费短缺、队伍建设滞后、自主办学受限、内涵建设薄弱等问题。应遵循"政府主导、属地管理、因地制宜、一校一策"的原则，尽快出台独立学院规范设置的国家指导意见和地方实施细则；完善统筹协调机制，强化省级政府统筹权；坚持因地制宜、分类指导，建立差别化的规范设置与管理制度；加大政府支持力度，落实独立学院办学自主权；引导独立学院抓好内涵建设，促进可持续发展。

关键词： 高等教育；独立学院；政策体系；分类指导

伴随我国高等教育大众化进程应运而生的独立学院，走过二十多年的发展历程，取得了显著成就。其弥补了高等教育公共财政的不足，加速了高等教育大众化进程；促进了人才培养规格的多样化，培养了大批应用型人才；探索了办学体制改革的新方式，促进了高等教育结构的优化。根据教育部 2018 年公开数据，我国普通高等学校中有独立学院 265 所，约占普通高等学校总数的 10.07%；约占本科院校总数的 21.31%。独立学院已成为我国高等教育事业的重要组成部分和民办本科教育的主要力量。在新时代，我国高等教育发展方式发生根本性转变，从以规模扩张和空间拓展为特征的外延式发展，转变为以提高质量和优化结构为核心的内涵式发展。在这样的大背景下，明所从来、察之即在、知其将往，推进独立学院的健康可持续发展，已经成为我国高等教育发展进程中十分紧迫的重大现实问题。

一、独立学院发展的历史沿革与现状

（一）已有研究基础

20 多年来，相关研究从各层面对独立学院发展中的重要理论与现实问题展开了较为全面的探索。在内涵及属性方面，有学者认为，独立学院是公立高校与其他生产要素所有者，为生产相互同意的教育服务而把自身资源组合到一起，并根据约定按投入比例分享实际收益的一种合约的产物[1]。有学者认为，独立学院是从早期的"二级学院"演变而来的，发展中必须坚持国家"优、独、民"的方针，并在发展中逐步走向规范，只有独立学院取得了

*　基金项目：教育部哲学社会科学研究 2016 年度重大课题攻关项目（16JZD048）。

办学资金自由、获得了学士学位授予权、民办高校立法比较完备、公办大学退出机制成熟时，独立学院才能真正独立办学[2]。还有学者反思独立学院的属性及相关问题，认为独立学院的主体构成不同，应区分其主要行为特征是营利性还是非营利性以区别对待[3]。在宏观发展战略方面，较多学者认为，独立学院应坚持应用型、服务区域经济社会发展的目标定位[4-5]。其发展会有一个完善和成熟的过程，促进独立学院的快速发展，应不断完善相关制度机制、强化规范管理、注重提高质量、推进改革创新，促使独立学院真正独立[6-7]。在现存难题及对策方面，不少学者认为，独立学院发展存在着办学有待规范、办学条件有待改善、办学定位有待明确、办学同质化有待突破、经费使用效益有待提高、内部治理尚需加强、教学工作仍需加强、师资水平有待提高、产权归属有待明确、优惠政策有待完善、人才培养模式亟待改革等难题，要不断强化相关制度建设、完善内部治理机制、加强经费使用监管、强化教师队伍建设、深化人才培养模式改革、建立健全学校内部教学质量保障机制等[8-10]。在制度建设方面，有学者认为，应从改善独立学院生存发展的制度环境、加强独立学院自身制度建设两方面着手，对不同办学形式的独立学院要采取不同的措施，坚持尊重历史、加强监管、加大支持，促进独立学院的多元、规范、创新发展[11]。有学者认为，要明确独立学院的法律身份、处理好独立学院内部产权关系、规范独立学院办学协议等法定文件、建立相应的资产评估制度，通过构造产权主体、优化产权结构、谨慎分割产权等策略，明确独立学院产权[12-13]。在人才培养模式方面，有学者认为，独立学院应大胆推进改革创新，努力探索和实施应用型人才培养模式，围绕高素质应用型创新人才培养目标，坚持宽口径、多方向、复合型的要求，注重基础教学，加强实践环节，实施个性化培养[14-16]。有学者认为，健全人才培养质量保障体系，要以“高素质、应用型”为目标定位人才培养质量，以就业为导向明确质量目标，以“民、独、优”为指导整合教学资源，以重实践、强能力为内容推进教学工作，以隐性文化为中介进行校园文化建设，以促进个性发展为宗旨建立质量评价体系[17]。

总的来看，相关研究对独立学院的内涵与属性、宏观发展战略、现存难题及对策、制度建设、人才培养模式等关键问题进行了较为系统的探讨，为深入探索奠定了基础。同时，已有研究对独立学院历史沿革及其特点未见分析，对独立学院发展的政策瓶颈及针对性建议较少。基于此，本文进一步对独立学院的发展历史及现状特点、突出问题及成因、政策调整建议等试作分析。

（二）独立学院发展的历史沿革

从发展历程和政策文件梳理的视角看，我国独立学院的发展可以划分为三个阶段。

第一阶段，探索创新阶段（1998—2003年）。1998年，国家做出扩大高等教育招生规模的决策，一定程度上缓解了民众对接受高等教育的渴求，同时也面临着高等教育资源供给与投入不足的问题。江苏、浙江等经济发达地区率先开始探索试办独立学院，主要特征是以二级学院形式借助社会资本，依靠母体高校的品牌、校舍、设备、师资与优势专业办学，发展态势迅猛，成为当时各类高等教育机构中发展最快的办学形式。

第二阶段，规范发展阶段（2003—2008年）。以2003年教育部颁发的《关于规范并加强普通高校以新的机制和模式试办独立学院管理的若干意见》为标志。正式将“由普通高校按照新机制、新模式举办的本科层次的二级学院”命名为“独立学院”，对独立学院的设置和办学进行规范。提出七个“独立”要求:独立学院应具有独立法人资格、能独立承担民事责任、具有独立的校园和基本办学设施、实施相对独立的教学组织和管理、独立进行招生、独立颁发学历证书、独立进行财务核算,对原国有民办二级学院提出若干规范意见和设置要求。

第三阶段,转型发展阶段(2008—2018 年)。以 2008 年教育部颁布的《独立学院设置与管理办法》(以下简称“26 号令”)为标志。从独立学院的性质、设立、组织与活动、管理与监督、变更与终止、法律责任等方面予以明确规范,规定“独立学院按照普通本科高等学校的设置标准来执行”,明确了五年考察验收期限。然而,受制于校园占地面积不达标、资产过户困难等因素,“26 号令”颁布至 2018 年,仅有 57 所独立学院完成规范设置,占全国独立学院总数的 18%。

(三) 独立学院办学实践分析

独立学院数量最高时达到 2011 年的 323 所,随着规范设置工作的推进,近年来逐步下降,2017 年年底为 265 所。

从区域分布上看,独立学院覆盖地域广泛,以东部地区居多。东部地区有 133 所独立学院,占全国独立学院总数的 50.1%;中部地区有 77 所独立学院,西部地区有 55 所独立学院,分别占全国独立学院总数的 29.1%和 20.8%。而江苏省(25 所)、浙江省(21 所)、湖北省(17 所)、河北省(17 所)、广东省(16 所)和湖南省(15 所)位列前六,分别占全国独立学院总数的 9.4%、7.9%、6.4%、6.4%、6.0%和 5.7%,总计 111 所,占全国独立学院总数的 41.9%①。

从学科专业类型上看,独立学院类型多样,差异性较大。按独立学院类型占比从高到低排序,依次为理工类(93 所)、综合类(69 所)、财经类(43 所)、医药类(23 所)和师范类(19 所),分别占全国独立学院总数的 35.1%、26.0%、16.2%、8.7%和 7.2%,共计 247 所,合计占全国独立学院总数的 93.2%;其余 18 所分别为语言类(7 所)、农林类(6 所)、体育类(2 所)、艺术类(2 所)和民族类(1 所)院校,合计占全国独立学院总数的 6.8%②。

从办学模式上看,形态复杂、方式各异。按办学主体不同进行划分,主要包括校政模式、校企模式、校中校模式、校校模式等。一是校政模式,由公办普通本科院校与地方政府合作共建,一般由地方政府提供土地及地面建筑等资源,高校负责办学。二是校企模式,由公办普通本科院校与企业共同创办,一般由企业提供资金、负责办学所需的硬件建设,高校提供品牌、负责软件建设。三是校中校模式,由公办普通本科院校利用自身资源在校内独立举办二级学院。四是校校模式,由两所或两所以上公办普通本科院校合作,整合各校的优势资源共同创办。

二、独立学院发展的突出问题及成因

当前,独立学院在发展中遇到了一系列瓶颈问题,面临着规范设置进展缓慢的困境,“26 号令”正式施行已近 11 年,仍有 208 所(占总数 265 所的 78.5%)独立学院未能达成规范设置目标。这种情况造成了学校举办者和师生的忧虑与困惑,也引起了社会的关注与热议。为准确把握独立学院近 20 年发展的现状、问题和各利益相关方诉求,我们实地走

①② 本文使用数据是根据教育部、国家统计局 2018 年公布的数据以及中国独立学院协作会提供的数据统计整理。

访、访谈调研了 4 省 30 余所独立学院及其母体高校，汇集痛点堵点，收集看法意见，辨别剖析原因。

(一) 政策预期模糊，法人属性不清

调研发现，五年考察验收期已过，国家尚未修改完善“26 号令”，也没有出台明确的后续政策，不少独立学院面临未来发展困惑。独立学院诞生之初，带有明显的“先发展后规范”的特征，即地方实践在先、政策规范在后，这与当时我国经济社会和教育发展的历史环境有关。各地独立学院办学形态多样，差异性很大，甚至同省市的不同独立学院也存在显著差异。现有相关政策和验收标准并未充分考虑各省市独立学院的特殊性和复杂性。比如，在用地要求方面，生均占地面积或者学校办学用地面积的规定限制了小规模独立学院的发展，占地总面积没有达到 500 亩的学校，不能实现规范设置验收；在产权过户方面，地方政府投资的独立学院能否实现产权结构多元化尚不明晰。另外，在独立学院办学中涉及土地、资产、税收等问题，已经超出了教育行政部门的管辖权限，目前还缺乏切实可行的协同配套政策和机制。

在教育管理和学校发展实践当中，独立学院陷入了公办、民办“两不靠”的尴尬境地。“26 号令”明确独立学院属于“民办教育”，依法享有《民办教育促进法》所规定的各项奖励与扶持政策。然而，由于独立学院的法人属性不清，既不能享受公办高校生均拨款、教师编制等政策，也不能享受民办高校专项财政经费扶持等政策，甚至在管理上被列入“另册”。

(二) 出资方顾虑大，办学经费不足

不少地方反映，出资者顾虑重重，不能持续保证充足的经费投入，影响独立学院稳步发展。部分投资方获取短期回报的愿望强烈，且投资主体更多以自身利益为先，少有稳定长期投资，遇到资金周转等困难时便会撤出。部分母体高校收取高额的管理费，将独立学院作为“钱袋子”。尽管民办学校分类管理的法律法规和政策已经明确，但由于独立学院发展方向不明晰，独立学院是否实施分类管理，是否允许举办营利性独立学院等重要问题仍未明确，这加剧了投资方再投资的顾虑，影响了投资方的信心。

由于办学经费收入渠道单一和支出科目多重叠加，独立学院办学经费严重不足。独立学院真正获得的财政扶持与优惠政策过少，办学资金来源单一，主要依赖学费收入(学费收入不仅要向投资方提交合理回报，还要向母体高校上缴 25％～30％的管理费)，有的独立学院收取的学费还必须进入母体高校账户后方能支出。此外，独立学院面临生源不足压力，如果提高学费标准，则会直接面临生存风险。由此导致独立学院的实际生均经费不仅远低于公办本科院校，甚至低于普通民办本科院校。部分独立学院缺少独立校舍，教学仪器设备、图书资料等资源匮乏，自有教师队伍建设不力，程度不同地存在凑合办学、勉强运行等现象，直接影响学校的办学质量，尤其是人才培养质量。

(三) 自主办学受限，师资问题突出

一些学校认为，办学自主权的缺失制约了独立学院的特色发展。一是专业设置缺少自主权，办学特色难以形成，竞争力受到影响。独立学院既受限于政府与公办母体高校的关系，也受制于母体高校的学科专业发展。地方政府的计划管理模式痕迹严重，对独立学院的专业设置管得较多、统得过死。独立学院依靠母体高校的品牌和学科专业办学，受限较多，附属痕迹偏重，专业设置重复雷同，依附倾向严重，人才培养模式趋于同质化。二是独立学院在招生和收费方面受到很大的限制,各地收费权力和标准差异较大。有的省规定民办院校可以自主确定学费,但将独立学院排除在外,抑制了独立学院办学的自主性和灵活性。

师资问题已成为制约独立学院发展的“一道坎”。由于制度不健全、薪酬待遇低、专业发展受限、社会保障不足等原因,独立学院教师尚难以做到与公办高校教师同等地位、同等权利、同等待遇,导致独立学院自有教师队伍建设的难度很大。教师“招不进、留不下”,教师队伍结构失衡现象严重,整体水平亟待提升。一是专兼职结构失衡。大部分独立学院的兼职教师比例过高,专兼职教师结构比例远低于本科教学工作合格评估指标体系中的基本要求。二是年龄结构失衡。独立学院教师队伍的年龄结构总体上“老的老、小的小”,年富力强的骨干教师比例较低,优秀青年骨干教师数量不足,“两头大、中间小”的情况比普通民办本科院校还要严重。三是整体素质亟待提升。不少独立学院的专任教师来自母体高校,兼职教师以公办高校的退休教师居多,在应用型人才培养方面经验不足,与独立学院培养应用型人才的目标不符。近年来,独立学院中以应届硕士毕业生为主的青年教师有所增加,但面临身份转换困难和教学负担过重等问题,青年教师的职业倦怠水平和离职比例居高不下,教育教学经验相对不足。

(四)内部治理关系不顺畅,内涵建设亟待加强

访谈中了解到,在现有体制和政策环境下,独立学院内部治理关系不顺畅,院长的行政管理权受限,未能充分发挥其在学校重大发展事宜中的决策和组织实施作用。一是院长需要花费大量时间和精力协调多方利益主体诉求,处理多重利益关系,既要协调好外部与投资方的关系,又要处理好内部与母体高校的关系,疲于应对企业投资行为和高校治理逻辑之间结构性矛盾的尴尬局面。二是院长遴选缺乏制度化与专业化标准,不少独立学院的院长由举办高校的在职人员或退休人员担任,少数是投资方的人选担任,校董会领导下的独立学院院长负责制难以规范和落实,无法最大限度地发挥院长的领导才能和管理作用。三是在独立学院的具体管理实践中,来自母体高校的很多院长的管理理念和管理方式受限于母体高校的模式和经验,较难适应独立学院管理的新要求;学校的发展规划往往被局限在母体高校利益的框架之内,限制了独立学院民营机制的发展,阻碍了学校体制机制创新和教育教学改革。

由于受到前述种种问题的困扰,很多独立学院领导班子和干部教师的时间精力无法集中到学校的内涵发展上,难以在优化结构和提高质量方面下大力气,这必然会影响到学校的办学水平和社会声誉,部分学校面临着潜在的生存危机。相比较来看,提高独立学院质量是系统工程,离不开强烈的质量理念和意识、完善的质量保障制度和机制、浓厚的质量文化和气氛,离不开突破质量意识瓶颈、创新课程教材体系、探索新型教学方式,这需要全员参与、全方位投入、全过程关注,一些独立学院在人员、资源、精力和时间上投入不足,尚未真正将内涵建设摆上日程。

三、独立学院改革发展的对策与建议

完成规范设置工作,走出独立学院发展的困境,必须直面问题、有的放矢,从完善政策法规、改革体制机制、加强规范管理、分类扶持发展等方面进行综合治理,使独立学院的发展尽快步入正轨。

(一) 健全相关政策法规,因地制宜推进改革

鉴于独立学院发展的多元化特征,以一个标准、一种标准来规范设置与管理独立学院,脱离了当前不同区域、不同类型独立学院的办学实际,影响了独立学院规范设置工作的顺利推进。当前,部分地区和独立学院出现了畏难、观望、等待等情绪,政府层面要加强政策引导和法规约束,加快推进独立学院规范设置进程。

建议确立和遵循“政府主导、属地管理、因地制宜、一校一策”的原则,以《民办教育促进法》为基本依据,以“26 号令”为原则框架,尽快研究制定独立学院规范设置的国家指导意见和地方实施细则,明确时间表和路线图。一是在国家层面尽快出台民办教育新法新政背景下独立学院规范设置的指导意见,对“26 号令”进行修订和完善。同时,在调查研究的基础上,调整和优化独立学院规范设置验收标准。二是在省级层面结合各地实际情况,制定独立学院规范设置实施细则,使得各独立学院在涉及规范设置的资产过户、土地达标、产权归属、教师保障等重大问题上能够做到有据可依,有效规范独立学院利益和权力格局的重大调整,维护师生权益,并确保学校的安全稳定运行。

(二) 完善统筹协调机制,强化省级政府统筹权

我国独立学院规范设置验收工作进展缓慢,除了独立学院形态多样、多方利益错综交织等原因外,统筹协调机制不健全也是重要原因。一方面,独立学院资产过户、土地指标等问题的解决远远超出了教育行政部门的权限范围,需要多个政府部门协同制定可行方案。另一方面,仅依靠国家层面的顶层设计和独立学院的基层创新,难以推动独立学院规范设置工作的实质性进展,必须加强省级政府部门的中层担纲。

进一步完善统筹协调机制。建议建立教育、发展改革、财政、国土、税务等相关部门的综合会商机制,协调解决独立学院规范设置中出现的有关问题;建立政府、母体高校、独立学院和投资方等主体协同推进独立学院规范设置的机制,以及独立学院与母体高校“脱钩”的专项协调机制。

进一步下放权力。建议将独立学院规范设置验收的权力下放到省级政府,针对当前独立学院规范设置过程中存在的不想转、不敢转、不能转、不会转等问题,充分发挥地方政府的教育统筹作用,结合省情校情,多管齐下、多策并举、扎实推进。国家教育行政部门和全国高等学校设置的评议委员会(简称“高评委”)应研制和把握独立学院规范设置验收的标准框架和基本规范,并对地方验收结果进行核准和抽查,成熟一所审批一所,加快独立学院规范设置进程。

(三) 坚持分类指导,建立差别化的规范设置与管理制度

我国独立学院办学主体多元、合作形式多样,不同地区、不同学校存在很大差异,要避免采取“一刀切”式的规范设置与管理方式。对独立学院规范设置的审核与评估,应尊重历史和现实,充分考虑不同地区、不同类型独立学院的特殊性,给予差别化规范。

针对“校政模式”,要尊重历史事实,创新设置模式。在规范设置的实现路径上,或维持现状,按“26 号令”要求做到真正独立,由母体高校继续举办;或政府以生均拨款和专项拨款方式按年度投入财政性教育经费,转设为公办本科院校,与母体高校脱钩或由母体高校继续举办;或引入社会力量投入,与母体高校脱钩,转设为独立设置的民办本科院校。

针对“校企模式”,要明晰产权结构,规范办学行为。在规范设置的实现路径上,或与母体高校脱钩,转设为独立设置的民办本科院校;或终止合作办学协议,统一招生标准和学费标准,回归母体高校。

针对“校中校”模式,要加强规范管理,改善学校声誉。在规范设置的实现路径上,或统一招生标准和收费标准,回归母体高校;或引入新出资者迁址办学,与母体高校“脱钩”,转设为独立设置的民办本科院校;或逐年缩减招生计划,逐渐终止办学。

针对部分满足“26 号令”中规定的“七独立”要求,但既不想回归母体高校又不想转设为独立设置的民办本科院校的独立学院,要鼓励创新办学体制,依法依规探索“混合所有制”的办学模式。

针对部分由于历史遗留问题而无法完成评估验收的独立学院,要考虑其特殊情况,在有关方面达成共识的基础上制定针对性政策,推进顺利完成规范设置工作。

(四)加大政府支持力度,落实独立学院办学自主权

规范设置的目的是促进独立学院办学水平和人才培养质量的提升。建议进一步加大政府在资产过户、法人登记、优惠政策等方面的支持力度,落实和扩大独立学院自主权,激发独立学院改革发展的主动性和创造性。

有效解决独立学院办学面积达标问题。在验收标准方面,不少独立学院面临的最大困难是占地面积不足 500 亩,难以达标。建议地方政府将独立学院建设用地纳入地方整体建设规划,采取优惠出让、无偿建设等形式予以支持;或者在原则上坚持现行占地面积标准同时,特殊情况予以特殊对待,设定例外情况和附加条件。

在明晰产权关系方面予以规范。在资产过户方面,独立学院转设必然牵涉资产分割和结算,要依照国家有关法律法规,及时清产核资和登记产权,明晰产权关系,保障国有资产不流失。独立学院转设的瓶颈问题主要是,公办母体高校与投资方在无形资产划分、资产增值部分的认定和利益诉求存在差异。建议完善评估指标体系,建立专门化的资产评估机构或是委托有资质的第三方资产评估机构进行分类评估,并“合理确定出资额”。

明晰独立学院的法人属性。在法人登记方面,目前绝大多数独立学院在民政部门登记为民办非企业,导致独立学院教师的社会保障和退休待遇等与公办高校教师存在很大差别,建议将非营利性独立学院登记为事业单位。

加大政府扶持力度。在制定优惠和扶持政策方面,随着办学成本的增加和政府对公办高校投入的加大,以及对民办高校扶持力度的逐渐加大,独立学院单一依靠学费收入已无优势可言,办学经费捉襟见肘,建议理顺管理体制,加大政策扶持力度。比如,采取专项资金、生均补贴等形式对独立学院给予必要的财政支持。

切实落实独立学院的办学自主权。地方政府及教育行政部门应将独立学院的管理纳入“正册”,使学校在公文流转、职称评聘、专项经费、奖优评优、学位授权审核、专业设置、本科教学评估等方面,享受普通高等学校的同等待遇。

(五)抓好内涵建设,促进高等教育健康可持续发展

规范设置的最终目的是促进独立学院实现内涵式发展。在规范设置过程中,应始终将学校的内涵式发展放在核心地位。

确立明晰的办学理念和目标定位。冲破母体高校办学模式和学科专业的局限性,面向地方需求,科学定位,在干部教师中达成发展共识,形成改革合力,坚持特色发展、多样化探索。

构建先进的人才培养模式和有效的质量保障体系。明晰人才培养目标和规格，加强专业建设和改革，优化人才培养方案和课程体系，改革教学方法与手段，构建和完善内部教学质量监控与保障体系。

开展学科建设与科学研究。促进学科专业一体化建设，将高水平的研究平台和研究成果转化为优质教学资源，支撑和反哺人才培养。

建设精良的教师队伍。加强师德建设，创新教师聘任和考核机制，优化教师队伍结构，加强教师培训，改善教师待遇，不断提高教师综合素养和队伍整体水平。

创建现代学校制度。构建科学的治理体系和运行机制，优化学校内部和外部治理结构，深化管理制度机制改革，不断提高治理能力，为学校发展提供制度保障。

营造优良的学校文化。注重长期积累，发挥校园文化和校风学风对大学生成长成才的潜移默化的熏陶催化作用，不断优化育人氛围和环境，为实现立德树人夯实基础。

参考文献：

[1] 朱军文.新制独立学院概念及其本质特征：基于产权的分析[J].复旦教育论坛，2004(5)：63-65.

[2] 冯向东.独立学院“独立”之辨[J].复旦教育论坛，2006(1)：58-62.

[3] 秦惠民，王大泉.关于“独立学院”属性及其相关问题的思考[J].中国高教研究，2005(4)：55-58.

[4] 李庆军.关于独立学院办学定位的思考[J].江苏高教，2006(1)：72-73.

[5] 许为民.论独立学院的三个定位[J].中国高教研究，2006(8)：44-47.

[6] 潘懋元，吴玫.独立学院的兴起及前景探析[J].中国高等教育，2004(Z2)：2.

[7] 沈勇.应用技术大学：独立学院转型定位的战略选择和实施路径[J].江苏高教，2013(6)：61-62.

[8] 刘凤泰.从专项检查看独立学院的生成与发展[J].中国高等教育，2005(17)：6-8.

[9] 樊哲，钟秉林，赵应生.独立学院发展的现状研究与对策建议——我国民办高等教育改革与发展探析(二)[J].中国高等教育，2011(Z1)：24-27.

[10] 季诚钧，方文彬，何菊芳.独立学院办学现状、困境与对策思考[J].教育发展研究，2009(22)：25-29.

[11] 阙明坤，陈春梅，黄朝峰.我国独立学院三大区域发展模式及政策规制[J].教育发展研究，2018(23)：38-45，50.

[12] 郭丽君.独立学院产权制度的分析[J].高教探索，2007(3)：91-93.

[13] 万卫.论我国独立学院产权政策的调整[J].江苏高教，2014(5)：78-81.

[14] 斯荣喜，龚山平，邹晓东.独立学院应用型创新人才培养模式探索[J].高等工程教育研究，2005(1)：73-75.

[15] 戴林富，游俊.创新独立学院人才培养模式刍议[J].中国高教研究，2006(1)：75-76.

[16] 袁剑波.独立学院应用型人才培养模式创新与实践[J].高等工程教育研究，2011(2)：118-123.

[17] 朱健，刘巨钦.构建独立学院人才培养质量保障系统[J].中国高等教育，2011(10)：61-62.

作者： 钟秉林，中国教育学会会长，北京师范大学教育学部教授；周海涛，北京师范大学中国民办教育研究院院长、教授。

（原载《教育研究》2019 年第 4 期）

民办高校新教师专业发展需求特征与策略选择
——基于与公办高校的比较*

黄海涛

摘　要： 民办高校新教师的专业发展对民办高校的长远发展至关重要。调查结果表明，基于学术身份认同和竞争压力，民办高校新教师与公办高校新教师一样，专业发展需求强烈；与公办高校新教师科研发展需求程度明显高于教学发展需求不同的是，民办高校新教师教学发展需求程度略高于科研发展需求程度，但从"教书匠"走向研究者已成为民办高校新教师专业发展的新诉求。政府、学校为民办高校新教师增权赋能和新教师自我赋能，是满足其专业发展需求、助推其专业发展的主要策略选择。

关键词： 民办高校；新教师；专业发展

我国民办高校经过30多年的发展，已成为高等教育的重要组成部分，为我国高等教育实现大众化、迈向普及化作出了重大贡献。截至2017年，我国共有民办本专科高校747所，占全国普通高校总数的28.39%；本专科在校生628.46万人，占全国普通本专科在校生总数的22.82%[1]。时至今日，经过"极速扩张—市场淘汰—政府规范—理性发展"这一过程，我国民办高校的规模发展已趋于稳定，内涵发展则持续发力。形成稳定的专职教师队伍，助推教师专业发展是民办高校内涵发展的必由之路，而每年新进大量新教师不断充实师资队伍并通过职后专业培训提升师资质量已成为民办高校师资建设的主要方式。应该说，由于目前我国民办高校新教师的学历层次大多为硕士研究生，加之民办高校的办学体制、工作环境、生源质量与公办高校相比存在明显差异，民办高校新教师的专业发展既与公办高校新教师有共性特征，又有自身的鲜明特点。为此，本研究采用自编的《高校新教师专业发展需求问卷》来了解民办高校①新教师在专业发展方面有哪些需求，通过与公办高校新教师进行对比来分析民办高校新教师的专业发展需求特征，并在此基础之上探寻民办高校新教师的专业发展策略，以助推民办高校教师队伍建设。

一、研究方法

（一）研究工具

高校新教师专业发展需求是指高校新教师在职业生涯之初为改变专业能力现状与自

* 基金项目：教育部人文社会科学研究规划基金项目（15YJA880025）；上海市"浦江人才计划"资助项目（15PJC076）。

① 本研究中的民办高校指普通民办本科高校，但不包括西交利物浦大学、上海纽约大学等7所中外（境外）合作办学院校，亦不包括刚刚兴建的西湖大学等民办高校。

我期望之间的不平衡状态而表现出的一种稳定的提升胜任力的心理需求，具体而言，即指高校新教师在工作实践中提升教学、科研和社会服务能力，促进专业发展的自我需要[2]。根据这一界定，笔者通过深度访谈，并结合相关文献，编制了《高校新教师专业发展需求问卷》。本问卷共包括三个部分。第一部分是人口统计学变量，包括性别、年龄、学历层次、学科背景、工作单位、收入情况、婚姻状况等；第二部分是专业发展条件和工作满意度，包括专业发展条件、工作压力、环境适应等；第三部分是专业发展需求量表，由三个分量表组成。教学发展需求分量表（32 道题目），分为提升教学技能、增加教学知识、转变教学理念与态度、改善教学条件四个维度；科研发展需求分量表（17 道题目），分为改善学术环境与氛围、加强科研指导、加大学校支持、参加学术共同体四个维度；社会服务发展需求分量表（10 道题目），分为反哺教学和科研、满足个人需求两个维度。量表题项采用 4 点计分法，将“完全不需要”记为 1，“不需要”记为 2，“需要”记为 3，“非常需要”记为 4。经检验，问卷的总体信度系数为 0.94，教学发展需求、科研发展需求和社会服务发展需求三个分量表的 α 系数均在 0.9 以上，说明本研究的问卷内部一致性较高，可信度高。

（二）研究对象

本研究选取上海市 6 所民办本科高校（上海视觉艺术学院、上海外国语大学贤达经济人文学院、上海建桥学院、上海杉达学院、上海师范大学天华学院、上海兴伟学院）和 9 所公办市属本科高校（上海工程技术大学、上海商学院、上海政法学院、上海对外经贸大学、上海第二工业大学、上海工程技术大学、上海理工大学、上海中医药大学、上海健康医学院）的新教师作为被试，在 2017 年 11 月和 2018 年 4 月分两次进行数据收集，共发放纸质问卷 269 份，回收问卷 257 份，其中有效问卷 251 份（民办高校新教师有效问卷 111 份，公办高校新教师有效问卷 140 份），有效率为 93.3%。公办高校新教师和民办高校新教师各自的样本分布情况见表 1。本研究使用 SPSS20.0 对问卷数据进行处理。

表 1　样本分布情况

变量		公办高校	民办高校
性别	男	69(49.3%)	29(26.1%)
	女	71(50.7%)	82(73.9%)
年龄	25 岁以下	0(0%)	5(4.5%)
	25—29 岁	13(9.3%)	65(58.6%)
	30—34 岁	79(56.4%)	20(18.0%)
	35—39 岁	40(28.6%)	17(15.3%)
	40 岁及以上	7(5.0%)	3(2.7%)
学历层次	本科	0(0%)	16(14.4%)
	硕士	13(9.3%)	88(79.3%)
	博士	127(90.7%)	7(6.3%)
学科背景	文科类	33(23.6%)	54(48.6%)
	理科类	25(17.8%)	4(3.6%)

续 表

变量		公办高校	民办高校
学科背景	工科类	48(34.3%)	11(9.9%)
	管理类	34(24.3%)	16(14.4%)
	艺术类	0(0%)	23(20.7%)
年收入	6 万元以下	10(7.2%)	31(27.9%)
	6 万—8 万元	34(24.3%)	60(54.1%)
	8 万—10 万元	51(36.4%)	12(10.8%)
	10 万—12 万元	29(20.7%)	6(5.4%)
	12 万—14 万元	7(5.0%)	0(0%)
	14 万—16 万元	2(1.4%)	1(0.9%)
	16 万元以上	7(5.0%)	1(0.9%)
婚姻状况	已婚有孩子	54(38.6%)	25(22.5%)
	已婚无孩子	36(25.7%)	13(11.7%)
	有男女朋友	22(15.7%)	25(22.5%)
	单身	28(20.0%)	48(43.3%)

二、研究结果

(一) 民办高校新教师专业发展需求总体状况

由表 2 可见,总体而言,民办高校新教师在教学、科研和社会服务三方面与公办高校新教师一样都有较高的专业发展需求,且教学与科研的发展需求程度高于社会服务方面的发展需求;与公办高校新教师科研发展需求程度明显高于教学发展需求不同的是,民办高校新教师教学发展需求程度略高于科研发展需求程度。

表 2　高校新教师专业发展需求总体情况

需求	总体	公办高校	民办高校
教学发展需求	3.09	3.06	3.12
提升教学技能	3.16	3.14	3.20
增加教学知识	3.15	3.16	3.15
转变教学理念与态度	3.23	3.21	3.25
改善教学条件	2.74	2.69	2.79
科研发展需求	3.17	3.21	3.11
改善学术环境与氛围	3.43	3.47	3.38
加强科研指导	3.37	3.37	3.38
加大学校支持	2.73	2.84	2.60

续 表

需求	总体	公办高校	民办高校
参加学术共同体	3.18	3.17	3.19
服务发展需求	3.04	3.04	3.03
反哺教学和科研	3.11	3.09	3.12
满足个人需求	2.93	2.95	2.90

由表3可见，民办高校新教师在教学方面的发展需求程度高于公办高校新教师，但两者之间没有显著差异；在科研发展需求方面，不同类型高校新教师之间存在显著差异，$F(1, 249)=4.03$，$p<0.05$，民办高校新教师的需求程度明显低于公办高校新教师；在社会服务发展需求方面，民办高校新教师与公办高校新教师之间不存在显著差异。

表3　不同类型高校新教师专业发展需求的差异比较

需求	学校类型	平均数	标准差	*F* 值
教学发展需求	公办高校	98.07	11.90	1.18
	民办高校	99.69	11.51	
科研发展需求	公办高校	54.51	6.00	4.03*
	民办高校	53.00	5.79	
服务发展需求	公办高校	30.38	5.35	0.01
	民办高校	30.32	4.47	

注：* 表示 $p<0.05$，** 表示 $p<0.01$，*** 表示 $p<0.001$，以下同。

（二）民办高校新教师在教学方面的专业发展需求

本研究中的高校新教师教学专业发展需求包括提升教学技能、增加教学知识、转变教学理念与态度和改善教学条件四个维度，调查结果表明，民办高校新教师与公办高校新教师在这四个维度上没有显著差异（见表4）。

表4　不同类型高校新教师教学发展需求的差异比较

维度	学校类型	平均数	标准差	*F* 值
提升教学技能	公办高校	31.36	4.34	1.17
	民办高校	31.98	4.63	
增加教学知识	公办高校	18.94	2.81	0.01
	民办高校	18.91	3.15	
转变教学理念与态度	公办高校	28.91	4.09	0.55
	民办高校	29.28	3.57	
改善教学条件	公办高校	18.85	3.09	3.78
	民办高校	19.58	2.53	

具体而言,无论是民办高校新教师还是公办高校新教师,他们对转变教学理念与态度的需求程度均最高。对民办高校新教师来说,最需要转变的教学理念与态度依次是“在教学反思的基础上及时改进自己的教学”“一定的教学自由度”“在教学中促进学生的身心健康发展”。

在提升教学技能需求方面,无论是民办高校新教师还是公办高校新教师,对“在教学中加强与学生的互动”“学习不同的教学方法”“增强课堂教学的趣味性”三方面的需求程度均较高,对“严格按照教学大纲进行教学”的需求程度均最低。民办高校新教师对“改变以讲授为主的教学方式”的需求程度也很高,且明显高于公办高校新教师。

在增加教学知识需求方面,无论是民办高校新教师还是公办高校新教师,对“学习如何提高学生课堂参与度”“学习处理课堂问题的知识”这两方面的需求程度均最高,对“系统学习课程教学的相关理论知识”的需求程度相对较低。

无论是民办高校新教师还是公办高校新教师,对于改善教学条件的需求程度均最低。除对“所教课程与研究领域相同”“更好的教学设备”这两方面的需求程度较高(均值在3.0以上)以外,民办高校新教师对于改善教学条件其他方面的需求均值均在3.0以下。其中,民办高校新教师对“增加课时”的需求程度最低,有78.9%的新教师不需要或完全不需要增加课时。通过数据分析还发现,民办高校新教师比公办高校新教师需要将更多的时间投入教学工作,两者之间差异显著,$F(1, 248)=22.44$,$p<0.001$。此外,民办高校新教师在“参与集体备课”方面的需求程度也显著高于公办高校新教师,$F(1, 247)=4.95$,$p<0.05$。

(三)民办高校新教师在科研方面的专业发展需求

如前所述,在科研发展需求方面,民办高校新教师的整体需求程度虽然要显著低于公办高校新教师,但仍表现出较高的需求程度,需求均值为3.11。由表5可见,民办高校新教师在加强科研指导和参加学术共同体这两方面的需求程度要高于公办高校新教师,但两者之间差异并不显著;在加大学校支持方面,民办高校新教师的需求程度则显著低于公办高校新教师,$F(1, 249)=27.97$,$p<0.001$。

表5　不同类型高校新教师科研发展需求的差异比较

需求	学校类型	平均数	标准差	F 值
改善学术环境与氛围	公办高校	17.35	2.37	2.13
	民办高校	16.92	2.29	
加强科研指导	公办高校	13.46	2.18	0.06
	民办高校	13.52	1.96	
加大学校支持	公办高校	14.18	1.84	27.97^{***}
	民办高校	12.96	1.72	
参加学术共同体	公办高校	9.52	1.55	0.10
	民办高校	9.58	1.48	

具体而言,在改善学术环境与氛围方面,民办高校新教师对“保护科研成果和知识产

权”“按照自我意愿和兴趣进行科研工作”方面的需求程度最高，公办高校新教师对“公平的学术评价制度”的需求程度则显著高于民办高校新教师，$F(1, 248)=5.45$，$p<005$。

在加强科研指导方面，民办高校新教师非常需要“专家在课题申报中给予指导”。在参加学术共同体方面，无论是民办高校新教师还是公办高校新教师，对“组建或加入科研团队”的需求程度均最高。

在加大学校支持方面，公办高校新教师对“提供科研启动经费”“学校对教师科研给予支持”的需求程度最高，民办高校新教师则对“提高科研创新能力”的需求程度最高。在“将工作重心放在科研上”“学校对教师科研给予支持”“提供科研启动经费”“及时获知各种课题申报信息”这四个方面，民办高校新教师的需求程度均显著低于公办高校新教师，$F(1, 246)=20.67$，$p<0.001$，$F(1, 248)=17.85$，$p<0.001$，$F(1, 247)=26.71$，$p<0.001$，$F(1,249)=6.46$，$p<0.05$。

（四）民办高校新教师在社会服务方面的专业发展需求

社会服务发展需求是高校新教师专业发展中需求程度最低的部分。民办高校新教师比公办高校新教师更希望通过社会服务反哺教学和科研，公办高校新教师比民办高校新教师更需要通过社会服务满足个人需求，但两者之间并不存在显著差异。

从反哺教学和科研的需求方面来看，民办高校新教师希望通过“社会服务为学生搭建更多的实践平台”，通过“社会服务为教学提供鲜活的案例”，通过“社会服务提升科研能力”，通过“社会服务获得科研灵感”，在这方面的需求更加多元化。相比而言，公办高校新教师则更希望通过“社会服务转化自己的科研成果”，通过“横向课题补充科研经费”。

从满足个人需求的角度来说，无论是民办高校新教师还是公办高校新教师，年收入越少的教师，越希望“通过社会服务增加自己的收入”，$r=-0.14$，$p<0.05$，其次则是希望“通过社会服务提升学术影响力”。

（五）影响高校新教师专业发展需求的因素

对影响民办高校新教师和公办高校新教师专业发展需求的因素进行分析发现，人际关系、城市适应性、校园文化氛围、工作满意度等因素对新教师专业发展需求的差异没有显著影响，而民办高校和公办高校的办学定位差异与工作压力差异则对新教师专业发展需求的差异有显著影响。

1. 办学定位对新教师专业发展需求的影响

有超过四成的公办高校新教师认为学校重视科研或偏向科研，而民办高校新教师中只有7.2%的教师认为学校重视科研或偏向科研（见图1），公办高校和民办高校对待教学和科研的态度有显著差异，$F(1, 246)=31.10$，$p<0.001$，民办高校更加重视教学，公办高校更加偏向科研。高校对待教学和科研的重视程度不同，新教师在转变教学理念与态度方面的需求程度差异显著，$F(4, 243)=2.63$，$p<0.05$，民办高校重视教学或偏向教学，其新教师在转变教学理念与态度方面的需求程度更高。

2. 工作压力对新教师专业发展需求的影响

对高校教师来说，工作压力主要来自三个方面，即教学工作压力、科研工作压力和职称评审压力。公办高校中有64.5%的新教师认为教学工作压力很大或较大，民办高校中有52.3%的新教师认为教学工作压力很大或较大，但两者之间不存在显著差异。

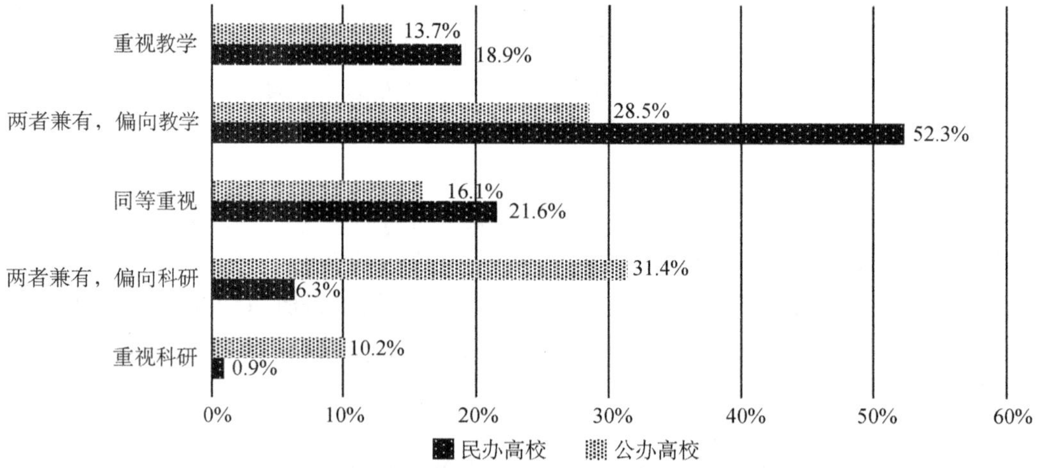

图1　不同类型高校对教学和科研的重视程度

本研究中，公办高校中有81.3%的新教师认为科研工作压力很大或较大，民办高校中有54.5%的新教师认为科研工作压力很大或较大，不同类型高校新教师之间的科研工作压力差异显著，$F(1, 247)=30.96$，$p<0.001$，公办高校新教师的科研压力显著高于民办高校新教师。从总体来看，科研工作压力程度不同，新教师对科研发展的需求程度差异显著，$F(4, 244)=4.68$，$p<0.001$，科研工作压力很大或较大的新教师对科研发展的需求程度越高。

科研工作压力、教学工作压力和职称评审之间显著相关，科研工作压力与职称评审之间的相关系数更大，$r=0.61$，$p<0.001$。职称评审压力程度不同，新教师对科研发展的需求程度差异显著，$F(4, 245)=2.97$，$p<0.01$，职称评审压力越大，新教师对科研发展的需求程度越高，尤其是在加强科研指导和加大学校支持方面，$F(4, 244)=2.59$，$p<0.05$，$F(4, 244)=5.00$，$p<0.001$。对于新教师的科研发展需求而言，科研压力的主效应显著，$F(4, 243)=3.89$，$p<0.01$，高校类型的影响并不显著。可见无论是公办高校还是民办高校，职称评审对新教师的科研发展需求来说都是很重要的影响因素。

三、结论与讨论

（一）学术身份认同和竞争压力：民办高校新教师专业发展需求强烈的原动力

作为学术社群中的高校教师，学术职业的特点注定了专业发展是其重要任务，是其通往事业成功的必由路径。虽然我国民办高校在产生之初因营利驱动而具有明显的产业组织特性，但不容否定的是，随着我国民办高校的不断发展，其学术组织特性日益凸显。因此，今日之民办高校新教师和公办高校新教师一样，对学术身份的认同度高，对学术职业的期望值高，在进入学术职业后，都非常注重自身的专业发展，提升教学、科研和社会服务能力的内在需求非常强烈。

民办高校新教师专业发展需求强烈的另一个重要原因源于其面临的各种压力。首先是来自自身内在的压力。整体而言，民办高校新教师多为刚刚毕业的硕士研究生，他们的专业知识积淀相对薄弱，教书育人经验基本空白，缺乏职前的专业化准备。因此，他们有着迫切的专业发展需求，希望能够通过快速“补课”，迅速适应学术职业的岗位要求，不断增加自我效能，得到学生、学校乃至社会的认可。其次是面临的社会压力。调查结果表明，无论是经济压力、工作压力，还是生活压力，民办高校新教师都明显高于公办高校新教师。虽然民办高校新教师中不乏毕业于“211”“985”院校的佼佼者，有着美好的学术憧憬和较强的成就动机，但他们处于“高校场域中的底层”，在诸多学术资源竞争中常常处于劣势。因此，他们迫切希望通过专业发展提升自我，减轻压力感，同时实现自我超越，增加抗风险的能力，为应对社会对民办高校教师的偏见、寻求更好的工作环境早做准备。

（二）提升教学能力：民办高校新教师专业发展的第一要务

一直以来，民办高校主要是教学型院校，教学任务重，教学要求高。对于进入民办高校的新教师而言，学校的办学定位和繁重的教学任务迫使他们入职后面临的第一个挑战便是“勇闯教学关”。然而，他们中的绝大多数人既缺失教师教育的熏陶，又缺乏教学经验的积累，对于高校教书育人工作完全是“新手上路”，因而他们对于教学方面的专业发展需求自然居于首位。

调查结果显示，民办高校新教师教学专业发展的首要需求是转变教学理念与态度，这种转变一方面需要外部信息的不断“刺激”，另一方面需要自身不断进行教学反思，而不断反思恰恰是教师教学能力提升的重要途径和重要特征。其次是提升教学技能的需求。对于民办高校新教师而言，不管是对于提升教学技能的需求还是对于增加教学知识的需求，主要集中于课堂教学能力的提升，特别是现代教学方法的改进。可见，民办高校新教师对自身教学能力不足是有一定认识的，也体现出他们的教学理念正在从“以教师为中心”转向“以学生为中心”。

对于教学活动，民办高校新教师比公办高校新教师需要将更多的时间投入其中。个中缘由除了课时多、备新课上新课以外，还存在所授课程与所学专业不匹配、教学对象为“非传统学生”等原因，需要新教师投入更多的时间“一边学一边教”。此外，民办高校新教师在参与集体备课方面的需求程度也显著高于公办高校新教师。对于初次站上讲台的硕士毕业生来说，他们希望通过集体备课这一组织载体向同行取经，向老教师学习。与自己盲目摸索相比，这种形式既能提高备课效率，又能改善教学质量，同时在集体备课的熏陶中，新教师的教学素养也能得到有效提升。

（三）从“教书匠”走向研究者：民办高校新教师专业发展的新诉求

教学与科研是高校教师的两项基本任务，二者相互促进、相得益彰。虽然民办本科高校目前的整体科研实力仍然十分薄弱[3]，但近年来基于内涵建设的需要，特别是基于促进教学质量提升的需要，它们也开始关注教师的科研工作，其科研氛围正在形成。对于民办高校新教师来说，其科研发展需求程度虽然明显低于公办高校新教师，但已与教学发展需求程度大致相当，这反映出今天的民办高校教师已经不愿成为单一的“教学机器”，他们同样具有科研能力提升的内在需求，希望在教好书的同时成为相关学科领域的研究者，为知识创新贡献智慧。与公办高校新教师注重科研的环境、经费、氛围等外在条件支持不同的是，民办高校新教师更加注重自身内在科研能力的提升，如强调提高科研创新能力、组建或加入科研团队、专家在课题申报中给予指导等，这也反映出民办高校对教师科研工作的支持力度还远远不够。

民办高校新教师对科研发展需求的另一个重要原因在于职称晋升的压力。职称晋升对于任何一所高校的任何一位教师而言都至关重要,因为它是评判高校教师事业成败的主要标志,是关系教师切身利益的符号资本。调查结果显示,对于职称晋升问题的预判,46.1%的民办高校新教师认为自己的科研成果达不到要求,可见,“科研成果”已然是民办高校教师晋升职称的“心头之痛”。客观而言,民办高校新教师在硕士阶段的学术训练和学术积淀尚难支撑他们独立开展高水平的科研工作,取得高水平的科研成果,从这个意义上讲,民办高校新教师对科研能力发展的需求或许也是一种“被迫的需求”。

(四)增权赋能:助推民办高校新教师专业发展的策略选择

毋庸置疑,民办高校新教师的强烈专业发展需求如果得到满足则可以成为一种巨大的心理动力,让他们更好地投入到教学科研工作中去,在入职初期快速起航,反之则会给新教师不断带来挫败感,阻碍其职业生涯发展,由此离职的可能性大大增加。虽然民办高校新教师在内驱力的推动下对于专业发展的个体意愿非常积极,但与公办高校新教师相比,民办高校新教师的职前专业化准备不充分,在职培训资源不充足,社会支持不给力,因此,他们的专业发展不能仅依赖教师自身的努力,政府和民办高校必须重视这些新教师的专业发展需求并给予大力支持。

为民办高校新教师“增权赋能”是助推其专业发展的主要策略选择,即通过制度设计和政策支持,使民办高校新教师“获得力量,使其意见受到重视,影响与自己有关的决定或计划,在工作场合中运用经验改进自己的表现,进而改进组织的表现”。这就需要政府和民办高校投入真情实意和真金白银,出台支持政策,同时新教师自身也应积极自我赋能,共同助推民办高校新教师提升专业能力。

其一,政府按照民办高校新教师专业发展需求的特点进行制度设计,给予政策扶持。对民办教育实行分类管理是新修订的《民办教育促进法》最大的变化,据统计,约三分之二的民办高校选择了非营利性,这意味着政府将对民办高校的发展负有更多的责任,对民办高校教师专业发展的扶持责无旁贷。在助推新教师教学发展方面,政府可以委托师范院校,采用集中培训与个人自学相结合的方式为其辖区的民办高校新教师提供高效率的专业发展学习平台,拓展其高等教育宏观视野,提升其教育理论素养,赋予其先进的教学理念;帮助他们学习如何编制课程大纲、设计教学方案、制作慕课微课、组织课堂教学等基本知识;通过工作坊、实训、微格教学等方式加强新教师在教学技能实践操作层面的培训,并在实践中提升他们教学反思的能力。在助推新教师科研发展方面,政府在课题申报、实验室建设、人才项目等学术资源配置时,可以通过专项单列的方式,扶持民办高校新教师“科研起步”。需要指出的是,政府应通过诊断性评估、过程性评估、总结性评估等多种评估方式,了解专项的政策效益,并及时进行修订、完善。

其二,民办高校是支持新教师专业发展的主体。民办高校要搭建平台,鼓励新教师攻读博士学位,提升学历,有条件的可以和海外高校合作,选拔优秀的新教师赴海外深造;可以在学校层面对新教师给予政策和经费支持,以院系为单位实施新教师导师制,为新教师的专业发展提供个性化的指导和帮扶;应注重传统教研室的组织功能,定期开展教学研讨、公开课等,提升新教师的课堂教学技能。需要强调的是,民办高校要赋予新教师拥有学术权力的机会，使他们能够按照自己的专业进行课程教学和学术研究，按照自己的意愿参与行政管理事务。

其三，民办高校新教师自我赋能。自发组建、积极参与学术共同体，是民办高校新教师个体自我赋能的重要方式之一。新教师犹如“初入婆家的新媳妇”，面对新境况和新压力，学术共同体可以帮助他们在精神世界里彼此联结，增强自我认同感；在社群交流中寻找工作意义与学术使命，增强职业认同感；在专业发展过程中抱团取暖，增强职业效能。

参考文献：

[1] 教育部.2017年全国教育事业发展统计公报[EB/OL][2018-07-19].http://www.moe.gov.cn/jyb_sjzl/sjzl_fztjgb/201807/t20180719_343508.html.

[2] 黄海涛，葛欣.高校新教师专业发展需求现状与政策建议[J].江苏高教，2017(9):59-63.

[3] 汤建民.2017中国民办本科院校及独立学院科研竞争力评价研究报告[J].高教发展与评估，2018(1):1-8.

作者：黄海涛，上海师范大学国际与比较教育研究院研究员、教育学院教授，博士生导师。

（原载《高等教育研究》2019年第5期）

我国民办教育分类管理政策文本分析
——基于NATO政策工具的视角

徐 瑛 张佳伟

摘 要：本研究以8个民办教育分类管理的相关政策文本为分析对象，以胡德的NATO政策工具为框架，以条目编码、工具分类、内容分析为研究线索，对我国目前民办教育分类管理的政策文本进行分析归纳。研究发现：政策文本呈现出信息枢纽前瞻、法理权威枢要、财税手段差别化和组织协同、共同治理的特征，但也存在着政策链条不完整的问题，一方面缺乏政策实施评估，另一方面缺乏完善的风险预警机制。

关键词：民办教育分类管理；政策工具；文本分析

2016年11月，新“民促法”的出台表明对民办学校实行营利性和非营利性的分类管理，“30条”和配套的系列政策文件形成了相对完整的分类管理改革制度和实施体系，为民办教育实现健康发展指明了方向，也引发了学者们对民办教育分类管理政策的研究。

以“民办教育”“分类管理政策”为主题，在中国知网上进行检索，共检索到相关文献390篇，研究主体涉及民办幼儿园、义务教育、高等教育等各个层面，研究内容多是对民办教育现有分类管理实践的分析和反思。以“民办教育政策”“文本分析”为主题，检索到44篇文献，多是通过可视化计量对政策文本内容进行梳理，部分以区域实践对政策进行分析反思。从所检索的文献来看，还未有研究从政策工具的视角对民办教育分类管理的政策文本进行深入分析。本文试从政策工具视角，采用内容分析法，对国家层面有关民办教育分类管理的政策文本进行收集、梳理、编码和分析。

一、政策工具视角下民办教育分类管理政策分析框架

政策工具又称公共行动的工具，它是一种明确的方法，通过这种方法，集体行动得到组织，公共问题得到解决[1]。政府各种工作的妥善执行在很大程度上取决于政策工具的有效利用[2]。学界关于政策工具的分类有多种标准和方式，如麦克唐纳和埃尔莫尔将政策工具分为命令、激励、能力建设、权威重组、劝诫工具；施耐德和英格拉姆则在此基础上修改增加了学习工具；罗斯维尔和泽福尔德将政策工具分为供给型工具、环境型工具和需求型工具[3]；胡德在1998年提出的“网格-团体”文化理论，诠释通过监督、竞争、交互和随机形式实现系统的控制。国内学者在评价、引进和消化国外理论和方法的同时将其本土化，如陈振明根据现代化管理技术的发展要求，提出了“市场化工具”“工商管理技术”和

“社会化手段”的三分法[4]；湛中林将政策工具分为“离散交易型政策工具”“公共交易型政策工具”和“混合交易型政策工具”等[5]。有学者从政策工具的视角解读教育政策文本，包括高等教育、职业教育、特殊教育、民办学前教育等领域，如林小英等从政府工具的视角研究北京市民办高等教育政策文本；刘宇佳等以麦克唐纳和埃尔莫尔的五种政策工具分类为框架，对民国时期政府管理国立大学的政策文本进行分析等。因此，从政策工具的角度考察教育的治理实践有可行性。

20 世纪 80 年代，胡德在《政府工具》中提出了一种基于系统控制理论的政策工具，他认为，所有的政府活动可以分为两类：一类是从社会大众中获取信息，喻为“探测器”(detector)；另一类是发挥作用影响社会，产生效应，喻为“影响器”(effector)[6]。而为了实现这两类基本功能，就需要政府耗费一定的资源。所有的政府工具都使用四类“政府资源”来处理公共问题，并提出了政府工具的 NATO 框架，即信息节点(nodality)、法理权威(authority)、财税手段(treasure)、正式组织(organization)[7]。第一类是信息节点，即政府作为信息网络的枢纽，通过信息的发布、传播等实现政策实践；第二类是法理权威，表示政府法律权力赋予的合法性；第三类是财税手段，政府可以通过对财政和税收的调节实现治理；第四类是组织性工具，代表直接行动的能力[8]。自《政府工具》出版以来，研究公共政策的学者们对 NATO 框架给予了很大的关注，大部分集中在特定政策领域，如犯罪、公共健康等。菲利普·贝兹对法国公共官僚机构控制的分析实际上借鉴了信息、权威、财力和组织这四个基本要素[9]。在回顾 20 多年的政策工具研究时，胡德区分了政策工具的三种路径：“工具的制度分析路径”“工具的政治分析路径”和一般性分析路径[10]。NATO 框架在信息技术发展的今天受到某些限制，框架的“探测器”和“影响器”关注的是政府-公民接触界面，而忽略了控制系统论的另一个要素，用于设定标准或目标的手段(在控制论语言中被称为“控制器”(director)，即政府内部的控制和组织关系。NATO 框架的具体形式和相对重要性可能会被不断发展的技术再塑造，普适性的无技术分析显得尤为重要，新的“信息-权威-财力-组织”的政府工具分析结构在某种意义上永恒[11]。

胡德的“政府工具”为民办教育分类管理政策文本分析提供了一种分析路径，在这种“资源论”的政策工具视角下，政策工具就是政府履行职能时利用各种政府资源达到政策目的的手段。对于民办教育的治理来说，以“是否营利”为分割线，两类民办学校存在诸多差异，那么对于政策的制定也需要考虑差别化因素，而分类管理政策的出台正是为了解决这一问题，这是国家治理民办教育的一种手段。除了政府与公民交互界面的“信息、权威、财力和组织”，正如胡德的反思，政府内部的控制和监管也需要加以考虑。综上，胡德的政策工具理论比较适用于民办教育分类管理政策，本研究采用胡德(修订后)的政府工具 NATO 框架作为民办教育分类管理政策文本分析的框架。

二、分类管理政策的分析

本研究的文本分析对象是 2016 年版《中华人民共和国民办教育促进法》(以下或简称“民促法”)、《国务院关于鼓励社会力量兴办教育促进民办教育健康发展的若干意见》(国发〔2016〕81 号，以下简称《意见》)、《民办学校分类登记实施细则》等 8 部国家层面有关民办教育分类管理的教育法律法规和文件通知(见表 1)。

表1　民办教育分类管理政策文本类目表

序号	文件名称	施行年份	发布部门
1	《中华人民共和国民办教育促进法(2016)》	2017.09.01	全国人民代表大会常务委员会
2	《国务院关于鼓励社会力量兴办教育促进民办教育健康发展的若干意见》	2017.01.18	国务院
3	《财政部 税务总局关于非营利组织免税资格认定管理有关问题的通知》(财税〔2018〕13号)	2018.02.07	财政部 税务总局
4	《民办学校分类登记实施细则》	2016.12.30	教育部 人力资源和社会保障部
5	《营利性民办学校监督管理实施细则》	2016.12.30	教育部 人力资源和社会保障部 工商总局
6	《关于加强民办学校党的建设工作的意见(试行)》	2016.12.29	中共中央办公厅
7	《关于营利性民办学校名称登记管理有关工作的通知》(工商企注字〔2017〕156号)	2017.08.31	工商总局 教育部

(一)文本政策编码

梳理我国国家层面有关民办教育政策的法律法规和文件通知,将其中涉及分类管理的政策条目作为分析单元,编码上述8个民办教育政策文本,以每个政策条目为最小单元,对政策内容进行编码,形成如表2所示的编码表。

表2　政策文本分析单元编码表

序号	政策文本	政策项目	内容分析单元	编码
1	《中华人民共和国民办教育促进法》	第十九条	民办学校的举办者可以自主选择设立非营利性或者营利性民办学校,但是,不得设立实施义务教育的营利性民办学校	1-1-1
2			非营利性民办学校的举办者不得取得办学收益,学校的办学结余全部用于办学。 营利性民办学校的举办者可以取得办学收益,学校的办学结余依照公司法等有关法律、行政法规的规定处理	1-1-2
3	《中华人民共和国民办教育促进法》	第三十八条	民办学校收取费用的项目和标准根据办学成本、市场需求等因素确定,向社会公示,并接受有关主管部门的监督。 非营利性民办学校收费的具体办法,由省、自治区、直辖市人民政府制定。 营利性民办学校的收费标准,实行市场调节,由学校自主决定	1-2
…	…	…	…	…
83	《营利性民办学校监督管理实施细则》	第九章　附则 第四十九条	营利性民办培训机构参照本细则执行	5-48

续 表

序号	政策文本	政策项目	内容分析单元	编码
84	《关于加强民办学校党的建设工作的意见（试行）》	…	…	6-1
85	《财政部税务总局对非营利民办学校免税的规定》	…	…	7-1
86	《关于营利性民办学校名称登记管理有关工作的通知》	…	…	8-1

（二）"NATO"政策工具下的分类管理

胡德提出的以政府资源为基础的NATO框架，囊括了信息、权威、财税和组织四种工具，并且强调每种工具都扮演着"探测器""影响器"两种角色[12]，此外还要考虑政府内部的控制和监管（控制器），整体框架如表3所示。对于民办教育分类管理政策的文本分析，我们不讨论"探测器"下政策文件颁布前政府的工作，主要分析"影响器"角色下的四种工具资源以及"控制器"角色下政府内部的控制与组织。

表3 NATO框架[13]

工具	政府的主要治理资源			
	信息枢纽	法理权威	财税手段	正式组织
探测器	政策颁布前的信息收集			
影响器	建议	监管	扶持金	科层制行政
	培训	使用者付费	贷款	公共企业
	—	许可证	财税支出	—
控制器	政府内部的控制和组织			

对分类管理的政策编码进行归类，遵循NATO框架，对表2中的政策文本条目进行归类与统计，结果如表4所示。

表4 民办教育政策NATO政策工具分布表

政府资源	工具目的	条文编号	数量
信息枢纽	建议	2-1、2-4-1、4-1、5-1、5-2、6-1	6
	培训	2-9、5-48	2
法理权威	监管	1-1-1、2-3、4-6、4-7、4-8、4-9、4-10、5-3、5-41至5-47	15
	使用者付费	1-1-2、1-6、2-2、2-5、5-25至5-30	10
	许可证	4-2、4-3、4-4、4-5、4-11、4-12、4-13、4-14、5-4至5-14、5-38、5-39、5-40、8-1	23

续 表

政府资源	工具目的	条文编号	数量
财税手段	补助金	1-3、2-4-2、1-5、2-7	4
	财税支出	1-4、2-6、3-1、3-2、3-3、3-4、3-5、3-6、3-7、3-8、7-1	11
	贷款		0
正式组织	科层制行政	1-2、2-8、4-15、5-32	4
	公共企业	5-31 至 5-34	4
	其他(组织建设)	5-15 至 5-24	10

1. 信息枢纽

(1) 建议,即国家发布相关政策文件及其对民办教育分类管理的政策性导向。自分类管理提出后,国家层面相继出台了一系列配套文件,主要有三个方面:一是民办教育的基本制度问题。2016 年修订的《中华人民共和国民办教育促进法》,明确了对民办学校实行营利性和非营利性分类管理的基本制度。二是民办教育分类管理方向问题。《意见》提出国家引导支持社会力量参与民办教育事业,要坚持教育的公益属性,坚持党的领导,坚持社会主义办学方向,实现社会效益与经济效益相统一。三是近年来比较关注的党建问题。《关于加强民办学校党的建设工作的意见(试行)》专门指出民办学校要加强党建工作,并为党建工作的开展提供了具体依据。

(2) 培训,即对民办学校实行分类管理政策的引导和帮扶。一是积极培育民办教育行业组织,如民办教育协会、非营利性民办学校联盟等,一方面在行业自律、交流合作等方面发挥纽带作用,另一方面在引导民办学校坚持公益性办学、创新人才培养模式、提升人才培养质量等方面发挥引导作用。二是依托各类专业机构开展民办学校咨询服务等工作,如有些地区专门设置了民办教育服务中心,专门为民办学校提供信息咨询、政策宣讲、教师培训等服务。

2. 法理权威

(1) 监管,即各级各类政府部门对民办学校分类管理的监督和管理。首先是对学校属性的设定,政策规定举办者设立学校时可以选择营利性或非营利性,但是义务教育阶段的民办学校不能为营利性。其次是通过文件通知和政策引导,实现营利和非营利学校的分类登记。《民办学校分类登记实施细则》对分类登记做了具体的说明,比如对批准设立的营利或非营利学校登记部门做了区分,非营利学校在民政部门登记,营利性学校在工商部门登记,登记机关对登记标准又有各自不同的详细措施办法。再次是各相关部门在职责范围内,依法对两类民办学校行使监督管理职权。《营利性民办学校监督管理实施细则》规定人力资源和社会保障部门、教育行政部门、地方教育相关部门依法对营利性民办学校的年度管理状况、招生简章、教学评估、学籍学历、资产状况等进行监察,对营利性民办学校的违法和犯罪情形及处罚措施也做了明确的条文规定。最后,对非营利民办学校的监管并没有出台针对性文件,具体监管办法仍按照“民促法”的一般规定执行。

(2) 使用者付费。胡德针对西方一般法律提出的使用者付费,在民办教育分类管理政策中，可以诠释为民办学校的纳税以及对资产的分配和使用权限。对于纳税，非营利性民办学校享受税收优惠政策同公办学校；营利性民办学校作为民办非企业，除了规定免征企业所得税的项目外，计征企业所得税。对于办学收益，政策规定民办学校依法享有法人财产权，非营利性民办学校的举办者不得取得办学收益；营利性民办学校出资人可以取得合理回报。非营利民办学校对于办学结余的分配，在按序清偿完债务，按照规定给予出资者相应的补偿或者奖励后，剩余资金继续用于教育等社会事业；营利性民办学校的办学结余依照公司法处理。

（3）许可证，即政府通过颁发“许可”“命名”等实现对民办学校设立、变更和退出的管理。综合这几个政策文本来看，涉及民办学校的设立与退出的相关法规条文数量是最多的。对学校的设立来说，可自主选择营利性或是非营利性，需符合相关的法律法规的条件，符合地方经济社会和教育发展的需要，学校的筹设材料、设置标准、办学条件、学科专业、注册资本、举办者应具备的条件、办学许可证的发放登记、学校党组织建设有关材料等在相关政策中都有具体的规定和描述。此外，《关于营利性民办学校名称登记管理有关工作的通知》对营利性民办学校的名称做了具体的说明。民办学校的事项变更，涉及分立、合并、办学许可证、登记证或者营业执照等事项变更的，《民办学校分类登记实施细则》有具体的规定。学校终止退出时，应当依法进行财务清算和财务清偿，办理注销登记，将相关手续交回对应的机关。

3. 财税手段

（1）补助金，即国家对民办学校的补助和扶持。《意见》等文本中提到：“可以在政府补贴、政府购买服务、助学贷款、奖助学金、出租转让闲置的国有资产、基金奖励、捐资激励、土地划拨、税费减免等方面对非营利性民办学校给予扶持。对营利性民办学校来说，各级人民政府可根据经济社会发展需要和地方公共服务需求，通过政府购买服务及税收优惠等方式给予支持。”国家号召各级人民政府要根据地方特点，完善扶持制度政策。

（2）贷款。对于民办学校的贷款办学，民办教育相关政策中没有特别提及。

（3）财税支出，即民办学校的税收等优惠。一是非营利民办学校依法享有的税收等优惠政策与公办学校相同，免税资格认定后（《财政部 税务总局关于非营利组织免税资格认定管理有关问题的通知》专门对非营利民办学校免税的申请部门、保送材料、期满复核、免税手续、不符合免税处理办法、取消资格、违法犯罪处罚等各项做了具体规定），免征企业所得税。出资人要求取得合理回报的营利性民办学校，属于民办非企业，《财政部 国家税务总局关于教育税收政策的通知》规定除了免征企业所得税的项目（纳入财政预算管理的或财政预算外资金专户管理的收费、财政拨款、从主管部门和上级单位取得的用于事业发展的专项补助收入）外，其余部分计征企业所得税。二是民办学校电、水、气等享有与公办学校相同的价格政策。三是对企业办的各类学校、企业支持教育事业的公益性捐赠支出、对个人支持教育事业的公益性捐赠支出，均有一定的税收优惠政策。

4. 正式组织

（1）科层制行政，即放权地方政府，由地方各级政府具体问题具体出台适合的措施办法。如民办学校的收费办法由地方根据自己特定的情况出台具体方案，营利性民办学校的收费标准实行市场调节，政府监管。如营利性民办学校的财务清算，终止时，财产依法清偿后有剩余的，依照公司法有关规定处理，但具体办法由省、自治区、直辖市制定等。如营利性民办高等学校信息公开内容应当执行《高等学校信息公开办法》(教育部令第29号)等国家有关规定，其他营利性民办学校信息公开办法由地方人民政府学校主管部门制定，等等。

(2) 公共企业，这里的内容主要是《营利性民办学校监督管理实施细则》中关于"信息公开"方面政策文本的规定。营利性民办学校应当建立信息公开制度，年度报告信息、行政许可信息、行政处罚信息、学校网站、信息公告栏、电子屏幕等场所和设施应该予以公开，公开的信息不得危害学校及其他领域的安全和稳定。

(3) 组织建设，即民办学校组织运营的其他规定。"民促法"《营利性民办学校监督管理实施细则》等文件对民办学校的组织机构和教育教学问题也有具体规定，如营利性民办学校董事会、行政机构、校长的设立，学校设置的课程、专业、教材、招生标准，教师的聘任选拔、业务培训、师德建设、工资福利等，对营利性民办学校的财务管理机构、财务内部控制制度、收费项目、收入财务专户、经费预算、资本属权、风险防范等。

5. 政府内部控制与组织

政府内部控制与组织，关注的是政府本身内部的关系，是政府处理标准和制定目标时的内在交互过程，投射在民办教育政策上，最明显的就是各部门的协同联合管制。自十八届三中全会作出"全面深化改革必须增进改革的系统性、整体性和协同性"的部署后，教育改革的协同性就成为教育综合改革的一个基本点[14]。民办教育实行分类管理，这是民办教育的改革，相关政策发文也更加注重部门协同性，就分析的这八个政策文本而言，政策制定和发布部门涉及全国人民代表大会常务委员会、国务院、中共中央办公厅、财政部、国家税务总局、教育部、人力资源和社会保障部、工商总局等部门，这一系列法律文件，上位法《中华人民共和国民办教育促进法》需要全国人民代表大会常务委员会制定，配套文件《意见》由国务院发布，《营利性民办学校监督管理实施细则》由教育部、人力资源和社会保障部及工商总局联合发布，其他如党建问题，涉及中共中央办公厅；税收问题还关系到财政部、国家税务总局；招生简章和广告涉及工商局，等等。除了国家层面，各个省、市(地区)、县的具体办法的出台也需要相应的多部门合作。政府内部各部门的控制与组织在政策发布过程中扮演着重要的角色，共同促进民办教育的分类管理。

三、结论与反思

(一) 研究结论

1. "影响器"层面

(1) 信息枢纽前瞻。在NATO框架中，信息枢纽是民办学校分类管理的前提，有了政府发布的政策文本和民办学校之间的交互，才有了分类管理实行的可能。随着民办教育办学规模扩张、办学层次形式多样、办学目标多样，其内部出现差异分化，公益性与营利性之间的矛盾等现实问题确实需要从法律层面明确，对这种境况，政府的信息工具具有前瞻性，在一定程度上缓和了民办教育治理的困境。在民办教育分类管理法规政策中，信息枢纽处于导向性位置。首先，民办学校的分类管理是一种制度，这在一系列法规文本中均有体现。其次，政府通过政策文本发布信息，民办学校通过政策文本接受信息，明确了办学属性和办学方向，实际上信息枢纽在政府层面的理论与民办学校的教育实践之间架起了一座桥梁。最后，通过专门机构信息的发布，实现对民办学校分类管理的指导与扶持。

(2) 法理权威枢要。在NATO框架中，法理权威是民办学校分类管理法律层面的保障，有了政策文本的书面规定，实际执行才有了法律效应和科学性。法理权威主要有三个方面："法律许可""法律监管"和"纳税"。首先，在营利和非营利民办学校的命名、设立、变更和退出等许可方面有了差别化规定；其次，法律监管存在于民办学校设立前到退出后的方方面面；最后，关于纳税，对两类民办学校的纳税都给予了不同程度的优惠，但因办学主体的属性不同，纳税存在着税种问题。民办学校分类管理涉及多个方面和多个相关部门，执行起来比较复杂，虽然目前已经有一系列法律法规文件，涉及法人属性、产权归属及退出机制等核心问题，但主要是制度性、程序性的规定，缺乏详细、操作性强的实施细则。分类管理政策仍面临法人属性不明确、配套制度不完整、政策衔接缺乏操作性等困境，法律、政策不具体留下的"灰色地带"给政策落实增加了不确定性[15]。

(3) 财税手段差别化。在NATO框架中，财税手段是民办学校分类管理的手段，是国家对民办教育事业的补助与扶持。一方面是补助，另一方面是各项税收优惠，非营利性的民办学校，政府的扶持主要体现在政府补贴、政府购买服务、基金奖励、捐资激励、土地划拨、税费减免等方面，享有公办学校同等待遇；营利性的民办学校政府的支持则主要表现为政府购买服务和税收优惠等方面，对两类学校实行差别化扶持和补助。但对于非营利举办者来说，无论是学校产权归属还是财政补助、税收等，对其合法权益保护均有不足。

(4) 组织协同，共同治理。在NATO框架中，正式组织是民办学校分类管理的执行机构，民办学校分类管理的政策文本在"正式组织"中的归纳显得较为分散，主要有以下方面：其一是"科层制"行政，国家层面出台基本指向性政策文件，操作性细则由地方制定监管，在坚持遵循国家统一规定的基础上，要鼓励各省级政府根据省情充分发挥国家赋予的教育统筹权，大胆创新，制定具有地方特色的教育政策。在收费办法、财政扶持、税收政策、对出资者的补偿或奖励办法以及过渡期限等方面，各省可制定推进民办教育分类管理的特色政策。其二是学校的信息公开化，激励社会监督和引入竞争机制。其三是学校组织建设，营利性民办学校办学管理权限扩大，但来自政府和社会的监督应更加严密。

2."控制器"层面

"控制器"是政府内部的控制与组织，就研究中分析的已颁布政策文本来看，我们无法看出关于政府内部操作的程序与具体细节，但就这些政策文本发行部门来看，民办教育的分类管理是由多部门合作执行的，是政府内部的合作治理，政策制定和发布部门涉及全国人民代表大会常务委员会、国务院、中共中央办公厅、财政部、税务总局、教育部、人力资源和社会保障部、工商总局等和地方层面对应的诸多部门，同一层面部门之间的横向交互、国家层面与各级地方层面的纵向交涉，都控制着民办学校分类管理政策的实行与反馈。

(二) 研究限制及反思

本研究以胡德的NATO政策工具理论为框架，尝试构建一个新的解读框架——三个层面("探测器""影响器""控制器")和四个体系(信息枢纽、法理权威、财税手段、正式组织)来分析民办教育分类管理的政策文本。通过分析发现，"影响器"这种角色下的四种工具资源基本上概括了民办教育分类管理政策文本的各个条目；而法律法规条例的信息发布、监管过程、执行手段和实施机构也贯穿政策落实的整个过程。研究发现，NATO 框架可以较好地从政策工具的视角解释关于民办教育分类管理的政策文本。本研究也揭示出目前有关民办教育分类管理政策中存在的不足，主要表现为“影响器”层面政策链条不完整：一方面，缺乏政策工具实施的各类评估支持；另一方面，缺乏完善的风险预警机制，不能良好应对政策工具实施过程中可能会产生的偏差和地方差异。本研究也存在着一些限制和不足：其一，“探测器”层面暂未涉及，本研究对于政府颁布政策文本前的信息收集过程并没有进行数据获取和分析；其二，“控制器”层面不完整，根据政策文本的信息只分析了民办教育的分类管理是由多部门合作执行的，但对于不同部门之间的合作和利益分配以及政府内部对自身的控制和监管等并未做进一步探讨，这也是未来研究值得深入的地方。

参考文献：

[1] 萨拉蒙.政府工具：新治理指南[M].肖娜，译.北京：北京大学出版社，2016.

[2][7] 孙志建.政府治理的工具基础：西方政策工具理论的知识学诠释[J].公共行政评论，2011，4(3)：67-103，180.

[3][11] 吴薇，刘璐璐.政策工具视角下我国民办教育政策研究——基于《国务院关于鼓励社会力量兴办教育促进民办教育健康发展的若干意见》的分析[J].教育与经济，2018(3)：31-37.

[4] 陈振明.政策工具导论[M].北京：北京大学出版社，2009.

[5] 湛中林.交易成本视角下政策工具的选择与创新[J].江苏行政学院学报，2015(5)：100-105.

[6][9] HOOD C. The Tools of Government[M]. Hampshire: Palgrave Macmilan，1983.

[8] 黎智洪.大数据背景下地方政府治理工具创新与选择[J].湖南大学学报(社会科学版)，2018，32(5)：143-149.

[10] HOOD C. Intellectual Obsolescence and Intellectual Makeovers: Reflections on the Tools of Government after Two Decades[J]. Governance, 2007, 20(1): 127-144.

[12][13] HOWLETT M. Managing the “hollow state”: procedural policy instruments and modern governance[J]. Canadian Public Administration, 2000, 43(4):412-431.

[14] 曾天山.教育综合改革的现实意义和实践路径[J].教育研究，2014，35(2)：4-12.

[15] 唐诗蕊，魏志春.供给侧改革背景下民办教育分类管理政策困境与路径[J].现代教育管理，2018(4)：37-42.

作者： 徐瑛，苏州大学教育学院教师；张佳伟，苏州大学教育学院副教授。

(原载《教育发展研究》2019 年第 21 期)

制度设计与衔接:现有民办学校分类登记困境破解的关键*

李 曼

摘 要:现有民办学校分类登记是整个分类管理的核心,虽然在制度建设上取得了一定的进展,但还面临诸多问题,主要表现为现有民办学校清产核资组织主体不明确,变更法人登记类型时税费优惠不明确,登记为“民非”或事业单位的国有资产确权规定不明确,现有民办学校分类登记的程序衔接不明确。为此,建议地方细化民办学校分类登记的相关规定,对分类登记的实施流程作合法性审查,积极推进民办学校分类登记的试点工作,发挥民办教育联席会议制度的整合作用。

关键词:民办学校;分类登记;分类管理;制度设计与衔接

2016年11月,全国人大常委会通过了《中华人民共和国民办教育促进法》的修改决定,确定了民办学校实施分类管理的法律依据。根据新法授权,民办教育分类管理和登记的具体办法由地方因地制宜自行制定。截至2019年6月,全国共有30个省份出台了配套的实施意见,其中,天津、上海、浙江、江苏、四川、陕西、重庆、河北、北京、云南等10个省份在实施意见之外,出台了民办学校分类登记的管理办法,将现有民办学校的分类登记实施程序与相关的制度衔接进一步明确。

分类登记对民办学校的政府监管主体、政策法律框架等产生较大的影响。现有民办学校选择登记为营利性的,要组织财务清算,依法明确土地、校舍、办学积累等财产权属;现有学校选择登记为非营利性的,依法修改章程,履行办学许可证、法人登记证书变更等相关手续。现有民办学校体量大,涉及面广,利益主体复杂,分类登记的过程涉及教育、人社、工商、税务、土地等多个部门,不同政府部门之间政策的设计与衔接是影响现有民办学校变更法人类型的主要障碍。例如,谢锡美认为新法新政和地方配套的相关规定存在的最大问题在于已出台的地方配套制度在对影响分类管理制度推进的核心问题规定上,或照搬国家规定、或模糊表述,无法实现两者之间的无缝对接[1];李曼、王磊认为民办教育分类管理改革进展缓慢,是由于“制度丛”中税收、工商、土地等政策不明晰,与分类管理政策无法融洽地对接[2];等等。因此,科学审视现有民办学校分类登记政策在运行中存在的问题并积极构建与完善相关的制度设计,对推进现有民办学校分类登记的平稳过渡、全面实施分类管理改革具有重要的现实意义。

---

* 基金项目:国家社科基金“十三五”规划2018年度教育学青年课题(CIA180276)。

一、现有民办学校分类登记实施过程中面临的制度性困局

现有民办学校分类登记是整个分类管理最为核心的问题，虽然在制度建设上取得了一定的进展，但还不够完善，实践中旧有的制度逻辑并未完全被打破，顶层设计与组织运行出现了相互龃龉的现象，主要表现在以下几个方面。

（一）利己性制度逻辑：现有民办学校清产核资组织主体不明确

新制度主义经济学派认为场域中行为主体是有利益偏好的理性经济人，这是采取行动的理论前提与内在机理。依据新法精神指引，“现有学校重新登记为营利性学校，必须经过清产核资程序，现有学校重新登记为非营利性学校，也要经过清产核资，作为产权界定和未来终止办学时举办者获得补偿或奖励的重要依据”[3]。按照要求，地方政府应该尽快执行国家政策，明确现有民办学校分类登记清产核资主体和相关税费缴纳承担主体，但地方政府就清产核资税费减免问题与相关委办局协调不顺，各方正处于利益的博弈期；地方财力有限，教育财政又不愿承担分类登记产生的各项费用，因此，在分类登记过渡期的压力下采取利己的制度选择，以非抵抗不合作的方式来规避这一问题。目前体制下，各级政府和府校间的行政关系，使上级政府可以利用行政权威和特殊身份将相关决策纳入政治过程，从中谋取自身利益最大化[4]，地方政府或将分类登记清产核资成本转移到学校，或通过模糊处理转移到下一级政府或平级政府，以减少自身的成本支出。

从已出台的现有民办学校分类登记政策文本上看：上海、天津规定由学校聘请有资质的会计师事务所或第三方机构组织清算；江苏、河北规定按职责权限由省级以下人民政府有关部门和相关机构依法明确土地、校舍、办学积累等财产的权属，并缴纳相关税费，但有关部门和相关机构具体包括哪些并未明确；陕西在政策文件中仅提到要开展清产核资，也并未指明由谁开展。如果在实际操作中费用由举办者承担，容易造成政府在资产清算时缺位、监督指导不够，同时，国家层面法律变迁的成本完全由举办者承担也存在较大的争议。

费用由政府部门承担，对不同类别资产清产核资责任主体划分并不清晰，基于“理性经济人假设”，在顶层设计不清晰的情况下，地方政府更倾向作出有利于自身的政策解读。从法律层面看，新法未明确规定现有民办学校转变法人类型时应承担组织清算的义务。《中华人民共和国民法总则》(以下简称《民法总则》)规定，除合并或分立情形外，法人解散时，清算义务人应及时成立清算组进行清算。这就意味着《民法总则》与新法之间就清算组织主体的问题存在着相互矛盾的地方。《国有企业清产核资办法》规定，企业国有产权转让、出售等发生控股权转移等需要开展清产核资的，由同级国有资产监督管理机构组织实施并负责委托社会中介机构。由此可见，国有资产和非国有资产的清产核资主体也是有区别的。《浙江省民办学校财务清算办法》(浙财资产〔2018〕26 号)的第四条和第六条也明确列出了学校自行组织清算和审批机关组织清算的办法。按照浙江规定，现有民办学校法人属性的变更属于法律强制性终止，民办学校被审批机关依法撤销的，由审批机关组织清算，但是登记为事业单位的国有资产部分管理部门是国资部门，浙江办法中对涉及国有资产的清算并未详细区分，非国有资产部分由政府部门承担也缺乏充分的法律依据。地方在政策执行中，普遍利用政策模糊性以“搭便车”的方式将本该承担的清产核资责任转移。

(二) 制度断裂:变更法人登记类型时的税费优惠不明确

现有民办学校分类登记是由政府主导的一种强制性制度变革,外部政策环境巨变引发的突变式制度断裂一开始必然会出现与相关制度丛融合的问题。现有民办学校分类登记,首先面临的是与税法的融合,依据新法,民办学校变更法人要缴纳土地、校舍、办学积累确权后的相关税费。税费减免主要涉及两大问题:

一是登记为非营利性民办学校税收优惠不落地。现有学校选择非营利性后在落实土地、校舍等法人财产权和免税资格认定上税务部门、登记机关、审批机关的相关规定不衔接,造成地方执行上的困难。比如《财政部 国家税务总局关于教育税收政策的通知》对国家拨付事业经费和企业办的各类学校、托儿所、幼儿园自用的房产和土地,免征房产税、城镇土地使用税,但社会组织和公民个人举办的非营利性民办学校则被排除在外。这既不适应新法的规定,也与民办教育多元化主体办学的客观实际不符。而我国的企业所得税法、个人所得税法等由全国人大及其常委会负责制定,房产税暂行条例、契税暂行条例、增值税暂行条例等由全国人大或人大常委会授权国务院立法,地税部门的主要职责是征收,不具备免税的权限。如果国家没有明确规定学校在转设过程中产生的税费处理方式,非营利性民办学校享受与公办学校同等税收政策将成为一纸空谈。

二是现有民办学校登记为营利性民办学校的税收优惠不明确。“初步来看,现有学校登记为营利性民办学校的,将面临契税、资产增值部分的企业所得税和个人所得税、土地增值税等税费问题,金额将占到学校积累资产的一半以上”[5],营利性民办学校的税收优惠将成为营利性民办学校投资者决策的重要因素。从各地配套文件来看,浙江省对营利性民办学校增值税等按规定给予相应的税收优惠,河北省对营利性民办学校用于教育的房产和土地免征房产税、土地使用税。如按照“法不溯及既往”的原则,现有民办学校选择登记为营利性民办学校的,分类登记之前依法依规减免的增值税、个人所得税、房产税等不再补缴,已经出台营利性民办学校税收优惠政策的省份可能面临着法律衔接和合法性的问题。

如果按照“差别化税收优惠”的政策基调,则要明确区分现有学校选择营利性民办学校是企业组织形式发生简单改变还是企业特殊重组,不同性质的企业重组涉及不同的税种、税率、税基、税期,还涉及一系列操作性问题,如增值税纳税义务是否由重新登记后的法人承担的问题,原企业将房地产转移、变更到合并后的企业是否免征土地增值税、契税和印花税的问题,土地出让金等其他应缴纳税费在完成法人登记后多长时间完成视为按期缴纳的问题等。

(三) 路径依赖:登记为“民非”或事业单位的国有资产确权规定不明确

根据历史制度主义理论,一项制度形成之后会在其他相关政策领域产生协调效应,促成辅助性制度的生成,由此形成相互联系的矩阵制度网络,要想改变这种制度网络,会产生很高的退出成本,结果往往是返回到路径的初始锁定状态[6]。现有民办学校开办资金或过程性投入中涉及的国有资产确权困难。一方面,国有资产主管部门对原有的管理制度形成了固定行为模式,面对分类管理后出现的登记性事业单位,仍然以旧有的图式对待新生事物;另一方面,建立新制度也要付出各种经济成本、时间成本以及心理成本,“理性经济人”基于“成本-效益”的计算更愿意遵从原有的制度逻辑。

新法规定有国有资产的民办学校可以登记为事业单位法人，但在调研中，江西、黑龙江、上海、河南等地均反映与编制部门协调难度较大，内蒙古、湖南则明确不能登记为事业单位法人，即使能登记为事业单位法人的省份登记过程中也是困难重重。经调查，国有资产确权障碍源于以下两个方面：

一是不同主管部门都倾向以自己的方式认定国有资产。《事业单位、社会团体及企业等组织利用国有资产举办事业单位设立登记办法(试行)》(中央编办发〔2015〕132 号)规定，利用国有资产，包括全部或者部分使用国有资产。《民办非企业单位登记暂行办法》规定，民办非企业单位非国有资产份额不得低于总财产的三分之二，这就意味着登记为事业单位的其国有资产必须在三分之一以上。在实际操作中，编制部门主管的事业单位登记时，国有资产必须经过产权交易所挂牌进行资产评估，因开办时投入可能贬值也可能升值，评估后国股达到三分之一后才能登记为事业单位，财政部门主管的事业单位主要关注开办时国有资产的比例。不同主管部门基于固有的行为习惯和共同的认知基础，都倾向以原有的政策逻辑实施对国有资产的监管，这就造成现有民办学校分类登记时的操作性困局。

二是国有资产认定过程中的突破性改革受到原有制度丛的排斥。通常情况下，制度丛并不鼓励某一种制度作出激进的改变，局部的改变可能会危及整个制度体系的安全，因此，制度丛倾向将这种局部的变革拉回原来的轨道，从而保证制度体系的稳定[7]。部分省份如陕西、浙江、北京等地设有民办学校财政专项资金，这些省份有的直接将财政资金划拨学校，由学校自行支配，教育主管部门的账目上列为经费支出，有的省份由教育主管部门统一购买设备后发放学校，教育主管部门的账目上列为固定资产，两者本质上均属于社会公共资产。按照规定列为经费支出的转为营利性法人时直接退回，列为固定资产的如设备等在损耗期内如何退回，相关法律并没有详细规定，《浙江省民办学校财务清算办法》规定可以通过出让、出租、参股办学的方式处置。这是对现有民办学校分类登记中国有资产处置方式的尝试性突破，“但在执行过程脱离了当前的制度环境，打破了组织域中各行动者的利益均衡，反而遭到体系内其他制度的排斥”[8]，在执行过程中困难重重。

(四) 合法性危机：现有民办学校分类登记的程序衔接不明确

根据社会学制度主义观点，现有的制度环境要求组织采用“广为接受”的结构和行为方式，而组织也只有将社会上合法性要素整合进自身结构之中，才能确保自身的合法性存在[9]。天津、上海、河北、四川、浙江、江苏、陕西等地虽然出台了民办学校分类登记的实施办法，规定了分类登记的基本流程，但分类登记的制度设计与人们广为接受的思维模式以及现有规则的排列图式不相融，其“合法性”地位受到排斥。表现在以下几个方面：

一是是否有必要签署捐赠协议。在地方操作层面，有些省份要求选择登记为非营利性民办学校的举办者签订捐赠协议。根据新法，非营利学校的办学结余不能用于分配而只能投入学校运营当中，法条背后，蕴含设立非营利性民办学校属于捐资办学，但在法律条文上确实没有明确提出。而《民法总则》将因公益目的设置的社会服务机构定性为捐助法人，非营利性民办学校为捐助法人无疑。由于对两部法律认识上的偏差，选择非营利性民办学校的举办者可能对民政部门要求的登记前必须先签署捐资协议不理解、不认同、不执行。

二是注销与换发新证的顺序引发合法性问题。学校在组织清算和重新办理办学许可证的过程中，是先注销再办理新办学许可证，还是先办理新办学许可证后注销都存在着理论上的"合法性"问题。变更法人登记类型需要相关行政部门审批,行政审批慢则需要3个月,如先注销则进入"无法人"阶段,举办者普遍认为是将学校置身于风险之中,均表示无法接受。如先办理新的办学许可证,学校则进入"双法人阶段",也存在合法性问题。

三是审批机关是否要对资产清算做前置性审查。依据新法,民办学校举办者变更在财务清算后报审批机关核准,按照《中华人民共和国行政许可法》,审批机关和监管机关应是同一个单位,教育行政部门对民办学校财务资产情况等具有不可推卸的监管责任。近年来,举办者变更出现了一些新情况新问题,如对举办者公司的协议控制(VIE)、外资渗透通过股权变化而绕过监管变相变更等,一方面政府对名义上是整体法人但实际控制人发生变化的民办学校容忍度降低,另一方面目前审批机关如何对新举办者的资质以及学校的资产变更情况进行前置性审查缺少可操作性的细则,由此,对民办学校分类登记时的资产清查陷入"合法律性"与"合法理性"的双重危机。

二、现有民办学校分类登记制度性困局的破解之策

现有民办学校分类登记的稳定过渡建立在弥合制度断裂缺口、打破路径依赖、强化制度认同以及推动渐进变革的基础上。

(一)理顺分类登记制度丛,细化现有民办学校分类登记的相关规定

从博弈论的视角分析,当现有民办学校各利益相关者能够共享分类登记带来的政策溢出效应时,博弈就达到了均衡,分类登记的自我执行机制就实现了。因此,现有民办学校分类登记与相关制度丛的衔接是各利益相关者实现纳什均衡的关键。

第一,要明确财务清算的组织主体和费用缴纳主体。基于保护学校师生权益和债权人、社会利益相关者的合法权益的考虑,建议明确区分由学校组织清算和审批机关组织清算的具体情况。现有学校登记为非营利性民办学校的,实质上属于捐赠,可由政府组织清算,并承担相关的费用。地方可以设置民办教育专项资金,对现有学校分类登记的相关费用作出明确的预算。登记为营利性民办学校的由学校组织清算,审批机关予以指导,费用由学校承担。

第二,加强《民办教育促进法》与税收法律法规的衔接。建议从顶层制度设计入手,消除不同部门之间相关法律的冲突,避免同一税种因执行主体不同而将部分类型举办者排除在外的现状,促进普适性的税收优惠真正惠及民办学校。其一,简化非营利性民办学校免税资格的认定程序,建议经教育部门审批的非营利性民办学校,凭办学许可证和法人登记证直接到国税部门办理免税资格。其二,为营利性民办学校发展创设必要的空间。营利性民办学校的相关所得税可以参照重组业务特殊性税务处理;增值税纳税义务由重新登记后的法人承担;涉及房屋土地继续作为学校资产的,参照企业改制和用于教育教学的房屋土地相关规定,免征土地增值税、契税和印花税①。营利性民办学校税收优惠的制度

① 企业重组改制税收文件包括《国家税务总局关于企业重组业务企业所得税征收管理若干问题的公告》(国家税务总局公告2015年第48号)、《国家税务总局关于纳税人资产重组有关增值税问题的公告》(国家税务总局公告2013年第66号)、《财政部 税务总局关于继续支持企业事业单位改制重组有关契税政策的通知》(财税〔2018〕17号)、《财政部 税务总局关于继续实施企业改制重组有关土地增值税政策的通知》(财税〔2018〕57号)、《财政部 国家税务总局关于企业改制过程中有关印花税政策的通知》(财税〔2003〕183号)。

设计可由教育部和税务总局协商，并对地方提出统一的指导意见，“地方也可以探索由财税和教育主管部门联合成立民办教育财税监管中心，专职审核与监管分类优惠税制法规的确立、执行”[10]。

第三，进一步完善登记性事业单位国有资产监督管理办法。一是明确国有资产的比例，考虑到与民政部门相关政策的系统性和衔接性，明确规定开办资金三分之一以上为国有资产的民办学校登记为事业单位，使各地在政策执行时有法可依。二是明确登记性事业单位的主管部门。现有登记为事业单位的民办学校既有编制部门审批的、国资部门审批的，也有财政部门审批的，多头审批容易造成监管的真空地带和责任相互推诿，建议登记性事业单位统一归口编制部门审批和管理。三是明确规定开办资金中国有资产以及过程性投入中国有资产的确权办法。建议采用编办相关政策，开办资金中国有资产的价值按照登记时资产评估价值计算。

（二）强化制度认同，对分类登记的实施流程作合法性审查

制度进入自我执行阶段的关键是博弈规则必须要利益相关者认可并广为接受，人们的理解过程是栖息于原有的文化模式、融入原有的法律框架中的，加强制度认同，需要建构法律层面的合法性、组织程序的合法性和文化认知的合法性。中共中央、国务院印发的《法治政府建设实施纲要（2015—2020 年）》要求完善规范性文件制定程序，落实合法性审核制度；2018 年 12 月 24 日《国务院办公厅关于全面推行行政规范性文件合法性审核机制的指导意见》（国办发〔2018〕115 号）对规范性文件的审核范围、主体、程序、方式等作出明确规定，意味着地方政策合法性的建设步入法制化的程序。在民办教育促进法实施条例尚未正式出台的情况下，地方制定规范性文件时，可能会存在与上位法相矛盾的风险。针对实践中存在的问题，提出三点建议：

第一，对民办学校举办者变更前置性审查作合法性审查。按照《中华人民共和国民办教育促进法实施条例（修订草案）（送审稿）》传达的政策意向，对民办学校的实际控制人进行法律约束，有些地方在现有民办学校变更进行资产清查时，学校的实际控制人已发生了改变，但名义上的学校举办者仍是一个整体法人，建议对教育行政部门是否有核查实际控制人的权力做合法性规定，教育行政部门可保留前置性审查的形式性权力，将评估的实质性权力委托给相关专家团队。

第二，对分类登记的程序作合法性审查。地方操作过程中，有的先办理新的办学许可证，然后对原办学许可证注销，有的地方要求先注销原办学许可证后再换发新证，建议地方对相关程序作合法性审查，避免新旧替换时出现理论上的无证办学阶段或双法人身份阶段。

第三，简化分类登记的程序。在实践领域，有些省份要求举办者选择非营利性学校的先签署捐赠协议，有些省份仅需要选择意向决议书。按照新法精神，选择非营利性相当于放弃原有财产，事实上等于捐赠，这在新法中已经明确，建议地方取消举办者签订捐赠协议书这一环节，“避免选择非营利性民办学校的举办者产生‘被剥夺感’”[11]。

（三）以渐进性制度变迁为主轴，积极推进民办学校分类登记的试点工作

现有民办学校分类登记由政府强制性主导，有利于把握分类管理的改革方向，促进现有民办学校分类登记的平稳过渡，但在执行过程中要注意发挥地方政府和民办学校的创新性，做到“上下联动”“协同推进”。社会政策试点一般遵循“先行先试、典型示范、以点促面、点面结合、逐步推广”的线性模式，可以体现为“自上而下”和“自下而上”两种路径[12]。中央层面可以授权设置试验区，通过“摸索式试点”的方式，允许试点内进行大胆创新。建议现有民办学校分类登记通过以下几种方式推进：一是可以选择有较好发展基础、与分类登记相关部门协调顺利的地区整体性推进。比如浙江、上海等地，前期进行了分类登记的探索，也出台了现有民办学校分类登记的办法和现有学校财务清算的办法。二是可以根据不同阶段民办学校的特点分阶段推进，比如民办基础教育阶段资产总额小、发展历程短，分类登记政策的变动对举办者冲击小，可以作为预先推进的首选。三是针对某个单一条款进行试点。比如登记为营利性民办学校的采用企业重组的免税办法，财政部和税务总局关于企业重组的税收政策较为完善，细分为重组企业所得税认定、增值税认定、契税认定、土地增值税认定、印花税认定等，相关的制度设计也具有较强的操作性。

地方层面立足“验证纠偏”模式，及时发现新政推进过程中的盲点，对既往模式作出过渡性质的调试和纠偏，最终实现更大范围的推广。建议一是以地方为单位，及时总结新法新政中政策覆盖不到位的地方，进一步细化相关的操作步骤，将分类登记落到实处。二是在分类管理的政策框架下，对原有分类登记政策操作层面作进一步的调试、改进和优化，作为“样板”自下而上逐步推广。

（四）加强制度融合，发挥民办教育联席会议的整合作用

“整体性治理主张政府组织机构间通过充分沟通与合作，达成有效协调与整合，彼此的政策目标连续一致，政策执行手段相互强化，达到合作无间的目标。”[13]从已颁布民办教育分类管理配套政策的省份来看，其均明确建立多部门联合的民办教育联席会议制。作为同级政府行政职能部门，教育部门与其他相关部门处于同等的组织层级和权力层次，并没有要求其他部门如何落实相关政策的强制性权力，因此，在联合执法问题上，其他部门多处于消极应对的状态，对有利于增加本部门权力和利益的事项，则积极支持推动，而对可能给本部门增添义务或削减利益的事项，则希望轻描淡写[14]。如在民办学校登记为事业单位的问题上，不少省份反映，由于国有资产管理部门、编制部门等立足点和着眼点不同，对分类登记的创新性举措难以达成共识，联合攻克难关意识薄弱；在分类登记确权后的税收优惠上，税务部门多以无政策制定权为由，驳回教育部门的政策，并未联合教育部门积极向上级税务部门寻求解决办法。由于教育部门对政策的“强依赖性”，往往处于弱势、缺乏话语权，在政策征求意见中一些创新性的举措被其他部门强制性删除，影响民办教育联席会议制度的整体性治理作用发挥。基于此，提出以下建议。

一是加快顶层设计，强化分类登记政策的完整性和系统性。在中央层面尽快推进民办教育促进法实施条例的出台，加快研究制定分类登记中税收优惠办法、非营利性民办学校国有资产的登记管理办法、现有民办学校财务清算办法、民办学校终止时补偿奖励办法等，为地方制定相关政策提供依据。二是压实责任，明晰各部门的权力边界。民办教育联席会议制度属于整体性治理的范畴，虽然有利于整合性工作的开展，却不利于责任追究。建议以法律形式明确各部门的权力和责任，加大各部门政务公开的力度，保证政府履职的公开性和透明化，接受社会公众的监督。三是确立履行跨部门职责的法律规范，建立跨部门责任追究机制。“法律规范的确立为不承担或不积极承担跨部门职责的行为提供追究责任的依据，做到有法可依、有理可循”[15]，将各地民办教育分类登记的完成情况和政策建设情况列入政府督查台账，对选择性执法、象征性执法以及不作为的政府部门进行惩罚和问责。

参考文献：

[1] 谢锡美.落实新法新政：地方民办教育配套制度该如何抉择——以地方配套制度与新法新政衔接为视角[J].教育发展研究，2018(23)：29-37.

[2][8] 李曼，王磊.民办教育分类管理如何制度化：基于新制度主义视角[J].教育与经济，2018(6)：79-85.

[3] 李虔.民办教育分类管理十大未决问题探析[J].中国教育学刊，2018(8)：5-12.

[4][9] 张猛猛.大学章程实施的当下困境与破解之策：基于新制度主义的视角[J].江苏高教，2019(3)：37-43.

[5] 方建锋.推进民办学校分类管理中面临的瓶颈问题分析[J].复旦教育论坛，2018(2)：43-48.

[6] 周光礼，吴越.我国高校专业设置政策六十年回顾与反思：基于历史制度主义的分析[J].高等工程教育研究，2009(5)：62-75.

[7] 尹弘飙.论课程变革的制度化：基于新制度主义的分析[J].高等教育研究，2009(4)：75-81.

[10] 尹峰，匡爱花.民办学校分类管理税收优惠对策与建议[J].消费导刊，2018(11)：117-118.

[11] 王一涛，徐绪卿，宋斌，等.非营利性民办学校举办者权益的合理保护[J].中国教育学刊，2017(3)：9-13.

[12] 丁春章，陈岳."放管服"引擎下社会政策试点的逻辑进路：以最低生活保障政策为例[J].国家行政学院学报，2018(5)：139-142.

[13] 叶璇.整体性治理国内外研究综述[J].当代经济，2016(6)：110-112.

[14] 李文章.民办学校分类管理改革的碎片化及对策：基于整体性治理的视角[J].复旦教育论坛，2018(5)：107-112.

[15] 孙科技.教育政策执行碎片化及其防治策略：一个整体性治理的视角[J].教育发展研究，2018(1)：33-38.

作者：李曼，北京教育科学研究院教育法治研究基地助理研究员，博士。

（原载《中国教育学刊》2019年第7期）

专题二　改革与发展研究

社会公共善的优先确立:营利性与非营利性民办高校的多学科视角*

汤广全

摘　要:营利性与非营利性民办高校研究领域学术成果不菲,但也有一些似是而非的尚待厘清的逻辑问题夹杂其间,有必要辨明及澄清。营利性与非营利性民办高校关涉哲学上的义利之辨和教育学上的效率与公平之争及政治经济学上的公私之辨。营利性与非营利性民办高校多学科视角表明,无论营利与否,二者所能提供的社会公共善须优先确立,即确立公正的基本社会制度底线为首要条件。

关键词:社会公共善;营利性与非营利性民办高校;营利;效率;公平

1999年以来,随着中国高等教育的扩张,民办学校尤其是民办高校也随之兴起。在这一过程中,学界开始关注营利性与非营利性民办高校的分野与发展。尤其是受美国私立高校的异军突起及其研究的影响,我国学界对营利性与非营利性民办高校进行了较为充分的论证,并取得了不菲的学术成果。鉴于营利性与非营利性民办高校在哲学、教育学及政治经济学等维度之间的逻辑关系尚存在含糊之处,似是而非,甚而视听混淆,鱼龙混杂,真假难分,有必要进行厘清、辨明及论证。

一、哲学:义利之辨

无论是营利性还是非营利性民办高校,都关涉一个"利"字,利即利润或利息。营利,就是"谋求利润"[1]。营利性民办高校除了谋求利润外,有无其他追求?按当下通行的理解,营利性民办高校在谋利的同时,也一并追求公共服务,谋求社会效益。这里的社会效益即"各种经济活动及科学技术、教育、文学、艺术等在社会上产生的非经济性效果和利益"[2]。"非经济性效果和利益"具有社会公共善的内涵。如此一来,营利性民办高校尚且追求社会效益,非营利性民办高校自不待言。社会效益这类"非经济性效果和利益"在道德境界上远远高于相对狭隘的"利",具有服务社会大我的公共善,与哲学上"义"的价值取向较为一致。

哲学上的"价值"概念源于经济学上的商品交换或金钱交换[3],或凝结在商品中一般的、无差别的人类劳动[4]。价值观念往往引申为三个方面的内容:一是价值常与伦理道德联系在一起;二是我们社会的主流价值取向,即人的价值包括社会对个人的尊重和满足与个人对社会的责任和贡献两个层次的内容;三是广义的价值观,含自由、生死、义利、公私、

*　基金项目:国家社会科学资金项目(16BGL167)。

荣辱、美丑、苦乐、幸福、友谊、爱情等义项。无论是上述哪个方面的内涵,都表明价值是一个抽象度较高的术语,与社会公平、正义等密切相关。总之,价值观是个体生命中至关重要的东西,为其行为提供动力支持和方向指导[5]。

这种价值追求特别与中国传统文化中的“义利之辨”密切相关。所谓“义”,伦理术语,指通过内心的自我调节使思想行为符合一定的准则,诸如道德原则、规范等。这就是正统儒家强调以义来制约人的行为,主张义、利对举,重义轻利[6]。正统儒家的义利追求往往与其价值观是一脉相承的,即“利”与“小人”的情感、欲望是一致的,而“义”与“君子”的情感、理想是相匹配的,所谓“君子喻于义,小人喻于利”是也。正统儒家实质是反对功利,主张义理。“正其谊不谋其利,明其道不计其功”就是高度浓缩了的正统儒家“何必曰利”价值追求的表征。另一方面,在非正统儒家那里,义、利相通乃至义、利并举,而不是截然对立,水火不容,如荀子认为“义”是用来限制犯罪活动的[7];王安石则认为人的情感欲望发作正当就是仁与义,人的情感欲望发作不正当,就是不仁不义[8]。这表明,非正统儒家较为正视“利”存在的正当性,承认利、义并举的合理性,突破了正统儒家“非义即利”的两极化思维窠臼。而且,比非正统儒家更进一步的是墨家,墨翟的义利观超越了义、利相通及义、利并举的构想,他认为,“义”就是利人、利天下,即“义,利也”[9]。墨子及其墨家贵义也重利,把利与义统一起来,并把其全部事业都归结成“为义”,大大拓展了传统儒家伦理观中狭隘的“利”的视界,即“兴天下之利,除天下之害”[10]。这种利、义统一和重视功利的思想与近现代西方力倡的功利主义思想较为接近。西方功利主义认为,人应当追求所有人的幸福的最大化,即普遍的幸福。但在有些情况下,对于普遍幸福的追求,会让限制个人自由显得正当[11]。这是功利主义的不足。这就进一步提出了“义”对“利”限定的必要性,而在社会领域就更需要公正的基本社会制度的节制,以便实现最大限度的公共福祉。

回到营利性与非营利性民办高校主题上来,按哲学的伦理价值取向与学界通行的理解来说,营利性民办高校在自利的同时,也能利他,服务社会,惠及大众,但是联系到具体的社会主义初级阶段,即在公正的基本社会制度节制有限的境遇下,资本的逐利性容易得到非理性的膨胀,营利性民办高校的利他倾向可能是有限的,自利可能是无限的;当自利无限扩大时,其危害社会、损害公共善的程度也是无限的。按通常的理解,非营利性民办高校主要在于利他,即追求最大多数人的公共善。就中国传统价值观而论,单向的利他更具有牺牲倾向与社会奉献精神,这与我们社会曾经追求的最高理想——公而忘私、舍生取义的共产主义价值观较为一致。但非营利性民办高校的价值追求是否就不存在自利,是否不存在损害公共善的倾向,是否与我们的期望相一致?营利性民办高校是否唯利是图?所有这些都值得我们追问与思考。就连少数学人迷恋的资本主义民主制度典范的美国,也有人在反思,美国教育长期以来沉迷于时髦但欠缺考虑的设想,对学校运作企业化的执着追求可能是其中最差的想法,因为这可能威胁公共教育事业的生存[12]。何以如此?

这是由美国资本主义制度的本性决定的:在过去的二三十年时间里,美国家庭经济的脆弱性与不稳定性比不平等性变化得更加迅速,波动性与反复性很大。贫富差距越来越悬殊是当代美国社会的一个突出特点[13]。除中美两国社会制度的根本差别之外,发展中国家的基本国情也决定着我们不能走美国化的规模化的营利性与非营利性的民办高校之路,因为购买力有限[14]。这个事实目前乃至相当长的时间内还无法更改。就此而言,营利性与非营利性民办高校价值取向的高下、贵贱显而易见,主办营利性民办高校需要谨慎,需要考虑到我国经济发展水平;非营利性民办高校虽值得我们提倡,但在社会主义初级阶段,由于公正的基本社会制度节制的有限,也应谨慎乐观其成。而且,非营利性民办高校也需要进一步规范化、法律化,以免事与愿违,适得其反。我们不能等量齐观营利性与非营利性民办高校,更不能把二者看作没有社会伦理底线的差不多。与我们被灌输的东西作理性的抗争,我们必须重新思考[15]。

二、教育学:效率与公平

哲学上的义利之辨可以指导教育科学,因为实践哲学即伦理学或道德哲学是教育学及其目的的基础[16]。一旦指导方向上的"义"出了偏差,即便"利"再好再大,也会犯"颠覆性"错误。20 世纪 90 年代以来,"效率优先、兼顾公平"的经济发展呼告由经济领域、社会领域波及教育领域,曾经一度在全社会掀起了思想波澜,预示着思想观念领域出现了疑问乃至争议。

在具体的历史的社会境遇下,公平与效率,孰优孰劣,是非高下,不难辨明,但由于一些复杂因素的干扰,在社会转型时期,特别是由于社会主义初级阶段探索的天然局限,使得一些明白无误的社会现象变得越发模糊不清甚至是非不明,于是才出现了"效率优先"与"公平兼顾"的争议。改革开放之初,在发展经济的导向下,我国社会生产力得到极大程度的发展,经济领域出现了喜人景象。但是,另一方面,尤其是在社会生活领域,由于体制不完备,机制不完善,分配不公,由于违背社会主义核心价值观,出现了贫富不均、贫富差距扩大的现象,在教育领域,也随之出现了城乡教育资源分配不均、城乡教育投入反差巨大、东西部之间与经济发达地区和偏远地区教育发展不均衡等有损教育平等、教育公平的现象,这些都极大地损害了社会主义制度本身所追求的善,损害了政府形象与民意、民心。于是就产生了"效率优先"与"兼顾公平"的分歧与争议。所谓"效率优先",原指在改革开放初期,为从根本上消除计划经济体制的不良影响,突出了偏重效率的政策倾向,无可厚非。但在 20 世纪 80 年代中后期,"效率优先"的提法泛化、渗透并覆盖非经济领域乃至全社会各个层面,比如波及教育领域。因过多追求教育效率,追求教育过程的程序、技术,导致情感陶冶与启发诱导弱化,师生情感沟通减少,学生日益成为学习的机器[17]。也就是说,"效率优先"理应限制在经济领域,并框架在市场经济发展初期,且须有一个基本前提,即基于公正的基本制度安排的问题已解决或基本解决。脱离了这个基本前提,"效率优先"就失去了底线,必然损害公正的基本制度安排[18]。

就营利性与非营利性民办高校而言,营利性民办高校是否都具有真正的教育效率与教育公平,有必要辨明与论证。一方面,营利性高等院校尤其是民办高校顺应我国高等教育迅猛发展的态势,既能弥补国家财政不足,又能为民众提供更多的高等教育入学机会,理论上既有效率又有公平,两全其美,何乐而不为。另一方面,营利性高等院校尤其是民办高校毕竟要把追逐利润作为其重要目标甚至是首要目标,其教育效率尤其针对服务对象的教育效率如何确保?如何确保高校尤其是民办高校在追求利润的同时不失教育公平的价值底线?就当下教育政策及相关法律法规而言,民办高校在追求效率或效率优先的情形下,其教育公平能不能得到政策与法律层面等基本制度的制约及保证,这是营利性民办高校发展过程中必须予以充分关注且亟待解决的主要问题。按我国相关法律规定,民办高校属非营利性,但在现实中,民办高校的非营利性表现并不彰显,甚至以牟取暴利为目的[19]。民办学校包括民办高校同样存在诸如法人属性难以认定、产权属性难以落实、学校内部治理不健全、教师权益得不到保障、学校举办者合理回报不明确、优惠政策不明也难以落实、市场监管无法行之有效、政府提供公共服务体系较为薄弱,营利性与非营利性的标准如何认定的问题[20]。有人要说,非营利性民办高校应不存在效率与公平问题,理由是它们不以追求利润为主要目的或首要目的。想法虽好,但现实未必如此。这里有两个问题需要认真辨明与厘清:其一,公立高校。如非营利性高校是公立的,即政府财政全额拨款,学习费用相对较低,教学设施相对完善,政府协调统管。这种情形下是否就意味着效率高,注重社会公平?也不能一概而论。比如,如果机构臃肿,管理不善,效率也不会很高,甚至服务社会的价值取向也没有什么公平可言,如近10多年来因监督不严而使得招生过程中出现的腐败现象频频出现等。如果非营利性高校管理完善,又主要以服务社会为价值导向,且基于公正的基本制度安排,自然教育效率高。确保公共利益居于主导地位,即确保公共问题解决方案本身及其产生过程都符合民主规范和社会正义、公正及公平的价值观,是高等教育必须明确的第一要义[21]。但鉴于当下社会主义建设初级阶段与中国特色社会主义建设探索时期的实际,非营利性高校的教育公平的实现程度,不容乐观。其二,私立高校。如非营利性高校是民办的或私立的,即主要依靠民间力量、社会捐助,辅之以一定的政府投资,学习费用较高,教学设施相对不完善,由董事会领导、党委监督保证的校长负责制。如果监督不到位尤其是存在隐性营利,如何纠察、修正、完善;如果董事会不作为、党委监督不力,如何保证服务社会的价值取向得到忠实践履;如果基于公正的基本制度安排不健全,教育公平怎样得到切实体现。所有这些在社会主义初级阶段都会成为严峻的挑战。而且,在全球化的教育境遇尤其是跨国、跨文化办学实践中,须优先保护并保存作为国家与社会公共产品的价值观。因为教育对国家而言从来就不是中立的[22]。

上述两个问题的核心仍然是,高等教育公平的价值取向作为非营利性高校尤其是非营利性民办高校的指南针,须予以优先得到关注与保证。在这个前提下,提高效率是要力倡的,提高效率是非营利性高校努力的方向,也是其最大限度地实现教育公平的体现。离开了公正的基本制度安排这个指南针,营利性民办高校与非营利性民办高校就没有本质的区别。就拿少数学者们津津乐道的美国富豪盖茨、沃尔顿为例,在21世纪初,他们设立的基金会在教育改革方面大张旗鼓地进行战略性投入,足以撼动州政府,乃至联邦政府的教育政策。而将公共教育政策交由超级富豪运营的基金会去处理,与民主制度背道而驰[23]。美国教育领域由此而产生的效率与公平问题的是非、利弊、褒贬,不言自明。

就教育学视角而言,营利性民办高校与非营利性民办高校能够最大限度地保证社会公正、实现教育公平就是最大的效率。无论是营利性民办高校还是非营利性民办高校,实现社会公平、公正本身就是最大的教育"制度善",离开了这一点,营利性与非营利性民办高校在效率与公平上的争议是没有多大实际意义可言的。

三、政治经济学:公私之辨

无论是哲学上的"义利"之辨,还是教育学上的"效率优先,兼顾公平"之争,最终都要落实到社会实践层面,离不开具体的社会政治经济实体的节制。按政治经济学的分类,大的方面,教育包括高等教育有资本主义与社会主义性质之分;小的方面,教育包括高等教育有公立私立之分。二者本质上的价值取向是一致的,即社会主义高校总体倾向是为着社会绝大多数人服务的,资本主义的高校总体倾向是为着少数人或资本利益集团服务的。

社会主义高校坚持社会主义核心价值观,为社会大众福祉谋利,体现社会制度善与社会公共善。所以,在社会主义国家,公立高校比之私立高校,非营利性高校比之营利性高校,无论在数量上还是在办学质量上都理应占主导地位。在社会主义中国,公立高校与非营利性高校,无论是国家公办还是私人办学,其价值取向都是一致的,即最大限度地满足社会公共善;相反,在资本主义国家,绝大多数私立高校与营利性高校不仅在价值取向上具有共同性,而且在利益或利润追求上的目标也是接近的,即私人资本的逐利性是趋同的,也即最大限度地追逐私利,社会公共善的实现是有限的。特别是在全球市场化的态势面前,高等教育的公共产品地位被消费主义大肆侵蚀,高等教育的道德意义、社会目的及教育价值随之改变的迹象未能引起足够的重视[24]。

我国是社会主义国家,以公有制为主体,高等学校的创办以公立为主,以非营利性为主流。社会主义本质要求,国有资本的价值在于将资本的利润用于社会,为社会福利和公共善提供物质基础;它只与私人大资本争利,而不与民争利[25]。这同样适用于精神文化领域中非营利性高校包括民办高校的价值取向。有人可能要问,资本主义社会的私立高校在价值取向上都是逐利的吗?大体是肯定的。无论是哈佛还是耶鲁,无论它们的口碑多么享誉世界,无论它们中的学人科技创造多么伟大,无论它们中的学者获得了多少诺贝尔奖,无论它们的毕业生就任了多少届美国政府领导人,都无法改变资本主义社会资本逐利的本性。这是由其根深蒂固的价值观决定的,即经济动机成为"象牙塔"的主题,这导致大学指导思想失去了根本宗旨及其与社会的联系[26]。

自 1975 年至 1985 年,美国公立和私立大学的学费均增加了 1 倍以上,到 1985 年,公立四年制大学平均学费为 1 126 美元,私立大学则为 5 016 美元;到 1991 年,公立大学平均学费达 2 137 美元,私立大学则高达 10 017 美元[27]。近 20 多年来,涨风日甚。美国大学学杂费在 1982—2007 年上涨了 439%,而中等收入家庭的经济增幅仅为 147%[28]。2008 年经济危机大规模爆发以来,大学学费上涨更甚,2012—2013 学年,四年制私立非营利性大学学杂费平均为 29 056 美元,较上年同期增长为 2.8%;公立大学平均为 8 655 美元,较上年同期增长为 3.4%。无论公立大学还是私立大学,无论营利性大学还是非营利性大学,美国大学学费自 20 世纪 70 年代以来,一直在逐年上涨,无论是经济危机发生前还是经济危机爆发后。这是由资本主义私人占有制与社会化大生产之间不可遏制的矛盾造成的。在过去的 25 年里,宏观经济政策与货币政策及相应机构没有创造出稳定,也没有创造出可持续发展;且最重要的是,它们都没有创造出让美国这个社会大多数公民都受益的经济增长[29]。在过去的 50 年里,尽管美国实施了很多高投入的社会福利项目及反贫困举措,但美国的贫困率仍居高不下,徘徊在 15%左右。在 2011 年,美国的贫困人口与20世纪60年代中期相似,数量没发生大的改变[30]。因此,有学者大胆预言,资本主义政治经济僵局会把民众带到历史的节点。资本主义的终结是光明的前景[31]。这与100多年前马克思、恩格斯等人天才的预言何其相似。至于国内某些经济学界精英兜售西方尤其是美国所谓前卫的新思潮言论该休矣,即无论是“中国穷人上不起大学是因为学费太低”的论调[32],还是“提高学费”可以扩大“补贴的面”,利于贫困大学生的“经济补助”的妄语[33],都是新自由主义的代言或其变种,都是极端有害的,旨在把中国高等教育引向美式私人资本主义市场化道路。

因此,营利性高校尤其是民办高校如没有公正的基本社会制度的节制,对社会有形与无形的危害是巨大的;非营利性高校暗含着一个潜在的前提,即利他是其根本特征,理论上当然要力倡。非营利性高校尤其是民办高校在社会主义初级阶段,在公正的基本社会制度节制有限的境遇下,隐性的营利与自利及其对公共福祉的侵害,仍然是值得我们警惕的。如果我们希望学校像私立的营利公司那样运转,学校的教育教学质量及服务社会的功能不可能得到改善与保证。因为“学校是公益事业,不是生意”[34]。

四、结语

营利性与非营利性民办高校多学科视角表明,二者提供的社会公共善须优先确立,即确立公正的基本社会制度为底线。在此基础上,对于营利性高校尤其是营利性民办高校存在着资本逐利性与教育社会公益性的矛盾,政府应对“营利性”与“非营利性”等加以区分,并给以法律认定[35]。只有这样,营利性与非营利性民办高校才能得到健康发展,最大限度地满足社会公共善,最大限度地体现社会主义教育公平,最大限度地满足最大多数人的公共福祉。否则,在社会主义初级阶段的中国,抽象地谈论营利性与非营利性民办高校建设,易误入歧途,往往弊多利少。

参考文献:

[1][2] 中国社会科学研究院语言研究所.现代汉语词典[M].5版.北京:商务印书馆,2005:1634,1204.

[3] 牛津高阶英汉双解词典[M].李北达,编译,北京:商务印书馆,1997:1679.

[4][6] 冯契.哲学大辞典(上、下)[M].上海:上海辞书出版社,2001:619,1798-1799.

[5] 奎苏姆宾 L,利澳 J.学会做事:在全球化中共同学习与工作的价值观[M].余祖光,译.北京:人民教育出版社,2006:9.

[7] 丁祯彦,臧宏.中国哲学史教程[M].上海:华东师范大学出版社,1989:102.

[8] 北京大学哲学系中国哲学教研室.中国哲学史[M].北京:北京大学出版社,2003:323.

[9] 墨翟.墨子选译[M].刘继华,译注,成都:巴蜀书社,1988:148.

[10] 孙中原.墨学通论[M].沈阳:辽宁教育出版社,1993:36.

[11] 穆尔 B,布鲁德 K.思想的力量——哲学导论[M].李宏昀,倪佳,译.上海:上海社会科学院出版社,2009:367-368.

[12][23][35] 拉维奇 D.美国学校体制的生与死:论考试和择校对教育的侵蚀[M].冯颖,译.北京:北京大学出版社,2014:237,214,242.

[13] 哈克 J.风险大转移:新经济无保障和美国梦的幻灭[M].刘杰,胡晓明,罗怀宇,译.北京:中国社会科学出版社,2013:2.

[14] 波斯纳 R.资本主义的失败[M].沈明，译.北京：北京大学出版社，2009：34.
[15] 多德 D.资本主义及其经济学：一种批判的历史[M].熊婴，译.南京：江苏人民出版社，2013：306.
[16] 赫尔巴特.普通教育学[M].李其龙，译.杭州：浙江教育出版社，2002：207.
[17] 于伟.教育哲学[M].北京：教育科学出版社，2015：74.
[18] 吴忠民."效率优先，兼顾公平"究竟错在哪里[J].北京工业大学学报(社会科学版)，2007(1)：1-7.
[19] 赵红娥.民办高校非营利性现状调查研究：以昆明杨林职教园为例[D].昆明：昆明理工大学，2015.
[20] 单大圣.非营利性民办学校的困境与出路[J].现代教育管理，2013(12)：68-71.
[21] 姚德超.资源整合与制度创新：公共产品供给中政府的职能：基于治理视角的高等教育产品供给分析[J].科学经济社会，2013(1)：158-161.
[22] 阿特巴赫 P，肖地生.作为国际商品的知识与教育：公共产品的消解[J].江苏高教，2003(4)：119-121.
[24] 奈杜 R，威廉斯 J.学生合约与学生消费者：学习的市场化与高等教育公共产品性质的侵蚀[J].北京大学教育评论，2014(1)：36-52.
[25] 史际春.论营利性[J].法学家，2013(3)：1-13，175.
[26] 刘易斯 H.失去灵魂的卓越：哈佛是如何忘记教育宗旨的[M].侯定凯，译.上海：华东师范大学出版社，2012：3.
[27] 曲恒星，曾晓东.西方教育经济学研究[M].北京：北京师范大学出版社，2000：193-194.
[28] 张春蕾.浅析美国大学学费上涨新趋势[J].牡丹江教育学院学报，2013(3)：82，185.
[29] 约瑟夫 E，斯蒂格利茨 J.不平等的代价.[M].张子源，译.北京：机械工业出版社，2015：236.
[30] 康西安 M，丹齐革 S.改变贫困，改变反贫困政策[M].刘杰，金晶，曹珊珊，等，译.北京：中国社会科学出版社，2014：1.
[31] 沃勒斯坦 I，柯林斯 R，曼 M，等.资本主义还有未来吗[M].徐曦白，译.北京：社会科学文献出版社，2014：198.
[32] 张维迎.教育这笔账该怎么算[N].上海证券报，2006-4-27(8).
[33] 茅于轼.从高校学费谈起[N].经济观察报，2008-6-16(20).
[34] 李望国.资本的逐利性与教育的公益性：民办高校的"非营利性"探讨[J].中国高等教育，2010(10)：46-48.

作者： 汤广全，龙岩学院师范教育学院教授，教育学博士。

（原载《宁德师范学院学报(哲学社会科学版)》2019 年第 3 期）

专题二

中国民办高等教育七十年发展历程
——基于政府与市场关系演进的视角*

方晓田

摘　要：中华人民共和国成立70年来，伴随社会主义市场经济体制的发展以及政府与市场关系的不断演进，民办高等教育经历了1949—1953年的改造消亡期，1978—1991年的恢复草创期，1992—2002年的高速发展期，2003—2016年的规范发展期，2017年至今的分类发展期，现已成为中国高等教育的重要组成部分。在新时代，应把握民办高等教育发展中政府与市场关系的多态性和演变性规律，充分认识政府与市场关系演进的中国特色，促进民办高等教育市场发挥配置资源的决定性作用，并更好地发挥政府的作用。

关键词：民办高等教育；政府作用；市场作用；资源配置

中华人民共和国成立70年来，民办高等教育砥砺奋进，经历了从小变无、从无到有、从少变多、从弱到强、从“拾遗补阙”到“不可或缺”的曲折发展，为中国高等教育的发展提供了丰裕的资源、多样化和差异化的选择，并贡献了庞大的消费市场，成为中国发展伟大成就的重要部分。与此同时，如何认识民办高等教育发展的成就一直是各界关注的热点话题。有人认为，中国民办高等教育发展的成就是自由市场发挥作用的结果，是市场化、自由化、资本化和私有化的成功，因而鼓吹市场万能，强调政府退场；有人则认为，民办高等教育发展成就应归因于强大的政府权力和制度作用，是政府干预的结果，因而主张政府管理至上，限制市场自由作用。众所周知，政府与市场是现代经济社会资源配置的两大主体，世界市场经济发展的历程也证明了一个亘古不变的道理——政府和市场从来都是经济社会发展不可或缺的重要角色[1]，政府“有形之手”和市场“无形之手”的力量构成了经济社会前行的两大动力源。

中华人民共和国成立以来，经济社会发展的核心逻辑是如何认识和处理计划与市场或者说政府与市场的关系。从表象来看，是双方作用边界、关系的博弈和调整，实际上是以市场化为导向的政府与市场关系的不断变革和完善[2]。伴随经济社会的发展，中国民办高等教育经历了改造消亡、恢复草创、高速发展、规范发展、分类发展等不同阶段，其发展动力源自市场和政府的合力。市场通过供求机制、价格机制、竞争机制和风险机制自动调节民间和社会力量兴办高等教育；同时，由于高等教育的共性（如公益性）以及民办教育的特性（如私学性、营利性、依附性和自卑性）[3]，政府的“有形之手”一天也没有离开，一直

*　基金项目：重庆市教育科学规划重点课题（2017-GX-025）；四川外国语大学校级科研项目（sisu201738）。

主动调控民办高等教育的发展，政府与市场共同推动了民办高等教育的发展壮大。在我国民办高等教育发展的不同时期，政府与市场的关系及其地位、作用机制、力量等不尽相同，并呈现出不同的发展态势。

一、政府独导、市场消亡：中华人民共和国成立之初的改造消失期(1949—1953 年)

1949 年中华人民共和国成立后，新的政治秩序建立，政府开始限制私有制，渐次束制、侵蚀和替代私立高校市场，最终使私立高校市场“消亡”。政府对旧中国遗留下的私立高校进行了接管、整治和改造，通过 1952 年全国范围的院系调整，私立高校或被停办，或被合并公立化，并随后消失长达几十年。

1. 政府对私立高校的接管和改造(1949—1951 年)

中华人民共和国成立前夕，全国尚有私立高校 82 所，约占全国高校总数(205 所)的 40%。在很多地方，私立高校的数量和学生甚至多于公立高校。在私立高校数方面，西南地区有公私立高校 52 所，其中私立高校有 30 所，上海 40 所高校中就有 30 所私立高校，南京、武汉等城市的公私立高校各占一半。而在学生数方面，全国主要城市私立高校与公立高校的学生规模之比约为 0.6∶1，其中上海、广州等地私立高校的学生数还多于公立高校(见表 1)。

表 1　1949 年京、沪、津等六大城市公私立高校的在校生人数

类型	北京	上海	天津	南京	武汉	广州	小计
公立高校学生数	9 759	9 037	4 783	2 627	3 224	3 671	39 165
私立高校学生数	2 376	13 139	1 401	974	1 185	4 695	23 770
合计	12 135	22 176	6 184	3 601	4 409	8 366	62 935

资料来源：教育部编《中华人民共和国各大城市公私立学校学生人数统计表》，《人民教育》1950 年第 2 期，第 18 页。

随后，齐鲁大学、燕京大学等一批私立高校相继被接管。1949 年 4 月，人民解放军颁布的《约法八章》规定，人民解放军保护一切公私立学校不受侵犯[4]。对私立高等教育采取的“保护不侵犯”政策，使得大多数私立高校在政治环境尤其是政权发生重大变化后得以为继，为新中国高等教育事业的发展奠定了基础。1949 年 9 月，人民政治协商会议通过的《共同纲领》规定，中华人民共和国文化教育工作应以“肃清封建的、买办的、法西斯主义的思想，发展为人民服务的思想为主要任务”，“应有计划有步骤地改革旧的教育制度、教育内容和教学法”[5]。同年 12 月，在教育部召开的第一次全国教育工作会议上，马叙伦指出，“对于旧教育，不能不作根本的改革”[6]。会议还提出，对中国人办的私立学校除“极破坏者应予取缔或接管外”，一般采取“积极维持、逐步改造、重点补助”的方针[7]。1950 年 6 月，中华人民共和国成立后的第一次全国高等教育会议在北京召开，会议提出“高校应配合国家建设需要，培养工农出身的知识分子；应在统一的方针下，有计划和有步骤地开展工作”[8]，并将高校体制改革确定为中华人民共和国高等教育改革的重要目标和内容，私立高校体制改革则是重中之重。这次会议出台了《高等学校暂行规程》《专科学校暂行规程》《关于实施高等学校课程改革的决定》《私立高等学校管理暂行办法》等一批涉及高等教育体制改革的政策规程。《私立高等学校管理暂行办法》要求私立高校的办学方针、办学任务、学制设置、课程教学以及教育管理等均须遵行新政策，并提出私立高校的行政、财政、财产等权力均应由中国人掌握；私立高校办理优良而经费困难，教育部酌予补助；办理不善或违背法令，教育部令其整改或停办；私立高校不得以宗教科目为必修课，或强迫师生参加宗教仪式或活动[9]。同时规定，所有私立高校均需按照新规程重新申请立案。1950 年 9 月，人民政府与梵蒂冈驻辅仁大学代表围绕学校行政权等问题爆发了激烈冲突。同年 10 月，政府将该校收回自办。以此为标志，至 1951 年初，政府全部接办了受外国资助的 21 所教会大学[10]。同时，政府还分批接管了中法大学、大夏大学、光华大学等 58 所私立高校。大多数私立高校积极配合政府的接管和改造工作，办学积极性较高。政府的政策和举措，显示了中华人民共和国对加强旧式私立高校改造和领导的意志，同时也维护了私立高校及师生的稳定，保护教育的延续发展，为后来的院系调整创造了积极条件和基础。

2. 院系调整中私立高校或被撤并或被公立化(1951—1953 年)

中华人民共和国成立初期政府进行的院系调整，是在接管和改造旧的高等教育体系后，为适应国家大规模计划经济建设对人才的需求而效仿苏联对高等教育进行指导的结果。1951 年 11 月全国工学院院长会议认为，全国院校不仅数量分布不合理，而且学科体系、师资教学、人才培养等存在较多问题，决定进行院系调整。1952 年教育部根据“以培养工业建设人才和师资为重点，发展专门学院，整顿和加强综合性大学”[11]的方针，在全国范围内进行了高等学校的院系调整工作。院系调整中的私立高等学校或整体、或分拆并入其他公办高校，或直接变更校名改为公办学校。例如，燕京大学所属院系分拆并入不同公办学校，其文理科并入北京大学，工科并入清华大学；辅仁大学并入北京大学；津沽大学各院系分别并入南开大学和天津大学；北京协和医学院由卫生部管理并更名为中国协和医学院。是年底，全国 75%的高校完成了调整，很多在现代中国大学史上声名显赫的私立高校如圣约翰大学、大同大学等消失。到 1953 年，短短两三年时间，私立高校在中国彻底消亡。客观而言，政府的举措具有一定的时代合理性，一方面，当时私立高校总体而言经营较为困难，影响了师生权益和社会稳定；另一方面，将私立高校改造或调整为公办学校，能集中力量培养人才支持社会主义建设，亦符合当时的政治逻辑。中国私立高等教育直到 1978 年才萌生恢复。

显然，在私立高等教育的改造消亡期，由于特殊的历史原因，政府处于绝对领导和支配地位，独导了对私立高等教育的改造和撤并，体现出“超强政府”的格局，市场力量消失殆尽，市场机制不复存在。这一时期私立高等教育发展中政府与市场的关系是“强政府、无市场”，其作用机制是“政府独导、市场消亡”。

二、政府允行、市场引导：改革开放后的恢复草创期(1978—1991 年)

1978 年 12 月党的十一届三中全会召开，会议确立了实事求是的思想路线和以经济建设为中心、进行改革开放的基本国策。市场化成为改革开放的基本方向，政府逐渐向市场放权，经济等领域渐次向市场放开。这个时期的主流思想仍然认为计划经济是根本，市场只是一个外在因素，但政府职能和作用范围在缩小，政府与市场的关系经历了市场作用逐渐扩大的过程[12]。“社会主义也可以搞市场经济”，并将社会主义经济定义为“计划经济为主，也结合市场经济”[13]。1979 年 3 月，明确了社会主义必须有计划经济和市场经济[14]。此后党的十一届六中全会、十二大和十二届三中全会、十三大相继提出计划经济和市场经济并重发展的观点[15]。党和国家的一系列重大决策，使得价格机制和竞争机制得到恢复，市场在资源配置中的作用不断加强。

改革开放后我国民办高等教育的发展与市场经济体制发展相呼应。在市场需求下，长沙、北京、上海等地出现了由离退休教师创办的民办教育性质的补习班和培训校，掀开了中国民办教育恢复和草创的序幕。1978 年 10 月，湖南长沙出现了第一个针对高考文化课的补习班，后渐渐发展为具有民办高校性质的湖南中山进修大学。1980 年 10 月，新中国第一所民办高校——九嶷山学院在湖南成立[16]。1981 年 1 月，国务院批准了教育部制定的《高等教育自学考试试行办法》，正式允许私人或团体举办自学助考性质的补习学校（班），这是政府首次“允行”这种新型教育形式。1982 年 3 月，中华人民共和国第一所集体所有制高校——中华社会大学成立，这对当时的法律提出了挑战。同年，中央提出“两条腿走路”的办学方针，鼓励社会力量举办教育。1982 年《宪法》明确规定，国家鼓励集体经济组织、国家企业事业组织和其他社会力量依照法律规定举办各种教育事业。这是宪法首次鼓励社会力量办学，不仅为民办高等教育的发展提供了保障，也激发了市场活力。一批热爱高等教育事业的知识分子和有识之士办学热情高涨，纷纷筹集资金、租赁校舍、聘用教师，积极兴校。1984 年 3 月，北京海淀走读大学诞生，这是中华人民共和国正式承认学历文凭的第一所民办高校。同年 4 月，教育部等四部委发出《关于文化、教育、卫生、社会广告管理的通知》，5 月教育部转发《北京市社会力量办学试行办法》，对其中所称的“社会力量办学”进行了明确界定，即指各民主党派、社会团体以及公民个人举办的各种教育事业[17]。1985 年《中共中央关于教育体制改革的决定》颁布，其中第二条明确提出“地方要鼓励和指导国营企业、社会团体和个人办学”，并鼓励各企事业单位、集体和个人捐资助学。到 1986 年年底，全国民办高等教育机构已达 370 所[18]。我国民办高等教育在经历恢复后有了规模性的发展。1987 年 7 月，国家教委颁发了《关于社会力量办学的若干暂行规定》，同年 12 月又联同财政部颁发了《社会力量办学财务管理暂行规定》。这两个规定的出台具有重大意义，因为这是新中国成立后尤其是改革开放后国家主管部门首次为民办教育定规立章，在体制和机制上为民办高等教育的发展保驾护航。1988 年，中国民办高等教育理论开拓者潘懋元先生在北京召开的“高等教育政策国际研讨会”上作了“关于民办高等教育体制的探讨”专题报告，提出“将民办高等教育纳入国家教育体系之中，确定其社会性质，确认其社会地位，引导其向正确的方向健康发展”[19]。该报告被《光明日报》和《上海高教研究》等报刊发表，并经《新华文摘》转载，随即在全国引起强烈反响，中国民办高等教育进入快速的草创期。但此后由于政府监管和法规滞后，民办高等教育领域一度出现滥发文凭和乱办学等问题。对此，政府开始逐步整治，在 1990—1991 年间先后出台了《国家教委关于跨省、自治区、直辖市办学招生广告审批权限的通知》《国家教委关于不得擅自颁发毕业证书的通知》《国家教育委员会、公安部社会力量办学印章管理暂行条例》。通过整顿，巩固了民办高等教育草创期所取得的成果。截至 1991 年年底，全国民办高等教育机构已发展到 450 所[20]。

改革开放后中国民办高等教育的恢复和草创，主要是市场化的结果。大多数举办者限于当时的政治经济环境以及主流价值观,对利用市场机制投资办学、获取经济回报意识比较淡薄,更多的是出于一种教育情怀。从现实来看,他们也缺乏投资资本,只能身兼教师并租赁场地办学,从培训班或助学考试做起,办学基本是非营利性的。当然确实也有办学者抱有营利目的,但其受现实限制大多不具有投资和投机性,主要以公益性为前提,获取经济收益较困难[21],更多地体现为对国家、社会和人民的无私奉献精神。例如,黄河科技学院创始人胡大白本是郑州大学教师,由于公伤导致残疾,不得不放弃教师职业,但她始终胸怀"为国分忧、为民解愁、为社会主义现代化建设服务"的崇高理想,1984 年拿出家中仅有的 30 元钱创办了郑州高等教育自学考试辅导班,创业初期,她租赁简陋校舍,亲自授课和印制教材,收费较低。此外,西安翻译学院的丁祖诒、西安培华学院的姜维之等一批早期民办高校的举办者,基本上也是出于教育情怀和社会公益目的而办学。

可以看出,在民办高等教育恢复和草创期间,政府开始向市场放权,但对民办高等教育的发展主要是"允行",较少发挥主动积极作用,民办高等教育市场主体在政府政策允行下自主探索办学,体现出"弱政府"的格局。同时,民办高等教育市场虽然开始恢复,但整体而言,市场主体办学意识不强、办学力量羸小、作用机制较弱,体现出"弱市场"的格局。总的来看,政府有意减弱自身在民办高等教育资源配置中的作用,市场的引导作用不断加强,政府和市场分别经受新的历史环境考验,是相互试探作用强度以及寻找良性互动的过程。因此,这一时期民办高等教育发展中政府与市场的关系是"弱政府、弱市场",其作用机制是"政府允行、市场引导"。

三、市场主导、政府引导:邓小平"南方谈话"后的高速发展期(1992—2002 年)

20 世纪 90 年代前后,由于新旧经济体制间的冲突加剧,加上国际局势动荡,中国改革开放面临严峻的形势,社会上出现了对姓"资"姓"社",甚至对改革开放的论争。在这种情况下,1992 年邓小平"南方谈话",重申了深化改革、加快开放的决心。此后,中国加快了思想解放和改革开放的步伐。1992 年 10 月党的十四大明确提出,"建立和完善社会主义市场经济体制","使市场在社会主义国家宏观调控下对资源配置起基础性作用"。1993 年党的十四届三中全会强调了政府宏观调控和市场资源配置的基础性作用。1997 年党的十五大再次明确了此观点。显然,政府正逐渐从对市场的全面干预中抽身,市场力量快速成长,"无形之手"在资源配置中的基础作用持续发挥,市场主导地位逐步建立。

在放权市场、让市场积极吸引社会力量举办民办高等教育的过程中,政府也利用"有形之手"逐步引导和调节民办高等教育发展。党的十四大提出"鼓励多渠道、多形式社会集资办学和民间办学",此举进一步激发了社会和民间办学热潮。1993 年 2 月出台的《中国教育改革和发展纲要》对民办教育提出了"积极鼓励、大力支持、正确引导、加强管理"的发展方针,同年《民办高等院校设置暂行规定》发布。这些都为民办高等教育的发展扫清了思想和制度上的障碍。1993 年,国务院在北京市 15 所民办高校中率先试行学历文凭考试,随后在全国逐渐推行。1994 年 2 月,上海杉达学院、黄河科技学院等民办高校成为第一批通过政府审批开展专科学历文凭教育的学校。1995 年颁布的《中华人民共和国教育法》第二十五条明确提出,"国家鼓励企业事业组织、社会团体、其他社会组织及公民个人依法举办学校及其他教育机构"。1997 年 7 月,国务院颁布《社会力量办学条例》,这是中华人民共和国第一部关于民办教育的专门行政法规，对民办教育的性质、地位等根本问题作了详细规定。1998年，国家对民办高校实行办学许可证制度，有力保障了民办高校的办学资格和质量。1999年6月中共中央和国务院颁布《关于深化教育改革，全面推进素质教育的决定》，其中专门提出要"积极鼓励和支持社会力量以多种形式办学，满足人民群众日益增长的教育需求，形成以政府办学为主体、公办学校和民办学校共同发展的格局"。1999年召开的第三次全国教育工作会议正式决定将民办教育的地位从"对公办教育的补充"改为"与公办教育共同发展"[22]。同年，国务院出台高校扩招政策，决定扩大招生规模，随后逐年扩招。这一系列的政策照亮了民办高等教育发展的前景，不断点燃社会办学热情，再加上这一时期受亚洲金融危机的影响，很多民间资本大举转投高等教育市场，民办高等教育进入了高速发展期，软硬件都有了质的突破，改变了民办高等教育长期"无独立校舍、无独立师资、无独立文凭"[23]的状况以及拾遗补阙的地位。

在政府和市场关系的良性互动下，市场和政府力量双轨并进，民办高等教育发展成效显著。包括具有独立颁发国家承认学历资格的民办普通高校在内的各类民办高等教育机构数量增长较快，从1992年的约500所发展到2002年的1 282所，其中民办普通高校从10所增加到131所①。到2002年年底，全国各类民办高等教育机构在校生已达140万人，其中民办普通高校在校生32万人[24]。一批占地过千亩、教师近千人、学生上万人、资产逾亿元的民办高校相继出现，彰显出这一时期中国民办高等教育发展的高涨态势和美好前景。

总的来说，在中国民办高等教育高速发展期，政府政策法规供给能力持续增强，有力地引导、鼓励和规范了社会力量办学，体现出"渐强政府"的格局；同时，大量社会资本和民间投资者受市场利好环境的影响，纷纷进入高等教育市场，投资兴学，呈现出"强市场"的格局。因此，这一时期民办高等教育发展中政府与市场的关系是"渐强政府、强市场"，其作用机制是"市场主导、政府引导"。

四、政府激励、市场主导：《中华人民共和国民办教育促进法》颁布后的规范发展期（2003—2016年）

进入21世纪后，中国已基本建立起中国特色社会主义市场经济体制。2002年党的十六大提出"在更大程度上发挥市场在资源配置中的基础性作用"，党的十七届二中全会更是提出"从制度上更好发挥市场在资源配置中的基础性作用"，市场在资源配置中的基础性作用和主导地位逐步确立。但市场机制作为资源配置的基础性力量，自身也有无法克服的缺陷，即存在"市场失灵"问题，需要政府力量来应对和规避。因此，基于现实的需要，党的十八届三中全会在《中共中央关于全面深化改革若干重大问题的决定》中提出要"使市场在资源配置中起决定性作用和更好发挥政府作用"[25]。这一论断既是

① 我国民办高等教育机构的有关数据非常短缺，从目前公开的资料来看，一方面数据资料有限，另一方面相关资料数据出入较大。本文相关数据来源主要参考以下资料并反复斟校比对综合而得：金忠明等：《中国民办教育史》，中国社会科学出版社2003年出版；李维民：《共和国民办高等教育的变迁与勃兴》，《中国高等教育》2009年第18期；姜华：《中国民办高等教育组织的变迁及其特性——组织社会学视角》，北京大学教育学院2007年博士学位论文；历年《中国教育统计年鉴》；历年《全国教育事业发展统计公报》。

对过去几十年改革开放事业的经验总结，也是对未来政府和市场关系发展的指向和要求，充分说明了政府与市场的关系既不是替代也不是主次关系，而是要“努力形成市场和政府作用有机统一、相互补充、相互协调、相互促进的格局”[26]。因此，处理好政府与市场的关系，既要发挥好市场的决定性作用，同时又要发挥好政府的调控作用。显而易见，它寻求更加良性的政府与市场的关系，即更强的政府、更强的市场，以适应未来的发展和挑战。

中国民办高等教育的发展与经济市场一样，也经历了一个市场缺陷时期，特别是由于前期“放任”市场发展造成了诸多问题，亟须政府出台专门法规来规范。以 2003 年《民办教育促进法》及 2004 年《民办教育促进法实施条例》的实施为标志，政府开始供给一系列法规和政策，规范和激励民办教育发展，中国民办高等教育正式迈入规范发展期①。《民办教育促进法》是中华人民共和国关于民办教育的第一部专门法，它正式明确了民办教育“公益性事业”的性质和“社会主义教育事业组成部分”的地位，也充分体现了“规范和扶持”的立法宗旨。《民办教育促进法》及其实施条例对民办教育管理体制、产权归属、营利等问题作了相应规定，其中“出资人可以从办学结余中获取相关合理回报”的条款，无疑是对中国传统大学理念和制度的重大突破，体现出政府激励的导向。这种允许民办教育合理营利的政策极大地激发了市场活力，使得民办教育特别是民办高等教育成为新的投资热土，一时间，“卖楼的”“卖车的”等各类投资主体纷纷兴办民办高等教育[27]。值得注意的是，《民办教育促进法》提出了政府“积极鼓励、大力支持、正确引导、依法管理”民办教育的新方针，与 1993 年《教育改革和发展纲要》发布的十六字方针大致相似，只是将“加强管理”改成了“依法管理”，两字的变动体现出政府发展民办教育的理念正转向法制化和规范化，标志着民办高等教育经过前期的高速市场化后，逐渐步入“依法办学、规范管理”的发展期。与此相应的是，各地方政府也纷纷参照《民办教育促进法》并结合本地实情出台了各自的地方法规。尽管如此，民办高等教育法制建设还是跟不上办学实践的需要。部分学校由于办学理念不正、办学动机不纯、内部治理结构混乱等原因，在招生收费、课程教学、教师用工及日常管理等方面存在诸多严重问题。2006 年，江西、河南等地部分民办高校甚至发生学生群体性重大事件，个别民办高校因学生学籍、学历、学费等方面存在问题而导致数百名学生聚众打砸和焚烧校园，影响恶劣，引起了政府的高度关注。2006 年，国务院办公厅发布《关于加强民办高校规范管理引导民办高等教育健康发展的通知》，强调对民办高等教育加强规范管理的重要性和紧迫性，重点对民办高等教育的办学行为和规范管理提出了要求。2007 年，教育部出台了《民办高等学校办学管理若干规定》，旨在进一步规范民办高校办学行为，引导民办高校规范有序发展。值得注意的是，这一时期还产生了一种具有中国特色的新型民办高校——独立学院。独立学院是中国高等教育办学体制改革和市场化的产物，最早源于江浙部分公办高校利用新机制新模式举办的国有民营二级学院。2003 年，教育部出台《关于规范并加强普通高校以新的机制和模式试办独立学院管理的若干意见》，这种新型民办高校被赋予了正式的“独立学院”名称，并迅速发展

① 大多数学者将《民办教育促进法》的颁行作为划分民办教育发展的一个重要标志和阶段，但时间节点存在 2002 年、2003 年、2004 年等差异。笔者认为，《民办教育促进法》经全国人大常委会通过的时间是 2002 年 12 月 28 日，正式施行时间是 2003 年 9 月 1 日，以 2003 年作为时间节点划分比较科学，也符合民办教育实际发展情况。

起来。到2008年，教育部又针对独立学院制定了《独立学院设置与管理办法》，对规范独立学院的设置与管理、促进独立学院的健康发展起到了重要作用。截至2010年，全国独立学院达到300余所，已占民办本科高校数量的一半以上。独立学院的创造和发展，有效弥补了我国高等教育资源的不足，促进了高等教育多元化的办学格局，为社会培养了大批应用型人才，加速了高等教育大众化的进程，是我国高等教育的重要组成部分和民办本科教育的主要力量。2010年颁布的《国家中长期教育改革和发展规划纲要（2010—2020年）》提出，“民办教育是教育事业发展的重要增长点和促进教育改革的重要力量”。2012年党的十八大进一步提出要“鼓励引导社会力量兴办教育”，这充分彰显政府进一步支持和鼓励民办高等教育发展的意志和决心。

在政府激励为主的政策和市场较为成熟的机制作用下，民办高等教育得以持续健康发展。从2003年至2016年，我国各类民办高等教育机构数从1 277所发展到1 555所，民办普通高校数从173所发展到742所；各类民办高等教育机构在校生数从220.78万增长到709.62万，民办普通高校在校生数从81万增加到634.06万。

整体来看，这一时期《民办教育促进法》及其配套制度的出台，凸显了政府“大力支持、依法管理”的激励导向，有力地激发、引导和规范了社会力量兴办高等教育，体现出“较强政府”的格局。同时，在市场环境和机制日趋成熟并充分发挥作用的情况下，各类市场主体进军民办高等教育，呈现出“强市场”的格局。因此，这一时期民办高等教育发展中政府与市场的关系是“较强政府、强市场”，其作用机制是“政府激励、市场主导”。

五、政府分类管理、市场有限主导：新时代的分类发展期（2017年至今）

2017年10月，党的十九大作出中国特色社会主义进入了新时代和中国经济社会主要矛盾发生了根本转变等重大政治论断，提出要构建“市场机制有效、微观主体有活力、宏观调控有度”的社会主义经济体制。党的十九届三中全会还要求“坚决破除制约使市场在资源配置中起决定性作用、更好发挥政府作用的体制机制弊端”。这充分表明，政府更加注重职能和履能改革，重视运用市场供需以及政府创新政策和发展战略引导供给侧改革，最大程度上激发微观经济主体的发展活力。

伴随经济社会的发展，民办高等教育也步入了新时代。人们对高等教育个性化发展要求增强，对特色高等教育服务需求增多，因此，对民办高等教育的选择更趋理性，要求更加挑剔。虽然自《民办教育促进法》实施以来，民办高等教育发展一路高歌猛进，但人们对长期以来民办高校营利性和非营利性问题论争不断，对“营利性”和“非营利性”不分、“名分实不分”“借非营利之名行营利之实”“高收费暴利润低税收低质量”等诸多不平衡不充分发展问题意见较大，要求政府以完善产权制度和要素市场化配置等法规建设为重点，尽快推行民办高校分类管理，以解决民办高等教育发展的主要矛盾。在此背景下，历经三审而定稿的新《民办教育促进法》于2017年9月正式施行。2017年也被称为我国民办高等教育分类发展的元年[28]，因为除新《民办教育促进法》外，包括《民办学校分类登记实施细则》《营利性民办学校监督管理实施细则》和《国务院关于鼓励社会力量兴办教育促进民办教育健康发展的若干意见》等一批“新政”开始正式实施，新的法律和政策将民办高等教育带入了一个新时代。

新《民办教育促进法》等相关法规和政策的制订过程,更像是新中国成立尤其是改革开放40年以来民办高等教育发展历程的一种折射。改革开放初期,中国高等教育面临财政投入严重不足、资源极度匮乏的局面,以增加供给为导向的民办高等教育从降生之日起就承担起补充高等教育资源、打破公办高等教育"一统"的历史使命,在强市场和宽环境的带动下迅速崛起。但民办高等教育的过快发展也滋生出大量亟须规范和厘清的新问题,如学校法人属性不清、财产归属不明、营利非营利不分、优惠扶持措施难以落地等问题[29]。这些问题严重制约了民办高等教育的持续健康发展。只有从法规上进一步厘清和明晰上述问题,才能拓展民办高等教育的发展空间,促进营利和非营利民办学校各行其道、健康发展。正因如此,新时代民办高等教育的相关"新政"在党的领导、营利非营利办学、法律地位、市场化、产权制度以及非法办学治理[30]六大方面进行了重大改革,正式作出允许举办营利性民办学校的历史性决定,并推行非营利性和营利性分类别登记、分类别管理以及差别化扶持,在财税、土地、收费等方面给予非营利性民办学校更大的扶持。这是对中国几千年来"教育不得以营利为目的"制度的重大突破[31]。全国大部分省市也制定了配套文件,其中上海、陕西、浙江和重庆等地还出台了配套制度。2018年8月,司法部面向社会公布了《民办教育促进法实施条例(修订草案)(送审稿)》,就民办学校分类管理的具体问题广泛征求意见和建议。这些"新政"的实施,标志着民办高等教育正式进入分类管理的新时代,实现非营利性和营利性民办高等教育各行其道、各安其位、各显所能、各得其所,真正建立起新时代的中国民办高等教育体系。

专题二

可以看出,新时代以新《民办教育促进法》及相关新政的出台为标志,政府能力不断增强,政府推行营利性和非营利性高等教育各行其道,彰显出政府引导民办高等教育分类发展、大力扶持非营利性民办高等教育的意图和导向,体现出"强政府"的格局;市场则在民办高等教育尤其是非营利性民办高等教育发展中处于一种非绝对主导的地位,而是在一定条件和限制下的主导,呈现出"较强市场"的格局。因此,在新时代的分类发展期,民办高等教育发展中政府与市场的关系是"强政府、较强市场",其作用机制是"政府分类管理、市场有限主导"。

六、结论与启示

通过对中华人民共和国成立70年来民办高等教育发展中政府与市场关系历史演进的梳理,我们大体上可以形成对政府与市场关系的认识和判断。整体而言,二者关系是交互的动态演进过程,在不同时期二者演进的程度不同,角色、地位和作用机制也不尽相同,政府与市场的关系依次主要表现为强政府—无市场、弱政府—弱市场、渐强政府—强市场、较强政府—强市场、强政府—较强市场五种形态。相应地,政府与市场的作用机制类型表现为政府独导、市场消亡,政府允行、市场引导,市场主导、政府引导,政府激励、市场主导,政府分类管理、市场有限主导。当前,民办高等教育正进入新时代发展期,我们必须在对政府和市场关系形态变化普遍性认识的基础上,深刻把握中国特色民办高等教育发展中政府和市场关系所承载的内容和特征,不断深化改革。

1. 把握民办高等教育发展中政府与市场关系的多态性和演变性规律

美国政治经济学家林德布洛姆曾说:"世界各国政府间最大的不同和区别,在于市场取代政府或者政府取代市场的程度。”[32]按照林德布洛姆的观点，政府与市场是彼此相伴而不能完全替代对方的关系。如果对政府与市场分别赋予“强弱”两极指标进行划分，民办高等教育发展中政府与市场的关系理论上可以划分为四种基本样态，即强政府—强市场、强政府—弱市场、强市场—弱政府、弱市场—弱政府。如图1所示，横坐标轴X代表政府配置民办高等教育资源能力，越往右，说明政府能力越强，越往左，说明配置资源能力越弱。同理，纵坐标轴Y代表市场配置资源能力，由上往下表明市场能力从强转弱。需要说明的是，图1中的原点“O”并不代表政府和市场的能力为零（事实上也不可能为零）。“强政府”不代表政府配置资源能力和治理效率水平很高，同理，“强市场”并不代表民办高等教育市场机制成熟，“强”“弱”“O”等，只是用来划分政府和市场关系类型的一个参照点。在民办高等教育发展中，政府与市场不能互相完全替代或由某方独导，而是在具体的经济社会改革进程中，随着政府对其在民办教育中应承担职能的认识的不断深入而呈现出不同的履职状况，以及民办高等教育市场机制的成长状况，进而呈现出多态性和演变性的关系。政府和市场的关系不存在完美、亘古不变的固定模式，二者总是在寻求适宜于民办高等教育发展的最佳模式，而这个最佳模式只可能在某个时期暂时存在于二者的某个平衡点上。

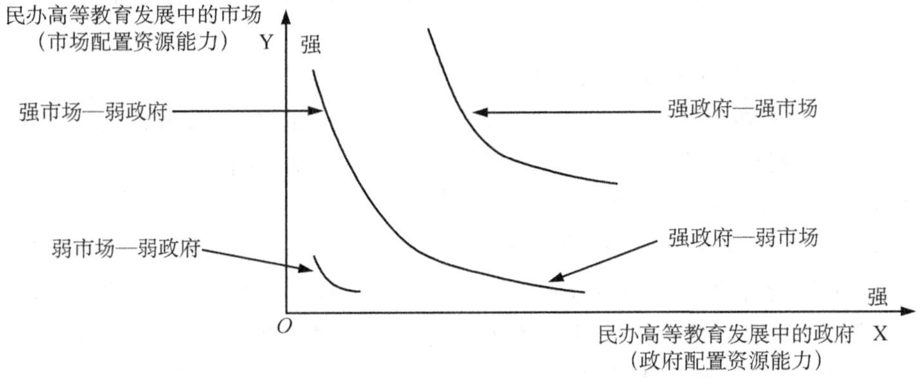

图1 民办高等教育发展中政府与市场关系基本类型图

2. 充分认识民办高等教育发展中政府与市场关系演进的中国特色

其一，新中国成立尤其是改革开放以来的民办高等教育发展历程决定了政府主导、政府和市场携手同行的基本关系。1949年随着新的政治秩序建立，政府渐次约束和替代了市场，导致市场走向了“消亡”。改革开放确定了以经济建设为中心，并逐步建立起社会主义市场经济体制。党的十二大、十三大、十四大则先后提出“国家调节市场”“计划经济和市场调节有机结合”“使市场在国家宏观调控下对资源配置起基础性作用”等论断。党的十六大、十七届二中全会也提出了相关观点，政府和市场的关系不断变革和并行发展。党的十八届三中全会提出要发挥市场在资源配置中的决定性作用，同时要更好地发挥政府作用，凸显了市场和政府的“双强”作用和地位。党的十九大提出构建“微观主体有活力、宏观调控有度”的社会主义市场经济体制。至此，在建立市场化取向的民办高等教育进程中，政府基本处于主导地位，同时市场机制不断成长和完善，形成了中国特色的政府和市场并进发展的关系。

其二，社会主义的本质决定了中国民办高等教育发展中政府和市场关系演变的内容和目标。1980 年，邓小平提出“社会主义要发展生产力，才能表明社会主义的优越性”[33]。1992 年，邓小平“南方谈话”中进一步指出，社会主义的本质是解放和发展生产力，消除两极分化，最终达到共同富裕[34]。2015 年，习近平在党的十九大报告中提出，“党的领导是中国特色社会主义最本质的特征”。中国经济社会发展能取得举世瞩目的成就，归功于坚持党的领导和走社会主义道路。坚持党对一切工作的领导和走中国特色社会主义市场经济道路，为政府的抉择和行为获得人民长期广泛的拥护和支持提供了正当性基础，这也是政府能积极有效地形塑和创造社会主义市场经济的根本逻辑所在。社会主义本质论的提出，是对政府和市场关系演变的内容、目标和终极价值等重大问题作出的根本回答。从新中国成立初期社会主义改造，到改革开放后的“两条腿走路”，再到党的十八大提出的“以人民为中心”、党的十八届三中全会提出的“使市场在资源配置中起决定性作用和更好发挥政府作用”，最后到新时代的目标任务是解决“人民日益增长的美好生活需要和不平衡不充分的发展之间的矛盾”，其最终指向都瞄准了共同发展，消除落后，促进社会公平正义，让人民过上美好生活。民办高等教育发展中政府和市场的关系无论如何演变，都必须沿着中国特色社会主义道路携手同向前行，消除民办高等教育不平衡不公正发展问题，促进公办和民办高等教育错序和协调发展，最终满足人民对高等教育的个性化和差异化需求。

3. 在全面深化改革中塑造政府与市场的新关系

步入新时代，民办高等教育发展中政府与市场的关系既是关涉教育公平和效率的价值问题，也是“看得见的手”与“看不见的手”合理配置民办高等教育资源的技术问题。处理好二者关系的根本途径在于全面深化改革。

一方面，要深化“放管服”改革，加快转变政府职能，科学配置政府权力。从宏观和中观层面来看，要继续提高对民办高等教育的调控能力、对区域民办高等教育发展的协调能力、对民办高等教育公共产品的供给能力等。马祖卡托曾发现，美国等发达国家很多处于世界领先的企业早期普遍得到了政府引导和资助，而且到今天也并没有放任市场自由行动，而是利用各种措施支持产业发展[35]。从这个意义上说，政府职能改革应考虑的是“如何增强对民办高等教育引导调控”，而不是纯粹的“如何减弱甚至退场”问题。因此，政府要深入把握民办高等教育市场规律，进一步简政放权、加强监管和提升服务，大力营造良好制度环境和公平秩序，从而降低民办高等教育制度性交易成本和税收成本，同时要减少政府的直接和硬性干预，释放市场更大的办学活力。从微观层面来看，要以民办高等教育市场需求为导向，科学设置教育行政部门及其内设机构，清晰界定其职能和权力配置，适时提出政府权力清单，明确部门与人员权责关系，并积极采用民办高等教育信用综合监管以及大数据服务等措施，确保民办高等教育发展和政府改革同频共振。

另一方面，要深入推进民办高等教育市场化改革，实现市场配置资源的决定性作用。改革开放以来，中国的市场化发展很快，由市场自主形成的价格所占比例已从改革开放初的 3%上升到 2018 年的 97%以上[36]。应该说，民办高等教育市场自主调价机制已基本建立，但仍有一些长期影响市场作用的问题出现，如公办高等教育对市场的垄断、政府法规和行政制度壁垒、民办高等教育内部的垄断和恶性竞争等。尤其是随着教育企业公司利用"VIE 架构"在境外上市的不断发展①，民办高等教育上市公司（集团）垄断和资本违规问题逐渐增多。这些问题，一些是由长期的市场发展和改革不到位所引发，一些是由政府职能和履能没有及时转变所致，一些则是民办高等教育新业态发展产生的新问题。不管是什么原因，都只有通过深化民办高等教育市场化改革才能解决。因此，一要充分利用市场价值规律，促成民办高等教育分类发展，进行市场细分，兼顾经济和社会效益，办出差异化市场的优势和特色，提高竞争力；二要推进政府供给侧改革，在立法制度、行政执法、财税土地、第三方组织等方面强化供给和改革，提升和保障民办高等教育整体市场的成长；三要支持和鼓励民办高等教育转型发展，走应用型和技术型道路，加快内涵发展，提升质量和信誉。只有这样，才能实现民办高等教育市场决定性作用的发挥。

参考文献：

[1] 仲伟民.资本主义萌芽问题研究的学术史回顾与反思[J].学术界，2003(4)：223-240.

[2] 洪银兴.市场化导向的政府和市场关系改革 40 年[J].政治经济学评论，2018(6)：28-38.

[3][27] 方晓田，王德清.后大众化时期民办高等教育发展与政府干预[J].高等教育研究，2013(10)：46-51.

[4] 大塚丰.现代中国高等教育的形成[M].黄福涛，译.北京：北京师范大学出版社，1998：17.

[5] 中共中央文献研究室.建国以来重要文献选编(第 1 册)[G].北京：中央文献出版社，1992：11.

[6] 中国教育年鉴编委会.中国教育年鉴(1949—1981)[K].北京：中国大百科全书出版社，1984：683.

[7][10][17][18][20] 金忠明，等.中国民办教育史[M].北京：中国社会科学出版社，2003：231，238，242，243，245.

[8] 建国初期全国高等学校院系调整文献选载(1951—1953)[J].党的文献，2002(6)：59-71.

[9][11] 教育部办公厅.高等教育文献法令汇编(1949—1952)[G].1952：11，30-31.

[12] 时家贤.新政治经济学视野下的地方政府：职能定位、行为边界与目标选择[M].北京：经济科学出版社，2013：42.

[13] 邓小平文选(第二卷)[M].北京：人民出版社，1994：236.

[14] 金冲及，陈群.陈云传(下)[M].北京：中央文献出版社，2005：238.

[15] 唐在富，康玺.改革开放 40 年政府与市场关系调整历程与展望：基于财政视角的考察[J].财政科学，2018(8)：41-55.

[16] 铁流，徐锦庚.中国民办教育调查[J].作家，2012(22)：5-133.

[19] 潘懋元.关于民办高等教育体制的探讨[J].上海高教研究，1988(3)：35-40.

[21] 潘懋元，别敦荣，石猛.论民办高校的公益性与营利性[J].教育研究，2013(3)：25-34.

[22] 肖甦.生存与发展——国际视野下的私立教育[M]，北京：高等教育出版社，2011：353.

[23][24] 李维民.共和国民办高等教育的变迁与勃兴[J].中国高等教育，2009(18)：27-29.

[25] 中共中央关于全面深化改革若干重大问题的决定[N].人民日报，2013-11-16(1).

[26] 正确发挥市场作用和政府作用，推动经济社会持续健康发展[N].人民日报，2014-05-28(1).

[28] 柴葳.民办教育辟出分类管理新路径[N].中国教育报，2018-01-01(2).

[29] 钟秉林.民办教育发展步入新阶段[J].中国教育学刊，2017(3)：5.

[30] 潘懋元，吴华，王文源，等.中国民办教育四十年专题笔谈[J].华南师范大学学报(社会科学版)，2018

① 截至 2018 年 3 月，国内共有 22 家教育企业在境外采用"VIE 架构"上市，包括民生教育集团、新高教集团和中新教控三家主要运营民办高等教育的企业。

(6):18-20.

[31] 徐绪卿.加强顶层设计 坚定分类管理 促进健康发展——对《中华人民共和国民办教育促进法实施条例(修订草案)(送审稿)》讨论的几点思考[J].国家教育行政学院学报,2018(9):43-48.

[32] 林德布洛姆 C.政治与市场:世界的政治—经济制度[M].王逸舟,译.上海:上海三联书店,1995:1.

[33] 冷溶,汪作玲.邓小平年谱(1975—1997)(上)[M].北京:中央文献出版社,2004:387.

[34] 邓小平文选(第三卷)[M].北京:人民出版社,2001:373.

[35] 林毅夫.新结构经济学的理论基础和发展方向[J].社会科学文摘,2017(5):53-56.

[36] 万静.价格法为我国经济平稳快速增长保驾护航——市场调节价比重从3%上升到97%[N].法制日报,2018-08-27(1).

作者: 方晓田,四川外国语大学教育学院副教授,教育学博士。

(原载《高等教育研究》2019年第9期)

改革开放40年陕西民办高等教育发展的回顾与展望

李维民

摘　要：民办教育是民族复兴、社会进步的重要基石，是推动高等教育发展的重要力量。陕西民办高等教育在全国独树一帜，也是陕西高等教育的一张亮丽名片。经过40年的发展，陕西民办高等教育历经恢复起步、快速发展、依法规范和分类管理四个阶段，其主要成就、主要特征和基本经验被业内称为“陕西现象”。今后，陕西民办高等教育将继续不忘初心，抢抓新机遇，再做新贡献。

关键词：改革开放40年；民办高等教育；民办高校；陕西

改革开放40年来，特别是党的十八大以来，伴随着党的教育方针政策和国家法律法规的不断完善，陕西民办高等教育从无到有、从小到大、从弱到强，取得了较大成绩。随着民办高校办学水平的不断提高，民办高等教育已成为陕西高等教育的重要组成部分，成为教育改革的重要力量和教育事业发展新的增长点，成为新时期改革开放的标志性成果。截至2017年年底，陕西有民办高校30所(含独立学院12所)，占全省普通高校总数的32.3%，普通本专科在校生275 818人，占全省本专科在校生总数的25.8%，综合实力位居全国前列[1]。在纪念改革开放40周年之际，回顾陕西民办高等教育的发展历程，总结办学经验，展望未来发展，意义重大。

一、陕西民办高等教育发展回顾

(一) 恢复起步

陕西民办高校起步较早，1984年西安培华女子大学的成立，标志着省内第一所民办高校诞生。1987年，陕西第二所民办高校西安翻译培训学院成立。1991年，《陕西省社会力量办学管理办法》出台，这是陕西第一部关于民办教育的行政规章。

(二) 快速发展

1992年，在邓小平“南方谈话”的影响下，陕西共批准高等教育机构101所，主要有西安外事服务培训学院、民办西京大学(筹)和西安思源科技培训学院等。1996年，陕西省人大常委会颁布《陕西省社会力量办学条例》，这是全国第三部地方性民办教育法规。2000年，陕西省政府颁布《关于进一步办好民办高等教育的决定》，省教委印发《〈陕西省社会力量办学条例〉实施细则》[2]。

(三) 依法规范

2003年，西安培华女子大学升格为本科高校并更名为西安培华学院；2004年，陕西省人大常委会颁布《陕西省民办教育促进条例》;2005 年,经教育部批准,西安翻译学院、西安外事学院、西安欧亚学院和西京学院等 4 所民办高职院校升格为本科高校;2007 年,经教育部批准,西安思源学院、陕西国际商贸学院等 2 所民办高职院校升格为本科高校。之后,相继有陕西服装工程学院、西安医学高等专科学校(筹)等 18 所民办高校经教育部或陕西省人民政府批准后成立。至此,陕西民办高等教育的办学层次明显提高,整体实力明显增强,进入了依法规范、稳步发展的新阶段,开始实现新的飞跃。

(四) 分类管理

自《国家中长期教育改革和发展规划纲要(2010—2020 年)》颁布以来,民办教育进入营利性和非营利性分类管理的新阶段。2011 年,陕西省人民政府发布《关于进一步支持和规范民办高等教育发展的意见》。2018 年 1 月,陕西省人民政府又发布了《关于鼓励社会力量兴办教育 促进民办教育健康发展的实施意见》,率先对 18 所民办高校实行分类管理,明确"凡申报非营利性民办高校的,享受省财政专项资金的扶持",从而掀开了陕西民办高校发展的新阶段。随着《民办教育促进法》的修订和相关配套政策的出台,陕西省也相继出台了一系列支持和规范民办高等教育的地方行政法规。2018 年,陕西电子科技职业学院、西安汽车科技职业学院根据教育部《关于"十三五"时期高等学校设置工作的意见》,完成了升本程序,成为省内第十所和第十一所独立设置的民办本科高校。至此,陕西独立设置的民办本科高校数居于全国前列。

二、陕西民办高等教育的主要成就

经过 40 年的发展,陕西民办高等教育在各领域都发生了深刻变化,取得一系列令人瞩目的成就,主要表现在以下方面。

(一) 扩大了办学规模

据统计,1984 年陕西民办高校在校生仅 200 人(全为女生);2004 年,陕西有民办高校 15 所,在校生 166 383 人;截至 2017 年年底,陕西有民办高校 30 所(含独立学院 12 所),普通本专科在校生 275 818 人,成人本专科在校生 10 839 人,较 2004 年学校数和在校生数将近翻了一番[3]。

(二) 完善了办学条件

陕西民办高校通过升格办学层次和接受政府评估,极大地促进了校园建设,教学条件、科研条件、生活条件和活动条件等得到极大的改善。不同类别的民办高校,有的由培训学院升格为高职院校,有的由高职院校升格为本科高校,本科高校则开展专业硕士研究生教育或与公办高校联合开展硕士、博士研究生教育等,不断提高办学层次、完善办学条件。

(三) 丰富了办学层次

2011 年,教育部启动"服务国家特殊需求人才培养项目"试点,西京学院获得实施专业学位研究生招生资格。2017 年,西安思源学院、西安培华学院和陕西国际商贸学院,分别与长安大学、西北大学和陕西中医药大学联合培养研究生,使陕西民办高等教育的办学层次发展至硕士、本科和专科三个层次。还有许多民办高校通过开展中外合作办学项目,进一步丰富了办学层次。

（四）推动了体制改革

陕西民办高等教育的诞生，激发了教育体制改革，打破了公办高校一统天下的局面，形成了以政府办学为主体、社会积极参与的公办教育和民办教育共同发展的新格局。民办高校实行董事会领导下的校长负责制，办学机制灵活，拥有充分的办学自主权。正是利用了体制机制优势，民办高校才成为教育领域增长最快的新生力量。

（五）拉动了经济发展

在起步阶段，陕西民办高校大多位于城乡接合部，学校的快速发展带动了周边城市建设及商业活动的繁荣。现陕西民办高校固定资产约300亿元，每年收费约60亿元，这对拉动国家经济建设和基础设施建设，促进学校周边的交通、通信、商业、饮食和旅游事业等，都发挥了积极作用，成为推动区域社会经济发展的一股不可或缺的重要力量[4]。

三、陕西民办高等教育的主要特征

经过40年的发展，陕西民办高等教育呈现以下七个特征。

（一）优化队伍建设

陕西民办高校的师资队伍由兼职为主向专职为主转变，由低学历向高学历转变，由低职称向高职称转变，由哑铃型结构向梯形结构转变。为适应应用型、技术型人才培养需求，“双师型”教师队伍建设也取得新进展，教师的业务素质、教学水平稳步提高。

（二）提升管理水平

陕西民办高校进一步强化领导班子建设，优化法人治理结构，不断完善内设机构，相继建立各项规章制度，促进了依法办学、民主治校、科学决策和监督机制的落实，使学校的管理由粗放式向精细化转变。民办高校的决策、监督和建言献策机制日趋完善，教学管理、科研管理、学生管理、财务管理和后勤管理水平逐步提高，有效保障了学校的健康发展。

（三）彰显办学特色

陕西民办高校根据市场需求和学校特点进行准确定位，坚持以学科专业建设为抓手，注意文理渗透、理工结合，培养应用型、复合型人才。民办高校注重办学特色的形成和优化，各校之间坚持错位发展，坚持校企合作和产学研合作，注重为地方经济服务，以培养地方性、应用型人才为办学的新定位。

（四）重视就业质量

陕西民办高校普遍重视对毕业生职业意识的教育，较高的就业率是生源稳步增长的重要因素。近年来，陕西民办高校更加注重学生就业质量，强调就业岗位与所学专业对口、就业待遇合理、在岗就业时间延长、学生对职业未来发展满意以及用人单位对毕业生满意，不断提高毕业生的就业质量。

（五）改进培养模式

陕西民办高校根据区域经济发展水平，结合自身的办学定位，积极探索不同层次、不同类型的人才培养路径，创新人才培养模式。强调理论知识够用，强化实践环节，加大技能训练，注重教学与生产企业对接，突出个性化人才培养模式、产学研紧密结合人才培养模式、复合交叉型人才培养模式以及协同创新型人才培养模式等。

(六) 规范办学行为

国家对民办教育的改革是支持与规范并举:政府强调支持政策的制定和落实;民办高校必须规范办学行为。多年来,陕西民办高校依法办学的意识不断增强,依法办学、依法管理成为举办者(办学者)的共识,为社会负责、为学生负责的正面形象逐步得到社会的认可,以贡献求支持、以质量求发展成为民办高校的追求目标。

(七) 加大扶持力度

自2012年起,陕西省财政每年向民办高校提供3亿元专项资金,2018年起追加到4亿元。近年来,陕西省政府放开民办高校收费标准,下放高级职称评审资格,审批专业硕士研究生,促进民办高校与公办高校联合培养研究生,鼓励公办高校对口帮扶民办高校,支持民办高校的师资队伍建设和科研项目申报,极大地推动了民办高校的内涵发展。

四、陕西民办高等教育发展的基本经验

陕西民办高等教育积累了丰富的办学经验,主要体现在以下四个方面。

(一) 依靠政策扶持

陕西各级政府一贯高度重视民办教育法规制度建设,且更多强调扶持和促进。陕西民办高校迅速发展,得益于国家及地方制定的一系列鼓励、扶持和引导民办高校发展的利好政策。这些政策给予民办高校许多优惠措施和充分的办学自主权,在办学经费上给予大力支持,使陕西民办高校得以迅速发展壮大。

(二) 适应市场需求

社会需求是民办高校发展的根本动力。陕西民办高校积极适应市场需求,从办学定位、人才培养方案、专业设置、课程内容、教材选用和实习实训等方面,力求与当地经济发展需求相衔接、与市场需求相适应,把办学活动深深根植于市场经济的土壤中,积极为培养应用型、技术型和技能型人才服务,实现与区域经济发展的有效对接,为学生创造了更多的就业机会。

(三) 注重均衡发展

陕西民办高校十分注重均衡发展:一是学校数量与人口数量、生源数量相匹配;二是专业设置与社会需求相适应,关注与国计民生相关的专业,并保持相对规模;三是学科类别注重错位发展,避免某学科过热、过大而造成师资不足和就业困难的情形。通过优化专业结构、类别结构、师资结构和生源结构等,提升民办高校的办学水平。经过多年的发展,陕西民办高校已从注重经济效益向注重办学效益转变,从注重办学效益向注重社会效益和办学效益并举的目标转变,实现了均衡发展。

(四) 加强师资建设

近年来,一大批硕博士生和具有高级职称的教师加入了民办高校的教师队伍,一支高素质的专职教师队伍正在形成。同时,陕西民办高校积极引进和培养"双师型"教师,引导教师爱岗敬业、教书育人、管理育人和服务育人。

五、制定新政策，实施新举措，开创新局面

国家的发展依靠经济，经济的发展依赖科技，科技的进步需要人才，人才的培养依靠教育尤其是高等教育。当前，陕西民办高等教育按照新修订的《民办教育促进法》的要求，以营利性与非营利性分类管理的战略转型为契机，迎来了新的历史发展机遇。

（一）落实扶持政策

国家及地方制定的支持民办高校发展的优惠政策很多，当下要进一步提高依法行政的意识和水平，强调落实，注重实效，认真解决影响民办高校发展的瓶颈问题，调动社会力量兴办教育的积极性。同时，要维护广大教师和学生的合法权益，给予民办高等教育宽松的发展环境，继续保持良好的发展态势。

（二）更新办学理念

民办高校的教育教学模式要向以学生为中心、以产出为导向转变，从关注硬指标的显性增长向致力于软实力的内在质量提升转变。要把握民办高等教育的社会主义办学方向和公益性原则，理顺管理体制，落实法人财产权，遵循教育规律和人才成长规律，努力培养德智体美劳全面发展的应用型、技术型和技能型人才。要积极参与社会发展，敢于承担社会责任，在社会服务方面作出贡献。

（三）改变投入机制

民办高校要创新投入机制，努力开辟融资渠道，建立“以学校筹资为主、政府投入为辅、社会捐赠为补充”的经费筹措体制。同时，要积极吸引社会力量投资民办高校的发展，加强与企业的合作。要鼓励行（企）业与民办高校联合开展教育教学活动，鼓励民办高校师生到企业实训、实习，合作科研、联合攻关。

（四）创新教育模式

要向以“智能 + 教育”为引领的现代教育技术手段转变。民办高校要根据时代要求，遵循教育规律，建立起比公办高校更具竞争力的管理体制和运行机制。按照市场规律，积极服务地方经济和行（企）业的需求，既注重培养应用型、技术型和技能型人才，也积极创造条件培养研究型人才。要积极探索以产出为导向的 OBE（Out comes-based Education）模式、以问题为导向的 PBL（Problem-based Learning）模式和以跨学科能力为导向的 STEAM（Science，Technology，Egineering，Arts，Maths）模式。

（五）加强队伍建设

民办高校要建立一支数量充足、质量上乘的以专职教师为主体的师资队伍，把积极引进与自身培养有机结合起来，既要吸引高水平的外来人才，更要有计划地培养本校的年轻教师。要强调高水平“双师型”师资队伍的建设，注重发挥在行业有影响力的工匠的示范教学作用。

（六）打造办学特色

民办高校要精心打造专业特色、育人特色和办学特色。在办学模式上要有突破，塑造学校特有的形象和风貌。要从物质文化、行为文化、制度文化和精神文化四个层面加强校园文化建设，加强大学生的文化素质教育，努力培养高层次的应用型、技术型和技能型人才。

(七) 开创办学新路

民办高校要大力培养高素质、创新型和应用型人才。在扎实办好普通高等职业教育的同时,广开办学思路,开创一条新型的发展现代职业教育的办学道路,以适应经济发展方式转变和产业结构调整的要求。要构建德育教育的新风景,坚持立德树人,培养学生德智体美劳全面发展,将教育贡献力作为学校核心产业。要研究构建学习的新路径,建设突破时空的立体学习场,使信息技术助力未来课堂教学和互动活动等。

(八) 提高办学层次

民办高校要逐渐形成包含专科、本科、硕士和博士各层次在内,上下衔接、左右贯通的现代高等职业教育体系。职业教育层次上移是国际共识,是经济社会发展的必然要求。要促使省内数所具备本科层次的民办高职院校升格为应用型本科高校;数所具备大学层次的民办本科高校升格为应用型大学。陕西民办高等教育有望搭建起"从专科到本科、从高职院校到本科高校、从本科高校到应用型大学"的立交桥,开展专业硕士研究生教育、专业博士研究生教育将成为民办本科高校的奋斗目标。

(九) 追求教育国际化

根据国务院办公厅关于印发的《完善促进消费体制机制实施方案(2018—2020 年)》,有条件的民办高校要加大力度引进境外优质高等教育,积极举办高水平中外合作办学机构和项目,并以此为契机,适度扩大办学规模,提高收费标准,提供优质教育服务,丰富学校的办学类型,扩大学校的社会知名度和影响力,构建全球化教育维度。要积极培养一批具有国际视野、通晓国际规则、能够参与国际事务与国际竞争力的国际化人才。

(十) 创办一流高校

根据陕西省教育厅的规划,一批民办高职院校、本科高校将进入建设和培育一流学院、一流专业的规划中,这将对提升民办高等教育的整体水平产生重大影响。民办高校要坚持创新体制机制和育人模式,提高教育质量,凝练办学特色,以示范引领作用,统筹推进我国民办高等教育事业的健康发展。

(十一) 实行分类办学

根据新修订的《民办教育促进法》,一批民办高校将走非营利性办学之路,且为主流选择,同时会有也应当有一部分民办高校走营利性办学之路。这两种选择不存在道德上的高低之分,通过两条不同发展路径的探索和实践,努力创办出一批具有中国特色社会主义的新型民办高校。

(十二) 探索集团办学

为提高办学效益、扩大办学规模,利用集团化优势进行办学,不失为一种选择。只要遵守国家法律法规,有利于促进社会经济发展,有利于人民群众接受更多更好的优质教育,就应该允许不同性质、不同层次和不同类型的学校进行集团化办学试点。随着国家配套政策的陆续出台,对这一领域的办学将有新的规定,有待民办高校加以贯彻和执行。

新时期的曙光已经开启,陕西民办高等教育也从高速发展走上了更高的质量发展之路,将为加快推进陕西教育现代化、建设高教强省、办好人民满意的教育和保持民办高等教育在全国的领先地位,做出新的贡献。

参考文献：

［1］陕西省教育厅．2017年陕西省教育事业发展统计公报[EB/OL].[2018-07-04].jyt.shaanxi.gov.cn/new/tjsj/201807/04//4206.html.

［2］［3］李维民.民办教育的创新与发展[M].西安：陕西人民出版社，2005：451.

［4］李维民，银冰冰.陕西高水平民办高等教育发展研究[M].陕西人民出版社，2017：41.

作者：李维民，中国民办教育协会高等教育专业委员会常务副理事长，教授。

（原载《浙江树人大学学报》2019年第3期）

中国民办高等教育经费政策 40 年：历程、反思与走向*

付　强　王　玲

摘　要：经过改革开放 40 多年来的发展历程，我国已逐步形成了由经费筹集政策、经费使用政策和经费管理政策等构成的较为系统的民办高等教育经费政策体系。与私立高等教育发达国家相比较，我国民办高等教育经费政策体系建设步伐仍显缓慢，还存在着政策体系建设系统性不强、政策取向“重规范轻引导”、多元筹资的政策支持薄弱、公共财政资助政策不明确等问题。为促进我国民办高等教育可持续、快速发展，需完善“民办高校分类管理”制度；健全民办高校多元化筹资体系；强化政府责任，构建差别化资助体系；增强政府财政资助的杠杆功能。

关键词：民办高等教育；经费政策

民办高等教育作为我国高等教育的重要组成部分，是我国教育事业发展的重要增长点和促进教育改革的重要力量，在人才培养、社会服务、科学研究方面的作用日益重要。如何使公办、民办高等教育互为补充，共同发展，激发民办高等教育的活力，创办一流的民办高等教育，成为我国高等教育深化改革亟须解决的问题。而经费问题始终是影响我国民办高等教育发展的关键因素，我们通过梳理改革开放 40 多年来民办高等教育经费政策的发展历程，以期找出政策发挥的重要作用，查找政策体系中的不足，提出促进民办高校发展的经费政策完善措施。

一、我国民办高等教育经费政策发展历程

经过近 40 多年的建设历程，我国逐步形成了由经费筹集政策、经费使用政策和经费管理政策等构成的较为系统的民办高等教育经费政策体系，为民办高等教育事业的健康发展提供了强有力的政策支持。纵观我国民办高等教育经费政策体系的建设历程，大致可划分为以下四个阶段：

（一）政策体系初成：民办高等教育恢复重建阶段（1978—1993 年）

改革开放以后，全国教育事业陆续得到恢复，民办教育事业也迎来了一个蓬勃发展的新时期。1982 年 11 月，中央提出“两条腿”办教育的方针，拉开了我国民办高等教育发展的序幕。1992 年邓小平“南方谈话”和 1993 年中共十四届三中全会的召开，为民办高等教育发展创造了良好的社会环境。为了规范民办高校的发展，原国家教委于 1987 年之后

* 基金项目：国家社会科学基金教育学一般课题(BIA130081)。

先后出台了《关于社会力量办学的若干暂行规定》和《社会力量办学财务管理暂行规定》等教育行政法规。这些法规对当时民办高校的经费筹集、经费使用与管理都做出了规定,起到了一定的规范作用,确定了社会力量办学经费来源的基本原则,即自行筹集。

在民办高等教育经费政策的初建时期,教育行政部门对于民办高校该如何使用经费问题的关注较多,明确了"取之于学,用之于学"的经费使用总原则。1987年12月的《社会力量办学财务管理暂行规定》提出:"社会力量举办的学校应贯彻勤俭办学的方针,严格执行国家财经制度。应本着取之于学员、用之于学员的原则……严禁巧立名目侵占、挪用和私分学杂费。学校主办单位也不得从学校的收入中提成。"可见,对于民办高校经费的使用问题,国家确立的基本原则是"取之于学,用之于学"。这一原则在一定程度上保障了民办高校经费的"专款专用",对于侵占、挪用民办高校经费行为起到了一定的打击遏制作用。但与此同时,对于投资者无权从民办高校经费中提成的规定,虽然确保了民办高等教育的公益性,但也在一定程度上影响了投资者的投资积极性。

专题二

在营业税优惠方面,依据1984年《中华人民共和国营业税条例(草案)实施细则》第八条规定,"单位和个人举办文化技术培训班、学习班收取的培训费","学生从事勤工俭学取得的劳务、服务收入",免征营业税①。无论是学历教育还是非学历教育,民办学校都无须缴纳营业税。在契税方面,国家对用于教学、科研的土地、房产等免征契税。可以说,这为民办学校发展节省了一大笔费用,也体现了政府对民办学校发展的支持态度。

在经费管理政策上,国家明确要求民办高校应建立财务会计制度,并应接受教育主管部门的监督和检查。1987年国家出台的《关于社会力量办学的若干暂行规定》和《社会力量办学财务管理规定》都对民办高校的财务会计制度做出了明确规定,要求民办高校要设置专门的财会人员与财会机构,建立健全财务管理制度,对高校财务开支进行严格的会计核算,杜绝以领代报、白条报账、私分公款等违反财务制度的现象。同时,民办高校要定期向教育主管部门报送财务报告,接受审计、教育等主管部门的监督与检查。

概而言之,1978年至1993年是我国民办高等教育的初步发展时期,同时也是我国民办高等教育经费政策的初建时期。从这一阶段形成的经费政策体系来看,主要关注的是民办高校的经费筹集、经费使用与管理两个方面,并且所出台的政策多以提倡社会力量捐资办学为主旨,缺少以促进和鼓励民办高校长远发展为目的的前瞻性政策,在如何办学以及如何支持民办高校发展等具体问题上涉及较少,也不允许举办者通过兴办民办学校获取回报。

(二)引导规范发展:民办高等教育探索阶段(1994—2001年)

随着我国改革开放进入到新的阶段,国家对高素质人才的需求越来越迫切,为此,国家提出要把教育摆在优先发展的战略地位,这为我国各类教育的发展创造了良好的政治环境。1993年《中国教育改革和发展纲要》(以下简称《纲要》)的出台,提出对民办教育采取"积极鼓励、大力支持、正确引导、加强管理"的方针,开启了民办高等教育发展的新契机。

此后,国家先后出台了《中华人民共和国教育法》(1995年)、《社会力量办学条例》

① 我国2016年5月1日开始取消营业税。

(1997年)、《中华人民共和国高等教育法》(1998年)等一系列教育行政法规,引导和规范民办高等教育的发展。其中,《社会力量办学条例》对民办教育的法律地位、经费筹集等问题作了原则性的规定。在法律地位方面,《办学条例》规定:"社会力量办学事业是社会主义教育事业的组成部分。社会力量举办的教育机构及其教师和学生依法享有与国家举办的教育机构及其教师和学生平等的法律地位。"这一规定将民办高校的法律地位进一步提升到与公办高校相一致的水平,并以立法的形式确立了下来,促进了民办高等教育经费政策的进一步发展。

这个时期,各级政府对民办高校的支持力度加大。1994年,在第二次全国教育工作会议上提出要"改变政府包揽办学的格局,逐步建立以政府办学为主体、社会各界共同办学的体制","高等教育要逐步形成以中央、省(自治区、直辖市)两级政府办学为主、社会各界参与办学的新格局",在这一思想的指导下我国政府逐步加大了对民办高校的支持力度。1996年,我国开始出现了介于"公办学校"与"民办学校"之间的学校——"公办民助"或"民办公助"学校,在此后较长一段时间内,为扶持民办高校发展,各地政府纷纷通过创新办学模式,与民办高校签署了"民办公助"协议。所谓"民办公助"是指由社会力量投资创办学校为主,同时接受政府、国有企事业单位、集体经济组织等的资助。"公助"形式包括:一是捐助;二是政策扶助,包括无偿提供土地的使用权,以优惠价格向民办学校批租土地、提供物资等,以优惠政策向民办学校提供银行贷款,建立有效机制允许公办教师去民办学校任教,制定减免有关税费的政策等;三是投资,包括有形资产和无形资产的投资。

此外,国家还鼓励民办高校运用金融、信贷手段来发展民办教育事业。1995年国家颁布的《教育法》第六十二条明确规定:"国家鼓励运用金融、信贷手段,支持教育事业的发展。"但是国家在此后较长的一段时间内并没有出台具体办法将这一政策落实。相反,由于现实中诸多法律政策的限制,民办高校的融资环境不容乐观。我国于1995年颁布的《担保法》第三十七条规定:"学校、幼儿园、医院等以公益为目的的事业单位、社会团体的教育设施、医疗卫生设施和其他社会公益设施,不得抵押。"这一规定实际上限制了民办高校通过金融、信贷等手段来筹集办学经费,没能发挥其应有的作用,这也成为民办高等教育融资渠道单一,无法实现规模发展的主要原因。

1994—2001年间,国家出台了多部重要的教育法规,实现对民办教育的法制化管理,明确了民办高校与公办高校平等的法律地位,开始重视民办高等教育的融资难问题。此外,民办高等教育的经费使用与管理政策也有了进一步的发展,主要表现在教育发展基金会的建立与发展、加强了对民办高校教职工待遇的关注、建立了以质量监控引导民办高校经费使用与管理的机制、规范了教育部门征收管理费或督导费的行为等几个方面。

(三)立法促进发展:民办高等教育扩张阶段(2002—2010年)

进入21世纪以后,我国社会主义市场经济体制逐步完善,教育在我国经济发展当中的作用也日益凸显。在这样的时代背景下,我国民办高等教育事业也取得了新的成就与发展。2010年,我国普通高等学校2 358所,其中,民办高校676所(含独立学院353所),占到全国普通高校总数的28.7%;民办普通高校在校生规模达到476.68万人,占全国普通高校在校生总数的21.4%[1]。总之,无论是数量上还是质量上,这一时期我国民办高等教育事业的发展都取得了辉煌的成就。

2002年至2010年也是我国民办高等教育立法得到进一步完善的时期。2002年我国颁布了《民办教育促进法》,首次以国家法律的形式对民办教育发展问题做出了规定。此后,我国又陆续出台《民办教育促进法实施条例》《民办高等学校办学管理若干规定》《民办教育收费管理暂行办法》《关于进一步促进民办教育发展的若干意见》,这些法律法规的出台不仅反映了时代发展对民办教育的新要求,而且明确表达了国家对民办教育发展的基本立场与态度是促进,而不是限制或不干预。这种立场与态度引发了民办高等教育经费政策的一系列变化,促进了民办高等教育的深入发展。

这个时期,政策注重激发举办者的投资积极性,允许出资者可以取得合理回报。在出资形式上,民办高校的投资者以往主要以资金、实物形式为主,而这一时期投资者的出资形式更加趋向多元化。《民办教育促进法》对民办学校的举办者的出资形式做出规定,"民办学校的举办者可以用资金、实物、土地使用权、知识产权以及其他财产作为办学出资",这条规定无疑为热心民办教育事业的投资者提供了更多的出资选择,拓宽了民办高校筹集办学经费的渠道,激发了民办高校投资者的投资热情和举办者的办学积极性。此外,《民办教育促进法》还规定:"民办学校在扣除办学成本、预留发展基金以及按照国家有关规定提取其他的必需的费用后,出资人可以从办学结余中取得合理回报。"虽然国家并没有具体指出民办高校的出资者可以取得合理回报的比例,但相比以往,我国民办教育政策在出资者是否能够取得回报问题上已经迈出了由无到有的一大步,进一步调动了社会力量投资兴办民办教育事业的积极性。

在税收等优惠政策上,对于不要求取得合理回报的民办高校,可以同公办高校一样,在税收、土地安排、房产使用、公共服务设施使用等方面享受政府的优惠政策。而要求取得合理回报的民办高校,也可以享受政府提供的部分优惠政策。此外,政府逐步加大了对民办高校的扶持力度,对民办教育的支持政策更加合理、务实。主要表现在:第一,要求各地政府成立民办教育发展专项基金,用于资助民办教育事业的发展,并且对民办高等教育事业发展做出突出贡献的个人或集体给予表彰或奖励;第二,政府可以采取转让或出租闲置国有资产等措施扶持民办高校发展;第三,从2007年开始,国家将民办高校在校生纳入国家资助政策体系,即民办高校学生也可以享受国家提供的奖助学金、助学贷款等资助政策。

2002年至2010年间,国家颁布《民办教育促进法》及相关法规,各级政府都出台了具体的实施条例,确保民办高等教育的发展做到有法可依。通过取得合理回报的方式对出资人进行奖励,并区分了政府优惠政策的享受条件,实施差异化的经费政策,引导民办高等教育向公益性方向发展。

(四) 分类优化管理:民办高等教育全面深化改革阶段(2010年以来)

2010年7月,为落实党中央提出的"建设人力资源强国"的战略部署,促进教育事业的科学发展,国家下发了《国家中长期教育改革和发展规划纲要(2010—2020年)》(下文简称《规划纲要》),对我国未来十年的教育发展做出了长远规划。在民办教育方面,《规划纲要》指出,民办教育是教育事业发展的重要增长点和促进教育改革的重要力量,各级政府要把发展民办教育作为重要工作职责。这无疑又为我国民办高等教育的发展注入了一针强心剂,预示着民办高等教育将迎来更好的发展时机。

2012年,教育部下发了《关于鼓励和引导民间资金进入教育领域促进民办教育健康发展的实施意见》(教发〔2012〕10号)。该《实施意见》指出,健全以政府投入为主、多渠道筹措经费的教育投入体制。鼓励和引导民间资金以多种方式进入教育领域,以独立举办、合作举办等多种形式兴办民办学校,拓宽民间资金进入教育领域,参与教育事业改革和发展的渠道。

2013年,党的十八届三中全会召开以后,民办高等教育真正迎来了发展的春天,民办高等教育发展的政策环境越来越优化,这一点在经费政策方面表现得尤为明显。2015年至2016年间,修订的《教育法》和《民办教育促进法》更是在法律层面上将民办学校区分为营利性和非营利性两类,为营利性民办高校发展提供了法律依据。可以预见,引入民间资本多种形式参与民办高等教育事业发展,利用社会资本激活民办高等教育发展的活力,将是我国未来民办高等教育发展的主要趋势。

此外,为民办高校的金融、信贷等筹资途径松绑。在过去,依据我国《担保法》和《民办教育促进法》的规定,民办高校很少能够从银行等金融机构取得贷款,削弱了民办高校的筹资能力。对此,2017年年初,国务院印发的《关于鼓励社会力量兴办教育促进民办教育健康发展的若干意见》(国发〔2016〕81号)提出加大对民办教育的扶持力度,多渠道为民办教育发展融资。不仅要求各级政府财政扶持民办教育发展的资金要纳入预算,而且鼓励金融机构在风险可控前提下开发适合民办学校特点的金融产品,探索办理民办学校未来经营收入、知识产权质押贷款业务,提供银行贷款、信托、融资租赁等多样化的金融服务。此外,通过政府和社会资本合作(PPP)模式,鼓励社会资本参与教育基础设施建设和运营管理、提供专业化服务。积极鼓励公办学校与民办学校相互购买管理服务、教学资源、科研成果以及鼓励营利性民办学校建立股权激励机制,深化民办教育的融资改革,进一步拓宽民办高校的经费筹集渠道。

2010年至今,国家出台了一系列教育政策法规,各级政府的财政支持力度持续增强,经费政策趋于差别化,提供灵活多样的金融服务,积极引入社会资本,引导社会力量举办非营利性民办学校,进一步落实民办高校与公办高校同等的待遇,为民办高校发展营造了良好的政策环境。

二、我国民办高等教育经费政策体系存在的主要问题

从民办高等教育经费政策体系的建设历程可见,“促进民办高等教育”与“规范民办高等教育”始终是该政策体系发展的主要价值取向。因此,当前的民办高等教育经费政策体系有效地促进了民办高等教育的发展,同时也规范了民办高等教育的办学行为。但是,从民办高等教育发展的现实与未来需求来看,同时与私立高等教育发达国家相比较,我国民办高等教育经费政策体系建设步伐仍显缓慢,且明显存在着诸多亟待完善的地方。

(一)政策体系建设系统性不强

在理想状态下,具有系统性的民办高等教育经费政策体系应具有以下两个特征:第一,体系内各政策间具有较强的联系性与衔接性,并相互补充、相辅相成;第二,体系内政策与体系外政策间保持良性关系,这样才能有效地提升民办高等教育经费政策体系的整体功效。

首先,政策片面性、零散化构建的方式较为明显,即并没有把每一个政策的制定较好地放在民办高等教育经费政策系统中来考虑其与其他政策间的相互关系和相互作用方式,以及各个政策之间的相互衔接性;同时,也没有注意构建与民办高等教育经费政策体系外的相关政策间的互动与衔接关系。这种构建方式在实践中往往使得民办高等教育在发展与管理中面临诸多的问题与矛盾。如,在民办高校财务制度建设方面,多以加强对民办高校的财务监管;防止乱收费、违规集资和公款私用等违规行为的产生为主要目的,而较少考虑民办高校的经费筹集途径多元化状况以及民办高校经费使用的基本特点,因此,至今民办高校财务管理制度仍难以满足民办高校的发展需求。在鼓励民办高校通过融资与信贷途径进行经费筹集的相关政策制定过程中,并没有处理好该鼓励政策与民办高等教育政策体系外的政策或法规,如《担保法》《物权法》等之间的关系,这直接影响着该鼓励政策的可操作性与可实施性。

其次,政策体系结构建设欠完整。从政策本身的逻辑视角来看,一个理想的政策体系应由指导性政策和实施性政策两部分构成。前者明确该政策的奋斗目标、行动原则和工作任务等内容;后者明确实施该政策的工作方式、工作步骤和具体措施等内容。依据这样一个逻辑来反思我国民办高等教育经费政策体系,不难发现,我国民办高等教育经费政策多为指导性政策,即以确定发展目标、行动原则和工作任务为主旨的政策类型。这些政策固然为民办高校的经费筹集、经费分配与使用提供了宏观上的规范与指导,但是由于实施性政策的不完善或缺乏导致了许多指导性政策无法真正落实。最典型的例子就是“民办高校享有与公办高校同等的地位”这一政策思想一直难以真正落实,这是导致民办高校在税收优惠、获得政府资助、金融贷款等方面都存在政策与现实之间相脱节问题产生的重要原因之一。

(二) 政策取向“重规范、轻引导”

从1987年《关于社会力量办学的若干暂行规定》颁布以来,我国民办高等教育发展经历了“允许与限制并行”阶段、“鼓励与规范并重”阶段、“依法治教”阶段[2]。在这样的发展历程中,民办高等教育经费政策始终将民办高校视为“被规范”的对象,而非被扶持或被指导的对象。民办教育法律法规对各级政府扶持民办教育发展的规定过于宽泛,缺乏可操作性。在民办教育政策文本中经常使用“可以”两字来描述各级政府所应承担的鼓励、支持民办高等教育发展的责任。如有关政府对民办教育的扶持与鼓励政策,《民办教育促进法》这样规定,“县级以上各级人民政府可以设立专项资金,用于资助民办学校的发展,奖励和表彰有突出贡献的集体和个人”。这样的描述使得各级地方政府在扶持民办教育发展的问题上有了很大的回旋余地,很多时候使得国家出台的民办教育政策成了“空头支票”,无法充分发挥其应有的作用,造成了政策资源的浪费。

目前,我国尚未建立系统、科学的民办高校办学质量评估机制。对民办高校评估体制建设滞后,造成政府在对民办高校进行财政扶持上绩效跟踪缺位。2003年秋季,教育部围绕普通高校本科教学实施了第一轮为期五年的教学质量评估工作。虽然此次评估工作涉及500多所本科院校,但是以提供专科教育为主的民办高校并未列入评估范围。现阶段,我国政府主要通过年检制度、教育督导、办学条件审核等形式对民办高校的办学条件实施监督与管理。虽然这些制度能够对民办高校的办学行为起到警示作用,但是并未发挥引导民办高校健康发展,提高教学质量的作用。究其原因,在于我国并未针对民办高校建立专门的教学质量评估与监控机制。通过民办高校教学质量评估机制,我们可以及时发现民办高校在办学过程中所存在的问题以及所遇到的困难,将评估结果及时反馈给民办高校、政府等相关利益主体。这样做,一方面民办高校可以根据反馈结果,对症下药,改善教学水平,提高教育质量;另一方面,政府也可以根据反馈信息,了解民办高校的发展情况,有针对性地制定扶持民办高校发展的政策,推动民办高校的高水平发展。

(三)民办高校多元筹资的政策支持薄弱

改革开放以来,虽然我国民办高等教育有了较大的发展,但民办高校办学经费筹集途径依然较为单一,目前我国大部分民办高校主要是依靠学费来维持生存与发展的。从实践角度来看,民办高校这种"以学养学"的发展模式限制着民办高校的快速、稳定发展。

目前,民办高校可获得的社会捐赠十分有限,这种状况的存在与我国社会捐赠机制仍很不完善有着密切的关系。主要是我国社会捐赠法律体系不健全。1999 年 6 月,国家颁布了《中华人民共和国公益事业捐赠法》,标志着我国社会公益捐赠事业的发展有了基本的法律依据。然而,由于我国捐赠政策体系尚不健全、社会捐赠监管机制缺失以及民众社会捐赠能力有限等原因,导致该法案施行至今,并未达到制定之初人们所预想的目的,所发挥的作用有限。

当前我国民办高校的办学经费筹集途径单一,也与我国这种不完善的社会捐赠机制密切相关,特别是捐赠税收优惠的力度不大。为鼓励企业和个人积极参与社会捐赠,我国法律法规明确规定,参与捐赠的企业、个人可以享受国家的税收优惠政策。2007 年国家颁布的《中华人民共和国企业所得税法》对企业发生的公益性捐赠支出准予从应纳税所得额中扣除,扣除比例从 1994 年的 3%提升到 12%。可以说,国家对企业捐赠税收优惠力度进一步加大,对调动企业捐赠的积极性,提高企业的社会捐赠意识起到了重要的作用。但是与世界其他国家的税前扣除比例相比,我国对企业捐赠的税收优惠比例还有很大的提升空间。

民办高校的信贷融资政策不健全。20 世纪 90 年代末,我国高校的大规模扩招掀起了一股公办高校的"银行贷款热"。公办高校纷纷向银行贷款,以此来缓解因规模扩大所带来的办学经费严重不足的问题。与民办高校不同,公办高校作为国家举办的教育机构,不仅可以获得政府政策的支持,还有政府财政资金作为保障,大大降低了公办高校贷款的成本与风险。而民办高校的信贷融资则面临重重障碍,难以得到落实。依据我国 1995 年颁布的《中华人民共和国担保法》的有关规定,幼儿园、学校、医院等以公益事业为目的的事业单位、社会团体,其教育教学设施、医疗卫生设施等不能作为抵押物进行贷款。民办高校可用于向银行借贷的抵押物微乎其微,这在很大程度上降低了民办高校信贷融资的可能性。

此外,金融机构向民办高校发放贷款的积极性不高。金融机构的金融资本属于商业资本,带有很强的趋利性,即针对营利组织或企业开展信贷业务。而依照我国法律,民办高校被视为"非营利组织"与"民办非企业单位",同时我国民办高校由于历史、制度等原因,学校起步较晚,教学水平一般,社会认可度较低,创收能力较差,还债能力明显不足,这些都使得金融机构不愿将有限的商业资本投入到民办高校当中去,它们宁愿贷给风险较大的小型企业,也不愿意贷给民办高校。即使能够提供贷款,金融机构也会对民办高校的贷款条件,如学校信誉、发展状况、财务情况等进行严格审查。这些限制性规定无疑增加了民办高校的融资成本和融资难度。

(四)公共财政资助政策不明确

在国外,私立高等教育机构也会得到政府公共财政的经费支持。例如,在美国,政府资助占私立大学总收入的12.26%[3];在日本,私立大学8.6%的经费来源于国家与地方政府的补助[4]。相比较而言,我国民办高校所获得的公共财政资助水平明显偏低,这与我国相关的公共财政资助政策不明确有着密切的关系。如《民办教育促进法》(2002版和2016修订版)提出"县级以上各级人民政府可以设立专项资金,用于资助民办学校的发展,奖励和表彰有突出贡献的集体和个人。县级以上各级人民政府可以采取经费资助,出租、转让闲置的国有资产等措施对民办学校予以扶持"。但这样的法律条款过于笼统,未对通过什么样的方式、针对哪些方面提供资助,什么样的民办高校才有资格获得资助以及公共财政资助的使用监督机制等做出具体详细的规定。造成地方政府在为民办高校提供财政资助时缺乏具体的政策法律依据,影响着其为民办高校提供财政资助的积极性与主动性;同时,也增加了地方政府在为民办高校提供公共财政资助时所需承担的风险。因此,目前我国地方政府为民办高校所提供的公共财政资助,普遍具有数额偏小且不具有可持续性的特征。

三、我国民办高等教育经费政策体系完善策略

随着2016年《民办教育促进法》修订案的颁布,将我国民办学校按照营利性和非营利性两类进行管理,是促进民办高校财政资助政策进一步推进落实与完善的重要举措,是促进民办高校各就其位,健康发展的重要措施。如何发挥政府财政的杠杆作用,解决非营利性民办高校融资难问题,引导民办高校提升人才培养质量,是当前我国民办高等教育经费政策亟须解决的难题。

(一)完善"民办高校分类管理"制度

民办教育分类管理制度在法律层面上已经被明确下来,这对于我国民办教育发展具有里程碑意义。然而,要想分类管理制度被真正落实,切实促进民办高等教育发展,还需要从实际出发,进行系统的制度设计。

首先,健全非营利性民办高校的管理制度。长期以来,我国对非营利民办高校的界定始终含糊不清,并没有按照严格意义上的非营利组织的标准进行认定与管理。将民办学校划分为营利性和非营利性两类,其意义不仅仅在于为营利性学校发展提供了法律依据,同时也反映了我国政府要促进真正的非营利性民办高校成长的意愿与决心。显然,真正意义上的非营利性民办高校的形成将更有利于促进相关优惠政策和财政资助政策的落实。

未来为了促进非营利性民办高校的形成与发展,必须下大力气促进非营利性民办高校内部管理机制的改革。首先,需要完善董事会制度,严格按照非营利性组织的特点与要求来组建董事会,即资产捐赠者不能进入董事会,捐赠者家属更是不能进入董事会,董事会应主要由学校教师代表、学生代表、行业企业代表、政府代表以及校长组成。这样的董事会构成可以有效地将"捐赠者"与学校管理相分离。其次,健全教授委员会、学术委员

会、教职工代表大会等民主决策与咨询机构，保障学校师生能够参与到学校管理之中，相应的权益也可以得到有效保障。第三，从学校管理机制上，要符合非营利性组织的运行特点，资金使用、人力聘用、资产管理等都要遵循非营利性组织的特点及其规范要求，以确保民办高校的非营利性。在促进民办高校内部管理机制改革的过程中，政府应积极发挥指导、监督的作用，以引导非营利性民办高校加快内部管理机制的改革步伐。

总之，我国要想真正实行民办高校分类管理制度，进而达到落实相关优惠和资助政策的目的，就必须严格按照非营利性组织的特点与标准，完善对非营利性民办高校的规范与管理，使其成为真正的非营利性组织，保障民办高等教育的公益性。

（二）健全民办高校多元化筹资体系

我国民办高校筹资渠道普遍过于单一，是制约民办高等教育活力的主要因素。因此，只有优化民办高等教育经费政策，建立起多元筹资体系，大幅增加民办高校的办学资源和经费，才能保障其在获得基本生存空间基础上进一步培育竞争力，整体提升民办高等教育质量。

首先，培育民办高等教育市场，增强民办高校市场融资能力。在《民办教育促进法》修订之前，"私立营利性大学没有存在的法律基础，也没有进入资本市场的制度性根基，民办高校只能通过'海外上市'来实现曲线融资"[5]。但从国际上看，市场融资是私立高校获取办学经费的有效手段。美国、印度等国政府正是通过政策与制度供给赋予了私立高校以融入市场、通过投资型融资扩大办学经费来源的机会；通过政策引导，吸引趋利资本进入高等教育领域，并以一定的资本收益率，为营利性民办高校介入资本市场创造了条件；同时通过制度建设保障营利性高校一面进入资本市场，一面较为充分地发挥教育的公益性价值。因此，充分发挥与市场结合紧密、以市场调节作为办学管理机制的独特优势，吸引社会资源投入，是我国民办高等教育获得长足发展的重要思路。

目前，高等教育借助资本市场进行融资在我国已发展成为几种模式：一是大学兴办的高科技产业进入资本市场，如北大方正、清华紫光、复旦复华；二是以"借壳上市"的方式与其他产业捆绑上市，如英豪科教；三是以教育服务产品为主体介入资本市场，如科利华；四是上市公司办高等教育，如吉利汽车公司举办的吉利大学；五是已上市公司可能收购私立高等教育机构[6]。未来通过市场来融资将越来越成为民办高校的重要融资方式。目前，由于相关制度的设计并不完善，从整体上看我国民办高校市场融资空间较小，贡献率较低，且市场的逐利性与教育的公益性诉求之间的矛盾也有待于进一步加强治理。换言之，我国民办高校市场融资能力的提升有赖于系统化的制度改革。

其次，修订相关法律法规，完善民办高校法人财产权，这是确立民办高校市场主体地位的关键。修订后的《教育法》《民办教育促进法》再次明确了民办高校的法人地位，并在法律层面上确立了营利性民办高校的合法地位。目前则应通过修订完善《民办教育促进法实施条例》，进一步理顺投资者与法人主体间的关系，明确两者间的责权利关系，保护举办者合法的财产权利，就有关民办高校产权归属、权益保护、教育投资等问题做出更加详尽具体的实施办法，尤其是要制定民间投资的市场准入政策、融资监管要求等。

（三）强化政府责任，构建差别化资助体系

基于民办高等教育的公益属性及其积极的外溢效应，政府有责任对其实施资助，以创造更多的教育资源。在资助方式上,政府既可以实施稳定的财政资助,也可以采取竞争性的专项资助。相对于直接资助,政府以间接方式为主资助民办高校,确保政府与民办高校间的合理距离,将更有利于保障民办高校的办学自主权,发挥民办高校的办学灵活性。针对目前我国的具体情况,构建多元化的资助体系是当务之急。

随着民办高校按营利与否分类登记、国家实施分类管理制度,政府在资助民办高校的政策上也需要分类实施。事实上,在此之前,部分地方就已经实施了分类资助、分类管理办法。例如,山东省于2014年3月份出台了《山东省非营利性民办职业院校认定管理办法(试行)》,提出了"按照扶优扶强的原则,对非营利性民办职业院校给予更多公共资源支持,探索定额补助、项目补助、专项奖励等多元化的公共财政资助政策。对办学规范、办学效益好的非营利性民办中等职业学校,可参照公办中等职业学校公用经费拨款标准拨付公用经费"。也就是说,政府通过多种方式对非营利高校实施直接性财政资助,这是一种较好的探索。未来,我国政府可以尝试为办学质量优的非营利性民办高校提供稳定的财政资助,以保障其可持续发展能力的不断提升。

第一,完善体制机制,畅通政府购买服务渠道。政府向民办高校购买服务是指通过发挥市场机制作用,把由政府直接向社会公众提供的高等教育,按照一定的方式和程序,交由具备条件的民办高校承担,政府根据服务数量和质量向其支付费用。随着民办高等教育的发展壮大,尤其是行业类、专科类民办高校在特定领域有着明显的优势,这为政府向民办高校购买教育服务奠定了重要的基础,也提高了可行性。但是,由于我国政府向社会组织购买服务的理念与制度建设均处于起步阶段,存在很多不完善的地方,因此,目前政府向民办高校购买教育服务并未形成普遍之势,也未形成较为成熟的制度规范,这使得政府通过"购买服务"为民办高校提供资助这一渠道并不畅通。政府向民办高校购买教育服务,需要尽快建立政府购买民办高校服务的体制机制,规范服务购买过程中的信息公开、投标竞标、投入分配、效果评估等各个环节。同时,政府购买民办高校服务,应进一步解放思想,扩大购买服务范畴,例如,政府可以通过订单式培养购买民办高校的行业人才教育服务,甚至向民办高校购买本科生教育服务,减轻研究型大学的本科生培养压力,保障其更高层次人才培养定位。政府向民办高校购买服务可采取合同管理模式,有助于双方建立起平等的"契约"关系,从而激发和保护民办高校的办学活力和制度优势。

第二,完善政府贴息制度,强化政府责任。民办高校作为公益性的教育事业,具有收入的不确定性、低收益性的特点,作为准公共产品,在一定程度上,也不可能成为商业金融机构的融资对象。国家对其进行支持、补助,包括为民办高校贷款进行贴息,限制民办高校贷款最高利率,并对参与民办高校贷款的银行给予优惠政策,这不仅是世界通行的补助私立大学的一种做法,而且也是公共财政资源保证公平分配的一种方式。在我国,运用财政资金来带动商业信贷机构为民办高校提供资金,已成为一种方向,这有助于更好地解决民办高校资金不足的问题。如山东省青岛市鼓励金融机构为民办学校提供以扩大和改善办学条件为目的的抵押、质押、低息信贷支持,政府建立贴息贷款机制[7]。但总体而言,目前我国大陆地区有关民办高校贷款政府贴息制度的建设仍较为缓慢,如有关借贷双方的激励措施、政府贴息的具体实施办法、政府贴息的覆盖面等多个方面均需要通过制度建设予以进一步完善。

(四)强化政府财政资助的杠杆功能

综观当前各地政府的民办高校财政资助模式,仍普遍存在忽视发挥财政资助杠杆功能的问题,即在为民办高校提供资助的同时,并未对其质量或未来发展质量提出要求。而从国际私立高等教育经费政策的建设经验来看,政府财政资助的杠杆功能是十分显著的,收到了促进私立高校不断提升办学质量的效果。因此,我国民办高等教育经费政策建设,除了要加大对民办高校的财政资助力度之外,还要强化财政资助的杠杆功能。

目前,我国各地政府在民办高校财政资助方面进行了诸多有益的探索和实践。特别是 2005 年以来,北京、上海、重庆、浙江、江苏、广东、陕西、湖南、河南、四川、云南、黑龙江、内蒙古等 17 个省(自治区、直辖市)相继出台了民办教育的专项经费扶持政策。江苏省设立了民办高等教育专项资金 2 000 万元。有些省直接对民办高校进行生均拨款支持[8]。这说明我国政府给予民办高校的财政资助正日益增大,且日益常规化。

那么,该如何确立民办高校申请政府财政资助的基本质量门槛呢,如何使这种"门槛"更有效地发挥促进民办高校提升办学质量的作用,同时又要保障民办高校间的公平公正竞争?我们认为,促进这些问题解决的关键点,在于专业化的民办高校办学质量评估体系的构建。

首先,构建民办高校合格评估与财政资助资格之间的关联机制。政府为民办高校提供财政资助,要对民办高校的办学质量提出基本的要求,即民办高校办学质量必须达到合格水平才能拥有申请政府财政资助的资格。这种基本的质量要求是国际上通行的一种做法,如美国联邦政府要求只有那些通过由联邦政府认可的评估机构实施的合格评估的私立高校,才有资格申报联邦政府补助;只有那些在通过合格评估的私立高校就读的学生才有资格申请联邦政府奖贷补学金。确立这种资格的目的在于促进民办高校加强自身质量建设,保障政府财政支出的效益,为民办高校创造一个公平公正的发展环境。

此外,构建科学的财政资助水平持续增长机制也是十分必要的。但是,这种资助水平的增长不能是一种盲目的增长,而应是以民办高校办学绩效为依据的一种增长,即是一种竞争性的增长。换言之,如果一所民办高校的办学绩效不佳的话,政府为其提供的财政资助水平不仅不会增长,还会有所下降;相反,如果一所民办高校拥有良好的办学绩效,政府为其提供的财政资助应呈现不断增长态势。因此,如果说构建起"合格评估与获取政府财政资助资格之间的关联机制"是为了保障民办高校的基本办学水平的话,那么构建起"绩效评估与财政资助水平增长间的关联机制",则是为了激发民办高校不断提升办学质量。

四、结语

近年来,为进一步鼓励和促进社会力量参与民办高等教育发展,提升民办高校办学水平与层次,国家先后修订了《教育法》《高等教育法》和《民办教育促进法》等一系列法律,鼓励民间资本投入到民办高等教育领域,同时政府加大了对民办高校的扶持力度,给予民办高校更多的优惠政策和办学自主权,有力地促进了民办高校的持续、健康、快速发展。未来我国民办高等教育的经费政策应围绕促进公平、提高效率展开,加快落实民办与公立高校同等待遇,拓宽民办高校经费筹集渠道,依法保障民办高校举办者、教师、学生等的合法权益,完善财务管理与监督机制,等等,为我国民办高校的发展提供良好的政策环境和良好的社会氛围,推动我国民办高校的特色发展、高水平发展。

参考文献：

[1] 教育部.2010年全国教育事业发展统计公报[EB/OL].[2012-03-21].http://www.moe.gov.cn/srcsite/A03/s180/moe_633/201203/t20120321_132634.html.

[2] 张胜军，张乐天.1978年以来我国民办高等教育政策建设的历史、成就与问题[J].黑龙江高教研究，2007(12):35-38.

[3] 方芳，王善迈.我国公共财政支持民办高等教育研究[J].北京师范大学学报(社会科学版)，2011(5):23-29.

[4] 刘国卫.关于民办高等教育经费来源的研究[J].教育与现代化，2003(3):68-73.

[5] 吴卿艳.民办高等教育介入资本市场的路径分析[J].清华大学教育研究，2009(2):81-85.

[6] 邬大光.民办高等教育与资本市场的联姻——国际经验与我国的道路选择[J].教育研究，2003(12):8-13，107.

[7] 中国新闻网.民办教育青岛出新政 扩建可贴息贷款教师可纳事业编[EB/OL].[2014-05-15].http://www.chinanews.com/edu/2014/05-15/6176085.shtml.

[8] 夏季亭.建议政府对民办高校提供生均财政拨款[EB/OL].[2016-01-28].http:news.iqilu.com/shandong/yuanchuang/2016/0128/2678668.shtml.

作者：付强，济南大学高等教育研究院兼职研究人员，副编审，教育学博士；王玲，济南大学高等教育研究院副教授，比较教育学博士。

（原载《济南大学学报(社会科学版)》2019年第1期）

专题二

近20年来国家政策对职业教育研究的近期影响

雷润玲

摘　要：职业教育政策是政府公共权力机关经由政治过程所选择和制定的为解决职业教育发展过程中诸多问题而达成的公共目标，是实现职业教育公共利益的解决方案。1999—2018年间，国家层面共发布十项职业教育相关政策。通过对职业教育研究进行动态趋势分析、阶段特点观察、增长幅度计算以及分布比较，考察国家政策对职业教育研究的具体影响，从政策发布的当年影响、次年影响到分布影响，以及政策发布的部门影响，实证分析了国家政策对职业教育研究的近期影响与推动。结果显示，国家政策发布当年，对职业教育研究具有很强的影响与推动作用；研究成果中，期刊论文受国家政策发布当年的推动最大；发布部门中，国务院对职业教育研究的影响与推动，明显高于教育部。

关键词：国家政策；职业教育研究；职业教育发展

目前，中国人口正在从9亿人养活5亿人，变成5亿人养活9亿人[1]，面临非常严峻的可持续发展矛盾。解决矛盾的途径之一是社会效率的提高，而社会效率特别是生产效率的提高，有赖于职业人才尤其是高质量职业人才的充足。拥有充足的职业人才，不仅符合国家利益，也符合企业利益，更符合个人利益。

职业人才充足有赖于职业教育的发展，职业教育研究则是职业教育发展的重要组成部分。近年学界有关国家政策对职业教育事业的影响、国家政策与职业教育关系的研究，主要关注了国家政策对职业教育影响[2]、国家政策促进职业教育发展[3]、利用政策法规为职业教育发展保驾护航[4]、职业教育免费政策评估[5]、职业教育发展政策研究[6]等方面。本文关注国家政策对职业教育研究的影响，并通过分析国家政策发布当年和次年对职业教育研究增长幅度的影响与推动，实证分析政策支持与研究成效的关联关系，为职业教育研究在宏观上提供一个新的视角。

一、国家职业教育政策回顾

职业教育快速发展很大程度上是政府政策主导的结果[7]。职业教育政策属于公共政策，是政府公共权力机关经由政治过程所选择和制定的为解决职业教育发展过程中的诸多问题而达成的公共目标，是实现职业教育公共利益的解决方案。1999年至2018年的20年间，基于国家层面，共颁布了10项关于职业教育的相关政策，包括一个《纲要》、三个

《决定》、五个《意见》和一个《办法》。

(一) 十大政策

一直以来职业教育总体上都是国家教育事业的薄弱环节。由于历史、文化等因素影响,中国家庭大多不愿意为子女选择职业教育,加之国家对职业教育投入相对不足,导致职业教育办学条件比较差、人才培养规模、结构、质量等也相对较弱。为了适应各行各业尤其是制造业、服务业发展对高素质劳动者和技能型人才的迫切要求,从国家层面大力发展职业教育势在必行。推出职业教育政策、规范职业教育发展目标、优化职业教育发展路径,是政府支持和强化职业教育发展的主要手段。

最近 20 年,国家分别于 2002 年、2005 年、2006 年、2010 年、2011 年、2012 年、2014 年、2018 年,先后 10 次发布有关职业教育相关政策,旨在为推进职业教育事业发展不断提供政策支持,如表 1 所示。

表 1 国家关于职业教育相关政策及其发布单位和发布时间

发布时间	政策名称	发布单位
2002.08.24	关于大力推进职业教育改革与发展的决定	国务院
2005.10.28	关于大力发展职业教育的决定	国务院
2006.03.30	关于职业院校试行工学结合、半工半读的意见	教育部
2010.07.29	国家中长期教育改革和发展规划纲要(2010—2020 年)	中共中央、国务院
2011.06.23	关于充分发挥行业指导作用推进职业教育改革发展的意见	教育部
2011.08.30	关于推进中等和高等职业教育协调发展的指导意见	教育部
2011.11.07	关于加快发展面向农村的职业教育的意见	教育部等九部委
2012.05.04	关于加快推进职业教育信息化发展的意见	教育部
2014.05.02	关于加快发展现代职业教育的决定	国务院
2018.02.05	职业学校校企合作促进办法	教育部等六部委

十大政策从"加快发展""大力发展""积极发展"到"发展""注重"等逐步变化,平均每两年出台一次相关政策,表明政府推动职业教育发展之艰难,也表明政府对发展职业教育的迫切和坚持,更表明政府对发展职业教育的意愿和决心。

上述国家政策,从一个《纲要》、到三个《决定》,再到五个《意见》和一个《办法》,清晰描绘出一幅愿景,将政府对职业教育的目标与愿望、方案与决心、办法与用心,清晰地展现了出来。

(二) 一个《纲要》

2010 年 7 月 29 日,中共中央、国务院联合发布《国家中长期教育改革和发展规划纲要(2010—2020 年)》(以下简称《纲要》),其中第六章为"职业教育",从大力发展职业教育、调动行业企业的积极性、加快发展面向农村的职业教育、增强职业教育吸引力四个方面对职业教育发展提出五个要求,一是要求政府切实履行发展职业教育职责;二是要求调动行业企业积极性;三是要求把提高质量作为重点;四是要求加快发展面向农村的职业教育;五是要求增强职业教育吸引力。

《纲要》不仅阐明了国家对职业教育的基本政策,更明确了职业教育改革与发展的基本目标,为发展职业教育提供了具有强制性、规范性与普遍性的政策支持。作为国家基本政策的《纲要》,是政府推进职业教育发展的原则、依据和行为规范,其最大的特点就是其具备强制性、规范性和普遍性。通过《纲要》,政府强制性地对职业教育行业进行指导和保障。

(三) 三个《决定》

2002年至2014年间,国务院先后三次发布职业教育相关政策,提出三个《决定》,即2002年8月24日发布的《关于大力推进职业教育改革与发展的决定》、2005年10月28日发布的《关于大力发展职业教育的决定》和2014年5月2日发布的《关于加快发展现代职业教育的决定》。这些政策在推进职业教育发展计划、措施以及处理问题所采取的方法、程序上,有针对性地对职业教育发展中每个特定问题制订了具体方案,具备灵活性、中介性、试行性等特点。

三个《决定》的主要目标是在多个方面对职业教育进行调整和改变[8]。一是调整了职业教育功能认识,从促进经济增长转为促进经济社会与人的全面发展;二是转变职业教育办学格局实现机制创新,从一元办学格局转为多元办学格局;三是转换职业教育培养模式,从学校教育培养模式转变为就业教育培养模式;四是改变职业教育发展重心,从城市(镇)职业教育转为农村职业教育;五是改变职业教育经费投入体制,从一般性政策规定转为多渠道筹集与加大公共财政投入相结合;六是调整职业教育组织管理方式,从分工负责转为统筹协调与目标管理。

(四) 五个《意见》

2006年至2012年间,教育部单独或与其他部委联合发布了五个《意见》,分别是2006年3月30日发布的“关于职业院校试行工学结合、半工半读的意见”,2011年6月23日发布的“关于充分发挥行业指导作用推进职业教育改革发展的意见”,2011年8月30日发布的“关于推进中等和高等职业教育协调发展的指导意见”,2011年11月7日发布的“关于加快发展面向农村的职业教育的意见”,以及2012年5月4日发布的“关于加快推进职业教育信息化发展的意见”。

《意见》从五个方面为职业教育发展路径提供了政策支持。分别从“工学结合半工半读”“发挥行业指导作用”“推进中等和高等职业教育协调发展”“面向农村的职业教育”“职业教育信息化发展”角度对职业教育提出了指导意见。认为工学结合、校企合作的职业教育培养模式,是实现新时期职业教育改革和发展的新路径;认为发挥职业教育行业指导作用很有必要,行业是现代职业教育体系的重要力量;认为推进中等和高等职业教育协调发展是奠定建设现代职业教育体系的基础;认为加快发展面向农村的职业教育是实现服务社会主义新农村建设的重要途径;认为加快推进职业教育信息化发展,让信息技术创新应用成为改革和发展职业教育的关键基础和战略支撑。

(五) 一个《办法》

教育部、国家发展和改革委员会、工业和信息化部、财政部、人力资源和社会保障部,以及国家税务总局等六部门，于2018年2月25日联合发布了《职业学校校企合作促进办法》（以下简称《办法》），明确了校企合作的15条促进措施，认为产教融合、校企合作是职业教育的基本办学模式，是办好职业教育的关键所在。职业学校和企业可结合实际，在人才培养、技术创新、就业创业、社会服务、文化传承等方面开展7种校企合作方式。

《办法》既明晰了国家在促进跨区域校企合作方面的职责、地方政府的职责以及教育、财税、用人和分配等方面的具体政策，又鼓励各地通过政府和社会资本合作、购买服务、落实财税用地、职业教育集团以及支持产教融合型企业试点、促进教师和企业人员双向流动、保护学生权益、建设服务体系等具体措施支持校企合作。

二、职业教育研究动态分析

职业教育研究，关系到国家和民生两个层面。国家层面重点在国家政策，国家政策是职业教育发展与实施的基础保障。本文以学术性研究成果为考察对象，采集职业教育研究成果数据，观察职业教育研究最近20年来的动态走向。

（一）数据采集

职业教育是指对受教育者实施可从事某种职业或生产劳动所必需的职业知识、技能和职业道德的教育，包括职业学校教育和职业培训两种形式。关于职业教育研究成果数据，采集整理自“西安交通大学中文学术资源发现平台”。针对学术性论著论文，分别统计了1999年至2018年间出版的职业教育图书和发表在期刊上的职业教育论文以及相关学位论文和会议论文，并在每年合计基础上计算了年均增长情况，如表2所示。

由表2可知，1999年至2018年职业教育研究成果总量为1 528 222件，其中图书论著69 323种，期刊论文1 391 964篇，学位论文46 011篇，会议论文21 284篇。20年间职业教育研究成果每年平均增长7 061件，年均增长幅度高达30.09%。

（二）动态趋势

探讨职业教育研究动态趋势，是通过动态分析方法观察职业教育研究实际过程的一种手段。职业教育研究动态分析，是分析职业教育研究成果在一定时间段中的变动情况，其特点是考虑了时间因素对职业教育研究的影响，并将职业教育研究变化当作一个连续的过程来看待。也就是说，考察职业教育研究动态趋势，是从时间分布上观察职业教育研究的动态走向。根据表2中“合计1”的数据，采用Excel软件绘出1999年至2018年职业教育研究动态趋势图，如图1所示。

表2　职业教育研究成果数量统计及年增长情况

年份	图书论著	期刊论文	学位论文	会议论文	合计1	年均增长(%)
1999	568	2 410	46	0	3 024	—
2000	829	2 987	90	0	3 906	29.16667
2001	905	2 334	145	0	3 384	−13.3641
2002	1 595	2 789	295	0	4 679	38.26832
2003	1 456	3 697	396	0	5 549	18.59372

续 表

年份	图书论著	期刊论文	学位论文	会议论文	合计 1	年均增长(%)
2004	1 605	8 139	908	1	10 653	91.98054
2005	2 672	34 492	1 265	1	38 430	260.7435
2006	3 169	45 212	2 180	200	50 761	32.08691
2007	2 794	57 494	2 562	1 522	64 372	26.81389
2008	3 587	68 154	2 794	1 295	75 830	17.79966
2009	4 168	80 951	3 235	1 776	89 770	18.38323
2010	4 978	96 406	3 507	2 232	107 123	19.33051
2011	5 562	106 309	4 423	2 270	118 564	10.68025
2012	5 658	110 495	4 605	2 118	122 876	3.636854
2013	6 307	111 381	4 438	2 167	124 293	1.153195
2014	6 729	123 996	4 697	2 144	137 566	10.6788
2015	5 137	121 239	4 118	1 961	132 455	−3.71531
2016	3 979	129 178	2 677	1 465	137 299	3.657091
2017	4 382	145 863	2 103	1 085	153 433	11.751
2018	3 243	138 438	1 527	1 047	144 255	−5.98176
合计 2	69 323	1 391 964	46 011	21 284	1 528 582	30.08753

数据来源:摘编自西安交通大学中文学术资源发现平台。

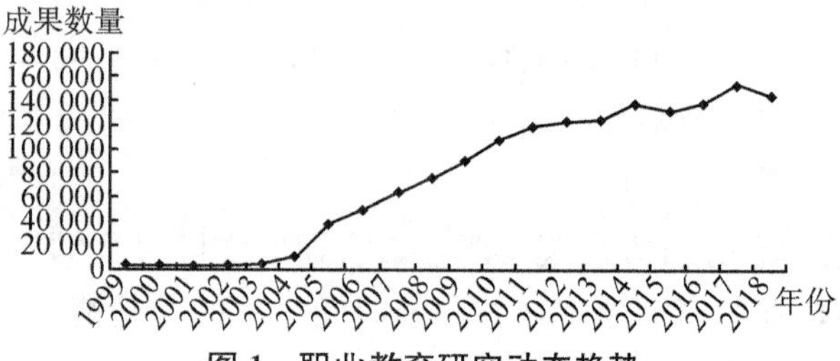

图 1　职业教育研究动态趋势

从图 1 可以看出,1999 年至 2014 年间职业教育研究一直呈现持续增长态势,从 1999 年的 3 024 件到 2014 年的 137 566 件,2015 年略有回落后再次抬升,到 2017 年达到峰值153 433 件,2018 年再次回落,进入下降通道。就是说,从 2015 年起,职业教育研究进入波动期,其研究成果不仅受职业教育发展情况影响,也受其他因素包括国家政策因素波及。

(三)阶段特点

20 年间,职业教育研究呈单边持续增长趋势,经历了慢进低起(1999—2003 年)、高增跨越(2004—2009 年)、持增波动(2010—2018 年)三个发展阶段,其研究成果数量经历了从千位数、到万位数、再到十万位数的三级跃变。

1999—2003 年:慢进低起阶段。该阶段职业教育年研究成果在千件以内,从 1999 年的3 024件到 2003 年的 5 549 件,是职业教育研究相对较慢较低的发展阶段。慢进低起阶段的主要特点是起步低、增长慢,且有回落,但一直顽强前行。

2004—2009 年:高增跨越阶段。该阶段职业教育年研究成果在万件之间,从 2004 年的10 653件到 2009 年的 89 770 件,是职业教育研究比较快速进步的发展阶段。高增跨越阶段的主要特点是增长快、幅度大,没有回落,势头强劲。

2010—2018年:持增波动阶段。该阶段职业教育年研究成果达十万件,从2010年的107 123件到2018年的144 255件,是职业教育研究相对成熟的发展阶段。持增波动阶段的主要特点是期间时有回落,但回落聚集能量之后会有冲破前期高点趋势。

(四) 增长幅度

职业教育研究成果,20年来"量"的增加是显而易见的,从千位数、到万位数、再到十万位数。那么,职业教育研究成果的增长幅度是怎样的呢?选用增长速度来衡量职业教育研究增长幅度,用其指标揭示和评价职业教育研究增长的幅度。按照表1中"年均增长"数据,绘出了职业教育研究的增长幅度曲线,其幅度变化呈现曲折上升、逐步衰减、间或为负的态势,如图2所示。

近20年来职业教育研究增长幅度最高的年份是2005年,增长幅度为260.74%,其次是2004年、2002年、2006年,增长幅度分别为91.98%、38.27%和32.09%。增长幅度最低的年份是2001年,增长幅度为-13.3%,其次是2018年、2015年、2013年,增长幅度分别为-5.98%、-3.72%和1.15%。

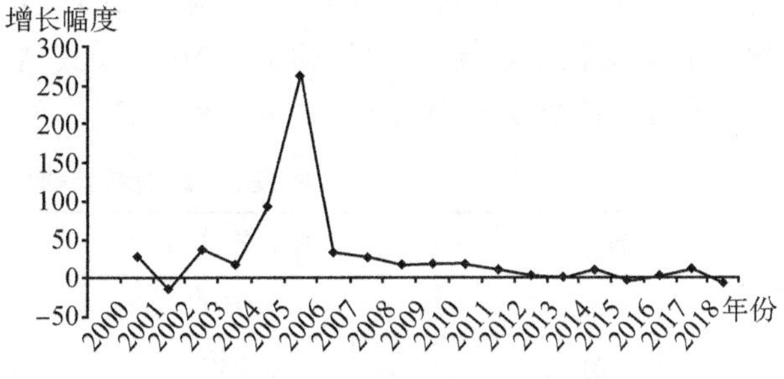

图2　职业教育研究增长幅度

总体上看,职业教育研究增长幅度从曲折上升、到高企回落、再到低位盘旋,增长幅度逐渐缩小,并间或为负。从职业教育研究的角度观察,可以明确看出,职业教育发展任重道远,难以一蹴而就;职业教育发展要满足社会经济发展需要,依然是一个非常艰巨的基础工程。

(五) 分布比较

根据表2中"合计2"数据可知,职业教育研究成果20年累计1 528 582件。其中,学术性图书论著累计69 323种,占累计总量的4.54%;学术性期刊论文累计1 391 964篇,占累计总量的91.06%;学位论文累计46 011篇,占累计总量的3.01%;会议论文累计21 284篇,占累计总量的1.39%,如图3所示。

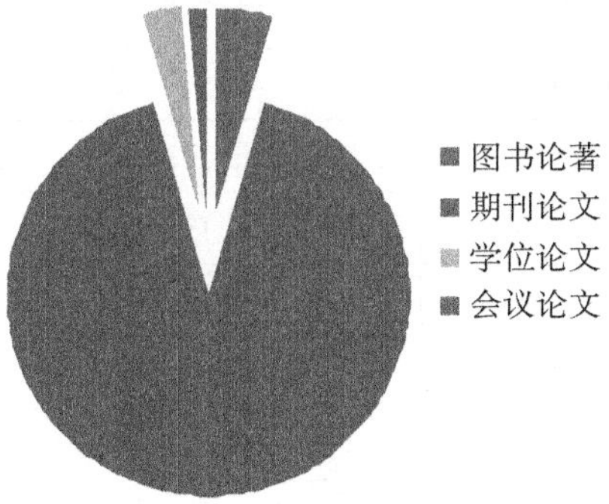

图3　职业教育研究分布比较

从图3中四者占比情况可以看出,职业教育研究成果中学术性期刊论文一家独大,所占比重超过九成。职业教育研究学术性图书论著、学位论文、会议论文三者合起来还不足一成。也就是说,如果仅仅只考查学术性期刊论文,也可以近似揭示职业教育研究的发展概况。

(六) 增幅比较

根据表2的数据进行计算,并获取图书论著、期刊论文和学位论文三者的增长幅度数据(见表3)。表中"年均"数据显示:职业教育研究中,图书论著的增长幅度相对较小,其年均增长幅度为12.62%;期刊论文的年均增长幅度最大,其年均增长幅度为34.27%;学位论文的年均增长幅度居中,其年均增长幅度为 27.50%。由于会议论文的基期数据是 0,增长幅度无穷大,不好比较,再加上会议论文本身数量相对较小,所以暂不参与比较。

表 3 数据显示,图书论著增长幅度的最高年份是 2002 年,其增长幅度为 76.24%,其次是 2005 年和 2000 年,增长幅度分别为 66.48%和 45.95%;期刊论文增长幅度最高的年份是 2005 年,其增长幅度为 323.79%,其次是 2004 年和 2003 年,增长幅度分别为 120.15%和 32.56%;学位论文增长幅度最高的年份是 2004 年,其增长幅度为 129.29%,其次是 2002 年和 2000 年,增长幅度分别为 103.45%和 95.65%。表 3 数据还显示,图书论著增长幅度最低的年份是 2018 年,其增长幅度为−25.99%,其次是 2015 年和 2016 年,增长幅度分别为−23.66%和−22.54%;期刊论文增长幅度最低的年份是 2001 年,其增长幅度为−21.86%,其次是 2018 年和 2015 年,增长幅度分别为−5.09%和−2.22%;学位论文增长幅度最低的年份是 2016 年,其增长幅度为−34.99%,其次是 2018 年和 2017 年,增长幅度分别为−27.39%和−21.44%。

表 3　职业教育研究增长幅度

年份	图书论著(%)	期刊论文(%)	学位论文(%)
2000	45.9507	23.94191	95.65217
2001	9.167672	−21.8614	61.11111
2002	76.24309	19.49443	103.4483
2003	−8.71473	32.55647	34.23729
2004	10.23352	120.1515	129.2929
2005	66.47975	323.7867	39.31718
2006	18.6003	31.07967	72.33202
2007	−11.8334	27.16535	17.52294
2008	28.38225	18.54107	9.055425
2009	16.19738	18.77659	15.78382
2010	19.43378	19.0918	8.408037
2011	11.73162	10.27218	26.11919
2012	1.725998	3.937578	4.114854
2013	11.47048	0.801846	−3.62649
2014	6.690978	11.32599	5.835962
2015	−23.6588	−2.22346	−12.327
2016	−22.5423	6.548223	−34.9927
2017	10.12817	12.91629	−21.4419
2018	−25.9927	−5.09039	−27.3894
年均	12.61546	34.27433	27.49756

结果表明,职业教育研究增长幅度高的年份大多为政策发布年份,增长幅度低的年份

除2018年外基本上都不是政策发布年份，其增长幅度无论图书论著，还是期刊论文，或是学位论文，均有缩减收窄趋势，如图4所示。

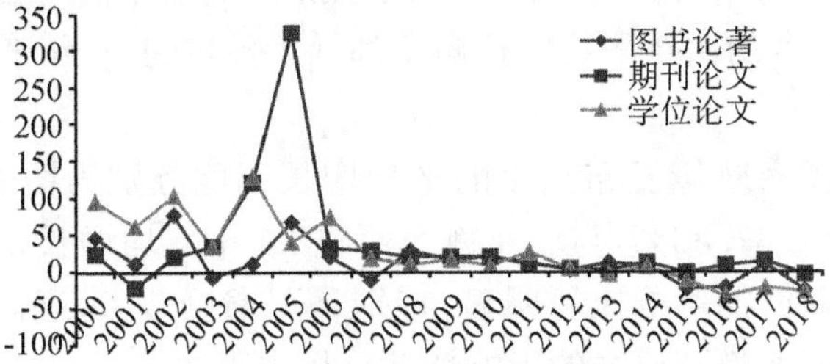

图4　职业教育研究增长幅度比较

三、国家政策对职业教育研究影响分析

职业教育对社会稳定、经济繁荣、民族团结、国家发展起着重要作用[9]，而强有力的职业教育政策则是调控职业教育改革发展的手段[10]。政策发布对职业教育研究的影响程度，通常很难直接进行计量考察。借助政策发布对当年、次年成果数量增长情况，可间接观察和计算政策发布对职业教育研究的影响状况，并借此从实证角度了解和分析国家职业教育政策对职业教育研究影响的实际效应。

（一）指标确定

确定指标是进行核算的第一步，也是非常重要的一步。为了观察国家政策对职业教育研究的影响程度，选取国家政策发布年份、发布部门，以及职业教育研究成果形式及其当年增长幅度、次年增长幅度、当年平均增长幅度、次年平均增长幅度为指标，计算国家政策对职业教育研究的实际影响。根据国家政策发布年份，在表2数据的基础上进行计算，并整理出国家政策发布当年和次年职业教育研究的增长幅度数据，如表4所示。

表4　国家政策发布当年、次年职业教育研究增长幅度

发布年份	发布部门	当年增长幅度（%）			次年增长幅度（%）		
		图书论著	期刊论文	学位论文	图书论著	期刊论文	学位论文
2002	国务院	76.24309	19.49443	103.4483	−8.71473	32.55647	34.23729
2005	国务院	66.47975	323.7867	39.31718	18.6003	31.07967	72.33202
2006	教育部	18.6003	31.07967	72.33202	−11.8334	27.16535	17.52294
2010	国务院等	19.43378	19.0918	8.408037	11.73162	10.27218	26.11919
2011	教育部等	11.73162	10.27218	26.11919	1.725998	3.937578	4.114854
2012	教育部	1.725998	3.937578	4.114854	11.47048	0.801846	−3.62649
2014	国务院	6.690978	11.32599	5.835962	−23.6588	−2.22346	−12.327
2018	教育部等	−25.9927	−5.09039	−27.3894	—	—	—
平均		41.87	58.65	32.82	−4.04	17.12	23.91

由表 4 的“平均”数据可以非常清晰地看到，国家政策发布当年平均增长幅度，无论是图书论著，还是期刊论文，或是学位论文，均高于各自次年平均增长幅度。结合表 3“年均”数据，还可以得出一个结论：图书论著、期刊论文、学位论文的当年平均增长幅度均高于各自的 20 年平均增长幅度，三者的次年平均增长幅度都低于各自的 20 年平均增长幅度。

（二）当年影响

职业教育研究在国家政策发布当年的平均增长幅度分别为图书论著 41.87%、期刊论文 58.65%、学位论文 32.82%，与职业教育研究 20 年平均增长幅度相比，国家政策的发布当年对职业教育研究的影响比较明显，特别是图书论著，远远高于其年均增长幅度。国家政策发布当年对职业教育研究的影响情况分析如下：

2002 年，职业教育研究当年增长幅度两极分化。学位论文类增长幅度达到 103.45%，是其当年平均增长幅度的 3.15 倍；图书论著增长幅度为 76.24%，是其当年平均增长幅度的 1.82 倍；期刊论文增长幅度却只有 19.49%，只有其当年平均增长幅度的 0.33 倍。

2005 年，职业教育研究当年增长幅度提高显著，特别是期刊论文增长幅度高达 323.79%，是其当年平均增幅的 5.52 倍；图书论著增长幅度为 66.48%，是其当年平均增幅的 1.59 倍；学位论文增长幅度为 39.32%，是其当年平均增长幅度的 1.20 倍。

2006 年，职业教育研究当年增长幅度分化扩大且相对收窄。学位论文当年增长幅度为 72.33%，相当于其当年平均增幅的 2.20 倍；期刊论文当年增长幅度只有 31.08%，是其当年平均增长幅度的 0.53 倍；图书论著当年增长幅度只有 18.60%，仅相当于其当年平均增长幅度的 0.44 倍。

2010 年，职业教育研究当年增长幅度相对较低，图书论著当年增长幅度为 19.43%，期刊论文当年增长幅度为 19.09%，学位论文当年增长幅度为 8.41%，三者均低于其当年平均增长幅度，分别是各自当年平均增长幅度的 0.46 倍、0.33 倍和 0.26 倍。

2011 年，职业教育研究当年增长幅度仍然较低。图书论著、期刊论文、学位论文的当年增长幅度分别为 11.73%、10.27%、26.12%，全部较大幅度低于各自的当年平均增长幅度，只是各自当年平均增长幅度的 0.28 倍、0.18 倍和 0.80 倍。

2012 年，职业教育研究当年增长幅度持续收窄，图书论著、期刊论文、学位论文当年增长幅度分别为 1.73%、3.94%、4.11%，全部更大程度低于各自的当年平均增长幅度，仅仅是各自当年平均增长幅度的 0.04 倍、0.07 倍和 0.13 倍。

2014 年，职业教育研究当年增长幅度相较于 2012 年略有回升，但依然很低。图书论著、期刊论文、学位论文的当年增长幅度分别为 6.69%、11.33%、5.83%，三者当年增长幅度都小于各自的当年平均增长幅度，只有各自平均增长幅度的 0.16、0.19、0.18 倍。

2018 年，职业教育研究当年增长幅度堪忧。图书论著、期刊论文、学位论文的当年增长幅度分别为−25.99%、−5.09%、−27.39%，三者当年增长幅度不仅全部低于各自当年平均增长幅度，而且全部为负数。

（三）次年影响

在国家政策发布次年，职业教育研究的平均增长幅度分别为图书论著−4.04%、期刊论文 17.12%、学位论文 23.91%，与国家政策发布当年相比，其增长幅度明显较低，甚至低于职业教育研究 20 年平均增长幅度，特别是图书论著，增长幅度是负数。次年增长幅度全部较低，其原因也许是“当年”集中精力出成果而导致“次年”的空缺吧。国家政策发布次年对职业教育研究的影响分析如下：

2002年，职业教育研究次年年增长量显著回落，尤其是图书论著增长幅度只有－8.71%，远低于自己的平均增长幅度；期刊论文和学位论文增长幅度分别是32.56%、34.24%，虽然两者都高于各自平均增长幅度，但与当年增长幅度相比，都是较低的。

2006年，职业教育研究次年增长幅度继续回落，图书论著、期刊论文、学位论文增长幅度分别是－11.83%、27.17%、17.52%，三者中只有期刊论文高于自己平均增长幅度。

2010年，职业教育研究次年增长幅度变化分散，图书论著、期刊论文和学位论文分别为11.73%、10.27%、26.12%，只有期刊论文增长幅度低于自己的平均增长幅度。

2014年，职业教育研究次年增长幅度大幅回落，增长幅度全部为负数。图书论著、期刊论文、学位论文增长幅度分别为－23.66%、－2.22%、－12.33%，都小于各自的平均增长幅度。

2018年的次年是2019年，撰稿时还没有研究数据供调查和计算。

2005年、2010年、2011年的次年刚好与2006年、2011年、2012年的当年重合，其结果也与其重合。

（四）分布影响

1999年至2018年，国家十项政策对职业教育研究增长幅度的影响，全部是当年强于次年，表明国家政策对职业教育研究的近期影响很大，特别是政策发布当年。在忽略会议论文情况下，期刊论文平均增长幅度受国家政策影响从当年的58.65%缩小到次年的17.12%，学位论文平均增长幅度从当年的32.82%缩小到次年的23.91%，图书论著平均增长幅度从当年的41.87%，紧缩为次年的－4.04%，如图5所示。

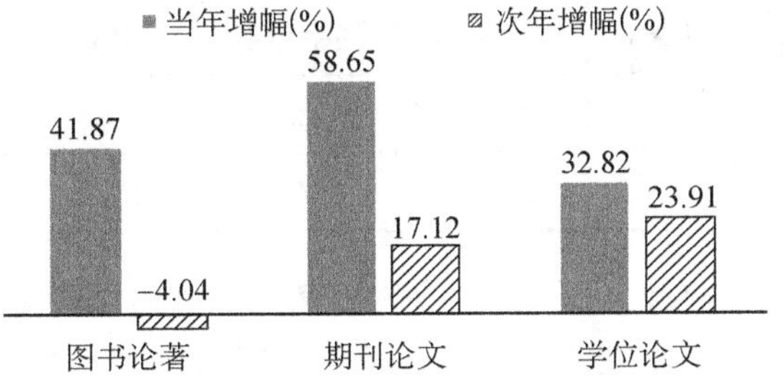

图5　国家政策发布对职业教育研究当年与次年的分布影响

关于图书论著平均增长幅度的次年为负，原因有两个：一是跟期刊论文和学位论文一样，当年增长的“蜂拥”所引起次年增长的“空缺”；二是图书论著独有的研究出版周期长而形成的“空缺”，两个“空缺”叠加，造成图书论著次年的深度跌幅。

十大政策对职业教育研究增长幅度的当年影响中，2002年政策对图书论著和学位论文增幅影响较大，2005年政策对期刊论文增幅影响极大；相比之下，对学位论文和期刊论文增幅影响最小的是2018年政策，呈负增幅，如图6所示。十大政策对职业教育研究增幅的次年影响中，相对“当年”，增幅影响都较小，只有2005年政策对学位论文增幅影响稍大，如图7所示。

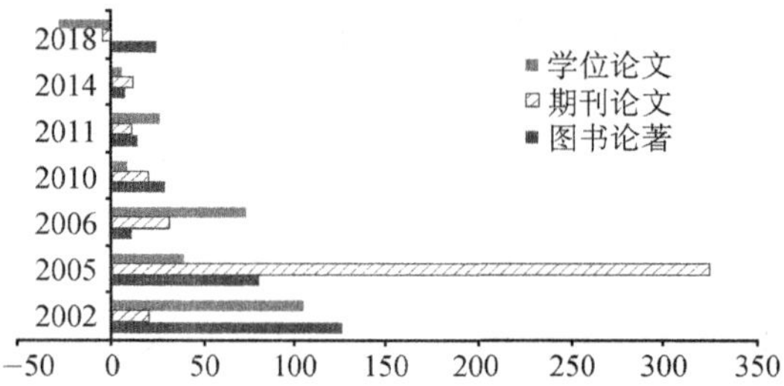

图 6　国家政策发布当年对职业教育研究的影响

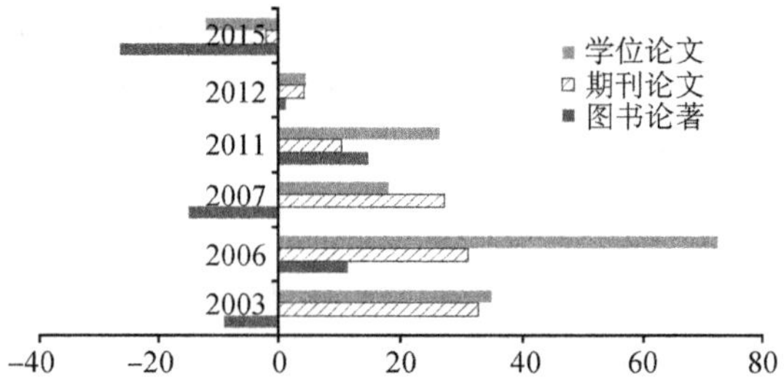

图 7　国家政策发布次年对职业教育研究的影响

需要进一步探讨的是,2018 年国家政策发布当年,学位论文和图书论著当年增长幅度均为负数的“非常规”现象。

需要说明的问题是,由于 2006 年、2011 年和 2012 年既是政策发布的“次年”,也是 2005 年、2010 年、2011 年政策发布的“当年”,是“次年”和“当年”的重合,虽然结果也重合,但观察时需要注意前提。

(五) 部门影响

不同的发文部门对政策接受者的影响会不同,这是大家公认的事实。1999 年至 2018 年间的 10 项国家政策,主要由国务院、教育部单独发布或与其相关部门联合发布,分析国务院、教育部发文对职业教育研究增幅影响,旨在了解和比较发文部门在国家政策发布执行过程中的地位和影响力。根据国家政策发文部门,重新整理和计算了图书论著、期刊论文、学位论文的当年平均增幅和次年平均增幅,如表 5 所示。

表 5　政策发布部门对职业教育研究的影响

发文部门	当年平均增长幅度(%)			次年平均增长幅度(%)			平均增长幅度(%)
	图书论著	期刊论文	学位论文	图书论著	期刊论文	学位论文	
国务院	60.78	93.53	39.55	−2.54	17.89	30.34	39.93
教育部	16.66	12.16	23.85	−7.05	15.56	11.04	12.04

国务院政策发布对职业教育研究的近期影响程度,可通过成果数量增长幅度来分析,国务院政策近期对职业教育研究的影响,明显高于教育部政策对职业教育研究的影响,无论“当年”还是“次年”,如图 8、图 9 所示。国务院平均增长幅度为 39.93%,比教育部平均

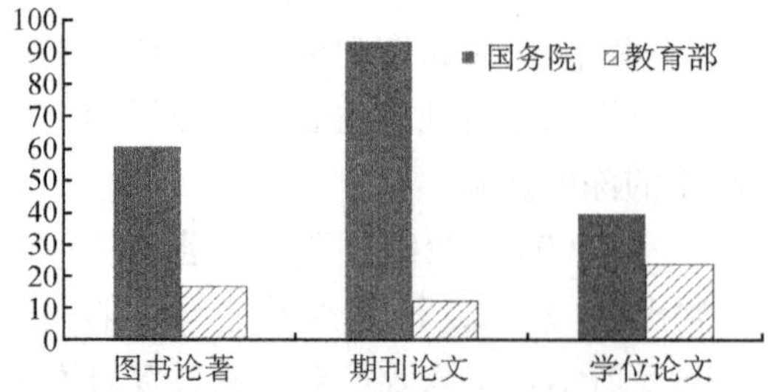

图 8　国家政策发布部门对职业教育研究的当年影响

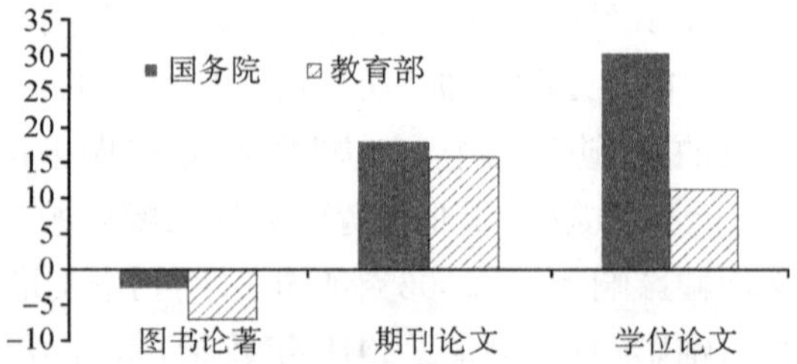

图 9　国家政策发布部门对职业教育研究的次年影响

增长幅度的 12.04%高 27.89 个百分点，表明国务院对职业教育研究者的影响，高于教育部。也就是说，与教育部相比，国务院在职业教育研究领域的影响力更高一些。

四、小结与展望

职业教育实践的开展首先要"想周全"、博众长，和而不同；而职业教育研究的目的则在于"讲清楚"、合逻辑，同而不和。相对于职业教育实践，职业教育研究对国家政策的应激速度要快很多。这是职业教育实践与职业教育研究实施时所需要的条件不同而决定的。

近 20 年来，国家出台 10 项职业教育相关政策，从基本政策、具体政策、指导性政策，对职业教育研究领域有较为明显的近期影响和推动作用。其间，虽然职业教育研究数量的增长经历了千位数、万位数、十万位数的跨越，但职业教育研究增长幅度则呈现曲折上升、逐步衰减、间或为负的态势。从这个角度观察，可以看出，职业教育研究任重道远，职业教育实践难以一蹴而就。

截至目前，职业教育发展依然面临较多困境，比如，发展处于国家需求与企业需求、个体需求不协调二元困境[11]、农村职业教育薄弱困境[12]、区域职业教育协同发展困境[13]、欠发达地区职业教育实现困境[14]、学徒制多元利益关系困境[15]、混合所有制职业院校发展困境[16]等。这些问题的解决，无不需要国家政策的支持和协调。

2019 年新年伊始，国务院发布了《关于印发国家职业教育改革实施方案》，将职业教育发展的探索与期望，再次从政策角度予以强化，以进一步推动职业教育的发展。由此，新的一轮职业教育研究也会随即展开并蜂拥而来。相信在新的国家政策影响下，职业教育研究会硕果再现，职业教育实践会稳步发展。

参考文献：

[1] 吴晓波频道.中国社会人口抚养比变成 5∶9，以后工作好找了？[EB/OL].[2019-03-14].http://www.weixinyidu.com/n_9108451.

[2] 刘杰.改革开放后国家政策对职业教育的影响与思考[J].职教论坛，2015(8)：79-82.

[3] 任仲田，刘腊梅.落实国家政策，发展中职教育的建议[J].才智，2010(21)：252.

[4] 方铭琳.政策法规：为民办职业教育发展保驾护航[J].教育与职业，2008(13)：28-30.

[5] 王星霞.中等职业教育免费政策评估研究[J].教育发展研究，2012(17)：25-29.

[6] 周建松.系统论视角下的国家高等职业教育发展政策研究[J].中国高教研究，2014(4)：89-93.

[7] 郭福春，王玉龙.规模、结构、质量、政策：高等职业教育供给侧结构性改革的四重维度分析[J].黑龙江高教研究，2019(3)：39-43.

[8] 解光穆，景致勤.从比较中看发展，从发展中见提高——对国务院关于大力发展职业教育三个《决定》之解读[J].宁夏党校学报，2010(5)：94-96.

[9] 祁占勇，王佳昕，安莹莹.我国职业教育政策的变迁逻辑与未来走向[J].华东师范大学学报(教育科学版)，2018(1)：104-111，164.

[10] 和震.探索职业教育政策未来走向[N].中国社会科学报，2019-04-04(006).

[11] 徐国庆.我国二元经济政策与职业教育发展的二元困境——经济社会学的视角[J].教育研究，2019(1)：102-110.

专题二

[12] 贾圆圆,沈亚强,陈颜红.困境与破局:信息化建设与农村职业教育发展的互动研究[J].晋城职业技术学院学报,2019(1):22-25.

[13] 孙翠香.京津冀职业教育协同发展:现实审视与困境突破[J].职业教育研究,2018(11):18-24.

[14] 马君.欠发达地区职业教育发展面临的现实困境与路径选择——以甘肃省为例[J].中国职业技术教育,2018(28):23-29.

[15] 周长勇,毛明明.现代学徒制多元利益主体关系困境及发展路径[J].吉林工商学院学报,2018(4):23-26.

[16] 李永波.发展混合所有制职业院校的现实意义、困境与对策[J].教育与职业,2018(12):12-18.

作者: 雷润玲,西安交通大学图书馆研究馆员。

(原载《民办教育研究》2019 年第 4 期)

统筹破解民办高校用地用房的制度性瓶颈*

刘永林　周海涛

摘　要：我国民办高校的用地用房作为基本办学条件，涉及生均占地面积和校舍建筑面积的刚性标准，在新设民办高校、现有民办高校分类登记以及独立学院转设为独立设置的民办高校时，已成为难以逾越的政策性瓶颈之一。亟待以落实新"民促法"中明确的民办高校用地扶持政策为契机，统筹公办民办教育用地规划，落实民办教育用地优待政策；优化办学用地用房刚性政策，多措并举节约集约用地用房；同步完善用地用房配套政策，切实降低办学用地用房成本，健全完善民办高校用地用房政策。

关键词：民办高校；生均占地面积；校舍；土地集约利用

我国民办高校是教育事业的重要组成部分，对促进高等教育事业的改革与发展发挥着重要作用。据统计，2017 年全国普通高等学校 2 631 所，普通本专科在校生2 753.59万人；其中，民办高校 747 所（含独立学院 265 所），普通本专科在校生 628.46 万人，分别占比为 28.39%、22.82%[1]。从 2017 年 9 月 1 日起，新修订的《中华人民共和国民办教育促进法》（以下简称新"民促法"）正式开始实施。为进一步实施新"民促法"，教育部于 2018 年 4 月 20 日就《中华人民共和国民办教育促进法实施条例（修订草案）（征求意见稿）》（以下简称《征求意见稿》）向社会公开征求意见，在进一步完善修订草案的基础上报送国务院法制工作部门。司法部于 2018 年 8 月 10 日发布《中华人民共和国民办教育促进法实施条例（修订草案）（送审稿）》（以下简称《送审稿》），再次向社会征求意见。新《民促法》实施条例修订过程中的两部修订草案引起了全社会的广泛关注和讨论。截至目前，天津、上海、重庆等 27 个省（自治区、直辖市）也已发布贯彻落实《国务院关于鼓励社会力量兴办教育促进民办教育健康发展的若干意见》（国发〔2016〕81 号，以下简称"国务院三十条"）的实施意见。

当前，我国民办教育"新法新政"正处在深入实施的关键时期。由于我国民办教育发展各地情况不一，必须坚持中央顶层设计与基层创新互动，在中央层面的宏观政策框架下，积极鼓励各省级政府发挥教育统筹权，紧密结合具体省情，制定符合区域实际、反映地方特色的中观、微观政策，推进地方民办教育制度创新[2]。如何有效利用省级政府的统筹权，弥合国家分类管理顶层设计与推动地方落实之间的差距？架起宏观上民办教育发展的总体要求、目标任务和改革方向与微观上民办教育关键领域、薄弱环节与操作层面的具

*　基金项目：国家社会科学基金"十三五"规划 2017 年度教育学一般项目（BIA170173）。

体措施之间的桥梁，是政策实施中的重大现实问题。民办高校用地用房作为办学的基本条件，涉及生均占地面积和校舍建筑面积的刚性标准，在新设民办高校、现有民办高校分类选择登记以及独立学院转设为独立设置的民办高校过程中，已成为难以突破的政策性瓶颈之一。

一、统筹公办民办教育用地规划，落实民办教育用地扶持政策

(一) 推进公办、民办教育用地规划全纳、同等

新形势下，统筹规划民办教育发展，切实把民办教育事业纳入当地经济和社会发展规划，合理配置新增公办教育与民办教育资源，是落实公办教育与民办教育同等法律地位的源头性问题。早在1997年国务院颁布的《社会力量办学条例》第四十七条中就已明确，教育机构建设需要使用土地的，应当根据有关规定纳入规划并优先安排。2003年颁布的《民办教育促进法》第五十条明确规定，新建、扩建民办学校应当按照公益事业用地及建设的有关规定给予优惠。在前述两部法律法规颁布的前后，以陕西省为代表，还有浙江省、江西省等地，根据国家有关规定将民办高校建设用地纳入当地建设规划，大力支持民办高校在建设规划范围内依法优惠征用土地，有效促进了当地民办高校的快速发展[3]。但遗憾的是，大部分的省级区域在统筹公办、民办教育用地规划方面，推进力度不一、效果各异的现象依然比较突出。2012年，教育部颁布的《关于鼓励和引导民间资金进入教育领域促进民办教育健康发展的实施意见》再次强调，要求各地在规划教育事业发展时，充分考虑民办教育用地需求，并在新增教育资源时统筹考虑公办学校和民办学校发展实际。从我国民办教育发展历程看，实践中民办高校用地规划难以获得与公办高校的同等待遇，统筹实现公办、民办高校用地的全纳、同等规划仍需时日。例如，民进广东省委在2016年调研中发现，办学场地的限制成了广东省部分民办学校发展的“紧箍咒”，建议将民办学校用地纳入教育用地总体规划[4]。

教育用地规划是时空上对教育用地的总体配置安排，是教育用地的“龙头”，同时也是民办教育用地获得同等待遇的元政策。当前“新法新政”实施过程中，贯彻落实对民办高校的用地扶持政策，首先必须从统筹教育用地规划入手。从“新法新政”的相关规定看，新“民促法”仅仅明确了非营利性民办学校用地与公办学校的同等原则。新“民促法”实施条例正在修订过程中，其中《征求意见稿》和《送审稿》在强调新“民促法”第五十一条内容的基础上，新增“地方人民政府在制定闲置校园综合利用方案时，应当考虑当地民办教育发展需求”的内容。在27个省级政府所颁布的落实新“民促法”和“国务院三十条”的实施意见或办法中，广东省和江西省要求将民办学校建设用地纳入土地利用各项规划计划，在分配新增建设用地指标时向民办学校倾斜、在土地利用年度规划中优先安排；其余省份并未对民办教育用地规划做出突破性的创新。即便是“倾斜”“优先”等表述，也并非创新，更不意味着实践中可以将含义如此模糊的象征性、宣誓性表述真正落实到位。当前，在中央关于教育用地政策的顶层设计之下，各级地方政府的相关部门应适应教育行业发展的新要求和新趋势，改革、创新土地利用、规划、管理的方式方法，以实现城乡教育统筹和区域均衡发展为目标，在土地利用总规划和年度计划中，合理安排教育用地指标，优先支持教育用地项目；统筹考虑和平衡民办教育用地需求，推进教育发展规划、城乡规划和土地利用

总体规划中公办、民办教育用地全纳、同等，继而合理配置公办、民办教育用地的规模、布局、结构和时序安排，编制教育资源布点专项规划，并纳入控制性详细规划，助力推进公办、民办教育事业协调发展。

（二）推进民办教育用地差别化分类扶持政策落地落细

在统筹公办、民办教育用地用房规划的引领下，亟须各省级政府结合本地实际，以落实新“民促法”土地扶持政策为契机，建立健全有效的民办高校用地用房分类扶持政策体系，将新设立的营利性民办高校、非营利性民办高校，以及现有民办高校分类登记，并将独立学院转设为独立设置的民办高校过程中涉及用地用房的政策性难题一并考虑解决。当前，新“民促法”和“国务院三十条”原则性规定了新建、扩建营利性民办学校按照国家规定供给土地，这成为营利性民办学校用地属于教育用地范畴的现行“国家规定”，但是实践中将可能面临难以充分兑现供给用地待遇的困局。“国家规定”是延续当下实践中土地的有偿使用政策，抑或是在有偿使用与划拨用地中寻求一种符合我国实际和营利性民办学校特点的折中方案，仍然需要中央层面和地方层面进一步创新落实，以避免当前营利性民办学校的用地政策成为选择登记的直接阻碍。在新“民促法”中原则性规定了按照与公办学校同等原则新建、扩建非营利性民办学校，还需中央和地方相关部门在此宏观政策下进一步细化，以兑现“以划拨等方式用地优惠”的相关配套政策，使民办学校获得与公办学校同等的对待。

在分类管理框架下，明确营利性民办学校和非营利性民办学校的教育用地属性后，如何在中观、微观层面落实非营利性和营利性民办学校用地的分类扶持政策，已成为民办教育分类管理政策实施中的关键环节。基于此，笔者认为，第一，在供应土地的方式上，新建营利性民办学校可探索多元化土地供应模式。一方面，可参照高新技术产业、现代制造业以及其他鼓励投资工业项目的工业用地政策，通过土地出让、租赁、划拨、作价入股等形式供应土地[5]；另一方面，还可参照探索利用农村集体土地增加保障性住房供给的方式，在不改变农村集体土地基本属性的前提下，营利性民办学校以合作、参股、租赁等方式变通获得农村集体建设用地中“公益性公共设施用地”的使用权。第二，在获得土地的方式上，推动更多省份实施租赁、出让等多种组合的供应方式、长短结合的供应年期、分期缴纳土地出让金等措施，也可以探索通过土地、校舍等要素低租金、零租金的方式，交由品牌学校通过品牌化管理输出等方式办学。第三，在供应土地的对象上，在符合当地经济社会发展需求的前提下，新建民办学校用地应当严格遵循“引进特色、优质办学资源”等要求；对于扩建民办学校，实行优质、良好、发展、限制等评估分级，对民办学校的办学条件、管理水平和办学规模等方面进行综合评价，并将其作为供地参考。此外，还可以实施规划引导下的“项目引资”，定期公布项目引资指南，以公开招标、项目遴选、协议引资等方式引进举办者。

二、优化办学用地用房刚性政策，多措并举节约集约用地用房

（一）建构民办高校用地用房的多元设置标准体系

教育部《普通本科学校设置暂行规定》（教发〔2006〕18 号）以及《独立学院设置与管理办法》（教育部令第 26 号）明确规定了民办普通本科学校校园占地面积 500 亩以上和生均

校舍建筑面积30平方米以上的设置标准。长期以来,一些民办高校以划拨方式获得土地时,审批非常严格、程序过于烦琐,以出让的方式获得土地使用权则成本太高、筹资困难,且普遍认为现行国家规定的校园占地面积及校舍建筑面积设置标准过高,不但增加了民办高校的财力负担,也限缩了民办高校特色发展的空间[6]。这一点对于独立学院的影响显得尤为明显。2003年教育部曾规定独立学院的校园占地面积不少于300亩,大部分独立学院据此标准规划建设校园。但是,在2008年教育部颁布的《独立学院设置与管理办法》关于独立学院转设的新标准下,校园占地面积500亩的标准成为影响独立学院转设的关键因素[7]。在办学实践中,独立学院转设中"校园占地面积500亩的标准"直接催生和掀起了一股"迁址办学"热潮,一部分省份支持独立学院从省会城市、大中城市迁址到非中心城市办学,以实现办学条件中的校园占地面积标准。有学者统计,2008年4月至2017年4月期间,全国有近百所独立学院迁址办学[8]。然而,被动的迁址办学尽管解决了发展空间问题,但外部环境调适、生源下降、师资流失、债务攀升、校地合作、文化重建等诸多新挑战随之而来。有学者认为,"如果说满足教育部规定的基本办学条件是'大考'的话,迁址后的发展就是场更大的考试"[9]。

面对民办高校发展的新形势和独立学院转设的困境,中央和地方省级政府应当在充分考虑和平衡民办教育用地需求的基础上,根据各类民办高校的办学形式、专业特点、区位差异等因素,结合国家教育用地的行业标准,制定符合当地实际的民办高校用地用房的国家标准和地方标准,从根本上解决民办高校校园占地面积及建筑面积问题。从国内情况看,统一规定的民办高校校园占地面积及建筑面积设置标准,与不同省份土地资源的多少、民办高等教育规模的大小、经济发展程度的高低等省情形成巨大的反差与张力。例如,上海、江苏、广东是典型的资源小省、经济大省及人多地少的省份,教育用地需求旺盛,对民办高校用地供给趋紧,仅按照"生均用地规模"单一控制要素,已无法有效引导建设项目优化空间布局和集约高效利用土地[10]。从世界范围来看,高校的生均占地面积和校舍建筑面积标准与高校的办学质量之间没有绝对的必然联系。例如,剑桥大学16 500名学生、校园占地面积435亩,布鲁克大学11 000名学生、校园占地面积400亩,香港理工大学22 000名学生、校园占地面积140亩[11]。此外,从整个社会土地和房产资源的优化配置来看,需要进一步增强供给对需求变化的适应能力,降低民办高校用地用房的门槛和成本。目前我国社会上存在大量闲置、半闲置的楼堂馆所或者适用于教育的土地、房产,以及公办学校的冗余资源。唯独强调民办高校自有产权的土地和校舍,而不放开通过租借土地和校舍办学,不完全符合当前我国"五大理念"之下的共享发展理念。因此,需要创新对自有产权与租借土地及校舍的优化配置,积极鼓励政府将适合办学的空置楼宇、厂房等依法、优惠、优先出租给民办学校使用,促进存量资源再利用。一些国家和地区的相关经验也是值得借鉴的。例如,日本在第二次世界大战后将大量闲置的义务教育学校校舍低价租赁给私立高校,推动建立发达的私立高等教育系统;澳大利亚采用政府辅助贷款的方式给予私立学校用地扶持;我国香港地区以对政府所有的土地或者校舍采取一元钱批租给举办者的方式支持私立学校[12]。

(二)建立民办高校用地用房集约利用的导向机制

高校土地集约利用遵循的是适度集约原则,主要在于高校土地承载强度偏大可能减少校园建筑面积规模，还可能不利于或限制教学、科研和社会服务功能的发挥[13]。当前，在优化民办高校校园占地面积和校舍建筑面积刚性标准的基础上，基于节约集约教育用地的基本国策，还需要加大教育用地用房节约集约利用力度，多措并举满足民办高校的用地用房需求。面对我国国土资源紧缺，新增用地空间逼仄和存量用地有限、低效的实际情况，如何有效配置、合理利用教育用地的问题更为突出，亟待从当前公办高校用地用房的现状与问题中汲取应有的教训。有学者对成都市17所主要高校土地集约利用状况的分析评价结果显示，低度利用土地面积占到25.80%，近90%的高校存在土地利用的挖潜空间[14]。实践中，公办高校用地规模、开发强度与土地资源紧缺的客观实际相距甚远，在一定程度上造成国土资源的较大浪费。例如，在高校层面，校园规模和功能区域布局的科学、合理和综合规划不足；在政府层面，高校集中绿化用地、校舍建筑用地、校舍建筑综合容积率和建筑密度的国家和地方标准供给不足，且对教育土地混合使用和建筑复合利用的引导不足[15]。此外，对整个社会存量土地和房产资源统筹考虑不够、开放共享引导不足，未充分考虑各类教育设施的紧凑布局、综合设置、开放共享，等等。

基于公办高校用地用房的现状，在新时期民办高校用地用房供给策略上，亟待建立民办高校用地用房集约利用的导向机制。从政策趋向看，国土资源部发布的《节约集约利用土地规定》(2014年第61号令)(自然资源部2019年修正)明确了最严格的节约用地制度，指出优先安排社会民生建设用地，教育用地政策总体反映出总量和强度“双控”的趋向。从实际出发，以国家层面的教育用地政策为导向，推动制定和实施更加节约集约的地方性建设项目用地控制标准，尤其是制定和实施高校集中绿化用地、校舍建筑用地、校舍建筑综合容积率和建筑密度等一系列标准势在必行。在标准的控制和指引下，亦即在明确高校容积率下限的开发强度控制要求以及在探索教育用地多功能开发、地上地下立体综合开发利用的情况下，还需深度融合公共服务设施规划，增强高校用地的综合效能。例如，上海市对本市33所高校的学校类型、生均规模、土地利用强度等情况进行评估后，比照东京、北京等国内外城市的高校用地标准和案例，结合本地实际，优化调整了相关用地标准。在满足高校建筑体量、建筑高度等功能用房需求的前提下，增设了高校容积率下限控制值，引导高校紧凑布局、合理用地。在充分对接教育部高校用地行业标准的基础上，区分外环线内外用地条件设置生均用地规模控制范围，外环线内的生均用地规模较原标准下降近10%[16]。对于高校而言，需要持续提升对教育土地集约利用政策的认知水平，进一步通过优化用地结构、拆旧建新、综合立体开发和功能区域规划等途径挖掘[17]。

(三) 探索适度允许民办高校租赁土地和房产办学

综合多元突破民办高校用地用房的制度性阻滞，在建构民办高校用地用房的多元设置标准体系和建立民办高校用地用房集约利用的导向机制之外，在高校设置用地用房的法定标准之内，是否允许民办高校租赁土地和房产办学也值得探讨。《普通本科学校设置暂行规定》是当前高校设置条件的主要依据。就民办高校而言，新“民促法”第十一条明确规定“民办学校的设置标准参照同级同类公办学校的设置标准执行”，《独立学院设置与管理办法》(教育部令第26号)第九条明确规定“独立学院的设置标准参照普通本科高等学校的设置标准执行”，也即民办高校与公办高校同等适用《普通本科学校设置暂行规定》。但是，《普通本科学校设置暂行规定》作为高校设置条件的主要依据，在设置标准的“(五)

基础设施”部分关于“土地”“建筑设施”要求的表述中，均未明示土地和房产必须是自有产权。反倒是《独立学院设置与管理办法》第十八条在申请筹设独立学院须提交的材料中，出现了“资产来源”“有效证明文件”“并载明产权”“其中包括不少于500亩的国有土地使用证或国有土地建设用地规划许可证”等表述，更明显地指向了土地和房产必须是自有产权。实践中，无论公办高校还是民办高校，对于高校设置条件中“土地”“建筑设施”的要求均是按照“必须是自有产权”来操作的，并未有普遍的质疑和特殊的例外存在。另外一个反证就是，1993年颁布的《民办高等学校设置暂行规定》(教计〔1993〕129号)第十条，对自行筹资建校舍确有困难的民办高校，允许租借适用土地和房产从事教学活动，但强调要有具备法律效力的契约。该条款曾明确规定可以租赁土地和房产办学。但是，在随后修改并重新颁布的教育部第25号令《民办高等学校办学管理若干规定》(2007年2月3日颁布)中，删去了前述租赁办学的相关规定，修改为符合国家规定的高校设置条件。

毋庸置疑，从现有的法律和政策看，在高校设置的“土地”和“建筑设施”法定标准之内，并无租赁土地和房产办学的空间。在高校保证土地和房产的法定标准的前提下，一般认为是允许有部分土地和房产以租赁的方式存在的。现行政策的出发点，主要在于高校稳定发展和防范办学风险的需要，当然也应该是对市场准入门槛设置予以综合考量的结果。显然，不拥有土地、房产等大额固定资产的租赁办学，在防范办学风险和高校稳定发展上，不如自有土地和房产的民办高校程度高。总体而言，高校所涉及的政治、经济和社会等方面的因素复杂而广泛，对于高校的抗风险性和稳定性要求更高也无可厚非。但是，笔者认为，在未来高等教育新业态的引领下，考虑到“双一流”建设背景下的新一轮高校重新洗牌，土地资源的日益紧缺，以及一部分高校转型或倒闭后出现的大量闲置且适宜出租的土地和房产等，应当可以在办学风险防范机制更为完善的前提下，进一步探索拓展适度允许民办高校租赁土地和房产办学的政策空间。

三、同步完善用地用房配套政策，切实降低办学用地用房成本

(一)优化民办高校用地用房的减税降费政策

在分类管理背景下，突破民办高校办学空间的制度性障碍，亟待进一步完善与用地用房政策相关的税费制度。如美国联邦和州政府均有政府间接资助私立高校的政策措施，支持私立高校发展，非营利性私立高校用于教学的房产、设施、土地等方面均可享受免税的优惠政策[18]。我国现行的教育税收政策法规过于原则性，法规内部也不衔接，民办高校与公办高校同等的税收优惠待遇难以落实，尤其是缺乏对于何种教育机构享受何种程度的减免税的具体规定，以至于产生各地执行标准不统一、民办高校税赋不均的问题。在民办高校落实法人财产权、独立学院转设以及现有民办高校分类登记过程中，涉及民办高校土地房产的权属转移手续，其中权属转移涉及的税费尚无配套的税收优惠政策。资产过户及变更登记涉及土地等十余个部门，在将土地和房产等不动产过户到学校名下时，要缴纳契税、增值税等总计约为不动产价值9%的税费，也即过户1个亿的不动产要缴纳约900万元的税费，致使一些民办学校的举办者迟迟不愿过户。

遵循非营利性与营利性民办学校分类管理的“有分有统”原则，在一定程度上要统一

规范各地对民办学校的税收行为。总体上，民办高校的用地用房税费成本政策直接影响用地用房问题的有效解决程度。在中央层面，财政部、税务总局应会同自然资源部、司法部、教育部等，抓紧修订完善教育用地用房税收政策，推进土地、财政、税收等多方面政策机制无缝衔接，加速推进减税降费；在地方层面，通过制定地方性法规或地方政府规章的形式，落实各地方省级政府关于实施“国务院三十条”的意见或办法中有关税收分类扶持的要求。具体而言，要加快落实非营利性民办学校与公办高校同等的土地和房产等税收政策；对企业办的高校自用的房产、土地，免征房产税、城镇土地使用税；对于从事学历教育的营利性民办高校，占用的耕地、自用的土地和房产用于教学的，免征耕地占用税、城镇土地使用税和房产税。举办者以土地原值过户到高校名下时，只收取证照工本费、登记费；房产过户到学校名下时，应减半收取交易手续费；土地和房产的其他产权转让、过户，或举办者财产权与高校资产相分离，收取适当的工本费、登记费或交易手续费；对高校学生公寓与学生签订租赁合同的，可以免征房产税、印花税。

（二）建立、健全民办高校用地的供应价格机制

由于民办教育领域具有投入资金大、回报周期长等特点，当前举办者面对一些扶持政策不明朗，未来收益难预测，在选择登记的过渡期内将有很长一段时间的观望[19]。当前，现有民办学校选择登记为营利性民办学校的，如果此前是以划拨方式取得土地的，必须首先补齐高额的土地出让金。有学者举例估算，2014 年至 2015 年全国土地出让平均价中，非营利民办学校的土地单价是每亩 15 万元，营利性民办学校的土地出让金是每亩 270 万元，以校均 100 亩基数计算的两者差距为 2.5 亿元[20]。对于新建营利性民办高校而言，在办学收益不确定和办学成本高企的支持政策框架下，加之教育设施融资担保的法律阻碍，新建营利性民办高校时土地供应的价格高低也将成为关键问题。因此，民办高校用地的供应价格将会成为分类管理政策推进的重要制约因素，同时也是地方各级政府在“新法新政”落地落细时可以有所作为的政策空间。

在当前中央和地方层面关于民办高校土地支持的政策框架下，建立健全民办高校用地供应价格机制应成为地方分类支持政策创新的重点之一。在国家层面教育用地政策的刚性约束下，各地经济发展水平和民办教育发展水平存在较大的差异性和非均衡性，交由地方政府根据当地实际情况因地制宜创新实施土地定价机制，给予民办高校最大程度的土地价格优惠，也是路径选择之一[21]。当前，亟待地方各级政府在职责权限范围内，结合各地民办教育发展的不同重点和力度，进一步控制和降低开发成本及地价，合理确定地价水平，支持民办高校获得出让土地或承租土地的优惠价格。此外，还可以进一步创新和深化教育项目 PPP 合作机制，将政府购买教育服务与民办高校的办学用地用房等需求有效结合，探索通过公私合作模式助力民办高校走出办学用地用房的困境。例如，杭州市政府组建国资公司作为合作方，以优惠价格出让土地，支持建设杭州师范大学钱江学院；另有海宁市政府以出让土地、建设校园及其办公硬件等方式，支持建设浙江财经学院东方学院[22]。

（三）清除民办高校不动产融资担保的制度障碍

《中华人民共和国担保法》第三十七条明确规定，学校等以公益为目的的事业单位的教育设施不得抵押。《最高人民法院关于适用〈中华人民共和国担保法〉若干问题的解释》

第五十三条明确规定，高校以教学设施以外的财产为自身债务设定抵押可以认定有效。显然，民办高校用地用房主要的教学设施或是难以满足“功能清晰、产权独立”条件的非教学设施，由于存在法律障碍，难以在融资中进行不动产抵押担保。在分类管理背景下，非营利性民办高校与公办高校享有同等地位，其学校教学设施等不动产无法用于抵押担保尚且可行，但营利性民办高校(包括学历和非学历教育等)继续受制于教学设施等不动产抵押担保的禁止性规定，必将大大影响社会力量进入民办教育领域。

在现有的《中华人民共和国担保法》第三十七条规定及相关司法解释的制度框架下，要实现对于营利性民办学校以教学设施等不动产进行抵押担保的彻底解禁或者有限放开，尚需各方共同努力。可以预测的是，由于司法机关的最终认可是决定性的，而且司法机关也是“以法律为准绳”的，其被动性和滞后性决定了相关法律法规的修改和解释尚需一定的时间。值得注意的是，关于营利性民办高校以教学设施等不动产进行抵押的禁止性规定在政策层面已见松动。例如，《国务院办公厅关于进一步激发社会领域投资活力的意见》(国办发〔2017〕21 号)明确提出，探索允许营利性的教育等社会领域机构以有偿取得的土地和设施等财产进行抵押融资。再如，在目前 27 个省级政府颁布落实“国务院三十条”的相关实施意见或办法中，上海市、山东省、广西壮族自治区、海南省明确提出探索营利性民办学校以有偿取得的土地、设施等财产进行抵押融资；湖北省则直接允许营利性的教育培训机构以有偿取得的土地、设施等财产进行抵押融资。

参考文献：

[1] 中华人民共和国教育部.2017 年全国教育事业发展统计公报[R/OL][2018-07-19].http://www.moe.gov.cn/jy b_sjzl/sjzl_fztjgb/201807/t20180719_343508.html.

[2] 阙明坤.推进民办教育分类管理需处理三大关系[J].教育发展研究，2017(3)：60-62.

[3][12] 刘永根，谭永红，孙希刚.广西民办高校用地政策研究[J].学术论坛，2005(12)：190-194.

[4] 骆骁骅，赖晓雯，高洁.建议将民办学校用地纳入教育用地总体规划[N].南方日报，2016-01-21(A03).

[5][20] 方建锋.民办学校分类管理宏观制度设计的基本走向[J].复旦教育论坛，2017(2)：46-53.

[6] 周海涛，钟秉林.中国民办教育发展报告 2013[M].北京：北京师范大学出版社，2015：86.

[7] 阙明坤，阙海宝.基于实证调查的独立学院转设政策研究[J].复旦教育论坛，2015(4)：87-93.

[8] 阙明坤，罗昆，雷承波.资源依赖理论视角下独立学院迁址办学研究[J].浙江树人大学学报(人文社会科学版)，2018(3)：1-7.

[9] 周国平，袁秀娟.独立学院迁址办学热的冷思考[J].高等教育研究，2017(6)：65-76.

[10][16] 杨晓玲，代兵，范华，等.上海市节约集约建设用地标准探索与实践[G]//高延利，李宪文.中国土地政策报告(2017).北京：社会科学文献出版社，2016：128-131.

[11] 陈志胜.高校生均用地标准需适当调整[N].中国产经新闻报，2008-03-17(4).

[13][15][17] 汪延彬，胡燕凌，米成林，等.基于 GIS 和 FAHP 的高校教育用地集约利用评价[J].安徽师范大学学报(自然科学版)，2017(2)：167-173.

[14] 蒋贵国，周介铭，孙国翰.成都市高校土地利用集约利用评价研究[J].四川师范大学学报(自然科学版)，2012(2)：275-280.

[18] 方芳.政府“为何”和“如何”资助民办高等教育？——来自美国的经验与启示[J].国家教育行政学院学报，2017(3)：89-94.

[19] 唐诗蕊，魏志春.供给侧改革背景下民办教育分类管理政策困境与路径[J].现代教育管理，2018(4)：39-40.
[21] 徐绪卿.加强顶层设计坚定分类管理促进健康发展——对《中华人民共和国民办教育促进法实施条例(修订草案)(送审稿)》讨论的几点思考[J].国家教育行政学院学报，2018(9)：43-48.
[22] 阙海宝，罗昆.独立学院转设的困境及其出路[J].教育发展研究，2015(5)：49-53.

作者：刘永林，北京信息科技大学公共管理与传媒学院副教授，法学博士，北京师范大学中国教育与社会发展研究院博士后；周海涛，北京师范大学教育学部教授，博士生导师。

（原载《复旦教育论坛》2019 年第 2 期）

民办教育分类管理的推进概况、突出问题与对策建议*

——基于对国家和地方29省相关政策的文本分析

王 帅 吴 霓 郑程月

摘 要：党的十八大以来，国家大力支持和规范社会力量兴办教育，分类管理成为民办教育改革发展的核心靶向。在中央部署下，全国人大修订了民办教育的有关法律，国务院及教育部等部门颁发了若干政策文件，形成了民办教育分类管理的顶层设计。地方省份陆续颁发了配套政策文件，至今已有29省出台了实施意见，18省出台了分类登记实施办法。各地细化了民办学校设立审批、分类登记程序等规定，合理设置了现有民办学校分类登记的过渡期，以及从投融资机制、财政扶持、税费优惠、土地供给和收费价格等方面，落实对两类民办学校的差别化政策体系。但同时，现有民办学校分类登记的标准和规程不够明确，营利性民办学校的税费优惠尚不明确，以及对非营利性民办学校监管不足等仍是制约分类管理稳步实施的突出问题，亟待有针对性地加以破解，这既需要国家进行统筹管理，也需要各地不断创新治理方式。

关键词：民办教育；分类管理；推进概况

当前，从中央到地方相继颁发了相关的法律和政策文件，推动民办教育分类管理改革落实和落地。目前分类管理改革推进到了何种阶段，以及面临哪些突出问题，成为民办教育决策者、研究者等共同关注的议题。本文通过对国家层面的法律和政策文件以及地方29省出台的配套政策文件进行梳理分析，明晰民办教育分类管理的制度进展、在地方省份的落实概况，在结合实地调研与思考的基础上，指出分类管理顺利实施面临的突出问题，并提出相应的对策建议。

一、民办教育分类管理的制度进展

在党中央对民办教育的改革部署下，全国人大、国务院及有关部门、地方省份相继颁布了一系列法律、政策文件，构筑了从中央到地方的民办教育分类管理制度体系。

（一）国家层面的分类管理制度架构

近年来，国家层面从修改法律法规入手，进而颁发了若干政策文件，推进了民办教育分类管理的制度创新和顶层设计。

2015年12月27日，全国人大常委会作出了修改《中华人民共和国教育法》的决定，

* 基金项目：中国教育科学研究院2019年度基本科研业务费专项资金项目(GYI2019003)。

废止了“不得以营利为目的举办学校及其他教育机构”的原有规定，开始允许社会力量举办营利性的学校和其他教育机构，为民办教育按照营利性、非营利性两类进行管理铺平了道路。2016 年 11 月 7 日，全国人大常委会作出了修改《中华人民共和国民办教育促进法》的决定，规定民办学校的举办者可以自主选择设立非营利性或者营利性民办学校（不得设立实施义务教育的营利性民办学校），民办教育分类管理的制度得到明确，这成为 2016 年度的十大教育新闻之一[1]。

随后，国务院、教育部等部门颁发了若干政策文件，贯彻实施民办教育分类管理的法律规范。2016 年 12 月 29 日，国务院印发《关于鼓励社会力量兴办教育促进民办教育健康发展的若干意见》（以下简称《若干意见》），对两类民办学校的差别化政策体系、扶持举措等进行了规定，为建立分类管理制度提供了重要指引。2016 年 12 月 30 日，教育部等五部委联合印发《民办学校分类登记实施细则》，对民办学校设立审批、分类登记、现有民办学校分类登记等方面进行了规定，为稳妥推进分类管理改革提供了更为明确的操作指引。同日，教育部等三部委联合印发《营利性民办学校监督管理实施细则》，对营利性民办学校的设立、教育教学、财务资产、信息公开、监督与处罚等内容进行了规定，着力建立营利性民办学校的监督管理机制。2017 年 8 月 31 日，工商总局、教育部发布《关于营利性民办学校名称登记管理有关工作的通知》，对营利性民办学校的名称登记管理提出了若干较为细致的要求。

2018 年以来，推动落实民办教育分类管理的重大事项是《民办教育促进法实施条例》的修订。目前这部法规已经过了教育部、司法部的两轮征求意见并修改，后续还要提交国务院审议，出台后将对落实分类管理发挥更大的促进和保障作用。截至本文发稿前，由于其正式文本尚未发布，本文暂不对其目前公开的“送审稿”内容加以分析。

（二）地方层面的配套政策与制度

2017 年以来，各地方省份先后出台或正在酝酿出台关于贯彻落实新《民办教育促进法》的实施意见以及专门性文件，推动民办教育分类管理的落实。截至 2019 年 5 月，港澳台以外的全国 31 个省级行政区划，除了福建、新疆，其他 29 个省（自治区、直辖市）均已出台本省域的实施意见（以下简称《实施意见》），北京、甘肃、广东、广西、贵州、海南、河北、黑龙江、江苏、江西、内蒙古、宁夏、陕西、上海、四川、天津、浙江、重庆共 18 个省（自治区、直辖市）还出台了民办学校分类登记办法，一些省份出台了营利性民办学校监督管理办法。

二、地方省份落实民办教育分类管理的概况

在国家顶层设计指引下，地方省份对分类管理制度进行了贯彻实施，并在国家层面的制度框架内进行了一定的创新，细化分类登记的关键要求，推进分类扶持的政策举措。

（一）细化分类登记的关键要求

地方省份在制定出台的政策文件中，对于民办学校分类登记的关键要求进行了细化规定。

1. 对民办学校的设立审批、分类登记程序作出细化规定

教育部等部门颁发的《民办学校分类登记实施细则》（教发〔2016〕19 号），对于民办学校的设立审批、分类登记进行了总体性的规定，如正式批准设立的非营利性民办学校可根据实际情况登记为事业单位或民办非企业单位，而营利性民办学校到工商行政管理部门

办理登记。地方省份主要是在相应出台的民办学校分类登记办法文件中，对此进行了贯彻落实。

在已经出台分类登记办法的18个省份中，一些省份主要是援引教育部文件进行了转述性的规定。如《黑龙江省民办学校分类登记实施办法》规定，“民办学校的设立应当依据《中华人民共和国民办教育促进法》等法律法规和国家及我省有关规定进行审批。经批准正式设立的民办学校，由审批机关发给办学许可证后，依法依规分类到登记管理机关办理法人登记证或者营业执照”[2]。陕西、河北、广东、广西等省也作出了类似的规定，主要是笼统、梗概地规定了民办学校设立审批、分类登记的管辖机关与基本程序。

另一些省份的政策文件作出了更为细化的规定，进一步明确了不同类型民办学校设立审批与登记所对应的不同层级管辖机关。《上海市民办学校分类许可登记管理办法》规定，“设立实施学前教育、义务教育、高级中等教育、中等及以下职业技术学历教育以及以文化培训为主的民办学校，由学校所在地的区教育部门审批，并报市教育部门备案。设立实施高等学历教育的民办学校，由市教育部门统一受理，报市政府审批，然后报国家教育部门备案。设立实施以职业技能为主的职业资格培训、职业技能培训的民办学校，由区人力资源社会保障部门按照相关法律法规的规定审批，报市人力资源社会保障部门备案，并抄送同级教育部门备案”[3]。四川、江苏、重庆、北京、海南、甘肃、江西、宁夏等省市也作出了类似的规定，对于不同类型民办学校设立审批、分类登记的不同层级管辖机关予以明确，明晰了民办学校设立审批与登记过程中的审批权限和登记权限，对于各级各类民办学校到哪里申请设立审批、到哪里进行分类登记的问题，作出了较为清晰的指引。

2. 针对现有民办学校分类登记，合理设置过渡期

根据教育部《民办学校分类登记实施细则》的规定，现有民办学校是指2016年11月7日前经批准设立的民办学校。多数省份与此界定相一致，另有少数省份界定为2017年9月1日新《民办教育促进法》正式实施前设立的民办学校。对于现有民办学校的分类登记，在已颁发本省实施意见的29省(自治区、直辖市)中，25省明确设置了过渡期，其他4个未明确设置。

(1) 未明确设置过渡期。辽宁、青海、广东、贵州4个省(区)并未明确设定现有民办学校实施分类管理的过渡期限。这主要是根据地方实际情况需要，保障分类管理平稳有序推进。如广东省教育厅党组成员、巡视员赵康表示，由于民办学校类别层次比较复杂，全省地域不平衡，尤其珠三角数量非常多、工作量非常大，因而全省没有规定统一的分类登记时间表[4]。

(2) 设置了若干年的过渡期。全国25个省份对现有民办学校分类登记设置了若干年不等的过渡期(如表1所示)以确保分类管理改革稳步实施。

表1　25省(自治区、直辖市)现有民办学校完成分类登记的过渡期

省(自治区、直辖市)	完成分类登记的截止期限
天津、湖北、西藏	2020年9月1日
云南	2021年11月7日

续 表

省(自治区、直辖市)	完成分类登记的截止期限
山东、河北、吉林、陕西、重庆、江西、甘肃、黑龙江	2022 年 9 月 1 日
浙江、江苏、宁夏、广西	2022 年 12 月 31 日
山西	2023 年 7 月 23 日
内蒙古	2023 年 8 月 31 日
湖南、海南	2022 年 8 月 31 日。特殊情况,可延期 2 年
河南、安徽	民办高校:2022 年 12 月 31 日;其他学段的民办学校:由各省辖市、省直管县(市)决定
北京	实施学前教育以及非学历教育培训的民办学校:2020 年 9 月 1 日。实施普通高级中等教育、中等职业教育的学历教育学校:2021 年 9 月 1 日。实施高等学历教育的学校:2022 年 9 月 1 日
上海	主要实施高等学历教育的学校:2021 年 12 月 31 日。其他学校:2020 年 12 月 31 日
四川	选择为非营利性的民办学校:2021 年 9 月 1 日。选择为营利性的高等学历教育民办学校:2023 年 9 月 1 日。选择为营利性的其他学校:2022 年 9 月 1 日

3. 营利性与非营利性民办学校的法人属性变更

对于营利性与非营利性民办学校设立之后在法人属性上的转换问题,各个地方省份作出了不同的规定。

(1) 仅允许营利性向非营利性的单向变更。海南、西藏、重庆、湖北、河北、内蒙古、贵州、广西 8 个省(自治区、直辖市)规定仅允许设立后的营利性民办学校变更为非营利性民办学校,而不允许反方向的变更转换,体现了鼓励兴办非营利性民办学校的政策倾向。如海南《实施意见》[①]规定,登记为非营利性民办学校的,不得再转为营利性民办学校。河北规定,选择为非营利性民办学校的,不得再转为营利性民办学校;选择为营利性民办学校的,可以转为非营利性民办学校。

(2) 允许民办学校在营利性与非营利性之间互相变更。陕西、甘肃、江苏、江西 4 个省份在政策文件中明确允许民办学校在营利性与非营利性之间互相变更,并规定了相关的程序与要求。

《陕西省民办学校分类登记实施办法》规定了营利性民办学校变更为非营利性的程序,同时规定"非营利性民办学校变更为营利性的,先进行清产核资,经有关部门依法明确土地、校舍、办学积累等财产的权属并缴纳相关税费,核发新的办学许可证后,重新登记"。

另几个省份在允许营利性民办学校变更为非营利性的同时,有条件地允许非营利性民办学校变更为营利性。《甘肃省民办学校办学许可证管理办法》规定"非营利性民办学校一般不得变更为营利性民办学校,确需变更的,先进行清产核资,经有关部门依法明确

① 下文如未进行专门说明,阐述某省规定时,均是指该省出台的民办教育相关《实施意见》。

土地、校舍、办学积累等财产权属并缴纳相关税费,核发新的办学许可证后,重新登记”。《江苏省民办学校分类登记实施细则》也进行了相似的规定。《江西省民办学校分类登记实施办法》则规定,“非营利性民办学校按学校培养计划完成一个培养周期后,可以申请变更为营利性民办学校”,也设定了一定的约束条件。

(3) 未进行明确规定。此外,更多的省份对于民办学校的非营利性与营利性属性变更问题,则是并未进行明确的规定。其中,《实施意见》和《登记办法》均已出台的省份,如广东、北京、四川、黑龙江、上海、浙江等,从文件内容来看,对两类民办学校的属性变更问题未进行限制,可以推定为允许双向变更。已经出台《实施意见》但未出台《登记办法》的省份,如湖南、河南、辽宁、青海、山东等,关于民办学校的类别属性变更,还需要进一步明确。

(二) 推进分类扶持的政策举措

各省通过实行准入负面清单、放宽社会力量办学准入条件等举措,从整体上对民办教育进行了有力扶持。同时,又在融资机制、税费优惠、土地、收费价格等方面采取了针对性的政策举措,对两类民办学校给予了分类扶持。

1. 创新投融资机制,差别化拓宽两类民办学校的筹资渠道

各地通过允许探索利用非教育教学设施作抵押,以收费权、未来经营收入、知识产权质押贷款等举措,对两类民办学校的投融资进行扶持。此外,还对两类民办学校,采取了差别化的扶持举措。

(1) 非营利性民办学校。地方对于非营利性民办学校的融资支持政策,主要包含两种形式:一是以教育设施之外的附属产业进行抵押融资。如海南规定,允许非营利性民办学校以教育设施之外的附属产业进行抵押融资。广西、黑龙江等也进行了相似的规定。二是捐赠和成立教育基金。如北京规定,鼓励社会力量对非营利性民办学校给予捐赠,鼓励引导非营利性民办学校利用捐赠资金和办学结余依法申请设立教育基金会(基金)。重庆规定,探索教育基金会和公益信托的运作机制,保障教育基金资金安全和保值增值,收益全部用于非营利民办学校发展。

(2) 营利性民办学校。相对于非营利性民办学校,各地给予了营利性民办学校更多的融资操作方式和更大的融资空间。这主要体现为:一是以有偿取得的土地、设施等财产进行抵押融资。如山东规定,对营利性民办学校探索以有偿取得的土地、设施等财产进行抵押融资。湖北规定,允许营利性的教育培训机构以有偿取得的土地、设施等财产进行抵押融资。宁夏、黑龙江也作出了类似的规定。二是通过股票、债券等多层次资本市场进行融资。如海南规定,鼓励营利性民办学校通过引入风险投资、战略投资、上市融资、发行债券、贷款融资等方式融资。安徽规定,允许营利性民办学校以各种方式引入风险投资、战略投资,发行专项债券,通过资本市场进行规范融资。广东、广西、重庆也作出了类似规定,允许营利性民办学校利用资本市场融资。

2. 财政扶持两类民办学校,尤其加大对非营利性民办学校的财政扶持

各地落实国家法律与政策要求,通过设立政府专项资金、将财政扶持民办教育发展的资金纳入预算等方式,对两类民办学校进行多方位的财政扶持,尤其加大了对非营利性民办学校的财政扶持。

这体现为：一是主要对非营利性民办学校给予直接财政补贴，尤其大力补贴民办义务教育学校。如山东规定，“省财政每年安排资金，重点支持完成分类登记的非营利性民办学校发展。实施义务教育民办学校纳入生均公用经费保障范畴，学生纳入‘两免一补’，所需经费由各级财政按标准予以拨付”。海南规定，政府对非营利性民办学校给予一定补助，政府委托民办学校承担义务教育任务的，应当根据接收学生人数、当地物价等情况给予补贴。《浙江省公共财政扶持民办教育发展的实施办法》规定，公共财政主要对非营利性民办学校给予支持，义务教育阶段，对民办学校实施同等义务教育生均公用经费基准定额补助和“两免一补”政策。二是对非营利性民办学校的财政扶持方式更多、力度更大。如湖南规定，对两类民办学校可采取购买服务、助学贷款、奖助学金和出租、转让闲置国有资产等措施予以支持，对非营利性民办学校还可以采取政府补贴、基金奖励、捐资激励等扶持措施。宁夏规定，可通过出租、转让闲置校舍等国有资产的措施扶持两类民办学校发展，但原则上对营利性民办学校不得以无偿方式出租、出借或转让。

3. 从税费优惠、土地供给和收费价格方面，落实差别化政策体系

各地在出台的政策文件中，从税费优惠、土地供给和收费价格方面，落实了对两类民办学校的差别化政策体系。与财政扶持相一致，各地政策凸显了对非营利性民办学校在税费优惠、土地供给上的更大支持。但在收费价格方面，给予了营利性民办学校更大的定价自主权。

(1) 非营利性民办学校享受的优惠税种更多、力度更大。相比于营利性民办学校，非营利性民办学校享受的优惠税种更多，条件要求也更加宽松。各地均对国务院《若干意见》关于非营利性民办学校免征非营利性收入企业所得税的规定，进行了落实，如西藏规定“符合税收优惠政策的非营利性民办学校的非营利性收入免征企业所得税”。在其他税费优惠方面，也体现了对非营利性民办学校的政策倾斜。如重庆规定，举办者将土地、房屋、设备过户到非营利性民办学校名下，依法免征土地增值税、增值税、契税和相关资产过户费，营利性民办学校则不享受这些税种的免征优惠。还规定，对非营利性民办学校经批准征用的耕地，依法免征耕地占用税；但仅对提供学历教育服务的营利性民办学校和营利性民办幼儿园经批准征用的耕地依法免征耕地占用税，提供非学历教育服务的营利性民办学校则不享受此优惠。江苏规定，对取得社会力量办学许可证的非营利性民办学校承受土地、房屋权属用于教学的，免征契税，也是专门对非营利性民办学校的税收优惠。

(2) 对两类民办学校实行不同的土地供给方式。各地贯彻落实了国务院《若干意见》对两类民办学校土地供给的相关规定，并使之更加细化和具有可操作性。这表现为：一是对非营利性民办学校以划拨方式供给土地，并在校舍设施相关事项的办理上给予便利。如云南规定，非营利性民办学校享受公办学校同等政策，按照划拨等方式供应土地，其校舍及附属性设施建设在报建立项、规费减免、水电气供给、环境保护等方面享受公办学校同等政策。辽宁、海南等省也进行了相似的规定。二是对营利性民办学校以“招拍挂”、协议出让方式供给土地，并允许分期缴纳土地出让金。宁夏规定，营利性民办学校以有偿使用方式供地，只有一个意向用地者的，可按协议方式供地，有两个以上意向用地者的，以招拍挂方式确定土地使用者。黑龙江规定，民办学校通过招拍挂、协议方式取得的土地，土地出让价款可在规定期限内按合同约定分期缴纳。三是在将民办学校建设用地纳入土地规划方面，不同的省份规定不完全一致。山东、海南、广东、江苏等多数省份将两类民办学校建设用地均纳入了政府供地规划与计划之中，如广东规定，民办学校建设用地纳入土地利用总体规划、城乡规划和土地利用年度计划。但重庆与其他省份不同，规定“各区县政府和市政府有关部门要将非营利性民办学校建设用地纳入土地利用总体规划和年度国有建设用地供应计划，保障非营利性民办学校用地需求”，只将非营利性民办学校建设用地纳入土地规划。

（3）营利性民办学校收费实行市场调节价，非营利性民办学校收费根据情况实行政府指导价或市场调节价。各地根据国务院《若干意见》的相关规定，落实分类收费政策，对营利性民办学校收费实行市场调节价，但对非营利性民办学校收费，各省规定不太一致，根据不同情况实行政府指导价或市场调节价。这包括：一是对非营利性民办学校收费实行政府指导价。如青海规定，非营利性民办学校收费实行政府定价（含政府指导价）。河南、西藏等地也进行了这样的规定。二是对一部分非营利性民办学校收费实行市场调节价。根据对各地《实施意见》的梳理，山东非营利性民办高校，广东义务教育以外的民办学校，辽宁中小学学历教育以外的非营利性民办学校，山西、四川、重庆非营利性民办非学历教育，浙江非营利性民办幼儿园、非营利性民办高校，都实行了市场调节价收费。此外北京、江苏、河北、陕西、宁夏、湖南等，也对部分类型的非营利性民办学校收费实行了市场调节价。三是对非营利性民办学校收费全部实行市场调节价。一些省份对非营利性民办学校收费，与营利性民办学校一样，实行市场指导价。如内蒙古规定，民办学校收费实行市场调节价，具体收费标准由学校自主确定。云南、湖北、江西、黑龙江等也实行了这样的规定。

三、分类管理顺利实施面临的突出问题

尽管从中央到地方的民办教育分类管理制度日益完善，但其顺利实施仍面临着一些较为突出的问题与挑战。

（一）现有民办学校分类登记的标准和规程不够明确

整体而言，各地在国家政策要求下，立足地方实际，对现有民办学校的分类管理设定了较为宽裕的过渡期。但在实践中，仍面临一些难题。比如在现有民办学校的分类登记方面，若选择登记为营利性，要完成财务清算、确定财产权属、缴纳相关税费后，重新登记、继续办学。有研究指出，现有学校选择登记为营利性民办学校，将面临契税、举办资产增值部分的企业所得税或个人所得税、土地增值税等税费问题，金额将占到学校积累资产的一半以上[5]，因而此问题关涉重大。但实践操作中，在学校各类财产权属的认定和处置，缴纳相关税费的范围和标准，补缴土地出让金时土地价格的确定等方面，大多省份的规定都较为笼统，在进行分类登记的标准和规程方面还需要进一步加以明晰。

如河北《登记办法》规定，现有民办学校选择登记为营利性民办学校的，应当进行财务清算，按职责权限由省级以下人民政府有关部门和相关机构依法明确土地、校舍、办学积累等财产的权属并缴纳相关税费，办理新的办学许可证，到相应的工商行政管理部门重新登记，继续办学。这与教育部等部委颁发的《登记细则》中内容基本一致，仍然是原则性、笼统性的指引规定，在具体的执行操作和缴费标准等事项，需要进一步加以明确和具体

化。其他省份在这一事项上的规定，基本也是如此，同样缺乏明确具体的操作标准和规程。

此外，一些包含义务教育与非义务教育学段一体化办学的民办学校，若义务教育外的学段选择登记为营利性，则需要将义务教育学段与其他学段拆分登记，这涉及民办学校的产权分割、法人财产权过户等，也是现实中的难题。大多省份的《登记办法》中并未涉及这一问题，少数提及的如甘肃，也只是笼统规定“必须将义务教育段和非义务教育段拆分，分别登记为两类法人，执行两种财务会计核算制度”，对于拆分的具体程序、财产拆分的标准等，并未进行具体规定。现实中许多地方对此仍茫然无措，有的地方认为在财产拆分上应当向义务教育学段倾斜，优先确保非营利性的义务教育学段办学。

总的来看，对于现有民办学校平稳实施分类管理的过渡措施，一些省份的规定过于笼统、缺乏可操作性[6]，在现有民办学校进行分类登记的标准和规程上，还不够明确，操作性还不足。这致使一些地方的现有民办学校分类登记进度缓慢，尚在摸索之中。

（二）营利性民办学校的税费优惠尚不明确

依照新《民办教育促进法》和国务院《若干意见》的规定，非营利性民办学校享受与公办学校同等的税收优惠政策。但对营利性民办学校所享受的税费优惠，未进行明确。进而，地方省份在政策文件中缺乏可以遵循的上位法和文件，也大多只能进行笼统、模糊的规定。如山东规定“营利性民办学校税费优惠政策按照国家有关规定执行”，《浙江省公共财政扶持民办教育发展的实施办法》规定，“可通过政府购买服务、税收优惠等方式对营利性民办学校给予支持”，等等。大多数省份营利性民办学校可享受税费优惠的种类、标准等都是不明确的。据梳理，全国各省级区划中唯有重庆的《实施意见》，比照非营利性民办学校的税费优惠，明确设定了相较于非营利性民办学校享受条件要求更高的营利性民办学校各项税费优惠，规定符合条件下可免征增值税、耕地占用税、城镇土地使用税和房产税多个税种，以及符合西部大开发政策规定的营利性民办学校，同减按15%税率缴纳企业所得税。

新法新政已经明确，除义务教育学段外，允许举办者在营利性和非营利性之间进行选择，这意味着举办营利性学校不存在准入限制。但国家层面及大多省份对营利性民办学校税费优惠政策的不明确，容易引发民办学校举办者在分类选择上的担忧和疑虑。正如有研究指出，转设期国家相关制度安排和转设后国家将给予营利性民办学校何种程度的支持和优惠，是营利性民办学校发展环境中的主要内容，也是影响举办者在“非营”和“营”之间选择的核心因素[7]。换言之，营利性民办学校的办学地位和运营机制，能否真正得到社会各界尤其是政府部门的大力支持，还有待于其税费优惠政策的明确。

（三）对非营利性民办学校关联交易行为的监管不足

在分类管理改革下，对于营利性学校，国家已经出台了《营利性民办学校监督管理实施细则》，一些省份也已出台了相应的实施办法，对营利性民办学校进行监管。对于非营利性民办学校，新法新政要求此类学校的举办者不得取得办学收益，办学结余全部用于办学，必须符合真正的“非营利性”属性。但目前，国家层面并未出台专门的政策文件，对非营利性民办学校加以监管。各地唯有重庆市出台了《非营利性民办学校监督管理实施细则》，对非营利性民办学校的设立、组织机构、教师队伍、教育教学、财务资产、信息公开等多个方面作出了规定，在全国范围内开了非营利性民办学校监督管理的政策先河。尤其从财务资产、信息公开等方面强化监管，如规定非营利性民办学校收入应当全部纳入学校资金专户，以及应当建立利益关联方交易的信息披露制度等[8]。

基于非营利性学校的免税性质和吸纳社会捐赠、财政资助的公共性质，政府对于非营利学校的监管力度应当不弱于对营利性学校的监管，尤其是要监管其可能发生的关联交易行为。在过去"合理回报"的制度下，一些民办学校举办者在办学许可证上选择"不取得合理回报"，现实中却采取虚假交易等各种关联交易或类似关联交易的方式，从学校套取了利润回报，同时还享受了一些政策优惠，造成了一些民办学校"双面人格"和"两边通吃"的不合理现象。对此问题，我国法律和相关文件已作出了一定的规定。如 2016 年颁布的《中华人民共和国慈善法》第十四条规定，发起人、主要捐赠人以及管理人员，不得利用其关联关系损害慈善组织、受益人的利益和社会公共利益。2018 年 2 月财政部、税务总局出台的《关于非营利组织免税资格认定管理有关问题的通知》(财税〔2018〕13 号)中，列举了享受免税优惠政策的非营利组织涉及 6 种情形，将被取消免税资格，其中之一是"通过关联交易或非关联交易和服务活动，变相转移、隐匿、分配该组织财产的"[9]。

不过，当前针对包括非营利性学校在内的非营利组织的关联交易行为，监管机制仍存在一定的缺位，尤其是对境外关联交易行为的监管还较为乏力。目前，我国有超过 20 家民办教育集团在境外上市，绝大多数主营学历教育的教育集团使用了 VIE 结构①(Variable Interest Entities)。境外实际控制者可以让境内民办学校通过签订协议以学费、咨询费、管理费、租赁费等来取得办学收益，并将利润转移至境外实质控制公司[10]。这些教育集团的主营业务中涉及了各级各类学历教育。对于义务教育阶段，新《民办教育促进法》已明确规定只能设立非营利性民办学校。2018 年 6 月国家发展改革委、商务部发布的《外商投资准入特别管理措施(负面清单)(2018 年版)》中，义务教育机构被列为禁止外商投资的产业之一。此外，该文件还禁止外商投资宗教教育机构。对于学前、普通高中和高等教育机构，也对外商投资作出一定限制[11]。

在分类管理的形势下，能否做到对境内外关联交易行为有效监管，防止境内外资本通过关联交易方式，控制非营利民办学校，获取实际利润，甚至危害教育意识形态安全，是一个突出的挑战。

四、推动分类管理顺利实施的对策建议

民办教育分类管理面临的突出问题与挑战，需要有针对性地加以破解，这既有赖于各地创新治理，也需要国家加以统筹完善。

(一) 地方政府进一步明确现有民办学校分类登记的标准和规程

从中央到地方全面推进民办教育的分类管理改革，是一项复杂的系统工程，需要各级政府、相关职能部门的密切配合，地方政府的责任尤其重大。地方政府应从解决实际问题出发，按照国家新法新政的总体部署，瞄准分类管理改革的核心靶向，为民办教育营造分

① 直译为可变利益实体，也称为"协议控制"，是指境外上市实体与境内运营实体相分离，境外上市实体通过协议的方式控制境内运营实体，使该运营实体成为上市实体的可变利益实体。这种方式是为了规避对境内及境外投资者投资学历教育的限制，以避开学历教育上市时政策的不确定性风险。

类管理、分类支持的政策环境。

目前，亟待各省级人民政府、教育行政部门在国家层面授权的范畴内，尽快补充出台有关配套文件，明确现有民办学校转设所涉及的财务清算范围和组织方式、缴纳税费种类和标准、补偿奖励的额度和取得方式，以及明确包含义务教育与非义务教育学段的现有民办学校拆分的操作性标准和规程等事项，为民办学校举办者提供清晰的指引。切实完善配套措施，增强配套文件的可操作性、可执行性，充分考虑民办教育发展的特点和现实情况，引导民办学校进行合理的分类登记，妥善处理现有民办学校的过渡问题，保障民办学校受教育者、教职工和举办者的合法权益。按照"让利于民"的原则，最大程度简化分类转设的过程性程序，尽量减免各种相关税费，以减少现有民办学校及其举办者的实际负担，降低分类管理改革的交易成本。在"放、管、服"的精神下，省级人民政府将某些事项的行政权责下放给地市、县级政府，推动基层政府结合实际精准施策，为现有民办学校的分类登记创设更加便利的基层环境。地市、县级人民政府应在省级政府的统筹引领下，立足本地实际，为现有民办学校分类登记做好服务保障，使其真正"落地生根"，切实促进现有民办学校向分类管理稳妥过渡。

（二）明确营利性民办学校的税费优惠

作为社会主义教育事业的重要组成部分，民办教育必须把立德树人作为根本任务。无论是营利性还是非营利性民办学校，都要把育人作为首要的办学目标，始终坚持教育的公益性，不断增进国家、社会的公共利益和民生福祉。因而，营利性与非营利性两类民办学校应当受到公平对待，营利性民办学校也应享受符合自身标准的税费优惠政策。

针对目前营利性民办学校税费优惠不明确的状况，首先，建议国家在尚未出台的《民办教育促进法实施条例》中，对营利性民办学校所能享受税费优惠的种类、条件标准、优惠力度等予以明确，为各地出台相关规定提供可遵循的强有力依据，创设公平对待两类民办学校的法治与社会环境。第二，教育部等有关部门应密切关注民办教育分类管理实施中的矛盾与问题，高度重视营利性民办学校税费优惠不明确等有关情况，调研和借鉴吸收诸如重庆市在营利性民办学校税费优惠上的政策举措与做法，形成相应的民办教育国家政策，加强对各地在这方面的引导与指导，消除政策盲区与空白隐患。第三，地方各省也应在国家民办教育新法新政的制度框架下，深刻领会以分类管理改革促进两类民办学校并驾齐驱发展的精神要义，在暂时缺少国家层面有关法律法规与政策引领的情况下，参照国家对非营利性民办学校的税费优惠举措，创设符合本地实际的营利性民办学校税费优惠政策，以便及时疏导和解决政策"堵点"，引导和支持营利性民办学校的发展。

（三）加强和健全对非营利性民办学校的监管

对于非营利性民办学校，既要大力扶持又要科学监管，既要保护投资者的合法权益，调动社会资本的积极性，又要防止投机性资本把法律政策架空、做空，使非营利性学校变相成为暴利敛财机构，尤其要坚决杜绝以往一些民办学校"双面人格""两边通吃"现象的再度出现。

鉴于当前对非营利性民办学校的监管不足，首先，要尽快填补法律法规与政策缺失。建议国家尽快出台专门的《非营利性民办学校监督管理实施细则》，以及在将出台的《民办教育促进法实施条例》或其他法律法规、政策文件中，对境外上市的民办教育集团尤其是涉及非营利性民办学校的民办教育集团加强监管,有效遏制灰色关联交易行为,防止既借助"非营利"之名获得税收减免及财政扶持等政策红利,又利用各种关联交易方式获得超额利润。同时更重要的是,从意识形态问题的高度出发,防范外资通过关联交易行为,变相进入义务教育领域,介入义务教育学校办学,保障教育意识形态方面的国家安全。

第二,强化监管主体建设,构建协同监管体制。民办教育的管理与治理,不只涉及教育部门,更涉及财政、税收、市场监管等多个政府部门。因而,在对非营利性民办学校的监管上,必须加强系统性、协同性,强化教育、市场监管、发改、财政、税务、公安等多个监管主体建设,形成由教育部门牵头、多部门分工负责和共同履职的协同监管机制。比如,通过教育部门会同发改、商务、公安、税务等多个有关部门,对非营利性民办学校可能发生的境内外关联交易行为进行有效监管,共同打击以非营利之名行营利之实的不法办学行为。

第三,升级监管方式,优化治理模式。对非营利性民办学校通过关联交易行为进行控制,实现方式往往都较为隐秘复杂和不易察觉,这就要求监管方式与手段的升级。可加快推动非营利性民办学校的信息公开,以信息公开降低政府监管的成本[12]。可充分利用信息系统监管手段,发挥财务监管平台的作用,切实加强对非营利性民办学校的财务管理。还可借助大数据的采集运用,探索建立基于大数据、"云计算"的纵向协调、横向配合、快速反应的治理体系,推进智能监管,优化治理模式,让关联交易等行为无处可藏,确保非营利性民办学校"名副其实"。

参考文献:

[1] 龙卫东,陈晶.教育科研与教育舆论联动现状研究——以2015至2017年中国十大教育新闻、教育热点为视角[J].当代教育论坛,2019(1):58-65.

[2] 黑龙江省人民政府.黑龙江省民办学校分类登记实施办法[EB/OL].[2019-03-01].zwgk.hlj.gov.cn/zwgk/publicInfo/detail?id=380312.

[3] 上海市人民政府.关于印发《上海市民办学校分类许可登记管理办法》的通知[EB/OL].[2017-12-26].http://www.shanghai.gov.cn/nw42929/20200823/0001-42929_54889.html.

[4] 人民网.广东民办学校分类管理登记没有统一时间表[N/OL].[2018-05-08].http://gd.people.com.cn/GB/n2/2018/0508/c123932-31550126.html.

[5] 方建锋.推进民办学校分类管理中面临的瓶颈问题分析[J].复旦教育论坛,2018(2):43-48.

[6] 董圣足.地方方案须加速精细化[N].中国教育报,2018-09-18(5).

[7] 谢锡美.落实新法新政:地方民办教育配套制度该如何抉择——以地方配套制度与新法新政衔接为视角[J].教育发展研究,2018(23):29-37.

[8] 重庆市教委.关于印发《重庆市非营利性民办学校监督管理实施细则》通知[EB/OL].[2018-08-14].http://jw.cq.gov.cn/zwgk_209/fdzdgknr/zcwj/qtwj/202003/t20200330_6732661.html.

[9] 国家税务总局.关于非营利组织免税资格认定管理有关问题的通知[EB/OL].[2018-02-07].http://szs.mof.gov.cn/zhengwuxinxi/zhengcefabu/201802/t20180226_2818200.html.

[10] 王江璐.我国民办教育的发展成就与面临的基本问题[A]//王蓉.中国教育新业态发展报告(2017).北京:社会科学文献出版社,2018:31-55.

[11] 国家发展改革委,商务部.外商投资准入特别管理措施(负面清单)(2018年版)[EB/OL].[2020-06-23].http://www.nrdc.gov.cn/xxgk/zcfb/fzggwl/202006/t20200624_1231938.html.

[12] 陈岳堂,李青清.政府购买学前教育服务绩效优化研究——基于普惠性民办幼儿园的三方演化博弈分析[J].当代教育论坛,2019(1):1-10.

作者: 王帅,中国教育科学研究院教育发展与改革研究所助理研究员;吴霓,中国教育科学研究院教育发展与改革研究所所长,研究员,博士生导师;郑程月,中国教育科学研究院教育发展与改革研究所博士后。

(原载《当代教育论坛》2019 年第 6 期)

地方民办教育分类管理新政：现状、难点议题与治理策略*

——基于25个省（自治区、直辖市）民办教育新政实施意见的文本分析

王慧英　黄元维

摘　要：民办教育分类管理制度的确立，留给了省级政府发展区域民办教育的自主空间。全国各地先后出台了促进民办教育发展的“实施意见”，对地方民办教育的发展进行了规划。当前地方民办教育新政区域差异明显，对落实分类管理制度的关键问题：现有民办学校分类登记过渡、民办学校税收优惠、民办学校土地出让与租赁、公共财政扶持民办教育等问题缺乏操作层面的政策设计，分类管理制度的有效落实仍具有一定难度。在营利性与非营利性民办学校的管理政策，规范管理与自主办学的关系和民办学校分类登记制度等关键问题上，既需要地方政府的创新治理，也需要国家相关统筹力的强化。

关键词：地方政府；民办教育；分类管理；教育治理

《全国人民代表大会常务委员会关于修改〈中华人民共和国民办教育促进法〉的决定》和国务院及有关部门制定的“1＋3”文件，在为民办教育未来发展确定了新的法律和宏观政策框架的同时，授权省级政府结合当地实际，制定符合当地实际的促进民办教育可持续发展的实施意见（简称“实施意见”）和配套措施。当前，各地“实施意见”所做出的不同政策选择呈现出了政策价值选择和创新能力的差异，具有重要研究价值。

一、各地民办教育实施意见文本评价指标与观测体系的构建

（一）评价指标的确定与观测点的提取

“实施意见”是地方政府贯彻国家法律法规精神，引领、规划、指导地方民办教育发展的重要政策文件，其相关政策文本的设计与国家实施意见在内容体系上一脉相承，在贯彻国家精神的同时，从地方民办教育发展实际出发，体现地方政策的理念与价值选择。截至2018年8月底，全国共有25个地区以政府文件形式印发了本地区实施意见。本研究基于国家“实施意见”和25个地区“实施意见”的文本结构，结合国家授权省级政府的政策空间，提出了5个维度的一级指标。根据国家政策文本的框架内容分解提出“政策问题”18个，设立为二级指标。根据政策文本对二级指标内容设计，提取关键点，经专家评议，最终设立三级指标49个（见表1）。

*　基金项目：全国教育科学“十三五”规划2016年度单位资助教育部规划课题（FIB160494）。

表1　各省(自治区、直辖市)地方政策设计情况评价指标

序号	一级指标	二级指标	三级指标
1	党的领导	1.1 民办学校党建工作	Q1 各类民办学校党组织建设与隶属关系 Q2 向民办高校选派党组织书记
		1.2 民办学校思想政治教育工作	Q3 工作定位 Q4 平台建设 Q5 队伍建设
2	分类管理制度	2.1 分类登记	Q6 过渡期时间 Q7 学校层次类别登记
		2.2 奖励补偿	Q8 计算方法
3	差异化扶持	3.1 用地政策	Q9 协议供地 Q10 出让金金额 Q11 时价定价 Q12 特别用地支持
		3.2 税费优惠	Q13 企业和个人捐赠 Q14 企业办学校 Q15 非营利性民办学校免税政策 Q16 项目免税支持 Q17 与公办学校同等公用事业收费标准
		3.3 社会力量办学	Q18 鼓励准入领域
		3.4 拓宽融资渠道	Q19 金融产品开发与抵押制度 Q20 营利性民办学校融资 Q21 多元主体合作办学
		3.5 财政投入	Q22 明确的财政拨款 Q23 生均公用经费的发放 Q24 明确的补贴标准
		3.6 政府扶持项目	Q25 设立民办教育专项资金(基金) Q26 其他项目支持
4	政府管理	4.1 收费管理	Q27 非营利学校自主定价 Q28 营利性学校市场调节价 Q29 试点开放
		4.2 民办学校现代学校制度	Q30 董事会监事会制度 Q31 决策机制 Q32 优化人员构成 Q33 人员经验要求 Q34 明确校长权力
		4.3 民办学校办学自主权	Q35 自主调整学科专业
		4.4 民办学校招生权利	Q36 确定招生范围

续 表

序号	一级指标	二级指标	三级指标
4	政府管理	4.5 规范与监管	Q37 资产过户费用 Q38 分类会计制度 Q39 财务监管措施 Q40 招生宣传备案 Q41 校园安全 Q42 违规办学处罚
5	权益保障	5.1 举办者权益	Q43 举办者的权利
		5.2 教师权益	Q44 社会保险 Q45 户口迁移 Q46 公、民办学校教师流动 Q47 与公办学校同等业务培训、人才引进等待遇
		5.3 学生权益	Q48 同等奖助学金 Q49 资助基金提取比例

(二) 赋分与统计处理

本研究根据各省(自治区、直辖市)地方政策设计情况评价指标对各地实施意见文本进行分析,只确定各地实施意见中是否包含指标内容要素,对其表述准确与否不做任何判断。对三个级别指标中的每项指标赋值 1 分,政策文本对指标内容有所表述,即可计 1 分,完全没有表述,计 0 分,分级计算。一级指标满分 5 分,二级指标满分为 18 分,三级指标满分为 49 分。一级指标观测地方政策文本要素的完整性,二级指标观测各地文本对政策问题关注完整程度,三级指标观测政策问题的解决途径与创新程度。据此分析我国民办教育地方实施意见设计的现状。

二、地方民办教育新政文本表达的现状分析

(一) 政策文本要素较为完整

通过统计分析发现,25 个地区的实施意见完全覆盖了一级指标提出的五个维度。通过二级指标得分统计:25 个地区中有 4 个得到 18 分,其他地区 17 分(见图 1)。除广东、云南、湖北和山西四省在政策设计中有对举办者权益的专门规定外,各省实施意见中对所列的 17 个关键问题完全覆盖。同时,与国家实施意见的政策文本对比,各地新政在问题关注上与国家政策文本表述保持了高度的一致,就政策设计体系的完整性而言,政策文本体系结构要素较为完整,各地新政关注的政策问题基本一致。

(二) 政策文本创新程度差异明显

研究统计了三级指标的得分情况(见表 2),即三级指标在 25 个地区政策文本中出现的频次数量。通过 Netdraw 工具表达指标关注度之间、各省关注程度之间的关系(见图 2),呈现出 25 个地区政策文本普遍关注的问题和尚未突破且有待在相关配套政策中明确的难点问题。普遍来看,难点问题基本体现在社会关注程度较高、政策创新突破难度大的方面,政府决策非常慎重。

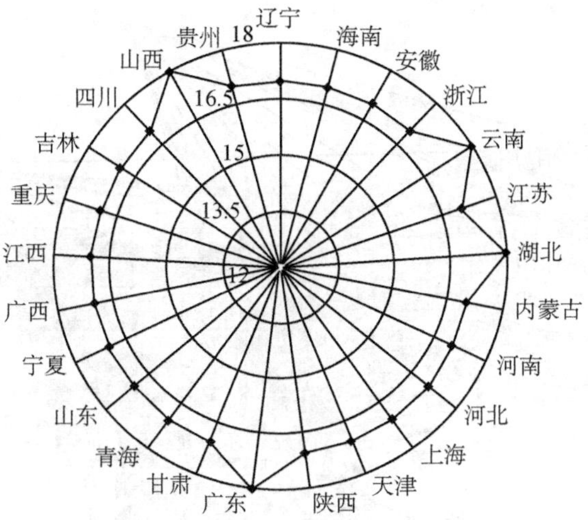

图 1　各省(自治区、直辖市)二级指标得分统计

表 2　三级指标频次分布表

三级指标	频次	三级指标	频次	三级指标	频次
Q1	1	Q18	4	Q35	22
Q2	14	Q19	23	Q36	23
Q3	25	Q20	21	Q37	5
Q4	23	Q21	23	Q38	22
Q5	22	Q22	8	Q39	22
Q6	20	Q23	11	Q40	24
Q7	9	Q24	12	Q41	25
Q8	5	Q25	22	Q42	22
Q9	24	Q26	8	Q43	4
Q10	4	Q27	7	Q44	25
Q11	22	Q28	25	Q45	16
Q12	5	Q29	8	Q46	14
Q13	25	Q30	25	Q47	25
Q14	24	Q31	24	Q48	24
Q15	25	Q32	23	Q49	24
Q16	4	Q33	19		
Q17	22	Q34	20		

将三级指标的分值对半分析,可以看到:得分在 13 分以下的指标有 15 个,占三级指标总数的 30.6%,从分布来看,基本处于松散区域。如图 2 所示,三级指标的密集程度和关注圈大小反映了指标的被关注程度,圆形越大,且分布位置距离中心越近,表明被关注

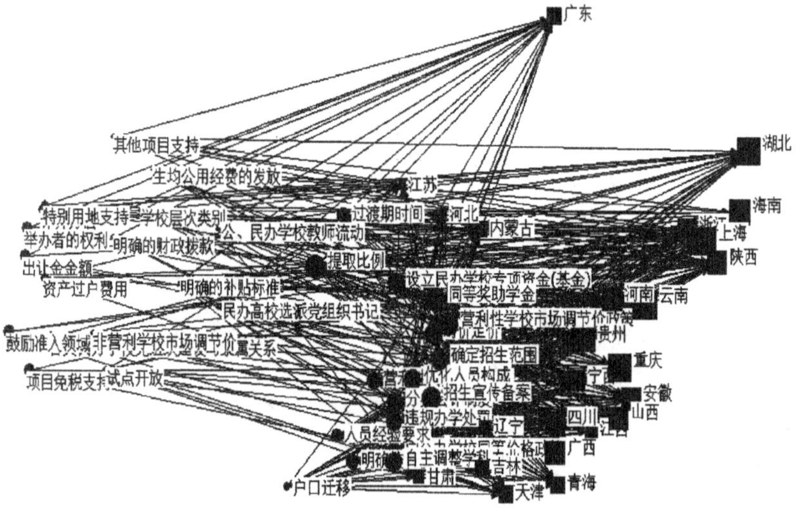

图 2　三级指标频次数据统计表

注：方形代表省份，圆形代表三级指标。

频次越高，反之，则关注程度越小。从 15 项指标的内容看，大多为特色政策设计与操作层面政策设计的内容，如各类民办学校党组织隶属关系、分类登记中不同层次类别学校的规定、补偿与奖励的具体计算方法、土地出让金额、资产过户的相关费用、财政补贴的具体标准及生均教育经费的划拨等。从其与二级指标的关系来看，这些具体操作层面的问题对二级指标“政策问题”的有效解决是至关重要的。在中心密集区域，地方新政对民办学校内部治理、财务管理、师生权益保障、办学自主权、营利性民办学校收费政策及学生资助等问题给予了高度关注，与国家实施意见保持了高度一致，对民办教育分类管理的推进起到了重要的保障作用。由此可见，地方民办教育新政推进的症结问题依然处于具有操作意义的政策问题上，期待在后续配套政策中予以回应。

(三) 区域间政策文本差异明显

图 2 中站位越靠边缘的省份，对三级指标的关注度越高，反之越低；分布位置越密集的省份，其政策趋同性越高。从站位来看，浙江、上海与陕西，重庆与云南，湖北与海南，宁夏与安徽，四个区域站位较为密集，其地区间民办教育新政内容和创新举措存在一定趋同；广东省站位较远，其新政中特色内容较多；江苏、内蒙古、河北、辽宁、甘肃的站位比较靠近中心，表明其民办教育新政更加谨慎。同时，根据各地三级指标得分结果统计(见图 3)发现，有 4 个地区得分在 30 分以下，从政策文本看，这些

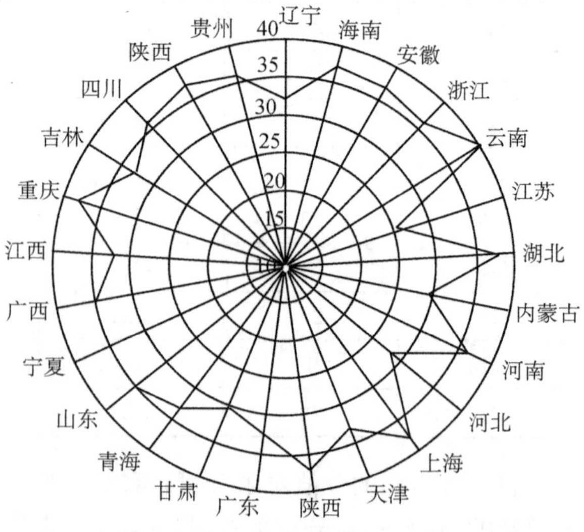

图 3　各省(自治区、直辖市)三级指标得分统计

地区主要以贯彻国家有关文件精神为主，虽有一定的地方创新，但政策文本沿用国家实施意见的表述较多，如江苏、内蒙古、河北等。12个地区得分在35分以上，显示其在一些问题上做出了突破和创新，如海南、浙江、上海、陕西、云南等。由此可见，区域政策文本之间的差异是明显存在的。

三、各地民办教育新政中的难题与局部突破

（一）民办学校分类管理过渡问题

新的《中华人民共和国民办教育促进法》将具体期限的设置权力给了各个地方。其中，有两个关键问题需要各地政府予以正面政策回应：一是关于各级各类民办学校选择分类登记的前提条件。如关于两类民办学校重新登记时的资产核算问题，选择营利性办学不必多议，但是选择非营利性办学的民办学校是否需要进行资产清算审核以作为未来办学奖补的依据？重新登记为营利性学校，学校资产、土地过户时，其缴纳税费的标准、土地出让金如何确定？地方政府和公共财政对不同办学属性的学校将提供何种支持？等等。这些前提条件是举办者选择的重要依据，也是推动民办学校分类管理的关键，应该予以明确。二是关于民办学校办学的奖励与补偿问题。长期以来，关于民办学校举办者财产权利的界定一直处于不确定的状态，之前的法律规定尚未对民办学校终止时剩余财产处置形成有效依据[1]，加之关于民办学校财产权利的有关法律规定存在冲突，2002年出台的《中华人民共和国民办教育促进法》对此问题又规定不明，使这一问题的处理和解决具有极大的难度。2017年3月15日《中华人民共和国民法总则》通过，对于举办者的法人财产权利形成了法律意义上的明确定论，地方民办教育新政对此应该有明确的回应，制定出具体的奖励与补偿办法。当前，湖北、上海、广东和浙江等地已经提出了“奖励与补偿”的操作办法。如湖北省明确提出了补偿和奖励的比例和资金的来源。上海提出“补偿金额＝(出资金额＋折算利息)－(合理回报＋折算利息)，奖励金额＝年度学费收入×(0.1×合格次数－0.5×不合格次数)”的计算公式。

（二）民办学校的税收优惠问题

民办学校按照办学属性的不同可以分类享有税收优惠政策。但是，关于现有民办学校选择登记为营利性民办学校，分类登记之前的税费是否需要补缴？如果补缴，财务清算谁来组织？如何组织？结果如何认定？学校各类财产产权归属如何认定？国有资产和国家财政性经费如何确权？缴纳相关税费的范围和标准如何界定？这些问题尚不明确[2]。新《中华人民共和国民办教育促进法》中的相关规定与《中华人民共和国企业所得税法》和《财政部、国家税务总局关于教育税收政策的通知》相关规定不一致，也是各地新政在民办学校税收优惠问题上尚没有提出明确而具体意见的缘由所在。

（三）民办学校的土地出让金和土地租赁问题

对于民办学校来说，如果通过出让、租赁等有偿方式供应土地，假如后续办学转设为营利性学校，其需要变更土地出让方式，补缴土地出让款。而这笔款项的数额对民办学校来说额度巨大，直接影响到了举办者对办学道路选择的最终决策。目前，关于补缴土地出让金问题，只有海南省明确提出：以划拨方式取得的用地，不改变土地用途的，应按规定补办土地使用权出让手续，并按国土部门同意补办时该宗土地经确认的市场评估价格40%

补缴土地使用权出让金,土地出让价款可按有关规定在规定期限内按合同约定分期缴纳。一些地区由于用地紧张,社会力量参与办学选择了租赁或使用科教用途以外的用地办学,面对新的用地政策,学校何去何从,需要在地方新政中对此给予回应。湖北省政府提出:允许社会力量使用其他非科教用途的土地先办学,用五年的时间作为考察期限。如果五年后学校还在持续经营,则可直接以协议出让方式而非招拍挂方式取得土地,办理用地手续。

(四)关于社会力量办学的准入政策

根据新法精神,各地新政均提出要积极鼓励社会力量办学,即"法无禁止即可为"。但对省级政府来说,一方面要积极鼓励社会力量办学,另一方面也要调控好省域民办学校的结构与存量。从国家宏观教育战略发展来看,当前我国财政性教育经费"4%"目标已经如期实现并在保持适度增长的基础上,进一步筹措非财政教育经费,以便与财政性经费共同迈向"6%"甚至更高的"7%"目标,面向2030年,这一目标更应成为现实的期待[3]。这个差值,恐怕主要依靠社会力量和民间资本对教育的贡献。在非基本公共服务领域,在职业教育、社区教育、老年教育领域等,尤其期待社会力量的充分注入。上海市支持社会力量举办各种层次类型的非营利性民办学校,鼓励社会力量举办或参与举办职业教育、继续教育、老年教育、社区教育和特殊教育。

(五)关于对民办学校的财政投入与扶持

对民办学校的财政投入和扶持是各地民办教育新政中均提及的重要问题。由于各地财政水平、各级各类民办教育需求程度以及民办教育发展水平的差异,长期以来,各地政府对民办教育发展的财政投入和扶持政策存在差异。新《中华人民共和国民办教育促进法》明确规定公共财政对民办学校的发展进行扶持,那么,各省就应该在地方政策中予以回应。但是,在已经出台的地方新政中,对此给予明确回应的省份并不多。关于财政补贴标准,地方政府应明确财政补贴的基本条件、重点领域和相关标准,当前地方新政在此方面依然薄弱。关于设立民办教育发展专项资金,地方新政提及较多,但多为意向,明确将其纳入同级财政预算,确定资金额度的地方很少,只有陕西、云南、上海等地提出对已经设立的民办教育发展专项资金继续做大做强,发挥其对民办教育发展的重要作用。

(六)关于民办学校收费政策

民办学校收费政策是政府对民办学校的重要监管举措,应该成为促进民办教育发展的重要举措,同时也应该是受教育者权利的重要保障。一方面,收费政策过紧,会造成民办学校办学经费不足,资金负担过重,影响学校发展。另一方面,由于民办学校发展水平差异明显,在办学质量、办学条件和学校管理等方面存在极大差异,在分类管理的配套制度和措施尚未完善的背景下,一步到位完全放开收费政策可能会在一些地区形成滥竽充数、扰乱民办教育市场的后果,各地新政对此非常谨慎。

四、落实新法精神推进民办教育新政地方创新的治理策略

(一)理性认识省域民办教育的历史贡献与地位作用

从历史轨迹来看,作为省域教育事业的重要组成部分,民办教育的发展对地方教育事业的发展做出了重要的历史贡献,地方民办教育功不可没。作为重要的补充性资源,在相

当长的时间里，地方各级各类民办教育所提供的教育资源，满足了受教育者对紧缺教育资源的需要，为促进教育公平做出了重要的贡献。地方民办教育改革的探索与创新，为国家民办教育顶层制度的设计积累了丰富的经验。同时，民办教育的创新发展为地方经济社会发展培养了大量的人才，为推动区域创新体系建设做出了贡献。因此，民办教育的历史贡献与价值不能被忽视，应得到充分的重视。

从未来发展来看，民办教育的重要地位不可替代。党的十九大报告指出，我国社会的主要矛盾已经转化为人民日益增长的美好生活需要和不平衡不充分的发展之间的矛盾。在教育领域的表现即人民群众日益增长的对优质教育多元化的需求与教育不平衡不充分发展之间的矛盾。作为地方教育事业的重要组成部分，民办教育已经成为满足人们多元教育需求的重要选择性资源，不可替代。《国家教育事业发展“十三五”规划》明确提出：“鼓励社会力量进入教育领域。拓展社会力量参与教育发展的渠道和范围。支持培育教育新业态，扩大教育需求与消费。”民办教育将有更多的机会参与非基本公共服务和非公共服务的供给，拥有更广阔的发展空间。

（二）加强国家层面必要的统筹与指导

目前出台的各地实施意见，主要还是体现对国家民办教育顶层设计的坚决贯彻，原则性较强，操作性较弱。涉及民办学校诸多权利保障问题的规定在省域间出现了很大的差异。目前，民办教育新法新政的顶层设计已基本完成，关键在于地方落实。对于地方政府贯彻落实民办教育新法新政，国家有关部门既要考虑各地经济社会发展水平和对民办教育发展需求差异，给予地方充分的政策创新空间，更要正视各地政策创新能力和治理水平的差距，加强对各地的指导和统筹：一是要在国家层面，对民办学校的基本权利制定刚性规定，确定底线要求，从而确保不同区域间民办教育基本权利的实现；二是要在深入调研的基础上，对力度较大且符合新法精神的地方政策创新进行认真总结和积极推广，对与新法精神相左的地方政策及时纠正。

（三）提升省级政府落实民办教育新政的政策创新能力

地方治理水平与其经济社会发展程度、行政人员素质密切相关，曾有调查指出，人均GDP水平与治理能力显著正相关[4]。从已经出台的地方民办教育新政文本来看，上海、广东、浙江等经济发达省市的政策创新力度确实比较大；而一些近年来经济发展缓慢甚至下滑、经济总体指标相对落后的省份，其政策创新力度则比较小。这反映出经济发展水平和财政能力对地方制度能力建设影响较大。但经济并不发达的云南、陕西等省民办教育政策创新的力度也比较大，这又说明，地方政策创新的差距并不仅仅源于经济水平的差距，也反映出一些地方政府治理创新动力不足、勇气不够和治理能力、技术以及经验的不足。

区域民办教育政策创新是一项非常复杂的系统工程，涉及领域十分广泛，需要政府提升教育统筹能力，充分调动并协调各相关部门，积极鼓励多方面参与；需要政府与社会合作，吸收多领域专业人才充分介入。在政策制定的过程中，应当充分发挥行业组织和专业人士的作用；进行深入的调研，有足够的耐心切实、广泛听取民办学校和有关方面的意见。

（四）完备而可操作的配套政策是地方落实新法新政的关键

当前的地方实施意见，一些省份留白太多，这就导致新政的系统不完整，难以有效运行。浙江出台了最为完备的“1＋7”文件；上海仅在培训机构的管理方面，就出台了“一标准两办法”。落实民办教育分类管理新政的诸多具体问题,需要靠一系列配套政策来回应和解决。一是明确非营利和营利性两类民办学校的差别化扶持与鼓励措施。在制度层面,对于营利性和非营利性民办学校要一视同仁,都应有鼓励措施。就目前情况看,相关法律规定及政策文本,对于非营利民办学校政策问题作了较为清晰的规定,有利于促进其发展,而对于营利性民办学校的鼓励措施则需要进一步明确和具体化。二是处理好学校自主办学与规范管理的关系。在充分保障学校依法自主办学的前提下,相关政府部门要切实加强民办学校办学活动的有效监管,完善民办教育质量评估督导制度,建立健全民办学校危机预警及干预机制,最大程度规避并管控好可能出现的各类办学风险。三是处理好现有学校的选择及过渡问题。在民办学校法人类型选择上,应充分尊重举办者意愿,并尽可能简化相应的转设程序,最大程度降低制度性交易成本;处理好现有学校产权界定及补偿奖励问题,在研究制定现有民办学校终止清算剩余财产的补偿奖励办法时,应紧密结合现阶段具体国情,综合考虑初始出资、资产增值及行业属性等多种因素,做出既有利于稳定又有利于发展的规定,以保护和调动举办者的办学积极性;现有学校选择为营利性学校的,在对民办学校清产确权、重新登记的过程中,要充分尊重学校的社会贡献与办学实际;对于现有学校的分类登记,应遵循分类过渡、分步推进的原则,根据学校性质的不同,分类别设立过渡期限。

参考文献:

[1] 吴华,章露红.《民办教育促进法》修法决定中“补偿奖励条款”研究[J].复旦教育论坛,2017(5):23-27.

[2] 方建锋.推进民办学校分类管理中面临的瓶颈问题[J].复旦教育论坛,2018(2):43-48.

[3] 张绘.后4%时代我国教育经费投入需多维度改革并举[J].教育科学研究,2017(1):27-33.

[4] 于飞,栾大鹏.对东北三省36个地级市治理能力测评及排名[J].国家治理,2016(9):3-30.

作者: 王慧英,辽宁教育学院助理研究员,博士;黄元维,辽宁教育学院研究员。

(原载《现代教育管理》2019年第3期)

专题二

基于“国务院三十条”省级配套政策的民办高校分类管理研究*

靳晓光

摘　要：长期以来，我国对民办高等教育的定位是坚持公益属性，不能以营利为目的。但在实际发展中，部分民办高校走的却是投资办学道路，存在营利行为。分类管理后，由于不能取得办学回报，举办者向非营利性民办高校注资的积极性可能降低。《国务院关于鼓励社会力量兴办教育促进民办教育健康发展的若干意见》(简称“国务院三十条”)发布后，多个省份发布了“国务院三十条”省级配套政策，明确了民办高校分类管理的具体办法，为民办高校发展创造了良好的政策环境。在今后的政策执行与调整中，政府应加大对非营利性民办高校的财政支持力度，完善税收和土地优惠政策，实现分类管理的平稳过渡。

关键词：民办高校；分类管理；“国务院三十条”；财政支持

2016 年 12 月，《国务院关于鼓励社会力量兴办教育促进民办教育健康发展的若干意见》(以下简称“国务院三十条”)发布，这是政府出台的指导民办高校发展的纲领性文件之一，与《民办教育促进法》(以下简称《民促法》)一道构成民办教育发展的法律、政策基础。在中央一级政策出台以后，多个省份出台了配套政策。截至 2018 年 5 月，已有江苏、甘肃等 16 个省份出台了配套政策。

一、分类管理的背景

分类管理是民办高校在办学实践中出现营利性和非营利性之分后才出现的议题。“在中外私立教育发展史上，私立教育大多是源于慈善事业，都属于捐资办学的性质。”[1]例如，哈佛大学、耶鲁大学、斯坦福大学等知名高校都为捐资举办，办大学被认为是一项公益事业。民国时期的私立大学也多为捐资举办，不存在营利问题。当代中国的民办大学是改革开放以后的新生事物，不同于西方的私立大学，也不同于民国时期的私立大学，营利是一部分举办者投资兴学的主要目的。民办高校举办目的的分化为分类管理创造了前提。

“营利性”和“公益性”是民办高校分类管理中需处理的一对基本矛盾。我国对民办高等教育的传统定位是坚持公益属性，不能以营利为目的。1995 年颁布的《教育法》规定，“任何组织和个人不得以营利为目的举办学校及其他教育机构”。1998 年颁布的《高等教育法》规定，“设立高等学校，应当符合国家高等教育发展规划，符合国家利益和社会公共

*　基金项目：辽宁省教育科学“十三五”规划 2017 年度立项课题(JB17DB234)。

利益,不得以营利为目的"。2002年《民促法》颁布,该法没有明确提民办高校的营利问题,但在确认民办教育属于公益性事业的同时,规定"民办学校在扣除办学成本、预留发展基金以及按照国家有关规定提取其他的必需的费用后,出资人可以从办学结余中取得合理回报"。这一规定意味着政府默认了民办高校可以取得合理回报。法律层面规定民办高校必须坚持公益性,然而在实践层面,我国民办高校走的却是投资办学道路[1],一些举办者以营利为目的投资举办民办高校。这种法律层面和实践层面的不一致在某种程度上阻碍了中国民办高等教育的发展。一方面,由于法律规定民办高校举办者不能营利,举办者担心失去对投入资金的控制权,不敢向民办高校注入大额资金;另一方面,由于民办高校可以取得合理回报,政府担心举办者会假借办学之名转移公有资产,造成公共财产的流失,因此也不愿对民办高校进行大力资助。最终造成民办高校融资困难,难以享受政策优惠。因此,"解决民办教育的筹资问题,必须根据民办学校是否谋求回报对其实行分类管理,并建立健全保障公益性和合理回报的制度"[2]。

在这一背景下,分类管理成为民办高等教育发展的必然选择。2010年,《国家中长期教育改革和发展规划纲要(2010—2020年)》颁布,首次提出"积极探索营利性和非营利性民办学校分类管理"。自此以后,民办学校分类管理工作逐步展开,政府在多个地方进行了试点。在总结试点地区分类管理经验的基础上,国家对法律法规中与民办教育相关的条款进行了修订。2015年,修订后的《教育法》和《高等教育法》删除了"举办学校不得以营利为目的"的规定,改变了所有学校不得营利的统一规定,为民办高校分类管理奠定了基础。2016年,我国对《民促法》进行了修订,分类管理问题是这次修订的核心内容。2016年,"国务院三十条"颁布,对民办高校分类管理问题做了进一步细化。作为指导全国民办高校发展的纲领性文件,"国务院三十条"在对基本事项做原则性规定的同时,给各省留下了较大空间,允许各省根据省情进行拓展和细化。例如,在建立差别化政策体系方面,"国务院三十条"规定,"各级人民政府要完善制度政策,在政府补贴、政府购买服务、基金奖励、捐资激励、土地划拨、税费减免等方面对非营利性民办学校给予扶持"。在退出管理办法、财政支持等方面,"国务院三十条"做了类似规定,要求具体办法由省、自治区、直辖市制定。省级配套政策是中央一级政策文件的具体化。本研究对11个省份配套政策中"国务院三十条"要求省级政府细化的条款进行分析,发掘各省份在政策落地过程中的突破与创新之处。

二、样本选取和方法

本研究共选取11个省份的"国务院三十条"省级配套政策作为分析对象,其中包括东部省份5个、中部省份2个、东北省份1个、西部省份3个(见表1)。在研究方法方面,本研究采取了内容分析法。"内容分析法是通过对'内容'进行分析以获得结论的一种科学研究手段。"[3]本研究从登记管理办法、办学收益分配办法、退出管理办法、财政支持方式、税收优惠政策、土地优惠政策六大方面对与分类管理密切相关的条款展开分析,通过与"国务院三十条"及《民促法》等相关政策、法律的纵向对比,分析各省份在配套政策制定中的突破与创新之处;通过各省级政策文本的横向对比,发掘各省份相关规定的异同之处。

表 1 样本地区分布

地区	省份	数量
东部地区	上海、江苏、浙江、天津、河北	5
中部地区	安徽、湖北	2
东北地区	辽宁	1
西部地区	甘肃、内蒙古、云南	3

注:地区划分参照国家统计局的划分标准。

在分析过程中,本研究将定量分析和定性分析相结合。对各部分内容,首先通过频次统计,分析提到相同事项的省份数量。频次越高,反映各省份对该事项的关注程度越高。然而,定量分析只能反映各省级政策文本的总体特征,无法通过频次统计知晓各省级规定的具体差异。此时,则通过定性分析方法深入挖掘各省级政策的内涵,以比较各省级政策存在的实质性差异。

三、要素比较与分析

分类管理以后,营利性民办高校与非营利性民办高校将处于不同的政策环境之中,在登记管理、退出管理,以及办学收益分配等方面存在显著差异。同时,在资助政策上,政府也将对营利性民办高校和非营利性民办高校予以区别对待,税收优惠和土地优惠将更多地向非营利性民办高校倾斜。

(一) 登记管理办法

“分类登记注册办法是规范后续民办高校办学行为的重要制度,也是影响分类后各项政策和制度落实的保障。”[4]登记办法是民办高校分类管理的重要内容之一,登记类型的选择直接关系着民办高校的办学定位和发展方向。多个省份对民办高校的分类登记截止日期、分类后的登记部门、登记类型等事项做了规定。

除甘肃省、辽宁省和天津市外,其余 8 个省份明确规定了现有民办高校完成分类登记的时间(见表 2)。分类管理过渡期最长的为内蒙古自治区,规定在 2023 年 8 月 31 日前做出非营利性或营利性选择。江苏省在设置过渡期时对特殊情况予以了考虑,“原则上在 2020 年 12 月 31 日前完成分类登记,如有需要可延期至 2022 年 12 月 31 日”。上海市和内蒙古自治区明确提出,将未在规定期限内办理分类登记手续的高校一律视为非营利性民办高校。

表 2 分类登记截止日期

省份	截止时间	省份	截止时间
上海	2021 年 12 月 31 日	河北	2022 年 9 月 1 日
江苏	2020 年 12 月 31 日	浙江、安徽	2022 年年底
云南	2021 年 11 月 7 日	内蒙古	2023 年 8 月 31 日
湖北	2020 年 9 月 1 日		

各省份细化了民办高校的登记类型和登记部门。从1998年起施行的《民办非企业单位登记管理暂行条例》规定，民办学校应在民政部门登记为“民办非企业单位”。2016年，《民办学校分类登记实施细则》发布，规定营利性民办高校和非营利性民办高校按照不同办法进行分类登记。自此以后，民办高校的登记部门和登记类型出现了分化。综观各省级政策，非营利性民办高校可以到民政部门或事业单位登记管理机关办理登记手续，登记类型可分为三种，分别为民办非企业单位、社会服务机构和事业单位。其中，安徽省、甘肃省、河北省、湖北省、辽宁省、云南省规定非营利性民办高校可以登记为民办非企业单位或事业单位；江苏省、天津市规定，非营利性民办学校可以登记为社会服务机构或事业单位。上海市、浙江省、内蒙古自治区未对民办高校分类后的登记类型做明确规定。对营利性民办高校，湖北省规定到工商部门登记为企业法人或企业法人的分支机构，其余省份多规定依据管辖权限到工商行政管理部门办理登记手续。

（二）办学收益分配办法

能否取得办学收益是民办高校分类管理中的核心问题，对举办者是否将学校登记为非营利性民办高校有巨大影响。“国务院三十条”规定：“非营利性民办学校举办者不取得办学收益，办学结余全部用于办学。营利性民办学校举办者可以取得办学收益，办学结余依据国家有关规定进行分配。”在省级配套政策的制定中，11个样本省份对营利问题的表述基本一致，承袭了“国务院三十条”的规定，未做进一步拓展。中央和省级政府在对收益分配的规定中将营利性和获取合理回报画上等号，意味着一旦民办高校选择登记为非营利性民办高校，就不能获取回报。

（三）退出管理办法

退出机制是关系到民办高校全体师生员工利益的重大事项，退出时的剩余财产处置办法对社会力量投资举办民办高校的积极性有着重要影响。然而，在此之前，相关法律法规对这一问题的规定并不完善。《民促法》仅规定民办学校清偿债务后的剩余财产，按照相关法律法规规定处理，没有详细规定对出资者的补偿问题。“国务院三十条”规定营利性民办高校和非营利性民办高校分别按不同办法进行剩余财产处置，并提到对非营利性民办高校出资者的补偿和奖励问题。此次政策制定中，部分省级政府在国务院规定的基础上，对民办高校退出时的补偿和奖励办法予以了细化。

非营利性民办高校终止时，各省份对其出资者的补偿和奖励办法的规定详尽程度不一。上海市、江苏省、浙江省、安徽省、甘肃省、河北省、辽宁省、内蒙古自治区、云南省、天津市统一规定，新《民促法》公布前成立的民办高校，选择登记为非营利性民办高校后，退出时财产依法清偿后有剩余的，对其出资者予以补偿或者奖励，其余财产继续用于其他非营利性学校办学。江苏省、浙江省、安徽省、云南省和天津市等5省市在此基础上规定了民办高校退出时对出资者进行补偿的具体措施，指出根据出资者的申请，综合考虑出资、取得合理回报的情况及办学收益等因素，确定对出资者的补偿和奖励。江苏省还规定了补偿数额的具体计算方法，规定补偿数额为出资额及其增值，“增值按照清算当年中国人民银行5年期存款基准利率计算”。此外，江苏省和湖北省规定了对民办高校出资者的具体奖励办法。可见，在对出资者的补偿和奖励方面，只有个别省份在“国务院三十条”的基础上进行了拓展，其余省份并没有作详细规定。

各省份营利性民办高校退出时的剩余财产处置办法基本一致。各省份普遍规定,营利性民办高校清偿后的剩余财产依照《公司法》和学校章程中的有关规定处理。例如,上海市规定,营利性民办学校终止时,财务清算后有剩余的,应当按照《公司法》和学校章程的规定进行处理。甘肃省规定了营利性民办高校退出时剩余的资产具体分配办法,规定在剩余分配方面可按股东出资比例或持有股份的比例进行分配。

(四) 财政支持方式

"公共财政扶持民办高等教育是深化教育体制改革的要求。"[5]《教育法》明确规定:"企业事业组织、社会团体及其他社会组织和个人依法举办的学校及其他教育机构,办学经费由举办者负责筹措,各级人民政府可以给予适当支持。"然而,由于多种原因,长期以来,政府并没有建立支持民办高校发展的长效机制。在本次民办教育政策制定中,各省份完善了对民办高校的财政支持政策,加大了对民办高校的财政支持力度,并通过多种手段对民办高校予以资助,具体包括设立民办教育发展专项资金、完善补贴制度、建立民办教育发展基金、完善政府购买服务等多种方式(见表3)。

表3 财政支持方式

支持方式	省份	数量
纳入财政预算	上海、浙江、安徽、甘肃、河北、湖北、辽宁、内蒙古、天津、云南	10
设立民办教育发展专项资金	上海、江苏、浙江、甘肃、河北、湖北、辽宁、内蒙古、天津、云南	10
政府补贴	江苏、安徽、甘肃、河北、湖北、辽宁、内蒙古、天津、云南	9
购买服务	上海、江苏、浙江、安徽、甘肃、河北、湖北、辽宁、内蒙古、天津、云南	11
设立民办教育发展基金	上海、江苏、浙江、安徽、甘肃、河北、湖北、辽宁、内蒙古、天津、云南	11

部分省份针对非营利性民办高校和营利性民办高校制定了差别化的财政支持政策,对二者进行区别对待。多省份规定,财政资金重点用于支持非营利性民办高校的发展。例如,辽宁省规定,财政扶持民办教育发展的资金重点用于支持非营利性高水平民办学校重点项目建设。江苏省规定,安排专项资金用于支持非营利性民办高校的发展。湖北省规定:"通过政府购买服务等方式向民办学校购买普惠性教育服务时,同等条件下应优先选择非营利性民办学校。"此外,个别省份规定了对营利性民办高校的财政支持方式,其中,辽宁省、河北省规定政府可通过购买服务方式对营利性民办高校给予支持。

(五) 税收优惠政策

2002年颁布的《民促法》规定"民办学校享受国家规定的税收优惠政策"。然而,由于规定较为笼统,不够细化,这一原则在执行中并没有得到彻底贯彻。2016年修订的《民促法》规定,"民办学校享受国家规定的税收优惠政策;其中,非营利性民办学校享受与公办学校同等的税收优惠政策"。在"国务院三十条"省级配套政策制定中,各省份对民办高校的税收优惠项目进行了细化。各省份通过多种方式予以民办高校税收优惠,优惠最多的事项是土地使用税、房产税、捐赠税收,以及用电、用水、用气税费等,只有个别省份对不动产登记与过户、学费和住宿费、技术转让与技术咨询,以及教育服务等事项给予税收优惠(见表4)。

表 4　税费优惠方式

优惠项目	省份	数量
土地、房产	上海、江苏、浙江、安徽、甘肃、河北、湖北、辽宁、内蒙古、天津、云南	11
捐赠	上海、江苏、浙江、安徽、甘肃、河北、湖北、辽宁、内蒙古、天津、云南	11
不动产登记、过户	上海、江苏、辽宁、安徽、云南	5
学费和住宿费	江苏	1
技术转让、技术咨询	辽宁	1
教育服务	江苏、河北、天津	3
用电、用水、用气等	安徽、甘肃、河北、湖北、辽宁、内蒙古、天津、云南	8

5 个省份规定出资人将不动产登记到民办学校名下时享受税收优惠。民办高校资产过户涉及土地增值税、资产交易税等 7 大规费，如果不予减免的话，学校资产过户后，学校资产实际损失将超过 1/3[6]。巨额过户费用的存在大大降低了举办者将资产过户到民办高校的积极性。鉴于此，上海市、江苏省、辽宁省、安徽省、云南省等对民办高校的不动产登记和过户给予优惠。例如，江苏省、辽宁省规定，“举办者或出资者将所拥有的土地以原值过户到学校名下时，只收取工本费和登记费”。安徽省规定，“出资人以不动产用于办学，原有不动产过户到民办学校名下且不属于买卖或交换行为的，免除办理过户手续中的行政事业性收费”。这些规定降低了民办高校不动产过户中的阻力和障碍。

各省份对非营利性民办高校给予特别的税收优惠。11 个省份全部规定，非营利性民办学校与公办学校享有同等待遇，进行免税资格认定后，符合免税条件的收入免征企业所得税或享受企业所得税免税优惠。江苏省规定，“对取得社会力量办学许可证的非营利性民办学校承受土地、房屋权属用于教学的，免征契税”。营利性民办高校提供的教育服务也具有公益性，所以也应享受税收优惠[7]。多省份给予营利性民办高校增值税优惠。例如，江苏省规定：“对从事学历教育的营利性民办学校提供的教育服务免征增值税。”河北省规定，对营利性民办学校的学历教育服务收入免征增值税，对营利性民办高校用于教育的房产、土地，免征房产税、土地使用税。”

(六) 土地优惠政策

土地优惠是政府鼓励民办教育发展的重要的举措之一。2016 年修订的《民促法》规定：“新建、扩建非营利性民办学校，人民政府应当按照与公办学校同等原则，以划拨等方式给予用地优惠。新建、扩建营利性民办学校，人民政府应当按照国家规定供给土地。”多个省份细化了民办高校的土地使用管理办法，并对营利性民办高校和非营利性民办高校采取差别化政策(见表 5)。上海市等 10 个省份规定，民办学校建设用地按照科教用地管理。江苏省、浙江省和安徽省 3 个省份将民办高校用地纳入统一的土地使用规划。除江苏省之外的其余 10 个省份对申请改变土地用途做了规定，具体可以分为两类。上海等省市规定：“土地使用权人申请改变全部或者部分土地用途的，政府应当将申请改变用途土地收回，按时价定价，重新依法供应。”这意味着民办学校改变土地用途以后，土地存在被收回的风险。湖北省规定：“原来以划拨方式供地需要变更出让方式的，要对土地价值进行评估，补缴土地出让价款。"这一办法要求民办学校只需补交差价即可。此外，湖北省对社会力量利用闲置土地和房产办学做了规定。

表 5　土地使用优惠

优惠项目	省份	数量
按照科教用地管理	上海、浙江、安徽、甘肃、河北、湖北、辽宁、内蒙古、天津、云南	10
纳入政府土地使用规划	江苏、浙江、安徽	3
改变土地用途	上海、浙江、安徽、甘肃、河北、湖北、辽宁、内蒙古、天津、云南	10
闲置土地、房产利用	湖北	1
新建扩建基础设施	内蒙古	1

多省份规定非营利性民办学校与公办学校享受同等土地优惠政策。除江苏省之外的其余 10 个省份规定，非营利性民办学校享受公办学校同等政策，按照划拨等方式供应土地。此外，辽宁省、云南省规定，"校舍及附属性设施建设在报建立项、规费减免、水电气供给、环境保护等方面享受公办学校同等政策"。对于营利性民办学校的用地，9 个省份作了相同的规定，"营利性民办学校按照国家相应的政策供给土地，只有一个意向用地者的，可按照协议方式供地。"江苏省和湖北省规定，对营利性民办高校通过有偿使用方式供给土地。

四、结论与政策建议

各省份在"国务院三十条"配套政策的制定中，明确了民办高校分类管理的具体办法，为民办高校发展创造了良好的政策环境。在今后的政策执行与调整中，政府应进一步加大对民办高校的财政支持力度，完善税收和土地优惠政策，采取配套措施，推进政策的有效落实，并根据省情对政策加以细化。

（一）加大财政支持力度，拓宽民办高校资金来源渠道

政府需要适度加强对民办高校尤其是非营利性民办高校的财政支持，通过财政资助补充民办高等教育发展的资金空缺，减轻民办高校的办学压力。我国民办高校发展面临的一个重大问题就是经费短缺，造成资金短缺的直接原因是经费来源渠道单一。"从美国私立高等教育经费筹措的经验看，其办学经费来源主要为学费、政府资助与拨款、销售与服务收入、社会捐赠收入、私人渠道和其他六大部分。其中政府资助和社会捐赠分别占到 15%左右，销售和服务收入更是多达 23%左右。"[8]而我国的民办高校资金来源渠道相对较窄。"民办高校资产积累的来源主要有两条途径：一是投资者投资，二是学费。"[9]

与发达国家私立大学收入构成中社会捐赠和政府补助占比很高不同，由于捐资渠道不畅通等原因，我国民办高校获得的社会捐赠数量很少，民办高校也难以获得政府的资助，学校收入主要依靠学杂费和举办者的投资。学杂费在学校总收入中占比很高，但同时，由于民办高校的招生数额需要经过政府核准，招生数额被限定在一定范围以内，民办高校的学杂费收入也难以得到大幅度提高。经费来源渠道单一限制了我国民办高校的融资，这既需要民办高校积极拓展筹资渠道，也需要政府加大对民办高校的资助力度。

“依靠政府的财政支持来解决民办高校财政短缺问题,已成为促进民办高等教育健康可持续发展的重要手段。”[10]分类管理以前,由于存在着产权不明,以及取得合理回报等原因,政府难以对民办高校进行财政资助[11]。分类管理后,非营利性民办高校举办者不再取得办学回报,政府财政支持民办高等教育具备了可行性。同时,由于非营利性民办高校面临着筹资困境,政府有支持其发展的必要性。分类管理之前,举办者的投资是民办高校的重要经费来源。分类管理以后,登记为非营利性民办高校的举办者由于不能取得合理回报,可能会降低后续投资的积极性,非营利性民办高校的财政状况有恶化的可能性。为预防举办者减少投资对民办高校办学造成冲击,政府需要建立长效的财政支持制度,保证非营利性民办高校的稳定运营。

(二)完善税收和土地优惠政策,创造公平竞争环境

“由于民办教育尤其是民办学历教育和公办教育一样,其提供的教育服务具有正的外部性,为促进民办教育发展,政府应给予税收优惠。”[12]分类管理之前,税收是民办高校发展的沉重负担。相对于公办高校,民办高校要承担额外的办学成本,处于不公平的发展环境之中。在此次的政策制定中,各省份意识到了土地和税收优惠对民办高校发展的重要性,因此,都规定了对民办高校尤其是非营利性民办高校的土地和税收优惠政策。然而,除了11个省份对土地和房产税收、捐赠税收优惠等项目全都给予税收优惠以外,在不动产登记与过户方面,只有上海和安徽等个别省份给予优惠;在学费和住宿费、技术转让和技术咨询等方面各有一个省份给予优惠,民办高校在税收方面承受的压力依然较大。

因此,各省级政府应进一步加大对民办高校的土地和税收优惠力度,根据民办高校办学需求,减免相关税收,减轻民办高校办学的额外负担。尽量做到非营利性民办高校与公办高校享受同等的税收优惠,力争使民办高校与公办高校处在公平的发展环境之中,具备公平竞争的条件。对营利性民办高校也应适度给予税收优惠,以鼓励社会力量积极参与民办高校办学。如此,民办高等教育才能够取得长远可持续发展。

(三)采取配套措施,推进政策有效落实

各省级政府应进一步完善分类管理配套政策,加强分类管理政策的可操作性。目前,多个省份已经制定了“国务院三十条”配套政策,但部分政策仍然较为笼统,可操作性较弱。例如,对于营利性民办高校的收益问题,各省份都只是规定营利性民办高校可以取得办学收益,但对其办学收益如何进行分配没有做具体规定。在退出机制方面,只有江苏省规定了对投资者的具体补偿办法,其余省份只是规定要对投资者进行补偿,却没有规定具体的补偿措施。政策的有效落实离不开完善的执行办法。政策表述过于笼统可能会影响到政策的有效执行,弱化对民办高校发展的指导意义。今后的修订中,需进一步细化相关政策规定,出台实施细则,促进民办教育分类管理相关政策顺利落地。

(四)彰显地方特色,根据各地情况不断调整

省级配套政策应是对中央政策的具体化,体现省域特色。各省份在“国务院三十条”配套政策的制定中,在部分条款中体现出一定的差异性。例如,在税收优惠方面,上海市、安徽省对不动产的登记和过户给予税收优惠,江苏省规定了学费和住宿费税收优惠,辽宁省对民办高校给予技术转让和技术咨询优惠,天津市规定民办高校提供的教育服务享受税收优惠。可以看出,各省份制定的配套政策具有一定的差异性。然而,在某些方面这种差异体现得相对不足。例如，在办学收益方面，各省份完全承袭了“国务院三十条”中的规定，既没有做出任何拓展和细化，也没有体现出各省份特色。

不同省份民办高校在发展中形成了不同的办学特色。有学者研究发现，我国不同地区民办教育在发展中演化出了“市场资源依托型”“教育资源依托型”“政策推动型”等不同模式[13]。民办高校发展路径存在巨大差异，在这种差异之下，各省份的相关政策文件也应有所差异。然而，此次省级配套政策制定却并未充分反映各自的办学模式差异。因此，今后各省份在政策完善中应该充分反映本地情况，加强政策对各省份民办高校办学的指导力度。

参考文献：

[1] 邬大光.投资办学：我国民办教育的本质特征[J].浙江树人大学学报，2006(6)：21-24.

[2] 赵应生，钟秉林，洪煜.积极稳妥地推进民办教育分类管理——我国民办高等教育改革与发展探析(三)[J].中国高等教育，2011(10)：20-23.

[3] 刘伟.内容分析法在公共管理学研究中的应用[J].中国行政管理，2014(6)：93.

[4] 周守亮，赵彦志.民办高等教育分类管理实施路径与策略研究[J].教育研究，2014(5)：58-64.

[5] 巩丽霞.地方公共财政扶持民办高等教育政策的优化选择[J].高教发展与评估，2012(6)：10-16.

[6] 董圣足.关于民办高校法人财产权的思考——基于45所民办院校法人财产状况的调查分析[J].教育发展研究，2007(2)：1-5.

[7] 陈爱民.民办高等教育分类管理与社会资源优化分配[J].教育发展研究，2017(3)：14-19.

[8] 华灵燕.民办高等教育筹资困境与选择[J].教育发展研究，2007(11b)：61-64.

[9] 卢彩晨，邬大光.中国民办高等教育回顾与前瞻[J].教育发展研究，2007(6)：1-9.

[10] 方芳.财政支持民办高等教育的必要性和可行性分析[J].高教探索，2015(5)：94-98.

[11] 周朝成.促进民办教育的可持续发展——谈《民办教育促进法》修订中的分类管理问题[J].复旦教育论坛，2016(3)：60-65.

[12] 王善迈.民办教育分类管理探讨[J].教育研究，2011(12)：32-36.

[13] 鲍威.中国民办高等教育的生成机制和区域发展模式[J].北京大学教育评论，2006(4)：149-159.

作者：靳晓光，辽宁对外经贸学院副校长，教授。

（原载《黄河科技学院学报》2019年第1期）

民办高校融资路径优化与选择策略*

吕宜之

摘　要：民办教育新法新政的出台，为民办高校畅通融资路径、吸引更多社会资源进入教育领域提供了法律与政策依据。目前，民办高校可以在办学积累滚动发展、物权抵押贷款、收费权质押贷款、融资租赁、资产证券化融资、PPP模式、混合所有制办学、上市融资等融资路径上，合理运用“政策之手”和“市场作用”，以创新态势落实综合性优化举措，打好融资路径选择“组合拳”，有效激发教育投融资潜能，破解民办高校办学资金需求的瓶颈问题。

关键词：民办高校；融资路径；路径优化；路径组合

民办高校要做大做强，树品牌，创特色，更好地满足受教育者多样化、高质量的教育需求，亟须破解办学资金短缺、融资路径不畅这一制约民办高校持续发展的瓶颈问题。随着《民办教育促进法》的修改及《民办教育促进法实施条例(修订草案)(送审稿)》的公布，我国民办高等教育领域的投融资进入了新的发展阶段，从法律和政策层面为社会资本投资教育拓展了新空间。“发挥市场在资源配置中的决定性作用”“深化教育经费投入体制改革创新”“全面落实《民办教育促进法》，改变社会参与办学不足现象”等重要论述，为民办学校运用市场机制推进投融资改革创新、推进教育事业发展指明了方向。在这一背景下，政府、民办高校、金融机构、企业等多元组织可在兼顾平衡各自利益诉求和风险可控基础上，合理运用“政策之手”和“市场作用”，合力营造良好的民办教育投融资生态环境，共同探索与完善民办高校多样化投融资路径，推动社会资金多渠道进入民办高教领域。对于融资主体的民办高校来说，在国家财政拨款受限、社会捐赠式微的现实情况下，充分利用民办教育新法新政，主动发挥自身体制机制优势，通过对各种融资路径的合理选择、精心组合和优化创新，打好融资“组合拳”，依靠市场吸引更多社会资本注入办学，是当前乃至今后相当长一段时期内解决办学资金、推动学校更好更快发展的优选策略。

一、民办高校融资路径剖析

我国民办高校在30多年的发展历程中，伴随着市场发展、制度变迁和政策调整，摸索出多种形式的融资路径，在民办高教不同发展时期发挥着筹集办学资金、促进事业发展的重要作用。这些融资路径具有明显的民办高教发展阶段性特征和国家相关政策制度烙

* 基金项目：全国教育科学“十三五”规划2017年度教育部重点课题(DIA170355)。

印，并伴随着民办高教新时期发展需求和民办教育新法新政出台，呈现出不同的发展趋向。

(一) 办学积累滚动发展

依靠办学积累滚动发展是自20世纪80年代我国民办教育恢复初期以来绝大多数民办高校经费筹措的主要路径。举办者依靠学费、住宿费收入维持学校运行，逐步扩大办学规模、利用规模效应形成办学积累并滚动发展。从投融资类型看，依靠办学积累滚动发展是一种学校内部融资路径，即学校将历年办学结余全部或部分作为融资工具用于学校继续发展。这种融资路径具有自由支配权大、成本低、风险小等优势，但由于受办学规模、办学收入、办学成本等因素制约，依靠办学结余资金即自身积累能力的融资规模有限[1]，尤其是当前随着经济发展和物价上涨，人员费用、办学成本也随之增加，而学费上涨空间有限，依靠办学积累滚动发展已遇到瓶颈，面对新时期民办高校转型、优化、升级发展所需的基础设施巨大投入和高层次人才引进成本，办学积累的融资路径已经显得捉襟见肘、力不从心。

(二) 非教学设施物权抵押

民办教育新法新政出台后，一些地方政府在落实过程中以立法或文件形式明确了民办学校非教学设施物权抵押的合法性，如重庆市政府发文规定“民办学校可以用非教学资产作抵押和学费收费权作质押向银行申请贷款，用于扩大和改善办学条件”。从实际情况看，只有个别民办高校通过非教学设施物权抵押贷款来融资。究其原因：一是非教学设施物权的界定比较模糊，大部分学校无法提供非教学设施的独立产权证明，教育行政部门也没有给予清晰界定；二是银行开展非教学设施物权抵押贷款业务由于受“教育用地不得用于其他用途”的法律限制，一旦学校无法还贷，银行处置非教学设施物权的条件十分苛刻，难度相当大，因此对信贷风险的顾虑较多，积极性不高[2]；三是民办高校大部分资产是土地、房产、教学仪器设备等，拥有独立产权的经营性资产很少，如果只是经营性资产抵押贷款，贷款额度极其有限，未能从根本上解决其融资难问题。

(三) 收费权质押贷款

收费权质押贷款因其操作相对简单、融资成本较低、融资规模和期限可控、信贷风险相对较小等特点，在信贷环境较为宽松地区，已有民办高校以合法收费权（学生学费、住宿费、考试费等）作为质押标的物向银行质押贷款[3]，在拓展民办高校融资渠道、解决民办高校融资难问题上产生了积极的现实成效。但从我国《担保法》《贷款通则》等现行法律条款来看，学校收费权质押还没有像公路收费权质押那样给予明确规定或解释，在理论上还属空白；同时，由于学校收费权质押登记与公示的主体与方式、向学生收费的主体变更等现实问题，使银行在开展收费权质押贷款业务时存在着较大的实操难度[4]。上述因素导致银行对民办高校开展收费权质押贷款业务较为保守，有些银行甚至开始停止学校收费权质押贷款。随着有些省市政府明文规定民办学校可以用学费收费权作质押向银行申请贷款，民办高校通过收费权质押贷款的融资路径将进一步明朗化和合法化。

(四) 融资租赁

为解决办学规模扩张和办学质量提升所需的基础设施建设及教学科研设备购置资金，有民办高校已经开始尝试用融资租赁模式来融资。从现有情况看，有的民办高校将体育场所、餐厅、学生公寓等建设项目分块招租,由租赁公司负责出资建设,建成后租赁给学校使用,租赁期满后将固定资产折价转卖给学校或继续租赁;有的民办高校由租赁公司出资购买教学科研仪器设备,以租赁形式交付给学校使用,租赁期满后由学校继续租赁或折旧购买。在现实操作中,融资租赁存在租赁资产的产权登记难题,如产权登记在租赁公司名下,学校在接受教育行政部门各类评估时会因为缺少资产依据而影响评估,租赁期结束后面临高额资产过户税费,同时由于土地已登记在学校名下,其上面的建筑物也已经不可能再登记到租赁公司名下;如产权登记在学校名下,租赁公司的财务报表会出现账物不符的问题,同时对租赁公司来说还存在资产流失风险,由此影响民办高校融资租赁的开展和融资额度的扩大。

(五) 资产证券化融资

目前,已有民办高校探索通过资产证券化融资来解决办学资金短缺问题,即民办高校以发行人身份,将经营性房产(如餐厅、店铺、出租房等)、经营性资产(如校办产业资产)等流动性不足但具有现金流的存量资产和未来学费、住宿费等现金收益组合打包成资产支持证券产品,由特设项目机构(SPV)全额认购并将其增信后在证券市场发行,获得的现金支付给发行人,发行人以打包资产所产生的收益来支付本金和利息[5]。由于我国民办高校整体水平较低,且受民办高校产权制度、会计制度及其他法律性因素制约,将学校餐厅、店铺、出租房、校办产业等经营性不动产的未来收益打包成资产支持证券产品,外部信用评级既难以达到 AA,又难以获得证券机构和专业投资者认可,即使发行后也因难以增信而无法筹集到大量资金。现有的少数案例中,只是局限于学费、住宿费等现金收入相对稳定、流动性较强的未来收益项目,资产证券化融资规模有限,难以解决民办高校基础建设、大型教学科研设施设备投入的巨额资金需求。随着民办教育新法新政出台和分类管理政策实施,民办高校财产权和办学权责的法律界定更加清晰,影响民办高校资产证券化融资的障碍性因素将逐渐消除。

(六) PPP 模式

目前,教育 PPP 项目基本上以“建设—运营—移交”和“移交—经营—移交”两种模式为主,既有学校局部建设项目 PPP,也有学校整体建设项目 PPP,回报形式有政策处理费、运营维护费、专项服务费、经营回报和其他回报等[6]。由于 PPP 融资模式介入教育领域在法律政策方面的滞后性、教育项目风险评估与管控的复杂性等诸多原因,我国教育 PPP 项目的总体情况并不乐观,尤其是民办高校因原先在法律政策上其法人公私界别模糊、产权公私属性不清,政府有关部门和企业对民办高校 PPP 项目从观念到实操都存在着认知障碍和思想顾虑,导致民办高校更难以通过 PPP 模式融资。截至 2018 年 9 月底,财政部 PPP 中心项目管理库共 381 项教育 PPP 项目中,鲜有涉及民办高校项目。随着我国公共部门通过 PPP 模式在募集社会资本、引进技术与管理、提高效率效益等方面取得突破性进展和许多成功经验,以及民办教育新法新政的深入推进,民办高校通过 PPP 模式的融资渠道将会逐步畅通。

(七) 混合所有制办学

混合所有制办学在吸引社会资本投入教育领域、深化校企合作产教融合方面呈良好态势,但总体上推进比较缓慢,发展深度和宽度不足。主要表现为:混合所有制办学以高职院校居多，本科院校较少；以二级学院层面的混合办学居多，高校整体层面的混合办学较少；以公办院校在政府引导与主持下引入社会资本的混合办学居多，民办院校引入国有资本和社会资本的混合办学较少。混合所有制办学的根本特征在于产权主体结构、所有制结构和治理结构的“混合”，形成政府、国企、民企、自然人甚至外企等多种性质主体的多方投入机制，资金、知识、技术、信息、人才、管理等资源要素的集聚融合机制，共投、共建、共育、共管、共享、共担的事业共同体治理机制[7]。然而，从目前情况看，混合所有制办学涉及的学校法人属性、产权归属、治理结构等核心问题尚无明确的法律规定，涉及学校产权收益、流通、交易、退出等事宜，存在着法律与制度上的冲突，由此影响到不同所有制资本的进入；多元主体因其法人属性和利益诉求不同，对参与混合所有制办学有各自不同的顾虑、担忧和想法，难以协调一致或难以实现，如民办高校既想引进国有资本和社会资本，又担心在学校治理上丧失话语权，这种矛盾心理导致其对混合办学不敢轻易为之。

(八) 上市融资

自 2006 年新东方在美国上市至今，我国已有 130 多家民办教育机构通过各种方式与途径在中国内地、香港和国外资本市场上市融资，其中在中国内地上市的有通过资产并购或借壳上市方式登陆 A 股，也有在新三板挂牌上市，在中国香港和美国上市的方式主要采用 VIE 架构；在中国内地 A 股、香港和美国上市的民办教育机构中，涉及高等教育的有 7 家。民办教育机构通过资本市场上市，在筹集大量办学资金、优化办学资源配置、提升办学知名度和影响力的同时存在着诸多问题。首先，采用 VIE 架构在境外上市的均为境外注册公司，通过“协议控制”掌控境内包括非营利学校在内的民办学校，并通过各种关联交易从学校抽走全部办学结余，不但会削弱我国对学校意识形态领域的管控，还对我国民办学校分类管理改革政策的推进造成了实质性冲击。其次，VIE 架构运作模式导致外资绕过我国有关政策法规，变相进入禁止外商投资和限制外商投资的教育领域[8]。第三，上市资本的过度逐利性会导致民办学校想方设法缩减办学成本、增加办学收益，严重影响教育公益性原则，影响民办学校办学质量和人才培养水平的持续提升。

二、民办高校融资路径优化对策

面对国家和民众对高等教育的要求与期盼、高等教育领域竞争态势和生源市场的深刻变化、民办高教发展的内在演进趋势，我国民办高校已经到了从规模发展提升为质量发展、从做多做大转化为做强做优做特的阶段[9]。在这一阶段中，民办高校亟须追加大量资金投入，其融资需求会显得更加迫切。为此，需要政府、民办高校、金融机构、企业等多元组织深入吃透民办教育新法新政内涵要义，优化与畅通各种融资路径，切实解决民办高校“融资难”“融不到资”问题。

(一) 落实民办高校办学自主权，建立以办学质量为导向的招生、收费管理机制和财政支持机制，引导民办高校以高质量办学增强办学积累滚动发展能力

专业设置、招生规模、收费标准、办学活动的自主程度既是民办高校办学自主权落实情况的重要体现，也是直接影响民办高校办学结余水平的主要因素。各级教育行政部门在做好民办高教宏观调控和统筹规划基础上，放手让民办高校依据市场真正自主办学，改专业设置审批制为备案制，大力支持民办高校根据区域经济社会发展需求自主开设专业；

改变指令性下达招生计划的做法，允许民办高校依据自身办学条件和办学水平自主确定招生规模和收费标准，着力引导民办高校办出特色、办出水平，并以高质量的人才培养来吸引和稳定生源，以“优质优价”原则适当提高学费标准，增长学费收入；鼓励与支持民办高校积极拓展科技成果转化、科技咨询服务、社会培训、校办产业、校产资源整合出租等等创收渠道，增长学费外收入。建立与办学质量挂钩的民办高校财政分类分项支持机制，对非营利性民办高校，按公办高校生均经费30%—50%的额度(具体额度与办学质量挂钩)下拨生均财政补助，同时给予必要的基本建设和大型设备专项补助；对营利性民办高校，根据其办学质量给予其一定比例的贷款贴息补助；对在教学、科研、人才培养上取得明显成绩的各类民办高校均给予奖励性财政补助；在竞争性项目财政补助上，对公办高校、非营利性民办高校和营利性民办高校实施一视同仁政策。

(二)出台民办高校物权抵押和收费权质押融资的全国性法律法规，规范相应的信贷流程和信贷管理，从根本上推进金融机构运用信贷手段支持民办高校事业发展

鉴于目前各地方政府对民办高校物权抵押贷款和收费权质押贷款的规定和执行标准不统一，金融机构或因政策性障碍或因信贷风险考虑而制约其向民办高校开展此类信贷业务的现状，建议国家依据分类管理、区分对待的原则制定出台全国性法律法规。在物权抵押方面，统一规定营利性民办高校可以有偿取得的土地、房屋等教学设施用于融资抵押，非营利性民办高校的教学设施不可以用于融资抵押；无论是营利性还是非营利性民办高校，其非教学设施均可用于融资抵押；同时在非教学设施物权界定、审核认定、后续处置等方面作出明确的规范性规定，消除金融机构开展非教学设施物权抵押贷款的各种顾虑。在收费权质押方面，从法理上认定民办高校收费权质押的合法性，同时明确收费权质押的主体、条件和程序，即学校应是收费权主体、实际收费主体和收费权出质主体的统一体，收费权质押须先经其上级主管行政部门批准同意，再到人民银行应收账款质押登记公示系统中办理质押登记与公示；学校与银行之间要通过合同形成严谨的收费权质押贷款契约关系，明确收费权范畴、贷款比例、贷款期限、收费权渡让及执行方式、附加抵押要求、贷款用途监管等内容，共同把控质押贷款风险。

(三)转变民办高校办学资产评估理念，理顺租赁资产的产权登记事项，切实解决民办高校融资租赁中存在的问题

教育行政部门在对民办高校的各类评估中，要解放思想、转变理念、创新方式方法，秉持“不求所有、但求所用”的原则，注重考察与评估民办高校对校产、设施、设备等固定资产的实际使用权，允许民办高校以融资租赁方式租赁部分土地、校舍、设施设备等固定资产，这些固定资产在租赁期内产权可以登记在租赁公司名下但实际须用于办学，租赁期后产权须过户到学校名下。有关部门要允许民办高校在融资租赁费用的财务处理上，可以不按日常费用支出记账，而是按照固定资产购置分期付款形式计入固定资产科目；对非营利性民办高校，在融资租赁期结束后租赁的固定资产过户到学校名下时全额减免过户税费。

(四)完善民办教育PPP项目和混合所有制办学的政策体系和治理结构，强化产教深度融合的合作机制，全面推动社会资本及其优势资源进入民办高教领域

从理念上打破“非公即私”的传统观念，依据民办教育新法新政及其分类管理改革架构，健全民办教育PPP项目和混合所有制办学的法律制度与政策体系。明晰民办教育

PPP项目的所有权、经营权和收益权，明确社会资本进入民办教育PPP项目的准入标准与条件，完善资金投入机制、利益回报机制、风险监控与分担机制、移交退出机制、监管与评价机制，稳固PPP项目的交易结构，科学、合理平衡教育事业公益性与社会资本逐利性，同时通过购买教育服务、购买专业性和支持性服务、购买人才培养社会效益等方式，加强对民办教育PPP项目的财政补助支持，助推社会资本进入民办教育PPP项目。明晰混合所有制办学中不同所有制投资主体的产权保护和产权收益，消解不同所有制资本介入教育领域的顾忌，探索建立教育产权评估与交易服务专业中介机构，为参与混合办学的国有资本和社会资本的进入与退出提供渠道和保障；在民办高校分类管理政策框架下，按照公平而有差别的原则，有针对性地制定混合所有制办学的财政扶持、税费优惠、金融信贷等配套政策，并通过购买服务的方式来支付非公有资本部分提供的教育服务。鼓励和支持民办高校通过PPP项目和混合所有制办学来完善学校治理结构，强化校企深度合作、产学研深度结合的耦合机制。

（五）创新民办高校资产证券化融资模式，强化民办高校上市融资监管举措，畅通与规范民办高校通过资本市场的融资渠道

对于民办高校开展资产证券化融资，要从政策上给予鼓励和支持，政府部门要为非营利性民办高校的资产证券化融资项目背书，以提高项目信用度，要鼓励和支持专业担保公司为民办高校资产证券化融资项目提供担保，并提供专业服务，以提高民办高校的外部信用评级；要创新资产证券化融资模式，加强金融合作，探索“金融信托计划＋资产支持专项计划＋专业担保计划”的“双SPV＋担保”资产证券化融资结构，同时在产品设计过程中构筑产品债项与民办高校运行之间的风险隔离墙，以大幅提高资产支持证券产品的增信，并大大降低产品债项的风险；要加强对民办高校资产证券化融资资金的监管，明确融资资金必须全部用于教育事业发展，不得挪作他用，更不能转移资金。对于民办高校上市融资，政府层面要尽快出台民办高校上市融资的制度法规，在法律上明确非营利性民办高校不得上市融资，营利性民办高校可以根据自身实际与需求上市融资，但要明确营利性民办高校上市条件和境内外资本市场资金投资民办教育的准入条件，同时建立健全跨部门联合监管机制、上市民办高校的信用信息（尤其是财务信息）公示机制、风险保证金机制、上市风险预警与干预机制，多管齐下完善营利性民办高校上市融资环境。

三、民办高校融资路径选择与组合策略

如果说民办高校融资路径的优化解决了民办高校“融资难”“融不到资”的问题，那么合理选择多样化融资路径，精心搭配与运用融资“组合拳”，实现最优的融资结构，则是民办高校提高融资效率和融资质量、最大限度发挥融资效能的关键所在。

（一）把握融资路径选择与组合原则

民办高校在选择与组合融资路径时，一是要遵循“融资成本最小原则”，即以最小的成本去融通最大的资金，这里的成本既包括融资所需的财务成本支出，也包括融资（如混合所有制办学、上市融资）后学校治理结构变化所带来的运营与管理成本增加部分；二是要遵循“融资风险可控原则”，深入分析各种融资路径所存在的财务压力和融资风险，做到防微杜渐、风险可控；三是要遵循“教育事业公益性原则”，不管是营利性民办高校还是非营

利性民办高校,均不可为了融资而设置过高的资金回报,尤其是营利性民办高校更要合理平衡好资本逐利性与教育公益性之间的矛盾;四是要遵循“符合国家政策原则”,在国家政策允许范围内,因时因地因校选择与组合融资路径。

(二) 优先选择以办学积累为融资工具的内部融资

基于以办学积累为融资工具的内部融资所具有的融资成本低、财务风险小、办学自主权和财务支配权不受任何影响的优点,民办高校在筹集资金时应首选内部融资,积极探索以内生性增长为目标的办学模式创新和内部管理创新,在依托政策与财政支持的同时,更需要依托自身体制机制优势,通过高质量人才培养、高水平办学和市场化运作来提高事业收入,通过提升管理与运行效率、提升资源配置与利用效率来科学合理控制办学成本,最大限度地提高自身办学积累,强化内部融资能力。

(三) 充分发挥银行信贷融资的主渠道作用

从民办高校现实融资情况以及各种融资路径实操情境来看,向银行进行信贷融资仍然是民办高校目前和今后融资的主渠道。民办高校在遵循法律与政策、规范流程与管理的前提下,应主动重塑银校关系,充分利用好银行信贷融资速度快、成本低、弹性大的优点,积极开展物权抵押贷款、收费权质押贷款以及其他形式的银行信贷融资,在短期信贷融资和中长期信贷融资的配比中尽可能增加中长期信贷融资的占比;同时,要合理控制信贷债务总量,着力优化信贷融资结构,降低学校财务压力和财务风险。

(四) 适度拓展融资租赁

融资租赁是一种把资金与设施设备紧密结合起来的特殊信贷方式的融资,在租赁期内融资方只是每年缴纳租金,但不影响其资产负债率,因此,民办高校可以利用融资租赁这一独特优势来减轻硬件投入上的资金压力。同时,由于融资租赁的融资成本比银行贷款相对较高,民办高校在拓展融资租赁时需把握好融资规模,重点拓展基础设施和教学科研仪器设备的融资租赁,慎重实施基本建设的巨额融资租赁。

(五) 大胆推进 PPP 模式和混合所有制办学

推进 PPP 模式和混合所有制办学,不仅是民办高校吸纳社会资本解决办学资金的有效途径,更是其构建科学治理结构和现代学校制度、深化校企合作和产教融合、提升办学质量和办学效率的极好契机。为此,民办高校要主动发挥自身体制机制优势,积极、大胆实施 PPP 项目和混合所有制办学,充分调动和发挥融资企业的各项资源优势,与企业实施从资金、技术、信息、人才、管理到学科专业建设、课程开发、师资队伍建设、人才培养、社会培训、科技服务的深度产学研合作,共同构建“共投、共建、共育、共管、共享、共担”的开放型办学治理结构,推进产权清晰、民主管理、运行高效的现代学校制度建设。

(六) 依法依规开拓资本市场的融资路径

无论是资产证券化融资还是上市融资,都涉及严格的市场准入条件和规范的财务要求。民办高校可以在相关政策法规允许范围内,积极探索资产证券化融资路径,利用经营性房产、校办产业资产等流动性不足的存量资产和未来收益权,通过证券市场吸纳社会资本,以较低风险在较短时间内筹集办学资金。对于上市融资,非营利性民办高校应严格按照法律规定不得涉足上市;营利性民办高校应充分考虑到上市融资成本高、上市后运营成本增加、资本逐利性和教育公益性之间的冲突会更大等一系列问题,慎重选择上市融资,一旦选择上市，则要坚持教育事业公益性原则，完善法人治理结构，落实学校法人财产权，以“教育初心”端正上市目的、依法规范关联交易行为、严防以影响教育教学质量为代价的办学成本压缩来换取短期办学获利；同时要构建上市公司和学校之间的“防火墙”，完善各种管理制度特别是资产财务管理制度，自觉接受政府、师生和社会的监督检查。

参考文献：

[1] 任芳.我国民办高校融资问题研究[D].西安：西北大学，2007：72-73.
[2] 范江波.关于对民办学校授信业务收费权质押及财产抵押有关问题的思考与建议[J].时代金融，2014(7)：38-39.
[3] 胡卫，董圣足，方建锋.民办学校资金来源及债务情况调查[J].教育发展研究，2012(Z1)：14-19.
[4] 沈丽萍.高校收费权质押贷款合法性分析[J].西安石油大学学报(社会科学版)，2013(3)：80-84.
[5] 尹德利.我国高校资产证券化融资的可行性探讨[J].上海金融，2013(7)：111-112，119.
[6] 王越.PPP模式在我国高等教育领域的应用研究[D].北京：北京建筑大学，2018：39-47.
[7] 董圣足.教育领域探索“混合所有制”：内涵、样态及策略[J].教育发展研究，2016(3)：52-56.
[8] 潘奇，董圣足.VIE架构在教育领域的应用、问题及其对策[J].教育发展研究，2018(5)：17-22，74.
[9] 李虔.民办学校分类管理推进难点与破解路径[J].四川师范大学学报(社会科学版)，2019(2)：125-132.

作者： 吕宜之，宁波财经学院财务处处长，副研究员。

（原载《教育发展研究》2019年第5期）

专题二

非营利性民办高校政府监管的“善治”选择*

刘亮军

摘　要:《中华人民共和国民办教育促进法实施条例》(修订草案)的即将实施,各级政府如何支持和规范民办学校的办学监管备受社会关注。新法新政下,非营利性民办高校将成为中国民办高等教育的主体力量,更加凸显公益性。本文立足政府治理视角,围绕非营利性民办高校实际问题,分析政府如何开展规制监管。研究表明,通过“完善组织机构、明确监管重点、建立约束机制”三项监管措施,为政府规制监管非营利性民办高校提供了“善治”选择,可为发挥民办教育分类管理中政府职能的效度提供有益参考。

关键词: 非营利性民办高校;政府监管;治理策略

2016 年以来,新修订的《中华人民共和国民办教育促进法》(以下简称《民促法》)以及《国务院关于促进社会力量兴办教育促进民办教育进一步发展的若干意见》(以下简称《若干意见》)等系列法律和文件的出台,标志着中国民办高等教育进入分类管理、分类发展的新时代。截至 2019 年 2 月,有 29 个省级行政区域出台了关于鼓励社会力量兴办教育促进民办教育健康发展的实施意见。在新的“二分法”背景下,民办高校“营非”选择仍在过渡期。2019 年 3 月 27 日,在教育部办公厅印发的《民办教育工作部际联席会议 2019 年工作要点》中指出:规范民办学校办学行为,研究制定非营利性民办学校监督管理、财务监管和民办高校内部治理等办法。这充分说明,政府对非营利性民办高校监管的适切性需求。目前研究非营利性民办高校政府规制监管的较少,石邦宏(2008)提出“监管民办高校教育质量”,隽同强(2011)和潘留仙、陈文联(2015)提出“非营利性民办高校约束机制建设”等问题,这些研究提出民办高校发展需要政府“善治”监管,而政府的“善治”监管需要可行的监管政策支撑。老子曰:“正(政)善治,事善能。”学者俞可平认为:善治就是使公共利益最大化的社会管理过程。善治程度越高,管理的有效性也就越高[1]。政府“善治”成为新时代政府监管民办高校进行分类发展的主要举措,不容忽视。为此,本文尝试转换研究角度,站在政府治理视角,正视非营利性民办高校规制监管存在的现实问题,聚焦“组织建设、管控重点和机制约束”等问题,强化政府规制监管的“善治”行为,积极回应国家制定非营利性民办高校政府监管政策的切实需要。

---

* 基金项目:教育部人文社会科学研究青年基金项目(18YJC880053)。

一、非营利性民办高校政府监管是促进民办高等教育发展的要求

“支持与规范”是国家对民办高等教育发展和治理的法理定位，一手抓支持，一手促规范，两者缺一不可，共同组成了我国民办高等教育的政策体系。在支持和规范中，规范是基础和前期，若不能实现规范发展，加大支持就失去了意义，加大支持建立在规范发展的前提下。当前，非营利性民办高校的举办方存在经济利益诉求，学校内部法人治理结构的不合理、办学行为的不规范等原因决定政府须加大规制监管。

（一）防止非营利性民办高校举办方逐利倾向的需要

投资总是在寻找某种利益，不图利益回报的投资往往是缺乏责任的行为[2]。我国民办高等教育办学的基本特征是投资办学[3]。逐利是我国民办高校在初级发展阶段投资办学的必然特性。实施分类管理后，大多数民办高校会选择成为非营利性民办高校，但是其举办者并不会在短期内完全改变投资办学的诉求。举办者会利用自己对民办高校的控制权，通过多种方式获得回报，若不加强对非营利性民办高校的规制监管，分类管理会存在流于形式的风险。首先，举办者可以利用举办者变更的方式获得经济回报。根据《民促法》的规定，民办高校的举办者可以是社会组织（主要是投资公司）或个人，举办者享受特定的权利并承担相应的义务。举办者变更实际上就是学校举办权的交易行为，容易导致学校资源的外流。《民促法》修改以后，国内多所民办高校将举办者由自然人变更为教育公司。举办者变更为教育公司以后，公司层面的股东变更只需要在工商部门登记，民办高校的实际控制人往往通过公司层面的股东变更获利，教育行政部门很难实施有效的监管。目前已有部分民办高校举办者通过转让、变更学校获取数亿元经济收益。其次，举办者的关联交易缺乏有效的监管手段。在投资逐利理念下，部分“非营利性民办高校”的办学者，以“非营利之名”既获得国家税收等有关优惠政策，又通过有关协议和关联交易方式获得利润，在某种程度上导致宏观层面推导的民办教育分类管理失去现实意义[4]。据有关媒体统计，《民促法》修订公布后不到 2 年的时间，已有民生教育、新高教集团、宇华教育集团、春来教育集团等 7 家教育公司在港股上市。截至目前，A 股或港股已经或拟证券化的民办高校共 33 所（其中独立学院 9 所、独立设置的民办本科院校 14 所、民办专科 10 所）。这些上市的教育公司所控制的民办高校，大多都准备选择非营利性民办高校，上市教育公司的大部分利润均通过关联交易的方式从高校获得，这种关联交易也会损害学校自身的利益。所以，非营利性民办高校举办者的逐利倾向要求政府加大规制监管。

（二）完善非营利性民办高校内部治理结构的需要

非营利性民办高校内部法人治理结构是其科学管理和可持续发展的核心问题，是彰显办学能力和管理水平的重要标志。首先，内部法人治理结构的不合理制约学校民主决策与科学发展。民办高校领导体制是董事会领导下的校长负责制，党委主要发挥政治核心、保障监督职能。但在实际中仍有部分民办高校董事会揽权较多，权力较大，聘任的校长成为“打工者”，校长治校职权没有得到保障，选派的党委书记虽然在党务方面职责明确，但参与学校董事会进行重大决策方面的话语权不够。董事会、党委和行政职能在民主管理、群策群力、分工合作等方面还存在错位，校内顶层的“三驾马车”还没有形成并驾齐驱之势，导致民办高校内部法人治理结构存在问题，在一定程度上影响学校科学决策与管

理效率。其次,普遍而浓厚的家族化影响非营利性民办高校健康发展。当前民办高校存在横向和纵向两个方面的家族化。横向家族化是指多个家庭成员共同担任民办高校要职参与学校管理,纵向家族化是指举办者子女接班成为新的决策者。一定范围内的家族化管理有利于民办高校提高决策和管理效率,但若存在某些家庭成员素养不高、家庭内部关系不和的现象,甚至有的学校因此产生激烈矛盾而导致学校倒闭,严重制约和阻碍了学校的可持续发展。第三,民办高校监事监督职能存在缺失。《民促法》首次提出要完善民办学校的监督机制,《若干意见》也提出民办学校要建立监事(会)。监事会是监督民办高校规范办学、科学决策的重要机构。根据调查,目前很多非营利性民办高校建立的监事会,仍是由举办方家族成员担任监事会领导,主要存在履行监督职能不够,监事权限发挥不够甚至成为摆设,直接参与学校重大事项决策较少的问题,造成监事会监督工作职能缺失、师生及利益相关者权益得不到有效保障。综上所述,非营利性民办高校法人治理的不完善需要政府加强规制监管。

(三) 规范非营利性民办高校办学行为的需要

非营利性民办高校规范办学是其赢得社会正面形象的重要载体,是民办高校赖以生存的基本条件。然而,仍有部分非营利性民办高校在财务管理、师资队伍建设和教学质量等方面存在一些不适当行为,给民办高校带来较大的负面影响。首先,财务管理和经费使用不当导致学校产生一定的办学风险。"民办高校投资办学的性质决定了其在市场经济中风险发生的必然性,而其中财务风险最主要、最关键、也最具破坏性。"[5]民办高校由于办学经费来源的特殊性,财务管理实行的仍是集中制管控。大多数学校没有实行经费管理的规划与预算制度,在学校财务管理执行与监督方面存在漏洞。经费使用中也存在一些变换或调整支出范围的问题,在经费设立、保障配置、监管审计等方面规范不够,造成经费使用效率不高,制约办学效益。其次,教师人事管理不规范造成学校办学声誉下降。民办高校教师人事关系基本上是合同聘任制,青年教师在职收入和退休后的社会保障远远低于公办高校,教师会把自己工资待遇和保障与同类公办高校对比,一有好的机会就有人跳槽离开。有的民办高校不能按时发放工资和福利待遇,不能保障教师合法权益,缺乏必要的人文关怀,如爆出"开除患癌女教师"等负面新闻就是例证,降低了民办高校对教师的吸引力和民办高校的社会声誉。第三,主要教学环节质量问题造成学校的社会信任危机。大多数非营利性民办高校是非学历教育升格为高职或高职升格为本科的院校,学校定位于应用型人才培养,部分民办高校的学生校外实习教学一直沿袭高职阶段的固有模式,定期组织学生到校外企业进行生产实习锻炼,由于企业用工时间和生产实际的不同,很多专业的学生被安排到与所学专业对口率不高的岗位进行跟岗,因为工作时间和劳动强度等问题,造成学生与企业发生摩擦,进而学生家长也与学校产生矛盾,家长又会把问题诉至社会媒体,媒体报道造成社会对民办高校教学质量的有效度产生怀疑,进而影响民办高校的整体办学声誉。

二、非营利性民办高校政府监管的三大缺失

政府规制监管是促进非营利性民办高校发展与规范不可或缺的重要手段。民办教育实施分类管理后,政府规制监管的质量直接决定了国家支持和规范民办高等教育发展的

效度。当前,非营利性民办高校政府规制监管主要存在组织机构不健全、规制监管重点不明确、规制监管机制不完善等三个方面的问题。

(一) 监管的组织机构薄弱

非营利性民办高校占据民办高等教育的三分之二体量,但是政府监管非营利性民办高校的组织建设还较薄弱。首先,政府规制监管的组织机构不健全。在国家层面没有专门的民办教育行政管理机构,只在教育部发展规划司下设民办教育管理处,部门工作人员少,研究制定落实民办教育政策措施的人力资源明显不足,难以把握全国民办高校实际动态;在地方层面只有部分省(自治区、直辖市)设立民办教育处(科),同样是人员少。从国家到地方的监管没有形成体系,监管口径也不一致。各级政府对民办高校的规制监管普遍存在“四不”现象,即机构不健全、人员不到位、职责不明确、监管不深入。民办高校在办学实际工作中遇到问题时经常出现无处咨询、无法推进、无能为力。其次,行政部门多头规制监管问题普遍存在。根据《中央有关部门贯彻实施〈国务院关于鼓励社会力量兴办教育促进民办教育健康发展的若干意见〉任务分工方案》,教育、民政、工商、税务、公安、消防、卫生等部门都负有对民办学校的监管职责,要对民办高校进行规制监管,但是各部门监管民办高校的制度和实际行动无法形成组织合力,没有实现主管部门牵头,协助部门配合,齐抓共管的统一治理模式。一些省份尚未建立相应的省级民办教育联席会议制度。有些行政部门把民办高校作为营利性机构看待,对民办高校开展规制监管工作时经常是集权式干预多、服务少,管理越位或者缺位多,协同服务少,造成规制监管主管部门权力较大、民办高校办学自主性较弱的局面。

(二) 监管的重点不明确

政府规制监管非营利性民办高校的制度未明确监管重点,以至于在实际工作中监管抓手不够。首先,内部法人治理结构不合理。非营利性民办高校的发展属性决定了其治理结构的单一性。创办者仍实行“家族化、夫妻店、兄弟连”的“自主任性”中小企业管理模式[6]。有的学校认为只要规模不减,学校就一直会立于不败之地,而任性单一的管理模式已经不能适应民办高等教育由粗放到精细化的发展需求,特别是政府、学校、教师、学生、家长等利益相关者都在关注自己的利益保障,学校内部治理制度存在明显不足。其次,资产和财务一直未得到有效监管。比如教育部25号令要求民办学校进行资产过户,但是仍有大量的民办高校没有进行资产过户。《民促法》规定,民办学校对举办者投入民办学校的资产、国有资产、受赠的财产以及办学积累,享有法人财产权,任何组织和个人不得侵占。但根据笔者对91所民办高校的调查发现,94.4%的民办学校设立了学校名称的银行基本账户,还有5.6%的民办学校尚未设立学校名称的银行基本账户,资金管理不规范。民办高校财务成为监管最薄弱的环节。第三,办学章程的审核与执行监管还未到位。章程是大学的“基本法”,只有制定了完善的大学章程,才能围绕章程制定学校各个方面的“部门法”[7]。章程的制定需要政府的审核,政府应加强对民办高校章程制定和执行情况的检查监督[8]。但是,目前大多数民办高校的办学章程未通过省级教育行政部门核准,导致政府规制监管规范协议的缺失。

(三) 监管的机制不健全

政府规制监管非营利性民办高校机制决定了监管工作的质量和有效度。首先,未建立长效的规制监管机制。除有民办普通高校设置标准外,还未有系统的非营利性民办高校评价标准。目前国家对高校的监管主要是教学评估,本科高校5年一轮,高职院校是教学诊断评价,这些评估周期太长。虽然大多数省份开展了民办高校年检制度,但有的地区的年检流于形式,不能很好地发挥监管作用,民政部门和教育行政部门职能相互交叉。其次,未能主动把握学校瞬时性办学风险的预判干预。由于非营利性民办高校办学者不同的教育理念、价值观、对教育规律和市场规律的不同把握等缘由,有时缺乏对外部环境政策和内部苗头性问题的研判,办学风险可能随时发生。这些突发性办学事件让政府和学校束手无策。如:因为办学土地问题处理不当,当地群众集体围堵校门,经常干扰正常办学;学生发生意外突然伤亡,引发家属组织人员大闹学校,干扰正常教学秩序;学生因学籍等原因产生上访事件等等,一旦学校和管理部门对发生的风险未及时掌控,就会出现区域性群体事件,给办学造成不良影响。第三,对违规办学行为的执法力度缺失。非营利性民办高校由于办学资金紧张,特别是以举办工科、医学和艺术类学科为主的民办高校,学科专业仪器设备要求高,有的学校为节约办学成本会压缩开支,有的甚至违反有关规定减少实践课程。部分学校压缩教师社会统筹上缴比例,而社会劳动保障部门缺乏对民办高校严格执法,造成教师合法权益受损。

三、非营利性民办高校政府监管的"善治"路径

"认真分析民办高校面临风险,按照非营利性民办学校特点建立防范和监管办学风险机制是促进民办教育可持续发展的关键所在。"[9]"对民办高等教育办学活动仅靠'服务者自觉'和'消费者警觉'远远不够,它不能仅仅依靠类似于私人产品市场上的'企业自律'和'买者注意'规则,还必须有赖于强有力且符合逻辑的外部监督机制。"[10]所以,在国家上位法的规制下,通过"建立组织机构、明确监管重点、强化约束行为"等主要举措,实现政府对非营利性民办高校的"善治"监管。

(一)完善监管的组织机构

主动适应国家"放管服"政策,建立专门的民办教育规制监管机构,保障政府职能的落实①。落实2017年8月14日国务院同意建立的民办教育工作部际联席会议制度,加强部门协调配合,共同破解民办教育发展中的重点难点问题。有全国人大代表曾建议教育部增设民办教育管理司,在国务院和教育部指导下协同有关职能部门做好政策制定与督查工作,这一建议在目前非常具有现实针对性。在地方层面,加强规范各省域和地市级民办教育管理机构建设,配足配齐人员编制。加强中央和地方的沟通协作,构建国家、省和地市三级民办教育管理系统,明确工作职责和规制监管流程,配置专门人员从事民办教育管理与服务工作。落实国家非营利性民办高校管理制度,确定年度工作计划和重点推进工作,定期组织相关职能部门有计划开展非营利性民办高校的调查研究、集体会商研讨,有效协同相关部门解决共性问题,让非营利性民办高校在国家支持和规范的政策下快速发展。

---

① 李孝轩在2018年8月23日《人民政协报》发表《上市教育机构如何看待民促法实施条例送审稿?》,文中建议教育部增设民办教育管理司。笔者也认同此建议。

(二) 明确监管的重点领域

从政府监管角度来看,政府对学校面面俱到的监管是不现实的,但是抓住内部治理、财务、法人财产权和教学质量等四项重点是政府落实民办教育分类管理的必然要求。一是优化内部法人治理结构。非营利性民办高校是以实现公共利益为目的而设立的非营利法人。我国民办教育分类管理的实践刚刚起步,面对特殊的发展背景和民办高校法人治理中存在的一些痼疾,如果没有相对完善的法律制度对两类民办高校的治理结构分别进行规制,那么分类管理很可能流于形式抑或出现混同[11]。用现代大学制度指导学校做好内部法人治理工作,政府统一核准并公开民办高校办学章程,完善法人章程建设,逐步推进"家族化"单一管理向利益相关者共同治理发展,建立"董事会领导、监事会监督、党委组织保障、校长执行治学、师生主动参与"的"五位一体"内部治理体系。二是加强财务工作监管力度。建议加快研究制定《非营利性民办高校财务监管办法》,核定学校财务机构设置标准,建立财务人员准入制度,实行举办者亲属回避制度和第三方审计制度。重点监管学费收入是否进入学费专户,年度预算是否向师生公开和在主管部门备案,资产和负债管理是否准确在账,资金使用是否符合财务规定要求。鉴于非营利性民办高校的非营利属性,特别要对包括 VIE 结构在内的关联交易财务进行跨部门严格协同监管。三是强化落实法人财产权的规制监管。政府监管部门要监管民办高校是否落实法人财产权,资产是否过户到学校名下,举办者是否有侵害学校合法权益的情况发生,是否从源头上存在不规范资产交易和显性的民办高校办学风险情况。四是加强教学质量监管。研究改进地方教育行政部门年检工作不足,由教育部民办教育主管部门牵头,制定非营利性民办高校年检标准,各省市具体组织实施,及时纠正学校教学方面的不规范行为,做到不走形式,客观考评,年检结果向社会公布并与学校办学奖惩挂钩。根据国家新发布的专业类国家标准,制定并组织开展民办高校专业评估,推动学校参加国家组织的教学工作评估,把政府监管教学质量落到实处。

(三) 建立监管的"善治"机制

教育是育人的活动,教育服务是一类特殊的"商品"。对各级各类民办学校的举办及运营,都不能放任自流,而应建立起相应的行政监管措施[12]。各国普遍注重和加强对私立教育的管理、监督和评价,通过相关法律和评价机制将办学行为置于国家监督之下[13]。建立政府规制监管机制是保障国家推动非营利性民办高校健康发展的基本规范。

1. 建立三方组织监测认证制度

认证制度是美国高等教育领域的重要质量保障模式,营利性和非营利性私立高校要想获得联邦政府的项目资助,必须通过联邦教育部认可的认证机构的认证[14]。建立社会三方组织监测认证是国际成功经验,开展非营利性民办高校认证工作是政府支持学校的重要审核程序。一是按照国家"管评办"分离政策,政府公开招标确定认可社会合法三方组织。结合民办高校分类管理制度,研制非营利性民办高校办学监测认证标准,通过定期开展非营利性民办高校监测认证工作,将认证结果分为合格与不合格两个等级。二是建立监测认证结果与政府财政扶持政策挂钩制度,根据政府扶持非营利性民办高校的有关政策,对于办学规范、特色明显、师生满意度高的非营利性民办高校政府授予"民办非营利性监测认证合格高校",给予政府专项财政支持;对于办学不规范、师生不满意、社会声誉不好的民办高校下达限期整改通知书，在整改期限内民办教育管理机构加强管控财政支持、招生计划、专业设置和教学科研项目申报，对超整改期限仍未通过监测认证的学校吊销办学许可证。

2. 建立风险防范与联合执法制度

构建风险防范与联合执法机制是政府规制监管的刚性举措。一是建立非营利性民办高校风险防范干预制度。教育行政部门要定期指导和培训非营利性民办高校的举办者和校长，用制度指导举办方坚持公益性和遵照教育规律，淡化逐利，正确处理办学效益与经济效益的平衡关系，通过前置性规范减少民办高校不规范办学行为的发生，促进办学者回归教育初心、回归人才培养本位。二是建立并实施多部门协同联合执法机制。按照法律程序做好联合执法的各项工作论证，向社会公示处置非营利性民办高校违法执法工作规范。当非营利性民办高校遭遇"突变型"办学风险和违法违规办学行为时，在国家民办教育管理机构指导下，各级地方政府教育行政部门结合地方公安部门牵头成立联合执法机构，重点对违规行为、校园风险爆发、师生重大危机、教学质量风险开展联合执法。用好政府规制监管应急机制，一旦学校出现较大危机时，启动应急处置预案，协同相关机构，组织各方力量保障学校平稳运行，保护师生员工的合法权益，维护民办高校的正面形象。

3. 建立学校信息公开与披露制度

非营利性民办高校办学信息公开与披露是其社会诚信度的重要体现。民办高校信息披露可以从高校、监管部门和三方机构进行提供[15]。一是建立规制监管学校重要信息查询平台。按照教育部 2010 年颁布的《高等学校信息公开办法》的要求，建立非营利性民办高校信息公开平台，由省级教育行政部门负责监督管理，按照日常业务管理掌握信息，和社会三方监测认证结果，通过官方平台向社会发布学校的办学许可证、法人变更、诚信办学和认证结果等重要信息，让社会、家长、学生等利益相关者了解学校的办学信息。二是委托社会组织建立学校常规办学信息发布平台。按照非营利性民办高校办学章程，委托非营利性民办高校联盟等社会组织，统一向社会公布学校的办学条件、教学科研、收费标准、管理模式、就业创业、师生成果等常规性信息，定期向社会公布年度办学质量报告，保障家长、学生、管理部门的知情权，帮助学校树立良好社会形象，让社会知晓学校的办学实际，吸引考生选择到学校求学深造。

四、结语

政府监管的"善治"是落实国家推进"放管服"政策的有效手段，是国家治理民办高校的重要责任。政府监管模式是一项十分复杂的系统工程，尤其是高等教育事关民族兴旺、人民福祉和国家未来[16]。多元化、服务型、督导式的监管是未来政府监管民办高校的理性选择。随着《中华人民共和国民办教育促进法实施条例》(修订草案)的逐步实施，强化民办高校规制监管的综合改革等举措仍然任重而道远，而政府对非营利性民办高校的"善治"监管却需在不断的实践与探索中前行。

参考文献：

[1] 俞可平.中国公民社会的兴起与智力的变迁[M].北京：社会科学文献出版社，2002：10.

[2] 贾少华.民办大学的战略[M].杭州:浙江大学出版社,2005:6.
[3] 邬大光.投资办学:我国民办高等教育的本质特征[J].教育研究,2006(6):59-60.
[4] 潘奇,董圣足.VIE架构在教育领域的应用、问题及其对策[J].教育发展研究,2018(5):23-28.
[5] 王旭,王志洲.民办高校财务风险的防范及其规避[J].教育科学,2014(5):32.
[6] 施文妹,周海涛.民办高校内部治理的变革特征、基本模式和未来走向[J].现代教育科学,2019(1):12.
[7] 孙宵兵.推进大学章程实施提高高校治理水平[J].中国高等教育,2016(19):6.
[8] 王维坤,张德祥.我国民办高校章程文本表达现状研究[J].中国高教研究,2017(7):47.
[9] 周海涛.民办学校分类管理政策研究[M].北京:经济科学出版社,2016:254-258.
[10] 柯佑祥.民办高校定位、特色与发展研究[M].武汉:华中科技大学出版社,2013:28.
[11] 王义宁.非营利性与营利性民办高校法人治理结构比较[J].浙江树人大学学报,2018(6):6.
[12] 董圣足.我国民办教育治理制度:变革与创新[J].华东师范大学学报(教育科学版),2017(6):21.
[13] 周海涛.国际私立教育发展动向和我国民办教育应有作为[J].清华大学教育研究,2017(3):29.
[14] 江虹,鞠光宇.美国政府对营利性和非营利性私立高校的分类管理研究[J].高教探索,2016(1):55.
[15] 史雯婷.民办高校办学风险及其监管体系建构[J].教育发展研究,2008(24):47.
[16] 李青.民办高校政府管制模式重构研究[M].北京:北京师范大学出版集团,2011:184.

作者: 刘亮军,厦门大学教育研究院博士研究生,郑州科技学院教务处副教授。

(原载《高教探索》2019年第11期)

专题二

专题三　教育与教学研究

民办高校的人才培养价值链管理

——基于人力资本运营的视角

杨炜苗

摘　要：在民办高校人才培养价值链的各战略环节中，每个环节的价值贡献率是不同的，贡献率最大的是人力资本环节，这与企业明显不同。科学的人力资本运营管理表现为价值链边际价值的递增性，这种递增性有利于高校人才培养价值链产生的社会效益和经济效益的持续增长。在竞争日益激烈的今天，民办高校借鉴并引入成熟的价值链管理理念和方法，用以指导教育教学管理实践，可以提高办学质量，增强学校的市场竞争力。

关键词：民办高校；人才培养；价值链管理；人力资本

一、民办高校人才培养价值链管理的特点

自1985年美国学者迈克尔·波特创立价值链理论以来，价值链管理就逐渐成了保证组织竞争力的重要工具。迈克尔·波特认为，价值链由一系列连续活动组成，是原材料转换成最终产品并实现价值不断增值的过程。在价值链上，每一个能创造价值的活动都被称为价值活动。这些活动的有机联系，构成了完整的价值链[1]。价值链理论认为，企业之间的竞争不只是价值链某个环节的竞争，而是整个价值链的竞争。进入21世纪，随着价值链理论的丰富与发展，其应用也从企业延伸到其他领域。在民办高校不断发展壮大的今天，借鉴并引入成熟的价值链管理理念和方法，用于指导民办高校教育教学管理实践，对于扩展价值链理论的应用领域，提高办学质量，加强学校的市场竞争力，无疑具有十分重要的理论和实践意义。

改革开放40年来，我国民办高校在推进高等教育改革，丰富人才培养类型，创新人才培养模式，激活高等教育内部竞争，提高办学效率和效益方面充当了先锋角色，为国家经济和社会发展作出了重要的贡献，其作用和影响也越来越受到政府的肯定和社会的认可。但是，由于创办比较仓促，办学历史比较短，民办高校与公办高校相比往往缺乏积淀，初始根基浅，基础条件和管理经验明显不足，对优质人力资源的吸引力不高，面临的困难比较多，如办学层次偏低、科研水平不高、社会声誉有待提升等。程春认为，“我国民办高等教育先后经历了恢复发展期、缓慢发展期和快速发展期，现已进入规范调整期，这一时期民办高校竞争加剧，将会出现优胜劣汰的局面”[2]。面对日益激烈的竞争态势，民办高校必须实施并加强竞争战略，而强化价值链管理无疑是提升竞争力的有效措施之一。

李瑛认为,“高等教育的产品是科研成果、学生的专业能力和综合素质”[3]。民办高校人才培养的价值链管理就是激励学校教职工不断努力投入教育活动,并将其与学校各种教育资源有机结合,从而实现学生素质和能力的生成与发展,最终达成价值增值所展开的一系列活动。人才培养价值链管理主要体现为对在校学生实施全方位、全过程的教育和培养,保证人才培养质量,使他们走入社会后能成为有用之才,在为社会发展作出贡献的同时实现自身价值。学校价值链管理主要有两个目的:一是确认获得成本优势的机会,与竞争对手相比,寻求以较低成本为社会培养更高价值人才的途径;二是实现人才培养预期目标,为学校构筑社会竞争优势。学校开展的所有教书育人活动,本质上都属于价值创造过程。正是人才培养价值链把学校教育教学与管理活动分解为战略上相互联系而又各不相同的价值活动,学校才得以通过系统性完善各项价值活动来提升自身的竞争优势。

组织竞争力来源于组织价值链管理的协同效应及组织价值系统的整合协调管理。就民办高校而言,其价值链由学校内外相互影响、相互作用、相互支撑的一系列活动组成,通常需要各环节分工协调,而不仅仅是一些独立价值活动的简单组合,更不是仅靠某个环节就能完成全部的价值活动。实际上,在民办高校人才培养价值链的众多价值活动中,每个环节的价值贡献率是不同的。人才培养价值链的某些特定价值活动,明显具有无法替代和仿制的特点,从而构成了代表学校竞争优势的“战略环节”。在这些战略环节中,人才培养贡献率最大的无疑是学校的人力资本,这一点与企业明显不同。人力资本思想在西方古典经济学理论中早已出现,但直到 1935 年,美国经济学家、哈佛大学教授沃尔什在其《人力资本观》的论文中才第一次正式阐述了人力资本的概念。经济学家西奥多·舒尔茨 1960 年发表的题为“人力资本投资”的演讲认为“人力资本强调的是以某种代价获得的能力,人的知识、技能、健康等,人力资本的提高对经济增长的贡献远比物质资本、简单劳动数量的增加重要”[4]。从民办高校人才培养价值链的各项价值活动来看,学校人力资本对价值增值的贡献与企业的不同之处表现在三个方面。

第一,创造价值的手段不同。企业价值链中实现价值创造的手段主要是根据企业所从事物质生产活动的工艺技术要求,通过先进设备设施、高质量材料和工艺等物质资源实现企业的产品、服务价值创造。在现代化企业中,人力资源具有很高的替代弹性,因为人工成本不断上升以及新技术不断涌现,许多过去由人来完成的复杂的重复性生产任务,现在完全可以借助高度自动化、智能化的设备来精准完成,生产过程中人的作用已经退居次位。而在民办高校中,人才培养价值链的每个价值创造环节尽管也需要一定的物质条件保障,如实验设备、现代化教学设备等,但绝大多数的教书育人活动和环节都要通过人力资本投入和价值转换才能完成,包括围绕学生的培养目标,科学设计人才培养方案并据此展开一系列教育教学管理活动。民办高校通过人力资本的积累、配置、使用等价值创造过程,使学生在校期间逐步完成知识和能力的积累与提升,并进而通过他们走入社会后的服务社会具体绩效,间接展现学校人才培养价值链管理的质量和效果。在整个过程中,人力资本的作用始终不可替代。

第二,创造价值的过程不同。企业的价值创造过程涉及所有生产与经营活动,包括产品生产、销售、物流、计划、财务、人力资源管理等。在生产过程中,原材料的形状和性质发生变化，机器和厂房等通过反复使用而发生价值转移，再加上与工艺、技术、专利相结合，企业最终通过产品生产而创造新的价值。生产要素在创造新价值的同时也消耗了自身价值，生产资料和物质条件的改善本身不会创造新价值，只能使原有生产价值相对稳定，以确保企业的市场竞争力。反观民办高校人才培养价值的形成过程，学校作为整合知识、传播知识、创造知识的机构，它整合具有专业知识的人力资本，然后将他们投入到教书育人实践中，其价值创造过程主要是人力资本协同合作发挥作用的过程，这种协作可以有效突破专业配套、部门协调和内外部环境的限制，全方位培养学生以使他们掌握科学知识、提升素质和能力，成为对社会有价值的人。民办高校还有一点与企业不同，即学校价值贡献率最高的人力资本具有可塑性和增值性。学校采取有效措施，不断提高人力资本积累和价值创造能力，再通过价值传导机制，使新形成的人力资本发挥更高水平的能力，并将其运用到教书育人实践中，以进一步提升学生培养质量，使学生具备更高的服务社会价值。反之，如果学校人力资本的积累与价值转换能力不能随社会发展而提升，传导到人才培养上的结果就是教育教学水平达不到要求，培养的人才不被社会认可。

第三，创造价值的衡量形式不同。企业创造价值是按照生产工艺和工序要求，通过一系列物质形态和性质的转换与变化来创造价值的过程，最终形成具有新价值的产品。通常在产品生产完成后就立刻形成了新价值，将资源投入转化为新产品，再经过销售后回笼资金，企业就可以通过对各种要素投入-产出数据的计算得出其经济价值。企业往往也是根据这些数据而采用不同的市场竞争战略，以比竞争对手更低成本、更出色地开展价值增值活动来赢得竞争优势。而民办高校人才培养价值链则是通过人力资本的价值转换，将知识和能力经由教育教学活动等价值传导机制作用到培养对象——大学生，使之成为对社会有用之人。与企业的产品生产不同，学校人才培养价值的实现并非立竿见影，而往往是一个潜移默化的过程，存在一个滞后期。学校人力资本创造价值的效果只能通过学生将来参与工作后的情况才能观察到，包括毕业生走入社会后对所做出的贡献，如取得的创新成果、创造的经济效益、形成的文化素养等。人力资本与其他资本相比具有主动性、创造性的特征，在保障和提升办学质量中起着至关重要的作用，对民办高校的生存与发展具有决定性影响。作为主动要素的人力资本与作为被动要素的办学物质条件有机结合，构成了民办高校契约的两大主体，也形成了学校的办学质量和竞争力，支撑了学校的发展。

综上所述，笔者认为民办高校人才培养价值链管理的根本性任务之一，就是加强人力资本的运营管理。从人力资本运营管理的视角，研究民办高校在价值链各环节如何充分发挥人力资本作用，加强人力资本工作的协调和关联，对提升价值链管理水平、优化教书育人、使学校保持竞争优势很有必要。

二、人力资本运营视角下人才培养价值链的运行机制

民办高校人才培养价值链的内部联系使各种人力资本管理活动组成一个系统。从运行机制来看，人才培养价值链是产生人才培养预期效益、环环相扣的行为活动集合或顺序链。民办高校从新生入学开始，都会根据不同专业人才培养方案，对学生整个大学期间的课程和学业递进进行系统设计和安排，如各年级分别开设什么课，哪些是必修课、哪些选修课，开设哪些实验课，完成哪些作业和毕业论文等，这一系列活动构成了培养学生成才

的过程。学校人才培养方案中所涉及的各种教育教学活动构成了价值链中的一个个战略环节,每个环节代表了某种特定的价值创造任务。因此,民办高校人才培养价值链也可看成学生经历的,从入学时的有限知识和能力,经过在校期间的教育教学培养,最终学有所成走向社会并创造价值、实现价值增值的一系列活动。

由此可知,学校人才培养价值链管理的关键工作是充分发挥人力资本的作用,通过科学管理,提升人力资本的积累、增值和价值转化能力。人力资本积累和增值后的价值体现在三个方面。一是可以避免单位正式控制中的机会主义行为,减少单位的监督成本。这是因为更优质的人力资本拥有者具有积极主动的工作意愿和能力,能自觉遵守单位规章制度,从而主动顺从管理要求,而不是被动接受监督。二是可促进合作并减少讨价还价的成本。高素质人力资本的拥有者具有良好的合作意愿,不会斤斤计较,他们往往乐于分工协作,促进更多协作行为的生成与发展。三是优质人力资本拥有者一旦受到重视和重用,会以更加专一、更积极的状态投身教书育人活动,成为改善学校办学质量的原动力。因此,学校人力资本运营管理顺畅不仅可以使人才培养价值链管理达到预期要求,而且可以使学校获得可持续性发展,还使得教书育人在不同环节顺利进行,从而保证学生按期毕业并提高学校的市场响应能力。

为便于分析,我们可以为人才培养价值链的每个环节建立一个价值函数模型,即$f(x_i, y_i)$。这是一个多元函数,其中i表示民办高校人才培养价值链中第i环节;x_i表示在第i环节对形成价值具有最大影响力的自变量——人力资本积累和价值转化能力;y_i表示在第i环节除人力资本以外的其他能影响价值形成的自变量因素。由此可知,民办高校人才培养价值链的总价值公式应是:

$$总价值=\iint_{(i=1)}^{n} f(x_i, y_i)\mathrm{d}x\mathrm{d}y$$

式中n表示高校人才培养价值链的环节数,由于人力资本以外的其他能影响价值形成的自变量因素y_i在一段时间内一直处于消耗过程中(如教学设备设施折旧、损耗等),所以其对人才培养价值链的边际贡献也呈递减趋势(如教学功能降低、过时等);而人力资本则具有自我完善和增值功能,因此,在考虑对人才培养价值链的影响时可忽略非人力资本的作用,仅考虑人力资本变化的影响。当价值链i环节相应的人力资本自变量x_i发生变化时,会引起该环节边际价值的变化,如以下公式所示:

$$第\,i\,个环节人力资本边际价值=\frac{\partial f(x_i, y_i)}{\partial x_i}$$

本研究所强调的人力资本是高校人才培养价值链的最重要组成部分,价值链各环节人力资本作用的发挥基本上是按照局部目标运行的,但这些节点目标相加并不一定导致价值链整体性能最优,而且很可能相互冲突。如果每个战略环节的人力资本边际价值变化率>0,则表明经过各种投入与运营管理,人力资本积累和价值转换能力都得到了提升,传导到人才培养过程就会实现人才质量的提升,即边际价值增值。将这种人力资本运营管理用于价值链战略各环节并发挥作用,其结果就是实现价值链的总体增值,用公式表示如下:

$$人力资本运营总边际价值=\iint_{(i=1)}^{n}\frac{\partial f(x_i, y_i)}{\partial x_i}\mathrm{d}x\mathrm{d}y>0$$

这表明通过人力资本积累和价值转换能力提升，人才培养价值链实现了增值，表现为社会对学校培养学生质量的认可度提高，学生为社会贡献更多，学校吸引生源的能力更强，市场竞争力也更强。

如果每个战略环节人力资本运营边际价值的变化率并不都大于 0，甚至有的环节为负（比如人力资本得不到及时积累，知识陈旧，教书育人能力下降；甚至出现人力资本起反作用，如发生机会主义行为、组织内斗或重要岗位的人力资源流失等），那么就可能出现人力资本运营总边际价值<0 的情况，用公式表示如下：

$$人力资本运营总边际价值=\iint_{(i=1)}^{n}\frac{\partial f(x_i, y_i)}{\partial x_i}\mathrm{d}x\mathrm{d}y<0$$

这说明人力资本总体的积累和价值转化能力不仅没有达到要求，反而使培养学生出现"贬值"，表现为毕业学生对社会的贡献下滑，社会对学校人才培养质量的评价下滑，学校的社会竞争力减弱等。

如果人才培养价值链人力资本运营总边际价值=0，用公式表示为：

$$人力资本运营总边际价值=\iint_{(i=1)}^{n}\frac{\partial f(x_i, y_i)}{\partial y_i}\mathrm{d}x\mathrm{d}y=0$$

这说明人力资本积累和价值转换能力的变化有限或各环节的作用相互抵消，传导到学校人才培养价值链上的总体作用非常微弱。比如学校虽然为教师开设了教育进修培训课程等，但由于缺乏针对性，内容简单陈旧，学无以为用，从而导致人力资本积累和价值转换能力提升很小，对人才培养的影响力几乎为零。总而言之，就是教学和管理水平改善有限，价值创造起色不大，社会对学校人才培养质量的评价并没有明显变化。

此外，人力资本运营总边际价值等于零还可能表明，在目前条件下人力资本变化产生的影响已经达极值或拐点（比如教师因某些原因导致其学习能力已经达到上限），即使再增加投入人力资本积累和转化能力也很难突破瓶颈，甚至会适得其反。这对学校来讲，再追加投入会造成浪费，因此需要调整增强人力资本积累和转化能力的方式。

三、民办高校人力资本运营管理中存在的问题

第一，对价值链各战略环节人力资本的重要作用认识不足。一些民办高校的管理层习惯用静态思维指导价值链管理，只看重对现有人力资源存量周而复始的使用，忽视当今社会快速发展变化对人力资本积累和增值的必然要求。如果民办高校不能随着科技进步和社会发展而重视人力资本积累和创新能力提升，不注重提高人力资本价值转化能力，不建立并完善发挥人力资本作用的激励机制，错误地以为简单周而复始地使用人力资本就可以达到节约成本并提高收益的目的，其结果往往事与愿违。

第二，对人力资本投资重视不够。我国民办高校是在国家经济尚不发达的背景下起步发展的，缺乏大资金投入，政府资助制度也尚未完全建立，绝大部分民办高校投入主要来自学费积余。由于学校正常运行需要经费开支的地方太多，再加上设备设施等实物方

面的投入通常会有立竿见影的效果，而人力资本投入的效果却往往隐而不彰，因此大部分民办高校重视将有限资金用于硬件设备设施建设，在人力资本方面的投入则明显不足。此外，学校过于依赖人力资源既有的知识和能力，没有真正认识到人力资本在创造价值的同时本身也需要不断积累和再造；而且学校还担心人力资本投资虽然可以有效促使其积累和增值，但无形中也可能加大人力资本讨价还价的筹码，提升管理难度，甚至会导致人力资源队伍不稳定，骨干人才流失。在部分民办高校，提供给教师的培训进修机会普遍很少，支持教师参加高水平学术交流的措施和经费缺乏，结果造成人力资源的知识结构老化，由此所引发的问题在整个人才培养价值链中被不断放大，传导到人才培养的各个环节，最终导致人才培养质量下降，不能满足社会需求，学校形象也受到损害，竞争力下降。

第三，缺乏有效的激励机制。人才培养价值链管理最根本性的任务是充分发挥人力资本的作用，但在这方面不少民办高校缺乏有效机制，在充分发挥人力资本作用方面还存在一些明显问题。比较突出的如学校在制定激励政策时，缺乏对不同人力资源的心理需求分析，简单化、一刀切现象比较普遍。还有学校对教师的考核评价不科学，管理者只立足于自身的工作需要，考评的主观随意性较大，往往缺乏人文关怀，导致教师的不公平感增强。另外，激励因素设置过于简单，激励的时间、力度、方式缺乏灵活性也是常见的问题。常见的激励方式仅有评几个优秀或先进工作者、给予一定的物质奖励或荣誉称号等形式，而在职级设定中因高级职称名额有限，教职工评上某一职称后常再难以晋升，在没有其他有效激励的情况下，现有激励措施很容易造成人力资本积累和发展动力不足。

第四，缺乏有效的协调机制。在民办高校中学科和专业相对独立，管理机构和教学院系遍布全校各个角落，人力资本分布不均，价值活动分散，再加上学校在价值链管理上往往缺乏有效的协调机制，导致不同职能部门和院系之间产生隔离和信息交流障碍，经常发生互争资源、各自为政的现象，难以形成发展合力。此外，民办高校对隐性与显性人力资本缺乏系统、科学的考察与评估，未深入调查分析其所处境况，搞清楚阻碍或促进其发展的各项因素，进而学校也不能科学评估价值链各战略环节人力资本的范围、结构、质量与数量，难以设计未来人力资本管理的方法路线图，出现用人不当、学非所用、岗位苦乐不均等现象。

四、对策与建议

刘龙刚认为，“与公办院校相比，民办高校教育体制没有上下左右更多的制约，拥有更大的灵活性，便于对市场快速反应”[5]。在变革的时代，民办高校所面临的种种挑战将导致学校办学理念的变迁和管理方法的改革。民办高校人力资本运营管理能更充分地迎合人才培养价值链管理的需求，能让学校更有效地利用人力资本来获取竞争优势，而且从人力资本运营管理入手加强民办高校人才培养价值链管理，可以更好地集成价值链管理和人力资本管理的优点，有利于民办高校建立核心竞争力并获取竞争优势，所以，民办高校应该重视和加强人力资本运营管理。为了更好地发挥人力资本在价值链战略中的重要作用，基于人力资本运营管理对人才培养价值链的重要性，笔者认为，民办高校可以充分利用自身管理机制的灵活性，以加强人力资本运营为切入点，不断提高人才培养价值链管理水平，为社会提供所需要的人才，具体对策和建议如下。

第一,实施人力资本强校策略。人力资本是学校落实人才培养最重要的资源。当今社会科技和知识快速发展变化,支撑新经济、新业态、新模式的新知识体系日益丰富多彩,传统专业和课程急需升级改造;同时,高校人才培养价值函数对人力资本变量的敏感性明显增强,学校人才培养价值链增值的原动力越来越多来自人力资本。无数事实表明,知识和能力多年得不到更新和改善会造成人力资本的贬值,经过价值传导机制,最终反映在价值链上就是创造价值的效果减弱。因此,学校各级领导要高度重视人力资本运营管理,树立人力资本强校的意识。

第二,加强人力资本的协同效应。民办高校的竞争优势来源于价值活动的有效协同,来源于价值链的优化。所谓协同效应,是指在价值链战略管理的支配下,学校内部人力资本在实现整体性协调优化后,通过内部各价值创造活动融合成学校价值链的整体功能,其往往能远远超出学校各单独价值活动之和。由此可见,学校成功的关键是对离散人力资本进行识别与整合、科学合理设计,以此实现人力资本的优化配置和协同,实现学校人才培养质量的提升和价值最大化。实际上,民办高校各项价值创造活动都是相互关联的,只有通过科学配置和协调来增强人力资本的协同效应,把人才培养价值链的主体活动与辅助活动与人力资本运营耦合起来,达到互相协调,步调一致的要求,使整体功能大于各子项功能之和,实现学校价值链活动的协同效应,才能更好地提升学校人力资本的价值贡献率,使创新不断涌现,让学校长期拥有竞争优势。

第三,提升人力资本运营管理水平。为了将人才培养价值链做精做强,首先,民办高校要通过价值链管理不断优化和调整价值创造过程,从功能与成本的比较中研究自己在哪些环节上具有比较优势,或可能形成竞争优势,进而集中力量培育并发展这种优势,另外,还可从打造和维护自身品牌的角度研究哪些是核心环节。其次,要对内部人力资本管理活动进行客观准确的测评,使学校能够正确认识人力资本管理上的长处和短处,从而根据实际情况作出正确的战略决策,对目前没有得到充分利用并具有潜能的人力资本提出运营管理改进措施。再次,要加强对人力资本的保护,也就是要维持学校人力资本的积累与增值状态,并且采用必要措施阻止人力资本流失。最后,要使人力资源管理向人力资本运营管理转变,从人力资本角度关注教职员工的知识更新和能力培养,这包括为促进人力资本积累而建立相应的激励机制,如教师在职培训进修、业务指导、营造良好校园文化等。

第四,加大对人力资本积累和增值的投资力度。阿尔弗雷德·马歇尔在《经济学原理》一书中指出:“所有的投资中,最有价值的是对人本身的投资”[6]。人力资本投资是为了产生价值增值,这种增值通常以教育(主要是继续教育)、培训(就业前或在职培训)或者其他方式获得,能在未来产生比投入更多的价值。根据人力资本的可塑性特点,学校要与时俱进,不断提高价值链战略各环节的人力资本积累和价值创造能力,在充分利用人力资源专长的基础上,还要注重教职员工的知识更新和能力培养,根据实际需要不断加大人力资本投资力度,真正实现由人力资源管理向人力资本管理的转变。

第五,有针对性地推进人力资本积累和增值。学校人力资本价值可以从个人和组织两个角度分析:从个人来讲,人力资本价值分为显性能力和隐性能力两方面,显性能力包括知识素养及其结构、教学管理技能、科研能力、价值转化能力等,隐性能力包括沟通能力、道德素养、积极性和执行力等;从组织角度来讲,人力资本价值体现为通过合作协调形成优良的组织文化、教风学风、团队精神等。阿尔弗雷德·马歇尔在其《经济学原理》中还提到教育可以开发人力资源的智力，教育会使原来默默无闻的人获得发挥他们潜在能力所需要的启动力量[7]。因此，学校进行人力资本投资特别是在教育和培训方面的投资应该有针对性，如教育和培训的重点应该是提升学历、教学能力和学术水平，加强国内外校际交流，鼓励开展科研创新活动，组织文化建设和执行力提升等。此外，由于人力资本具有自我完善和自我提高的强烈意愿，人们内心中都有比较明确的自我价值积累和增值的目标要求，一旦与外部所提供的针对性发展机会相结合，就比较容易取得预期效果。

第六，采取多种形式实现人力资本的积累和增值。人力资本的积累和增值不仅可以通过教育和培训来实现，也可在校内课堂教学、科研活动、知识创造、经验积累等实践过程中获得，同时还可在服务社会，研究成果的校内外交流、共享与转化中实现。人力资本增值所形成的新能力可以有效传导到人才培养环节，而且人力资本积累和再造的受益者的出色表现还具有积极的外部性，能形成很好的示范效应，会吸引和鼓励更多的人，继而产生更多的发展效益。

参考文献：

[1] 波特 M.竞争优势[M].陈小悦，译.北京：华夏出版社，1997：36.
[2] 程春.基于价值链分析的民办高校应用型人才培养研究[J].嘉兴学院学报，2015(2)：137-141.
[3] 李瑛.从价值链角度论民办高校核心竞争力的提升[J].科技创业月刊，2009(6)：10-11.
[4] 舒尔茨 T.论人力资本投资[M].吴珠华，译.北京：北京经济学院出版社，1992.
[5] 刘龙刚.价值链视角下民办高校核心竞争力评价[J].统计与决策，2011(9)：162-164.
[6][7] 马歇尔 A.经济学原理[M].廉运杰，译.北京：华夏出版社，2005.

作者：杨炜苗，北方国际大学联盟总校副校长，经济学博士。

（原载《高等教育研究》2019 年第 8 期）

2018 中国民办本科院校及独立学院科研竞争力评价研究报告

汤建民

摘　要：为了全面和持续地跟踪掌握中国民办本科院校及独立学院的科研发展状况，笔者从 2012 年以来连续组织开展了针对该群体高校的科研竞争力评价研究工作。本次，2018 年的评价对象包括 153 所民办本科院校和 261 所独立学院，评价指标体系设计遵循系统性、可比性、可操作性、可持续性、可重复验证、结合当前实际等六大原则，数据时间为 2016—2017 年，其中 2016 年的数据权重占 30%，2017 年的数据权重占 70%。研究结论为：①民办本科院校及独立学院目前的整体科研实力仍然十分薄弱；②从历年数据来看，一直处于排行榜前面的院校有浙江大学宁波理工学院等；③从单项指标看，发表 SCI 论文较多的是浙江大学宁波理工学院等；④近两年来，科研业绩有明显进步的民办本科院校有江西科技学院等。

关键词：民办高等教育；民办院校；独立学院；科研竞争力；大学评价；大学排行榜

中国高等教育已经进入一个新的发展时期，民办本科院校及独立学院作为高等教育事业中的一个重要组成部分，必须在发展速度与质量上跟上新时代发展的步伐。为了持续地收集和深入地分析这个群体的科研状况，笔者组织的研究团队在 2018 年继续开展了中国民办本科院校及独立学院科研竞争力评价的研究工作。

一、2018 年科研竞争力评价的基本做法

为最大限度地保证客观、公正、系统、动态和可持续地评价中国民办本科院校及独立学院的科研竞争力状况，2018 年评价工作的基本做法和前几年基本保持一致[1-7]。

在评价指标体系的设计原则方面，仍然坚持系统性、可比性、可操作性、可持续性、可重复验证和结合民办本科院校及独立学院当前实际等六大原则。

2018 年科研竞争力评价的指标体系如表 1 所示。

表 1　2018 年科研竞争力评价指标及权重分配

一级指标	二级指标	权重	备注
论文	人文社科引文索引(CSSCI)、自然科学引文索引(CSCD)论文	35%	线性指标计算法。同时采取当量法赋予两者不同的当量，以便对两类论文进行等质处理。人文社科论文、自然科学论文的当量分别取为 2 和 1
	SCI、SSCI、A & HCI 论文	10%	非线性指标计算法与线性指标计算法相结合
	中国知网(CNKI)期刊论文	10%	线性指标计算法

续 表

一级指标	二级指标	权重	备注
课题	国家社会科学基金、国家自然科学基金、教育部课题、文化部课题等	20%	非线性指标计算法与线性指标计算法相结合。采取当量法赋予四者不同的当量,对各类课题进行等质处理。国家级课题、部级课题的当量分别取为 3 和 1
专利	发明专利	15%	非线性指标计算法与线性指标计算法相结合
奖励	自然科学领域奖励、人文社会科学领域奖励	10%	非线性指标计算法

2018 年科研竞争力评价的对象为截至 2018 年 10 月 1 日教育部公布的 153 所民办本科院校和 261 所独立学院①。

2018 年的科研竞争力评价工作继续采用“动态评价法”进行计算,即进行 2018 年的科研竞争力排序时,不仅依据最近的 2017 年的数据,也考虑了 2016 年的数据,以避免因各种偶然因素引起排序波动过大的不足[8]。其中 2016 年的数据权重占 30%,2017 年的数据权重占 70%。

本次评价中的各种数据的统计范围和获取渠道如表 2 所示。

表 2　各种统计指标和数据来源

类型	统计指标	数据来源
论文	SCI、SSCI、A&HCI 论文数; CSSCI 论文数; CSCD 论文数; CNKI 期刊论文数	Web of Science; 中文社会科学引文索引数据库(CSSCI); 中国科学引文数据库(CSCD); 中国知网
课题	国家社会科学基金类项目	全国哲学社会科学规划办公室网站
	国家自然科学基金类项目	国家自然科学基金委员会网站
	教育部的相关项目	中华人民共和国教育部网站
	文化部的相关项目	中华人民共和国文化部网站
专利	发明专利数	中华人民共和国国家知识产权局网站
奖励	国家自然科学奖、国家技术发明奖、国家科学技术进步奖、教育部高等学校科学研究优秀成果奖	中华人民共和国科学技术部网站;中华人民共和国教育部网站

评价结果以三种形式给出:一是百分制分数;二是按分数从高到低的排序;三是层级标记,分为 A+、A、B+、B、C+、C、D、E 八个层级,层级和排序的对应规则为:A+(前 5%)、A(5%—10%)、B+(10%—20%)、B(20%—30%)、C+(30%—50%)、C(50%—70%)、D(70%—90%)和 E(90%—100%)。上述三种形式同时结合,可以比较全面地进

① 考虑到西交利物浦大学、北京师范大学-香港浸会大学联合国际学院、宁波诺丁汉大学、上海纽约大学、昆山杜克大学、温州肯恩大学、香港中文大学(深圳)等 7 所院校属于(中外)合作办学,和其他民办本科院校的情况有很大不同,因此这些院校没有被纳入本次评价范围。

行各校科研竞争力的强和弱、进步和退步的横向与纵向比较。

二、2018 年科研竞争力评价结果排序

(一) 2018 年中国民办本科院校科研竞争力评价结果

2018 年中国民办本科院校科研竞争力评价结果排序(B 级及以上,前 46 强)如表 3 所示。

表 3　2018 年中国民办本科院校科研竞争力排序

排序	高校	标准分	层级	排序	高校	标准分	层级
1	西京学院	100.00	A+	24	山东英才学院	54.11	B+
2	浙江树人大学	86.95	A+	25	武汉工商学院	53.71	B+
3	黄河科技学院	83.14	A+	26	西安培华学院	53.31	B+
4	宁波大红鹰学院	82.66	A+	27	武汉生物工程学院	51.95	B+
5	浙江越秀外国语学院	76.00	A+	28	无锡太湖学院	51.67	B+
6	湖南涉外经济学院	72.81	A+	29	大连东软信息学院	51.59	B+
7	江西科技学院	68.01	A+	30	文华学院	50.51	B+
8	三亚学院	66.71	A+	31	西安翻译学院	50.46	B+
9	潍坊科技学院	66.22	A	32	北京城市学院	50.27	B
10	宿迁学院	65.86	A	33	辽宁对外经贸学院	50.14	B
11	安徽新华学院	63.09	A	34	南昌理工学院	50.08	B
12	烟台南山学院	61.14	A	35	沈阳工学院	49.48	B
13	长沙医学院	60.90	A	36	郑州工商学院	49.15	B
14	三江学院	60.35	A	37	郑州成功财经学院	49.14	B
15	西安外事学院	58.43	A	38	武昌理工学院	49.10	B
16	福州外语外贸学院	58.02	B+	39	重庆人文科技学院	48.72	B
17	武汉东湖学院	57.21	B+	40	上海杉达学院	48.51	B
18	温州商学院	56.61	B+	41	青岛滨海学院	48.32	B
19	广东科技学院	56.46	B+	42	海口经济学院	48.06	B
20	郑州工业应用技术学院	56.45	B+	43	郑州财经学院	48.02	B
21	郑州科技学院	56.03	B+	44	商丘学院	47.54	B
22	南通理工学院	54.73	B+	45	郑州升达经贸管理学院	47.11	B
23	陕西国际商贸学院	54.19	B+	46	南宁学院	46.99	B

(二) 2018 年中国独立学院科研竞争力评价结果

2018 年中国独立学院科研竞争力评价结果排序(B+级及以上,前 52 强)如表 4 所示。

表 4　2018 年中国独立学院科研竞争力排序

排序	高校	标准分	层级	排序	高校	标准分	层级
1	浙江大学宁波理工学院	100.00	A+	27	绍兴文理学院元培学院	47.51	B+
2	浙江大学城市学院	90.24	A+	28	杭州师范大学钱江学院	47.18	B+
3	电子科技大学中山学院	74.09	A+	29	山西农业大学信息学院	47.04	B+
4	北京师范大学珠海分校	66.26	A+	30	常州大学怀德学院	46.91	B+
5	厦门大学嘉庚学院	64.84	A+	31	吉林建筑大学城建学院	46.88	B+
6	浙江工业大学之江学院	58.50	A+	32	南京理工大学紫金学院	46.75	B+
7	山西大学商务学院	57.79	A+	33	宁波大学科学技术学院	46.74	B+
8	吉林大学珠海学院	57.46	A+	34	重庆工商大学融智学院	46.51	B+
9	广西科技大学鹿山学院	55.10	A+	35	南开大学滨海学院	46.35	B+
10	浙江农林大学暨阳学院	54.28	A+	36	南昌大学科学技术学院	46.31	B+
11	中国石油大学胜利学院	51.58	A+	37	武汉科技大学城市学院	46.24	B+
12	中山大学新华学院	50.73	A+	38	长春理工大学光电信息学院	46.16	B+
13	中山大学南方学院	50.64	A+	39	东北师范大学人文学院	46.01	B+
14	中国传媒大学南广学院	50.58	A	40	福州大学至诚学院	45.96	B+
15	北京理工大学珠海学院	50.00	A	41	广东外语外贸大学南国商学院	45.83	B+
16	东莞理工学院城市学院	49.85	A	42	中原工学院信息商务学院	45.73	B+
17	南京师范大学泰州学院	49.68	A	43	南京大学金陵学院	45.65	B+
18	成都理工大学工程技术学院	49.61	A	44	福建师范大学协和学院	45.59	B+
19	华南理工大学广州学院	49.38	A	45	辽宁师范大学海华学院	45.52	B+
20	南京理工大学泰州科技学院	49.28	A	46	福建农林大学金山学院	45.48	B+
21	四川大学锦城学院	49.26	A	47	浙江财经大学东方学院	45.38	B+
22	浙江师范大学行知学院	48.35	A	48	重庆邮电大学移通学院	45.28	B+
23	南京航空航天大学金城学院	48.34	A	49	安徽财经大学商学院	45.03	B+
24	温州大学瓯江学院	48.22	A	50	天津大学仁爱学院	45.00	B+
25	集美大学诚毅学院	47.62	A	51	广州大学华软软件学院	44.98	B+
26	东南大学成贤学院	47.61	A	52	福建师范大学闽南科技学院	44.82	B+

三、对近年来科研排行榜数据的分析

自 2012 年笔者组织的研究团队首次发布中国民办本科院校科研竞争力评价报告以来，研究团队至今已经积累了各民办本科院校及独立学院自 2010 年以来详细的科研数据，通过分析这些数据还可以得到以下几点结论：

第一，民办本科院校及独立学院目前的整体科研实力仍然十分薄弱，如仅就论文发表数量而言，目前该群体高校作为第一署名机构在 SCI、CSSCI 及 CSCD 三个数据库中的校均发文总量仍停留在个位数水平（不到 10 篇）。

第二，从历年数据看，一直处在排行榜前面的院校主要有：浙江大学宁波理工学院、浙江大学城市学院、浙江树人大学、西京学院、黄河科技学院、湖南涉外经济学院、北京师范大学珠海分校及浙江工业大学之江学院等。可以认为，这些高校是目前中国民办本科院校和独立学院中科研业绩最好的高校，其中浙江大学宁波理工学院的科研业绩在整个群体中遥遥领先。

第三，从单项指标看，在 2016—2017 年间，发表 SCI 论文较多的是浙江大学宁波理工学院、西京学院、浙江大学城市学院、浙江树人大学、黄河科技学院及长沙医学院等；发表 CSSCI 论文比较多的是湖南涉外经济学院、浙江越秀外国语学院、北京师范大学珠海分校、浙江大学宁波理工学院及浙江树人大学等；发表 CSCD 论文比较多的是西京学院、浙江大学宁波理工学院、潍坊科技学院、浙江大学城市学院及黄河科技学院等；获得国家自然科学基金项目比较多的是浙江大学宁波理工学院和浙江大学城市学院等；获得国家社会科学基金项目比较多的是浙江越秀外国语学院和三亚学院等；获得发明专利比较多的则是浙江大学宁波理工学院、黄河科技学院、浙江大学城市学院及南通理工学院等。

第四，近两年来，科研业绩有明显进步的民办本科院校，主要有江西科技学院、潍坊科技学院、烟台南山学院、广东科技学院、郑州科技学院、南通理工学院、陕西国际商贸学院、西安培华学院及武汉生物工程学院等；科研业绩有明显进步的独立学院，主要有中国石油大学胜利学院、成都理工大学工程技术学院、集美大学诚毅学院、山西农业大学信息学院、常州大学怀德学院及南京理工大学紫金学院等。

参考文献：

[1] 汤建民.2012 中国民办本科院校科研竞争力评价研究报告[J].高教发展与评估，2013(3)：1-7.
[2] 汤建民.2013 中国民办本科院校科研竞争力评价及数据分析[J].高教发展与评估，2014(3)：19-22.
[3] 汤建民.2013 中国独立学院科研竞争力评价研究报告[J].高教发展与评估，2014(6)：19-26.
[4] 汤建民.2014 中国民办本科院校及独立学院科研竞争力评价研究报告[J].高教发展与评估，2015(3)：19-29.
[5] 汤建民.2015 中国民办本科院校及独立学院科研竞争力评价研究报告[J].高教发展与评估，2016(5)：8-17.
[6] 汤建民.2016 中国民办本科院校及独立学院科研竞争力评价研究报告[J].高教发展与评估，2017(1)：50-55.
[7] 汤建民.2017 中国民办本科院校及独立学院科研竞争力评价研究报告[J].高教发展与评估，2018(1)：1-8.
[8] 林晓青.大学排名方法的局限与改进[J].教育研究，2009(11)：27-35.

作者： 汤建民，浙江树人大学教授，博士。

（原载《高教发展与评估》2019 年第 1 期）

民办高职院校学生就业能力结构及培养路径
——基于企业需求的实证研究*

张德宜

摘　要：民办高职院校是我国高职院校系统的重要组成部分。从企业需求视角探索民办高职学生就业能力结构，对于提升民办高职学生就业质量，推动其高质量、可持续发展具有重要现实意义。通过文献分析、就业工作相关人员访谈确定30个初始就业能力构成要素，面向近3年录用民办高职毕业生较多的企业开展问卷调查，得出民办高职学生就业能力构成要素重要性排序，综合运用百分制比率法、秩和比法(RSR)、优劣解距离法(TOPSIS)分析确定企业所重视的民办高职学生就业能力结构为“岗位技能、心理品质、通用技能、职业素质”4个维度，以及“专业学习能力、责任感、吃苦耐劳、踏实认真、忠诚度、主动性、心理调适能力、执行力、团队协作能力、实践动手能力、理解能力、沟通能力、敬业精神、服务意识、时间观念”15个构成要素，并以此为依循探讨民办高职院校育人工作的改进方向。

关键词：民办高职；就业能力；结构要素；人才培养；企业需求

一、问题的提出

民办高职院校已经成为我国高职院校系统不可或缺的重要组成部分。以广东省为例，根据广东省教育厅2017年1月发布的《广东省高等职业教育质量年度报告(2017)》，截至2016年年底，广东省共有高职院校85所，其中民办高职院校27所，占31.76%；广东高职院校在校生规模2 093 367人，其中民办高职在校生规模为623 790人，占29.80%。广东民办高职院校不论是学校还是在校生规模，均占广东高职院校总数的1/3左右，为区域经济发展、社会进步以及人才培养做出了重要的贡献。民办高职院校的人才培养质量及其毕业生的就业状况，愈来愈受到政府、社会及家庭的关注。

习近平总书记在党的十九大报告中指出，我国社会主要矛盾已经转化为人民日益增长的美好生活需要和不平衡不充分的发展之间的矛盾。反映在职业教育领域，是高职院校毕业生高质量的就业期待与部分毕业生就业竞争力不足之间的矛盾。广东作为一个制造业大省，适逢经济结构调整和产业转型升级的发展契机，亟须大量面向生产、管理和服务一线的高素质技术技能型人才，这对广东高职院校毕业生来说无疑是重大利好。虽然广东省教育厅每年公布的各高职院校毕业生的就业率相差无几，但与同类公办高职院校

* 基金项目：广东省高等学校思想政治教育工作创新项目(2014CX002)。

比较起来，民办高职院校毕业生的实际就业质量是倍受诟病的，其中包括：毕业生就业的稳定性较低，跳槽率居高不下；毕业生就业岗位与所学专业对口率统计水分较大，实际对口情况不容乐观；雇主对毕业生“解决问题、专业知识与技能、组织能力”等方面满意度较低。[1]低就业质量与高学费形成了强烈反差，民办高职学生需要花费比公办高职学生超1倍的学费，但在实际就业的“产出”方面，却远不及就读于公办高职的学生。“高学费投入、低就业产出”是民办高职学生面对的最大问题，也是当下民办高职院校发展面临的最大困境，这不仅影响了民办高职院校的整体形象，也不利于民办高职教育的长远发展，更不利于民办高职院校毕业生的就业与职业发展。解决此问题的关键在于找准民办高职学生的就业能力构成要素，以使学校有针对性地改进育人工作，提高学生就业能力，促进毕业生更高质量就业。

二、就业能力的概念界定

关于就业能力的概念，到目前为止，国内外没有统一的界定标准。随着就业市场环境的变化，其含义不断扩大，内容也不断翔实。欧美国家对就业能力的研究始于20世纪初，对其认识也不断深化，并随着发展，结合不同特点，不同国家对此关注也有所不同，例如欧洲大部分国家更多关注以就业能力为核心的社会政策制定；而美国及澳大利亚则多从个人角度出发，强调从个体技能发展和适应性等方面探讨就业能力。国际劳动组织(ILO，2000)从获得和保持工作的角度对就业能力进行了界定，同时还指出，就业能力不仅仅是个体获得和保持工作的能力，还包括能在工作中发展，能应对生活之中出现的各种变化的能力。Brown(2001)曾将就业能力解释为个体寻求并获得不同就业的机会，进而保持已有就业的能力。

在国内，众多学者对就业能力的定义基本援引自国外学者的概念，比如张惠丽(2009)曾在其《关于大学生核心就业能力构成的研究》中，引用了英国学者希尔勒和波拉德(Hillage & Pollard)的就业能力概念，将就业能力从获得就业、维持就业、重新就业三个方面给予定义。王培君(2009)在自己的就业能力研究中也引用了希尔勒和波拉德的这一概念，同时指出就业能力是由知识、技能和态度所组成，而且这种知识、技能和态度对雇主是有吸引力的。胡尊利等(2008)在国内外已有研究的基础上，指出大学生就业能力是指大学生成功就业的能力，这种能力包含了知识、技能和个性品质等因素，是一组综合能力。

笔者对就业能力概念的界定基于两方面考虑：一是结合心理学、教育学和社会学观点，将能力界定为符合活动要求，影响活动效果的态度、品质和知识技能；二是就业能力应包括获得就业的能力和维持就业的能力。据此，就业能力可概括为：就业者成功就业并很好维持就业所需的态度、品质和知识技能。

三、研究设计与数据分析

(一) 研究方法与步骤

为科学有效地确定企业所需的民办高职学生的就业能力结构及其要素，根据学界对就业能力特别是高职学生就业能力研究所取得的成果，结合学校一线就业指导教师及相关专家访谈调查所获得的一手资料，采用分步实施的方法。首先，通过文献分析、访谈、开放性问卷调查等方法，初步确定民办高职学生就业能力要素的组合；其次，按德尔菲法组织高校就业指导专家对就业能力要素组合进行定性评价，进一步获得面向企业开展调查的要素组合；第三，开展面向大量使用民办高职毕业生的企业的问卷调查，收集企业对民办高职学生就业能力构成要素重要性排位的信息；第四，使用百分制比率法、秩和比评价法、优劣解距离法等对收集到的数据进行分析，通过比对三种排名信息的一致性来确定就业能力结构及其要素。

（二）就业能力初始要素的确定

截至本文发稿前，以“就业能力结构”为主题词在中国知网搜索可得学术论文 284 篇，其中核心期刊论文 104 篇，284 篇论文中没有专门就民办高职学生的就业能力结构进行研究的文章。本文从研究大学生就业能力结构的论文中选取了有一定代表性的 14 篇文献，作为民办高职学生就业能力构成要素的基础来源，对 14 篇文献中的就业能力构成要素进行了归类，总共得出 88 项合计 270 条基本要素，采取去重、整合，并组织曾完整带过两届毕业生的资深辅导员进行多轮研讨，对要素进行了补充和完善，初步选定了 48 个就业能力的构成要素。对每个要素的名词从正、反两面进行解释并形成问卷，按德尔菲法组织 12 位公办及民办高职院校就业指导部门负责人进行 3 轮匿名评价，由负责人对所列举的解释分别进行定性的肯定、否定评价，最后汇总统计，某一要素的解释获得半数以上肯定的则进入构成要素的范围，低于半数的则不予通过。最后选定 30 个要素作为面向企业开展调查的初始要素，具体详见表 1。

表 1　民办高职学生就业能力初始要素表

序号	基本要素	序号	基本要素	序号	基本要素
1	实践动手能力	11	沟通能力	21	执行力
2	理解能力	12	创新能力	22	踏实认真
3	专业学习能力	13	书面表达能力	23	团队协作能力
4	职业规划能力	14	工作管理能力	24	吃苦耐劳
5	专业知识与技能	15	奉献精神	25	敬业精神
6	适应能力	16	积极、乐观	26	服务意识
7	心理调适能力	17	谦虚、谨慎	27	责任感
8	计算机应用能力	18	主动性	28	自我认识与自我评价
9	独立开展工作、独立性	19	自信心	29	自我控制与自我约束
10	人际交往能力	20	忠诚度	30	时间观念

要素来源：骆永菊等(2004)[2]、李颖等(2005)[3]、陶书中等(2008)[4]、李忠艳等(2009)[5]、崔海英等(2010)[6]、肖贻杰(2010)[7]、郭钟琪(2013)[8]、庄小将等(2013)[9]、邓斌(2014)[10]、邓峰等(2014)[11]、黎良田(2014)[12]、戴艳等(2014)[13]、张秀等(2014)[14]、韩玉萍等(2016)[15]。

（三）就业能力要素调查及分析

1. 就业能力要素问卷调查

此次问卷调查对象，是近 3 年录用广东民办高职院校毕业生较多的 114 家企业，所属行业包括建筑业、制造业、信息及计算机服务业、租赁和商务服务业、房地产业、批发零售业、交通运输物流业、住宿餐饮业、金融业、文化体育娱乐等，被试包含高层、中层和基层三个层次的人员，关注点在于用人单位对高职毕业生就业岗位能力需求的评价。问卷列举的 30 条要素当中，每一条要素都分为“无用”“基础”“一般”“比较重要”“非常重要”“关键”6 个程度，由被试根据实际情况对该条因素进行重要性选择，以体现用人单位对高职学生就业能力的要求。

2. 企业问卷调查结果分析

(1) 数据编码。

正如表 1 所示，问卷共列出 30 种因素。在数据分析过程中，分别用 v1 至 v30 依次代替，调查表选项分为“无用”“基础”“一般”“比较重要”“非常重要”“关键”6 个程度，分别对应 1—6 分，选择“无用”得 1 分，选择关键得 6 分，以此类推。

(2) 指标评价方法的运用。

综合运用指标评价方法能够有效解决指标或方案的选择性问题。目前比较常用的指标评价方法主要包括了优序图法(PC)、层次分析法(AHP)、百分制比率法、秩和比(RSR)、优劣解距离法(TOPSIS)、模糊判断法等等。采用三种恰当的指标评价方法对问卷中列出的 30 种要素进行数据分析，通过比对排名信息的一致性得出企业注重的 15 个要素，进而为提升民办高职学生就业能力提供有效的针对方案。

① 百分制比率法。百分制比率法，是指标评价法中较常用的一种方法。它将目标分解成为若干项目，并确定出优良中差 4 个档次，再根据不同评价主体进行权数分配，从而计算出最终得分。按惯例，一般优良中差对应分数是 100 分、75 分、50 分、25 分。同时，赋予了高层次人员权重为 1.4，中层次人员权重为 1.2，基层次人员权重为 0.8。采用此方法得出相关数据信息，如表 2、表 3 所示。

表 2　民办高职学生就业能力百分制比率法分布信息一览表

变量	高层次(1.4)						中层次(1.2)						基层(0.8)					
	无用	基础	一般	比较重要	非常重要	关键	无用	基础	一般	比较重要	非常重要	关键	无用	基础	一般	比较重要	非常重要	关键
v1	0	1	2	5	8	4	0	1	4	12	21	17	0	1	2	7	13	7
v2	0	1	1	7	7	4	0	1	3	11	25	15	0	1	2	4	17	6
v3	0	1	0	8	9	2	0	2	2	13	25	13	0	0	3	6	12	9
v4	1	1	7	7	4	0	0	3	12	23	14	3	1	3	6	11	4	5
v5	0	1	6	4	5	3	0	2	7	18	19	7	0	2	4	11	5	8
v6	0	1	2	11	5	1	0	1	4	21	21	8	0	0	1	11	9	9
v7	0	1	1	8	6	4	0	3	1	18	22	10	0	0	3	5	10	12
v8	0	2	5	7	3	1	0	3	17	16	15	4	1	3	8	10	6	1
v9	1	0	2	8	7	1	0	1	8	16	22	8	0	0	4	11	8	6

续 表

变量	高层次(1.4)						中层次(1.2)						基层(0.8)					
	无用	基础	一般	比较重要	非常重要	关键	无用	基础	一般	比较重要	非常重要	关键	无用	基础	一般	比较重要	非常重要	关键
v10	0	0	2	7	6	4	0	2	5	20	18	10	0	2	1	12	6	8
v11	0	0	1	4	11	4	0	3	3	17	20	12	0	1	2	9	10	8
v12	0	1	4	6	7	2	1	3	6	20	18	7	1	1	8	12	6	2
v13	0	1	10	6	3	0	1	4	16	19	12	2	0	1	7	12	5	4
v14	0	1	5	5	8	1	0	2	9	23	15	5	0	0	7	12	8	3
v15	0	1	2	8	5	3	0	3	10	13	20	9	0	0	5	9	12	4
v16	0	0	3	10	3	4	0	2	6	13	25	9	0	0	1	12	11	6
v17	0	0	5	10	4	1	0	2	7	17	22	7	0	1	2	15	9	3
v18	0	0	1	3	9	7	1	1	3	8	26	15	0	0	2	6	17	5
v19	0	0	2	7	7	2	0	1	6	15	22	11	0	0	2	12	12	4
v20	0	0	0	9	8	3	0	3	3	13	19	17	0	0	3	9	13	5
v21	0	0	0	3	8	9	0	2	2	9	20	22	0	0	1	7	14	8
v22	0	0	2	5	5	7	0	0	5	8	27	15	0	0	1	8	16	5
v23	0	0	1	3	8	8	0	1	2	9	25	18	0	0	1	11	11	7
v24	0	0	0	7	9	4	0	0	5	12	23	15	0	0	0	8	13	9
v25	0	0	0	9	6	5	0	0	4	11	22	18	0	0	2	9	11	8
v26	0	0	2	4	11	3	0	0	9	13	24	9	0	0	4	10	11	4
v27	0	0	1	2	6	10	0	0	3	12	24	16	0	0	0	4	13	12
v28	0	1	3	8	7	1	0	2	5	15	25	7	0	0	5	12	8	5
v29	0	0	3	3	13	1	0	3	6	15	23	7	0	0	3	10	12	5
v30	0	0	1	5	9	5	0	2	3	18	22	8	0	0	1	12	11	6

说明:(A)对"无用""基础""一般""比较重要""非常重要""关键"6个程度进行分数等级划分为0、20、40、60、80、100。(B)根据表2计算(过程略)后可对各个变量的权重分数运用rank函数降序排列,结果如表3。

表3 民办高职学生就业能力百分制比率法结果一览表

序号	变量	指标分数	排序
1	v27	94.794	1
2	v21	93.725	2
3	v23	91.291	3
4	v18	89.822	4

专题三

续 表

序号	变量	指标分数	排序
5	v24	88.426	5
6	v22	88.359	6
7	v25	87.766	7
8	v11	85.402	8
9	v2	85.317	9
10	v30	84.990	10
11	v1	84.816	11
12	v20	84.489	12
13	v3	84.479	13
14	v7	83.830	14
15	v26	82.559	15
…	…	…	…
30	v13	62.906	30

说明：(A)v1 = [(0× 0 + 1× 20 + 2× 40 + 5× 60 + 8× 80 + 4× 100)×1.4 /(0 + 1 + 2 + 5 + 8 + 4) + (0× 0 + 1× 20 + 4× 40 +12× 60 + 21× 80 + 17× 100) × 1.2 /(0 + 1 + 4 + 12 + 21 + 17)+(0× 0 + 1× 20 + 2× 40 + 7× 60 + 13× 80 + 7× 100) × 0.8/(0 + 1+ 2 + 7 + 13 + 7)]/3≈84.816。其他变量的计算方式同理可得。(B)采用 rank 函数进行降序排列。

表 3 显示 v27 指标分数 94.794 最大，可认定为最优。v13 指标分数 62.906 最小，可认定为最差。

② 秩和比评价方法。秩和比法(rank sum ration, RSR)，是由田凤调教授于 1988 年提出的。它利用指标秩来计算无量纲统计量 RSR，并加入回归分析过程，采用分档形式判断出指标的优劣。其核心的计算公式是 $RSR=\sum R/(m\times n)$。$\sum R$ 代表指标秩序的总和，而 m 是指标数，n 是分组数。RSR 取值分布在 0～1 之间。取值越大，说明评价对象越优。

采用相同调查数据，以同样 1.4、1.2、0.8 三种不同权重，运用秩和比方法可以得到表 4 的信息。

表 4　民办高职学生就业能力秩和比指标评价法信息一览表

序号	变量	RSR 值	RSR 的秩 R	秩的频数 f	秩频数累计值 $\sum f$	R/m(%)	Y(profit)
1	v21	0.1909	1	1	1	100.0000	8.0900
2	v23	0.1879	2	1	2	96.6667	6.8250
3	v27	0.1877	3	1	3	93.3333	6.4985
4	v25	0.1839	4	1	4	90.0000	6.2816

续 表

序号	变量	RSR 值	RSR 的秩 R	秩的频数 f	秩频数累计值∑f	R/m(%)	Y(profit)
5	v24	0.1836	5	1	5	86.6667	6.1077
6	v18	0.1827	6	1	6	83.3333	5.9661
7	v22	0.1818	7	1	7	80.0000	5.8416
8	v2	0.1806	8	1	8	76.6667	5.7257
9	v1	0.1797	9	1	9	73.3333	5.6219
10	v3	0.1787	10	1	10	70.0000	5.5244
11	v20	0.1779	11	1	11	66.6667	5.4289
12	v11	0.1768	12	1	12	63.3333	5.3398
13	v7	0.1744	13	1	13	60.0000	5.2533
14	v30	0.1722	14	1	14	56.6667	5.1662
15	v26	0.1719	15	1	15	53.3333	5.0828
…	…	…	…	…	…	…	…
30	v13	0.1401	30	1	30	3.3333	3.1616

说明:(A) Y 是查找《百分数与概率单位对照表》得出的概率分布。(B) RSR 的秩 R 是采用 rank 函数进行降序排列。

从表 4 可看出变量 v21 的 RSR 值最大,可以认定为最优。v13 的 RSR 值最小,可以认定为最差。以$\sum f$为自变量,以 Y 为因变量,进行回归方程检验,得出 $y=-0.116f+6.901$, $p<0.01$。方差 $F=353.194$, $p=0.000$。表明检验具有统计学意义,数据分析结果具有合理性。即是说,排名靠前的要素主要有 V21、V23、V27 等。

③ 优劣解距离法。TOPSIS 法(Technique for Order Preference by Similarity to an Ideal Solution,又称优劣解距离法)是 C. L. Hwang 和 K. Yoon 在 1981 年提出的。它是根据有限个评价对象与理想化目标的接近程度进行排序的方法。在其中存在“理想解”和“负理想解”两个核心概念。理想解是指设想的最优解,它的各个属性值都达到各备选方案中最好的值;而负理想解是指设想的最劣解,它的各个属性值都达到各备选方案中最坏的值。方案排序的规则便是把各备选方案与理想解和负理想解做比较,若其中一个方案最接近理想解,而同时又远离负理想解,则该方案是最好的。反之,若其中一个方案最接近负理想解,而同时又远离理想解,则该方案是最差的。当中,计算这种接近的距离可以采用的公式主要有两种:一种大优数据,即数据越大则越优,公式为 $c=D^-/(D^-+D^+)$;一种是小优数据,即数据越小则越优,公式为 $c=D^+/(D^-+D^+)$。

采用同样调查数据,以同样 1.4、1.2、0.8 三种不同权重,运用 TOPSIS 法可得到表 5 信息。

表 5 显示 v21 的指标 0.72703 最大,可认定为最优。v13 的指标 0.33177 最小,可认定为最差。

表 5　民办高职学生就业能力 TOPSIS 指标评价法信息一览表

序号	变量	D^+	D^-	C	排序
1	v21	9.66448	25.74095	0.72703	1
2	v23	10.20927	24.72291	0.70774	2
3	v27	10.82599	25.12409	0.69886	3
4	v18	11.52645	24.03928	0.67591	4
5	v22	11.91151	23.63016	0.66486	5
6	v25	12.52283	23.47511	0.65212	6
7	v24	12.50279	22.76725	0.64551	7
8	v2	13.74336	22.51994	0.62101	8
9	v20	13.70459	22.10745	0.61732	9
10	v11	13.99709	22.01273	0.61130	10
11	v30	14.17032	21.63184	0.60420	11
12	v1	14.71917	22.30401	0.60243	12
13	v3	14.14994	21.31231	0.60099	13
14	v26	14.72615	21.11767	0.58916	14
15	v7	15.20228	20.65819	0.57607	15
…	…	…	…	…	…
30	v13	24.31823	12.07355	0.33177	30

说明：(A) C 采用大优数据，即 $c=D^-/(D^-+D^+)$，如 v21＝0.72703 ＝25.74095/(9.66448＋25.74095)；(B) 排序是利用 rank 函数进行的降序排列。

④ 综合分析。采用百分制比率法、RSR、TOPSIS 三种方法分别对此次调查问卷进行数据分析，得出表 3、表 4 和表 5 三种结果。总结三种分析结果将 v1—v30 这 30 个变量进行综合排列。可以得到下列信息，见表 6。

表 6　民办高职学生就业能力三种指标评价方法排名信息一览表

序号	变量	百分制比率法	RSR	TOPSIS
1	v27	1	3	3
2	v21	2	1	1
3	v23	3	2	2
4	v18	4	6	4
5	v24	5	5	7
6	v22	6	7	5
7	v25	7	4	6
8	v11	8	12	10

续 表

序号	变量	百分制比率法	RSR	TOPSIS
9	v2	9	8	8
10	v30	10	14	11
11	v1	11	9	12
12	v20	12	11	9
13	v3	13	10	13
14	v7	14	13	15
15	v26	15	15	14
16	v10	16	20	19
…	…	…	…	…
30	v13	30	30	30

备注：百分制比率法、RSR、TOPSIS 给出的是排序，当中的 1 至 30 代表重要性程度逐渐减弱。

表 6 显示，三种评价方法排名前 15 位的变量，具有一致性。即 30 个因素中，三种指标评价方法都认为责任感、执行力、团队协作、主动性、吃苦耐劳、踏实认真、敬业精神、沟通能力、理解能力、时间观念、实践动手能力、忠诚度、专业学习能力、心理调适能力、服务意识这 15 个要素比另外 15 个要素重要。

(四) 就业能力要素及结构构建

关于就业能力的构成，最具权威的是奈特和约克(2004)的 USEM 就业力模型。该模型分学科理解力(Subject Understanding)、技能(Skills)、自我效能感(Efficacy)、元认知(Meta-cognition)四部分。国内有学者[16]对应此模型的四部分，将高职学生就业力结构归为岗位技能、心理品质、可迁移技能、职业素养四方面。其中，岗位技能是指包括高职学生通过学习获得的含专业知识在内的各种知识与技能。心理品质是指包括问题自制力、责任感、灵活性、忠诚度、独立性等跟心理健康程度有关的特质。可迁移技能也被称为“通用技能”，指适合各类职业且与本身专业关系不密切的能力，如组织协调能力、沟通能力、观察力、团队合作能力等。它是能恰当处理组织内外关系的能力，融入周围环境的能力、吸收与转化外界信息的能力，以及妥善处理同事关系的能力。元认知表现为职业素养。它是高职学生的核心能力，是用人单位看重的关键之所在。借鉴 USEM 理论及相关学者研究，可以将本研究中企业看重的 15 个要素归结为四类，具体见表 7。

表 7　民办高职学生就业能力构成要素表

类别	要素
岗位技能(1 个)	专业学习能力
心理品质(6 个)	责任感、吃苦耐劳、踏实认真、忠诚度、主动性、心理调适能力
通用技能(5 个)	执行力、团队协作能力、实践动手能力、理解能力、沟通能力
职业素养(3 个)	敬业精神、服务意识、时间观念

四、就业能力构成要素对促进育人工作的启示

通过实证所得，企业视角下学生就业能力结构及其要素，一定程度上可为民办高职院校培养市场适需的人才找准方向，从提高学校人才培养的针对性和实效性切入，稳步提升学校人才培养质量。为此，民办高职院校需要根据就业能力的四个维度，反思学校人才培养过程中存在的主要问题，结合学校发展的实际，有针对性地提出应对的举措。

（一）岗位技能

一是提高学生的专业学习兴趣。兴趣是最好的老师，民办高职学生选报专业存在“赶时髦”和“随大流”等问题，这使不少学生所学专业与其个性特点及职业兴趣匹配度较低，导致学生厌学情况较为普遍。学校可通过职业兴趣在线测评科学引导学生选择与其志趣相投的专业，深化专业教育力度，增加专业教育频次，不断提高学生对其所学专业的认同感。二是加大校内实践基地建设。部分民办高职院校为了节约成本，实训设备的投入严重不足，学生在校内参与专业实践的机会较为欠缺，影响了学生专业技能的提高。学校可采取自主建设或校企合作的方式推进校内实践平台建设，为更多学生参与专业性实践创造条件，透过专业实践加深其对专业的理解。三是加强师资队伍建设。民办高职院校的师资以退休教师及年轻教师居多，来自企业的能工巧匠甚少，学校既懂理论又能实操的“双师”教师则更少，致使专业课教学仍停留在理论灌输阶段。学校须调整师资的结构，大力引进有企业工作经历的人员担任专任教师，提高实训课的比重，引导教师带着学生“做中学，学中做”，切实提高学生的专业技术水平。

（二）心理品质

一是推行学生积极心理健康教育。积极心理健康教育的重点是挖掘学生自身潜藏的积极因素，发展学生的潜能，培养学生良好的心理品质。学校可借助心理测量系统对学生的责任感、吃苦耐劳、踏实认真等企业重点关注的六个心理要素进行测量，找出 6 个心理要素的强弱排序，形成每个学生的积极心理档案，针对学生心理要素弱项部分，采取分类团辅的形式强化学生的积极心理品质。二是推行劳动素质教育。当代大学生劳动实践欠缺是普遍现象，学生参与劳动的机会不多，这使大多数学生的劳动意识较为淡薄，劳动观念有待确立。对此学校可将教室、部分校园公共区域交由学生打扫，定期组织学生参与志愿服务工作，为更多贫困生提供勤工俭学岗位，开展劳模讲座，评选校园劳动先锋等，营造热爱劳动、主动劳动的良好氛围，夯实学生吃苦耐劳、踏实认真的良好品质。三是增加学生的挫折教育。民办高职学生在过往学习中经常遇挫，常被贴上“学习失败者”的标签，导致学生遇到挫折容易产生自暴自弃的思想，这说明学生的心理调适能力存在较大的缺陷。学校可从学生的兴趣特长切入，如适度增加学生喜闻乐见的文体活动，为学生展示才华创造条件，逐步树立学生更大的自信，增强学生遇挫时的自我调控能力。

（三）通用能力

一是落实第二课堂成绩单制度。第二课堂是培养学生通用能力的重要舞台，从企业倾向录用学生干部便可见一斑。但不少民办高职院校第二课堂活动的组织较为散乱，经费投入不足，学生参与的积极性不高，活动育人的针对性、实效性有待提高。这要求学校转变观念，充分认识到第二课堂育人的重要性、紧迫性，以落实第二课堂成绩单为契机，加

专题三

大经费投入,培育精品活动,锻炼学生的通用能力。二是引导学生组建学习兴趣小组。职业教育倡导项目驱动教学法,学生可在参与完整项目的过程中,习得相关知识和经验,锻炼自身的综合能力。学校可通过学生申报项目并给予支持的方式,引导更多学生组建学习兴趣小组,开展团队学习活动,提高学生的沟通能力、团队协作能力和实践动手能力。三是增加学生社会实践机会。社会实践是帮助学生认清环境、找准不足、锤炼能力的必要环节,但出于学生安全的考虑,民办高职院校组织学生参与社会实践的动力不足,减少了学生向社会广阔天地学习的机会。学校可通过加强管理,建立定点实践基地等做法,为学生参与社会实践创造条件,全方位提升学生的通用能力。

(四)职业素养

一是全方位渗透职业文化。经实地走访,多数民办高职院校对校园文化建设重视不够,对职业文化融入校园鲜有触及。改变的主要举措可以是将职业文化上墙,将职业教育的理念、职业精神的内涵、优秀职业人的榜样等张贴于教室、实训室和宿舍,全方位渗透职业文化,借由文化影响和熏陶学生,潜移默化引导学生争做优秀从业者。二是全过程确立职业意识。学生的行为养成,对其良好职业素养的培育有较大的帮助,学校需要在学生学习生活的全过程中,强化学生的时间意识、规矩意识,将准时上课、及时完成作业与学业成绩挂钩,引导学生确立上学如上班、上课如上岗的意识,促使学生形成良好的职业素养。三是全员参与职业引导。学校每位教职员工均可通过与学生的接触,对学生职业素养的培育产生不同程度的影响。专业教师的敬业精神,后勤人员的服务意识,学工干部的时间观念,均为影响学生健康成长的鲜活教育资源。学校可充分发挥教职员工“言传身教”的作用,除透过自身优秀的工作表现对学生产生“身教”影响外,还可专门组织具有优秀职业素养的教职员工开设讲座,以身边的故事引导学生,帮助学生确立良好的职业意识。

参考文献:

[1] 广东省教育厅.2017广东省高等职业教育质量年度报告[M].广州:广东高等教育出版社,2017.

[2] 骆永菊,臧小林,任江林.影响大学毕业生就业因素分析及对策研究——从重庆“双选”会看大学生就业[J].重庆三峡学院学报,2004(2):104-107.

[3] 李颖,刘善仕,翁赛珠.大学生就业能力对就业质量的影响[J].高教探索,2005(2):91-93.

[4] 陶书中,黄君录,王佳利.基于市场需求的高职学生就业能力培养的调查思考[J].中国职业技术教育,2008(15):41-43.

[5] 李忠艳,汪永涛.大学生就业能力分析及培养对策[J].教育与职业,2009(12):94-95.

[6] 崔海英,王淑仙,栗蕊蕊.SWOT理论视角的大学生就业能力解析[J].中国高等教育评估,2010(1):44-48.

[7] 肖贻杰.高职学生就业能力结构及高职教育对就业能力影响的研究[J].职业技术教育,2010(13):70-74.

[8] 郭钟琪.三维指标解构高职学生就业能力——以广东科学技术学院软件技术专业为例[J].中国职业技术教育,2013(1):86-89.

[9] 庄小将,吴波虹.企业需求视角下高职毕业生就业能力结构实证研究[J].职业技术教育,2013(25):33-36.

[10] 邓斌.高职院校学生就业能力开发的创新实践[J].价值工程,2014(10):295-296.

[11] 邓峰,郭建如.高职院校培养方式变革与毕业生就业能力培养[J].教育学术月刊,2014(5):70-75.
[12] 黎良田.高职学生就业能力开发的创新实践[J].职业教育研究,2014(1):72-74.
[13] 戴艳,周强.高职体育专业学生就业能力结构研究[J].职教论坛,2014(29):21-24.
[14] 张秀,庄西真.基于 CareerEDGE 模型的高职学生就业能力结构分析[J].教育与职业,2014(5):112-114.
[15] 韩玉萍,张蓝月,叶海英,等.基于 USEM 模型的大学生就业能力评价与提升策略探究[J].学校党建与思想教育,2016(5):74-76.
[16] 路平.基于 USEM 模型的高职高专学生就业力结构探析[J].中国职业技术教育,2013(21):65-77.

作者: 张德宜,广东城建职业学院副教授,博士。

(原载《高等职业教育探索》2019 年第 5 期)

专题三

民办高校文化建设存在的问题与对策*

王素琴　徐丽丽

摘　要：文化建设对民办高校可持续发展有着重要影响。本文分析民办高校文化建设的内涵及其对民办高校可持续发展的作用；并从理念、主体、载体以及表现形式等方面分析民办高校文化建设中存在的问题；最终从树立文化建设理念、优化文化建设主体、完善环境设施和制度建设、创新文化活动方式等方面提出了民办高校文化可持续性建设的对策建议。

关键词：文化建设；民办高校；可持续发展

民办高校在长期的办学实践过程中，经过历史积淀而形成独具特色的民办高校文化，是办学的灵魂，是软实力竞争的重要标识。民办高校文化具有显著的独特内涵，对其提升内涵建设、凝聚师生力量、塑造高校品牌与办学特色、提高人才培养能力等具有重要作用。在高等教育市场化竞争和高校价值观多元选择的背景下，高校的竞争由传统的物质资源、人力资源为主导的有形资源竞争扩展到文化层面的无形资源竞争，因此加强文化建设是促进高校发展的重要途径。民办高校要在激烈的竞争中谋生存、求发展就必须走可持续发展之路，而加强文化建设无疑是一种较为有效的实施策略。

一、民办高校文化建设的内涵及其特征

高校文化是指高等学校在长期发展积淀中形成共识的一套价值体系，也是大学办学精神与人文环境的集中体现，具有丰富的内涵。民办高校作为市场经济发展的产物，具有不同于公办高校文化的特定内涵。民办高校文化是指民办高校在长期办学活动中，在社会文化传统和地域文化基础上形成的被师生共同认可并遵守的价值观念、行为准则、文化氛围以及承载这些价值观念、行为准则、文化氛围的活动方式和物质形态[1]。从内涵来看，民办高校的文化建设主要由以下四者组成，一是在长期积累中不断强化的办学理念，二是以师生员工为文化建设主体，三是以物质环境、行为准则、规章制度等为文化载体，四是以教风、学风、教学实践活动为外部表现。民办高校办学理念是在社会文化、地域文化的共同影响下，在办学过程中自发生成的，具有引领性的特点。民办高校的中高层领导、教职员工、学生群体是文化建设的主体，他们既受民办高校文化潜移默化的影响，又主动创造着更加丰富的民办高校文化。文化主体构建了文化载体，文化载体又影响着文化主

---

*　基金项目：山东省本科教育教学改革研究项目(2015Z083)。

体，二者互动形成的现象或行为就是文化表现。民办高校的文化理念、文化主体、文化载体与文化表现构成了统一整体，共同影响文化建设的成效。

对民办高校文化来说，不仅具有高校文化的特征，也具有企业文化的特征，两者融合组成了独特的民办高校文化。

首先，民办高校作为高等教育的组成部分，必然具有大学的文化特征。文化是大学的灵魂，也是大学彰显个性特色的重要标志。大学之所以为大学，就在于它具有深厚的文化底蕴。世界上许多知名大学正因为拥有自己独具特色的文化，才得以历久弥新，永葆生机和活力[2]。这种特色表现在办学的各个方面，如办学理念、办学目标、专业和课程设置、人才培养模式等。民办高校的效益评估虽然以市场为导向，但在人才培养和课程设置中，仍然以学生的发展为根本，把高校文化精神融入课程中去，坚持提高学生文化修养，坚持培养社会公民。把操作技能课程与基础文化课程结合起来，既注重学生技能的培养，又注重学生的知识结构和人文素养的提高。除此之外，丰富多彩的社团活动和学术讲座，也是民办高校文化不可或缺的部分。这不仅可以培养学生的综合素质，而且可以丰富学生的生活。

其次，民办高校文化在一定程度上具有企业文化的特征，这也是其与普通高校文化的区别，主要表现在市场观念、服务意识和运行方式三个方面。第一，民办高校更具有市场观念。民办高校以高等教育市场需求为指导，办学目标、专业设置、课程安排等均围绕市场需求展开。第二，民办高校具有强烈的服务意识，这与商业组织一致。在市场竞争中，服务质量是取得消费者青睐的关键要素，越来越多的企业和商家已经将增强服务意识、提高服务质量作为关乎生死存亡和永续发展的衡量指标。第三，在运行方式方面，民办高校根据市场需求变化调整人才培养模式和开展管理工作，以此在激烈的市场竞争中取得一席之地。民办高校按照市场需求设置专业和课程，不仅扩大了生源，而且打造了独特的学校品牌。

二、民办高校文化建设的重要作用

随着民办高等教育的快速发展，高等教育的办学形式也趋于多元，作为高等教育的重要组成部分，民办高校也在不断发展壮大。如何在激烈的竞争环境中实现可持续发展，成为民办高校面临的重要问题。民办高校可持续发展是以可持续发展理论为指导，在教育质量、规模、结构、效益各方面协调发展的原则下，以长期、稳定、健康地发展为目标，寻求可持续发展道路，从而实现自身“长远”“持久”的发展[3]。优秀的、持续发展的民办高校文化，既能够引导师生员工的价值取向和行为规范，使之与学校长远发展相统一，发挥文化育人功能，实现有效经营与管理，又能够塑造民办高校品牌形象，提升社会满意度。

（一）民办高校文化有助于塑造核心价值观念，增强教职员工凝聚力

文化是高校发展的内在动力，亦是民办高校可持续发展的内在动力，民办高校文化建设可推动民办高校的全面发展。第一，民办高校文化推动校园基础设施建设、教学资源和设备材料等物质条件的建设，也推动了教育质量的提高。民办高校在激烈的市场竞争中谋发展，必须加快校园硬件环境和办学条件的建设，提升学校物质文化竞争力，提高办学质量。第二，民办高校文化中的精神文化，对全体师生的价值观念塑造影响极大。民办高

校文化建立起的价值观念对师生的心理、行为起着引导、制约作用,有利于形成积极向上的正能量。因此,民办高校只有根据自己学校的办学特色,契合自身发展的办学理念,在实践中不断打磨、锤炼,获得全校师生认可的价值观念和理性诉求,才是建立起真正属于自己的高校文化。最后,民办高校内部的自我提升能力和共同的价值观念将全体师生员工凝聚在共同的理想目标下,使他们产生认同感和胜任力。通过共同的行为准则、习俗风尚及价值观念,形成一种精神力量来影响组织成员,表现为一定的软约束力,避免一些个体的行为偏离常轨,及时调整价值观念,最终形成积极向上的群体氛围。

(二)民办高校文化有助于坚守育人职责,增强民办高校的竞争力

民办高校可持续发展,必须坚持以人为本的思想原则,促进人的全面发展。优秀的高校文化能形成一种积极的文化"场域",本质是一种隐性课程,在有些方面比显性教育更为有效。作为一种暗示性的、非意识性的教育方式,通过长时间浸润式地影响学生的行为习惯、思想感情和价值观念,对学生全面发展具有不可替代的意义。学生的生活和学习都要在文化场域下进行,良性文化气氛越浓厚,对学生的影响便越大,越有利于学生的全面发展。民办高校文化能对学生的人格素养、道德观念和心理成长起很大的助推作用,也能对学生的创新能力和合作能力起很大作用。融合校训、校风、学风、教风的人文环境,以及优美、有特色、人与自然和谐共存的校园环境建设,有利于学生世界观、人生观、价值观、荣辱观的形成,形成有益于知识学习和能力培养的高品位文化氛围,发挥高校文化大熔炉的熏陶作用,以培养更有质量的学生[4]。在潜移默化中,学生综合素质得到提高,学校核心竞争优势不断革新,促进了民办高校可持续发展。

(三)民办高校文化有助于均衡结构与效益,促进规模与质量协调发展

民办高校可持续发展的实现,需要处理好民办高校的办学规模、学校结构、经济效益和办学质量之间的关系[5]。这四个基本要素协调发展,民办高校才能可持续发展,而民办高校文化对之具有促进作用。民办高校在办学过程中既追求学校的规模,又注重办学质量的提高。在规模和质量增长的同时,通过办学结构的优化、专业的调整,进一步得到发展。民办高校文化建设包括学校学科文化建设,根据市场需求来调整人才培养模式和管理工作,根据教育市场和就业市场的动态变化,及时调整自己的办学方向和办学策略。这对学科结构、办学模式的优化无疑具有积极意义。同时,民办高校文化还有助于塑造学校的商业品牌,传递学校办学特色的相关信息,不仅对学校师生是一种正向激励,而且有助于学校对外宣传,与社会形成良好的互动,从而提高学校的经济效益。

民办高校品牌形象的形成,关键在于文化建设,鲜明的文化特征是塑造品牌标识的主要因素。在激烈的办学竞争中,民办高校唯有通过特色文化建设,才能更好地塑造良好的品牌形象。民办高校还具有社会服务的功能,需要广泛参与到社会舆论和媒体宣传中,与社会一起协调互动,既把自身文化传递到社会领域,也不断融入代表主流方向的社会文化内容。民办高校源源不断地向社会输送大量的合格人才,学生作为文化主体,会将务实、奉献和服务的民办高校文化带入社会当中,让社会认识并接受民办高校这种独特的文化特质。在民办高校文化与社会文化的多元互动中,不断增强民办高校的社会影响力有助于自身的可持续发展。

三、民办高校文化建设存在的问题

民办高校文化建设现状与实现可持续发展的文化需求之间还存在一定的不相适应性，首先是对经济效益的重视优先于对文化建设的追求；其次是尚未深入理解文化建设的内涵，未曾获得文化建设的路径和方法；最后是缺乏对文化建设的长远规则和战略性举措。基于民办高校文化建设的内涵和重要意义，审视其现状及存在的问题，主要归纳为以下几点。

（一）民办高校文化建设时间较短，文化底蕴尚浅

20世纪80年代改革开放之后，民办高校恢复发展仅仅40年时间，文化底蕴还不够深厚，多数学校在追求发展的过程中，偏重经济效益的获得而不是文化建设的成就。相关主题的研究内容较少，缺乏权威而系统的理论体系作为指导，所以民办高校文化建设大多是办学者在办学过程中逐渐探索而来。也有些民办高校借鉴国外研究、国内普通高校的研究成果，然而适切性又得不到合理解决。缺少文化底蕴和历史沉淀，使得民办高校文化建设的关键问题有待深入研究，相应的实践策略和现实做法也亟待完善。

（二）民办高校文化建设主体复杂，文化传承难续

民办高校学生的高考分数普遍低于公办高校学生，有些学生学习习惯不好，主动发展的积极性偏低，导致厌学情绪产生。除学习外，他们的生活、心理、就业等方面也值得关注，如有些学生在生活中奢侈享受，心理脆弱敏感，对就业缺少提前规划的意识，这些都需要学校通过文化建设的方式来为学生的全面发展保驾护航。教师是民办高校文化建设的核心主体，虽然近几年民办高校教师队伍建设取得了快速发展，师资水平在不断提高，流动率逐渐下降，然而师资队伍建设的基础积累还不够，稳定性还不够强，使得师资队伍整体存在一定的复杂性。这也导致民办高校文化传承存在一定的局限性。

（三）民办高校文化建设水平不高，文化载体有限

民办高校物质环境、行为准则、规章制度建设都存在滞后的现象。办学经费并不充足，导致物质资源无法得到保障。受制于办学经费的投入，物质环境建设倾向实用，而在文化艺术呈现上比较薄弱。在师生的行为准则建设方面，缺乏规范长效的措施，组织管理和文化引导都相应比较松散。另外，制度作为重要的文化载体，民办高校在建设过程中也存在灵活多变的情况，主要是适应追求短期内办学效益的实现，其稳定性、系统性还有待加强。

（四）民办高校文化建设效果欠佳，文化表现单调

民办高校学术文化活动形式单一，水平有待提高。学术活动和文化活动不仅奠定了高校文化建设的基础，而且对学生的全面发展有着潜移默化的熏陶作用。然而，民办高校教职工教学研究任务较重，有限的课余时间也常常被备课或是教研活动所占据，没有足够的时间和精力投身于更为丰富的文化建设活动。虽然说教研活动在一定程度上有利于促进高校文化的养成与传播，但是缺少丰富文化活动的足够供应，使得文化建设的整体效果欠佳。民办高校的学术活动、文化活动和社团活动质量与学生需求之间有着较大的矛盾，其质量不高让师生参与的积极性和主动性不大。一些活动存在走过场的形式化问题，对学生的自由发展帮助不大；活动创新性不足，对学生吸引力小，这也是文化活动影响力不足、效果欠佳的重要表现。这些问题使得民办高校文化活动的教育意义缺失,也使得整个文化建设受到负面影响。

四、民办高校文化建设的对策建议

上述分析可知,高质量、高品位、高强度、高频率的文化建设是民办高校可持续发展的前提和基础,对提高办学质量、塑造办学品牌和提供办学效益意义重大。考察现实,民办高校的文化建设仍然存在很大的开拓空间,从文化建设理念、主体、载体及活动形式等方面提出如下建议。

(一)凝聚思想共识,树立民办高校文化建设理念

民办高校文化可持续建设应在厘清发展轨迹中,在历史传承中,不断构建具有本校特色的文化品格。

首先,树立民办高校文化建设的理念,在思想上明确文化建设需要长期的努力才能有所收获。这需要学校找准自身定位,明确文化建设的目标,将文化建设内容纳入学校总体规划中,与学校可持续发展的目标紧密结合起来,使高校文化建设成为学校发展的重要内容。

其次,凝聚民办高校文化建设共识。民办高校文化建设与每一个人都息息相关,对学生来说,良好的高校文化有利于形成一种具有教育力量的氛围,有利于陶冶学生情操,形成健康积极的价值观念,提升学生的人文素养。对于教职工来说,良好的高校文化有利于教师之间建立和谐的人际关系,形成努力进取的工作环境。因此,民办高校应该凝聚思想共识,领导、教师、职工和学生树立全员重视高校文化建设的观念,从思想出发,积极参与到文化建设中去。浓郁、丰厚的校园文化所渗透、弥漫的精神氛围,需要依靠学校师生员工的整体努力,在观念上形成共识是搞好民办高校校园文化建设的基础和前提[6]。

第三,明确以创新为方向的文化定位。创新是大学精神的价值所在,民办高校在文化建设中要以创新为方向,营造创新性文化氛围[7]。高校文化是继承、发展、耦合与创新的综合结果,作为民办高校的无形资产,高校文化有利于激励学生的斗志,激发创新能力,提高学生的综合素质,可以调动教师的工作积极性,更新教育观念,革新教育方法,增强教师的整体能力。民办高校文化像一只"无形的手",不知不觉中调节着教职员工的思维模式和行为方式,使之形成饱满的精神状态和积极向上的动力[8],从而孕育了此类高校发展的能力和竞争优势。在当今社会,人才市场对毕业生的要求也越来越呈现出多元化复合型的要求,民办高校文化创新力能够为其发展提供渊源不断的动力。

(二)优化教师队伍建设,创建良好的教风学风

师生是民办高校文化建设的活跃主体和最终受益者,教师更加具有主导地位。其中建立起的价值观念和规范标准能够引导师生的心理素养和行为方式,在潜移默化中形成共同的价值观念,从而引导组织成员向着既定的方向发展或执行组织目标。抓住民办高校文化建设的重点,才能有的放矢,而师资队伍建设和管理是其重点所在。首先,明确目标,形成教师团队精神。通过制订切实可行的职责和目标,并根据学校具体情况的变化,随时调整岗位目标和职责,打造教师共同的价值认同和理想信念。其次,营造氛围,培养教师团队责任感。只有整个教师团队的氛围与高校文化形成合力,才能促进文化建设的

发展。然后,建立激励机制,创造积极向上的风气。在教师中形成良好的工作风气,从而引导学生形成良好的学习风气,改正学生不良的学习习惯,养成积极主动学习的氛围,促进高校文化的建设。

(三) 推进组织文化建设,提升民办学校凝聚力

民办高校要提升自身的文化竞争力,最基本的前提是组织内部有较高的价值共识。高度重视包括物质文化、精神文化、行为文化在内的组织文化建设,要创建自由开放的工作氛围,给予教师足够的支持与信任,丰富工作、生活内容,使他们能在组织里自由平等地交流。民办高校应建立一个开放的沟通系统,以促进教师间的交流,增强教师的参与意识,促进上下级之间的意见交流,促进工作任务更有效地得到传达和执行。

首先,加强物质文化建设。校园的建筑、设施、景观等能体现学校的文化品位,既可向社会展示学校的形象,又可对置身其中的广大师生员工产生潜移默化的导向、激励、熏陶作用。让师生在舒心、适宜的校园环境中生活,增强生活幸福感和组织归属感,对提升民办学校的内在吸引力和教育力意义重大。

第二,加强精神文化建设,根本上改善目标追求、基本信念、办学理念、价值观念和学校精神。精神文化是凝聚着全体教职工和学生的价值取向、道德规范和精神追求的核心,最终达到的是学校价值观和个人价值观的统一,产生一种巨大的向心力和凝聚力[9]。加强民办高校的精神文化建设,要注意形成优良的工作作风和价值理念,在内涵建设上推进各项工作扎实、严谨地开展,服务于学生的全面自由发展,服务于整个高等教育体系的和谐完整。

第三,完善制度和规章建设,建立健全民办高校的行为准则、规章制度。制度建设是民办高校文化健康发展的重要组成部分,也是其载体和不可或缺的支撑。对于环境设施和制度建设,既要统筹规划,从整体出发,使文化建设与学校整体发展思路相适应,又要发挥师生的主体作用,通过师生的主动参与和集思广益,自主建设校园精神文化和维护隐性的文化环境。这不仅能够促成民办高校文化的顺利生成,还增强了师生对校园文化环境保护及传承的责任感和主体意识。

(四) 创新校园文化建设方式,丰富文化活动和社团活动

民办高校文化建设主要表现为多姿多彩的文化活动,校园文化活动的次第开展有利于形成一定的文化观念和文化环境,营造特有的符合民办教育精神风骨的校园风气和校园精神,因此,民办高校要注重增强文化活动的内在质量,增强其育人效应和品牌魅力。在课程设置上,应当改变过分专业化的偏狭倾向,注重隐性课程建设,倡导学生组织并积极参与丰富多彩的课外文化活动。此外,还要重视并建设网上校园文化,采取适当措施减少网络文化的负面影响;也要善于利用网络文化的开放性和即时性,给校园文化建设注入新的活力。

文化活动和社团活动应充分发挥在民办高校文化建设中的基础性作用,尽量满足全体教师和学生的精神生活要求。一是加强教师对学生学习和文化生活的全程参与及精心指导,通过师生文化共同体的打造,最大限度发挥活动的育人作用和价值引领作用。同时注意教师指导与学生自主的结合,释放年轻人的文化创新力,减少教师“放手不管”和“抓得太紧”两种错误倾向。二是民办高校要建立有效的社团管理制度,设立专门部门进行管理和指导,形成“团委指导—社团联合会服务—学生社团自主管理”的三级管理模式,为校园文化活动提供场地、资金和组织等便利条件。三是提高文化活动的质量,面向全体学生提前计划和严密组织。学术活动需要聘请校外知名专家和学者来校开展讲座、报告和研讨会,文艺活动突出积极向上、情感健全,面向学生的服务活动要身心兼顾、内外兼修。总之,通过多层次、多途径、多主体的文化活动,使民办高校文化建设立意高远、效果持久、成效卓著,推动新时期民办教育的可持续发展。

参考文献:

[1] 盛振文,李建,徐会吉.发挥文化在民办高校竞争优势构建中的作用[J].中国高等教育,2016(9):35-37.
[2][3] 盛振文.影响民办高校可持续发展的因素及对策研究[J].山东社会科学,2014(8):124-127.
[4] 秦和.大学文化——民办高校可持续发展的原动力[N].中国教育报,2009-10-13.
[5] 李纯真.辽宁省民办高等教育可持续发展研究[D].辽阳:辽宁师范大学,2012.
[6] 胡银花.关于民办高校校园文化建设问题的初步研究[J].民办教育研究,2006(6):61-64.
[7][8] 盛振文.可持续竞争优势理论视角下民办高校可持续发展研究[D].天津:天津大学,2015.
[9] 周国平.民办高校教师工作满意度调查分析——以陕西省为例[J].教育发展研究,2007(4):37-42.

作者: 王素琴,教育学硕士,山东协和学院高等教育研究所副教授;徐丽丽,管理学硕士,山东协和学院高等教育研究所讲师。

(原载《山东高等教育》2019年第3期)

民办高校教学质量评价体系优化研究
——以西安外事学院为例*

何佩琴

摘　要：调查研究民办高校教学质量评价的目前现状，以西安外事学院为个案，参考其他同类院校的教学质量评价体系，给出现有评价体系中存在的主要问题，对其原因作分析，根据学校的实际情况提出具体的优化对策：完善评价主体、细分评价指标、健全评价机构、明确指标权重和搭建信息平台，这对民办高校加强教学质量管理、促进教学质量提高具有重要的理论价值和实践意义。

关键词：民办高校；教学质量；评价体系

一、西安外事学院质量评价体系概述

随着我国普通高校大范围扩招，民办高校数量也快速增长。其中为数不少的新建民办本科高校都是在高职院校基础上发展升格的，由于办学时间不长，师资力量不足，同时面临和公办学校竞争生源的压力，而没有足够的时间依据民办学校的实际情况来设计一套科学可行的教学质量评价体系，现行的评价体系多数沿用公办高校的传统做法。这样的评价体系在实施过程中与现实有一定差距，同时也无法体现民办高校灵活的管理机制[1]。

西安外事学院正是在这样的背景中发展起来的一所民办普通本科院校。为了提高教学水平和质量，充分调动学校教师的教学积极性，学院在 2007 年就建立了各项教学质量保障措施，其中实施课堂教学质量评价活动就是一个重要举措。经过 10 多年的实施和完善，目前的教学质量评价体系已经能够对学校的教学、管理发挥积极的促进作用。具体包括七个方面。

（一）教学质量评价的目的

一是为了服务学校人才培养过程，发现教学组织和管理过程中出现的各类问题，为教学管理部门了解各教学单位的教学情况提供客观依据；二是帮助教师了解自己的优势和不足，不断改进教学方法，优化教学过程，提升教学水平；三是为学校的教师评优、年终考核、职称评定、晋级等提供参考依据。

（二）教学质量评价的组织机构

西安外事学院成立了教学质量评价与督导专家委员会，下设教学督导办公室作为教

---

*　基金项目：2018 年西安外事学院七方教育研究院招标资助项目（18qfy101）。

学质量监控和评价的日常机构，教学质量评价与督导委员会受主管教学工作的部长直接领导，按自然年度实行任期制，每两年聘任一次。委员会专家按其所属二级学院组成所属单位的专家工作组，具体组织和实施教学质量评价的相关工作。

(三) 教学质量评价的相关制度

西安外事学院为了加强和完善教学质量评价工作，建立健全了教学督导及相关管理制度，主要有《西安外事学院教学督导制度》《西安外事学院教学质量评价与督导专家委员会工作制度》《西安外事学院听课与教育教学巡察制度》《西安外事学院主要教学环节质量标准(一)》《西安外事学院主要教学环节质量标准(二)》和《西安外事学院学生评教制度》六项制度。这些制度从根本上确保了教学质量评价工作的顺利开展和实施。

(四) 教学质量评价的内容

西安外事学院教学质量的评价内容由三个板块构成，根据不同评价主体来设置不同的评价内容，即学生评价、教学督导评价以及领导和同行教师评价。

学生的评价表在学校教务系统中设置完成，围绕"教学要求""教学内容""教学方法"和"教学效果"四个一级指标设置评价内容。教学督导评价表则按照"教学内容""教学态度""方法手段""教学素质"和"教学效果"五个一级指标设置了客观和主观结合，量化评价指标和主观具体建议相结合的多方位评价内容。领导和同行教师的评价表虽然只有一级评价指标，但也设置了与督导评价表相类似的主客观两方面评价内容。

(五) 教学质量评价的标准

根据西安外事学院教学工作实际，针对教学过程所涉及的主要环节，制定了《西安外事学院主要教学环节质量标准(一)》和《西安外事学院主要教学环节质量标准(二)》两个教学质量标准制度，其中包括：任课教师聘任标准、教师备课环节质量标准、理论教学环节质量标准、课程考核环节工作质量表。这四个主要环节的评价标准也是开展教学质量评价工作，设置评价内容的依据和准则[2]。

(六) 教学质量评价的实施过程

西安外事学院的教学质量评价体系重点在于关注教师的课程教学质量，主要通过开展听评课活动完成，根据评价主体的不同，其教学质量评价实施过程分为三个环节[3]。

第一个环节：评价主体为教学督导专家。每学期，督导专家分成若干小组对任课教师进行听课评价，根据课程的性质不同又分为理论课和实验课两类评价，分别使用《西安外事学院督导听课(理论课)评价表》《西安外事学院督导听课(实践课)评价表》，如表 1 和表 2 所示。

表 1　西安外事学院督导听课(理论课)评价表

课程名称		教师姓名		系别	
上课时间		上课地点		授课班级	
授课主题及内容：					

评价标准		等级	对教师讲课的评价意见	
教学内容	内容充实、实用性强		优点	
	注重知识延伸			
	教学重点突出，举例恰当			
	难点讲解清晰			
教学态度	态度端正，严谨治学			
	课堂管理严格			
	仪容仪表大方得体			
方法手段	教学方法得当			
	教学手段有效			
	教学安排合理		存在问题与建议	
教学素质	板书规范工整			
	熟悉教学内容，不照本宣科			
	普通话标准			
	教学示范动作规范			
教学效果	课堂教学有序			
	师生互动效果好			
	学生学习氛围浓厚			
	课堂气氛好			

综合印象分(按百分制)：　　　　　　　　听课人(签名)：　　　　　　　　日期：

注：1. 指标等级按 A、B、C、D 评定。

2. 听课后应及时与老师进行交流沟通。

表 2　西安外事学院督导听课(实践课)评价表

<table>
<tr><td colspan="2">任课教师姓名</td><td colspan="2"></td><td>课程名称</td><td colspan="3"></td></tr>
<tr><td colspan="2">任课专业班级</td><td colspan="2"></td><td>上课时间</td><td></td><td>上课地点</td><td></td></tr>
<tr><td colspan="8">实习、实训主题及内容：</td></tr>
<tr><td colspan="4">评价标准</td><td>等级</td><td colspan="3">对教师操作的评价意见</td></tr>
<tr><td rowspan="4">教学内容</td><td colspan="3">教学安排合理，时间紧凑</td><td></td><td rowspan="9">优点</td><td colspan="2" rowspan="9"></td></tr>
<tr><td colspan="3">符合大纲要求</td><td></td></tr>
<tr><td colspan="3">重难点突出</td><td></td></tr>
<tr><td colspan="3">技能熟练，操作规范</td><td></td></tr>
<tr><td rowspan="3">教学态度</td><td colspan="3">教学准备充分</td><td></td></tr>
<tr><td colspan="3">耐心指导，认真巡视</td><td></td></tr>
<tr><td colspan="3">按时上下课，认真组织教学</td><td></td></tr>
<tr><td rowspan="3">方法手段</td><td colspan="3">教学手段有效</td><td></td></tr>
<tr><td colspan="3">教学方法得当</td><td></td></tr>
<tr><td colspan="3">讲练结合，重在精练</td><td></td><td rowspan="9">存在问题与建议</td><td colspan="2" rowspan="9"></td></tr>
<tr><td rowspan="4">教学素质</td><td colspan="3">板书规范工整</td><td></td></tr>
<tr><td colspan="3">熟悉教材，不照本宣科</td><td></td></tr>
<tr><td colspan="3">普通话标准</td><td></td></tr>
<tr><td colspan="3">教学动作规范，指导到位</td><td></td></tr>
<tr><td rowspan="4">教学效果</td><td colspan="3">现场教学有序</td><td></td></tr>
<tr><td colspan="3">师生互动效果好</td><td></td></tr>
<tr><td colspan="3">学生技能掌握好</td><td></td></tr>
<tr><td colspan="3">教学气氛好</td><td></td></tr>
</table>

综合印象分(按百分制)：　　　　　　听课人(签名)：　　　　　　日期：

注：1. 指标等级按 A、B、C、D 评定。

2. 听课后应及时与老师进行交流沟通。

第二个环节：评价主体为二级学院领导和同行教师。各二级学院根据《西安外事学院听课与教育教学巡察制度》的要求，每学期组织学院领导和同行教师，对于教学质量评价指标体系中《西安外事学院课堂教学质量评价表》进行评价，如表 3 所示。

表 3 西安外事学院课堂教学质量评价表

<table>
<tr><td colspan="2">任课教师</td><td></td><td>课程名称</td><td colspan="2"></td><td>授课地点</td><td colspan="2"></td></tr>
<tr><td colspan="2">教育类型</td><td></td><td>专业</td><td colspan="2"></td><td>班级</td><td colspan="2"></td></tr>
<tr><td colspan="2">应到人数</td><td></td><td>实到人数</td><td colspan="2"></td><td>迟到人数</td><td colspan="2"></td></tr>
<tr><td rowspan="3">序号</td><td colspan="3" rowspan="3">评价指标</td><td rowspan="3">分值</td><td colspan="4">权重</td><td rowspan="3">得分</td></tr>
<tr><td>A</td><td>B</td><td>C</td><td>D</td></tr>
<tr><td>1.0</td><td>0.8</td><td>0.6</td><td>0.4</td></tr>
<tr><td>1</td><td colspan="3">教书育人，关心学生，严格管理，能有效维持课堂秩序</td><td>10</td><td></td><td></td><td></td><td></td><td></td></tr>
<tr><td>2</td><td colspan="3">以身作则，按时上下课，遵守教学规定</td><td>10</td><td></td><td></td><td></td><td></td><td></td></tr>
<tr><td>3</td><td colspan="3">教学目标明确，教学内容充实、娴熟，深浅适度，进度适中，举例恰当，理论联系实际</td><td>10</td><td></td><td></td><td></td><td></td><td></td></tr>
<tr><td>4</td><td colspan="3">讲课思路清晰，层次分明，重点突出，难点解析清楚，深入浅出，有启发性</td><td>10</td><td></td><td></td><td></td><td></td><td></td></tr>
<tr><td>5</td><td colspan="3">因材施教，启发引导学生，讲练结合，重视能力培养</td><td>10</td><td></td><td></td><td></td><td></td><td></td></tr>
<tr><td>6</td><td colspan="3">根据教学内容和学生基础，采用的教学方法和手段恰当</td><td>10</td><td></td><td></td><td></td><td></td><td></td></tr>
<tr><td>7</td><td colspan="3">板书、课件设计布局合理、美观、醒目，文字详略得当，表达准确</td><td>10</td><td></td><td></td><td></td><td></td><td></td></tr>
<tr><td>8</td><td colspan="3">教态端庄，精神饱满，讲课有感染力，能吸引学生的注意力，并主动维持课堂教学秩序</td><td>10</td><td></td><td></td><td></td><td></td><td></td></tr>
<tr><td>9</td><td colspan="3">讲普通话，语言清晰、生动流利，(外语语音语调正确)语速适中，表述准确，能激发学生的学习兴趣</td><td>10</td><td></td><td></td><td></td><td></td><td></td></tr>
<tr><td>10</td><td colspan="3">师生互动，思维活跃，教学效果明显</td><td>10</td><td></td><td></td><td></td><td></td><td></td></tr>
<tr><td colspan="4">合 计</td><td>100</td><td colspan="5">总分：</td></tr>
<tr><td colspan="10">对课堂教学或其他方面的具体意见或建议：

听课人：
年 月 日</td></tr>
</table>

第三个环节：评价主体为学生。主要利用学校学籍管理系统中的学生评教平台，开展教学评价工作，评价结果由评价系统自动生成。

(七) 教学质量评价结果的应用

听课、评课活动结束以后，综合以上 3 个环节的评价得分，将评价结果分为优秀、合格和不合格 3 个等级。听课评价的流程如图 1 所示[4]。

从图 1 可见，综合评价结果为优秀的教师(A^+和 A)，认定为免于被听课(免检)教师。评价结果为 A+的教师，授予“课堂教学示范性教师”荣誉称号，优先入选学校培训师队伍，在 5 个评价期内可以免于被听课评价；评价结果为 A 的教师，授予“课堂教学优秀教师”荣誉称号,3个评价期内可免于被听课评价。在免于被听课评价期结束以后,将其纳入下一个评价周期,再进行重新评价。

综合评价结果为合格的教师(B^+、B和B^-),学校进一步加强指导和培训,使其提升课堂教学水平;评价结果为B^+的教师,学校提供条件,鼓励其通过自学、进修等途径进行提升;评价结果为B的教师,学校对其进行针对性的培训,不断强化训练,帮助提升;评价结果为B^-的教师,学校通过监督和考核等方式,督促其提升。对于综合评价结果为不合格的教师(C),则调离教学岗位。

为了形成长效激励和退出机制,对评价可实施动态管理,同时对评价结果进行横向比较和纵向比较。横向比较指的是教师个人的综合评价结果在集体中的排序;纵向比较指的是教师个人在多个评价周期的综合评价结果进行比较。鼓励教师通过个人自学、参加校内外组织的培训和导师指导等方式提升自身的教学水平,力争进入优秀行列,从而不断提高课堂教学质量。

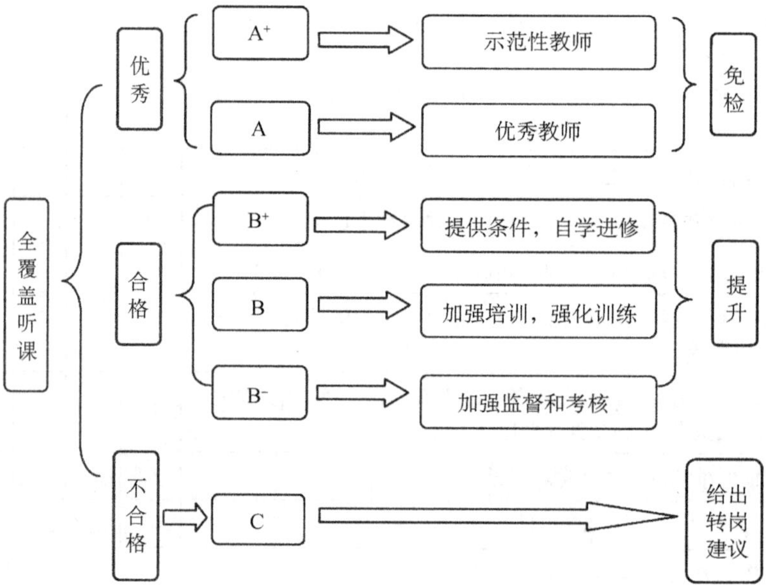

图1　听课评价流程图

二、西安外事学院教学质量评价体系存在的问题及原因分析

(一)评价主体不广泛

评价主体是指那些参与教育评价活动并按照一定的标准对评价客体进行价值判断的个人或团体。科学完善的教学质量评价体系必须涉及教学活动的各环节及全体人员,而参与西安外事学院教学质量评价实施的3个环节中的评价主体包括了学生、教学督导和专家、二级学院领导和同行教师,但却忽略了教师是培养学生的第一责任人,教师应该对教学质量评价过程有话语权,应该参与自评。同时,学校培养学生的根本目的是服务社会,应该把人才培养全过程中涉及的主体都纳入评价体系中,包括行业用人单位、教育行政部门(或第三方评价机构)、院校、教师、学生等多元主体都应对教学质量进行评价。[5]评

价主体不广泛的原因主要有以下两点：

第一，西安外事学院教学质量评价体系沿袭传统评价体系的设计思路，重点关注课堂教学质量，没有突出民办学校的办学定位和办学特色，没有将培养综合型应用型人才的办学目标纳入评价体系，从而缺失了行业、用人单位、教育行政部门等评价主体。

第二，作为教学管理部门可能认为教师自评的主观性较大，部分教师会因为评价结果影响个人职称评定、评优以及晋升等相关利益而存在私心，往往会给自己较高的评价分数，导致整体评价结果不客观，不准确。

当前正值快速发展中的民办高校，利用多元化的评价主体对教学进行全方位多角度的考察和评估，才能保证评价结果的客观性与真实性，培养出适合社会经济发展的高级专门人才。

（二）评价指标不全面

开展教学质量评价的前提是制定合理全面的评价指标体系，它不仅对教学管理工作有一定的影响，在某种程度上对教师和学生的努力方向也起着引导作用。教学质量评价体系能否反映真实的教学情况，取决于评价指标设置是否科学合理，指标体系中被忽视掉的重要指标，可能会造成应该完成的教学活动没有高质量完成甚至没有完成的现象发生。

西安外事学院的教学质量评价体系中所涉及的评价指标主要由传统评价模式中的固定模块组成，涉及教学内容、教学态度、方法手段和教学效果等。以上用于教学评价的三个表格分别是表1《西安外事学院督导听课（理论课）评价表》、表2《西安外事学院督导听课（实践课）评价表》和表3《西安外事学院课堂教学质量评价表》。从三个表中不难发现，虽然目前对理论课和实践课的评价表格设置不同，但评价指标相近。同时，评价指标的设置都针对的是教师的教学过程，没有任何指标能够反映作为学习主体的学生在学习过程中所应该承担的任务以及具备的能力。没有体现出学校在学生教育和培养中各环节的质量，这样的评价指标显然不够全面，必将导致结果的不合理性。

究其原因，以上问题主要是和学校的教育管理理念密切相关。西安外事学院属于新建本科院校，在办学过程中，主要聘请陕西各大公办高校有多年教学管理经验的专家教授负责教学管理，而传统公办高校的教学管理更加注重的是教师“教”的水平和效果，而不是学生“学”的结果，这必然会影响学校对教学质量评价指标的设置。

（三）评价数据不完整

开展教学质量评价活动，最终需要对评价数据进行统计分析，从而发现教学质量存在的问题，也可以说评价的数据应该能在一定程度上反映教学活动过程。现阶段西安外事学院的教学质量评价实施的主体有学生、督导以及二级学院领导和同行教师，虽然评价主体整体数量较多，覆盖面也广，但就单项评价主体而言，除了学生参与评价的人数能够确定并按时完成评价任务外，其他人员根本无法保证。这就造成了听课的评价数据不完整，有的课程和教师会多次被不同评价主体评价，而有的甚至一学期也没有被评价过一次，这样的评价结果无法体现科学、公平和公正性。其原因如下：

第一，学校每届督导人数非常有限，最多不超过25人，每人每学期有额定的工作量，不能覆盖全部课程和教师，而各二级学院组织的同行教师评价也常常因为教师教学任务多，无法正常按计划完成评价任务。

第二,西安外事学院的教学质量评价方式主要通过发放和回收评价表完成。在此过程中,难免会有一些人员没有及时完成评价任务或者没有按时上交评价表,甚至还有丢失评价表格的现象。这些都会造成评价数据不完整的状况发生。

(四) 评价内容不客观

教学质量评价体系的中心工作是构建合理的评价内容,对评价内容赋予适当的权重,根据评价主体和对象的不同及时调整评价内容和权重,才能对评价结果的后期处理和应用做好准备工作。从西安外事学院教学评价的三个表格可以发现,表 1 和表 2 的评价指标均缺少指标权重,并且是采用等级评定与百分制混用的方式进行评价结果的折算;而表 3 中虽然其评价指标都有权重,但每个评价指标的分值均为 10 分,这样的评价指标值将会导致评价结果与部分教师的实际授课不相符。

探究以上原因发现,西安外事学院在设计教学质量评价指标及部分指标权重过程中,对评价指标的定量评价和定性评价缺乏深入的研究和充分的论证,缺少对于两者的评价功能和作用的详细分析,这样评价指标不能客观反映教学质量,也无法确保评价结果的合理性和科学性。

(五) 评价结果反馈不及时

评价结果要及时反馈给评价对象,能对评价对象起到激励作用。教师作为课堂教学质量的评价对象,及时获得评价结果将有助于教师尽快调整教学方法,提高教学效果。目前西安外事学院的教学质量评价结果只有校级督导能够在第一时间反馈到教师本人,其他反馈信息只能反馈到二级学院的管理层面,再由二级学院反馈到教师以及其所在院系或教研室,致使无法在较短时间内反馈到受评教师本人。导致这种情况出现的原因有两个方面:一方面,学校教学质量评价机构采取的是传统人工收集评价信息的方式,即评价主体将评价表格统一交回评价机构后,由工作人员进行表格的汇总整理和分类,然后再反馈给相关院系或教研室,这在时间上会造成滞后和延误,直接影响评价反馈效果。另一方面,民办学校二级学院的教学管理人员数量有限,日常工作繁重,尤其是学生人数较多的二级学院,要完成评价信息反馈工作,势必会花费较长的时间,而且大部分教师因受上课工作量大的影响,即便获取自己的评价信息,也不能及时对自己的教学质量评价作出科学系统的分析,致使现有的信息反馈渠道不畅,不能及时充分发挥评价的导向及激励作用。

三、西安外事学院教学质量评价体系优化对策

为了更好地解决西安外事学院教学质量评价体系的主要问题,本文分别对云南师范大学商学院、广西外国语学院和山东万杰医学院 3 所办学性质相近的高校教学质量评价体系进行梳理和分析,并且综合这 3 所高校教学质量评价体系的设计思路、实施过程和现阶段所取得的效果,进一步优化完善西安外事学院教学质量评价体系,重点从五个方面入手。[6]

(一) 完善评价主体

高校教学质量评价体系中的多元价值观,赋予了各利益相关者和价值主张者以应有的评价主体权利。教、学、管的各类主体,都有对教学质量进行评价的话语权。因此,教学

质量评价体系应将学生评价、教师互评、同行评价和行业评价、用人单位评价等相互结合起来，成为有机结合的互动系统，要调动教师参与教学质量评价的积极性、主动性，保证学生参与教学质量评价的公正性、督导专家参与教学评价的长期性，以及行业、用人单位等社会机构参与教学评价的必要性，建立多主体共同参与，即教师自评、督导评价、同行互评、学生评价、行业评价及第三方评价的多元评价主体。并且各主体之间应当通过互相尊重、平等对话的方式来进行对彼此的评价，以保证评价信息的可靠性，最终促进交往主体在共同的学习交往中共存与发展[7]。

鉴于目前西安外事学院教学质量评价中评价主体不完善的情况，可以在各类评教的基础上，增加校外专家评教、教师自我评价、第三方评价等多种形式，尽量避免评价信息较为片面、评价结论不够客观等问题，并切实提高评价对象对评价的知情权和参与权。

（二）细分评价指标

在高校人才培养中，不同类型的课程往往呈现出不同的质量特性。如理论类课程强调的是知识结构的完善和批判性思维的训练，实践类课程则更多强调学生能力结构的完善和解决实际问题能力的提高，如果在评价指标的设计和实施中，这两类课程采用相同的指标显然是不合适的。

同时，不同的课程承担着不同的"使命"，如基础课程承担着为学生深入进行专业学习和培养学生批判思维、理性思考以及人际交流等社会综合生存能力等方面的使命，判断这类课程是否有质量则需要考查学生经过这类课程的学习之后，是否在以上两个方面有所"增值"；而专业类课程的主要目的在于帮助学生理解专业知识、形成专业能力，为其在专业领域的工作和继续进行专业学习奠定基础，其质量评价的维度应该有别于基础课程。从这个角度而言，这两类课程的质量评价标准从理论上讲应有所侧重。

因此，西安外事学院教学质量评价指标在优化过程中，必须切实考虑课程在人才培养方案中的作用，也要考虑课程的性质，按照各专业人才培养的课程体系，将教学质量评价指标分类细化，做到用最适合的指标评价教学质量，最终得到最科学合理的评价结果[8]。

（三）健全评价机构

教学质量评价机构承担着组织和开展教学质量评价活动的基本职能。评价机构对评价活动的安排和实施需要评价主体来完成。在多元主体组织中，学生的数量占绝对优势，可以覆盖和参与完整的评价活动，确保数据的全面性，但学校的教学督导往往数量有限，听评课无法覆盖全部教师。

针对西安外事学院评价数据不全面的问题，首先，可以根据学校的实际情况，建立健全院系督导机构，扩大全校督导整体数量。其次，应该明确校、院、系三级督导的职责分工，分层次、分范围开展诊断性评价和过程性评价，由数量较少的校级督导完成学校新入职教师以及少量问题教师的诊断性评价工作，数量相对充足的院系督导完成各专业教师的过程性评价，以弥补同行教师少、评价数量不全面的问题。这样一来，评价安排彼此衔接、互补，使教学质量评价贯穿于整个教学的全过程，使教学质量在教学过程中的每个阶段、每个环节都得到及时监控和保障，充分提高评价的完整性和准确性。

(四) 明确指标权重

教学质量评价指标是实施质量评价活动的主要依据和标准。西安外事学院的教学质量评价体系中所涉及的评价指标主要是由传统评价模式中的固定模块组成,涉及教学内容、教学态度、方法手段和教学效果等。其中表3中每项评价指标内容均为10分,显然对评价指标的权重没有区分,尽管在评分环节设置了评分权重,但对于整个评价结果来说,缺乏科学性。其他两个表格,在课程类型上虽有所区分,但每个评价指标都用等级来打分,无法界定描述质量的高低,其评价结果有欠合理。因此,对于优化西安外事学院教学质量评价体系这项任务来说,尽快设计科学合理的教学质量评价指标权重,应是最先需要考虑的工作[9]。

(五) 搭建信息平台

高效的教学质量评价必须建立及时顺畅的信息反馈机制,任何评价主体的信息反馈速度都会直接影响评价效果,及时顺畅向评价对象反馈评价信息,有利于激励评价对象积极努力提高教学质量。

为了解决西安外事学院教学质量评价信息量大、反馈不通畅、人工反馈不及时等问题,学校可以在充分调研的基础上,购置教学信息化质量管理平台,利用信息平台可以及时将各评价主体的评价结果直接反馈给评价对象。信息平台可以设置评价主体的权限,既可以匿名进行教学评价,也可以让评价对象看到评价主体,便于和评价主体交流,及时改进教学方法和手段,也能够提高学生参与教学质量评价的积极性[10]。

四、结语

随着教育内容的丰富性、教学手段的现代化、管理模式的信息化,西安外事学院的教学质量评价指标应该本着注重学生的学习效果、激发学生的学习潜能、培养学生的学习兴趣等原则进行设计,将师生之间的交流互动、师生关系、学生的学习态度与效果等指标纳入课堂教学评价指标体系中,最终通过教学评价价值的导向作用,从而引导课堂教学实践的新理念,有效推进构建新的教学模式。

参考文献:

[1] 王宁.高校教师身份属性与主观教学质量相关性研究[J].高教发展与评估,2012(2):103-107.
[2] 韦月俏.新建民办本科高校教师教学质量评价方法现状分析[J].才智,2017(21):185-186.
[3] 赵仰华.高校教师教学质量评价的创新方法分析[J].西部素质教育,2017(5):24.
[4] 范岩,马立平.利用马尔可夫链的高校教师教学质量模糊综合评价方法[J].数学的实践与认识,2017(4):77-82.
[5] 梁斌.模糊综合评价方法在高校学生对教师教学质量评价中的应用研究[J].兰州教育学院学报,2016(2):92-94.
[6] 李强,黄婷,石磊,等.高校教师教学质量评价体系与评价方法的创新研究[J].高教学刊,2015(12):5-8.
[7] 杜世云.对高校教师教学质量评价方法的研究[J].电子制作,2015(7):159.
[8] 刘亚雷,张硕,赵莹.民办高校教师教学质量评价体系的研究与实践[J].赤子(上中旬),2015(7):77.
[9] 于波,张淑丽,刘胜辉.自适应式高校教师教学质量量化评价方法研究[J].黑龙江教育(高教研究与

评估),2015(3):53-55.
[10] 周文梁,邓连波.基于学生评教的高校教师课堂教学质量评价方法[J].长沙铁道学院学报(社会科学版),2014(3):201-203.

作者: 何佩琴,西安外事学院教学督导室副主任,硕士。

(原载《民办教育研究》2019 年第 1 期)

基于多任务委托代理理论的独立学院教师激励机制研究*

李　强

摘　要：独立学院教师激励机制是实现其由教学型向研究型演化发展的重要制度保障。本文假设高校教师的主要任务是教学与科研，分别分析了教学评价体系健全、科研评价体系不健全情况下对教师激励机制的影响，并对独立学院与研究型大学的激励机制进行了比较。从激励机制与高校的发展演化、教学与科研工作的有效结合、教师教学与科研工作的平衡、健全科研绩效机制四个方面提出相应建议。

关键词：多任务；独立学院；激励机制

从知识管理的视角看，高校的主要任务是知识的传播、知识的创造、知识的转化。知识管理任务的重点不同，决定了高校的类型，也决定了高校知识管理的重点和目标[1]。我国高校可以分为研究型、研究教学型、教学研究型、教学型[2]四类。高校应当明确当前自身定位和未来发展定位，通过人才制度体系，实现高校教师数量结构（包括师生比、研发人员比例、专兼职教师比例等）、质量结构（高端人才比例、学历结构、职称结构、学术能级结构）、活力结构（包括年龄结构、国际化结构、学缘结构、开放性和流动性等）的调整和优化，使人才结构成为立足当前定位、面向未来定位的有效支撑[3]。

激励问题可以从不同的研究视角来分析。委托代理理论是分析激励问题的重要方法，可以帮助研究者通过模型构建，考虑信息不对称情况下的政策制定影响因素，并对政策效果进行适当评价。众多学者也都采用了委托代理模型研究高校激励问题[4]。高校教师的主要工作为教学和科研两项，可以用信息经济学中多任务委托代理模型来分析如何在两项任务同时推进的情况下构建人才评价、激励和保障体系。

一、模型构建

（一）模型假设

假设1：假设高校教师的任务为教学和科研两项，$a=(a_1, a_2)$ 为其努力向量，其在教学上的努力为 a_1，在科研上的努力为 a_2。用 $C=(c_1+c_2)$ 表示教师努力成本，设 $C=(c_1+c_2)$ 为严格递增凸函数。当 $C<0$ 时，两项行动的努力成本函数互补，当 $C=0$ 时，两项行动的努力成本函数相互独立，当 $C>0$ 时，两项行动的努力成本函数相互替代。用 $B=(a_1, a_2)$ 表示努力的期望收益，并设 $B=(a_1, a_2)$ 是严格递增的凹函数，也即各行动

*　基金项目：山西省科技厅软科学研究重点项目（2017042005-2）；山西大学校级课题（SZ2017010）。

边际收益递减。

假设 2：高校管理者作为委托方，不能观测到教师的努力程度 a_i，但可以通过教学绩效评价体系观测到高校教师教学评价结果 x_1，可以通过科研绩效评价体系观测到高校教师科研评价结果 x_2，设 $x_i = a_i + \varepsilon_i$，$\varepsilon_i$ 为外生的服从正态分布的随机变量，设其均值为 0，方差为 σ_i^2，ε_1、ε_2 独立分布。

假设 3：高校根据教师教学评价结果和科研评价结果设计现行激励合同，教师报酬为 $W = \alpha + \beta_1 x_1 + \beta_2 x_2$，其中 α 为固定收入，β_1 为根据教学评价结果的激励因子，β_2 为根据科研评价结果的激励因子。

假设 4：高校是风险中性的，教师是风险规避的。并进一步假定教师具有不变绝对风险规避的效用函数 $uw = -e - \rho w$，其中 ρ 是为绝对风险规避度。则代理人的确定性等价收入为满足 $u(CE) = Eu(w)$ 中的 CE。

(二) 模型构建

在以上假设条件下，高校教师的确定性等价收入为：

$$CE = \alpha + \beta_1 x_1 + \beta_2 x_2 - \frac{1}{2}\rho(\beta_1^2\sigma_1^2 + \beta_2^2\sigma_2^2) - C(a_1, a_2)$$

高校作为委托方，其确定性等价收入为：

$$TCE = B(a_1, a_2) - \frac{1}{2}\rho(\beta_1^2\sigma_1^2 + \beta_2^2\sigma_2^2) - C(a_1, a_2)$$

教师参与约束为：

$$CE = \alpha + \beta_1 x_1 + \beta_2 x_2 - \frac{1}{2}\rho(\beta_1^2\sigma_1^2 + \beta_2^2\sigma_2^2) - C(a_1, a_2) > \bar{w}$$

激励相容约束为：

$$(a_1, a_2) \in \operatorname{argmax} \beta^T\mu(a_1, a_2) - C(a_1, a_2)$$

高校教师多任务委托代理模型可以表述为：

$$\max_{\beta_1, \beta_2} B(a_1, a_2) - \frac{1}{2}\rho(\beta_1^2\sigma_1^2 + \beta_2^2\sigma_2^2) - C(a_1, a_2)$$

$$\text{s.t. (IR)} \quad CE = \alpha + \beta_1 x_1 + \beta_2 x_2 - \frac{1}{2}\rho(\beta_1^2\sigma_1^2 + \beta_2^2\sigma_2^2) - C(a_1, a_2) > \bar{w}$$

$$\text{(IC)} \quad (a_1, a_2) \in \operatorname{argmax} \beta^T\mu(a_1, a_2) - C(a_1, a_2)$$

(三) 模型求解

假定 $\mu(a_1, a_2) = (a_1, a_2)^T$，如果所有 a_i，均严格为正，激励约束条件可以简化为：

$$\beta_i = C_i(a)$$

由上式得：

$$\frac{\mathrm{d}\beta}{\mathrm{d}a} = [C_{ij}]$$

$$\frac{\mathrm{d}a}{\mathrm{d}\beta}=[C_{ij}]^{-1}$$

根据以上两个条件可得高校最大化确定性等价收入的条件为：

$$\beta=(I+\rho[C_{ij}]\sum\beta)^{-1}B'$$

根据上式对模型进一步求解：

$$\beta_i=\left[\begin{pmatrix}1 & 0\\ 0 & 1\end{pmatrix}+\rho\begin{pmatrix}C_{11} & C_{12}\\ C_{12} & C_{22}\end{pmatrix}\begin{pmatrix}\sigma_1^2 & 0\\ 0 & \sigma_2^2\end{pmatrix}\right]^{-1}\begin{pmatrix}B_1\\ B_2\end{pmatrix}$$

$$=\left[\begin{pmatrix}\rho C_{11}\sigma_1^2+1 & \rho C_{12}\sigma_2^2\\ \rho C_{12}\sigma_1^2 & \rho C_{22}\sigma_2^2+1\end{pmatrix}\right]^{-1}\begin{pmatrix}B_1\\ B_2\end{pmatrix}$$

$$=\frac{1}{\rho^2\sigma_1^2\sigma_2^2(C_{11}C_{22}-C_{22}^2)+\rho(C_{11}\sigma_1^2+C_{22}\sigma_2^2)+1}\begin{pmatrix}\rho C_{22}\sigma_2^2+1 & \rho C_{12}\sigma_2^2\\ \rho C_{12}\sigma_1^2 & \rho C_{11}\sigma_1^2+1\end{pmatrix}\begin{pmatrix}B_1\\ B_2\end{pmatrix}$$

$$=\begin{pmatrix}\dfrac{B_1+\rho(C_{22}\sigma_2^2B_1-C_{12}\sigma_1^2B_2)}{\rho^2\sigma_1^2\sigma_2^2(C_{11}C_{22}-C_{22}^2)+\rho(C_{11}\sigma_1^2+C_{22}\sigma_2^2)+1}\\ \dfrac{B_2+\rho(C_{11}\sigma_1^2B_2-C_{12}\sigma_2^2B_1)}{\rho^2\sigma_1^2\sigma_2^2(C_{11}C_{22}-C_{22}^2)+\rho(C_{11}\sigma_1^2+C_{22}\sigma_2^2)+1}\end{pmatrix}$$

所以，得到 β_1、β_2 的最优解，分别命名为公式(1)、公式(2)：

$$\beta_1=\frac{B_1+\rho(C_{22}\sigma_2^2B_1-C_{12}\sigma_1^2B_2)}{\rho^2\sigma_1^2\sigma_2^2(C_{11}C_{22}-C_{22}^2)+\rho(C_{11}\sigma_1^2+C_{22}\sigma_2^2)+1} \tag{1}$$

$$\beta_2=\frac{B_2+\rho(C_{11}\sigma_1^2B_2-C_{12}\sigma_2^2B_1)}{\rho^2\sigma_1^2\sigma_2^2(C_{11}C_{22}-C_{22}^2)+\rho(C_{11}\sigma_1^2+C_{22}\sigma_2^2)+1} \tag{2}$$

二、模型讨论

(一) 高校教学绩效评价体系健全情况下的教师激励制度

假设 5：如果高校教学绩效评价体系健全，那么高校作为委托人可以准确观测到教师教学努力水平，即 $\sigma_1^2=0$，高校和教师在教学评价方面不存在信息不对称的情况。

第一，这一假设是有一定现实意义的，高校通过学生评教、同行评教、领导评教、教学检查等多重手段，对教师的教学质量(即教师在教学上的努力)可以有相对准确的把握，尤其是以教学为主的教学科研型或教学型高校。

第二，当 $\sigma_1^2=0$ 时，公式(1)会发生比较大的变化：

$$\beta_1=\frac{B_1+\rho C_{22}\sigma_2^2B_1}{\rho C_{22}\sigma_2^2+1}=B_1$$

根据以上两公式，在高校可以对教师教学努力程度进行测量情况下，对教学的激励可以准确按照其对学校产生的贡献来确定，贡献的大小由教师课时量、备课难易程度、教师水平(如职称)等来确定，不需要进行额外的激励。如果在此情况下，高校仍对教学工作进行额外奖励，即 $\beta_1 > B_1$ 时，教师在教学上的努力 $a_1 > a_1^*$，a_1^* 为最优均衡条件下教师在教学工作上的努力水平。如果教师在两项任务上努力是相互替代的(即 $C_{12} > 0$)，教师在科研上的努力将会下降。

第三，当 $\sigma_1^2 = 0$ 时，公式(2)会发生比较大的变化：

$$\beta_2 = \frac{B_2 - C_{12}\sigma_2^2 B_1}{\rho C_{22}\sigma_2^2 + 1}$$

根据以上公式，与单一任务委托代理模型的结论相比，高校对教师科研活动的激励程度，除了需要考虑科研活动产出、代理人绝对风险规避度、代理人努力成本、信息不对称程度之外，还要考虑教学活动对科研活动的交叉影响。如果 $C_{12} > 0$，则 $C_{12}\sigma_2^2 B_1 > 0$，β_2 较单一任务委托代理模型的最优解有所下降。因为 $C_{12} > 0$ 意味着两种任务的努力成本是相互替代的，而高校对教师教学努力程度是完全掌握的，双方信息不对称的总体程度有所下降。因而，此时高校对教师科研努力的激励程度可以较单一任务委托代理时有所下降。

第四，如果将两个最优解进行比较发现，$\beta_1 = B_1$，而 $\rho C_{22}\sigma_2^2 > 0$，在 $C_{12} > 0$ 的情况下：

$$\beta_2 = \frac{B_2 - C_{12}\sigma_2^2 B_1}{\rho C_{22}\sigma_2^2 + 1} < B_2$$

这就意味着高校会选择一个与教学贡献水平相同，又低于科研贡献的激励水平，而科研贡献本身体现为学术影响力、学术成果等指标的综合，没有教学贡献容易计算和测量，会造成高校“重视教学、轻视科研”的现象，这在教学型和教学科研型高校更为普遍。

(二) 高校科研评价体系完全失灵时的教师激励制度

假设 6：高校无法对教师科研工作的努力程度进行评价，双方在科研方面存在完全的信息不对称，即 $\sigma_2^2 = \infty$，此时高校不会根据教师的科研工作绩效进行激励，即 $\beta_2 = 0$。

第一，此假设虽然为极端假设，但仍有一定的现实意义。高校对教师科研绩效的评价本身是一个复杂的过程。其复杂性至少体现在三个方面：一是科研对高校的贡献是不好测量的，一项科研成果、一篇论文等对高校带来的贡献是隐性的，其贡献大小受到判断者主观因素的影响。二是教师科研绩效的评价也是多维度的，从其论文、项目的数量与等级可以在一定程度上判断其科研努力程度，但科研绩效的判断更注重学术影响力和声誉机制，而学术影响力和声誉机制仅在学术的“小范围”群体中产生，对于大多数从事科研但距离学术权威群体较远的教师来说是无法获取的。同时，科研评价体系还受到诸如学术造假、学术腐败等现象的影响。三是教师迫于晋升职称压力而在科研方面的努力是不好界定的，因为迫于晋升职称开展的科研工作为了未来获得更高的固定收入 α，而非源于高校对科研的激励。换句话说，无论高校是否有激励科研制度，高校教师都会为了晋升职称而做一些科研工作。这类科研工作可能造成教师科研成果对个人的贡献大，对高校的贡献小的现象。因而，现行的科研评价体系只能在一定程度上反映教师的科研水平和努力程度。

从委托代理理论视角看，只有科研评价体系能够真正反映教师科研成果对高校的真实贡献时,科研评价体系才能缩小高校和教师科研方面的信息不对称情况。如图1所示。

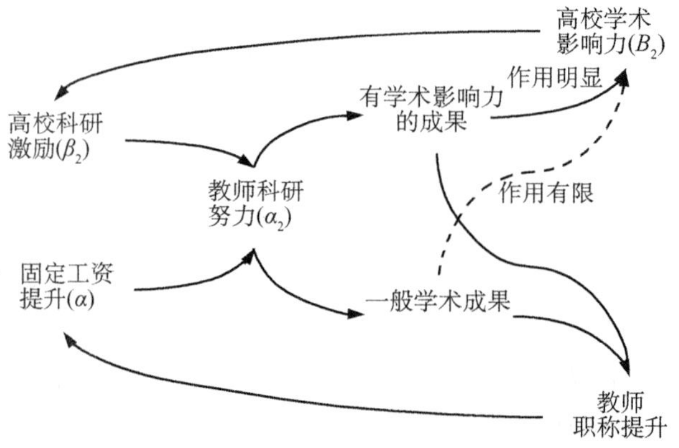

图1　教师科研努力的效果分析

第二,在此情况下,如果 $C_{12}>0$ 时,C_{12} 越大,β_1 越小;相反,$C_{12}<0$ 时,C_{12} 的绝对值越大,β_1 越大。也就是说,教学和科研努力成本是相互替代的,应当适当降低对教学的激励,以保护对科研的激励。

$$\beta_1=\frac{B_1-B_2C_{12}/C_{22}}{1+\rho\,\sigma_1^2(C_{12}-C_{12}^2/C_{22})}$$

第三,在这种情况下,高校如果希望引导教师在科研方面有更多努力,需要适当弱化在教学上的激励,因为较高的 β_1 将诱使教师把过多的精力放在教学上,而忽视科研工作。

(三)教学型高校和科研型高校在激励水平上的比较

假设7:假设教学型高校以教学工作为主,重视对教学工作的评价与激励,对于教师而言,教学与科研之间相互促进的关系不明显,此时教学与科研的努力成本呈相互替代的关系,即 $C_{12}>0$;科研型高校以科研工作为主,以培养高水平科研人才为主,因而教学与科研之间的相互促进关系明显,此时教学与科研的努力成本呈相互互补的关系,即 $C_{12}<0$。

首先,假设7具有一定现实意义。科研型高校以培养高水平科研人才为主,以硕士生、博士生教学为主,以团队式科研活动为主,实现了教学与科研活动的融合,因而教师的教学与科研工作可以实现有效的融合,两者的努力成本也可以实现互补,即教师在科研上的努力可以实现教学水平的提升,教师在教学上的努力也可以促进科研水平的提升。而以本科教学为主的高校,注重基础专业知识和专业能力的培养,与科研工作存在知识距离和方法差异,因而此时教师在教学和科研上的努力呈现相互替代的关系。

其次,在此假设条件下,可以比较两种类型高校的教师教学和科研激励水平。从公式(1)、公式(2)可以看出,由于 B_1 和 B_2 大于0,ρ、σ_1^2、σ_2^2、C_{11}、C_{22} 均大于0,所以教学型高校的 β_1 小于科研型高校的 β_1;教学型高校的 β_2 小于科研型高校的 β_2。也就是说,教学型高校教学和科研激励水平均应小于科研型高校激励水平。需要补充的是,此结论并不支持教学型高校教师收入水平应小于科研型高校收入水平,而是说教学型高校教师收入水平波动应小于科研型高校教师收入水平。

三、模型结论与启示

（一）模型结论

在教学工作的绩效评价体系健全的情况下，高校与教师在教学工作上不存在信息不对称，可以按照教师教学工作的实际绩效发放奖励，此时奖励的力度大于信息不对称（即高校教学绩效评价体系不健全）情况下的奖励力度。如果此时教学与科研工作努力成本为相互替代关系，科研激励水平会低于信息对称情况下的激励水平，此时会造成教师“重教学、轻科研”的现象。

在科研工作的绩效评价不能反映科研活动对高校的真实贡献时，即科研是一个无法真实观测的变量时，高校会放弃对科研的激励。教学与科研工作努力成本为相互替代关系，应降低教学工作的激励水平，保护教师的科研积极性。如果此时选择较高的教学工作激励水平，会对教师科研努力形成替代效应。

以教学为主的高校教学和科研激励水平应普遍低于以科研为主的高校的激励水平。

（二）模型对独立学院教师激励的启示

1. 通过激励制度的科学演化，实现学校的跨越式发展

目前，我国独立学院发展历程普遍超过10年，在10年～20年的发展过程中，基本达到教学型高校的要求，建立了相对完善的教学管理体系，教学质量稳步提升，但也普遍进入战略转型期。从我国举办独立学院的初衷看，一方面丰富了我国高等教育供给结构，另一方面更是为未来培育高水平大学打基础、做准备。所以，独立学院不能在发展战略上故步自封，应该树立创建一流大学的战略目标，实现由教学为主高校向科研为主高校的跨越。

在独立学院跨越发展过程中，需要结合现实定位和发展目标，科学制定教师激励制度。独立学院发展初期，定位于教学型高校，加大对教学的激励和对教师教学绩效的评价是必要的。随着学校的发展，要开始向教学服务型或教学科研型高校转型。在转型过程中，要在前期教学绩效评价体系相对完善的情况下，降低对教学的激励，加大对科研的激励，同时构建与发展目标相一致的科研绩效评价体系。教学服务型高校的科研绩效评价体系应对政府政策服务、企业咨询（设计）服务、校企协同创新等项目给予积极评价；教学科研型高校的科研绩效评价体系应对有学术影响力的科研成果给予积极评价。

2. 通过建设教学服务型大学，实现教学与科研工作的有效结合

通过本研究构建的教师多任务委托代理模型可以看出，当教师科研努力和教学努力是相互替代关系时，最优激励水平较低，相应的教师努力水平较低，高校的收益水平较低。所以，作为高校管理方（即委托方），不能在管理上刻意地将教学与科研对立起来，而是要努力创造教学与科研有效融合、相互促进的关系和氛围，帮助教师实现教学与科研之间努力成本的互补。

对于部分发展中的独立学院而言，马上从教学型高校转型为教学科研型高校存在一定难度，结合部分高校承担应用型高校转型建设的任务，可以将教学服务型大学作为发展定位。教学服务型大学以知识传授和知识应用为主，可以帮助教师实现知识价值的同时，提高高校服务社会的能力，扩大高校在区域内的影响力。同时，把服务型项目引入高校，

也符合应用型高校建设的要求和目标,在实现校企合作、政企合作的同时,增加教师和学生参与实践的机会,实现以知识传授向知识应用转变的教学方式改革。

3. 将科研激励与学术影响力挂钩,健全科研绩效考核机制

正如前文所述,独立学院从教师科研活动中获得的收益是不容易量化的,往往体现为一种学术影响力。但是,无论从教师发展还是专业建设的角度,离开科研活动,独立学院发展就缺乏了必要的支撑。在独立学院发展过程中,科研激励与科研绩效评价体系也需要随着独立学院发展定位不断调整变化。独立学院发展初期,教师队伍建设是工作重点,需要形成一支有一定教学经验、知识结构和职称结构合理的教师队伍,所以此时科研工作的重心是帮助教师尽快成长,促进师资力量的发展。在此之后,科研激励的目标应该是重点培养一批学科带头人和专业带头人,以支撑学科和专业的发展。学科带头人和专业带头人要在全国或区域内有一定的学术建树和影响力。此时科研激励的方式要有所变化,由"补贴"式的保障性激励转变为"奖励"式的激励,科研绩效评价体系也要更多地与学术影响力、对高校的影响力的贡献挂钩,不能单一地重视数量,要更加重视质量。具体的做法可以包括:提高论文奖励的门槛、开展学术成果的年度评比活动和奖励、加大高水平学术成果奖励金额等。

参考文献:

[1] ALAVI M, LEIDNER D,郑文全.知识管理和知识管理系统:概念基础和研究课题[J].管理世界,2012(5):157-169.

[2] 武书连.再探大学分类[J].科学学与科学技术管理,2002(10):26-30.

[3] 吴庆文.中国研究型大学人才结构综合评价研究[J].中国行政管理,2009(5):98-102.

[4] 康欣,谢永钦,梁小林.基于委托代理理论的高校教师激励模型研究[J].模糊系统与数学,2015(3):187-190.

作者: 李强,山西大学讲师,硕士。

(原载《长春大学学报》2019年第6期)

产教融合视域下民办本科高校教师教学能力发展研究*

陈葆华

摘　要：民办本科高校作为高等教育体系的重要组成部分，其定位是要实现应用型人才培养。教师教学能力是关键决定因素，决定人才培养质量，决定民办本科高校的综合竞争力。实证分析研究表明，实践能力、实践教学技能、应用研究能力、自我发展对教师教学能力发展有正向影响作用。产教融合环境下的民办本科高校教师的教学能力发展要聚焦在培养教师的实践能力、应用研究能力、实践教学技能三个方面。所有对教师培养的制度以及路径，都应围绕这三方面能力展开，以实现应用型人才培养质量的提升，打造民办高校的特色，进而真正打造一支应用型的师资队伍。

关键词：产教融合；民办本科高校；教学能力

一、前言

民办本科高校作为高等教育体系的重要组成部分，其定位是要实现应用型人才培养，实践表明，产教融合能有效地培养社会发展需要的应用型人才，加速科学技术的转化和应用，更好地为经济发展服务，这已成为高等教育发展的重要趋势。从2010年开始我国就开始重视产教融合，逐年开始强调，并经历了这么多年的产教融合实践，取得了一定的成功经验，但很多民办高校仍然处于产教融合的初级阶段，归其重要的原因，由于民办高校的实力对企业而言缺少吸引力，难以激发企业深入产教融合的动力，主要是由于民办高校的知名度、人才培养质量和教师服务社会的能力较弱，而那些高水平的大学拥有高水平的教师，很多高科技企业都愿意与高水平大学进行产学研合作，将专利、科研成果转化为生产力。但对于民办高校面临的激烈的竞争环境，将产教融合做到真融和真合，是当前民办本科高校打造特色和生存发展的重要手段。无论是要提升民办高校的人才培养质量，还是要与企业联手实现应用型人才培养，民办高校需要建设一支具有深厚理论基础，又拥有专业实践能力，能够将理论和实践很好融合在一起，胜任实践教学，进而具备服务企业能力的雄厚师资队伍。如医科大学和其附属医院的深度校企融合就是成功的案例之一，这很大程度上归功于医科大学的教师们有着很强的理论功底和理论联系实践的能力，并具有现场指导学生进行实践教学的能力。

*　基金项目：全国教育科学“十三五”规划2017年度教育部重点项目(DIA170363)。

为贯彻全国教育大会精神，进一步办好新时代职业教育，落实《中华人民共和国职业教育法》,《国务院关于印发国家职业教育改革实施方案的通知》(国发〔2019〕4 号)提出从 2019 年起，应用型本科高校应多措施并举打造“双师型”教师队伍。因此，作为应用型高校重要组成部分的民办本科高校专业教师教学能力的提高日益成为关注的焦点。本文对当前产教融合视域下，影响教师教学能力的因素进行探讨，旨在提升民办本科高校教师的教学能力，建设一支能够胜任应用型人才培养的师资队伍。

二、研究综述

王波、张崎静认为在产教融合背景下，企业与院校通过联合办学实现生产与人才培养的一体化，使院校与企业良性互动，实现双赢，产教融合从根本上打破了人才培养与企业需求、学习与工作的无缝隙对接[1]。应用型本科高校是指以本科教育为主，服务区域经济，以学科为依托，以应用型专业教育为基础，以社会人才需求为导向，突出学生实践能力和应用能力培养，彰显应用性特色的院校。周川认为教学能力是教师完成教学活动所需要的能力，将教学能力当作是教师达到教学目标，取得教学成效所具有的潜在的可能性，它反映出教师个体顺利完成教学任务的直接有效的心理特征[2]。康锦堂认为教学能力主要包括教学表达能力、教学组织能力、教学操作能力和教学研究能力[3]。薛天祥认为教学能力主要包括教师的教学预见能力、教学实践能力、教学表达能力和教育机智[4]。以往文献对教师教学能力的定义主要是从较宽泛的角度定义。本研究的教学能力是指在产教融合背景下，民办高校教师应该具有培养学生实践能力，并且学生的专业知识能够胜任用人单位岗位的能力。

专题三

刘勤、魏芬认为，教学能力的影响因素包括知识管理能力、教学组织能力、教学研究能力、教学监控能力，还有个人因素、校园因素、国家政策[5]。张秋慧、杜青、苗艳华认为教学能力的影响因素包括知识更新能力、教学设计能力、课堂教学能力、课堂管理能力、实践教学能力、教学评价与反馈能力、教学研究能力[6]。王志伟、孙路以哈尔滨学院工学院为样本，对应用型本科院校教师教学能力提高途径进行探索与分析，认为高校教师的教学能力的主要影响因素是良好工作观、期望和发展动机，从而分析了影响高校教师教学能力提升的个性特征因素、社会环境因素和实践因素[7]；李欢从结构主义方法论的视角出发，在对应用型人才培养和教师自身发展需求分析的基础上，将应用型高校教师教学能力解析为较为具体的十项能力要素，包括：知识系统化和更新能力、教师语言表达能力、教学设计能力、教学环境的能力、教学活动组织及监控能力、教学评价能力、教育技术能力、学术研究能力、实践教学能力、教学反思能力、教学创新能力[8]；何叶荣、孙大军以对安徽省 5 所应用型高校的相应调研数据为样本，对影响应用型高校教师教学能力的多重因素进行了分析与归类，运用结构方程模型对教师教学能力的影响因素进行验证，发现教师个人的态度、国家政策的支持、学校相应管理机制的激励对教师教学能力提升有重要的影响[9]。

本文拟在已有研究工作的基础上，针对产教融合的视域下，要携手产业、企业培养应用型人才，通过实证分析从教师个人的方面深入探讨教师教学能力的影响因素，为民办高校培养适合应用型人才培养的师资提供理论依据和实际指导。

三、理论基础与研究假设

（一）理论基础

智力适应理论认为，智力是一种心理机能，它具有适应意义。这就是说，成年人的智力活动特点是与其对环境的适应分不开的，环境对个体有什么要求，个体相应的智力功能就能得到发展。在产教融合视域下，民办本科高校要实现应用型人才的培养，实战能力成了教师能否成为胜任应用型本科高校教师的关键因素，在国家极力推进深入产教融合的环境下对教师的教学能力提出了新的要求。

教学能力的测度具有一定主观性和间接性的基本特征。本文对影响教师教学能力的因素——教学理念、教学技能、自我发展、应用研究能力、实践能力进行实证分析，教学理念、教学技能、自我发展、应用研究能力、实践能力对产教融合视域下的教师能力发展有影响作用。

在对相关文献、理论的回顾和评述的基础上，本研究构建了产教融合视域下教师教学能力发展的影响因素的理论模型。（如图1所示）

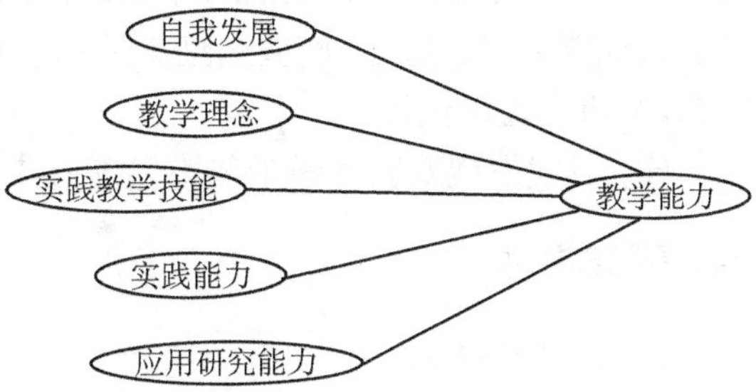

图1　教学能力发展影响因素理论模型架构图

（二）研究假设

1. 教学理念对教学能力的影响

张大良等人认为教育理念是指教师对教育本质的理性思考，即教师的教育理论素养与人生观相互作用的结果，在教师的发展过程中起着重要的地位[10]。刘盈盈等人认为正确的教学理念是青年教师顺利教学，提升青年教师教学能力的先决条件[11]。根据以往的研究文献，本研究提出假设：

H_1：正确的教学理念对教师教学能力发展有显著正向影响作用。

2. 实践教学技能对教师教学能力的影响

本研究实践教学技能是指教师应该具有扎实的理论功底，又具有专业实践能力，能在理论和实践结合层面胜任实践教学的技能。通过文献的研究，以及笔者对工作的体验观察，以此，本文提出试探假设：

H_2：实践教学技能对教师教学能力发展有正向的影响作用。

3. 实践能力对教师教学能力的影响

龚艳冰认为实践能力是在实践活动中形成并再现出来的，提高实践能力对青年教师教学能力的提高非常重要，随着我国高等教育改革的日益深化，培养具有综合实践能力的人才已成为高等教育人才培养的重中之重。为了保证教学质量，社会对高校教师的职业技能将提出更高的要求[12]。本研究的实践能力是指教师在产教融合背景下，要实现应用型人才培养，应该具有专业岗位实践能力，并能将理论知识融入实践中，同时具有服务社会的能力。通过文献的研究，以及实际工作体验观察，本文提出试探假设：

H_3：实践能力对教师教学能力发展有正向的影响作用。

4. 应用研究能力对教师教学能力的影响

本研究的应用研究能力是指教师应该具有对企业开展横向课题研究并能将横向课题研究融入教学的能力。通过文献的研究,以及笔者对工作的体验观察,以此,本文提出试探假设:

H_4:应用研究能力对教师教学能力发展有正向的影响作用。

5. 自我发展对教学能力的影响

张大良等人认为教师的工作有一定的自由度,青年教师要胜任教学工作并不是一件简单的事,如果教师的自我发展的愿望强,就会促使他们有较高的期望值,从而设计好教师职业生涯规划,使自己明确目标,制订计划,对照标准,寻找差距,不断完善[13]。本研究的自我发展是指在产教融合视域下,教师要有将自己培养成熟知产业状况,不断提升自己专业实践能力,打造成适应应用型人才培养的需要的教师的强烈愿望。根据以往的研究文献,本研究提出假设:

H_5:自我发展对教师教学能力发展有正向的影响作用。

四、研究方法

(一) 研究样本

本文采用问卷调研方式收集数据进行实证研究,本研究正式问卷的发放主要采用线下有针对性的问卷调查方式,线下方式主要通过发放纸质问卷,调查对象为民办本科高校教师,以硕士、博士学历的中青年教师为主,总共调研了有代表性的 20 所民办本科高校,涉及管理学、经济学、法学、教育学、工学、文学、理学七大学科,拥有 1 年以内企业实践经验的占 49.2%,1 年~3 年的占 23.3%,3 年~5 年的占 9.9%,5 年以上实战经验的占 17.6%。本次共回收 424 份问卷,剔除无效答卷,剩余有效问卷共 313 份,有效回收率为 73.8%,问卷数据统计分析采用 SPSS24.0 软件统计。从样本量来看能够满足验证研究的需求。

(二) 变量测量

本文所研究运用的是李克特的 7 点量表计分法,分数越高代表被访者对相关题项的认可程度越高。测量量表主要包括教学理念量表、实践技能量表、实践能力量表、应用研究能力量表、自我发展量表、教学能力量表。总共有 7 个构面,共 27 道题,每个构面均有 3 道题以上。产教融合视域下民办本科高校教师教学能力所有构面的变量偏态的绝对值<1,峰态绝对值<7,符合单变量正态分布。

五、数据分析与结果

(一) 验证性因素分析

KMO=0.931,大于 0.7 说明变量适合做因子分析,巴特利特球形度检验显著,说明问卷的题目相关。旋转载荷平方和达到 83.853%,一般达到 50%以上就可以了,说明用这 7 个构面能够很好解释所有变量。

(二) 信度、效度分析

教学理念构面,题目与题目之间的相关分别是 0.753、0.665、0.739,更正后的项目总相关分别是 0.764、0.818、0.751,Cronbach's Alpha=0.883;实践教学技能构面题目与题目之间的相关分别是0.625、0.674、0.736、0.84、0.812，更正后的项目总相关分别是0.712、0.724、0.875、0.859、0.755，Cronbach's Alpha=0.914；自我发展构面题目与题目之间的相关分别是0.715、0.679、0.786，更正后的项目总相关分别是0.738、0.818、0.792，Cronbach's Alpha=0.888；应用研究能力构面题目与题目之间的相关分别是0.846、0.791、0.814，更正后的项目总相关分别是0.861、0.877、0.835，Cronbach's Alpha=0.930；实践能力构面题目与题目之间的相关分别是0.54、0.711、0.662，更正后的项目总相关分别是0.684、0.650、0.782，Cronbach's Alpha=0.840；教学能力构面题目与题目之间的相关分别是0.803、0.872、0.855，更正后的项目总相关分别是0.869、0.857、0.909，Cronbach's Alpha=0.942。所有构面题目与题目之间的相关均大于0.3，更正后的项目总相关大于0.5，Cronbach's Alpha均大于0.7，说明该问卷的7个构面均有良好的内部一致性，所有问卷题目均保留。所有构面的题目的皮尔逊相关性都在(0.3，0.7)之间，说明问卷的题目具有良好的区别效度。

（三）回归分析

德宾-沃森D-W=1.93，D-W在(1.5，2.5)之间，说明样本数据独立，没有自我相关。R^2=0.774，R^2一般达到0.33就可以，说明变量的选择非常好，具有非常好的代表性。VIF小于5，说明变量之间没有共线性问题。T值大于1.96，就显著，即P值小于0.05，实践教学技能、自我发展、应用研究能力、实践能力对教学能力有显著影响，其中实践能力对教学能力的影响最大，其次分别是应用研究能力，实践教学技能，自我发展。教学理念对教师教学能力发展没有直接的显著影响。具体见表1。

表1　民办本科高校教师教学能力发展影响因素回归分析

模型	未标准化系数		标准化系数	t	显著性	共线性统计		R^2	样本独立
	B	标准误差	Beta			容差	VIF		D-W检验
（常量）	0.088	0.244		0.360	0.719			0.774	1.930
教学理念	0.009	0.036	0.007	0.240	0.810	0.853	1.172		
实践教学技能	0.195	0.048	0.189	4.108	0.000	0.347	2.885		
自我发展	0.133	0.049	0.128	2.724	0.007	0.332	3.015		
应用研究能力	0.244	0.040	0.282	6.065	0.000	0.342	2.927		
实践能力	0.394	0.051	0.374	7.680	0.000	0.311	3.217		

注：因变量为教学能力。

六、结论

（一）主要结论

本研究提出5个假设，其中有4个假设成立，前文通过实证分析结果表明：

1. 实践教学技能对教师教学能力发展有正向的影响作用

通过实证分析，验证了研究假设。在产教融合视域下，民办本科高校教师具备整合理论与实务进行教学的能力、发展学生职业岗位素养的教学目标的能力，并且具有引导学生进行职业岗位教学情境的能力，这些实践教学技能对教师教学能力的发展具有重要的正向影响作用。

2. 实践能力对教师教学能力发展有正向的影响作用

通过实证分析验证了龚艳冰等学者的观点，教师的专业实践能力对应用型人才的培养非常重要，具备专业实践能力的教师可以将行业知识融入教学中，对民办高校教师教学能力的发展有着重要的作用。

3. 应用研究能力对教师教学能力发展有正向的影响作用

通过实证分析，验证了研究假设。民办高校教师具有对企业开展横向课题研究的能力，并将企业横向课题研究融入教学的这种应用研究能力对教师教学能力的发展起着正向的影响作用。

4. 自我发展对教师教学能力发展有正向的影响作用

通过实证分析验证了张大良等学者的观点。在产教融合视域下，民办高校教师除了具备专业理论知识之外，还应具备专业实践能力，这主要是后天的学习与成长，自我发展越强烈，教师就会越有动力，主观能动性越强，越能提高教学能力。

(二) 理论价值

此研究专门将民办高校教师教学能力发展的影响因素放在产教融合背景下进行研究，同时将教学理念、实践教学技能、应用研究能力、自我发展、实践能力 5 个维度系统全面地且有针对性地探讨了教师教学能力发展，更加有针对性地从教师的个人方面探讨了产教融合背景下教师教学能力发展影响因素，拓宽了产教融合背景下教师教学能力发展影响因素的研究领域。此研究探讨了在产教融合的背景下教师个人因素是如何影响教师教学能力发展的，使民办高校教师教学能力发展影响因素的机制更加清晰，针对性更强，更具有理论性指导意义。

(三) 实际价值

在重视应用型人才培养的师资队伍建设时代，本研究可以引导民办高校提升教师教学能力，而教师的教学水平直接关系到人才培养质量，甚至整个民办高校的综合竞争力。从传统的固有思维看，影响教师教学能力发展的因素有很多。本研究的实证分析，清晰地告诉民办高校的管理者，在产教融合视域下，要有相应的教学管理制度、绩效考核制度支持鼓励教师利用寒暑假时间到企业挂职锻炼，着重培养教师的专业实践能力，同时可以通过职称评定制度鼓励教师做应用型研究，即与企业合作研究横向课题，提升教师理论与实践相融合的能力，提升教师的社会服务能力，借此提升民办高校在产教融合中与企业谈判的筹码和吸引力。教师的专业实践能力以及应用研究能力对民办高校在产教融合视域下进行教学方法、课程体系改革有着重要的作用，要改变传统的以理论知识讲授为主，注重以企业实际岗位工作情境的需要进行教学设计，能更好地引导学生将所学知识应用到企业实际工作中来。同时要联合企业共同编写应用型本科教材，以"工作过程为导向"，加强应用性，在不改变核心理论的前提下，以任务为载体，将知识内容进行重组，将传统教材理论知识的基础地位变为对学生实践应用的服务指导地位。通过编写应用型教材，帮助提升教师的实践教学技能，从而提升民办高校教师的教学能力。教师是一个需要终身学习的职业，需要较强的责任感，热爱教师这个职业，有进取心。自我发展强烈的教师会不断根据社会环境的变化不断学习，适应发展。所以应用型本科高校在招聘教师时，除了重视学历、毕业学校，不断追求进步、善于学习的特质也是值得重视的。教学理念是一种观念，一种概念性的想法，作为校级领导、院级领导要拥有这样的理念，而作为教师，教学理念对教师的教学能力发展没有直接的影响作用，本研究的主要研究对象是普通教师的视角。

作为产教融合视域下的民办本科高校教师的教学能力发展要聚焦在培养教师的实践能力、应用研究能力、实践教学技能，对教师培养的制度以及路径要围绕这三方面展开，实现应用型人才培养质量的提升，打造民办高校的特色，真正打造一支应用型的师资队伍。

（四）研究局限与展望

本研究受访对象的涵盖范围较广，受访的20所民办本科高校，分布在全国各地，因此所得结论较为新颖，且对民办高校师资队伍的建设具有较强的指导意义。但是本文也存在一些不足。本研究虽然收集了各个民办高校一线教师的数据，但由于样本量限制，尚未收集校级领导、院级领导、学生的数据。未来研究可以进行全方位的研究，从领导、学生、教师自身一起探讨教师教学能力发展的影响因素，从而真正有利于师资队伍全方位建设。

参考文献：

[1] 王波，张崎静.产教融合视角下高职教育发展困境与出路[J].教育与职业，2019(4)：48-50.

[2] 周川.简明高等教育学[M].南京：河海大学出版社，2007.

[3] 康锦堂.教学能力结构及测评[M].厦门：厦门大学出版社，1991：12.

[4] 薛天祥.高等教育学[M].桂林：广西师范大学出版社，2001：347.

[5] 刘勤，魏芬.地方高校青年教师教学能力影响因素分析及策略改革——以上海地方高校为例[J].改革与开放，2018(23)：130-132.

[6] 张秋慧，杜青，苗艳华.民办高校青年教师教学能力发展的影响因素分析[J].中国轻工教育，2018(4)：27-32.

[7] 王志伟，孙路.应用型本科院校教师教学能力提高途径探析[J].黑龙江高教研究，2013(5)：106-108.

[8] 李欢.应用型本科高校教师教学能力结构分析[J].喀什师范学院报，2013(5)：92-94.

[9] 何叶荣，孙大军.应用型高校教师教学能力影响因素关系模型[J].安徽理工大学学报(社会科学版)，2017(7)：58-64.

[10][13] 张大良，纪志成，周萍.高校青年教师教学能力的评价体系与影响因素研究[J].贵州社会科学，2009(9)：91-96.

[11] 刘盈盈，颜玄洲.地方本科高校青年教师教学能力影响因素分析与提升途径探索——基于青年教师自身视角[J].农村经济与科技，2016(19)：287-288.

[12] 龚艳冰.高校青年教师教学能力培养的实践因素分析[J].高等教育研究学报，2010(2)：63-65.

作者：陈葆华，北京大学教育学院博士研究生，北京吉利学院教授。

（原载《教育学术月刊》2019年第8期）

专题三

独立学院内涵式发展的困境及其消解

——基于山东省11所独立学院的本科教学质量报告*

石义秀　刘冬冬

摘　要：内涵式发展是独立学院应对高等教育新常态发展要求、"双一流"建设以及"专业+学校"招生、学分制改革等一系列挑战的必由之路。内涵建设积淀不足、方向不明、优势不突出是制约当前独立学院内涵式发展的突出问题。为此，要加强独立学院文化建设，强化文化引领，增强内涵积淀；开展院校研究，挖掘发展内涵，笃定发展方向；统筹优化，加强应用型人才培养，突出内涵发展优势；回归市场，回归区域，差异立校，特色立校，实现独立学院的内涵式发展。

关键词：独立学院；内涵式发展；本科教学质量

一、独立学院内涵式发展的必要性

作为我国高校系统的重要主体，独立学院在历经初创期、快速发展期后，已步入了质量提升的内涵式发展期。2017年《国家教育事业发展"十三五"规划》中强调，要支持高校内涵发展，提升教育质量。内涵式发展已成为独立学院应对高等教育新常态质量提升要求以及高等教育"双一流"建设、"专业+学校"招生、学分制改革等一系列挑战的必由之路。

（一）新常态下高等教育内涵式发展要求

从规模扩张的外延式向质量提升的内涵式发展转型[1]是新常态下高等教育发展的要求。目前，全国独立学院265所，占全国本科高校的21%，2012年在校生达到了278.40万人的发展规模。但近5年在适龄生源减少影响下独立学院在校生与招生规模整体呈下降趋势（如图1所示）。这实则表明了近几年独立学院规模外延式扩张放缓的现状，也表明了独立学院在走过规模拓展期后，内涵式发展、质量提升将成为独立学院获得持续发展以及继续适应与应对高等教育新常态的重要路径。

（二）把握高等教育"双一流"建设发展机遇的要求

"双一流"建设为地方高校提供了难得的发展机遇，要在"双一流"建设中有所作为就必须利用现实基础……着力增强内涵建设，努力实现重点突破，特色发展[2]。我国高等教

* 基金项目：山东省社会科学规划项目（19CPYJ31）；江苏省教育科学"十三五"规划2018年度立项课题（C-b/2018/03/05）。

育主要有公立教育与民办教育两大主体，且以公立教育为主导形成不完全竞争市场。民办教育虽具先天市场优势，却因诸多因素很难在公立教育主导的不完全教育市场中获得公平竞争。但 2015 年“双一流”建设提出后，以“绩效杠杆”“扶强扶优”的政策导向，打破原有教育资源分配机制及 985、211 身份固化所形成的资源附着，可为地方高校赢得资源机遇。因此作为地方高校的独立学院，在“双一流”建设背景下，只要能够不断提升内涵建设，尤其通过集中力量在某一专业、某一学科办出水平、办出特色，完全可以凭借质量、特色赢得脱颖而出、重点突围的契机，获得政府扶持，实现自身突破与发展。

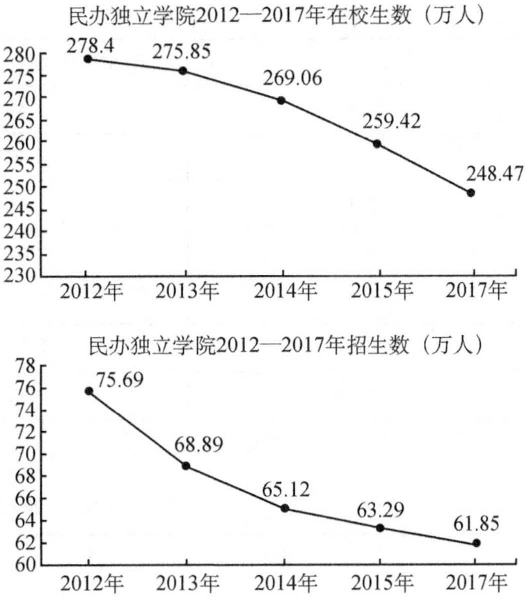

图 1　2012—2017 年独立学院在校生数及招生数①

（三）现阶段内生源下行的现实压力

对于缺乏国家财政直接资助的独立学院办学，生源是独立学院生存维系的生命线。近年来，在高考适龄人数的减少这一本质根源下，一些独立学院校不得不面临生源危机[3]。

根据国家教育部发布的近 10 年的统计年报中普通高中以及初中在校生人数（见表 1）及有关学者对 2001—2010 年近 10 年人口变动情况统计（见表 2）推算：2019—2025 年整体高考适龄人口将呈现减少趋势。有关媒体同样以出生人口预算高考适龄学生，指出预计 2018—2024 年高考适龄人口持续降低，并且 2024 年左右将是高考适龄人口最少的一年[4]。2017 年我国出国留学人数达 60.84 万人，持续保持世界最大留学生生源国地位[5]。2018 年度达到 66.21 万人，较 2017 年度增加 5.37 万人，增长率为 8.83%[6]，并且近些年本科生及其以下的留学生增速高于研究生，约占参与海外留学教育中国学生总数的三分之一，同时这种留学低龄化趋势也将会保持延续。部分高考适龄人口的弃考留学在一定程度上也加重了独立学院的招生压力。生源减少，一方面，造成独立学院赖以生存的学费收入减少，外延式规模扩张遭遇瓶颈；另一方面，高等教育买方市场特性将会更加深化，教育消费理性更加凸显，教育消费竞争择优的形势更加严峻。独立学院若没有良好的质量与内涵提升，在近阶段内高考适龄人口减少已成定势的情况下，很难应对生源减少问题。

表 1　近 10 年普通高中及初中在校生人数

年份	普通高中生在校人数（万人）	初中生在校人数（万人）
2009	2 434.28	5 540.94
2010	2 427.34	5 279.33
2011	2 454.82	5 066.8

① 数据来源于国家统计网，2016 年、2018 年及 2019 年未曾公布。

续　表

年份	普通高中生在校人数(万人)	初中生在校人数(万人)
2012	2 467.17	4 763.06
2013	2 435.88	4 440.12
2014	2 400.47	4 384.63
2015	2 374.4	4 311.95
2016	2 366.65	4 329.37
2017	2 374.55	4 442.06
2018	2 375.37	4 652.56

注:数据来源于教育部历年统计年报。

表 2　2001—2011 年人口出生情况[3]

年份	当年出生人口(万人)	当年净增人口(万人)	出生率(%)	自然增长率(%)	总人口数(万人)
2001	1 702	884	13.38	6.95	127 621
2002	1 647	826	12.86	6.45	128 453
2003	1 599	774	12.41	6.01	129 227
2004	1 593	761	12.29	5.87	129 988
2005	1 617	768	12.40	5.89	130 756
2006	1 584	692	12.00	5.28	131 448
2007	1 594	681	12.10	5.17	132 129
2008	1 608	673	12.14	5.08	132 802
2009	1 615	672	12.13	5.05	133 474
2010	—	—	—	—	134 100
2011	1 604	644	11.93	4.79	134 735

(四)“专业+学校”招生政策、学分制改革对独立学院内涵提升的要求

2020 年夏季高考或将采用“专业+学校”的模式填报志愿,在此模式下,专业优先将取代学校优先,这意味着高校专业实力将成为考生择校的首选因素。在此背景下,独立学院学科基础薄弱、专业建设不足、模仿母体高校、同质化、缺乏专业特色、内涵建设不足等短板都将制约着独立学院发展,直接影响到学院招生。因此进一步加强独立学院专业建设,打造特色专业、优势专业,增强专业内涵提升具有紧迫性。另外,学分制改革的到来是独立学院面临的又一挑战。首先,充分课程选择、有效的择课空间作为学分制的前提,将直接对独立学院师资队伍数量以及开课能力提出要求。以山东省 11 所独立学院①

① 原山东师范大学历山学院于 2019 年 6 月经国家教育部批准转设为潍坊理工学院(民办本科高校),因研究数据取于 2018 年本科教学质量报告,对研究结果没有影响,固不作特殊对待。以下所涉及数据也统一不作特殊说明。

2017—2018 学年生师比来看(见表 3),仅有 4 所高校满足了 18∶1 的本科最低办学标准,师资队伍明显不足。其次,学分制改革下优质课程、精品课程将成为学生首选择课对象。迫使独立学院加强课程改革,提升课程质量。增强师资力量、加强课程建设、提升发展内涵成为独立学院在面对新招生、学分制改革最直接而现实的要求。

表 3　山东省独立学院生师比情况

学校名称	生师比	学校名称	生师比
北京电影学院现代创意媒体学院	7.54∶1	山东师范大学历山学院	18.82∶1
山东科技大学泰山学院	17.06∶1	青岛理工大学琴岛学院	20.50∶1
山东财经大学燕山学院	17.83∶1	聊城大学东昌学院	21.57∶1
青岛农业大学海都学院	17.96∶1	济南大学泉城学院	21.81∶1
烟台大学文经学院	18.77∶1	山东财经大学东方学院	25.00∶1
中国石油大学胜利学院	18.78∶1		

注:数据来源根据各高校 2018 年公布的 2017—2018 学年本科教学质量报告整理获得。

二、独立学院内涵式发展的现实困境

独立学院内涵式发展研究实则是基于高等教育内涵式发展研究之下的研究,但二者又非简单的从属关系。独立学院的内涵式发展研究既体现出高等教育内涵式发展的共性,也体现出其独有的实践特性以及基于独立学院特点的差异属性。高等教育内涵式发展的特性是独立学院内涵式发展的普遍性基础,对独立学院内涵式发展的释义离不开高等教育内涵式发展内涵的深层次把握。对于高等教育内涵式发展,学者们进行了深入探讨。赵友元认为,高等教育内涵式发展是高等教育机构作为发展主体,通过综合利用内外部可用资源,提高资源配置能力,优化系统结构,提高人员素质,充分挖掘主体内在潜力,借此实现组织发展目标,提升人才培养质量的一种发展方式[7]。瞿振元认为,高等教育的内涵式发展应当是以提高质量为核心的"规模、质量、结构、效益、公平"五个变量的协调统一发展[8]。别敦荣指出,特色与内涵本质上是一致的,相互依存,不可分割,特色发展也就是内涵发展[9]。可见高等教育内涵式发展是区别于外延式发展的一种发展方式,它强调通过自身内部要素的优化统筹,以内部要素(师资、结构、质量等)为发展动力,实现自身质量提升,获取特色发展的过程。独立学院内涵式发展也应具备以下几个要义:第一,质量提升是独立学院内涵式发展的核心标准,尤其是在依赖增加资本投入获取的数量与经济以及规模扩张已不太现实的情况下;第二,依赖自身内部要素优化,统筹发展,实现内生性提高是内涵式发展的途径。第三,统筹优化,全面提升人才培养质量是独立学院内涵式发展的重点。第四,特色发展是独立学院内涵式发展的重要主题与突破口。同时对于独立学院内涵式发展应是涵盖办学定位、教育理念、人才培养、师资队伍建设到教学保障等方方面面统筹优化的质量提升工程,也是寻求特色发展的过程。而综观当前走过规模扩张期的独立学院,内涵建设积淀不足、方向不明、优势不突出是制约其内涵式发展与提升的突出问题。

(一)文化引领不足,制约发展内涵的深层积淀

作为一种独特的社会文化形态,大学文化凝聚在大学拥有的深厚文化底蕴之中,是大学在长期办学实践的基础上积淀和创造的大学精神文化、物质文化、制度文化和环境文化的总和……是大学核心竞争力之所在[10]。大学文化是高校发展进程中形成的比较稳定的理念、制度和特色的凝练和提升[11]。从大学文化的定义可以发现,大学文化是一所高校长期办学底蕴积淀的结果,是最能够深刻体现一所高校办学特色,引领大学办学方向,塑形大学办学特点、发展特色的精神内在。自1999年第一所独立学院浙江大学城市学院成立至今,独立学院仅有20年的办学历史,又经历了探索、质疑、转设等发展历程。独立学院发展过程中文化底蕴先天不足、文化积淀不足、文化引领不够问题十分凸显。这种文化积淀不足、建设不够致使独立学院办学表现出同质性。如山东省11所独立学院中有6所高校设置了市场营销专业;8所高校设置视觉传达与艺术设计专业,艺术学成为山东省独立学院普遍设立的学科。2018年仅有3所高校所设置的专业与母体高校中存有高于5个专业不同,其余高校与母体高校在专业设置中表现出高度相似。大学之间的差别从根源上讲是核心理念的差异[12]。当前独立学院办学实践中对于母体高校理念、制度、人才培养模式、专业、部门设置的简单移植与模仿;同类独立学院间雷同又缺乏特色的办学定位以及专业设置、优势竞争力缺失等问题,其深层次上亦是文化内涵缺乏、文化引领不足的表征。文化缺失与引领不足必然制约着独立学院的深层内涵提升与积淀。

(二)定位同质,缺乏特色影响内涵发展方向的笃定

当前诸多独立学院在定位普遍表现出模糊、笼统、缺乏特色等问题。通过对2018年山东省11所独立学院公布的2017—2018年度本科教学质量报告中的办学定位、人才培养目标等文本分析发现(见表4),大部分高校定位雷同,缺乏自身特色,未笃定明确的特色办学方向。在办学定位上,仅有北京电影学院现代创意媒体学院在发展目标上提出"一流影视高等艺术学校",人才培养目标上提出"在电影学学科专业研究方向设置齐全的基础上……强调学生艺术创作能力全面、创作能力强、专业知识广泛……";山东财经大学燕山学院提出"省内一流财经独立学院"的办学定位,并"按照区域经济发展对经管类高素质应用技术型人才的需求,确定具有"专业理论基础扎实……有一定创新能力"的人才培养目标,从以上可明显看出这两所高校明晰的办学定位以及人才培养特色,其他高校的定位都较笼统,如"国内一流、省内一流或者高水平或较高影响的独立学院",以及不同程度下雷同、笼统、缺乏明显特色的人才培养目标定位。

定位同质,缺乏特色问题严重制约着独立学院内涵建设方向的笃定。明确的办学定位是高校发展的前提,《国家中长期教育改革和发展规划纲要(2010—2020年)》提出,"引导高校合理定位,克服同质化倾向,形成各自的办学理念和风格,在不同层次、不同领域办出特色,争创一流。"2014年2月国务院常务会议提出,引导一批普通本科高校向应用技术型转型;同年6月《现代职业教育体系建设规划(2014—2020)》提出,"高等职业教育,在办好现有专科层次高等教育学校的基础上,发展应用技术类型高校,培养本科层次职业人才",高等职业教育向技术应用本科教育层次上做出探索推进。作为二者夹缝中的独立学院不能明晰办学定位,尤其是介于二者间明确的差异定位,找准自己位置,笃定发展方向,再以这种笼统、同质性定位,发展空间将进一步被挤压,发展形势也将更加严峻。

表 4　独立学院学校发展定位、人才培养目标、服务面向

学校名称	学校发展定位	人才培养目标	服务面向
北京电影学院现代创意媒体学院	国内一流的影视高等艺术院校	中国影视动漫和文化创意产业领域重要的复合应用型本科人才培养	立足影视和网络，面向产业和行业，服务山东和全国
烟台大学文经学院	—	培养适应经济社会发展需要，有较好基础理论知识和专业实践能力，有较强社会责任感和职业胜任力的高素质应用型人才	立足烟威，面向基层，辐射全省，为烟威地区经济社会发展以及食品、机械、电子、黄金等重点产业提供人才服务
山东财经大学燕山学院	在未来 5 年内逐步建成与地方经济社会发展相适应，质量优良、管理规范、特色鲜明、省内一流的财经独立学院	专业理论基础扎实、应用操作能力强、服务适应面较宽、有一定创新能力	立足山东，面向全国，主要为山东经济社会发展服务
青岛农业大学海都学院	—	培养品德高尚，身心健康，基础扎实，实践能力、适应能力、创新能力强的高素质应用型人才	立足莱阳，服务胶东半岛，面向山东，辐射全国，为地方经济发展提供人才、技术和智慧支持
中国石油大学胜利学院	学校将以油地校三方共建为契机，抓住机遇，锐意改革，从胜利走向胜利，为实现省内一流应用技术型本科普通高等学校的发展目标而努力奋斗	以培养高素质应用技术型人才为人才培养目标，致力于培养知识、能力、素质全面协调发展，具有高度的社会责任感、良好的人文素养、扎实的专业基础并富有创新创业精神及能力，能在企事业单位从事一线生产、管理、服务的优秀本科人才	面向黄河三角洲区域特色经济发展和石油石化行业，立足于服务东营市和胜利油田城市发展与行业建设的需求，树立创新、协调、开放、绿色、共享发展理念，以服务求支持，以质量求发展
山东科技大学泰山学院	以本科教育为主，以工科为龙头，多学科互相渗透、协调发展，教学、科研、社会服务相结合，努力建设优势突出、特色鲜明、整体实力和办学水平在国内有较大影响的独立学院	为社会发展和山东地方经济建设培养基础扎实、实践能力强，具有较高政治素质、业务素质和文化素质的应用型创新性人才，即能在国民经济相关领域从事生产、管理、服务的一线工程师、一线管理或服务人员	以服务地方经济建设和社会发展为中心，充分利用学院的专业优势与地域优势，为矿业、制造业、建筑业及财经系统提供人才支持，为社会和地方经济建设输送各类优秀人才，根据经济发展和企业需求开展科学研究、技术服务及岗位培训
山东师范大学历山学院	建设特色鲜明，国内外具有较大影响的应用型名牌大学	德、智、体、美、劳全面发展，实行人性化与科学化的管理手段，营造健康向上的大学人文精神，培养学生良好的意志品德和健康人格，培养专业基础扎实，实践能力强，具有理想与责任，富有创新品质，综合素质高，适应社会发展需要的应用型、复合型专业人才	立足山东蓝黄经济区建设，为全省社会经济发展提供人才支持与智力支撑

续 表

学校名称	学校发展定位	人才培养目标	服务面向
青岛理工大学琴岛学院	秉承艰苦奋斗、自强不息的优良精神,以办学质量求发展,建设国内一流民办高校,办人民满意、政府放心、家长信任的独立学院	具有一定理论基础,具有较强创新精神和实践能力的高素质应用型人才	立足青岛,面向山东,服务山东及区域社会经济发展
济南大学泉城学院	建设特色鲜明、优势突出,为区域经济社会发展提供有力支撑的高水平应用型本科院校	培养品德优良、理论基础扎实、实践能力较强、具有创新精神、适应区域经济社会发展需要的高素质应用型人才	融于地方,为地方及区域经济社会发展服务,以服务做贡献,以服务求支持
山东财经大学东方学院	坚持"育人以学生为本、办学以教师为本、管理以服务为本"的办学理念,以立德树人为根本,以提高质量为目标,以改革创新为动力,全面推进人才培养、科学研究、社会服务和文化传承创新,努力把学校建设成为区域特色鲜明的高水平独立学院	培养"双高"(综合素质高、专业水平高)、"两强"(实践能力强、创新创业能力强),具有能直接参与社会竞争、有社会责任感的应用型人才	以经济社会发展需要为导向,立足山东,面向全国,发挥优势,主动融入,为区域和行业发展提供人才支撑和智力支持
聊城大学东昌学院	成为一所特色鲜明的高水平独立学院	培养理论知识较为扎实,面向生产、建设、管理、服务第一线需要的应用型人才	立足聊城,面向山东,辐射全国,服务于区域经济和社会发展

注:根据各高校2018年公布的2017—2018学年本科教学质量报告整理获得。

(三)"理论足,应用强"的应用型本科人才培养优势不理想,应用型内涵优势未突出

以普通四年制高校为主要形式的独立学院,不管从设立初衷还是现实需要,或从学生生源或师资结构看,人才目标必须牢牢地定位于培养应用型人才,与研究型或高水平大学在培养目标上合理分工,错位发展[13]。教育部《普通高等学校独立学院教育工作合格评估指标体系》中也明确指出:独立学院应培养创新精神和实践能力的应用型人才的目标"定位"。应用型本科人才培养是独立学院建设之初就不断积淀凝练的突出内涵优势。诚然,迄今近20年独立学院应用型本科人才培养在探索中已初步形成一定的特色经验,但整体培养质量并不乐观,诸多独立学院出现"实践不过硬,理论又过浅,高不成,低不就"的尴尬。集中表现为:部分独立学院在办学初忽视与母体高校在生源特点、培养目标、办学定位等方面的差异,又受成本及效益驱动,人才培养模式延续照搬母体高校,成为母体高校"简版复本",虽然高喊应用型本科教育的口号,走的却是母体高校类型的普通本科教育之路[14],应用型本科培养陷入母体高校的原有困局。其次,教育部在《关于地方本科高校转型发展的指导意见(征求意见稿)》中指出,试点高校"双师型"教师占专任教师的比例要逐步达到50%以上。“双师双能”教师的数量与水平是开展应用型人才培养的基本保障。但是作为应用型办学定位的独立学院的“双师型”教师却普遍匮乏。最后，实训基地建设、仪器设备保障是实施应用型人才培养的基础保障，但独立学院应用型人才培养的基础设施保障普遍不足。以山东省11所独立学院中生均教学科研仪器设备来看（见表5)，有4所独立学院处于0.5万～0.6万元，仅仅在2011年《普通本科学校设置暂行规定》①所公布的合格标准间浮动。有2所高校分别为0.44万元与0.33万元，未曾达标。实验室建设、仪器设备等基础保障方面缺口明显。根据2017年山东省教育事业发展统计公报，全省教学科研仪器设备资产总值248.52亿元，比上年增加18.46亿元，校均1.71亿元，生均12 331元[15]。达到这一平均值的仅有山东科技大学泰山学院（2万元)，其他独立学院均低于省生均值。

表5　山东省独立学院生均教学科研仪器设备值

学校名称	生均教学科研仪器设备值（万元）	学校名称	生均教学科研仪器设备值（万元）
北京电影学院现代创意媒体学院	9.27	烟台大学文经学院	0.51
山东科技大学泰山学院	2.00	山东师范大学历山学院	0.50
中国石油大学胜利学院	1.04	济南大学泉城学院	0.49
青岛理工大学琴岛学院	1.00	山东财经大学东方学院	0.44
青岛农业大学海都学院	0.74	山东财经大学燕山学院	0.33
聊城大学东昌学院	0.59		

注：以上数据根据各高校网站2018年公布的本科教学质量报告整理获得。

三、独立学院内涵式发展的突破之道

（一）加强文化建设，强化文化引领作用，增强内涵积淀

独立学院建制较短，从外延式规模扩张到内涵提升，亟待加强学院文化建设，强化文化引领作用。比较高等教育大师阿尔特巴赫曾指出，移植是后发现代国家建设现代大学制度与世界接轨不可避免的方式。与之类似，独立学院作为新建本科高校要实现突破发展，与传统高校同台竞争，移植中成长不失为一种有效途径。因此独立学院的文化建设，一方面应加强对母体高校在学术、人文、科研、育人等方面长期办学积淀的优秀传统理念的继承与创新。另一方面，民办高校诞生于改革开放的大潮，是市场经济的产物。民办高校在市场经济的催生下诞生，又顺应市场化与高教大众化的浪潮发展起来。因此，树立办学经营理念是它“先天的禀赋”，也是当今中国民办高校生存和发展的客观现实[16]。因此作为民办高校归属的独立学院在自身文化构建时要进一步强化对于高等教育市场化理念

① 2011年教育部《关于印发普通本科学校设置暂行规定的通知》，普通本科学校生均教学科研仪器设备值，理、工、农、医类和师范院校应不低于5 000元。北京电影学院现代创意媒体学院因当年在校生1 795人，固其生均设备值远远高于其他10所独立学院，达到生均9.59，比较意义不明显。

的重申、教育服务与教育消费理念的重视以及应用型理念的坚守等。

首先，重申高等教育市场化理念。在缺乏政府直接财政资助的情况下，独立学院的生存本身就是直接置于严峻的市场中。竞争择优的市场性招生，社会、家长、学生满意的生存口碑，紧贴市场的专业设置以及多元并举的办学筹资等等，独立学院实践办学中都深深镌刻着市场烙印。独立学院要时刻重申市场化理念，加强市场在独立学院办学实践中对于专业、招生、筹资办学等方面应有的导向作用，同时进一步以市场的活性优势，促进办学资源的有效配置，实现物尽其用，实现教育资源利用最优化。其次，牢固树立教育服务与教育消费理念。作为国家高等教育改革的"试水区"，独立学院设置的初衷是满足广大学生"购买服务"接受高等教育的需求，带有浓重的"服务"意蕴[17]。生源学费是独立学院生存维继的生命线，提高学生、家长、社会、企业等多元利益相关体对学校教育教学等各方面的满意度是独立学院生存发展的根本立足点。独立学院牢固树立教育服务与消费理念，就是要督促与激励独立学院时刻牢固树立学生为本、学生中心、学生满意、品牌意识、竞争意识的价值引领。最后，坚守应用型理念。独立学院坚守应用型理念就是坚守办学为满足地方经济社会发展需求以及社会经济产业转型对高素质应用型本科人才的需求，坚守实用导向，坚守应用型人才培养定位不动摇，以"理论足，应用强"的理念培养应用型本科人才。

（二）开展院校研究，挖掘发展内涵与特色，笃定内涵建设方向

院校研究是对高等学校的运行、环境及进程所作的研究与分析……旨在增进对高等院校自身的理解，促使院校规划、管理与运行状况得以改进的研究[18]。因办学时间短、办本科经验不足、经费短缺、社会声誉较低、特色不明显等实际困难，新建本科院校在发展道路上面临大量问题和矛盾，因而，相比其他高校，更加迫切需要借助院校研究，认真剖析、破解自身问题，大力提高决策的科学性[19]。故独立学院作为新建本科院校其内涵提升迫切需要以院校研究入手，立于本校实际，切实分析内涵提升要素中办学定位、人才培养、学科专业建设、师资培育等诸方面，通过院校研究，加强自我审思，笃定发展方向，开展本土创新，探索、挖掘、培育、凝练、固着发展内涵。

目前很多独立学院尚未树立院校研究意识，院校研究开展不足。山东省 11 所独立学院中仅有两所独立学院设有"发展规划处"和"质量与发展规划处"。即便有些以科研处等其他机构附以院校研究职能，但以本校研究为职能，为本校发展规划、定位、问题剖析提供决策报告的专门院校研究机构几乎没有。为寻求特色发展，独立学院应重视院校研究，尽量设立一个独立建制的以本校高等教育研究为职能的院校研究部门，同时组建专业、专职的院校研究团队，作为重要发展决策的咨询智囊团。通过院校研究，挖掘本校发展内涵与发展特色，合理定位，避免同质。同时通过院校研究，深入学院发现教学、科研、师资队伍建设、治理结构、学生事务管理中的问题，全面分析办学质量，形成自我诊断，修正、确定并笃定发展方向，促进内涵发展与提升。

（三）全面提高"理论足，应用强"的应用型本科人才培养，突出内涵发展优势

人才培养质量提高是独立学院内涵式发展的直接体现、衡量标准以及最终归宿。比普通本科生多一些实践技能，比高职高专学生多一些理论功底，"理论足，应用强"的应用型本科人才培养是独立学院在普通本科高校和高等职业学校人才培养夹缝中的"补位"优势。2015年国家积极引导部分地方普通本科高校向应用型高校转型。独立学院实现内涵式提升,需要统筹优化,集中力量,全面提高“理论足,应用强”的应用型本科人才培养质量。为此,独立学院实施了“3+1”学制,加强学生实践应用能力的培养;增加实践教学学时,修正人才培养方案,突出实践育人;加大教学投入,完善优化实验室建设、校外实习实训基地建设,提供基础实践教学保障等;重点引进优质“双师”资源,构建“双师”教学团队,并引导自有教师“双师”转型;积极探索产教融合、校企合作育人模式,推进企业参与制定人才培养标准、教学团队共建、资源育人平台共享、精准式订单定向培养、联合培养、产学研一体等校企合作方式;搭建创新创业平台,加强学生创新创业教育,培养学生创新创业能力;推进项目式、工作坊、工作室等实践导向教学方式改革,全面提高应用型本科人才培养,做强内涵发展优势。

(四) 回归区域,回归市场,差异立校,特色立校

我们必须面对这样一个事实,即大学和学院处于一个竞争的市场中[20]。激烈的高校市场竞争角逐中,办学理念、办学模式、专业设置、规章制度建设所渗透出的同质性越来越成为高校发展创新的桎梏与藩篱。院校的希望与其说产生于彼此的共同点,不如说产生于相互之间的差异[21]。差异、特色是高校核心竞争力。差异化战略是企业通过使自身产品在质量、服务及形象等方面与竞争对手的产品有明显区别来获得竞争优势的战略[22],主要以所提供产品或服务的难模仿性、异质性形成市场中的持久竞争力,往往作为市场新入者赢得市场、异军突起的重要战略,实质是特色、差异与独特性。独立学院作为新建本科院校,作为高校市场的新入者,在原有高等教育市场竞争中想要脱颖而出,乃至弯道超车,必须寻求差异化发展战略,赢得自身持久可持续竞争力,以差异、特色立校。

专题三

一方面要回归区域。独立学院可以说是满足地方教育需求的产物,生于地方,长于地方,其内涵发展离不开地方,地方特色是独立学院特色发展的重要立足点,也应是独立学院特色发展的着力点。独立学院特色发展应紧紧围绕区域展开,深入区域经济发展实际,探索与区域的深度融合。美国社区学院取得的成功就得益于其立于社区、服务社区的办学理念,也形成了其不同于美国其他高等教育机构的特色优势。美国的社区学院所设专业中40%～60%的课程往往与本地的特殊需要、历史、文化有密切关系,有自身鲜明的特色[23]。独立学院要回归区域,实质是回归区域发展特点,主动对接地方,结合地方区域经济发展及产业转型发展需求,立足区域特色凝练办学特色,形成办学品牌。“品牌”并不专指“一流”“顶尖”“垄断”“巨无霸”,而是在社会市场中的某一领域或层次与众不同的价值、信誉,特别是由质量等带来的社会认可程度以及据此而形成的核心竞争力[24]。因此,独立学院完全可根植区域,在某一领域或层次内凝练特色,形成区域社会认可乃至辐射全国的核心竞争力。

另一方面要回归市场。市场性是独立学院的天然属性,是其不能抛弃与忽视的特性,独立学院办学必须深深根植于市场。但当前一些独立学院尤其是受母体高校的影响,对传统市场观念的抛离是不符合独立学院办学实际与发展现实的。相比传统公办高校以围绕国家财政拨款为中心的公有资源市场竞争而言,民办高校的市场性更加深刻、纯粹以及社会性。在较少的政府资助、财政拨款下,独立学院市场性也更为天然。因此独立学院要回归市场,重塑对市场的敬畏并积极以市场的活性办好独立学院。具体而言,尊重市场的选择性,在专业设置上密切关注市场动态,贴近市场需求、行业需求,培养满足市场需求的应用型、创新型、复合型人才;尊重市场的多元性,在筹资办学上,拓展思维,不仅仅拘囿于学费收入。在生源较少、教育消费择优的现实下,独立学院要更加注重开源,完善校友筹资、基金会筹资等多元筹资方式,同时尝试通过承接政府购买服务项目,增进社会认可的同时拓展经费渠道;尊重市场的差异性,尤其在科研方面,注重科研的差异定位,着力横向科研、应用科研,对接产业研发项目及区域科研发展需求,规避与公立研究型高校纵向科研直接竞争;尊重市场的效率性,完善董事会、教代会、学术委员会等多元治理模式,推进新公共管理等,提高管理效率与民主决策。最后,尊重市场开放性,加强国际合作,拓宽中外合作办学,加强与国外优秀应用型大学的合作交流。

参考文献:

[1] 邵进.高等教育新常态下独立学院人才培养模式改革路径探析[J].江苏高教,2015(6):91-93.

[2] 王永生.地方高校建设“双一流”大有可为[J].中国高等教育,2016(Z3):38-40.

[3] 蒋洪池,李文燕.我国高校生源危机的原因及对策[J].高教探索,2014(3):123-126.

[4] 高考报名人数再次突破千万,意味着什么?[EB/OL].[2019-05-16].https://baijiaohao.baidu.com/s?id=1633664719773418335&for=pc.

[5] 2017年我国国际学校在校生人数统计、出国留学生人数统计、高净值人群对教育的投入占比分析[EB/OL].[2018-06-24].http://www.chyxx.com/industry/201806/652299.html.

[6] 2018年度我国出国留学人员情况统计[EB/OL].[2019-03-27].http://www.moe.gov.cn/jyb_xwfb/gzdt_gzdt/s5987/201903/t20190327_375704.html.

[7] 汪明义.论新建本科院校的发展之路——基于大学文化视角[J].教育研究,2013(5):87-89,103.

[8] 瞿振元.高等教育内涵式发展的实现途径[J].中国高等教育,2013(2):12-13,21.

[9] 别敦荣.论高校内涵发展[J].中国高教研究,2016(5):28-33.

[10] 王冀生.大学文化的科学内涵[J].高等教育研究,2005(10):9-14.

[11] 汪明义.论大学文化的内涵与本质属性[J].中国高教研究,2014(2):31-34.

[12] 刘献君,周进.大学核心理念:意义、内涵与建构[J].教育研究,2012(11):50-55.

[13] 许为民.论独立学院的三个定位[J].中国高教研究,2006(8):44-47.

[14] 李霞,刘尧飞,罗丽.独立学院生态位的游离倾向与矫正策略[J].教育与职业,2017(21):49-54.

[15] 山东省人民政府.2017年山东省教育事业发展统计公报[EB/OL].[2018-07-04].http://www.shandong.gov.cn/art/2018/7/4/art_10507_16949.html.

[16] 柏育红.民办高校经营理念研究[J].教育与经济,2007(3):26-29,56.

[17] 王鹏,王秋芳.教学服务型大学:独立学院转型发展的战略选择[J].河北师范大学学报(教育科学版),2012(6):15-18.

[18] 蔡国春.“院校研究”是什么,不是什么——解读美国“院校研究”[J].比较教育研究,2005(11):29-33.

[19] 樊彩萍.院校研究的视角:新建本科院校迫切需要加强自身研究[J].中国高教研究,2008(7):51-54.

[20] 封海清.追赶型还是差异化:新建本科院校发展战略抉择[J].高校教育管理,2014(3):94-99.

[21] 克拉克 B.高等教育系统——学术组织的跨国研究[M].王承绪,译.杭州:杭州大学出版社,1994:298.

[22] 袁东阳,马颖,程一木.差异化战略与竞争优势的可持续性——理论与案例研究[J].技术经济,2014(5):118-124.

[23] 谢瑶函,唐小林.试论独立学院的合理定位[J].黑龙江高教研究,2014(3):45-47.
[24] 陈志丹,许红缨.独立学院内涵式发展战略的思考[J].国家教育行政学院学报,2008(8):71-73.

作者: 石义秀,青岛农业大学海都学院科研管理科副主任科员,硕士;刘冬冬,泰州学院教育科学学院讲师,博士。

(原载《河北科技大学学报(社会科学版)》2019 年第 4 期)

民办高校教师的身份认同研究*

梁顺意　Sara Ya Gao

摘　要：21世纪以来，民办高校已经发展成为我国高等教育的一支重要力量。建设高水平的民办大学需要有一支高水平的教师队伍，但是，民办高校教师的身份焦虑给教师队伍的稳定性带来了一定的挑战和压力。重构民办高校教师的身份，促进民办高校教师的身份认同，增强民办高校教师的归属感、认同感，是民办高校建设高水平大学的必然选择。增强民办高校教师的身份认同既需要国家、社会和民办高校为之努力，也需要民办高校教师自身增强事业自信与责任感。

关键词：教师发展；民办高校教师；身份认同；身份焦虑

习近平总书记在全国教育大会上指出："建设社会主义现代化强国，对教师队伍建设提出新的更高要求，也对全党全社会尊师重教提出新的更高要求。人民教师无上光荣，每个教师都要珍惜这份光荣，爱惜这份职业，严格要求自己，不断完善自己。做老师就要执着于教书育人，有热爱教育的定力、淡泊名利的坚守。随着办学条件的不断改善，教育投入要更多向教师倾斜，不断提高教师待遇，让广大教师安心从教、热心从教。"[1]这充分体现了党和国家对包括民办高校教师在内的全国各级各类学校教师的高度重视和殷切期待。目前，民办高校已经发展成为我国高等教育的一支重要力量。提升民办高校的办学层次，建设高水平民办大学，需要一支高质量的教师队伍。与此同时，民办高校教师与公办高校教师之间依然存在"区隔"，民办高校教师在身份、待遇等方面与公办高校教师仍然存在一定的差距，这些问题使得民办高校教师在身份认同上存在一些焦虑。如何帮助民办高校教师完成身份认同和身份重构等问题，成为影响民办高校教师队伍稳定性的重要因素。

一、概念界定

（一）教师身份

身份是指个人在社会中拥有的特定位置。不同的人在社会中拥有不同的位置，同一个人也可以在不同的社会团体中拥有不同的位置，相伴而存的是拥有不同位置的人可以获得不同的经济收益。在社会团体中拥有较高位置的个人比较容易拥有特殊的资源、空间、时间、自由度、舒适度等，并容易得到社会人的邀请、注目和与众不同的对待。所以，在

*　基金项目：2018年河南省高等学校哲学社会科学应用研究重大项目（2018-YYZD-14）；2018年信阳学院校级课题（2018MYB11）。

社会团体中拥有较高的位置是一件很让人欣喜的事。

跟其他社会职业相比，教师在社会中拥有自己的位置。在教师集体里，不同系统的教师也拥有不同的位置：公办学校教师与民办学校教师拥有不同的位置，高校教师与中小学教师也拥有不同的位置。一般而言，相较于公办高校教师，民办高校教师往往会自豪感不足，内心没有底气。

（二）身份认同

"'认同'这个词的当代用法指的是人类当中诸如人种、种族、国籍、性别、宗教或性等这样一些 20 世纪 50 年代后在社会心理学领域引起关注的特征……对这个术语的使用反映了一种信念，即相信每个人的认同深受这样一些社会特征的影响。"[2] 人们一旦认同了某些身份特征或符号，这将会给他们带来一些社会后果和心理后果，人们还会通过参考可能获得的认同来塑造自己和制订计划，包括他们的生活计划以及他们对美好生活的看法等。在当代社会生活中，人们自觉地将自己塑造成为具有相应集体特征的人的信念正变得愈加明显。

在教师专业化的过程中，教师在构建自己的身份时会受到教师角色、我国相关制度的安排、公众对教师职业的期待感等多方面的制约。在教师所扮演的角色方面，我国的教师需要扮演"知识的传授者""教育者""研究者""引导者""教育中的首席""专业人士"等角色，多样化的角色扮演与角色转换给教师的身份认同造成了困扰。在我国的教师队伍建设中，既有因教育系统的设计而形成的教师身份的差别化，如"大学教师""中学教师""小学教师""幼儿教师"的身份区隔，又有因体制不同而形成的不同教师身份的歧视，如"公办学校教师""民办学校教师"等。社会人基于文化、观念、个体对不同教师收益的主观判断和比较等因素，对不同身份的教师会感性地区别对待。身份选择的差别化导致部分教师在行为上产生悖论——他们在选择做教师的同时会羡慕社会上的其他职业，或者既做教师又"蔑视"教师这个群体。

（三）民办高校教师

"我国民办高等教育重新恢复于 20 世纪 80 年代初期。1982 年'中华社会大学'成立，这是改革开放后我国第一所民办大学，标志着我国民办高等教育发展的起点。"[3] 自此，我国民办高校获得了迅猛发展，特别是进入 21 世纪以后，我国把引进社会力量办高等教育作为一项基本的教育办学策略，这使得我国民办高校在量与质上都获得了长足的进步。我国民办高校在促进社会经济发展、推动社会进步、提高国民素质、推进高等教育大众化、促进教育公平、推动教育体制机制改革等方面都做出了重要的贡献。在民办高校快速扩张的过程中，民办高校教师队伍在不断扩大，他们现已成为我国高校教师中一支重要的生力军。民办高校教师是促进民办高校发展的重要力量，为我国民办高校的可持续发展和我国高等教育的可持续发展做出了很大的贡献。但是，民办高校教师，特别是民办高校的中青年教师在福利待遇、社会声望和社会影响力等方面与公办高校教师存在一定的差距，这在一定程度上制约了民办高校教师队伍的建设和民办高校教师自身的长久发展。

二、民办高校教师的身份焦虑及其原因分析

与公办高校相比，民办高校教师队伍的流动性较大，稳定性也较差，这在一定程度上

会制约民办高校的发展。"民办高校在数量逐渐增长的同时,也出现一些倒闭现象……民办高校在1996年、1997年、2002年、2003年、2005年,绝对数量有所减少,分别比上一年减少97、15、80、56、86所。"[4]为什么民办高校教师会选择离开?究其原因,相较于公办高校教师,民办高校教师并不是一个令人欣喜和足够自豪的职业,作为从事特定社会职业的民办高校教师在面对身份认同时普遍存在焦虑感。

(一)民办高校教师的"体制外"身份

按照工作单位性质的不同,我国的劳动力市场可以划分为"体制内"和"体制外"两个不同市场。根据我国高校设立的主要经费来源的不同,我们可以将以政府为主要投资方的高校称为"公办高校",将主要依赖社会民间资本投资兴办的高校称为"民办高校","公办高校"的政府办学属性决定其属于"体制内"高校,"民办高校"的私人办学属性决定其属于"体制外"高校。所以,在这个意义上,我们可以将在公办高校工作的教师称为"体制内"教师,将在民办高校工作的教师称为"体制外"教师。

是"体制内"还是"体制外",已经成为我国公办高校教师和民办高校教师产生身份区隔的重要标志,因为不同类型的编制意味着不同的工资、福利、待遇、晋升机会以及发展空间,更重要的是意味着不同的社会地位。"体制内劳动力市场不仅平均收入水平高,有良好的社会声望,而且具有较大的上升空间;体制外劳动力市场则完全相反,不仅工资水平低,劳动条件差,更为严重的是向上流动的机会缺失,而且收入增长面临着较大风险,未来存在着不确定性。"[5]跟公办高校教师相比,民办高校教师的经济收益低、晋升机会较少、发展空间有限、稳定性较差、社会声望较低、社会认可度也较低,所以,民办高校教师整体上存在职业满意度差、缺少幸福感和认同感等问题。"'体制内'就业者与'体制外'就业者对于工作各方面的满意程度上的差异性多于相似性……'体制内'就业者对工作福利、同事关系的满意度高于体制外就业者。"民办高校教师广泛存在身份焦虑,对自己的"民办高校教师"身份缺少认同感,在组织文化认同上容易产生疏离感以及不安全感,这会导致民办高校教师出现组织分裂,教师群体之间产生冲突,民办高校教师学术积极性被削弱、其主体性和能动性得不到充分调动等问题。于是,逃离民办高校就成为一些民办高校教师的必然选择,尽管有时他们需要为这种选择付出更高昂的代价。

(二)民办高校教师的"他者"身份

"我是谁"是一个最基本的认同要素,这个问题的回答直接决定一个人身份的确认与建构,一个人在这个问题上如果得不到很好的认同就谈不上真正地理解和认识自己,也不能完成深层次的诸如"我要成为谁"和"我被当成谁"等认同要素的建构。与公办高校教师不同,民办高校教师有一种"打工者""外来者"的身份印记,像挥之不去的烙印深深地刻在他们的身上。比如,在谈及所服务的高校时,公办高校教师言必称"我们学校"——潜意识里认为"学校是我们的",主人翁意识明显,而民办高校的教师缺失这种主体性意识。民办高校教师认识到,学校只是他们的一个谋生之地,在向他人谈起所服务的学校时,社会人的反映也成为民办高校教师挥之不去的痛。比如,当公办高校教师向社会人谈起服务的高校时,社会人会油然而生敬意;当民办高校教师向社会人谈起服务的高校时,社会人的回应则比较平淡。社会人对民办高校教师与公办高校教师不同的态度,让民办高校教师对"打工者"的身份无法释怀。基于效率优先原则,民办高校在教师管理上主要强调教师能否完成和需要完成多少教学任务，教学任务较重，教师成为量化工作的实施者和知识商品的销售者。教师陷入繁重的教学工作之中，研究时间没有保障，活动空间也受到限制，行为被规训，逐渐导致他们原有的一些理想和信念随着教学活动的不断增加而减少。于是，在日常的教学实践活动中论述教育问题时，教师在日常生活、教学和研究中建构自己的专业身份时，民办高校的一些教师不得不借用他人的话语来解释，以掩饰自己的不足。不知不觉中，民办高校教师开始放弃自己言语中的"自我"，出现"缺席中的在场"或"在场的缺席"的悖论，教师言语中的这种悖论现象必然带来教师自我的迷失。在"他者"身份的压力之下，教师的自我主体性受到压制，时常处于"自我"与"他者"的纠结、冲突与困顿之中，他们不能明确自己要成为什么样的人，在自我建构时容易迷失自我。

（三）民办高校教师的"专业人"身份

今天，人们对教师的专业发展倾注了大量的心血，"教师"不再是纯粹的一种社会职业，而是需要通过专门的培养以形成特殊智力来完成的职业以及在社会服务领域内从事专业活动的人，所以，教师被称为"专业人"。作为教师中的一员，"专业人"身份对民办高校教师的规训，给他们带来了哪些困扰呢？他们和学生之间缺失理解型的师生关系。重专业训练的教师专业化的结果是教师被培养成一个在所教知识面前长袖善舞的教学法专家——教师被视为知识的传授者，学生被视为知识的接受者。"问题的关键不再是在教师和学生之间建立某种学术或教学共同体，而是对人类现有的共同智慧尤其是近现代科学进行系统地传授，从而使得学习者最终成为合格的社会公共成员而不是忠诚却非公共的师生关系共同体的一员。"[6]知识以客观的形式被完整地传授，知识的缄默性、与人的生活或生命的关联性、与别的知识共同体之间的理解性和对话性、知识获得过程中伴生的情感性等容易被忽视。教师是陈述者，教师的个人经验与情感不再重要，与学生的情感联系也必须切断。学生是听众，教学是教师的表演，所学学科只是帮助学生达成某种结果的工具，而不是经验、感受、探索、发现与创新，如果学生无意于获得某种结果，那么所学学科也就失去了意义；如果学生达到了目的，那么所学学科就可以"功成身退"。当教与学没有了支点，学生与教师之间的实质性联系逐渐变得淡薄。只强调专业化的教师职业有些偏离了教师的实质需要，于是，失落就成为教师的普遍感受，教师职业不能成为一种能够让人获取主观幸福感的职业。

三、提升民办高校教师身份认同的方式和途径

民办高校教师是教育教学活动的设计者和执行者，是民办高校的主要参与者和建设者。但是，民办高校教师的"体制外""他者""专业人"身份给他们带来的焦虑，已经影响到他们工作的热情与信心，限制了他们主体性和能动性的发挥。那么，如何才能消除民办高校教师的顾虑呢？笔者从以下几个方面进行探究。

（一）承认：消除"民办高校教师"与"公办高校教师"的身份区隔

在制度上，国家可以尝试新的体制、机制，消除"民办高校"与"公办高校"的身份歧视和差别化对待——"公办"与"民办"应该主要是代表办学经费来源的多样化，而不是造成公办高校、民办高校教师身份区隔的根源，承认"民办高校"与"公办高校"的高等教育的同质属性——我国的"民办高校"也是社会主义的大学，在高校管理上要进行的是分类管理

而不是分层管理。在此基础上,逐渐消除“公办高校教师”的“准干部”(或“类公务员”)身份——“编制”,回归“教师”的本真身份。在国家的层面上,国家要促使“高校教师”这一身份成为“民办高校教师”与“公办高校教师”的共同身份,建立高校教师自组织以规范“民办高校教师”与“公办高校教师”的行为。没有了“体制内”与“体制外”的区隔,民办高校教师也可以成为令人尊重和羡慕的一种职业。另外,根据国外民办高校的发展经验,国家需要为民办高校提供一定的资助,这可以适度解决民办高校办学经费不足的问题,使民办高校有更多精力提升教师的待遇以及提高教学质量和水平等。

民办高校本身应该重视非营利性,并将其作为基本的原则。在不影响学校发展的同时,民办高校要提高教师的待遇水平,解决他们的生存危机,让民办高校的教师有获得感与幸福感,从而构建民办高校与教师的共同体。当民办高校教师不再担心生活或是生存问题时,追求智慧自然很容易成为他们的需要,进行科学研究就成了他们自觉的选择。在这样的情况下,教师会对学校产生认同感、归属感,进而产生自豪感,增强幸福感。“教师”不仅是一种民办高校教师从事的职业,而且是一种民办高校教师乐于奉献的事业。

(二)“叙事”:重视民办高校教师自我实现的存在状态

这里的“叙事”是自我的一种基本存在方式。我们每个人每天都活在自己独有的故事中,这些故事构成了个人的历史,这些故事向世人和我们自己解释了我们是谁、我们来自何方以及我们走向何方等问题。民办高校教师在日常的教学活动中的行为是他们呈现自我、表现自我、言说自我的一种重要方式。在这种生活“叙事”的过程中,每一位教师既是积极的、主动的言说者,又是自觉的敞开者。在向学生敞开的过程中,民办高校教师也成为一名“自澄明者”。关注民办高校教师的日常生活状态,促进教师德行的呈现,必然会加速民办高校教师的身份认同。文本叙事是教师“叙事”的另一种重要方式。教师常常利用教学日记、教学反思等传统的教师叙事方式,以及微博、微信等现代化的虚拟空间等叙事手段,记录自我、聆听自我、反思自我以及重建自我。教师“叙事”必须真实地展开,展现出自己的个性与创造性,借此仔细聆听自己内心的声音,明确自己当前的处境,从而在叙述或言说的过程中积极地、有效地、本真地显现自我。教师还需要深入理解自我叙事,在理解的同时对自己在叙事中呈现的自我进行反思,在反思中重塑自我,从而找到更本真的自我。那么,在民办高校的管理过程中,如何才能丰富教师的“叙事”呢?首先,民办高校要营造一种主体性的环境,激发教师的主人翁意识,学校要给予教师一种家的温暖,消除民办高校教师“打工者”的意识,满足教师的组织需要,让他们对学校产生归属感与认同感。其次,民办高校要创造机会,让教师能够参与学校各项事务的管理,以培养教师的参与意识、责任意识以及主人翁意识。再次,民办高校要建立和完善各种奖励制度,激励教师的创造性与创新意识。创造性是高校教师身份的主要标志,学校要加强民办高校教师的科学研究活动,通过日常教学活动、教研与科研活动等,培养教师的创造性。

(三)“我—你”:建设基于“共同理解”的师生关系

如何化解只强调“专业人”的民办高校教师的身份焦虑?笔者认为,需要构建“我—你”的师生关系。与传统的“授—受”的师生关系不同,“我—你”的师生关系具有几个基本内涵。首先,教学是教师和学生围绕教学任务产生的一种交往活动。在交往中,教师与学生的联系基于爱和理解的需要。“情感靠人活着,人却靠爱活着。不是隐喻,而是真实:爱绝非只有‘我’，而是把‘你’变成‘内容’，变成对象，爱在‘我’和‘你’之间。”[7]其次，“我—你”的师生交往的本质是对话，对话表现为“敞开—承认—接纳—包容”的过程。最后，“共同的理解”是“我—你”师生交往的前提。“共同的理解”不是“共识”，而是一种求同存异、相互理解，因为“共识只是指思想见解根本不同的人们达成的一致，它是艰难的谈判和妥协的产物，是经历多次争吵、许多次反对和偶尔的对抗后的结果”[8]。对于“我—你”的师生关系，师生应该有怎样的“共同的理解”呢？师生的交往应该基于促进教师与学生共同的发展和让他们体会到幸福感。作为教育者或者作为人的个体，民办高校教师渴望生活在共同体中间，生活在与自己学生关系亲密的结构中间，将自己的人生、教育教学与学生紧紧地联系在一起。知识的缄默性、情感性、整体性被承认，教师与学生基于自己的生活与生命解释知识，又基于爱和“我—你”的师生关系完成理解和交往。民办高校要加强师生共同体的建设，形成一种更为单纯、宽松、自由、民主、平等的氛围，将教育教学和科研活动建成一种为了追求人的幸福的事业。

参考文献：

[1] 习近平.坚持中国特色社会主义教育发展道路，培养德智体美劳全面发展的社会主义建设者和接班人[EB/OL].[2018-09-10].http://www.moe.gov.cn/jyb_xwfb/s6052/moe_838/201809/t20180910_348145.html.

[2] 阿皮亚 K.认同伦理学[M].张容南，译.南京：译林出版社，2013.

[3] 卢彩晨，邬大光.中国民办高等教育回顾与前瞻[J].教育发展研究，2007(6)：1-9.

[4] 刘志国，JAMES M.劳动力市场的部门分割与体制内就业优势研究[J].中国人口科学，2016(4)：85-95，128.

[5] 韩丹.工作满意度："体制内"与"体制外"就业者的比较研究[J].社会科学辑刊，2010(6)：42-46.

[6] 康永久.深度定位的教师专业发展[J].教育研究与实验，2012(1)：1-9.

[7] 布伯 M.我和你[M].杨俊杰，译.杭州：浙江人民出版社，2017.

[8] 鲍曼 Z.共同体[M].欧阳景根，译.南京：江苏人民出版社，2003.

作者： 梁顺意，信阳学院讲师，硕士；Sara Ya Gao，信阳学院教师。

（原载《河南教育（高教版）》2019 年第 3 期）

民办高校教师参与内部治理：意义、权限及策略*

张安富　石中玉

摘　要：高校是典型的多元利益主体相关的社会组织，共同治理是高校管理体系改革的客观要求。当前民办高校内部治理存在家族式治理、内部治理权力错位及董事会人员来源失调等问题，使教师难以参与内部治理。民办高校教师参与内部治理是非常必要的，既能满足教师群体的民主诉求，也能克服民办高校内部治理的弊端。本文基于教师学术权力与利益的相关程度，探讨合理的教师参与权限，构建促进民办高校教师参与内部治理的策略，包括规范章程的制定和实施、提高董事会的教授占比、保障学术委员会最高学术决策权、赋予教职工代表大会独立监督权以及健全教师参与学校治理的机制。

关键词：民办高等教育；民办高校；内部治理；教师参与；参与权限

大学治理是指“大学内外利益相关者参与大学重大事务决策的结构和过程”[1]。大学内部治理指学校管理者、教师、学生等核心利益主体共同参与学校重大事务并进行民主协商的过程。当前，国内学者对大学共同治理的研究主要聚焦于公办高校师生如何参与治理，多注重从美国等西方现代大学的共同治理模式中吸取经验。截至撰稿时，笔者在中国知网期刊数据库以“民办高校”“内部治理”为关键词，仅检索出32篇论文；以“民办高校”“共同治理”为关键词，仅检索出7篇论文。可见，关于民办高校共同治理的研究成果较少，仅关注共同治理的结构模式和董事会模式，对教师群体参与治理的范围、路径等研究不足。民办高校正处于转型发展的关键期，在外延发展走向内涵发展的过程中，离不开利益相关者的共同治理。然而，现实中民办高校多存在董事会“一言堂”、家族化经营、监督机制不完善及学术权力弱化等现象，导致教师参与内部治理的制度设计缺失、民主权利弱化。因此，研究民办高校教师合理有效地参与内部治理，具有重要的现实意义和研究价值。

一、民办高校内部治理的现状

投资办学是我国民办高校的基本特征，也是其本质特征[2]，但民办高校也具有与公办高校相同的公益属性以及研究和传授高深知识、为学生提供优质服务的使命。教师是教学的主体，学生是学习的主体，党政干部是管理的主体，师生、员工是民办高校兴衰的命运

* 基金项目：湖北省教育科学规划一般课题（2018GA062）。

共同体,这些都决定了民办高校是典型的利益相关者组织。因此,民办高校的内部治理不能只考虑投资办学者的利益,必须兼顾各利益相关者的利益。内部治理的实质是核心利益主体之间利益的冲突、协调和整合,最终达到平衡的状态[3]。内部治理最重要的三个要素是治理结构、治理手段和治理能力:治理结构可理解为高校内部管理者、教师和学生等主体在参与治理过程中的权责分配及相互关系;治理手段指治理主体所选择的方式,即通过怎样的具体方法和行为方式去实现治理目标;治理能力是各主体参与治理的行动能力与水平。治理结构是治理的根本和基础,治理能力直接决定治理结果,而治理手段是两者的连接器。从这三个要素入手,民办高校内部治理呈现如下特征。

(一) 治理主体单一,家族式治理普遍存在

民办高校办学初期的经费主要来源于企事业组织、社会团体及其他社会组织和公民个人的投资,民办高校的投资者兼具举办者、建设者和规划者三种身份,从某种意义上讲,也是学校的“所有者”。投资者创立高校的初衷除了对教育公益性的价值追求外,也存在对“合理回报”的期望。靳晓光等(2016)对 105 所民办高校的章程进行分析,从内部权力结构划分看,民办高校代表投资者利益的行政权力较强[4]。民办高校成立之初,投资人就控制了董事会的构成,董事多为与投资人有关的亲友,学校主要部门(如财务和人事)多安排亲属,象征性地安排教师代表为董事或监事[5]。从实际运行看,民办高校法人治理基本实行以投资人为主的单边治理[5],家族式治理特征突出。然而,家族式民办高校的治理权力绝对集中,既容易导致办学价值取向的家族利益最大化,也容易导致决策人治化,即董事长“一言堂”,这与现代大学制度的建构趋势是相悖的。

(二) 权力边界不清,内部治理权力错位

治理工具主要体现在内部管理体制上,民办高校多效仿公办高校,采用科层制的管理模式[6]。按照现代大学制度,民办高校董事会主要负责聘用校长,制定学校发展规划、年度财务预算和决算、主要人事安排等,校长执行董事会的宏观决策,行政执行权力集中在以校长为核心的高层管理者手中,形成“决策—执行分立”的内部管理体系。实际上,多数民办高校校长的人事权和财务权极为有限,人、财、物的资源调配权仍掌握在董事会或董事长手中。民办高校资源的分配和使用往往以保障行政、后勤的正常运行为前提,用于教学、科研的较少,学术权力无论是在制度、组织还是在实际运行中都体现甚微。在民办高校,治理工具多是行政管理部门将董事会决策层层传递并加以执行。

(三) 治理能力较弱,董事会人员来源失调

Kerr(1989)指出,董事会的好坏取决于其成员的优劣,成员的优劣则决定董事会决策能力的强弱,决定民办高校治理水平的高低[7]。王一涛等(2015)收集了 106 所民办高校中 455 位董事的专业背景,发现行政管理或学校管理专业的占 61.3%,工商专业的占 26.2%,学科或行业背景的仅占 4.6%[8]。而美国哈佛大学董事会成员结构中 CEO 占比最高(占 34%),其次是教授(占 16%),最后才是校长、董事会主席和合伙人[9]。相较而言,我国民办高校董事会中学科或行业专家占比要低很多,学校权力容易为管理者所掌控。由来自不同行业、拥有丰富实践经验的人士和具有学科背景的教师担任董事,能使董事会决策更加全面、合理,发挥兼顾各利益相关者的作用。

二、教师参与民办高校内部治理的意义

共同治理是高校管理体系改革的客观要求,民办高校的转型发展也对内部治理水平提出了更高要求。从大学治理的有效性和改善当前民办高校内部治理弊端的迫切性看,教师参与民办高校内部治理是非常有必要的。大学的有效治理表现为形式有效性和实质有效性,前者指以参与原则判断大学权力配置是否满足利益相关主体的民主诉求,后者指以效率原则鉴别大学内外部治理结构和议事决策程序是否有利于大学达成其使命[10]。教师是办学的主体,是学术的主要载体,是核心利益相关者,因此教师参与内部治理能有效满足教师群体的民主诉求、促进大学使命的达成和克服现有民办高校内部治理的弊端。

(一) 满足教师的民主诉求

2017 年修订的《民法总则》将组织法人分为营利法人、非营利法人和特别法人。国务院《关于鼓励社会力量兴办教育 促进民办教育健康发展的若干意见》(国发〔2016〕81 号)第三条第五款规定:"民办学校依法享有法人财产权。"民办高校的一切权力在法理上属于学校法人,其法人权力由董事会行使。从建立现代大学制度的角度看,内部治理必须建立决策、执行和监督三权制约的内部权力结构。在大学内部,判断某个机构是否属于决策机构,主要看该机构是否具有制定大学章程、选举和任免校长的权力[11]。在民办高校,作为决策机构的董事会基于办学使命参与学校治理,以校长为代表的管理团队基于行政授权参与学校治理,而教师则应当基于学术权力参与学校专业设置、课程开设、实验室建设、教材建设、教师职称评定、教学改革、学生教育、学位授予、科研方向确立、社会技术及文化服务等学术事务的治理。为了使董事会、行政管理团队和教师各司其职并形成合力,民办高校应打破现有的内部治理结构,允许教师以一定比例的席位数参与董事会决策,在教学、科研、社会服务和学生教育等事务中给予教师充分的话语权、自主权以及民主监督权,以保障共同治理的有效性和满足教师群体的民主诉求。

(二) 促进大学使命的达成

高校是传授和探究高深知识的场所,其行政管理活动服务于学术活动,是实现学术目标的措施和手段。《高等学校学术委员会规程》(教育部令第 35 号令)要求高校依法设立学术委员会,健全以学术委员会为核心的学术管理体系与组织结构,并将学术委员会作为校内最高学术机构。现代大学制度建设的核心是平衡政治权力、行政权力与学术权力之间的关系。学术权力的影响力体现在教师运用自身的专业知识和专业能力对学校事务作出合理的价值判断与选择,并采用有效的专业方式来解决问题。将专业的事情交给专业的人做,让教师在教学、科研领域发挥重要作用,既有利于调动教师群体的积极性,又有利于提升学校整体教育教学能力,最终促进大学使命的达成。

(三) 克服内部治理的弊端

与政府和企事业单位不同,大学具有学术组织与行政组织双重属性。民办高校作为学术组织,存在行政权力和学术权力两种权力。教师参与内部治理,可克服民办高校内部治理主体单一、治理权力失衡和治理能力较弱的弊端。从治理结构讲,教师参与内部治理有利于优化董事会结构,避免"一言堂"式的片面决策,有利于发挥学术组织的学术影响力和教职工代表大会等监督机构的民主监督作用,促进民办高校由单边治理走向多边共同

治理。从治理手段看，教师参与内部治理有利于促进学术事务和行政事务的适当分离，形成行政管理与学术管理的合力。从治理能力讲，教师参与内部治理有利于弥补办学者的局限性，他们立足教师群体的权益，使学校各项重大决策更符合民意。此外，教师参与学校的各级管理、咨询和民主监督，会使学校的决策和管理更加科学。

三、教师参与民办高校内部治理的权限

权限指为保证职责的有效履行，任职者必须具备的对某事项进行决策的范围和程度。教师参与民办高校内部治理的权限，即参与哪些事务和参与到哪个层面。民办高校内部事务主要涉及教学、科研、教学行政、人事管理、学生管理、经费调配和发展规划等。教师核心利益相关者的身份和天然的学术权力，为其参与内部治理提供了合理依据，而各项事务与教师的利益相关程度和学术权力在各项事务中的影响力大小，则共同决定了教师参与的范围和程度。

（一）教师参与程度的划分

参与程度高低的表现和具体划分并没有统一标准，国内学者的基本思路都是从不参与到拥有决策权对应由低到高的参与程度，作阶梯式的划分。笔者将教师参与程度由低到高分为五段：不参与、了解详情、发表意见、参与探讨、参与决策，分别代表知情权、表达权、监督权、参与权、决策权。不参与，指教师对学校事务不甚了解也不发表任何意见，只执行学校决策；了解详情，指教师了解决策目的、决策过程和决策结果，但并不对决策结果产生任何影响；发表意见，指教师在决策前发表意见，在决策后对执行过程和结果进行监督和反馈，对决策的产生和执行都产生一定影响；参与探讨，指教师可对决策发表意见、参与决策讨论，并直接影响最终决策；参与决策，指教师参与决策的整个过程，包括提供方案、选择方案，必要时有权否定某项决策。

为厘清教师在各项事务中的参与权限，本文以利益相关程度为横轴、学术权力影响力为纵轴，绘制二维四象限图，将各项事务置于对应的象限（见图 1）。

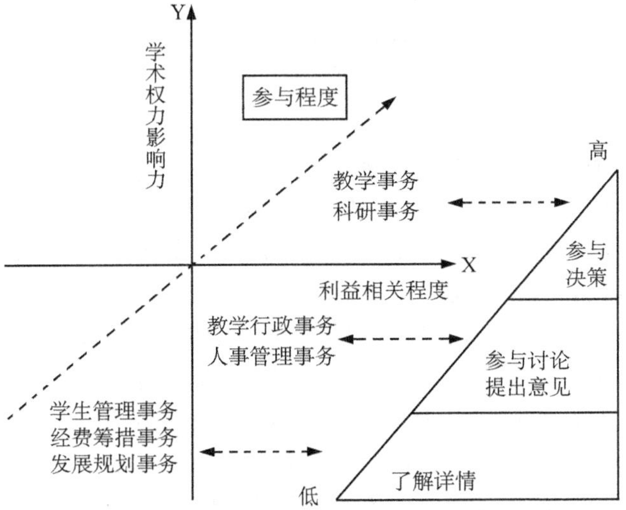

图 1　民办高校教师参与内部治理的权限

专题三

（二）教师参与权限的界定

图1直观地表现出学校各项事务受学术权力影响的程度以及与教师利益的相关程度，对应不同的事务，教师参与的程度也不同。教学事务、科研事务是教师应当高度参与的事务，教师拥有决策权和参与权，具体表现为参与决策，教师不受或少受行政权力的干涉，充分发挥学术权力的主导作用和主观能动性。教学行政事务是教师应当中度参与的事务，教师拥有表达权和监督权，可对教学行政事务的最终决策发表意见、参与讨论。对于人事管理的各项规章，教师不仅要清楚了解，也要对执行过程进行监督，如有违反制度的操作，可直接向上级主管部门反映。学生管理事务、经费筹措事务和发展规划事务是教师低度参与的事务，广大教师应当有规范、通畅的信息获取渠道，切实保障知情权。其中，学校发展规划事务虽然与教师当前的利益没有直接关联，但是与教师的长远发展密切相关，因此，这类重大事务应该派遣教师代表参与董事会决策，保障决策的科学性和民主性。

四、促进民办高校教师参与内部治理的策略

民办高校的家族式治理和行政权力主导，造成董事会实际运行和执行层面的人治倾向。民办高校须遵循高等教育发展的基本规律和基本原则，发挥管理体制的灵活性，有层次、有针对性地实现教师参与。

（一）规范章程的制定和实施

章程是高等教育机构办学的依据，上接国家法律法规，下统学校各项规章制度，承担学校内部“基本法”的角色[12]。章程通过大学权力在教师、学生、行政管理人员、教辅人员等群体之间的分配，界定大学内部治理结构；通过规定大学决策机构、执行机构和监督机构的议事程序等，明确大学治理过程。教育行政部门应加强民办高校章程建设的重视程度和核准力度，尊重每个高校的校情特色，改变当前民办高校章程千篇一律、有本无实的现状。章程如何成为校内“基本法”以及权力运行是否遵照章程的规定，需要教育行政部门对民办高校的办学进行监督和考核。目前，民办高校章程中有关学术委员会、教授治学、教师民主权利的规定较为薄弱，从法理上弱化了教师参与内部治理的权利，有必要完善教师权利的相关内容，从制度上保障教师参与内部治理。

（二）提高董事会的教授占比

国务院《关于鼓励社会力量兴办教育 促进民办教育健康发展的若干意见》第十九条提出：“健全董事会（理事会）和监事（会）制度，董事会（理事会）和监事（会）成员依据学校章程规定的权限和程序共同参与学校的办学和管理。董事会（理事会）应当优化人员构成，由举办者或者其代表、校长、党组织负责人、教师代表、行业专家等共同组成，且要求董事会成员必须要有投身于高等教育事业的热忱和专业能力。”参照哈佛大学的董事会成员构成，我国民办高校董事会缺乏专业化和职业化，教授参与尤为不足。因此，须提高董事会的教授占比，规范民办高校董事会成员的构成、控制投资人及其代表或家族成员的比例；完善董事会成员的遴选办法，通过章程规范成员选举的程序，提高各类专家在董事会中的比例并赋予其必要的话语权；由学校德高望重、认可度较高的教师代表出任董事会成员，以代表广大教师的利益。

（三）保障学术委员会最高学术决策权

《中华人民共和国高等教育法》第四十二条规定："高等学校设立学术委员会，审议学科、专业的设置，教学、科学研究计划方案，评定教学、科学研究成果等有关学术事项。"但该法对学术委员会的组成结构、运行方式以及与行政权力的关系，缺乏清晰的界定。学术委员会应当享有参与决策权和违章否决权，前者主要指其对高校重大事务的决策影响力，后者主要指高校的决策如果违反了章程，学术委员会有权代表教师群体提出质疑和抗议，行使话语权与监督权。教育行政部门要引导民办高校将学术委员会建设成校内的常设机构，保持其常态运行和长效发挥权力的作用。从组织层面看，要让学术委员会成为一个主要由学者构成的机构，成员由学者选举产生，而不是受董事会或校长行政任命。学术委员会应分为校院两级，学校的资深教授和校长可成为校级学术委员会的当然成员，但党委干部和行政干部不宜进入学术委员会，以保证学术委员会的相对自主性和独立性。由于民办高校师资队伍并不壮大，建议副高及以上的专职教师和优秀讲师都可参与院级学术委员会。每个学院由一个学术带头人作为学术委员会的负责人，既保证学术委员会的权威性，也能更好地由学术带头人领导、决策学院的学术发展和学科建设相关事务。

（四）赋予教职工代表大会独立监督权

教职工代表大会是教师参与学校内部治理的重要途径，通过获取信息、听取报告、反馈意见和投票表决，充分保障广大教师群体的知情权和监督权。信息公开是教师获取学校各类事务信息的基本渠道，民办高校应当着力构建和完善有效的信息公开系统，既包括学校官网上发布的信息，也包括会议宣传、文件下达和内部报刊，为教师全面、便捷地了解学校各类事务提供平台。民办高校应通过章程规定，赋予教职工代表大会合法的独立监督权。为保障其独立性，教职工代表大会的成员应尽可能控制行政人员的比例，尤其是主要成员不应由行政人员担任。教师考核评估、职称评定和福利等涉及教师切身利益的方案，应通过信息公开将草案告之每位教师，并通过教职工代表大会让教师提意见或建议，最终以少数服从多数的原则，投票决定是否通过这些意见或方案。学校则根据相关规定和实际情况合理采纳教师的意见或建议，形成的最终方案也应该由教职工代表大会投票通过。

（五）健全教师参与学校治理的机制

教师如何参与学校治理或者说教师以什么样的方式参与学校治理，概括来说有三种机制。

1. 决策协调机制

学校在制定发展规划、学科专业建设及教师专业职务晋升等重大政策时，因涉及广大教师的切身利益和职业发展，在多目标群体决策过程中难免产生误解甚至矛盾。因此，应该建立协调机制，最大限度地解决决策过程中的利益冲突：一是要认真分析重大决策对教师产生的影响，通过协调使教师与学校在不同目标上互相妥协；二是要根据合作博弈理论，通过有效协商，努力实现民办高校各利益相关者的利益分配均衡。

2. 决策激励机制

民办高校在办学过程中应善于运用物质激励与精神激励的手段，充分调动教师的积极性与创造性。如果教师对学校的建设和发展提出很有价值的合理化建议，学校可给予

专题三

适当的物质奖励。当教师对学校的忠诚度到达顶点后，通常不会在乎物质激励，而是会自发地为学校各项决策建言献策。教师在决策工作中获得的胜任感、成就感和受尊重感等精神激励，对于教师参与决策具有积极的促进作用。

3. 决策制约机制

民办高校健全决策制约机制很有必要。教师代表更了解教师群体诉求，在董事会决策时能为教师群体发声，对有悖教师群体利益的事项提出反对意见。民办高校要维护教职工代表大会的权威性和严肃性，认真对待教师的意见或建议，逐项研究并答复提案代表，真正把教职工代表大会开成民主的大会、监督的大会、建言的大会，充分发挥教师共同治理学校的作用。

参考文献：

[1] 刘献君.现代美国大学共同治理理念与实践[M].北京：中国社会科学出版社，2010：1.

[2] 邬大光.我国民办教育的特殊性与基本特征[J].教育研究，2007(1)：3-8.

[3][4] 靳晓光，巩丽霞.民办高校内部治理模式探究[J].现代教育管理，2016(4)：36-41.

[5] 胡四能.民办高校建立共同治理结构模式研究[J].江苏高教，2007(4)：42-44.

[6] 吴雪慧.我国民办高等教育发展的特殊性及其统整[J].高教探索，2017(1)：94-99.

[7] KERR C，GADE L. *The Guardians*：*Boards of Trustees of American Colleges and Universities* [D]. The Association of Governing Boards of Universities and Colleges，1989：39.

[8] 王一涛，刘继安，王元.我国民办高校董事会实际运行及优化路径研究[J].教育研究，2015(10)：30-36.

[9] 魏薇.美国私立大学治理模式研究[D].郑州：郑州大学，2017：14.

[10][11] 朱家德.大学有效治理：西方经验及其启示[J].高等教育研究，2013(6)：29-37.

[12] 赵玄.英美传统大学治理结构研究——基于大学章程的考察[J].现代教育管理，2014(7)：12-16.

作者：张安富，武汉理工大学教授，博士生导师。

（原载《浙江树人大学学报》2019 年第 6 期）

专题三

专题四　制度与管理研究

论非营利性民办学校关联交易的审查
——围绕《民办教育促进法实施条例(修订草案)(送审稿)》第45条展开

高　牟

摘　要:非营利性民办学校关联交易存在着弱化民办学校分类管理体制、干扰学校正常的教学管理秩序等潜在风险。《民办教育促进法实施条例(修订草案)(送审稿)》第45条赋予了主管部门对于非营利性民办学校关联交易的审查职责。为做好审查工作,宜从明确审查主体、限缩审查对象、优化审查标准、细化审查结果等方面进一步细分关联交易审查规则;并对关联交易进行分门别类,依据合法性、必要性、公平性等要件实行类型化审查;此外,有必要通过建立完备的治理机构、完善董(理)事会决策机制、充分发挥学校基层党组织的监督作用、严格履行信息披露义务等方式,健全非营利性民办学校法人治理结构,从而构建关联交易内部审查与外部审查相结合的协同治理模式。

关键词:非营利性民办学校;关联交易;审查规则;协同治理

为规范民办学校的设立、运行、终止以及办学结余的分配等事项,2017年9月1日实施的新《民办教育促进法》遵循分类管理的思路,将民办学校分为营利性民办学校和非营利性民办学校。在办学实践中,部分学校一方面登记为非营利性民办学校以获取国家政策支持,另一方面,却通过关联交易、协议控制等方式违规分配办学结余,以上做法严重侵害了国家、学校以及师生的合法权益,也减弱了民办学校分类管理体制的功效。为应对以上种种乱象,《民办教育促进法实施条例(修订草案)(送审稿)》(以下简称"《送审稿》")加大了对于非营利性民办学校的监管力度。其中,《送审稿》第45条赋予了教育行政部门和人力资源社会保障部门对于非营利性民办学校关联交易的审查职责。但是,非营利性民办学校关联交易的多样性、隐蔽性以及复杂性等特征加大了主管部门对于关联交易的审查难度。因此,探讨关联交易的"利"与"弊",细化关联交易的审查规则,针对关联交易进行类型化审查,构建关联交易内外审查相结合的协同治理模式是我们贯彻、落实《送审稿》相关精神的当务之急。

一、除弊兴利:非营利性民办学校关联交易的"利"与"弊"

关联交易是非营利性民办学校与利益关联方在办学实践中经常采用的一种交易形式。《送审稿》第45条第4款规定:"利益关联方是指民办学校的举办者、实际控制人、理事、董事、监事等以及与上述组织或者个人之间存在互相控制和影响关系、可能导致民办学校利益被转移的组织或者个人”。根据以上规定,非营利性民办学校关联交易主要包括两大类:一是学校举办者、实际控制人、管理层等与学校之间发生的直接交易;另一类是学校举办者、实际控制人、管理层等影响和控制的组织或者个人与学校之间发生的间接交易。

《送审稿》第45条之所以规制非营利性民办学校关联交易,是因为这些关联交易存在着潜在的利益冲突:一是学校与举办者、实际控制人、管理层等之间的利益冲突;二是举办者、实际控制人、管理层等与国家、师生等主体之间的利益冲突。前者利益冲突产生的深层次原因在于“委托—代理”关系,学校作为法律拟制的主体,其意思表示必须通过代表人和代理人的代表、代理行为而作出并执行,这就可能造成学校利益与代表人、代理人私人利益的冲突。后者利益冲突产生的根本原因则在于决策程序的垄断,举办者、实际控制人、管理层等控制着学校事务的决策与执行,这就可能导致其在决策过程中产生机会主义和道德风险,损害国家、师生等主体的合法权益。

非营利性民办学校关联交易所产生的利益冲突,本质上是学校所有权和管理权分离的产物,这种分离是市场分工专业化和精细化的必然趋势,符合经济发展规律。非营利性民办学校作为法人组织,对法人财产享有所有权,但现代法人治理经验表明,通过选择专业的管理者代替法人管理财产和事务的方式,能够有效地提高社会资源的利用效率。此外,以上利益冲突也并不是非赢即输的“零和游戏”,学校与举办者、实际控制人、管理层、师生等主体之间存在着共同利益:学校的发展壮大是冲突各方利益存续的前提和基础。因此,非营利性民办学校关联交易是一个中性概念,若运用得当,会产生以下功效,这些功效在集团办学实践中尤为明显。第一,关联交易有利于减少交易成本。教育集团通常涉及教学、培训、出版、印刷等多种产业形态,集团内部的相互交易解决了交易双方信息不对称和履约担保的问题,这减少了缔约成本、减轻了履约担保、保障了交易安全。第二,关联交易有利于扩大办学规模。关联交易的利润和费用在教育集团内部之间流动和分配,这在壮大整个教育集团的同时,也便于教育集团最终反哺各个集团实体。相反,若运用不当,关联交易则会产生如下弊端。第一,使得民办学校分类管理体制流于形式。部分非营利性民办学校的举办者一方面以非营利之名骗取国家政策支持,另一方面却通过关联交易攫取超额利润,“导致宏观层面所推导的民办学校分类管理失去了现实意义”[1]。第二,关联交易干扰学校正常的教学管理秩序。民办学校的举办者、实际控制人、管理层等利用关联交易,制定“自肥”条款,谋取私人利益。以上行为规避了《民办教育促进法》中“民办学校收取的费用应当主要用于教育教学活动、改善办学条件和保障教职工待遇”的相关规定,易引发办学风险。

综上所述,非营利性民办学校关联交易“既蕴含了促进效率的含义,又带有欺骗的潜在可能”[2]。我们在提高关联交易运用效率的同时,也应抑制关联交易中的欺骗行为,除弊兴利,加大对于关联交易的审查力度,而不是简单地全盘否定这种交易形式。笔者认为,我们应遵循的总体思路是既不能阻碍非营利性民办学校的发展壮大,也不能容忍关联交易成为特定人的“提款机”,违背非营利性民办学校“公益性”的办学宗旨。

二、价值判断:非营利性民办学校关联交易的审查规则

在实践中,政府对合同的监管主要有审查、登记以及备案等三种方式[3],审查偏重审

核交易是否正确和妥当；登记是将交易的相关事项记录在表册上；备案则是政府部门基于行政管理的需要，将交易的相关资料予以保存。以上三种方式分别产生不同的法律效果：就审查而言，未经审查，交易不产生效力；就登记而言，未经登记，不产生公示和公信的效果；就备案而言，未经备案，交易当事人可能遭受相应的行政处罚。根据《送审稿》第 45 条的规定，非营利性民办学校关联交易应经教育行政部门、人力资源社会保障部门的“审查审计”，因此，关联交易的当事人应切实履行关联交易的报批义务，而主管部门则应承担审查职责。

（一）审查主体

审查主体主要解决谁来审查的问题。《送审稿》第 45 条虽然赋予教育行政部门、人力资源社会保障部门对非营利性民办学校关联交易的审查权限，但并没有明确何种部门对何种学校的关联交易进行审查。笔者认为，审查主体的确立应遵循以下两项原则：一是基于行政权限和行政效率的考量，对于一项关联交易只需教育行政部门和人力资源社会保障部门两者中的单一部门审查即可，这既可避免各部门争相审查、又可避免相互推诿的情况；二是遵循“谁批准，谁审查”原则，即批准非营利性民办学校设立的主管部门负责其关联交易的审查。具体而言，根据新《民办教育促进法》第 12 条的规定，学历教育、学前教育、自学考试助学及其他文化教育类民办学校，由教育行政部门批准设立；职业资格培训、职业技能培训类民办学校，由人力资源社会保障行政部门批准设立。因此，教育行政部门和人力资源社会保障部门分别审查由其批准设立的非营利性民办学校所签订的关联交易。譬如，非营利性民办学校 A 是经教育行政部门批准设立的，若 A 学校与其举办者 B 签订课桌、床铺等教学生活用品的买卖合同，此类关联交易应由教育行政部门予以审核。

不过，以上原则也存在适用上的局限性。比如，若教育行政部门批准设立的非营利性民办中学 A 与人力资源社会保障部门批准设立的非营利性民办职业技能培训学校 B 均为同一举办者 C 所举办，依据《送审稿》第 45 条的规定，A 中学与 B 学校之间存在关联关系。假设 A 中学与 B 学校约定，A 中学使用 B 学校开发的教学软件，同时 A 中学向 B 学校支付软件使用费，此种情形下，双方签订的合同应该由哪个部门进行审查？《送审稿》第 45 条显然无法解决这个问题。笔者认为，以上合同既关涉 B 学校教学软件等无形资产的保值和增值，也涉及 A 学校有形资产的合理使用，应由教育行政部门、人力资源社会保障部门以联合会议的方式共同审核。

（二）审查对象

审查对象主要解决主管部门对什么样的关联交易进行审查的问题。并非非营利性民办学校所有的关联交易均需教育行政部门、人力资源社会保障部门予以审查，根据《送审稿》第 45 条的规定，以上部门只需审查非营利性民办学校“涉及重大利益或者长期、反复执行的协议”。笔者认为，《送审稿》第 45 条对于审查对象的划定具有一定的合理性，但也存在以下弊端。第一，该规定忽略了纯获利益协议的存在。比如，非营利性民办学校 A 与国内某知名企业 B 签订赠与合同，由 B 企业在 A 学校设立贫困生助学金，资助总金额为 300 万，分 10 年发放。按照《送审稿》第 45 条的规定，该赠与合同显然属于“长期、反复执行的协议”，应报主管部门审查。但依民事法理来说，A 学校在该赠与合同中并不向 B 企业承担对等义务，属于纯获利益的合同，实在无须向主管部门提交审查。第二，“重大利益”存在适用上的不确定性,容易导致非营利性民办学校以关联交易未涉及重大利益为由,规避主管部门审查。第三,以上规定忽略了行政资源的稀缺性。非营利性民办学校“长期、反复执行的协议”涉及方方面面,并不是所有“长期、反复执行的协议”都有必要接受主管部门审查。在司法实践中,主管部门主要基于维护国家利益或者社会公共利益的需要对相关合同进行审查。譬如,根据我国《技术进出口管理条例》的规定,国家对于限制进出口的技术实行许可证管理,若涉外合同涉及限制进出口技术的,应接受主管部门审查。

因此,笔者认为,应对“重大利益”和“长期、反复执行的协议”进行进一步界定,界定的方法可以根据关联交易的标的类型和标的数额来判定,具体而言:非营利性民办学校关联交易若涉及校名、知识产权等无形资产的转让、授权使用等交易行为的,因以上事项关涉学校的声誉和永续发展,应提交主管部门审查;非营利性民办学校关联交易若涉及货物买卖、服务交易等,累计交易总额或者单笔交易数额超过法律、行政法规、学校章程等规范性文件规定的,应经主管部门审查,而累计交易总额和单笔交易数额的具体数值则有赖于有关部门经过实践调研后得出。

(三) 审查标准

审查标准主要解决主管部门基于什么样的尺度来对关联交易予以审查的问题。根据《送审稿》第 45 条的规定,教育行政部门、人力资源社会保障部门应当对非营利性民办学校关联交易的“必要性、合法性、合规性”进行审查。笔者认为,以上审查标准值得商榷。第一,从本质上来说,“合法性”和“合规性”表达相似的意涵,都意在说明关联交易应“合法”,这里的“法”既包括有权机关制定的法律、行政法规、部门规章等,也包括经主管部门批准的学校章程。第二,主管部门除了审查关联交易的合法性、必要性之外,还应审查关联交易的公平性。譬如,在办学实践中,独立学院通常按照合作办学协议向挂靠的母体高校支付高额的管理费。“一份对我国 11 个省、市的 17 所独立学院进行的调查显示,有 14 所独立学院每年要从学费收入中提出一部分上缴举办方。”[4]有学者经过调研后指出,独立学院支付的管理费通常为其应收学费总额的 15%～30%[5]。独立学校利用了母体高校的校名和教学、管理资源,理应向母体高校缴纳一定数额的管理费,但是,应对以上资源进行测算,母体高校不得漫天要价,影响独立学院的生存和发展,这就涉及关联交易的公平性问题。第三,审查标准应体现一定的层次性和优先性。换言之,主管部门对于关联交易的审查不能“眉毛胡子一把抓”,应做到科学审查。笔者认为,主管部门首先应审查关联交易的合法性,因为合法性是必要性和公平性的前提和基础,若关联交易违法,也就无须再进行必要性和公平性的审查。其次,关联交易在合法的前提下,主管部门应接着审查关联交易的必要性。譬如,在办学实践中,部分非营利性民办学校与旅行社签订旅游合同,组织教师外出“考察”,但“考察”线路涉及景点、商场、娱乐场所等非教育教学地点,这样的合同就涉及必要性的问题。最后,主管部门认为关联交易符合合法性、必要性要件之后,便审查公平性的问题。公平性要件意在审查关联交易当事人在合同中的权利义务是否对等、失衡。若关联交易明显对非营利性民办学校有利或者合同当事人的权利义务对等的,此项关联交易便满足公平性的要求。综上所述,主管部门应按照“合法性→必要性→公平性”的先后顺序依次审查。

(四) 审查结果

审查结果主要解决主管部门经审查后作出的决定类型的问题。主管部门经审查后，若认为关联交易满足合法性、必要性、公平性要件的，应作出批准决定；若不满足，则根据以下具体情形作出不同的处理结果。

1. 关联交易不满足合法性要件

合同违法包括全部违法和部分违法两种情形。前者譬如，非营利性民办学校 A 和其举办人 B 签订合作办学协议，约定由 B 公司提供办学所需资金，A 学校提供部分教学管理资源，双方合作举办营利性民办小学 C，因我国新《民办教育促进法》明确禁止在义务教育阶段设立营利性民办学校，所以，A 学校和 B 公司签订的合作办学协议即属于全部违法的情形；后者譬如，非营利性民办学校 A 与其举办人 B 签订课桌买卖合同，合同价款为 100 万元，为担保 A 学校按时履行付款义务，A 学校将其教学楼抵押给 B 公司，因我国《物权法》第 184 条明确禁止对教育设施设立抵押，因此，A 学校和 B 公司签订的买卖合同中的抵押条款无效。

对于全部违法，主管部门应直接叫停此类关联交易，不予批准；若部分违法，主管部门应驳回审查申请，责令非营利性民办学校对违法部分进行删除、修正后再次提交审查申请，直到合法为止。

2. 关联交易不满足必要性要件

经审查，非营利性民办学校关联交易对于学校发展没有帮助的，主管部门应作出不予批准的决定，这既有利于督促学校将有限的资金用在提高教育教学质量、改善办学条件等刀刃上，也避免了非营利性民办学校利益关联方“利用自己对学校的控制权(尤其是财务控制权)，通过关联交易等‘打擦边球’的手段获得合理回报”[6]。

3. 关联交易不满足公平性要件

非营利性民办学校关联交易若满足合法性、必要性要件，但不满足公平性要件的，主管部门应责令关联交易当事人对合同条款进行变更，并将变更后的合同文本再次提交审查，直至合同当事人的权利义务对等或者合同条款有利于非营利性民办学校为止。

三、分门别类：非营利性民办学校关联交易的类型化审查

非营利性民办学校关联交易具有普遍性、多样性、两面性以及隐蔽性等特征[7]，以上特点也加大了主管部门审查的难度。通过对纷繁芜杂的关联交易分门别类并进行类型化审查的方式，主管部门能够抓住审查重点、减轻审查压力、节省行政资源。根据关联交易标的的性质，笔者将非营利性民办学校办学实践中常见的关联交易分为五大类：一是货物交易；二是服务交易；三是借贷交易；四是知识产权、校名等无形资产交易；五是为以上交易提供担保的交易。

(一) 货物交易

货物交易在办学实践中体现为非营利性民办学校与利益关联方签订的买卖合同、租赁合同，等等。在此类交易中，除非是法律禁止流通的物或者限制流通的物，基本不涉及合法性的问题。所以，在货物交易中，主管部门应重点审查必要性要件和公平性要件。对于必要性要件，主管部门应审查买卖、租赁等合同中的货物是否满足学校发展的需要；对

于公平性要件,主管部门应重点审查价款、租金等是否合理,是否与当地市场价格相当。

(二) 服务交易

服务交易在办学实践中体现为非营利性民办学校与利益关联方签订的承揽合同、业务咨询合同、协议控制合同,等等。与货物交易相比,服务质量的评估、服务价金的支付均具有较大的随意性和不确定性,因此,主管部门应重点审查合法性要件和必要性要件。对于协议控制类服务合同,《送审稿》第12条明确禁止教育集团滥用支配地位,干预集团内部各个教育实体的运营,禁止用“兼并收购、加盟连锁、协议控制等方式控制非营利性民办学校”。对于承揽、业务咨询类服务合同,法律并不禁止非营利性民办学校与利益关联方签订以上关联交易,因此,在此类关联交易中,主管部门应重点审查必要性要件,对于没有必要开展的、重复开展的、对学校发展无益的服务类关联交易,应不予批准。

(三) 借贷交易

借贷交易在办学实践中体现为非营利性民办学校与利益关联方签订的借贷合同。因学校前期基建投入大、办学成本激增、适龄学生人数减少等原因,大部分民办学校或多或少面临办学资金不足的困境。一份针对212所民办学校负债情况的调查报告显示,高达34.91%的受访学校负债数额在500万元以上[8]。为维持学校的正常运营,这些民办学校大多通过借贷的方式缓解“缺金少粮”的问题。我国政府严格控制借贷合同的利率标准,因此,在此类关联交易中,主管部门应重点审查合法性要件。《最高人民法院关于审理民间借贷案件适用法律若干问题的规定》第26条规定:“借贷双方约定的利率未超过年利率24%,出借人请求借款人按照约定的利率支付利息的,人民法院应予支持。借贷双方约定的利率超过年利率36%,超过部分的利息约定无效。借款人请求出借人返还已支付的超过年利率36%部分的利息的,人民法院应予支持。”因此,若非营利性民办学校与利益关联方签订借贷合同的,审查部门应重点审查合同约定的年利率是否在36%以下。

(四) 知识产权、校名等无形资产交易

此类交易在办学实践中体现为非营利性民办学校与利益关联方签订的知识产权、校名等无形资产的转让、实施许可等合同,此类合同在独立学院与母体高校的合作办学协议中尤为典型。根据《独立学院设置与管理办法》第11条的规定,母体高校主要以校名、知识产权等参与办学,而其他举办者则主要以资金、实物、土地使用权等参与办学。既然独立学院使用了母体高校的校名、知识产权等无形资产,理应向母体高校缴纳一定数额的使用费。我国法律并不禁止此类交易,而且独立学院使用母体高校的校名、知识产权等无形资产,也有利于学院利用母体高校的资源发展壮大。因此,在该类关联交易中,主管部门应重点审查公平性要件,即合同价款是否与知识产权、校名等无形资产的价值相当,这既能防止国有资产流失,也能避免使用者承担过高的债务,从而影响其运营。

(五) 担保交易

担保交易在办学实践中体现为非营利性民办学校为了担保货物、服务、借贷等交易中自身或利益关联方债务的履行,而向交易相对人所提供的担保。根据我国《担保法》的规定,担保分为人保和物保两大类,前者体现为保证,后者则包括抵押、质押以及留置等三种方式。在办学实践中,非营利性民办学校所涉及的担保类型主要为保证和抵押。为维护正常的教学秩序、保护师生的合法权益,我国法律对于学校的担保行为进行严格管束。因此，主管部门在审查非营利性民办学校签订的关联担保协议时，应重点审查合法性要件。根据《担保法》第 9 条和《物权法》第 184 条的规定，非营利性民办学校不得成为保证人，也不得在教育设施上设立抵押。

四、协同治理：非营利性民办学校关联交易的内部审查与外部审查相结合

《送审稿》第 45 条赋予了教育行政部门、人力资源社会保障部门对于非营利性民办学校"涉及重大利益或者长期、反复执行的"关联交易的审查职责。主管部门外部审查的方式固然能够督促非营利性民办学校签订合法、必要、公平的关联交易。但根据我国教育部发展规划司统计的民办教育数据显示，2015 年度，我国共有 734 所民办高校、4 810所民办高中、4 876 所民办初中、5 859 所民办小学[9]，教育行政部门、人力资源社会保障部门是否做好了对于这个庞大群体所签订的关联交易的监管？笔者认为，行政资源的稀缺性和关联交易的复杂性在一定程度上制约了外部审查功效的发挥，在此情形下，建立非营利性民办学校关联交易的内部审查与外部审查相结合的协同治理模式就显得尤为重要。

内部审查即事前审批，"将与内部人不具有利害关系的公司机构成员的同意作为关联交易生效的前提条件，以防止非公平关联交易的产生"[10]，具体而言，就是充分发挥公司决策机构中非利害关系人在规制关联交易中的作用。譬如，我国《公司法》第 16 条通过利害关系人回避制度和非利害关系人同意制度，有效地缓解关联交易对于公司、中小股东等主体合法权益的损害。《送审稿》第 45 条第 3 款也体现了这一管控思路。不过，内部审查的实施效果取决于法人治理机构的完善程度。纵观我国民办学校法人治理结构，普遍存在着"出资人（举办者）控制、以校长为核心的管理团队职权不明晰、缺少利益相关者参与及内外监督机制缺失等突出问题"[11]。因此，非营利性民办学校关联交易的协同治理模式有赖于学校法人治理结构的改善。

笔者认为，为适应协同治理关联交易的新形势，非营利性民办学校应重点从以下几个方面完善法人治理结构。第一，构建完备的治理机构。应准确把握决策机构、执行机构以及监督机构在治理关联交易过程中不同的角色定位，既做到"分权"，又做好"制衡"。第二，完善董（理）事会决策机制。应朝着专业化和多样化的目标，完善董（理）事会成员的组成，适当引入政府部门代表、外部专家等"圈外"人员进入决策层，拓宽"决策圈"；阻隔利害关系，避免董（理）事会成员利益的趋同化，譬如，根据我国台湾地区《私立学校法》的相关规定，"董事相互间有配偶及三亲等以内血亲、姻亲之关系者，不得超过董事总额三分之一"[12]；与关联交易有利害关系的董（理）事会成员应当按照《送审稿》第 45 条第 3 款的要求，不得参与表决，也不能接受其他成员的委托，代理行使表决权。第三，充分发挥学校基层党组织在关联交易中的监督作用。"新《民促法》增加的第九条明确了党对民办学校的领导，党组织应作为学校的监督机构，从内部制止举办者的违规、违纪和违法行为。"[13]学校基层党组织应监督关联交易的决策、缔约以及履行等全过程，做到事前、事中、事后监督"无死角"。第四，按照《送审稿》第 45 条第 2 款的要求，严格履行信息披露义务。非营利性民办学校应在合理的范围内及时披露关联关系的类型、关联交易的当事人、标的、价款等合同关键信息以及关联交易的决策、缔约、履行等核心环节，接受社会监督。

参考文献:

[1] 潘奇,董圣足.VIE架构在教育领域的应用、问题及其对策[J].教育发展研究,2018(5):17-22,74.

[2] 施天涛,杜晶.我国公司法上关联交易的皈依及其法律规制——一个利益冲突交易法则的中国版本[J].中国法学,2007(6):126-140.

[3] 黄伟明.论政府对合同的审查、登记和备案[D].北京:中国政法大学,2008.

[4] 杨盘华,李惠玲.浅析独立学院怎样实施合理回报[J].商业会计,2009(12):44-45.

[5] 熊丙奇.应叫停向独立学院收取管理费[N].中国青年报,2014-3-17(11).

[6] 王一涛,石猛,王磊.《民办教育促进法修正案》对我国民办高等教育基本格局的影响[J].浙江树人大学学报:人文社会科学版,2017(2):11-17.

[7] 董圣足.民办学校"关联交易"的规制与自治[J].复旦教育论坛,2018(4):30-36.

[8] 胡卫,董圣足,方建锋.民办学校资金来源及债务情况调查[J].教育发展研究,2012(Z1):14-19.

[9] 教育部.中国教育统计年鉴[M].北京:中国统计出版社,2016:4.

[10] 曹理.欧陆上市公司关联交易治理机制比较[J].北方法学,2013(1):152-160.

[11] 周海涛,施文妹.完善民办高校法人治理结构的难题与策略[J].江苏高教,2015(4):13-16,95.

[12] 肖俊茹,王一涛.论民办高校法人治理结构的完善[J].现代教育科学,2011(1):22-24.

[13] 王华,王德清.民办学校举办者利益诉求与国家需要的矛盾及化解路径[J].中国教育学刊,2017(3):4-8.

作者: 高牟,北京师范大学法学院博士研究生。

(原载《江西科技师范大学学报》2019年第1期)

专题四

基金会:非营利性民办高校制度创新的一种探索

秦 和

摘 要: 民办教育新法新政背景下,实施分类管理,非营利性民办高校面临的产权归属、内部治理体制、办学资金等问题亟待解决。以基金会为办学主体的制度改革,可以实现三方面主要功能:完成学校法人的社会化转型和学校产权的公益性转化,保证非营利办学性质;将学校管理权与投资方分割,理顺内部治理架构,提高管理运作效能;培育公众信任,形成吸纳捐赠影响力,拓宽资金筹集渠道。基金会办学是非营利性民办高校制度创新的一种探索,实施中也应预估可能出现的问题,确立制度建设的基本原则,保证其良性运行,以达理想实效。

关键词: 非营利性民办高校;基金会;产权转化;治理结构;资金筹集

2018 年 8 月《民办教育促进法实施条例》(修订草案)(送审稿)提出:“鼓励社会力量依法设立基金会举办非营利民办学校。”该条例将“基金会”表述为非营利性民办学校的举办主体,表明在国家政策的顶层设计层面,基金会已被视为非营利性民办学校制度框架中的重要构件。因此,基金会办学有望成为解决非营利性民办学校发展困局的一个突破口。

民办学校有从学前教育到高等教育不同阶段的多种类型,本文主要就非营利性民办高校的基金会建设进行探讨。原因在于:一是各级各类民办学校办学的相关要素并不完全一致,基金会之功能作用可能有所不同,合并笼统论述有失理论逻辑上的周严;二是就我国民办教育实践情况来看,基金会对于民办高校的作用和紧迫性更大一些。

一、目前我国教育基金会的主要类型及运作模式

国外私立大学有成熟的办学经验,基金会在其办学中发挥的作用明显,尤其是美国的私立大学,基金会运作已经形成了相当成熟的运作模式,基金会筹集资金在其经费份额中占比相当可观。据统计,仅哈佛大学一所学校 2011 年接受捐赠数额就达 317.28 亿美元。我国从 20 世纪 80 年代开始有多所大学建立起基金会,接受国内外校友捐资和知名企业捐资。20 世纪 90 年代到新世纪之交,各级政府开始出面兴办教育基金会。总体来看,我国的教育基金会主要有如下几种类型:

(一) 由政府发起和领导的教育基金会

此类教育基金会是由政府支持或主管的,如教育部、财政部支持发起成立的中国教育发展基金会。2014 年,上海市民办教育发展基金会成立,这是全国首家由政府倡导、民办

学校联合发起、以支持民办教育发展为宗旨的公益性基金会,发起单位有上海杉达学院、上海视觉艺术学院等非营利性民办学校,其行业主管单位为上海市教育委员会。

(二) 专项教育基金会

改革开放以来,出现了一批企业、社会团体、个人和海内外人士捐资成立的各种专项教育基金,如"中国中小学幼儿教师奖励基金",以救助贫困地区失学儿童为宗旨的"希望工程",香港邵逸夫教育基金、曾宪梓教育基金、上海宝钢教育基金会。此类基金会虽然是由企业或个人捐资,但其捐赠行为仍在政府部门管控之下,通过半行政手段运作。如邵氏基金,其捐助对象主要为公办高校和基础教育(贫困地区中小学),均由教育部专家评审后向邵氏基金推荐,教育部对项目的审批制定了相关的审核条件和指标。

(三) 大学基金会

进入新世纪,我国大学基金会规模逐渐扩大。"截至 2016 年 12 月,全国已有 459 所高校成立基金会,全国高校基金会捐赠总收入超过了 810 亿元,全国高校基金会净资产总量已超过 300 亿元,清华大学、北京大学、浙江大学三所大学成立的基金会净资产规模名列大陆基金会前三位。"[11]大学基金会主要在公立高校。与国外相比,我国大学基金会筹集的资金占学校经费份额有限,全国大学基金会捐赠总额还远比不上哈佛大学基金会一家。

(四) 作为办学主体的民办高校基金会

20 世纪 80 年代,李嘉诚基金会兴建汕头大学,华侨吴庆星的仰恩基金会兴建仰恩大学。几十年来,这两所学校经历了不小变化,目前汕头大学体制已确立为公办,李嘉诚基金会退居到政府身后;仰恩大学在 1994 年由福建省政府主持改制为民办,仰恩基金会作为办学主体。步入 21 世纪,产生了两个基金会办学范例:台商王雪红、陈文琦夫妇以"威盛信望爱"公益基金会捐资举办的贵州盛华职业学院(2011)和西湖教育基金会(主要由马化腾、王健林等捐资)举办的西湖大学(2018)。

上述几所学校,在以基金会举办非营利性民办高校模式上进行了实践探索,但尚不足以代表非营利性民办高校基金会的特点,因为其办学类型与其他民办高校有很大区别;另外,这些基金会尚未实现学校产权的社会化转化,一旦基金会注入资金情况波动,学校的自我生存和持续发展能力如何尚需在实践中得到检验。

二、非营利性民办高校基金会的制度设计及其功能

总的来说,目前国内已有的民办教育基金会,包括一些半政府性质的教育基金会,多半是资金筹措或管理捐款的机构,大体上围绕对师生的奖励和资助开展,在学校(含民办学校)的体制框架中属于附属或挂靠机构,仅发挥局部辅助功能,对所在学校的法人财产权、办学方向等不负实质性权责,对学校的生存发展也不产生决定性影响。"基金会并不能作为独立法人自由运转,这实际是大学行政体系和行政逻辑在基金会的延伸。"[2]本文所说的非营利民办高校基金会,与国内已有的各类教育基金会有实质性区别:它并非附属和辅助机构,不仅是捐赠资金管理者,还是非营利性民办学校的办学主体,具有学校资金和资产的所有权,负有学校法人财产权的管理职责,并且从宏观决策层面影响学校的教育教学运作。从制度设计上,非营利性民办高校基金会应具备的功能和解决的现实问题可表述为如下几方面:

(一) 落实法人财产权归属,完成非营利性民办高校产权的社会化转化

在民办教育分类管理实施过程中,将面临一个十分纠结的问题,那就是民办高校的产权界定以及原有民办高校资产在选择登记为营利性、非营利性之后其产权处置和管理问题。

1. 民办高校的产权及法人界定是一个悬搁的难题

现有的法规政策关于民办学校产权问题规定并不明确,学界在此问题上的意见分歧很大,围绕这一焦点发表的争论文章很多,也曾举行过规模比较大的专题研讨。有人指出,产权问题是“围困民办教育的第一道篱笆”[3]。

《民办教育促进法》规定了民办学校“享有法人财产权”(第三十六条),“民办学校的法定代表人由理事长、董事长或者校长担任”(第二十三条)。此种表述从法理方向上说是正确的,但在实践操作层面则是模糊的。有的学者认为,既然民办教育属于公益事业,无论是投资、捐资还是办学滚动形成的民办学校资产,不存在所谓的产权问题,就是说民办学校的举办人不享有民办学校财产所有权[4]。法理解释上说“举办人不享有民办学校产权”,而绝大多数举办人在掌控着学校,并没有除举办人之外的另一方主体介入,事实上等于将民办学校的产权悬搁了。民办教育在我国是一项新生事物,当其发展不成熟的时候,有些问题悬搁起来,也不失为一种策略。但目前面临民办教育分类管理实施,这个问题就无法回避了。

民办教育产权问题,既是一个政策和理论问题,也是一个实践难题。2016 年新修订的《民办教育促进法》保留了原法关于民办学校法人财产权的表述,等于继续悬搁。分类管理中产权处置的具体操作抛给了各省的实施细则去处理。目前,有些省份出台了分类管理实施细则,但目前尚未看到哪个省的实施细则对此有完美的处理。

2. 非营利性民办高校的产权属性是社会化产权、公益性产权

本文不拟就民办学校产权问题深入展开论述,仅确立一个假设的逻辑前提:在分类管理实施过程中,明确登记为非营利性的那些民办学校,其产权应该如何界定及管理。

我国民办学校产权归属之所以悬搁、法规上表述不明确,与其产权特殊属性有关。一般意义上的产权必定有明确归属的所有者(自然人或机构),而非营利性民办学校的产权特殊性在于“没有所有者”:“世界上许多国家把私立教育纳入非营利组织范畴。非营利组织与公立组织和营利性组织之间的最大不同之处在于,它没有明确的‘所有者’(owner),或者说它的所有者是整个社会,产权关系不明确是非营利组织的本质特征。”[5]

但“产权关系不明确是非营利组织的本质特征”这种表述是模糊的,容易引起误解。无论理论层面还是实践层面,非营利性民办学校的产权关系均应得到明确界定。非营利性民办学校的产权“没有所有者”,却又不等于“没有产权”,“明晰的财产所有权既是民办学校存在的前提,也是民办学校有效率运作、健康发展的保障,我国民办学校的财产所有权必须界定清楚。”[6]对这一特殊产权类型,合适的法理界定应当表述为:民办学校产权既非公产,亦非私产,不归属于任何个人或集团,甚至也不属于国家,它是社会化产权、公益性产权。

3. “公益产权”是抽象产权界定,须归属到某一实体

目前民办教育法规所说的学校法人(只限于非营利性民办学校法人)可以理解为“非

营利法人”,“非营利法人因为既能实现设立者与组织之间的财产隔离,又能确保无任何主体享有对于该部分资金的所有者权益而获得青睐。”[7]毫无疑问,民办教育法规关于学校法人的界定,就是基于对民办学校产权之公益属性保护而设计的,已经奠定了非营利性民办学校“公益性产权”的法理依据,但它还只是一种抽象表述,并不具有实践上的操作意义。要使抽象意义上的民办学校“非营利法人”具有实践操作性,从而行使管理权责,须将民办学校的非营利法人财产权由某一实体机构执行(或曰“代理执行”)。

学界已有多人提出以董事会或理事会充任非营利性民办学校法人的设想:“非营利性民办高校须通过一定的组织管理和运营法人的财产……由于财团法人仅是抽象意义上的‘所有权人’,法律要求私立高校须设立董事会或理事会,由其履行议事机关、执行机关与代表机关的职能。”[8]“由于‘所有者’的缺位,在治理结构问题上,非营利法人应由董事会(或理事会)和执行官担负起治理的任务。”[9]将抽象意义上的学校法人所有权归属到某实体组织名下运作,从设计的大方向上说是没错的,但事实情况是,目前绝大多数民办学校都已经成立了董事会或理事会,却并未能解决民办学校“学校法人”名存实亡的问题,“因为民办学校出资者在‘投资办学’的驱动下往往通过出任学校董事长或兼任校长等方式实现对民办学校的控制。如此一来,学校法人财产权不过是掌握在学校出资者的手中,并非掌握在学校法人团体手中,难以实现学校法人共同治理。”[10]换言之,董事会或理事会未能完成民办学校产权的公益化转化,在某种特殊情况下反倒成了延续学校法人虚置状况的合理寄主。

这里有民办学校办学主体主观意志的原因,因我国民办学校多始于投资办学,资本逐利性与教育公益性的矛盾始终未得到有效解决;同时,也还是董事会和理事会的机构属性决定的——董事会的立法根据是《公司法》,主要用于企业,一般由股东组成;理事会主要用于学术组织、研究机构等群众团体。董事会和理事会在权责功能设置上不足以完全支持民办学校“非营利法人”的法理属性落实,无法实现民办学校产权的社会化转化。

4. 基金会作为办学主体,可完成非营利性民办高校产权的社会化转化

民办学校的办学主体发生转移变更,须保证在规范法规框架内有序运行,否则对学校的教育教学活动将会产生不可预见的影响(风险)。民办学校举办者不可能长期、永久性代理学校法人行使管理权,国外许多捐资建立的名牌私立大学,若干年后,捐资者已从学校的经营管理组织中隐退,只留下象征性的名字,“美国一流私立大学较早地、自主地实现了产权社会化和出资人职能替身化……通过基金会等中间组织完成注册和大学筹建,如斯坦福大学、杜克大学、莱斯大学、伦斯勒理工学院等。”[11]国外这些非营利性私立学校的基金会,“产权社会化”和“出资人职能替身化”是其实现的核心功能。我国民办教育至今已有近40年历史,随着时间推移和教育形势发展,所有民办学校均存在办学主体延续和变更的可能,而其产权界定和变更应该在法理框架内运作。《民办教育促进法实施条例》(修订草案)第十一条提到“非营利性民办学校举办者变更”问题,说明这一问题已经提到日程上来。

如上所述,无论是公司、自然人作为办学主体,还是董事会、理事会作为法人机构,在保证非营利性民办高校的产权社会化、公益性转化方面均存在着不确定性。而在这方面,基金会具有其他形式所不具备的优势。因为基金会是具有公益性和非营利属性的,《基金会管理条例》明确规定，基金会是“以从事公益事业为目的，按照本条例的规定成立的非营利性法人。”“由于个体和合伙的组织形式无法实现举办者与组织之间的财产隔离，故被排除在外，也就意味着社会组织中的社会团体法人、基金会法人和社会服务机构法人有望成为基本公共服务的提供者。”[12]

非营利性民办高校以基金会为办学主体，可以使抽象的学校法人实现明确归属，“使得捐助的财产成为独立的主体，从而具有存续上的永久性、管理上的独立性，再辅之以国家的监督和法律的制约，最终完成捐助者的心愿。”[13]如此可有效规避办学主体变更可能产生的风险，为非营利性民办高校办学主体存续、变更创建合法、合理、有序的机制，以保证学校的健康运行和长期发展。

（二）实现分权制衡，构建非营利性民办高校内部治理结构

关于民办学校的治理，《民办教育促进法》有原则性规定：“民办学校应当设立学校理事会、董事会或者其他形式的决策机构并建立相应的监督机制。民办学校的举办者根据学校章程规定的权限和程序参与学校的办学和管理。”（第二十条）但由于我国民办教育兴起时间短，民办学校内部治理结构不完善是普遍存在的问题。我们认为，要从根本上解决非营利性民办学校内部治理问题，基金会的建设是关键。

1. 民办学校内部治理的理想模式是分权制衡体系构建

民办学校治理结构面临的首要问题是产权和管理权界限不清，出资方介入甚至包揽学校的教育教学管理是较为普遍的现实。这在民办教育的发展过程中在所难免，也曾发挥过重要作用，但这种治理结构不能长久存续，随着学校发展，它对民办学校事业发展的消极影响越来越明显。尤其是非营利性民办高校，更应该及早建立分权制衡的治理体系，因为“分权式的治理结构有利于非营利性私立高校保持组织稳定性”。[14]而“制衡”首要的是对民办学校办学过程中积累形成的举办者独揽权力局面的改变：“对非营利性民办高校内部治理权力进行制衡，破除学校治理权为个人绝对控制等倾向，首先要在制度设计上引入以权制权的理念，形成分权与制衡的权力结局。”[15]

2. 学校法人产权归属于基金会是分权制衡治理结构得以构建的逻辑前提

目前无论是政策法规还是理论研究，关于民办高校的分权制衡管理体系还只是一种价值论证而非操作实践。步入操作和实践阶段涉及“分权”，首先必须明确权力的由来，舍此即是空谈。之所以出现“学校治理权为个人绝对控制”的局面，就因为民办高校的权力多来自投资办学，不同于公立学校的行政权力是上级委派。投资人出钱办学，承担学校的管理，或委托他人管理，这在逻辑上似乎顺理成章。由此，就产生了如上所说的学校法人产权虚置、实际由举办者独揽学校权力的局面。而要改此局面为“分权”，则首先必须实现学校法人产权落实，将民办高校的产权归属于基金会，以基金会所具有的法人财产权为基础，派生出学校管理的权力架构，从而建构起分权制衡的民办高校治理体系。没有学校法人产权落实，民办高校的董事会、理事会等机构就只是建立在纸上，形同虚设。所以，基金会是建构非营利性民办高校分权制衡治理结构的逻辑前提。

3. 分权式治理体系可提高民办高校管理水平和管理效率，并使举办者摆脱无限责任

在初始阶段，由举办者直接管理学校不失为一种办法，但这不符合教育规律，只能应对简单管理，无法适应一所现代化大学的系统管理要求。“随着民办高校办学规模的扩

大,管理幅度和管理深度的增加,由所有者直接管理学校势必导致管理成本的上升和管理效率的下降。"[16]事实已经证明,随着民办学校规模扩大,个人式、家族式管理已经不适应学校正常发展。

另外,民办学校的举办者全权管理学校,也意味着对学校将承担全面和无限责任(财务盈亏、教育方向、教学质量、教职工待遇、学生发展、校园安全),必然使民办学校的教育事业发展存在潜在风险。"进行法人登记,有助于避免学校的风险,是有限责任公司,而合伙人或个人,是无限责任公司。法人和合伙的最主要区别是法人对其债务承担有限责任,合伙是无限责任连带。"[17]以基金会为办学主体,学校的经营管理权与个人或公司剥离,可将学校举办者(个人、合伙、公司、集团)与学校管理责任在制度层面厘清,明确责任和职能,既可充分发挥管理者职能,也从法理上保障了举办者的权责,实现学校教育教学工作运行的规则性和有效性,提高学校的教学质量和运行效率。

4. 基金会的非营利属性和职能可保证民办学校的非营利办学方向

民办学校多始于投资办学,这是其资本逐利性的原始由来,也是当下实施非营利性办学转型必须面对的问题。资本逐利性和教育公益性纠缠的魔咒不除,"非营利"将成为空谈。

从根本上解决民办学校的"非营利"问题,必须从利益主体着手,"营利"或"非营利",其利益主体是学校产权所有者、举办者或学校法人。如果办学主体仍是实际上由举办者控制,则"非营利"无保证;基金会办学,将学校法人从法理上限制在基金会掌控之中,方可保证非营利办学方向,"有效地化解资本趋利性和教育公益性之间的矛盾和冲突,使我国非营利性民办学校彻底摆脱营利性资本的束缚,保障非营利性民办学校自主发展的权利,使之朝着公益性办学的方向健康发展。"[18]

(三) 培育社会信任链条,吸纳捐赠,解决办学资金问题

阻碍非营利性民办高校发展的最大瓶颈是办学资金问题,因为其资金来源渠道单一,基本靠学生收费。随着社会发展,教育投入增加,仅凭学生收费维持学校运转必然出现困难。

1. 解决非营利性民办高校办学资金困局要靠社会捐赠

根据国外经验,非营利私立学校的资金很大一部分是靠社会捐赠。我国民办学校进一步发展也要走这条路,"解决资金短缺问题,唯一的出路是努力拓宽筹资渠道,走多元化筹资的道路。"随着经济社会发展,我国具有捐赠实力和捐赠意愿的人会越来越多,根据有关资料统计,近年我国教育捐赠数额呈上升趋势,但在教育捐赠的总体框架中,民办教育所占份额甚少[19]。

2. 民办高校得到教育捐赠少的原因是其未能赢得社会信任

决定社会捐赠的因素有很多,如社会经济发展、财富增加、捐赠文化形成等等,但即使有人肯捐赠,捐赠给谁还是个问题。邵逸夫从 1985 年开始在内地投资教育,捐赠资金总额达 47 亿(港元),建设项目 6 013 个。邵氏基金捐助对象主要为公办高校和贫困地区中小学校,没有一所民办学校得到他的捐赠,从公众到教育界都觉得顺理成章。原因很简单:民办学校的捐赠接受资格未能得到认同。什么样的学校得到捐赠多是由学校办学水平和知名度决定的:"大学办得越好,社会认同度就会越高,教育捐赠率自然上升。"[20]但

该分析是不全面的,还有一个受赠资格和信任度问题,假设一所大学学术方面知名度很高,但其举办者的道德形象不被社会认可,也不可能形成受赠资格。

3. 基金会办学,稳固民办学校的非营利形象,赢得社会信任,打通捐赠渠道

捐赠信任形成主要是捐赠目的充分实现的保证。在这方面美国的吉拉德捐赠案很能说明问题:1831 年,银行家斯蒂芬·吉拉德捐赠 7 万美元给费城,要为贫穷孤儿建一所学校。斯蒂芬·吉拉德的旁系财产继承人发起诉讼,认为费城不具有接受遗产赠予资格。最高法院判决费城可以接受捐赠,但附加条件是这 7 万美元的用途固定,须按吉拉德意愿开办慈善学校。这一诉讼案提出了"接受捐赠资格"的法律问题,推动了美国教育捐赠合法化进程,即走向非营利法人形式的现代教育基金会[21]。

民办学校的学校法人财产权悬搁,则举办者有利用非营利旗号行营利之实的操作空间,这是影响教育捐赠投放对象的重要因素,"这一不清晰的产权制度,既阻碍了政府公共财政经费对民办学校的资助和社会对民办学校的捐赠,也影响了民间资金对民办教育的投资。"[22]民办学校与服务对象之间的信息不对称,无法保证民办学校资金使用及教学运作,这一现象被理论界概括为"合约失灵"。"信息不对称"以及"合约失灵",是民办学校可能在社会信任层面失分的原因。民办学校的非营利法人落实则可以给社会信任加分:"非营利法人受到'禁止利益分配'原则的约束,因此非营利法人尽管有如同类似于营利法人从业者所从事的行为的可能性,但是由于其所获得的利益不得进行分配,因此极大程度地抑制了其提高价格和降低服务质量的动机。"[23]所以,"捐赠者更愿意委托非营利机构完成服务使命。"[24]捐赠行为朝向社会信任度较高的非营利性组织是合乎情理的。

捐赠行为成立,不仅是需要有人肯拿出钱,还需要相应完善的规则,使捐赠者与受赠者之间达成一种法律上的保护和信任默契,保证捐赠目的实现。基金会从法理上完成学校法人的公益性转化,使非营利性民办学校资产的"非私有"财产属性和从事教育教学事业的社会公益属性得到社会公认,达成广泛的信任默契,打通捐赠渠道,筹集办学资金,以保证非营利性民办学校长期发展。

三、非营利性民办高校基金会制度建设的基本原则

基金会办学是非营利性民办学校制度创新的一种探索,但制度设计的合理性与实践操作性毕竟不是一回事,须充分考虑到环境制约以及人的主观因素:"因为任何具有逻辑一致性且可检验的假设集合,都必须建立在有关人的行为理论的基础之上。"[25]所以,非营利性民办高校的基金会制度设计,须充分考虑环境、背景、人员种种因素,预估可能形成正负反馈的社会能量,对干扰和不利情况做出应对预案。

(一) 优选基金会成员,保证基金会运作功效

如上所述,"学校法人"和"财团法人"均是抽象概念,基金会是具有操作功能的实体。但基金会也是由具体的人员组成的,其成员是基金会宗旨实现程度的决定因素。所以,吸纳进入基金会的人员应是行业专家,具有丰富的管理经验,为人正派,敬业负责,勇于奉献,善于在工作中协同配合,并具有相当的社会影响力。

(二) 基金会的学校法人赋权应有一个合理的培育和成熟过程

基金会的改革本质是实现学校法人产权赋权,将举办人与学校法人产权实施剥离,

"为保障民办非营利性学校产权的公益性办学方向,防范出资者对学校办学的控制和干预,民办学校的出资者及其家属要逐步退出民办学校的经营和管理,实现民办学校管理机制的去家族化。"[26]这里说"逐步退出"是合理的,但倘若急于实现"财产隔离"的理想目标而断然处置,将举办者从学校管理权力结构中硬性剥离,可能会造成学校管理功能一段时间内的失序,或可能影响到学校教育教学正常运转。事实上,多数民办高校的举办者富有教育情怀,在办学过程中积累了丰富的教育教学管理经验,形成了相当的知名度和社会影响力,这些不仅是举办者的个人成就,也是其所在民办高校宝贵的隐形资产。所以,根据民办高校发展实际,在一段时间内,充分利用民办高校举办者的办学经验和影响力,保留其在基金会中的重要位置,使其在培育基金会功能走向成熟的过程中发挥积极作用,有利于民办高校教育教学事业健康发展。

(三) 建设基金会章程及配套制度,完善分权制衡治理体系

民办高校基金会制度是建立在法治基础上的现代治理机制,虽然基金会成员构成具有相当的重要性,但也不可将基金会的工作质量和效率过多寄托于某一个体或群体的思想水平和工作积极性上,而应完善制度建设,包括基金会章程和其他规章制度,"明确非营利法人的组织使命,……努力将组织使命转化为明确的宗旨和任务,再具体化为可操作的目标和实施方案——这些都是非营利法人治理的关键所在。"[27]

构建以基金会为中心的非营利性民办高校分权制衡治理体系是基金会建设的核心工作目标。基金会作为非营利性民办高校学校法人的代表和执行机构,掌管着学校财产权,从而对学校其他管理机构形成宏观制约,与监事会、董事会(或理事会)、校务委员会等共同构成学校治理体系。基金会与监事会、董事会(理事会)、校务委员会的具体权属关系框架,在不同学校可有自己的微观设计,但分权治理是一个基本原则。特别重要的是,对基金会运作所有环节的监管制度和措施必须是具有操作性的、行之有效的。

四、结语

基金会办学符合国家关于民办学校的政策法规,有国外私立大学基金会办学的模式可资借鉴,国内目前已有几所高校在进行着基金会办学的实践,如西湖大学、仰恩大学、盛华职业学院等。吉林外国语大学(原吉林省华侨外国语专修学院)从 2010 年开始承担国家非营利办学试点任务,在非营利性民办高校治理结构创新方面进行了一系列实践,包括基金会建设的前期基础打造。2018 年学校更名为吉林外国语大学,教育部更名通知函中指示:"加快推进基金会办学模式改革,完善内部治理结构"。目前,基金会建设已正式提上吉林外国语大学的工作日程。随着民办教育事业发展,基金会制度作为非营利性民办高校制度建设的一项探索,将发挥其重要作用,推动民办教育事业进一步发展。

参考文献:

[1] 尤玉军.我国高校教育基金会投资制度研究[J].教育研究,2017(5):62.
[2] 刘洁.我国高校教育基金会的治理研究[J].学理论,2018(10):188.
[3] 肖晗.产权:围困民办教育的第一道篱笆[J].时代法学,2011(4):69.
[4] 毕振力.民办高等教育的财政资助[M].北京:经济科学出版社,2015:159.

[5] 阎凤桥.从非营利组织特性分析我国民办学校的产权和治理结构[J].民办教育研究，2006(1)：35.
[6] 曹淑江，朱成昆.关于民办学校的非营利件和产权问题探讨[J].河北师范大学学报（教育科学版），2002(4)：27.
[7][12][23] 金锦萍.论基本公共服务提供的组织形式选择[J].当代法学，2018(4)：17，18.
[8] 张利国.民办学校产权制度研究[M].北京：中国民主法制出版社，2016：93-94.
[9][16][27] 董圣足.民办院校良治之道[M].北京：教育科学出版社，2010：54，66，52.
[10][26] 刘强.国际视域下非营利性高校法人财产权模式探析[J].外国教育研究，2018(7)：52，53.
[11] 李虔.国外一流私立大学发展的多元模式研究[J].外国教育研究，2018(8)：45-46.
[13] 吴开华，安杨.民办学校的法律地位[M].南京：江苏教育出版社，2011：86.
[14] 王一涛，徐绪卿，鞠光宇.美国两类私立高校的发展路径探析[J].教育研究，2018(8)：144.
[15] 史少杰，周海涛.非营利性民办高校内部治理权力制衡分析[J].现代教育管理，2018(1)：26.
[17] 方建锋.对民办教育机构实行营利非营利分类管理的制度架构研究[M].上海：上海人民出版社，2017：112.
[18] 刘强.国际视域下非营利性高校法人财产权模式探析[J].外国教育研究，2018(7)：53.
[19][20][21] 吕旭峰.我国教育捐赠问题研究[M].杭州：浙江工商大学出版社，2015：266.
[22] 王文源.以法治推动中国民办教育创新发展[J].华南师范大学学报（社会科学版），2018(6)：24.
[24] 阎凤桥.试析我国民办学校的产权形式和治理结构[J].教育研究，2006(2)：42.
[25] 诺思 D.制度、制度变迁与经济绩效[M].杭行，译.上海：格致出版社，2016：6.

作者：秦和，吉林外国语大学校长，教授。

（原载《教育发展研究》2019 年第 21 期）

我国民办高校“股份制+双法人”治理模式研究

尹利萍

摘　要：我国民办高校的组织属性兼顾教育公益性和投资营利性特征。在实践中，民办高校投资人直接参与高校法人治理是一种常态。投资人直接参与民办高校法人治理，强化了投资营利性和教育公益性的冲突，与《民办教育促进法》的立法宗旨相悖。“股份制+双法人”治理模式是民办高校法人治理的新探索，“股份制+双法人”治理可以淡化投资人直接控制民办高校，有助于保障民办高校法人的独立地位，加上其具有较强的融资能力，还能够使得创办人（出资人）的价值和权益得到明确保障，更能够克服传统家族式管理的不足。“股份制+双法人”模式在法律的规制下，教育公益性和投资营利性得到最大限度的平衡，但其治理机能需要进一步完善。因此，需要改革理事会模式，推进利益相关者共同治理。此外，还需要进一步完善民办高校法人治理结构中的分权和制衡机制，保障民办高校的可持续发展。

关键词：民办高校；“股份制+双法人”；治理

我国民办高校的办学资金来源与发达国家私立高校相比存在较大的差异，导致我国民办高校的组织属性与国外私立大学相比有较大的不同。从整体看，国外私立大学的办学资金主要是来自社会捐赠，公益性和非营利性的目标能够同时实现。我国民办高校的办学资金主要是来自投资者的投资，多数投资者会要求获得一定的利益回报，因此很难同时实现非营利性与公益性的目标。换言之，我国民办高校兼具公益性和营利性双重特征。因此，按照公益性和营利性的组织属性要求，需要改革我国民办高校的法人治理结构，进而才能实现民办高校的持续稳定发展。

一、我国民办高校的组织属性

在国外，特别是发达国家，私立大学的办学资金来源通常是以民间捐赠为主，企业捐赠、财团法人捐赠、校友捐赠是其办学资金的主要来源。因为捐赠带有无偿性，捐赠者并不要求获得经济回报，因此国外私立大学的组织属性具有明显的非营利性和公益性双重特征[1]。

在 1949 年之前，我国的私立大学与发达国家较为类似，公益性、非营利性同时兼顾。中华人民共和国成立之后，由于历史的原因，民办高校没有获得发展空间。改革开放后，民办教育才获得了一定程度的发展。由于民办高等教育的定位问题，社会捐资者较少，大部分民办高校是属于出资办学[2]。其中,有些民办高校在自身的章程中就明确了营利性质,这类民办高校自然就属于典型的投资办学,投资者要求获得一定的经济回报。另有部分民办高校尽管出资者声称或明确表示并不要求获得经济回报,但是出资者并未放弃其投资行为所形成的资产所有权以及资产增值后的收益索取权[3]。由此而言,这类民办高校也不具有典型的公益性与非营利性,与国外私立大学的组织属性有明显不同。由此可见,我国民办高校并不具备公益性与非营利性双重属性,除了教育公益性不可变更以外,其与投资者一般的投资行为还有类似之处。

客观而言,允许民办高校的投资者或出资人获得一定的经济利益回报既是合理的,也是符合我国当前国情的。2016 年新修订的《民办教育促进法》规定,允许出资人可以从办学结余中获得合理的经济回报。基于法律的规定,更加决定了我国民办高校从组织属性上无法做到非营利性和公益性同时兼顾,只能是做到公益性和营利性并举。《民办教育促进法》采取的这种将教育公益性与投资的营利性进行结合的民办教育发展模式是符合现实情况的,是我国民办高等教育发展的一条主要路径[4]。

显然,投资的营利性会在一定程度上影响教育的公益性,通过何种方式来保证教育公益性和投资营利性之间的协调或均衡是关系到民办高校发展的重大问题[5]。教育的公益性和投资的营利性之间是存在一定冲突的,甚至是一种悖论。要实现二者之间的均衡和协调,可以通过以下三种方式来实现:一是通过制定相关法律或政策来强制平衡;二是依靠出资人的自觉性来实现平衡;三是构建符合我国民办高校这种公益性与营利性并存的且能够保障投资者权益和教育公益性机能的法人治理结构。就这三条路径而言,前两种路径实现起来难度较大,无法构建持续的长久机制。只有第三条路径是较为可行的,通过推进“股份制+双法人”治理模式来改造民办高校的法人治理模式,进而最大限度地平衡营利性和公益性。

二、民办高校“股份制+双法人”治理模式的内涵与特征

民办高校营利性既是我国民办教育的重要特征,也是一个现实问题。教育的公益性是教育的本质属性,投资的营利性需要与教育公益性相适应。要实现这两个方面属性的平衡,就必须从民办高校的治理模式入手,确立“股份制+双法人”模式,推行教育实际出资人的间接治理,淡化投资营利色彩,保障民办高校法人独立性,最大限度地提升教育的公益性。

所谓“股份制+双法人”民办高校治理模式,指的是民办高校的举办方是股份公司与民办高校法人相结合的一种特殊的治理模式。此种治理模式是由两个以上两百以下的出资人(既可以是自然人也可以是法人)按照出资协议,以资金或知识、管理、技术等生产要素组建一个以投资办学为目的的教育股份公司,然后由该教育股份公司作为出资人来举办民办高校,教育股份公司是民办高校的出资人和举办人。当然,民办高校一旦注册成立,就获得了法人资格,是独立法人实体,能够享有独立的民事权利和承担民事义务。“股份制+双法人”的民办高校的最高决策机构是理事会,对民办高校重大发展和改革问题做出决策,民办高校的法定代表人通常是理事长,理事长是教育股份公司的代理人。民办高校的校长是由理事会聘任的职业经理人,民办高校实施理事会领导下的校长负责制,校长

及其领导的管理层负责民办高校的日常运转和经营,执行理事会确立的办学决议,保证民办高校能够按照理事会的决议允许。民办高校理事会是由教育股份公司的代表、校长、党委书记、教职工代表等人员组成。作为举办方的教育股份公司在理事会的代表是占多数席位,进而能够保证举办者能够实现对民办高校的控制。此外,教育股份公司还可以直接委托财务人员管理民办高校的财务工作,对民办高校财务工作实施直接监督和控制。由此来看,"股份制+双法人"的民办高校治理模式有以下三个方面的典型特征。

(一) 筹资方式的股份制

股份制是现代企业组织的基本形式,其筹资方式与个人或企业独立办学等有很大的不同。教育股份制不同于以前的股份合作制,其本质上是一种资本的联合,具有典型的"资合"属性。随着投资者人数逐渐增多以及投资力度不断增强,通过股份制形式可以有效地区分各自投入的股权,进而能够更好地维护筹资者的利益。股份制的筹资方式有三种:一是民办高校内部人员的筹资。这种股份制的股东主要是由自然人组成,仅限于民办高校的教职工,其股份是不能转让给外部人员的。二是混合型的教育股份制。通常是以自然人、企业法人、社会团体来进行有形资产和无形资产的联合。几个出资者共同出资成立一家教育股份公司,能够实现企业与社会团体、科研机构等多重性质机构之间的联合,保证资产、知识、技术以及管理等要素的有效结合,我国绝大多数民办高校采取的是这种形式。三是完全的股份制模式。此种模式在经营方式上与企业有相似之处,可以通过上市来进行融资,进而能够更好地筹集资金。

股份制办学在我国经历一个探索的过程。浙江省是我国在教育领域开展股份制探索最早的省份。"股份制+双法人"模式最早出现是在浙江省台州市,1997 年台州市椒江区的书生中学就是按照此模式建立的,进而又被称为民办教育的椒江模式[6]。当时因为《教育法》刚刚实施,其中的第 25 条规定,任何组织和个人不得以营利为目的举办学校或是其他教育机构。基于这一条的限制,企业参与当时的股份制办学还比较少。从党的十五大之后,股份制已经被确定为现代企业的资本组织形式,因为可以促进经营权与所有权的分离、提升企业改革效率而开始受到人们的重视,加上后来《公司法》的实施,人们对股份制的认知开始发生转变,特别是《民办教育促进法》及其实施条例的实施,允许投资者在兴办民办教育中获得合理回报后,企业参与民办教育的积极性得到提升,股份制办学才获得了快速的发展。股份制的筹资模式,对于解决民办教育资金来源困境具有重要价值。

(二) 双法人的治理结构

民办高校的举办者和出资人是教育股份公司,其是按照《公司法》的要求在工商部门注册登记、实施董事会领导下的总经理负责制的企业;民办高校法人是按照《民办教育促进法》《高等教育法》及相关法规注册登记成立的,一般是在教育部门或民政部门注册,实施理事会领导下的校长负责制。这两个法人之间的连接点就是高等教育资源。按照《民办教育促进法》第 35 条的规定,民办高校对出资人投入的财产、捐赠财产、国有财产等享有法人财产权。故此,在民办高校存续期间,教育股份公司法人是不能随便撤资的,不能撤回投入到民办高校的财产,更不能侵占或挪用民办高校的财产。由此而言,教育股份公司举办民办高校,其是放弃了自身的财产所有权,换回了对民办高校的控制权和收益权。教育股份公司法人的职责是通过银行或资本市场为民办高校法人筹措资金;积极参与民办高校的基础设施建设，管理民办高校的财务、后勤等工作。而民办高校法人的主要任务是进行正常的教学与科研。

法人治理结构是民办高校治理模式的核心要素。任何组织获得资金的来源方式与治理模式、治理权力配置有着直接的关系。在双法人治理模式下，民办高校的办学资金不是直接来自投资者，而是来自投资者成立的独立法人——教育股份公司。如此就可以杜绝投资人直接控制民办高校的局面。亨利·明茨伯格(Henry Mintzberg)认为，任何一个组织治理是由五个部分组成，即战略管理层、操作管理层、中间执行层、技术支持层和执行保障层。不同治理层级之间的权力搭配方式不同，必然会影响到组织的治理结构[7]。按照明茨伯格的分类，民办高校作为一个组织体，具有举办权、决策权、执行权、参与权和监督权。双法人治理结构就可以保障举办权对决策权的控制，从本质上看，举办权是一种财产权，也能够避免举办权直接控制执行权和参与权，进而保障民办高校法人能够独立运作。

（三）所有权与经营权的相分离

在“股份制＋双法人”治理体系中，股东、教育股份公司、民办高校三者之间就形成股东、教育股份公司、民办高校的递进关系。教育股份公司是股东投资的中介机构，民办高校是股份公司的投资对象。按照《公司法》的基本原理，投资人均不能以个人身份干预民办高校的经营活动，由此就直接割断了股东与民办高校之间的联系，使得民办高校相较于教育股份公司而言，获得了较大的办学自主权[8]。为了保障股东的利益以及对重大问题的决策权，民办高校实施了理事会领导下的校长负责制，股东的权利主要是通过其代理人进入理事会而实现的，而理事会主要是由股东代表、校长、教职工代表所组成的，而校长则相当于职业经理人，进而有效地实现了所有权与经营权的分离。

股份制治理的本质就是所有权与经营权的分离。二者之间的分离，不仅可以提升投资人财产权所有权的衍生度，还可以保证民办高校法人经营的独立性。在“股份制＋双法人”治理模式下，投资人并不是其他任何一个法人的代表，其只是简单的财产所有权人，其形式财产权利必须通过其代理人——教育股份公司来实现。而民办高校作为独立法人，其资金不是来自投资人，而是来自教育股份公司，投资人对民办高校的控制是间接性的，能够最大限度地淡化“投资——营利”色彩。显然，民办高校法人的独立，换言之就是民办高校经营权的独立，可以最大限度地保障教育公益性的实现。

三、民办高校“股份制＋双法人”治理模式的主要优势

（一）融资能力比较强

通常而言，我国民办高校主要是依赖于学费生存，在其发展的前期，基本上是通过规模扩张来积累资金的。教育是一项投资大、见效慢且需要持续投入的行业，即便是不进行规模扩张，随着教育技术的不断发展，民办高校软硬件建设同样需要巨大投入，而且教职工的待遇也需要逐年提升。因此民办高校的教育成本是在持续递增的，如果要建设出特色和水平，用于学科建设、专业建设、师资建设、实验室建设的成本会更加突出。在现实中，民办高校的规模扩张与资金不足是一对难以解决的矛盾。如果不进行规模扩张，规模效益必然就无法形成，民办高校最终也只是处于小规模发展状态，与社会上的培训机构无异；如果规模扩张太大，师资、实验室、专业建设等成本就会不断攀升，仅仅依靠学生的学

费是难以为继的。而现阶段,随着生育高峰的下降以及高等教育大众化的普及,依靠生源扩张模式已经不大可能。资金已经成为制约我国民办高校发展的主要瓶颈。如果无法在市场中获得更多的融资,办学水平就无法实现提升,民办高校就可能为市场所淘汰,但“股份制+双法人”治理模式的民办高校,因其具有强大的融资功能,在民办高校发展初期以及对办学经费要求不高的情况下,依靠股东的投资是可以解决民办高校发展资金问题的。如果在民办高校获得进一步发展以及对办学资金要求越来越多的情况下,此时“股份制+双法人”民办高校就可以通过其举办者——教育股份公司来转让股份或增发股份等形式继续筹集资金;在必要的情况下,还可以通过 IPO 的形式上市发行股票获得融资,从而能够进一步壮大民办高校发展规模。比如,重庆海联学院就已经在美国纳斯达克上市,从而能够获得更多的资金用以学校发展。

(二)出资人的价值及权益保障能够获得明确认可

按照《民办教育促进法》《高等教育法》的规定,我国民办高校的出资人在民办高校存续期间不能拥有民办高校的法人财产,尽管法律规定,出资人可以获得合理的经济回报,但此种合理的经济回报并没有具体的实施细则和操作办法。在全国范围内,只有浙江省在《民办教育促进法》的规定下制定了地方性法规,对出资人取得的合理回报做出明确的规定。因为全国大部分地区未能就“合理回报”制定出相关办法,在一定程度上挫伤了投资者信心。通过“股份制+双法人”治理模式,出资人可以在教育股份公司中获得相关的股权认定,进而明确了出资人对教育股份有限公司拥有的财产权利。此种股权认定不仅是对出资人投资贡献的一种认可,还是其从民办高校办学盈余中获得合理回报的一种数字结算上的依据,这对出资人而言是一种明确的激励[9]。

不仅如此,通过此种治理新模式还可以有效地保障出资人的合法权益。具体而言:第一,“股份制+双法人”治理模式可以使得出资人对于民办高校所拥有的合法权益能够有明确的依凭载体。出资人在教育股份公司中的出资份额和股权比例是明确的,而教育股份公司在民办高校章程中被明确列为举办者,如此,就间接地明确了出资人对民办高校产权的所有性质。在现实的做法中,可以通过财务做账的方式来明确出资人对民办高校的所有权关系。比如,浙江省的地方性法规中就明确规定,民办高校的法人财产分为四个部分:举办者(出资人)投入的财产、各级政府直接或间接支持的财产、接受社会捐赠的资产和上述资产的增值资产。如此,出资人取得的合理回报资产包括第一、第四部分,可以从第一、第四部分资产增值中获得经济回报。第二,“股份制+双法人”治理模式可以明确出资人对于民办高校拥有明确的控制权。毕竟作为民办高校的举办者——教育股份公司其是出资人的代理人,其代表在民办高校理事会中的比例一般要超过半数甚至更多。由此,出资人在理事会中的影响力就非其他人所能够比拟,进而对民办高校发展和改革中的重大问题具有主导性的话语权。第三,“股份制+双法人”治理模式可以使得出资人取得的合理回报建立在明确的产权基础上。尽管法律规定了出资人可以取得合理的经济回报,但国家并未出台实施细则,致使这种回报没有明确的法律依凭。浙江省的办法是在办学有结余的前提下,可以按照出资人投入的资产以及该资产的增值资产按照每年累计不超过 50%的财产来奖励出资人[10]。可见,通过明确的资产分类,使得出资人投入的资产有明确的产权基础,进而使得其获取合理回报能够做到依据明确,较好地将投入资产与民办高校法人资产分开，避免了过去家族式的控制所导致的产权性质不明的问题。第四，“股份制＋双法人”治理模式可以较好地实现出资人的产权流转和合理退出。尽管法律规定，在民办高校存续期间，民办高校享有独立的法人财产权，民办高校可以依法管理与使用法人财产，任何人和任何组织不得侵占和挪用，但实际上，出资人所拥有的出资份额，包括最初的投入和民办高校存续期间的追加投入，其对这部分资产是有最终所有权的。既然，出资人对这部分资产拥有最终的所有权（主要是股权形式），就可以通过增加、稀释、转让、继承、赠与等方式转让或退出，此种转让和退出机制可以通过教育股份公司来实现，进而对出资人的财产权益也是个有力的保障。

（三）有助于克服家族式管理的缺陷

在我国民办高校的传统治理模式中，很多创办人（出资人）直接控制民办高校，有“长期在位”的意愿和想法，同时还会不断安排家族成员来参与民办高校的管理和经营，这样做的目的就是为了更好地获取民办高校的控制权，进而获取更多的经济利益。家族式的经营模式，在民办高校发展初期不仅可以凝聚人心，还可以提升办事效率，具有一定的积极作用，但归根结底，此种治理模式并未实现所有权和经营权的分离，对创办人（出资人）的声望、人格操守等有较高的要求。当创办人（出资人）年老退休之后，代际传承问题就会出现。如果因为接班人选择不当，可能就会给民办高校发展带来重大伤害，这种情况在我国民办高校发展中并不少见。如果通过“股份制＋双法人”模式来治理民办高校，不仅可以通过股权来获取收益，还可以进行转让或赠与，如此创办者（出资人）直接控制民办高校的动机就会大大下降，更加避免了自己的控制而劳心费神。特别是当他们年老之后或身体状况不佳而要离开民办高校的时候，因为股权的存在，他们的投资利益还会像之前一样获得回报[11]。在这种治理模式下，创办者（出资人）既不要求亲力亲为，也不需要长期在位，家族式管理的现象就会逐渐消解，任人唯亲的现象就可能会大大减少，进而在保证所有权与经营权相分离的情况下，通过职业经理人（校长）来促进民办高校的可持续发展。

四、民办高校“股份制＋双法人”治理模式的机能优化

（一）改革理事会模式，推进利益相关者的共同治理

在民办高校法人治理体系中增加更多的利益相关者因素，对于提升民办高校的教育公益性具有现实价值。当前，在我国民办高校法人治理结构中，理事会成员中教育股份公司的代表是占绝大多数的，其他的利益相关者代表并不多，特别是缺少熟悉高等教育发展规律的代表。在理事会代表一家独大的情况下，必须改革其结构，增强法人治理的公益属性。为此，我们可以借鉴美国、日本等发达国家私立大学的理事会模式，实施利益相关者共治的机制，将主要的利益相关者代表纳入理事会成员中。通常而言，民办高校的理事会成员应该由如下利益相关者代表所组成：第一，出资人（举办方）或其代理人。这部分代表的职能是负责民办高校重大发展和改革问题的决策，主要是为民办高校持续发展筹集资金以及监督资金的使用。第二，民办高校校长。校长作为职业经理人，由理事会聘任，也是理事会成员，主要负责执行理事会决议，负责民办高校日常的管理和运营，是民办高校发展的具体执行者。第三，教职工代表，代表广大教职工对民办高校重大决策实施监督，

反映教职工的利益诉求以及维护广大教职工的利益。第四,学生家长代表,代表家长及学生对办学模式、教学过程及办学质量等方面提出相关的意见和建议。第五,民办高校的党委书记。党组织负责人进入理事会,主要是为了宣传和贯彻党的教育方针,保证民办高等教育的社会主义方向。第六,独立理事。仿照公司董事会设立独立董事的做法,民办高校理事会可以吸纳社会人士或教育专家出任民办高校的独立理事。尽管独立理事并不享有投票权,但其可以为理事会的决策提供信息和咨询意见,对民办高校发展的重大改革提出自己的建议。第七,政府代表。尽管民办高校的出资主体是教育股份公司,但在实践中我们很多民办高校均有政府的支持,民办高校法人财产中有相当部分是政府无偿拨付或补贴支持的。政府部门除了通过法律与政策来引导民办高校办学以及保障其办学质量以外,还应该派出代表来参与理事会的决策,由此可以提升民办高校的教育公益性以及办学质量。将这些利益相关者纳入理事会决策体系中,可以进一步优化理事会结构,进而弥补理事会决策机制中专业性不强的弊端,提升理事会的决策能力和水平,保障民办高校的公益性和社会主义办学方向。

(二)进一步完善民办高校法人治理结构的内部权力制衡机制

民办高校兼顾公益性和营利性,对其法人治理结构的权力必须进行分权和制衡,进而确保其决策、执行、监督等权力能够合法有效地行使。民办高校法人治理实际上就是法人治理结构中的权力划分以及权力运行中的相互关系。在这方面的改革,可以借鉴我国台湾地区私立大学积累的法人治理结构的经验。

在我国台湾地区的私立高校中,董事会通常是最高的决策机构,负责私立高校发展的整体方向和重大问题。校长是董事会聘请的职业经理人,作为校内的行政负责人,主要是执行董事会的相关决议,保证私立高校的教学、科研、社会服务等有序运行。监察人是由股东会选举产生,不仅负责监察董事会和校长,还要监察私立高校的财务运行,其只对股东会议负责。校务会议是私立高校的校务决策机构,负责接受私立高校内部各单位的提案和建议,对私立高校重大校务问题进行决策。董事长、校长、监察人、校务会议分别行使决策权、执行权、检察权、行政权,四个部分权力分立和制衡,进而保障了私立高校法人治理体系的完善[12]。

在"股份制+双法人"治理模式中,必须进一步完善其治理机制,建立理事会、校长、监事会"三权分立"的制衡体系,确立理事会领导下的校长负责制。尽管《民办教育促进法》对民办高校的监事会做出相关规定,但按照《公司法》的要求,要完善法人治理结构,必须完善监事会制度。在民办高校这种新的治理模式中,理事长是教育股份公司的代表或其人员,尽管其也派员监督民办高校财务状况,但财务总监无法监督校长和理事会。因此,股东会议应该推举利益相关者代表组成独立的监事会,监事会只对股东负责,可以独立行使对理事会、校长及其管理层的监督。另外,可以仿照我国台湾地区私立高校的经验,实际上其校务会议就相当于我国大陆地区高校的教职工代表大会,民办高校要进一步完善其教职工代表大会,提升教职工代表大会的民主管理和监督权力[13]。此外,还应该确保党组织在民办高校的地位,充分发挥党组织对民办高校的政治、思想和组织领导,真正建立起"党委领导、理事会决策、校长负责、专家治学"的现代大学制度。

参考文献：

[1] 高金岭，晏成步.大学公共性实现：政府与市场的力量——从“达特茅斯学院案”和“灯塔制度”谈开去[J].教育学报，2013(2)：83.

[2] 胡昌明.差异化视角下我国民办高校的内涵发展新探[J].江苏高教，2014(2)：60.

[3] 郭彪.我国民办大学治理的微观基础与制度创新——以产权治理为中心[J].江苏高教，2018(1)：38.

[4] 史少杰，周海涛.非营利性民办高校内部治理权力制衡分析[J].现代教育管理，2018(1)：27.

[5] 柯佑祥.民办高校的属性识别及其调控机制研究[J].教育研究，2012(9)：113.

[6] 吴华，徐正福，徐晓东.民办学校产权模式新视角——椒江“教育股份制”实践价值的再认识[J].教育研究，2004(12)：40.

[7] 弗里曼.战略管理：利益相关者方法[M].王彦华，译.上海：上海译文出版社，2006：128.

[8] 刘爽，赵俊芳.治理理论视域下民办高校发展的三重困境及其路径探析[J].高校教育管理，2018(4)：90.

[9] 熊倬，邓伟.我国民办高校产权治理的现实困境与制度创新[J].教育与职业，2018(17)：103.

[10] 雷萍.利益相关者参与的民办高校共同治理模式探讨[J].浙江树人大学学报，2017(1)：31.

[11] 王诺斯，张德祥.制度创新视域下民办高校分类管理的现实困境分析[J].中国高教研究，2017(2)：15.

[12] 朱国华，张勤.应用型大学建设：整体背景、目标定位与优势路径[J].职业技术教育，2017(34)：54.

[13] 解艳华，罗玉晶.台湾私立高校发展现状及退场机制研究[J].民办教育研究，2008(1)：85.

作者：尹利萍，北京大学教育学院博士研究生，大连工业大学艺术与信息工程学院副教授。

（原载《黑龙江高教研究》2019 年第 6 期）

民办高校公信力重塑中的政府角色与行动策略*

陈文联

摘　要： 民办高校价值理念上的营利倾向、家族化管理、失信行为和教育质量不高等因素，造成当前我国民办高校公信力普遍不高，亟待重塑与提升。政府作为民办高校公信力建设的主导利益相关者，存在缺位或越位现象。因此，政府应积极扮演好舆论引导者、制度创设者、财政资助者、市场监管者和协调服务者的角色，促使利益相关者参与民办高校公信力建设的顶层设计，构建有利于提升民办高校公信力的公共治理机制，担负起国家利益的守护责任和民办高校对社会公共利益的坚守责任，构建社会各界有效监督公共利益的运行机制。

关键词： 民办高等教育；民办高校；公信力；政府角色；行动策略

自 2007 年陈平原发表《大学公信力为何下降》[1]一文以来，大学公信力问题逐渐引起学者们的关注。李莉等(2009)[2]、张会杰(2012)[3]、徐超富等(2013)[4]和唐安奎(2014)[5]对我国高校公信力问题进行分析，认真反思大学发展的现状与问题。但现有研究成果中，涉及民办高校公信力问题研究的文章仅 2 篇[6-7]。学者们对高校公信力问题进行研究，不仅是源于我国大学发展现状的差强人意，更是着眼于我国高校的核心竞争力与可持续发展。与公办高校相比，民办高校在我国高等教育体系中处于弱势地位，其社会影响力与声誉度远不如公办高校。公信力日渐式微，是影响当前我国民办高等教育健康持续发展的一个重要因素。民办高校公信力提升是一项复杂的系统工程，不仅需民办高校自身的努力，还涉及法律与政策环境、文化传统等诸多因素的联动。在我国高等教育市场机制发育尚不成熟、"官尊民卑"传统观念仍根深蒂固的背景下，研究政府在推进民办高校公信力提升过程中的角色与作为，具有非常重要的意义。

一、民办高校公信力流失的现实表征

公信力指"使公众信任的力量"。高校公信力包括理念、制度、行为和产品四个基本要素，其中产品公信力是高校公信力的核心要素[8]。民办高校公信力的现状可以围绕上述四个要素来具体把握。

(一) 价值取向营利性：理念公信力流失

公益性是教育的本质属性。无论是 2002 年出台的《民办教育促进法》、2004 年发布

* 基金项目：教育部人文社会科学研究规划基金项目(17YJA880010)。

的实施条例，还是2016年修订的《民办教育促进法》、2018年发布的实施条例修订草案，抑或是国务院2016年颁发的《关于鼓励社会力量兴办教育 促进民办教育健康发展的若干意见》，都反复强调民办学校应"坚持教育公益性"。2016年后出台的民办教育相关文件，在明确民办学校分类管理原则的同时，始终强调"无论是营利性民办学校，还是非营利性民办学校，都要始终把社会效益放在首位"和"坚持教育的公益属性"。也就是说，无论是营利性民办高校还是非营利性民办高校，必须牢守办学公益性的底线，不能牺牲社会效益而盲目追求利益的最大化。否则，民办高校尤其是非营利性民办高校，将失去国家、社会所赋予的合法性，得不到社会、政府、学生及家长等利益相关方的认可与信任。

我国民办高校以"投资兴办"而非"捐资办学"为其主要特征，逐利是资本的本性，因此，相当部分民办高校在办学实践中不能坚持公益性的追求，而是借"公益性"之名行"趋利性"之实，盲目追求学校规模的扩大，追逐短期内经济利益的最大化，"逐利"色彩与行为亦愈来愈浓厚、愈来愈普遍。"一些民办高校举办者通过关联交易的方式将学校办学结余和资产转移到学校举办者控制的公司中，最大限度地提取回报或转移、抽逃资产。"[9]对利益的过度追求，异化了高等教育的本质，"也与公众的期望和愿景形成了巨大的反差，导致民办高校的社会信誉度江河日下"[10]。公益性教育目标在趋利的要求下被弱化，民办高校公信力自然受到严峻挑战。

（二）学校管理家族化：制度公信力流失

制度公信力是高校公信力之根本，它是指高校因其管理制度具有科学性和有效性而赢得社会信任，进而产生的社会影响力[8]。治理制度是高校管理制度的核心，因此，提升高校制度公信力的关键在于构建以"产权明晰、职责明确"为核心的大学治理制度，这不仅是高校实现可持续发展的保障，也是高校获得社会认可与信任的保证。部分民办高校的家族化倾向严重影响了公众对民办高校的信任度，也因此成为民办高校公信力流失的重要因素。

目前，我国民办高校虽然从形式上构建了法人治理结构，但是"绝大多数民办高校经营决策仍为家族或'内部人'所控制"，家族化管理倾向十分明显[11]，学校法人治理在某种程度上形同虚设。在相当部分民办高校中，董事会成员呈现"子承父母业"的代际传承特点和"夫妻店、兄弟连、父子兵"的家族化倾向，漠视广大教师等核心利益相关者的利益；家族人员或企业高管不懂高等教育规律，却牢牢掌控学校重要职能部门的领导权；董事会议事规则的不健全、董事长与校长之间的权力冲突频现以及监督机构的普遍缺失，使民办高校面临着很大的办学风险。家族化倾向导致民办高校管理科学化、民主化和规范化管理水平极其有限，管理制度不健全、有章不循现象较为普遍，甚至因内部矛盾激化导致学校终止办学，造成民办高校公信力下降。

（三）办学行为失信：行为公信力流失

行为公信力是指高校因其办学行为具有正当性和规范性而赢得社会信任，进而产生的社会影响力[8]。办学行为的正当性和规范性，是高校公信力的关键。如果高校的办学行为失当、失范，偏离教育规律和办学规律，其办学行为将削减甚至破坏已经形成的公信力。民办高校在招生宣传、收费退费等方面存在的失信行为，一直为社会所诟病，直接导致其行为公信力的下降。

1. 招生宣传失实

面对生源市场日趋激烈的竞争,民办高校的招生压力日渐增大。为了多招生,一些民办高校利用虚假招生广告吸引家长和学生的眼球:或随意夸大学校现有的办学条件,进行欺骗式招生;或故意混淆、不注明办学性质和办学层次,采用模糊性词语进行误导式招生;或委托某些机构或个人,进行高额回扣式招生。种种失范的招生行为,招致公众对部分民办高校诚信的质疑。

2. 收费退费失信

近年来,教育行政部门加强了对教育收费的监督,福建等省还出台了《民办教育收费管理实施细则》,以加强对民办教育乱收费现象的治理。但是,一些民办高校除了超范围、超标准向学生收取学费、住宿费和各类代办费之外,还存在其他乱收费现象。民办高校涉及学生的收费项目名目繁多,有的甚至是早已被国家明令禁止的。同时,一些民办高校存在退费失信的现象。一般来说,学生因故转学、退学以及其他原因中止学业的,其入学时缴纳的学费、住宿费和代办费等费用,应按规定予以清退。但是,一些民办高校并未清退相关费用,退费纠纷时有发生。收费和退费的失信,不仅直接损害了学生权益,也损害了民办高校自身的形象和声誉。

(四) 教育质量不高:产品公信力流失

产品公信力是高校公信力的核心要素。如果民办高校不能为社会提供高质量的教育产品和服务,将从根本上动摇社会对民办高校的信任。教育质量不高,使公众对民办高校信心不足,这是民办高校公信力流失的根本因素。

改革开放以来,我国民办高等教育取得了长足的发展,但这种进展主要是在数量上,在质量上与公众的期望还有一段距离。相当部分民办高校在取得了一定的规模效益后,仍把大量精力放在"抓生源、抓资金"上,未将工作重点转移到提升教育品质与内涵发展上来,如专业设置不求特色、设置雷同,只热衷于开设投入少、易招生的热门专业;办学基础设施投入可简则简,生均教学仪器设备、图书资料等基本设施不能充分满足教学需求,与国家要求的合格标准还有一定差距;专职教师占比较低,未形成一支高质稳定、结构合理的师资团队和学术团队;教学管理工作的中心地位迟迟得不到落实,教师配备混乱、教法陈旧落后、课时任意变更等问题较多,学籍处理宽松,学生的学习投入和动力不足。这些因素使民办高校的教育质量难以得到有效保证,整体办学水平"仍徘徊在中国高等教育的谷底"[12],进而造成其公信力的持续流失。

以上种种说明民办高校面临公信力流失的危机,将对其招生产生巨大影响,一些地区民办高校的招生工作将因此变得越来越困难。以山东为例,2010 年青岛飞洋职业技术学院、青岛求实职业技术学院在山东省内的文理科招生计划数分别为 2 805 人、1 271 人,而填报两校第一志愿的分别为 108 人、509 人。第二志愿投档结束后,两校缺额人数分别 2 500余人、500 余人[13]。2015 年,山东 38 所民办高校大部分未完成招生计划,有的实际报到率不足 70%[14]。民办高等教育大省陕西省的情况也不容乐观,2011 年高考上线考生弃报志愿人数达 7.6 万人,弃报的主要对象是民办高校[12]。不仅如此,民办高校新生报到率不断走低,据学者调查,陕西省民办高校新生未报到人数占 20%～40%[15]。日益严重的生源危机,使民办高校的发展陷入困境,加深了社会各界对民办高校的信任危机。随着公众自觉意识的崛起和媒体的不断介入，类似的问题将被无限放大，进一步丧失公众对民办高等教育的信心。

二、民办高校公信力建设中政府角色的缺位与越位

作为民办高校的主导利益相关者，政府在推进民办高校公信力的建设中应积极履职，充分发挥自身的作用，促进民办高校公信力的重塑与提升。实践中，因民办教育相关法规制度的不完善和政府管理职能的不到位而造成的“政府失灵”，成为诱发民办高校举办者短期投机、失信失范的重要因素。

（一）法律法规不完善

法律法规不完善，是当前民办高校公信力流失的重要因素。《民办教育促进法》及其实施条例的颁布与实施，对促进民办教育的可持续发展有着积极意义。不过，该法对民办教育的促进措施，更多的是粗线条的规定。2016 年度修订的《民办教育促进法》，确立了营利性与非营利性民办学校分类管理的制度，突破了长期制约民办教育发展的制度瓶颈，将影响我国民办高等教育的基本格局。但是，对于两类民办学校的财政资助政策、税收优惠、现有民办学校终止清算剩余财产的补偿及奖励办法等关键性问题，社会各界还期待能有清晰的、可操作性的细则与方案，否则还会诱发民办高校办学的失信失范和投机行为。此外，关于“民办学校信用档案和举办者、校长执业信用制度”以及民办高校失信违法办学的“民事赔偿机制”等系列制度尚未真正落地，也在某种程度上助长了失信失范行为的蔓延。

（二）政府管理不到位

民办高校失信失范行为的频发，与政府管理的错位、越位、缺位、虚位和空位不无关系。

1. 管理观念错位

受传统“官尊民卑”遗风的影响，一些政府部门对发展民办高等教育存在的价值与意义认识不足，厚“公”薄“私”、先“公”后“私”甚至顾“公”限“私”，还是一些地方政府经营教育的思路[16]。因此，民办高校在财税资助、用地优惠、招生政策和教师保障等方面，受到显性或隐性的政策歧视。这种歧视与偏见对民办高校办学产生了一定的负面影响，有的民办高校无奈以失信失范和投机行为来求生存、谋发展，反过来加深了公众对民办高校的偏见与歧视。

2. 管理职能越位和缺位

民办高校失信行为频发，还与政府管理职能的越位有关。一方面，政府过多介入民办高校的日常事务，如招生规模、专业课程设置等本不应由行政干预来强制规范的，政府却用统一的标准来衡量。这种越位管理束缚了民办高校的发展活力，民办高校只能模仿公办高校办学，而这种同质化办学自然难以让公众信任。另一方面，政府管理职能出现缺位，如对民办高校招生宣传失信、治理结构混乱等严重影响教育教学的行为，本应依照《民办教育促进法》相关规定予以处罚，但一些地方政府部门或疏于管理，或执法不严，对违规的民办高校听之任之，损害了民办高校整体的社会形象。

3. 政策执行虚位

作为法规政策的执行者，政府本应将国家已出台的财政资助、税收优惠、用地优惠以及师生国民待遇等扶持政策付诸实践，以促进民办高等教育健康发展，但一些地方的政策仍停留在文本上。政策执行上的虚位不仅降低了民办高校对政府的信任，而且诱使一些

民办高校为了生存不得不牺牲高等教育的公益精神而追求低成本办学，营利行为愈来愈普遍，公众认可度也愈来愈低。

4. 服务职能空位

建设服务型政府，是当前深化行政体制改革、加强政府自身建设的核心目标。与此相适应，政府在高等教育领域中还应扮演“协调服务者”的角色，强化政府的公共服务职能。当前，“教育行政部门十分重视对民办高校的控制，而对‘引导、规划、服务’这一职能却普遍忽视”[17]。“政出多门”和“多头管理”成为一些地方民办教育管理实践的常态，政府职能部门间相互扯皮致使政策相互矛盾或交叉；民办教育协会等教育中介组织被漠视，难以充分发挥其应有的协调、评估和监督等作用；有效信息平台缺失，为民办高校的短期投机行为提供了机会。可见，服务职能的空位不仅增加了民办高校的办学成本，而且让一些民办高校的短期投机行为有机可寻。

三、政府在推进民办高校公信力提升中的角色定位与行为调适

政府是民办高校公信力建设的主导利益相关者，民办高校公信力的提升，离不开政府的“善政”与“善治”。在“官尊民卑”传统心态依然根深蒂固、民办高校自律机制和市场调控机制尚不成熟的情况下，政府需要发挥更大的作用。“在社会所有制度安排中，政府是最重要的一个。政府可以采取行动来矫正制度供给不足。”[18]在推动民办高校公信力提升过程中，政府要积极扮演好舆论引导者、制度创设者、财政资助者、市场监管者和协调服务者的角色，做好利益相关者参与民办高校公信力建设的顶层设计，构建有利于提升民办高校公信力的公共治理机制，担负起国家利益的守护责任和民办高校对社会公共利益的坚守责任，构建社会各界有效监督公共利益的运行机制。

(一) 舆论引导者:引导和调控社会舆论导向

“官尊民卑”传统心态造成公众对民办高等教育的认可度偏低。这种排斥与不信任，使民办高校师生遭歧视、招生受冷落、管理被忽视，降低了民办教育的公信度，制约了民办教育的健康发展。因此，在推动民办高校公信力提升的过程中，政府要演绎好“舆论领袖”的角色，带头革除对民办教育的偏见与歧视，以观念的转变促进行为的转变，以政策支持推进民办教育社会认同度的提升；要充分利用行政资源和大众传媒等手段，发挥宣传教育功能，让公众充分认识到民办教育的价值和意义；要正确引导或调控舆论，加大对网络、新闻媒体从业者的行业规范教育与约束，对涉及民办教育的社会舆论进行有针对性的引导，大力维护民办学校的形象。

(二) 制度创设者:完善民办高等教育的法规政策体系

民办高校公信力需要依靠“法律合法性”来支持，政府应按照依法治教的要求，根据新修订的《民办教育促进法》的精神，清理并纠正对民办高校的各类歧视政策。在分类管理的要求下，对两类民办高校的产权问题、治理结构和税费优惠等关键性问题加以完善，进一步明晰投资者的合法权益和市场预期，减少投资者对未来的不确定性，为民办高校提升公信力提供强有力的制度保障。需要强调的是，整个法规政策体系应具备全面性、稳定性和可操作性，各种法律之间要相互衔接、协调一致；同时要加大执法监管力度，严惩违法违规行为，增强民办高校守法守信的自觉性。

(三) 财政资助者:扶持民办高校提升办学品质与社会认可度

财政资助不仅有利于改善民办高校的办学条件、提升教育品质,更有助于提升社会认可度。政府要积极行使"财政资助者"的职能,认真落实新法新政分类管理的基本原则,从财税、土地和师生待遇等方面构建具有可操作性的差异化扶持政策,引导民办高校提升办学水平、强化自身特色,进而获得更广泛的社会支持与认可,促进民办高等教育公信力的提高。

(四) 市场监管者:强化对民办高校办学行为的监管与评估

我国高等教育领域正在推行以管办评分离为核心、以政府权力清单制度为抓手的政府教育职能转变,全面落实和扩大学校办学自主权。原则上,凡是由高校能自主决定的事项应当一律下放到高校,政府不得直接干预。政府不直接干预高校办学,并不意味着政府对高校放任自流、不予监督。相反,政府必须扮演好"市场监管者"的角色,构建全方位、多层次的监督体系,担负起对国家利益的守护责任,构建社会各界有效监督公共利益的运行机制。当务之急,要强化以下四个方面的监管。

1. 建立健全分类监管机制,提升监管的有效性

要根据公益性原则构建起两类民办高校的差异化监管模式,切实维护民办高等教育市场公平竞争的秩序,防止各种机会主义行为的发生。

2. 引入和培育社会中介组织,强化第三方监督

要定期组织或者委托社会中介组织评估民办高校的办学水平和教育质量,促进民办高校加强内涵建设,不断提升办学水平,切实维护好学生的利益;要引导两类民办高校依法依规进行会计核算,编制财务会计报告,尤其要对非营利性民办高校进行审计,并公布审计结果,使非营利性民办高校的公益性和学生权益保护更受社会信赖。

3. 完善信息披露制度,强化社会监管

教育行政部门要制定实施民办高校信息公示的清单,监督民办高校定期向社会公开办学条件、教育质量及资产负债等有关信息;健全年度检查制度,优化年检结果公开渠道,加强对民办高校的日常监管;建立民办高校信用档案和举办者、校长执业信用制度。总之,要使信息披露制度成为公众参与民办高校治理、实现学校与公众之间良性互动的重要途径。

4. 引导民办高校明确治理结构,强化学校内部约束

要进一步明确民办高校董事会成员的资格、权责及董事会运行程序,突出师生等利益相关者在治理中的作用;明确监事会的法律地位、成员资格及监督规则与流程,指导和监督民办高校完善教职工代表大会制度,引导和推进民办高校内部监督组织建设;明确督导权责,制定奖惩与问责制度,防止"俘获"与"合谋"等行为的发生。

(五) 协调服务者:提供协调服务

民办高校公信力涉及与媒体、公众、企业、中介组织等多个利益主体价值观和目标的协调,在某种程度上取决于这种协调服务职能的发挥。由于政府"拥有统治地位,具有无上的权威性,且在许多领域具有比较成本优势"[19],这种特殊性决定了政府在某些方面提供协调服务较为理想。为促进民办高校与各利益相关者之间的良性互动,政府必须在关系协调、规划导向和信息搜集等方面提供服务,以满足民办高校及其利益相关者的双重需求。具体来说,政府一是要本着"公共政府"的理念,增强对民办高校的服务意识,完善服务功能,提高服务水平,提升服务效果,充分发挥"有形之手"的力量,在民办高校、公众、企

业和媒体之间建立联结,发挥服务功效;二是要建立民办教育工作联席会议制度,健全联合执法机制,切实改变“政出多门”“多头管理”的现象,提高政府干预的效率;三是要科学制定高等教育宏观发展规划,合理有序地定位各类高校的市场分布,更好地引导各类高校的有序发展;四是要构建民办高校信息化管理平台,满足各方的信息获取需求,减少因信息不对称产生的不信任。

参考文献:

[1] 陈平原.大学公信力为何下降[N].中国青年报,2007-11-14(5).

[2] 李莉,彭世文,侯盾.试论和谐社会视角下的大学公信力构建[J].湖南大学学报(社会科学版),2009(5):61-64.

[3] 张会杰.教育舆情评析及大学公信力场域之构建——以清华“真维斯楼”舆论话题为例[J].复旦教育论坛,2012(2):66-70.

[4] 徐超富,詹淑兰.我国大学公信力的实证研究——以湖南省长沙地区为例[J].湖南师范大学教育科学学报,2013(4):76-82.

[5] 唐安奎.大学公信力的危机与重塑[J].教育发展研究,2014(19):80-84.

[6] 尹晓敏.论民办高校公信力的流失与重塑[J].现代教育科学,2009(1):1-4.

[7] 孟丽菊,张彬彬.民办高校公信力的构建与提升[J].辽宁师范大学学报(社会科学版),2012(2):206-210.

[8] 张中胜,杨满仁.大学制度与高校社会公信力的关系探析[J].教育观察(上旬刊),2013(11):45-47.

[9] 周红卫.民办高校控制权私利来源途径和方式的案例研究[J].中国高教研究,2012(4):20-25.

[10] 王庆如,司晓宏.民办高校发展面临的“高原现象”探析——以陕西民办普通高校为例[J].高等教育研究,2011(11):48-55.

[11] 陈文联.构建民办高校共同法人治理结构的现实思考[J].国家教育行政学院学报,2009(7):69-74.

[12] 王庆如,司晓宏.民办高校发展面临的“高原现象”探析——以陕西民办普通高校为例[J].高等教育研究,2011(11):48-55.

[13] 臧旭平.民办高校面临生存大考 出现较大缺额且报到率低[N/OL].青岛新闻网.[2010-08-31]http://epaper.qingdaonews.com/html/qdzb/20100831/qdzb137804.html.

[14] 人民网.民办高校如何“过冬”:录取分数连降仍“吃不饱”[EB/OL].[2016-11-22]. http://sd.people.com.cn/n2/2016/1122/c166192-29346856.html.

[15] 王娟,吴宪祥.民办高校应用型本科教育人才培养模式研究[J].软件导刊(教育技术),2016(2):33.

[16] 潘留仙,陈文联.我国民办高等教育发展过程中的非教育性倾向探析[J].中国高教研究,2017(5):87-91.

[17] 徐绪卿,王一涛.论我国民办高等教育政策从“规范”向“扶持”的转型[J].高等教育研究,2013(8):42-48.

[18] 科斯,阿尔钦,诺斯.财产权利与制度变迁——产权学派与新制度学派译文集[M].刘宇英,译.上海:上海人民出版社,1994:373.

[19] 潘留仙,陈文联.论非营利性民办高校约束机制的构建[J].中国高教研究,2015(2):86-90.

作者: 陈文联,湖南省教育科学民办高等教育研究基地首席专家,教授,社会学博士后。

(原载《浙江树人大学学报》2019 年第 3 期)

专题四

我国民办高校校长的产生方式及遴选优化路径*

王一涛　申政清

摘　要：校长在民办高校的内部治理中发挥着关键作用。当前我国民办高校校长的产生方式主要有举办者担任、内部培养、外部遴选和政府任命四种。从发展趋势看，外部遴选将成为我国民办高校校长的主要产生方式。明确校长的遴选标准、建立完善的外部遴选机制，是民办高校建立现代大学制度的必然要求。民办高校校长应具备教育者、管理者、社会活动者的素质；要优化校长的遴选过程，董（理）事会在作出校长聘任决定之前，应征得学校党组织的同意；要完善校长的评价激励机制，物质激励与精神激励并重；要向校长充分赋权并建立监督机制，实现"决策—执行—监督"的闭环运行系统。

关键词：民办高等教育；民办高校；校长；内部治理；遴选机制；分类管理

阿什比指出："大学的兴旺与否，取决于其内部由谁控制。"[1]睢依凡认为："校长对一所大学的成功创建、平稳运行、革故鼎新、进步发展都具有决定性的影响。"[2]我国在多个文件中提出，要完善民办高校校长队伍建设，如2016年国务院《关于鼓励社会力量兴办教育 促进民办教育健康发展的若干意见》（国发〔2016〕81号）（以下简称"国务院30条"）特别强调，应当"完善校长选聘机制，依法保障校长行使管理权"，"着力培养一批有理想、有境界、有情怀、有担当的民办教育家"。实施分类管理后，我国民办高等教育进入新的发展阶段，对校长的素质也提出了更高的要求。本文通过分析当前我国民办高校校长的产生方式，提出完善民办高校校长遴选机制的对策建议，以期进一步提高我国民办高校校长队伍的专业化和职业化水平。

一、现有民办高校校长的产生方式

改革开放40多年来，我国民办高校校长的产生方式不断演变。2017年以来，笔者先后调研了上海、浙江、福建、陕西、重庆、江西和内蒙古等省（市、自治区）民办高校校长的产生方式，大致有举办者担任、内部培养、外部遴选和政府任命四种，每种方式产生的校长均有其特殊的优势，但也面临各自的挑战。

（一）举办者担任校长

我国早期创办的民办高校一般由创办者担任校长。早期民办高校规模小、收入少，无

* 基金项目：教育部人文社会科学研究青年基金项目（15YJC880098）。

法聘请高水平的人担任校长，加上管理事务相对简单，举办者有精力也有能力担任校长职务。在带领学校发展的过程中，举办者对学校的内部管理和外部环境更加熟悉，对教育规律的认识更加深刻，其中一部分校长还成长为具有一定知名度的教育家。因此，目前很多举办者依然担任校长职务。截至 2017 年 3 月，笔者共获得 276 所独立设置的民办高校校长信息，其中 56 位(占 20.3%)举办者担任董事长兼校长。举办者担任校长巩固了自身对民办高校的控制权，即使一些举办者不担任校长，也会担任董事长或党委书记等重要职务，拥有较大的职权。

举办者担任校长有助于提高决策效率。很多举办者在办学过程中显现较高的办学热情、独特的办学理念和卓越的领导才华，用热血、激情和毕生精力促成了一批优质民办高校的诞生和发展。举办者担任校长，在学校享有绝对权威，能够集中学校资源实施改革，减少分歧，且对外部环境保持高度的灵敏性。但举办者担任校长也存在一些弊端，如很多举办者独揽大权、独断专行，使民办高校的日常管理、重大决策缺乏民主性和科学性。截至 2017 年 5 月 31 日，我国共有 152 所独立设置的民办本科高校和 318 所民办高职院校，几乎全部民办本科高校和部分民办高职院校的在校生均超过万人[3]。随着民办高校规模逐渐扩大，学校事务日渐庞杂，单凭举办者个人显然难以应对复杂的管理活动。国家虽然没有禁止举办者担任校长，但是鼓励民办高校选聘职业化校长的政策导向非常明显，如教育部《关于鼓励和引导民间资金进入教育领域 促进民办教育健康发展的实施意见》以及其他文件，均强调"校长及学校关键管理岗位实行亲属回避制度"。"亲属回避"的本质是让民办高校的决策权适当分散，降低举办者及其家庭成员对学校的控制，从而实现共同治理。江西等省明确要求民办高校董事长和校长不能由一人兼任。据笔者调研，实施分类管理后，大部分民办高校将选择成为非营利性民办高校，因为该类型更适合于从外部聘请校长，以凸显学校的"公益性"和实现"共同治理"。此外，越来越多的第一代举办者由于年龄的原因正逐渐退出管理岗位，也会进一步降低举办者担任校长的比例。

(二) 内部培养校长

内部培养是指民办高校对具备领导潜质的教职工进行有目的的培养，使其逐步成长为大学校长的过程。在我国民办高等教育的发展过程中，很多民办高校内部涌现出一大批热爱教育、熟悉学校、善于管理的中层干部和校级领导，他们长期追随举办者，勇于探索和实践，为学校的创办和发展做出了重要贡献，这些人中的佼佼者被培养成校长。内部培养的校长，熟悉民办高校的发展基础、资源禀赋、发展战略和大学文化，与其他校领导和干部的关系更融洽，能带领民办高校沿着既定的发展方向前进。在 276 所民办高校中，有 45 所(占 16.3%)选择内部培养校长。尽管内部培养校长拓宽了中层干部的晋升空间，提高了他们的工作积极性，但这类校长往往在学历、职称、社会关系网络、社会影响和管理视野等方面有所欠缺，特别是难以满足民办高校对校长"光环效应"和"宣传效果"的需求。

举办者倾向培养子女担任校长或其他重要职务。在 45 所内部培养校长的民办高校中，有 22 所学校(占 48.9%)校长为举办者的子女或孙子女。2014 年我国民办高校举办者的平均年龄为 57 岁[4]，当前第一代举办者的平均年龄已超 60 岁。随着年龄的不断增大，他们中不少人已顺利让子女担任校长，大部分则让子女担任副校级等高级管理职务，为今后担任董事长或校长做准备。新修订的《民办教育促进法》(以下简称"新民促法")规定:“举办者可以通过章程规定的权限和程序参与学校的办学和管理。”该规定维护了举办者对民办高校的管理权和控制权,他们依然可以通过董事会决议的形式培养子女接班。由于民办高校举办者的年龄普遍偏大,未来十年将进入领导权代际更替的高潮期。允许举办者子女接班,能激励举办者、举办者子女以及举办者其他家族成员将学校的长远发展作为行动的出发点,自觉树立远大的愿景与正确的价值观,科学制定学校的发展战略。同时,很多举办者子女接受过优质教育,拥有高学历、高学位,进入民办高校后更是从底层干起,他们的教育理念不断完善、管理能力不断提高。在巴西、墨西哥、印度、韩国、泰国和马来西亚等私立高等教育新兴发展的国家,家族化大学比较普遍。一些家族化大学已存在50余年,部分大学的管理权在家族内部已传承三代以上[5]。当然,子女接班亦存在家族化管理的弊端,一旦继承人难以胜任校长职务,将对学校的运行和发展造成损失,目前我国民办高校已出现因接班人不具备管理能力和办学情怀而造成学校重大损失的案例[6]。从历史视野看,民办高校的管理权和控制权不可能永远由家族内部掌握,如斯坦福大学[7]、达特茅斯学院[8]等私立高校,在创办早期也从举办者家族内部挑选校长,但随着时间的流逝,这些私立高校都已进入公共化治理的发展阶段。

(三)外部遴选校长

外部遴选是学校董事会或董事会设立的遴选委员会向外界发布校长人选的聘任通告,对候选人进行筛选并最终确定校长的一种遴选方式。在276所民办高校中,共有158所学校(约占57.2%)是外部聘请校长的。其中,有136位(约占86.1%)校长曾经担任公办高校的校长、书记等重要管理职务。很多公办高校的校领导退休后都有在民办高校担任校长的经历,如张楚廷(原湖南师范大学校长)曾担任湖南涉外经济学院院长、刘献君(原华中科技大学党委副书记)担任文华学院院长等。此外,还有22位(约占13.9%)校长具有在政府部门、工商企业及媒体机构工作的经历。

外部遴选机制的优点在于能最大范围内为学校选出最优秀的校长人选,譬如聘请具有卓越教育理念和丰富教育经验的教育家担任校长,有利于强化学校的教育战略,提升教育教学水平;聘请具有商业意识、善于经营的管理家担任校长,有利于提高学校资源的利用率和办学效益;聘请颇具社会威望、知名度较高的社会活动家担任校长,有利于提高学校的社会声誉和影响力。从国内外私立高校的发展历程看,一些私立高校在短时间内实现办学水平和办学声誉的迅速提升,往往得益于高水平校长的卓越领导,如斯坦福大学的戴维·乔丹、南开大学的张伯苓等。从发展趋势看,外部遴选将成为民办高校校长的主要遴选方式。不过,外部遴选的校长也存在年龄偏大、文化和角色难适应等问题:一是大部分公办高校校长是退休后到民办高校工作的,很难长期适应高强度的管理工作;二是由于民办高校在经费筹措、管理体制和人才培养目标等方面与公办高校存在较大差异,一些公办高校退休的校长没有根据民办教育政策、民办高校发展规律和民办高校学生特点等实际开展工作,而是直接套用公办高校的管理经验,降低了工作成效;三是校长在董事会或举办者的领导下工作,有些仅具有教学或科研方面的决策权,在人事、财务和后勤基建等方面话语权较小,倘若不能及时调整好角色,容易与举办者发生纷争,从而制约了自身作用的发挥。

(四)政府任命校长

我国一部分民办高校属于“公共组织”,表现在学校的大部分甚至全部资产属于公共资产,如浙江树人大学、三江学院、潍坊科技学院和南宁学院等;也有些民办高校在发展过程中由于举办者退出等原因,地方政府或教育行政部门出于维持社会稳定、促进民办高校继续发展的考量接管了学校。因此,政府在该类民办高校的领导任命中发挥着重要作用。新《民促法》规定,民办高校的校长由董事会聘任,该类民办高校的校长一般经政府(或上级党委)考察后,再以董事会的名义聘任。由于这种类型的民办高校较少,政府任命校长的情形也不多,在276所民办高校中,共有17所学校(约占6.2%)是由政府任命的。

政府部门一般从公办高校或教育行政部门的退休领导中选择民办高校校长。这类校长通常拥有良好的学术背景、较高的职称、丰富的管理经验、较强的业务能力和良好的社交能力等。这些校长的声誉、身份及社会关系网络等有助于民办高校获得优惠政策和资金支持,但也存在年龄偏大、任期较短等问题,不利于民办高校长远发展战略的落实。对于大部分民办高校而言,教育行政部门既没有足够的精力也没有充分的法律依据向民办高校选派校长,因此,政府任命只是少数民办高校校长的产生方式。

二、确立民办高校校长的任职标准

从发展趋势来看,管理事务的日渐复杂对民办高校校长提出了越来越高的专业要求。随着分类管理的逐步推进,更多的民办高校会选择成为非营利性民办高校,公共性不断提高,家族化色彩逐渐淡化,因此,举办者自身担任校长或者培养子女担任校长的比例不会大幅度提高。此外,政府向民办高校选派校长也仅限于个别高校。因此,外部聘请校长将成为今后我国民办高校校长的主要产生方式,而外部遴选校长首先需要明确校长的任职标准。教育家、管理者和社会活动者是民办高校校长最重要的角色,这些角色所要求的素质和能力,是遴选校长的基本标准。

(一)民办高校校长应是合格的教育家

蔡元培指出:“教育事业应当完全交与教育家,懂得教育规律的专家管理。”[9]欧内斯特·鲍伊尔认为,虽然管理学校的财务和巴结捐赠人非常重要,但是校长必须具有更广阔和更鼓舞人心的视野[10]。教育家应富有崇高的教育情怀和教育理想,具备良好的教育理念和教育知识,能依据教育基本规律创造教育成就,对教育事业富有发自内心的爱。习近平总书记要求广大教师要“有理想信念、有道德情操、有扎实学识、有仁爱之心”[11],这同样也适用于校长。

对于民办高校而言,只有教育家型的校长,才能对民办高校的发展方向和发展路径有准确的把握,对师生有发自内心的热爱和尊重,对人才培养、专业设置和课堂教学等教育活动有深入的理解,从而不断形成和巩固学校的办学特色,带领民办高校提高教育质量和社会声誉。教育家是民办高校校长遴选标准的基础。从我国民办教育发展历程来看,发展水平较高的民办高校,无一不是在教育家型的校长带领下实现发展成就的。一些不具备教育家素质的民办高校校长,尽管曾经使学校获得了短暂的繁荣,但终究因为过度追求经济回报、缺乏对教育事业和学生的深沉热爱、缺乏对教育规律的准确把握和教育理念的深刻理解,造成学校由盛转衰。实施分类管理以后,非营利性民办高校将获得更多的财政扶持和社会捐赠,有助于改善经费不足的困境,在遴选校长时更应将教育家型校长作为重点考察对象。

（二）民办高校校长应是优秀的管理者

“理想的大学校长角色首先是教育家，同时是教育管理专家。”[12]管理者应当具备科学的管理理念、全面的管理战略、扎实的管理知识、过硬的管理技能以及丰富的管理经验。现代大学不是单纯的教学和学术机构，而是部门众多、事务繁杂、人员庞大和功能多样的组织，需要有效的管理和卓越的管理家。校长需要对学生、教师、教学和资产等资源进行组织、指挥与协调，对学校教学、科研、人事、财务和外事等方方面面进行经营与管理。

与公办高校校长相比，民办高校校长统筹协调的工作更多，需要精通多个领域，如财务、资产、金融和法律等，因此，更需具备管理者甚至企业家的素质。从我国民办教育发展历程看，仅具备教育家素质而不具备企业家素质的校长，其领导的学校往往规模不能迅速扩张、层次不能迅速提高、抵御风险的能力也不能有效增强，只能居于次等、收益率不高的高等教育市场。一旦其他民办高校采取更具竞争力的行为，这些民办高校就面临被淘汰的危险。实施分类管理以后，无论是非营利性还是营利性民办高校，都需要注重校长的管理者角色，特别是营利性民办高校，将获得更大的办学自主权和资金运作的空间，依赖市场的程度更大，十分需要管理者型校长。

（三）民办高校校长应是卓越的社会活动者

所谓社会活动者，是指在社会上具有一定影响力、能斡旋于各类利益群体之间并能从中获取资源的人。社会活动者必须拥有良好的社会形象和社会声誉，具有一定的社会地位和社会影响，具有开阔的视野和格局、广博的知识和阅历、良好的修养和素质以及出众的协调和公关能力。

对于民办高校而言，单一的经费来源渠道、较低的社会地位和脆弱的生存环境等，都决定其更需要社会活动者型的校长。民办高校校长社会活动者的角色主要表现在两个方面。首先，校长必须建立和维护与政府的良好关系，从而为民办高校争取更多的生源指标、财政资助和优惠政策。比如，民营企业必须满足政府需要，以获取政府的保护和扶持，同时，民营企业家又必须与政府官员保持良好关系[13]。我国民办高校所处的环境与民营企业类似，因此能争取到政府支持和帮助的社会活动者型校长十分重要。其次，校长需要协调与企业界、学术界、媒体界和潜在募捐者等各方面的关系，为学校争取校企合作、形象展示和募集资金的机会。鉴于我国民办高校所处社会环境的复杂性，社会活动者型应成为民办高校遴选校长的重要标准之一。

克拉克·克尔（1993）曾指出，人们期望大学校长成为学生的朋友、教员的同事、校友会的可靠伙伴、明智和稳健的管理者、公众演说家、同州议会交往的政治家、工业及农业界的朋友、各专门行业（尤其是法律和医学）的支持者、新闻发言人、歌舞和足球的爱好者[14]。实际上，完美无瑕的校长几乎不存在，一所大学应根据自身的办学水平、发展阶段、外部环境和社会需求、举办者的能力素质等因素，综合确定校长的遴选标准。从我国民办高校发展任务和校长角色的匹配度来看，学校处于起步阶段时，校长特别需要具备管理者和社会活动者的素质；学校进入稳定发展阶段时，更需要教育家型校长。实施分类管理以后，营利性民办高校的校长类似于企业的CEO，需要精通企业运作、资本运作及股市操盘等方面的知识，可从具有企业管理经验的候选人中遴选校长；非营利性民办高校的校长则需要更加精通教育规律，可从具有丰富学术经验或学术管理经验的候选人中遴选校长。

三、完善民办高校校长的相关工作机制

明确校长的任职标准,为民办高校遴选高水平的校长提供目标和方向。而要遴选出优秀的校长并使其充分发挥作用,必须建立包括遴选机制、评价机制和监督机制在内的工作机制。

(一) 完善校长的遴选机制

遴选方式是遴选工作最重要的部分,也是保证民办高校遴选出合适人选的主要环节。目前,我国少数民办高校已经开创全球招聘校长的先例,为民办高校公开遴选校长积累了经验。参照美国私立高校遴选校长的经验,民办高校校长遴选应包括成立遴选委员会、确定遴选标准、董事会初步确定候选人、党组织参与校长候选人讨论以及董事会聘任校长等环节,其中确定遴选标准和最终确定校长候选人两个环节尤为重要。

1. 确定遴选标准

学校可通过官网向外界公开校长的遴选标准和条件,主动寻找合适的候选人,或委托猎头公司寻找合适的校长候选人。通过对新"民促法"和"国务院 30 条"等法律法规的梳理,民办高校校长需具备中国国籍、在中国境内居住、5 年高等教育管理经历、年龄不超过 70 岁及个人信用状况良好等必要条件。董事会或董事会组建的校长遴选委员会可根据民办高校发展基础、社会声誉和工作匹配度等因素,从众多候选人中挑选 3～5 名。

2. 确定校长人选

新"民促法"规定,聘任校长是董事会的职权。中共中央办公厅《关于加强民办学校党的建设工作的意见(试行)》规定,涉及民办学校发展规划、重要改革和人事安排等重大事项,党组织要参与讨论研究,董(理)事会在作出决定前,要征得党组织同意。校长聘任是学校重大事项之一,因此,党组织在民办高校校长任命中具有重要的话语权,董事会在最终任命校长前要充分听取党组织的意见。

(二) 完善校长的评价和激励机制

建立校长评价机制,有助于对校长的工作绩效进行考察,更有利于激发校长的主动性和积极性。当前,我国民办高校校长的评价机制尚未建立,对校长的评价可从以下五个方面着手:一是在评价目的上,致力于帮助校长提高办学效益,促进学校和学生的发展;二是在评价主体上,建立以董事会为主,党组织、教职工和学生三类代表共同参与的评价主体;三是在评价方法上,注重年度述职、目标考核等多种评价方法的综合应用;四是在评价指标上,相关指标可借鉴现行公办高校校长"德""能""勤""绩""廉"的评价指标,并结合校长的遴选指标和工作范畴;五是在评价内容上,营利性民办高校可以侧重生源和学费收入的增长,非营利性民办高校则应侧重办学质量的提升。

评价机制必须对应相应的激励机制。激励是对评价结果的进一步反馈,有利于评价目的的实现。激励措施主要包括物质激励和精神激励。在对校长的物质激励方面,美国私立高校的做法值得借鉴。美国私立高校校长的年薪较高,远远高于一般教授的收入水平。《高等教育年鉴》(*The Chronicle of Higher Education*)在 2013 年调查发现,美国私立高校校长的平均年收入为 43 万美元,是全职教授的 3.8 倍。部分私立高校校长因为在任期内带领学校取得较大成就,收入更高。比如 2015 年哥伦比亚大学校长的收入为 460

万美元，包括117万美元的基本收入、94万美元的奖金、免费入住学校公寓和递延补偿[15]。据调查，我国民办高校校长的年薪在5万～8万美元，尽管部分民办高校也开出了百万年薪以招聘优秀校长，但与美国高校校长的薪资相比还有不小的差距。同时要注重精神激励手段的运用，比如对办学成就显著的校长给予荣誉称号等。

（三）对校长充分赋权并建立相应监督机制

校长权力失衡是我国民办高校内部治理存在的重要问题。大多数民办高校表面上实行了董事会领导下的校长负责制，但实际上外聘校长的职权很小，不足以对整个学校的发展负责。若无法拥有充分的职权，即使非常优秀的校长也难以有效发挥作用。新“民促法”规定，民办学校校长负责学校的教育教学和行政管理工作；“国务院30条”进一步指出，要依法保障校长行使管理权。完善校长职权的关键在于完善董事会、党组织和校长的职权分工，各尽其职、各负其责。在美国的私立高校中，划分董事会和校长的职权也是富有挑战性的工作，因而美国私立高校特别注重对董事会和校长关系的协调。根据我国民办高校发展现状，董事会主要负责重大决策，党组织主要负责党建和思政，校长则执行董事会的重大决策，负责教育教学和行政管理工作。

在充分赋权的同时，还需要建立相应的监督机制。在设计政府制度和组织内的运行法则时，应把每个人都视为利己者，即在他的全部行动中，首先是谋求一己私利，然后才是满足其他的目的[16]。对民办高校校长的监督，首先要使其保障举办者的合法利益和实施举办者的办学理念。若校长的办学行为损害了举办者的合法权益，举办者有权通过董事会等渠道更换校长。其次，要使校长的管理活动符合学校发展的需要，若校长的行为影响了师生权益，损害了学校发展，民办高校可以及时采取措施纠正校长的行为，甚至更换校长。新《民促法》明确民办学校需建立监督机制，《营利性民办学校监督管理实施细则》提出营利性民办学校应当建立监事（会）。董事会、党组织和监事会都应该扮演监督校长的角色。监督机制的建立，将实现“决策—执行—监督”闭环系统的整体化运行，也将进一步完善我国民办高校的现代大学制度。

四、未来展望

校长遴选机制的优化，既是我国民办高等教育制度变迁的重要内容，又与其他方面的制度变迁紧密相关。受路径依赖影响，校长遴选机制的优化是一个长期的过程。目前，民办高校校长队伍建设不健全、遴选机制滞后，其重要原因在于举办者试图通过加强对民办高校的控制权从而获得控制权收益，因此不愿意向校长充分赋权。随着分类管理的逐步实施，我国民办高校校长队伍的专业化和职业化发展将迎来宝贵契机。

实施分类管理之后，由于国家政策的引导，大部分民办高校将选择成为非营利性民办高校，这些民办高校会更加注重办学内涵和办学质量的提升，自觉降低对控制权收益的追求，更加注重校长队伍的建设，积极主动地寻找卓越的校长并充分赋权。此外，我国社会经济的持续发展会催生越来越多的富豪，捐赠制度也会越来越完善，从而诞生更多捐资举办的民办高校，如西湖大学、贵州盛华职业技术学院。捐资办学的民办高校向全国甚至全球招聘校长的现象也将更加普遍。营利性民办高校因产权清晰、控制权明确，更倾向选择能带领学校健康发展并为股东创造价值的校长。有理由相信，我国民办高等教育领域一定会涌现一大批卓越的校长,带领民办高校创造美好的未来。

参考文献:

[1] 阿什比.科技发达时代的大学教育[M].北京:人民教育出版社,1983:12-13.

[2] 眭依凡.大学校长的教育理念与治校[M].北京:人民教育出版社,2001:1.

[3] 教育部.全国高等学校名单[EB/OL].[2017-06-14]. http://www.moe.gov.cn/srcsite/A03/moe_634/201706/t20170614_306900.html.

[4] 王一涛.我国民办高校创办者群体特征及其政策启示[J].高等教育研究,2014(10):56-62.

[5] 阿尔特巴赫.家族式大学[J].颜莉冰,译.国际高等教育研究,2006(2):32-37.

[6] 王一涛.民办高校创办者子女接班:一个值得关注的现象[J].高等教育研究,2012(7):79-85.

[7] A History of Stanford[EB/OL]. https://www.stanford.edu/about/history/.

[8] WHITEHEAD J S. *The Separation of College and State: Columbia, Dartmouth, Harvard and Yale*, 1776—1876[M]. City of New Haven: Yale University Press,1973: 11.

[9] 高奇.中国高等教育思想史[M].北京:人民教育出版社,2001:139.

[10] MCLAUGHLIN J B, RIESMAN D. *Choosing a College President: Opportunities and Constraints*[M]. Princeton: Princeton University Press, 1990: 2.

[11] 习近平在北京师范大学考察——号召全国广大教师做党和人民满意的好老师[EB/OL]. [2014-09-10]. http://cpc.people.com.cn/n/2014/0910/c64094-25629944.html.

[12] 薛天祥.高等教育管理学[M].桂林:广西师范大学出版社,2001:78.

[13] 黄光国.伦理疗愈与德性领导的后现代智慧[M].台北:心理出版社,2014:25.

[14] 克尔.大学的功用[M].陈学飞,译.南昌:江西教育出版社,1993:12.

[15] The Highest Paid Public University Presidents[EB/OL]. https://money.cnn.com/2015/06/07/pf/college/highest-paid-public-university-presidents/index.html.

[16] 埃尔金 S, 索乌坦 K.新宪政论[M].周叶谦,译.北京:读书·生活·新知三联书店,1997:27-28.

专题四

作者: 王一涛,江苏省民办教育研究中心研究员,教授,教育学博士。

(原载《浙江树人大学学报》2019 年第 7 期)

民办教育分类管理政策执行的制约因素与破解路径

——基于史密斯政策执行过程模型的分析*

杨　程

摘　要：目前，我国民办教育分类管理政策的顶层设计基本完成。政策过程不仅指政策制定，同时还指政策执行、政策评估等。在问卷调查、深入访谈中发现，当前很多民办教育相关者无法对民办教育机构的营利性或非营利性的办学性质作出明确选择。将分类管理政策目标转化为政策效果，离不开政策的有效执行。采用成熟的、修正后的史密斯政策执行过程模型进行分析、研究发现，当前分类管理政策体系尚未完善等不足是制约民办教育发展的因素。为了减少"政策梗阻"和"政策失真"的现象，可采取制定精细化的政策措施、提高政策执行能力等手段予以解决，这不仅可以实现民办学校分类管理政策的目标，同时也可为其他教育政策的执行提供借鉴。

关键词：民办教育；分类管理；政策环境

自1982年《宪法》第十九条赋予我国民办教育正式宪法地位以来，有关民办教育的政策法制不断创新和发展。1997年，国务院制定和颁布《社会力量办学条例》，明确提出国家对社会办学"积极鼓励、大力支持、正确引导、加强管理"的16字方针；2002年，我国颁布了《民办教育促进法》，提出"合理回报"原则；2010年，《国家中长期教育改革和发展规划纲要(2010—2020)》，明确提出对民办教育"分类管理"的指导思想；2016年12月，国务院出台了《关于鼓励社会力量兴办教育促进民办教育健康发展的若干意见》(国发〔2016〕81号)(以下简称"国务院30条")；2017年9月，修正后的《民办教育促进法》正式施行，其中，第十九条规定"民办学校的举办者可以自主选择设立非营利性或者营利性民办学校"。从合理回报到分类管理，蕴含着我国教育制度顶层设计和民办教育法律理念的转变历程，民办教育改革已进入攻坚期和深水区，政策环境和治理制度正在发生重大变革。

我国民办教育分类管理政策法规体系涵盖法律、行政法规、部门规章、地方法规和政府的规范性文件，这个体系日趋成熟和完善。目前，分类管理政策的顶层设计基本完成，但是我们都知道政策过程的含义不仅仅指政策制定，同时还指政策执行、政策评估等。有效的政策执行，可以达到预期的政策目标；相反，如果政策执行不当，非但不能解决原有的社会问题，而且还有可能造成更为严重的后果。美国第28任总统托马斯·伍德罗·威尔逊曾在《行政学研究》一文中指出："执行一部宪法比制定一部宪法还要困难得多。"自

* 基金项目：国家社会科学基金教育学青年课题(CIA180276)。

2017 年 9 月 1 日修正后的《民办教育促进法》实施以来，笔者分别在 2018 年 7 月国家教育行政学院举办的“民办教育分类管理专题研修班”、2018 年 10 月在信阳举办的“中国民办高等教育改革发展论坛”、2018 年 11 月举办的“中国独立学院协作会年会暨全国独立学院第十三次峰会”、2018 年 11 月国家教育行政学院举办的“第一期民办高校董事长、校长高级研修班”中展开调查，发放调查问卷 500 份，回收 487 份，问卷回收率为 97.4%。深度访谈 45 人，发现 85.6%的被调查者无法对民办教育的营利性或非营利分类管理的路径作出明确选择。其中，学前教育选择营利性的被调查者偏多；部分高中阶段教育被调查者也选择了营利性办学，如长沙市湖南师大第二附属中学有限公司、上市公司成实外教育集团所属高中等；高等教育阶段被调查者倾向选择非营利性的民办高校，如信阳学院、齐齐哈尔工程学院等；倾向选择营利性的民办高校，如西北工业大学明德学院、上海建桥学院等。但是，大多数被调查者认为，目前民办教育分类管理政策仍然存在不清晰、不明朗的问题，所以他们持观望态度。由此来看，将分类管理政策目标转化为政策效果，离不开政策的有效执行。与政策制定相比较，政策执行同样存在着一定的执行模型、一定的执行程序、一定的执行困难等制约因素。当前，必须对分类管理政策执行的方式、执行的制约因素、执行的破解路径进行研究。如果采用一个较为成熟的理论模型来诠释民办教育分类管理政策执行过程，那么将有助于厘清政策执行的制约因素，为民办教育分类管理政策执行提供一个全面的、清晰的分析框架。鉴于此，笔者拟用修订后的史密斯政策执行过程模型，分析影响民办教育分类管理政策执行的制约因素，以期为民办教育分类管理政策的有效执行扫清障碍，优化民办教育分类管理政策执行的路径，确保民办教育分类管理政策执行取得更好的效果。

一、分类管理政策执行的分析模型构建

20 世纪 70 年代中期，西方公共政策研究学者开始关注政策执行，其中，以美国学者的研究最具代表性。该研究的兴起是以 1973 年加州大学的普雷斯曼和韦达夫斯基的专著《执行——华盛顿的美好期待是如何在奥克兰破灭的》的出版为标志[1]。之后形成了“政策执行研究运动”，学者们从不同的角度研究公共政策的执行，建构了一些政策执行的模型，比如，美国学者霍恩和米特提出的“米特-霍恩政策执行系统模型”、美国公共政策学者 E. 巴德克建立的“博弈论政策执行分析模型”、美国学者 M. 麦克拉夫林提出的“互动理论模型”等，这些模型被我国学者引入并广泛运用于我国公共政策执行的分析，取得了许多卓有成效的研究成果。其中，使用比较多的模型有马特兰德依据资源、权力、情境和联盟力量四个变量建构的“模糊-冲突模型”和本文采用的“史密斯政策执行过程模型”等。然而，经过一段时间的检验，发现由于我国的体制背景和执行特征与西方截然不同，这些模型在中国的适用性受到了质疑。因此，在研究过程中，笔者更加注重对史密斯政策执行过程模型进行修正，增强模型在中国的适用性，以提升对民办教育分类管理政策分析的有效性。

史密斯认为，政策执行所涉及的因素很多，但主要有四个变量，并由此构成了“史密斯政策执行过程模型”：一是理想化的政策，即政策本身的可行性、合法性、合理性等；二是政策执行主体，即政府中负责政策执行的组织和人员，包括执行的组织协调、领导模式技巧、

工作人员态度等；三是目标群体，即政策实施的对象，包括目标群体对政策的认同与支持等；四是政策环境，即与政策生存空间相关联的因素，包括政治环境、经济环境、社会环境等影响政策执行的因素。史密斯认为，政策执行就是四个变量互动的过程，在互动过程中会产生冲突而造成“紧张”，因此，需要对“紧张”进行“处理”。“处理”方法有两个路径：一是如果发现有问题要及时进行“回应”；二是如果没有问题则通过“建制”进行间接“回应”。政策执行的“回应”结果作为再次制定政策的依据，由此循环往复。

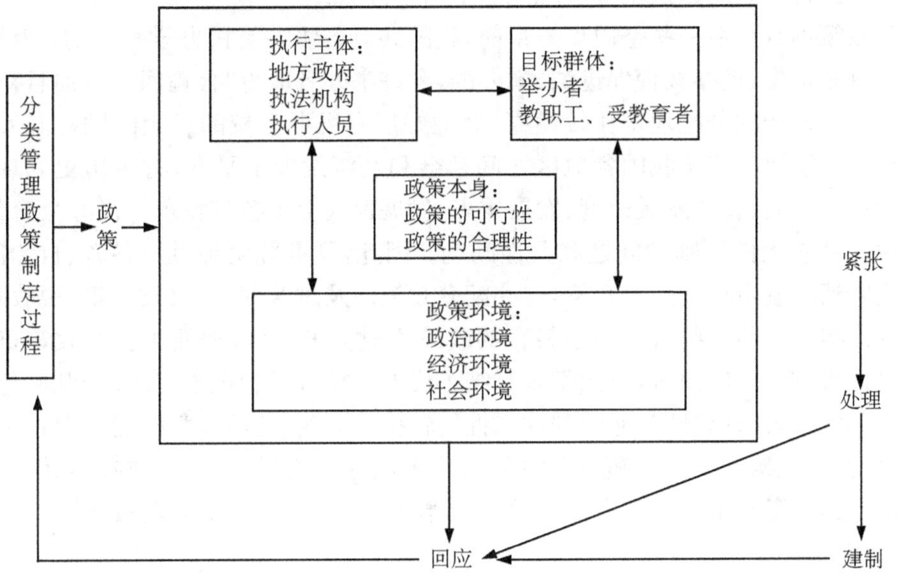

图1　修正后的史密斯政策执行过程模型

之所以选择史密斯政策执行过程模型分析我国民办教育分类管理政策，主要是因为这个模型吸纳了许多其他模型中的变量，将政策本身、执行主体、目标群体、政策环境等因素作为一个有机的整体，有效地容纳了分析政策执行的主要变量，拓宽了政策执行研究的视野，为研究政策执行过程和政策执行的制约因素提供了分析框架，比较适合分析当前我国民办教育分类管理政策执行的制约因素。如图1所示，修正后的史密斯政策执行过程模型涵盖了四个方面的变量：其一，民办教育分类管理政策本身由可行性、合理性构成，位于该模型的核心位置，与执行主体、目标群体、政策环境形成一个完整空间；其二，执行主体由地方政府、执法机构和执行人员构成，关键在于政策执行主体对政策的重视程度和理解深度；其三，目标群体由民办学校举办者、教职工和受教育者构成，关键在于目标群体对政策的认可和支持程度；其四，政策环境由政治环境、经济环境和社会环境构成。上述四个方面的变量相互交织、相互影响，通过“紧张”“处理”“建制”“回应”的机制，构成民办学校分类管理政策执行的分析模型。

二、分类管理政策执行的制约因素

（一）分类管理政策体系尚未完善

公共政策执行的成功与否，很大程度上取决于政策本身质量的优劣，可以说，质量好的政策是政策有效执行的重要基础和前提。民办教育分类管理改革是教育领域全面深化改革的一项重要举措,需要建立有利于各项措施贯彻落实的政策体系。目前,我国已经建立了从法律到地方性法规和规章的制度体系,但是仍有一些政策法规急需完善与颁布,特别是有关“非营利性民办学校监督管理实施细则”“非营利性民办高校财务监管办法”等方面的规范性制度亟待出台。修订、完善后的史密斯政策执行过程分析模型,将政策本身的可行性、合理性作为影响政策执行的核心因素。从政策本身这个维度来分析,民办教育分类管理政策执行的制约因素主要表现在以下两个方面:

一是政策本身存在一些空白点。目前,我国共有各级各类民办学校 17.76 万所,这些学校基本都是依据《民办教育促进法》举办的,允许举办者取得“合理回报”,而且对民办学校终止后剩余财产的分配规定比较模糊,处理好现有民办学校的过渡问题对其实施分类管理改革至关重要。鉴于我国各地区之间社会和经济发展不平衡,有关历史和现实情况又不尽相同,民办教育在发展速度、发展重点、发展模式上也各具特色,《民办教育促进法》只能解决一些重大的原则性问题和共性问题。因此,国务院明确授权各省、自治区、直辖市根据实际情况制定相关配套政策,这些配套政策涉及过渡期限、财政政策、税收政策、土地政策等。但是当前一些有关民办教育的政策法规仍未出台,即便出台的政策仍缺乏可操作的具体规定。具体而言,有的学者总结了民办学校分类管理未解决的问题,包括分类登记过渡期的设置、营利性与非营利性属性的转换、非营利性民办学校能否取得事业法人身份、学校监督机构产生机制和举办者的治理角色等十大问题[2]。这些尚未解决的问题和政策的空白点阻碍了民办教育分类管理改革的推进,为此需要从政策体系上对上述问题予以回应。

二是民办学校的奖励补偿措施有待进一步明确。我国民办教育已经经历了 30 多年的改革发展,在这个过程中,由于不同时期所设立的民办学校面临的政策环境是不一样的,相关的法律法规也是不一样的,所以在分类管理改革中要考虑历史因素,制定合理的政策法规。运用修订后的史密斯政策执行模型进行分析,其结果显示,逻辑前提直接影响政策的合理性。在我国,民办教育最大的逻辑前提是,大多数举办者都不是捐资办学者,而是投资办学者,他们是要求取得办学收益的。只有认识了这个逻辑前提,才能使政策在执行过程中减少干扰、排除阻力,确保政策的有效实施。2016 年 11 月 7 日发布的《全国人民代表大会常务委员会关于修改〈中华人民共和国民办教育促进法〉的决定》提出,在本决定公布前设立的民办学校,选择登记为非营利性的要综合考虑各种实际情况,给予出资者相应的补偿或者奖励;选择登记为营利性的,应当进行财务清算,依法明确财产权属。这项规定明确保护举办者的合法权益,要求省、自治区、直辖市制定具体办法。因此,在制定地方性分类管理改革政策时应正确理解这项规定,认清投资办学的逻辑前提,进一步明确奖励补偿措施,并在地方民办教育分类管理政策执行中合理体现,保障举办者投资办学的合法权益。

专题四

(二) 分类管理政策执行主体的作用需要进一步激发

执行主体是史密斯政策执行过程模型中的重要一环,任何公共政策的执行最终都要依靠各级执行机关和执行人员来实施。执行机关掌握着政策实施的资源、权力等,政策执行人员的自身素质、政策理解能力、管理能力等直接影响着政策任务的完成,因为执行主体可以积极主动地、创造性地执行政策，确保政策顺利实施；也可以使政策的实施效率低下或抵制政策，进而导致政策实施失败。由此可见，民办教育分类管理政策执行机关与人员直接影响着政策目标的实现，运用史密斯政策执行过程模型分析地方政府、执法机构和执行人员三个执行主体。

（1）地方政府在民办教育分类管理改革中存在“观望式政策执行”现象。在民办教育分类管理改革政策执行中，地方政府兼具从属性与自主性的双重属性。从属性是因为党中央关于民办教育分类管理的顶层设计已经明确规定，省级政府职能作用的发挥需要在《民办教育促进法》、“国务院 30 条”等政策法规的框架下进行。自主性是省级政府有权结合当地政府民办教育的实际，制定并实施具有地方特色的民办教育地方性法规和规章。已有研究显示，中央赋予省级自主探索的领域和问题或者需要省级层面解决的主要难题有：确定财政支持民办教育发展的资金额度并纳入预算，确定对民办学校进行财政补贴、购买服务措施，确定现有学校转为营利性学校时过渡期的财务清算和税费缴纳办法，确定现有非营利性学校终止办学清偿后的补偿奖励办法，确定非营利性学校市场化方向的收费办法等[3]。然而，通过分析地方民办教育分类管理政策的执行情况发现，“观望式政策执行”大行其道，主要是地方政府在政策执行过程中总是被动观望，一观上面的态度，希望国家层面出台具有统一标准的新政新策，地方可以坐享其成；二观其他省份，看看其他地方政府政策执行的力度，然后再决定本地如何执行，其实质就是执行者采取一种“软拖”的办法，并没有充分使用中央赋予省级政府自主探索的权力，缺乏主动创新的意识。

（2）各政策执法部门之间的衔接尚未理顺。实施分类管理改革是关于民办教育发展方向的根本性举措，涉及的广度、改革的难度都高于之前民办教育领域的改革，存在重大的风险隐患和尖锐的矛盾，这并不是一个教育行政部门就能够解决的。除了教育行政部门外，政策执法部门还包括人力资源和社会保障部门、民政部门、工商部门、税务部门等。目前，各部门都或多或少的缺乏有效整合与推动民办教育分类管理政策执行的能力、办法，而且一些执法部门不同程度地存在着“错位”“越位”“缺位”的现象。比如，对某些民办学校的办学不规范行为，相关部门的监管和查处力度不够，导致不同类型的民办学校之间出现了恶性竞争；同时，执法部门在执行政策时，总是遭遇“上有政策、下有对策”的情况，出现利弊权衡、方案协商和讨价还价的过程，政策执行过程被逐渐拉长，这被称为“执行协商”[4]。在这种衔接不顺、“执行协商”的政策执行过程中，民办教育分类管理改革将会经历一个漫长、繁琐而杂乱的过程，初始的政策目标被严重地妥协掉，事实上“合理回报”的政策在这种执行模式下并没有发挥出应有的作用。如果在分类管理改革政策执行中对这种衔接不畅等现象不加以规治，那么改革的政策效果也将大打折扣。

（3）执法人员对分类管理政策的理解存在偏差。民办教育分类管理改革后，将厘清两类学校的性质，即营利性民办学校属于营利性的公司法人，非营利性民办学校属于非营利性法人。有些执法人员对民办教育的存在价值和重要意义认识不足，对民办学校和公办学校不能做到一视同仁，在实施分类管理后，可能进一步加剧了他们认识模糊、重视不够的情况，尤其会对营利性民办学校的管理产生被动心态。事实上，《民办教育促进法》第 5 条第 1 款规定：“民办学校与公办学校具有同等的法律地位，国家保障民办学校的办学自主权。”“同等法律地位”是不同法律关系主体享有同等的权利和履行同样的义务的实际关系状态[5]。民办学校的"同等法律地位"可以理解为,民办学校享有与公办学校同等的权利、履行同样的义务,这既包括非营利性民办学校,也包括营利性民办学校。不论是非营利性民办学校还是营利性民办学校都是我国社会主义教育事业的重要组成部分,不能因为营利性民办学校可以获得利润分配、取得办学收益而使其失去政策法规的保护。因此时至今日,问题的关键已经不仅仅是分类管理政策本身的问题,而是执法人员对国家既定的各项政策能否真正地或者很好地理解与落实的问题。

(三) 目标群体对分类管理政策存在分歧

民办教育分类管理政策能否达到预期目标,与政策实施对象有着直接联系,如果这部分目标群体认同、接受政策,那么分类管理政策的执行就会比较顺利;反之,会在很大程度上造成政策执行过程的曲折反复。在修正后的史密斯政策执行过程模型框架下,分类管理最为直接的目标群体就是举办者、教职工和受教育者。其中,教职工和受教育者对分类管理相对认同。因为,分类管理政策要求政府进一步加大财政、税收、土地政策等方面的扶持力度,鼓励民办学校按照国家规定为教职工购买补充养老保险,并保障民办学校学生享受助学贷款、奖学金、助学金等资助。这些制度更加有利于保障广大教职工和受教育者的合法权益,稳定民办教师队伍。所以这部分政策目标群体比较支持民办学校分类管理政策,但是这两部分群体并不能发挥决定性的作用。

相对于广大教职工和受教育者群体来说,分类管理政策执行的最大利益相关者应该是民办教育的举办者。自 2010 年提出探索民办教育分类管理改革以来,不论是立法机构、政策制定者,还是专家学者、实践办学者都遵循各自的逻辑共同参与政策的修订完善工作。有学者指出,在修法过程中,官方的改革和创新意识是修法的政治基础,修法的核心内容采纳了专业人士的研究成果,修法的推进在于权力部门的引导和协调,修法通过立法者投票表决来完成。其实,在修法过程中,另外一个团体也很重要,并且产生了很大的影响,那就是民办学校的举办者[6]。民办学校举办者对分类管理政策有不同的看法,主要有两个方面的原因:一是在"合理回报"的政策框架下,民办学校无论是要求合理回报还是不要求合理回报,都已经通过各种各样的途径取得了回报,获得了利润;二是我国大多数民办学校举办者虽然具有办学情怀,但是他们看重的是办学收益,认为如果选择了非营利性民办学校就意味着放弃办学收益,举办者对此是心存疑虑的。所以从目标群体而言,民办教育举办者对分类管理政策存在一定的顾虑,这制约了民办教育分类管理政策的执行。

(四) 分类管理政策执行缺乏良好的政策环境

采用修正后的史密斯政策执行过程模型,将政策环境分为政治环境、经济环境和社会环境。就我国的实际情况而言,实施民办教育分类管理改革是党中央明确的改革原则,改革已经成为政府的主导理念,而且相应配套法律法规都是按照这个改革思想和内容推进的。例如,2015 年 12 月,全国人大常委会第十八次会议对三部法律进行了审议,表决通过了对《教育法》和《高等教育法》的修改决定,就是要扫除《教育法》《高等教育法》中涉及民办教育分类管理改革的法律障碍,保持法律之间的协调统一。可以说在政治环境层面已经达成了统一。

在经济环境方面,随着民办学校办学的不断实践,教育行业的产业化发展与资本市场紧密融合,受到了资本市场的青睐,而且随着教育公司在美股、港股的上市,我国出现了

"非营利性学校"上市公司的情况。民办教育分类管理的政策执行对资本市场影响很大，可以说，民办教育分类管理改革正面临着复杂的国际国内经济环境，如果不能妥善解决这些问题，会影响投资者对民办教育投资的积极性，从而对民办教育的发展产生不利影响。

在社会环境方面，对政策的有效执行需要社会公众良好的心理因素的支持，当公众的心理承受不了某项政策时，即使政策本身设计得再好，也是很难实施的；反之，如果某项政策符合公众的心理，那么就会得到公众的理解并得以顺利施行。受我国历史文化的影响，公众对民办学校的认可度较低，如果再冠以"营利性"的头衔，那么学校的营利行为可能会处于道德否定、批判的中心，影响分类管理改革的初衷。正如有的学者所言，传统义利观、"官本位"价值取向、计划体制惯性思维等非正式制度，都极大地影响着民办高校分类管理政策执行的有效性[7]。因此，在推进民办学校分类管理政策执行中，要充分考量社会环境对分类管理政策的制约。

三、制约分类管理政策执行因素的破解路径

通过采用修正后的史密斯政策执行过程模型分析来看，虽然分类管理政策的大方向已定，但在具体的政策执行过程中仍然存在很多问题，涉及政策本身、执行主体、目标群体、政策环境等具体制约因素。一般来说，公共政策从提出到落实有层级性、从贯彻到实施有差异性、从回应到配合存在博弈性，博弈性既表现在中央与地方之间，也表现在部门与部门之间。而这种层级性、多属性、差异性和博弈性往往容易造成政策的碎片化[8]。如果不能兼顾和平衡各种"既得利益"，不能破除政策的碎片化，不能让利益相关者达成共识，那么政策执行必然会面临重重阻力，从而导致在执行政策时无所适从。针对分析中发现的问题，笔者在此提出以下初步思路和建议，以期减少"政策梗阻"和"政策失真"现象，实现民办学校分类管理政策的目标，同时，也希望能为其他教育政策的执行提供借鉴。

（一）政策措施需要更加精细化

为有效执行民办教育分类管理政策，最为关键的是要确保政策体系的完整性、政策本身的可行性和合理性。第一，要填补政策体系的空白。正如前文提到的十大问题，需要在政策体系构建中予以通盘考虑。第二，进一步明确民办学校的奖励补偿措施。地方政府要避免"照搬式政策执行"现象，在全国人民代表大会常务委员会关于修改《中华人民共和国民办教育促进法》的决定中，明确将奖励补偿措施交由地方制定，所以地方政府不能机械地照搬照抄、原原本本传达、不折不扣落实有关政策，而是要大胆创新，制定适合本地的精细化政策。截至 2019 年 3 月，在我国 31 个省、直辖市、自治区中，已有 28 个省、直辖市、自治区先后发布了促进民办教育健康发展的实施意见（包括征求意见稿），亮点纷呈。比如，广东省在总结、提炼地方实践的成功经验的基础上，坚持遵循法制统一、回应分类管理、注重地方创新、体现促进精神等基本原则，为推动广东民办教育健康发展提供了坚实的法律保障[9]。

（二）提高执行主体对分类管理政策的执行能力

修订后的史密斯政策执行模型要求，当政策出现"紧张"问题后，要进行积极的"处理"并作出"回应"，在动态循环中促进政策的完善，推动政策的贯彻执行。政策执行主体在模型中的"处理""建制""回应"阶段发挥着不可替代的作用。首先，省级政府向上与中央联

系,向下辐射省内区域,在分类管理政策执行过程中发挥着上传下达的作用,需要提升"政策执行在决策"的能力,即在中央政策开始执行之后,由于可能存在信息不对称和利益冲突等问题,省级政府要根据本地实际情况再进行决策,根据执行效果对政策进行调整,保持一定限度的灵活性,做好政策的"建制"和"回应"工作。其次,要注意各执法部门之间的职责分工和衔接配合,避免各部门之间的相互推诿、"上有政策、下有对策""执行协商"等情况的发生。之所以出现这些问题,本质上是各个部门之间基于利益得失而进行的博弈,政策执行程度取决于各部门博弈的策略选择,这样就会出现有利益的时候蜂拥而上,没有利益的时候多一事不如少一事的情况。因此,要从根本上防止"上有政策、下有对策"这种非合作博弈的不良影响,则需要从干部管理、绩效考核、行政监督、财政管理、责任追究、信息反馈等方面进一步完善博弈的相关制度[10]。让各个部门之间既要各司其职、做好职责范围内的行政执法工作,同时,还要相互配合,形成执法合力。再次,执行人员要提高学习能力和执政能力,这就要本着"公共政府"的理念,破除"信公不信私""重国办、轻民办"的思维定式,提升对民办学校的认同度,尤其是提升对营利性民办学校的认同度,提升政策执行效果。

(三)增进举办者对分类管理政策的理解

各级各类民办学校举办者是分类管理政策的最直接的利益相关者,对分类管理政策能否顺利执行发挥着至关重要的作用。究竟是选择举办营利性民办学校,还是选择举办非营利性民办学校,需要举办者审慎地做出判断。《民办教育促进法》的根本目的是促进民办教育事业的发展,实施分类管理改革不是限制举办者办学的权利,而是通过允许举办营利性民办学校的方式为举办者开辟新的道路,增加一种新的选择机会。围绕着民办学校分类管理改革出台的一系列新法新政,有利于维护教育的公益属性,有利于理顺民办学校财产权益归属问题,有利于保护出资人的合法权益。在未来发展中,民办学校举办者要顺应时代发展和形势变化,摆正办学态度、厘清办学思路,在国家和地方民办教育发展的整体规划下,为社会提供更加优质公平的教育资源,提供个性化、多样化、特殊化等教育服务,只有这样才能在激烈的教育市场竞争中立于不败之地。

(四)优化分类管理政策执行的政策环境

根据修正后的史密斯政策执行过程模型的要求,在政策环境方面要注重经济环境和社会环境的"处理"与"建制"。在经济环境方面,要处理好民办教育发展中出现的新情况、新问题,通过市场化改革,按照市场规律办学,加强规范"不公允"交易的现象,规范 VIE 架构下的资金运作,为民办学校发展带来全新的市场环境。在社会环境方面,重视非正式制度的建构,促进价值观、意识形态等非正式制度对民办教育认识的转变。加强对民办教育的正面宣传,促使人们在思想和观念上对民办教育的营利性和非营利性形成正确的理解,为分类管理的发展营造宽松的舆论环境。同时,对待不同的意见、分歧,我们总的指导思想是坚决贯彻党中央精神,既然党中央已经明确了民办学校分类管理改革的原则,我们就应该坚决贯彻这一改革措施[11]。为确保民办教育分类管理政策的贯彻实行,各级政府及其教育行政部门和其他有关部门,要高度重视政策的宣传工作,充分宣传实行民办教育分类管理改革的重大意义,特别是要加大对民办教育举办者、管理者、教职工、受教育者和受教育者家长的宣传工作,在全社会形成广泛共识,只有这样才能促进民办教育分类管理政策的顺利执行。

参考文献：

[1][8] 贺东航，孔繁斌. 公共政策执行的中国经验[J].中国社会科学，2011(5)：61-79，220-221.

[2] 李虔，卢威.民办学校分类管理十大未决问题探析[J].中国教育学刊，2018(8)：5-12.

[3] 王烽.影响民办教育“新政”实施效果的关键因素[J].教育发展研究，2017(3)：48-51.

[4] 薛澜，赵静.转型期公共政策过程的适应性改革及局限[J].中国社会科学，2017(9)：45-67，206.

[5] 王波，程福蒙.民办学校教师同等法律地位问题分析[J].教育发展研究，2006(6)：21-24.

[6] 阎凤桥.民办教育促进法修改过程中的合法性问题探讨[J].复旦教育论坛，2017(5)：17-22.

[7] 陈文联，黄夏雨.民办高校分类管理的非正式制度障碍及解决路径[J].浙江树人大学学报，2018(2)：1-5.

[9] 吴开华，邵允振，赵小平.分类管理背景下广东民办教育地方性法规修订探析[J].地方立法研究，2018(1)：102-113.

[10] 丁煌，定明捷.“上有政策、下有对策”：案例分析与博弈启示[J].武汉大学学报(哲学社会科学版)，2004(6)：804-809.

[11] 袁曙宏，李晓红，许安标.中华人民共和国民办教育促进法释义[M].北京：中国民主法制出版社，2017：28.

作者：杨程，国家教育行政学院教育行政教研部助理研究员，教育经济与管理学博士。

（原载《河南大学学报(社会科学版)》2019 年第 9 期）

专题四

独立学院迁建县域办学的动因、挑战及策略研究*

袁金祥

摘　要： 近年来，一批独立学院通过迁建县域来推动规范办学和转型发展，导致这一现象的成因，既有教育法制化完善进程中的政策诱致，也有教育主体可持续发展中的理性选择，还有社会转型发展中的县域经济吸引。独立学院迁建县域办学不仅面临着来自政府、市场与母体高校的需求平衡，还面临着来自文化重建、质量保障与融合发展的多重挑战，是一个长期持续、多方博弈的过程。独立学院迁建县域办学需要以文化铸魂为核心，质量立校为根本，融合协同为要点。

关键词： 独立学院；县域迁建；动因；挑战；发展策略

独立学院是我国高等教育体系的重要组成部分。截至 2017 年 5 月，全国共有独立学院 265 所，在校生规模约 250 万[1]。独立学院满足了来自政府、公办学校、社会投资者、考生家庭四个群体对于高等教育大众化的利益诉求[2]。这种新的办学模式对我国的人才培养做出了重要贡献。但其产生和发展曾表现出对公办高校很强的依附性，同时具有很高的政策依赖度[3]。随着全国教育改革的推进和独立学院自身规范发展的需要，一些省市独立学院通过异地迁建办学来推进独立化进程，进而推动自身达到教育部的办学要求。如作为独立学院的重要孵化区，江苏省 25 所独立学院中，南京医科大学康达学院、常州大学怀德学院等进行了异地迁建；浙江省 22 所独立学院中，已有 13 所独立学院先后从省会城市、区域中心城市向周边县域迁建，这种大学群体性向县域迁建的现象，在全国高教发展史上极为罕见。解析独立学院迁建县域办学的独特现象，探寻其迁建动因、发展中存在的主要问题与挑战，并进一步明确迁建策略，这对推动独立学院的规范设置和健康发展具有重大而现实的意义。

一、独立学院群体性向县域迁建的动因

独立学院迁建县域办学，满足了教育部对独立学院规范发展的现实要求，是独立学院在新的环境下谋求办学自主权回归的全新机遇，也是地方政府寻求转型发展的重要举措。

（一）教育法制化进程中的政策诱致

作为高等教育改革的创新样式，独立学院从诞生之日起，就面临着办学实践和政策规范之间的矛盾冲突。2003 年，教育部文件对独立学院提出了规范意见，并用民办、独立、

---

* 基金项目：教育部人文社会科学研究规划基金项目（15YJA880098）。

优质来概括独立学院的特点[4]。从独立学院起源来看，多为母体学校为满足扩招和办学经费紧张而举办。除极少数外，独立学院多以母体学校“校中校”的形式存在。自2008年《独立学院设置与管理办法》(以下简称“26号令”)颁布以来，教育部对独立学院的设置和管理提出了严格的要求，明确了独立学院办学的“七独立”，即具有独立的校园和基本办学设施，实施相对独立的教学组织和管理，独立进行招生，独立颁发学历证书，独立进行财务核算，应具有独立法人资格，能独立承担民事责任。而以独立学院的办学实践来衡量，这“七独立”中最核心、压力最大的就是具有独立的校园，即独立学院不少于500亩①地的国有土地使用证。由于经济发展、自然禀赋资源等因素的综合作用，一直以来区域中心城市的土地指标非常紧张，而多数独立学院又恰恰聚集在中心城市的主城区。在这一背景下，“26号令”的政策压力和区域中心城市一地难求之间的发展性困境催生了独立学院迁建县域的决策进程。

(二) 教育主体可持续发展中的理性选择

独立学院应当由普通高校与国家机构以外的社会组织和个人合作，利用非国家财政性经费举办，这是“26号令”的规范性要求。而从独立学院的发展历史看，多数独立学院是由母体高校与其校属企业联合举办的。这种举办模式决定了独立学院与母体高校之间的紧密依存关系。在这种举办模式下，独立学院没有真正意义上独立的人事权和财务权；教育行政部门也较少对独立学院进行单独建制。由此引发的独立学院在办学自主权、独立办学能力上的不健全、不完备等问题，客观上成为制约独立学院健康发展的瓶颈性问题。破解的关键首先在于理顺母体高校与独立学院的关系，在母体高校与独立学院之间构建起新型的符合市场和历史因素的责权利关系；其次在于理顺教育行政部门与独立学院的关系，把独立学院真正作为一个独立办学主体纳入教育行政管理体系。衡量这“两个理顺”的标准在于独立学院是否真正拥有独立办学的权利能力、行为能力。从这个角度来理解，引入第三方投资主体，迁建县域合作办学，推动办学条件上的规范设置，为独立学院的真正独立提供了实质性契机，迈出了关键一步。因此，迁建县域办学对独立学院而言，绝不仅仅是物理地址上的新设，更重要的是对原有办学条件、办学思路和办学传统等系统性的调整与变革，是一场广泛而深刻的自我蜕变与自我超越[5]。迁建县域办学的核心是要做好承接办学自主权回归的物质准备，并做好向应用型高校转型的全新建构。

(三) 社会转型发展中的县域经济吸引

首先，独立学院迁入县域有助于推动县域经济的转型升级。县域经济不同于核心城区的经济拉动力，大部分正处于转型升级的时期，独立学院的引入将突破县域经济的人才瓶颈，推动县域经济增长由主要依靠物质资源消耗转向主要依靠科技进步、劳动者素质提高和管理创新方向转变。其次，独立学院迁入县域有助于优化县域经济社会转型发展环境。迁入独立学院不仅仅影响县域经济社会的转型进程，而且将在更深层次与更大范围上持续地影响创新型社会的价值文化体系建设，这在一定程度上迎合了城市化进程背景下经济发展对更高水平的生态、文化、教育、医疗卫生等社会公共服务的需求。最后，独立学院迁入县域有利于构建县域发展空间的新布局。西方发达国家成熟经验显示高等学校

① 约0.33平方千米。

的建设和发展是推进城镇化的有效手段。迁入县域的独立学院往往被安排在城郊接合部或工业区,这些区域是主城区的延伸,是城镇化重点推进的方向。

二、迁建县域办学对独立学院发展的挑战

独立学院迁建县域办学,从依附于原有母体的“校中校”渐渐演变为一所在异地独立办学的“独立校”,在自身的角色、功能和与相关利益主体的关系处理上,都提出了新的要求,带来了新的挑战。

(一)独立学院迁建县域办学面临深度独立化挑战

独立学院迁建县域的初衷,于其自身而言,在于加快独立化进程,为“七独立”奠定物质基础。因此迁建初始,各独立学院无不把关注的目光聚焦于基本建设以及师资、财务、组织结构等资源和技术层面。通过对这些问题的解决和对办学资源的整合配置,独立学院获得了作为一个独立高校应有的系统性、一体化的发展框架和发展可能。这是独立学院争取办学自主权的第一步,也是非常重要的一步。迁建既是独立学院谋求独立办学物质条件的客观需要,更是独立学院寻求实质意义上文化独立个性的重要契机。但在这种寻求独立化发展的进程中,独立学院面临着身份独立、文化独立、社会融入三方面问题。

1. 地理距离凸显身份独立问题

独立学院创办的初衷就是创新办学机制和优化教学资源,而独立性是保障其灵活实验的基本前提,也是实现独立学院与传统母体学校区别的最根本身份识别代码。长期以来,由于地理空间与母体院校的重合与交叉,独立学院大部分仍然是以二级学院的形态在运营,这对发挥独立学院的灵活自由度有着深刻的限制。在2005年的教育部独立学院专项检查中,30%的独立学院没有办理独立法人资格证书[6],这就意味着独立学院法律身份的模糊。由此来看,迁建导致地理位置的改变、管理成本的增加,客观上使得母体学校的影响减弱,独立学院的独立化进程加快。完成转设对独立学院而言就是推动对自身独立身份的进一步确认。因此,与母体地理距离变远是独立学院实现自我身份认同的契机,但在弱化对母体学校的各种依附后,独立学院能否在办学上实现真正意义上的人事、财务的独立运作和良性发展,实现身份独立,是独立学院迁建办学需要解决的最根本问题。

2. 全新校园需要解决文化独立建设问题

大学文化包括物质文化、精神文化、制度文化和环境文化四个部分。大学因其历史背景、办学特色、学科优势、地域环境等不同,塑造出了独特的文化氛围。独立学院迁建后,在专业设置上多是原母体高校的传统优势与热门专业。专业的雷同性直接带来的是培养方案的相似,办学特色缺乏,在更深层次上体现出的是独立学院在自身的办学目标、办学理念、办学定位等战略思维方面和教学管理、培养模式等制度建设方面存在问题,这使独立学院迁建后的文化重建缺少有力根基。另外,大学文化是以大学人为主体积淀和创造的。人是文化的创造者,也是文化的创造物[7],校园文化的主体是生活在校园中的人,包括教师和学生。从浙江独立学院迁建实践看,其新校区多数建立在迁入县域的城郊地带,而教师因为新校区居住条件、家庭等因素大多选择在中心城区安家。“走教制”使得教师更像是“候鸟”,上课来,下课走,教师之间、师生之间的课余交流明显少于老校区。此外,新校区建设受制于政策压力、财务成本、招生需要等诸多原因,多数处于边建设、边使用状

态，往往是低年级学生住新校区，高年级学生住老校区，学生之间的交流与以往相比大幅减少。这又从客观办学环境方面导致了独立学院迁建后的文化重建缺少可行载体。

3. 相对偏远需要解决社会融入问题

相对而言，独立学院迁入的县域往往地理位置较为偏远，在经济条件、文化水平上和迁入前的区域中心城市有一定差距；而且独立学院所在区域往往只有一所学校，不像原母体高校自身内部有较多学生，同时还地处学校相对聚集的区域，周边其他学校学生数量较多。同时，举办主体和联合办学方对学院办学定位和发展期待有所出入，高校的使命在于育人，而育人工作需要较长的回馈期，地方政府和企业则较为看重大学的现实社会效益和经济效益，所有权、收益权和处置权的交织，将为办学埋下隐患甚至引发冲突。独立学院迁建后所处县域的不利外部环境，极大程度地减少了办学的缓冲地带，使得独立学院可能成为一座“孤岛”，也会影响新校区学生的归属感，引发师生的无所适从感。

（二）独立学院迁建县域办学面临办学质量挑战

1. 教学质量方面的挑战

独立学院的办学功能定位是教学型大学，教学是独立学院最重要的职能。但独立学院迁建县域办学，在教学活动中从完全依附母体高校，共享母体高校的教学场地、教学设施、师资队伍及教学管理，转变为脱离母体高校异地建校，作为一所独立学校开展教学，这一转变过程对其教学质量带来了巨大挑战。首先，独立学院迁建初期教学基础条件不够完备。异地迁建中，浙江省很多独立学院都是一边进行校区建设，一边开展教学活动，教学场所、实训室的软硬件设备等教学条件不完备。其次，教学师资力量较为缺乏。虽然通过双向选聘、派遣分流等方式，母体高校部分教师进入到独立学院师资队伍中，地方政府也提供了低价住房等帮助独立学院吸引优秀人才，加强师资队伍建设，但从实际情况看，由于独立学院地理位置较为偏远，交通不便，这大大降低了自身对人才的吸引力。在师资队伍中，高学历、高职称以及教学经验丰富的教师少，有近一半的教师是刚毕业的硕士，师资队伍水平不容乐观，导致教学水平较低。最后，独立学院的教学管理不够规范到位。独立学院从完全依托母体高校到独自摸索教学管理的过程中，无论是在日常教学管理、教学质量监督方面，还是在教师培训发展等方面都存在缺乏经验、不够规范到位的问题。因此，教学基础条件不够完备、教学师资力量较为缺乏和教学管理不够规范到位等问题，带来了独立学院迁建办学在教学质量方面的巨大挑战。

2. 人才培养质量方面的挑战

独立学院的办学定位是应用型大学，这有别于母体高校的科研型或教学科研型。应用型大学的办学定位要求独立学院必须在人才培养定位、培养模式、培养方案、培养条件与过程等方面采取与原母体高校完全不同而又相对一致、完善的整体架构和实施举措来保证人才培养质量。这对独立学院而言是另一个巨大挑战。其内在原因表现为三个方面：①已有惯性思维对应用型人才培养转型带来巨大阻碍。独立学院脱胎于母体高校，其内部的管理骨干大多来自母体，在人事、教学及科研管理制度上都有母体的“烙印”，在专业设置及培养方案上也都有“拷贝”母体的痕迹，这种各方面都存在的千丝万缕的关系、形成的惯性思维和行为方式极大地阻碍了人才培养模式的创新。②缺乏能力经验带来人才培养的试错成本。如何体现人才培养的应用型特征？在实践中如何实施？应当采取何种培养模式进行？这些对独立学院而言都是全新的问题，需要自身在实践过程中不断摸索试错，从而带来试错成本，导致人才培养质量的不稳定。③资源条件较弱降低了人才培养的保障基础。对应用型人才培养而言，校内的实训室、校外的实习实训基地建设及师资等相关条件是非常重要的，但对于独立学院而言，受自身资金、建设进度以及与当地融合进程等多种因素影响，这些相关条件的完善需要较长时间。可见，在人才培养转型上，思想观念、经验能力和资源条件三方面的问题，对独立学院应用型人才培养质量方面带来了严峻挑战。

（三）独立学院迁建县域办学面临融合发展挑战

独立学院迁建县域办学，还将面临处理与母体高校、地方政府、企业等利益相关者的融合发展问题。母体高校和迁入县域地方政府既是独立学院的联合办学主体，同时，一定时期内母体高校充当着独立学院迁建发展的监护人角色，而地方政府则对引进独立学院，进而助推所在县域转型发展抱有很大期望。如何处理多个主体之间错综复杂的关系，实现融合发展、合作共赢，是独立学院迁建办学过程的又一挑战，其中伴随着三方面问题：

1. 地位的不对等性带来的融合发展问题

独立学院脱胎于母体高校，在较长一段时期的发展中，需要依附于母体高校和迁入地方政府。2015 年的数据显示，浙江省的 22 所独立学院有 16 所为公办学校自己举办的；江苏省的 25 所独立学校有 17 所为母校高校教育基金会举办的；河北省的 17 所独立高校则主要是母校通过贷款举办的；贵州省的 8 所独立学院则全部由母校举办[7]，由此来看，独立学院在诞生之初就与母体有着很大的关联性，这是无法在短期内完成独立转变的。从浙江独立学院迁建实践看，作为联合投资人，母体高校对独立学院迁建进程中的基础设施建设、师资队伍组建、教学活动指导等拥有很大的话语权；迁入地方政府在新校区建设用地、建设资金、教师专用房、交通保障等方面进行政策设定与实际扶持，在董事会中，两者处于重要的支配性地位。独立学院的党政班子，由母体高校任命。凡此种种，导致独立学院在三方融合发展中地位不对等。处于弱势地位的独立学院在融合发展中缺乏话语权，由此导致母体高校在迁建过程中，在重大事项决策、财务和人事等方面对独立学院管得过多，出现“不愿放手”现象；而地方政府在投入大量的人、财、物、力后，可能因为看不到及时回报而出现对独立学院“冷眼相待”现象，不愿增加新的投入支持。这两种现象都会在一定程度上影响独立学院更有效地融入地方发展。

2. 权责的不匹配性带来的融合发展问题

多主体的互动与融合发展，需要以资源共享、优势互补作为基础，强调权责匹配、投入产出一致作为核心。以此考量独立学院迁建县域办学进程，相关利益主体间融合发展仍存在一些困难。对独立学院而言，在一个相当长的时间内，更多的是需要借助母体高校、地方政府和企业等其他多主体资源优势，不断提升办学能力，努力实现在自身办学能力上从限制行为能力到完全行为能力的转变。基于开放办学的原则，这一转变当然与母体高校、地方政府、企业等密不可分，但显然相关利益主体在权责设定、投入产出方面是不匹配的。在这段时期，母体高校、地方政府和企业主要是围绕独立学院的顺利迁建和稳定开展单向扶持和服务工作。独立学院虽然按协议支付给母体高校一定的资源占用费，但与迁建前相比，对母体高校财务上的贡献度大大降低。同时，受限于教学科研水平，迁建期独立学院服务地方、企业发展的能力不足、贡献较小。相关利益主体在权责方面存在的较大不匹配性，投入与产出的不合理，客观上制约了融合发展的广度和深度。

3. 目标的不一致性带来的融合发展问题

从长远看，虽然母体高校、地方政府和企业支持独立学院发展能够实现互利共赢，但从短期看，多方的融合发展一定程度上确实存在目标的不一致。具体而言，在独立学院迁建县域初期，地方政府、企业在投入资金和政策扶持后，基于投资的效益效率考虑，普遍的想法是希望独立学院能尽早完成迁建任务，并在助推地方经济社会转型发展方面起到立竿见影的效果；母体学校则希望独立学院尽早完成省级规范设置，并在此基础上以契约的方式进一步明确双方的责权关系；对于独立学院而言，异地迁建办学面临的首要任务是确保教学稳定、校区稳定，进而在新的时空背景下创新体制机制，增强办学动能，提升办学质量，激发办学活力。因为三者关注的焦点不同，从而导致相关利益主体在协同发展中的目标冲突，进而带来母体高校、地方政府、企业在服务保障独立学院迁建方面的步调不一，由此也会导致一些独立学院在融入地方、提质增效、服务地方方面的瓶颈障碍。

三、独立学院迁建县域办学的发展策略

独立学院迁建县域办学，既是寻求真正意义的独立和特色化发展的重要契机，同时又面临着文化重建、质量保障与融合发展的多种挑战。在机遇与挑战并存情况下，其发展策略应当加快分类规划与统筹协调，明确办学思想，加强教学资源建设，加快校地融合，办好特色教育模式。

（一）优化产权结构，完善制度体系

独立学院的迁建，首先是与母体院校在地域上的实质性割离，地域不能决定办学性质，但客观上使独立学院的独立规范设置更加明朗，相关产权、人事权将面临新的改革契机。独立学院应借此实现自己的规范化和独立化办学。对独立办学的学院而言，重点应当从以下三方面出发：

1. 实现产权制度的独立明晰

产权制度，是围绕着财产形成的主体间的权利关系，是受到法律保护和约束的一种基础性制度规则。从法律上界定独立学院的产权规则，明晰产权关系，是独立学院健康发展的基本前提。根据教育部“26 号令”的规定，将原来的民办二级教学单位定位为民办高等学校，但对民办的形式并未作出清晰的界定。独立学院生根于母体学校，但其教育资源在教育管理机构的管辖范围之内，是为教育的健康发展而服务的。原来的文件要求，独立学院不可以采用混合性的产权方式举办，然而“26 号令”要求独立学院要利用非国家财政性经费举办，合作方必须是国家机构以外的社会组织或个人。独立学院的地域迁建，提供了这样一个契机，可以借助新的文件要求，加快产权的独立化进度，为学院办学理念的转变与升级打下坚实的基础。

2. 实现办学理念的独立生长

如何架构起独立的办学理念，将决定独立化办学的基本方向。独立学院首先要理顺与管理者、参与者和相关利益者的权责利益关系，定下符合自身发展的管理要素分配办法。其次，要积极完善各项内部管理制度，尤其是教学和专业建设的考核和激励办法。再

次，就是要打造一支专业的管理和教学团队，独立学院是母体学校管理和教学的重要试验田，这个先天的优势应当继续坚持和发扬，要正确地理顺行政管理与育人工作的平衡点，最大限度地激发全院师生的参与热情。同时，理念要转化为实际的行动，必须要有相应的制度进行保障和落实，因此在独立学院迁建后，应当重点对学生管理、教学管理、绩效薪酬等方面建章立制，用明文规定进行规范化。

3. 构建符合独立学院特点的大学治理体系

大学治理体系包含了顶层设计、运行管理和质量控制三方面[8]。顶层设计是明确办学理念、办学定位和办学特色等战略方向，运行管理是实施各个职能部门的组织与管理等具体执行，质量控制是进行过程监控与结果保障，三方面相互衔接，是共同构筑大学管理的和谐与质量的保障。从独立学院实际来看，实行的是董事会领导下的校长负责制，然而很多独立学院的董事会形同虚设，制度不健全，责任不清晰，缺乏内部监督，继续完善管理体系是独立学院升级治理体系的必由之路。对决策层而言，重点应当明确地方性应用型大学的办学定位；利用外部资源，树立开放办学、联合培养的办学理念；围绕地方需求，形成服务地方建设的办学特色。对二级分院而言，应当构筑以学生的实践型、应用型能力为核心的专业培养目标，摸索以产学研相结合、理论与实践相结合的人才培养模式，完善以社会需求为导向、知识能力体系凸显技能应用型的培养方案，加强教师能力、校内外实训实习基地等人才培养条件建设。对人事、教务、后勤等行政职能部门而言，则应当分别在应用型师资队伍建设、教学过程服务监管、教学设施完善等方面改进提升，来提供人才培养质量的保障和支持。

（二）立足专业特色，提升内涵质量

1. 探索发展具有地方性、特色化的专业

独立学院不仅需要在人才培养理念、定位和实施上形成自己的特色和风格，还应该在专业设置方面紧密结合地方需求和地方优势，探索发展具有地方性、特色化的专业，增强学院专业获取社会资源支持的优势，提升专业学生与社会需求的匹配性，以此增强学生培养的质量和竞争力，形成自身的人才培养特色与优势。一方面根据区域人才需求，突出为地方培养需要的人才；另一方面培养国际化人才。同时，不断根据当地经济发展和企业需求，积极打造各自的特色专业，并通过校企合作，实行定制化人才培养。

2. 夯实硬件基础，注意软实力的搭建，提升办学运行效率

独立学院的迁建之路，就是规范设置之路。独立学院首先应在产权和办学理念明晰的基础之上，独立地制定发展战略和规划，完成基础设施的建设，尤其是核心重点学科实验室的建设。其次，要能独立地制定财务预算及决算，保障教学经费的充足。再次，要能够保障教学的中心地位，对教师队伍进行独立招聘、培训、考核和晋升，形成自己独立而完整的教师梯队。最后，独立学院要能完成人才培养的流程独立化，构建适合自身发展的人才培养计划，包括招生、就业、学生评价等机制，为自己赢得社会美誉度。当然，最为核心的就是，独立学院应当独立制定专业及学科规划建设方案，在最为核心的办学品格上，能够独立判断和调试，从而打造高校的核心竞争力。同时，要注意校园软实力的搭建，大学文化中最核心的是精神文化，它是大学在办学过程中所尊崇的办学方向、办学理念及价值追求。独立学院应当深化校风和学风，营造和谐的校园文化氛围，加强文化阵地的建设和

校园文体活动的开展，对有关学校的发展重大事件和先进教师、优秀学生事迹进行宣传，最终铸造独立学院独立的品格。

3. 深化以本为本，关注教学质量

根据教育部“26 号令”的要求，参与举办独立学院的普通高等学校必须具有较高的教学水平和管理水平，较好的办学条件，一般应具有博士学位授权点。这就给独立学院的办学层次提供了基础保障。独立学院作为新的办学机构，其学科机构和专业机构应当不断优化，既要打造优势学科，又要兼顾基础学科建设。以本为本，就是要紧密立足本科高校的身份，以本科育人为纲领，打牢基础，推动本科专业进阶、跨学科发展和创新创业。同时，要严把质量关，做好教学质量监控。独立学院学费一般比普通高校高，其对考生的吸引在于更为灵活的专业设置和教学设置，能提供高质量的教学环境，衍生硬质量的教学成果，提供全方位的教学质量体系就显得尤为关键。独立学院应当结合教育部相关规定，立足经济社会发展和区域发展现状，构建科学有效的质量评价系统，以教促学，以教领学，教学相长，和谐共进。

（三）立足校地，构建新的生态位

所谓生态位，是指生物种群在以环境资源或环境条件梯度为坐标而建立起来的多维空间中所占的空间和位置。完整的生态系统就是由不同的生态位构建，生态位的宽度决定了可利用的生态资源的数量和质量，独立学院的迁建意味着要由母体学校和地方政府与企业进行新的生态环境的构建，独立学院应当明确立足地方、服务区域的基本办学思路，以校地共建提升新的引擎。

1. 主动对接外部主体，优化共生互养环境

独立学院自身迁建发展的过程，也是一个不断寻求与母体高校、地方政府及企业等主体融合共生、协同发展的过程。因此，一方面需要积极调研，主动对接母体高校和迁入县域政府、企业等，获取这些外部主体所具有的优势资源来推动自身走向真正独立发展；另一方面，也需要在关注自身发展的同时，主动规划，积极了解这些主体的需求，找到对方的诉求点与融合的突破口，运用自身在文化、智力和技术等方面的优势资源，在经济、文化或技术上的某个要点上寻求突破，主动提供单向式服务，从而为多主体的融合发展建立起互利互惠的合作基础。

2. 建立多种协调机制，处理好各方关系利益

在独立学院迁建发展的不同阶段，和母体高校、地方政府及企业之间有着不同的角色关系转变，如母体高校从独立学院的联合投资人角色逐渐转变为独立学院发展的“监护人”进行工作指导，而地方政府则逐步和独立学院发展为合作伙伴关系。主体间关系不断紧密化发展，融合发展中的内容和矛盾随之变化，主体间的协调方式也需要不断改进。在早期，双方可以通过各自的相关主管部门，通过合作办学协议、战略协议等比较正式的形式进行协调；而后期需要发展为双方共建的机构，如董事会、教学基地、产学研合作平台等，通过调研、走访、非正式交流等更为日常和非正式化的方式进行协调。

3. 加快自身能力提升，促进可持续的对等协同

在独立学院和母体高校以及地方政府、企业的合作初期，更多的是单向的资源输入服务。在这一过程中，独立学院应当加快提升自身能力，推动合作向寻求多方共同利益诉求

的方向发展，如在校地合作中，可以以共建实验室、教学基地等形式开展；在与母体高校合作中，可以通过吸纳母体高校部分师资来弥补自身师资力量的短缺，同时为母体高校引入更高层次人才创造条件。通过制度设计、平台搭建，形成联合机构，使独立学院的融合协同向常态化、制度化和长期化的阶段发展，促使合作多方的地位、权责利向更加对等的趋势发展。

四、结语

独立学院是世纪之交我国高等教育快速发展的产物，具有鲜明的中国特色，在我国高等教育的人才培养中发挥了重要作用。浙江、江苏等省独立学院迁建县域办学，既有国家主管部门的政策推动，又是独立学院的现实需要与理性选择，还是迁入地政府基于地方转型发展的政治考量与现实考量。但独立学院迁建县域办学不仅面临着来自政府、市场与母体高校的需求平衡，还面临着来自文化重建、质量保障与融合发展的多重挑战。要解决这些难题和挑战，需要优化产权结构，完善制度体系；明确办学思想，加强教学资源建设，提升办学质量；加快校地融合，办好特色教育，走出一条独立发展的道路。

参考文献：

[1] 中华人民共和国教育部.全国高校名单[EB/OL].http://www.moe.gov.cn/srcsite/A03/moe_634/201706/t20170614_306900.html.
[2] 潘泽谷，李成.独立学院制度变迁的困境及其突破[J].教育发展研究，2010(8)：55-59.
[3] 严毛新.独立学院：一种过渡样态的高等教育办学模式[J].浙江社会科学，2011(3)：135-143.
[4] 辜胜阻，易善策.优化我国独立学院的对策思路[J].教育研究，2007(7)：40-45.
[5] 刘巨钦.办学机制创新与教育资源优化——回归创办独立学院的根本目的[J].教育发展研究，2008(12)：48-52.
[6] 刘凤泰.从专项检查看独立学院的生成与发展[J].中国高等教育，2005(17)：6-8.
[7] 阙明坤.我国独立学院转设区域分布现象、归因及对策[J].教育发展研究，2005(7)：11-17.
[8] 缪劲翔.大学内部治理问题与中国特色现代大学治理体系建设[J].北京教育，2017(3)：65-69.

作者：袁金祥，浙江工商大学党委办公室、校长办公室主任，副教授。

（原载《延边大学学报(社会科学版)》2019 年第 4 期）

专题四

非营利性民办学校出资人的特别财产权探析*

吴回生　柯小青

摘　要：出资人举办非营利性民办学校具有特别财产权，这种财产权集中在财产性权益方面，主要表现在出资人拥有参与出资财产管理权、出资资金转让权和学校剩余财产奖励权。实行营利性和非营利性民办教育分类管理，促进非营利性民办学校的健康发展，必须加强非营利性民办学校出资人特别产权的保护。

关键词：非营利性民办学校；出资人；财产性利益；权能；保护

民办教育实行营利性和非营利性的分类管理，出资举办营利性民办学校和非营利性民办学校的产权大相径庭。按照民办学校产权制度的安排，营利性民办学校实行公司产权，出资人的产权具有股东权益。非营利性民办学校产权比较特殊，按照《民法总则》有关非营利性法人的规定，非营利性民办学校的设立以公益为目的，在民办学校终止时不得向出资人、设立人或者会员分配剩余财产。民办学校的剩余财产应当按照法人章程的规定或者权力机构的决议用于公益目的。新修订的《民办教育促进法》同时规定，民办学校存续期间，出资人不得撤资，不得对办学结余进行分配。表面上看，出资举办非营利性民办学校不存在产权，或者说出资人出资产权被"公有化"或"社会化"。事实上，由于出资非营利性民办学校不以营利为目的，加上教育的公益性和基础性，尤其是义务教育的强制性、全民性和免费性，非营利性民办学校出资人的财产权由此受到限制，特别产权制度相应建立。

一、非营利性民办学校出资人享有特别财产权

在法律上，产权人享有的产权取决于出资行为的性质。所以，非营利民办学校出资人的财产权与出资行为密切相关，由于出资举办非营利民办学校的特殊性，非营利民办学校出资人的财产权显得特别和有限。

（一）出资非营利民办学校不会导致财产权灭失

在现行的法律制度下，社会组织和个人举办学校，可以分为两种行为：捐资办学和出资办学。按照《中华人民共和国公益事业捐赠法》的规定，捐资是指自然人、法人或者其他组织自愿无偿向依法成立的公益性社会团体和公益性非营利的事业单位捐赠财产，用于公益事业。因此，社会组织或个人捐资举办民办学校，就是捐赠人自愿无偿向民办学校捐

*　基金项目：广东省哲学社会科学"十三五"规划 2017 年度资助项目（GD17CJY07）。

赠财产。从法理学上讲,捐资办学的行为,就是社会组织或者自然人以捐赠人身份,受赠的民办学校以受赠人身份,完成捐赠人向受赠人捐赠财产。在这个过程中,实现了财产流转,同时使得产权主体发生改变。即捐赠人向民办学校捐赠财产,也将财产所有权转移给了民办学校,意味着捐赠人对捐赠财产所有权消灭,受赠人民办学校取得捐赠财产的所有权。这是因为,在法律制度中,所有权的消灭存在两种情形,即是所有权绝对消灭和所有权相对消灭。所有权绝对消灭是指所有权的标的因一定的法律事实或自然原因而不复存在,最常见的就是生活消费、生产消耗或自然灾害等原因导致财产的毁灭。与所有权绝对消灭不同,所有权的相对消灭是指因一定的法律行为或法律事实的发生而导致原所有权人丧失所有权。引发所有权相对消灭的原因主要包括:财产所有权被抛弃、财产所有权被依法转让、财产所有权的主体资格丧失、财产所有权因国家采取强制性措施而消灭等。很显然,自然人、法人或者其他社会组织自愿无偿捐资举办民办学校,导致捐赠人对捐赠财产所有权的灭失,属于财产所有权相对消灭的情形。

与自愿无偿的捐资办学行为相比,出资举办民办学校,其出资行为有着完全不同的法律性质,不能把出资行为和捐资行为混淆起来。据此,民办教育法律制度也对捐赠行为和出资行为进行区分,并对社会组织或者公民出资民办教育的产权作出了预设。这种预设明确界定了民办学校出资人出资财产具有受限制的特别财产权,不因为出资人出资民办学校,导致出资财产权的灭失。事实上,民办学校的出资人出资民办学校,可以对出资财产行使多方面的权能,取得出资民办学校多样的财产性权益,形成出资人的财产权益体系,体现了出资人民办学校的财产权。所以,社会组织和个人出资举办营利性或非营利性民办学校,出资行为不属于捐赠行为,出资人的财产权没有消灭。按照民办教育财产权制度的安排,社会组织和公民举办营利性民办学校,视之为经济投资行为,具有股东财产权。出资非营利性民办学校,虽然不能取得经济投资行为的财产权,但也不能把它作为捐赠行为,导致出资非营利民办学校财产权灭失,而是受到公益目的和教育的特殊性的限制,具有不完整的特殊财产权。

(二)非营利民办学校出资人的财产性权益

按照现行的法律制度,社会组织或公民进行以营利性为目的的投资活动,投资人取得股东身份,享有资产收益权、分红权、剩余财产分配权。非营利民办学校出资人则不然。虽然社会组织或者公民利用有形资产或无形资产举办非营利民办学校,但其出资行为不是法律意义上的“投资”。根据《民办教育促进法》的规定,社会组织和公民出资非营利民办学校,从其出资举办民办学校之日起,直到民办学校终止,出资人不能依照《中华人民共和国公司法》《中华人民共和国城镇集体所有制企业条例》主张股权或所有者权益。在民办学校存续期间,出资人不能抽回出资,也不能像公司股东一样按份额分红。在民办学校终止时,出资人不得分配民办学校的剩余财产,只享有依法管理和有条件的补偿和奖励。以营利为目的的投资和民办教育的出资财产权存在巨大差别,主要是由出资非营利民办学校的法律后果的性质决定的。社会组织或公民出资非营利性民办学校,出资人对出资财产的权益至少受到两方面的约束,即:教育的公益性和非营利目的。教育的公益性是指教育能为受教育者(及其直系亲属)之外的其他社会成员带来的经济的和非经济的收益[1]。这种公益性主要表现在:教育在给受教育者带来收益的同时,也可以通过受教育者使其他成员和整个社会同时受益，这种影响被称为教育影响的外部性。因此，坚持教育的公益性，就是在培养人才的过程中，不仅需要促进受教育者的身心发展，还要使培养人社会共同的经济和非经济目的服务。另外，出资人举办非营利民办学校，出资行为的目的已经有了不求利润回报的限制，出资人也就不能取得非营利性民办学校的办学结余，不拥有学校最终所有权[2]。所以，社会组织和公民出资举办非营利性民办学校，出资人的财产权与股东的财产权存在本质差别，受到许多条件的限制，财产权的权能特别和有限。

对非营利性民办学校出资行为进行深入分析，可以发现，出资人举办非营利性民办学校，出资行为完成后，出资财产成为学校法人财产，这在法律上称为让渡其财产权。这种财产权让渡的结果是，在学校存续期间，学校对财产占有和使用，出资人不得撤回或挪用出资财产，不能提取办学结余。学校终止办学时，剩余财产继续用于非营利性民办教育。但是，非营利性民办学校出资人的财产权让渡，并不等于出资财产的产权消灭。这是因为，在财产权理论领域，产权和所有权有着明确的区分。按照一般理解，产权包含所有权、使用权、收益权、处分权等四个方面，其中所有权、使用权和处分权合称为控制权。因此，产权也可分为收益权和控制权两个部分。出资人举办非营利性民办学校，虽然对出资财产失去了占有、使用、处分等控制权，但依法享有参与包括财产收益权在内的学校管理权利，可以在学校终止时获得补偿和奖励。可见，非营利性民办学校，出资人的财产权并非完全消灭，而是享有部分或者说不完整的财产收益权，也可以称为财产性权益。

二、非营利民办学校出资人特别财产权的权能

非营利性民办学校出资人的财产性权利特别和有限，享有的是不完整的财产权，这也就是产权理论所称的“产权残缺”。在产权理论领域，完整产权是指特定主体拥有物品或资源的收益权和控制权。而仅拥有其中的一种权利或某些权利，以及某种权利不充分，表明对该物品或资源的产权是不完整的，这种现象被称为产权残缺[3]。正如前面的分析，对非营利性民办学校进行出资，出资人拥有的只是部分财产控制权和收益权，表明了非营利性民办学校出资人对出资财产存在产权残缺，或者说出资人对出资资产只拥有部分产权。根据《民办教育促进法》及其实施条例，并结合民办教育的实际，非营利民办学校出资人对出资财产的产权主要包括：参与出资财产的经营管理权、出资资金转让权、获得学校剩余财产奖励权。

（一）参与出资财产的经营管理权

促进民办教育的发展，需要大力发展非营利性民办教育，鼓励社会组织和公民出资举办非营利性民办学校。由此也就带来了如何处理出资人和非营利性民办学校的产权关系问题，核心在于既要保证非营利性民办学校能够拥有办学的独立性和自主性，充分利用教育资源开展人才培养工作，又要保证非营利性民办学校出资人的合理诉求，维护出资人的合法权益。为了实现这个目的，在处理学校和出资人的关系问题上，首先要处理好学校财产权和出资人的财产权问题。现行的民办教育法律产权制度，首先对非营利性民办学校的财产控制权进行了规制，社会组织和公民举办非营利民办学校，以有形财产或无形财产出资形成了学校资产，学校取得法人资格后，法人享有学校资产的财产权，拥有包括出资人出资资产的控制权和部分收益权。因为法人是独立于自然人的法律主体，是依法独立

享有民事权利和承担义务的组织,如果法人不享有独立的财产权,则独立享有权利和承担义务都将是纸上谈兵。如果这时仍然承认原出资人对其出资享有所有权,就与法人财产权冲突,破坏法人财产权的完整性。要发挥法人制度的优势,就要维护法人财产权的完整性[4]。与此同时,出资人对民办学校的出资财产保留着财产性权益,并按出资的份额对法人享有权益,比如出资人成立董事会或理事会,通过法定程序选择学校管理者,对学校法人财产进行监督管理,并通过合法途径对重大问题行使决策权等。所以,出资人对非营利性民办学校出资财产的控制权,体现在通过对学校的办学行为和办学过程产生影响,直接或间接地对出资财产进行控制,实现对出资财产进行经营管理的目的。当然,当非营利性民办学校有不同的出资人时,出资额大的出资人在法人决策中享有主导地位,能通过法人支配其他出资人的财产[5]。

需要说明的是,非营利性民办学校出资人参与民办学校的经营管理,根据学校办学章程,通过法定的程序和要求,可以获取参与学校经营管理工作的工资、奖金。而且,对于非营利性民办学校管理人员的工资标准较为宽松,奖金标准也有着较大操作空间,在学校办学结余富余的情形下,出资人参与学校经营管理,取得的工资、奖金就有出资"收益"的意味。从这个角度上来看,出资人对出资财产有一定的财产收益性。

(二)出资资金转让权

民办教育的发展与市场经济紧密联系,一方面是社会对教育多样化的需求增长,另一方面是市场经济发展为民办教育提供了条件。为了促进教育事业的快速发展,国家制定一系列政策,鼓励社会力量举办民办学校,使得民办教育事业迅速发展。但是,社会资金进入民办教育领域,一定程度上把出资资金作为"资本"进入教育产业。根据全国人大教科文卫委员会的调查,民办高校的私人或者法人投入中,仅有10%属于非营利性、公益性捐赠,而90%是谋求营利与回报的投资[6]。在民办教育事业发展新时期,实行营利性和非营利性民办学校分类管理的背景下,不能无视进入民办教育资金的历史背景。而且,随着改革开放的持续深入,市场开放的程度越来越高,各种市场要素流转将更加快速高效。出资非营利性民办学校资金,也将更加遵循"市场自由"原则,尊重出资人自愿性和自主性。

事实上,因各种原因非营利性民办学校出资人需要退出、撤回出资资金时,法律也赋予了出资人合法权利。但是,由于非营利民办学校属于公益性组织,出资人撤资和退出非营利民办学校,理应受到严格限制。在学校正常运作的情况下,出资人不得以解散学校、分割学校财产的方式退出。因此,非营利性民办学校出资人具有退出意愿时,只能允许出资人将其持有的学校份额转让给他人,通过收取转让价金来收回其出资。这样,既可以让出资人平稳退出和新的出资人进入民办教育领域,又能保持学校的持续健康发展。

非营利性民办学校出资人转让出资资金,需要有三方面的限制:一是受让人应当具有政治权利和完全民事行为能力;二是由举办者提出,在进行财务清算后,经学校理事会或者董事会同意,报审批机关批准;三是在某个出资人对民办学校的股权面临转让时,其他出资人应有同等条件下优先于其他潜在购买人购买的权利,即享有优先购买权[5]。只有明确非营利民办学校出资人的资金转让权,并严格规范资金转让权行使的条件和程序,才能更好保护非营利民办学校出资人的权益,也才能更好吸引社会资金参与举办非营利性民办学校，促进非营利性民办学校健康发展，也才能更好地保护出资人的财产性权益。

（三）学校剩余财产奖励权

虽然非营利民办学校终止办学时，出资人不得取得学校剩余财产的分配，不得取回出资资金。但是，为了鼓励出资人举办非营利性民办学校，通过创新办学模式和办学机制，提高学校经营效率，不断提高办学积累形成的资产，民办学校终止办学时，对于办学积累形成的增值资产，政府可以通过奖励的方式，对出资人给予奖励，用于表彰出资人的努力和贡献，这也可以视为出资人的剩余财产分配权的一部分。明确出资人在非营利性民办学校的剩余财产分配权，不仅可以杜绝或减少出资人抽逃出资资金，维护学校办学的稳定性，而且能够激励出资人努力办好学校，不断改善学校经营，提高学校教育教学质量的同时，努力提升办学的经济效益，更好促进非营利性民办学校的健康发展。

所以，非营利性民办学校终止时，需要对民办学校的财产进行依法清算。如果民办学校的全部财产在清偿全部债务和应付账款后还有剩余，出资人可以通过分配学校的剩余财产来收回出资。对于办学积累形成的增值资产，政府将依据出资人的贡献情况和办学业绩，对非营利性民办学校出资人进行奖励。从这里也可知道，非营利性民办学校出资人具有一定的财产性收益权。只不过这种收益权和投资收益权相比，限制性的条件较多，同时需要履行法律规定的程序，这也表明了出资非营利性民办学校财产权的特别之处，具有特殊性和有限性。

三、非营利民办学校出资人特别财产权的保护

出资非营利性民办学校不能视为经济投资，但也不是捐资行为，而是兼有公益性的出资行为。所以，认为出资非营利性民办学校不以营利为目的，学校财产理应归属于社会公共群体，这种对出资人出资财产“产权灭失”的观点，在理性法理面前根本站不住脚。同时，把出资非营利性民办学校视为让渡其财产权的同时也获得了相应的对价，出资人对其出资的非营利性民办学校享有股权，对出资财产拥有充分财产权[4]，这种观念无视非营利性民办学校公益性的实际，混淆了经济投资和出资公益的区别。

按照公共选择理论代表人物布坎南的观点，促进资源的有效配置，提高资源的效率，不在乎权力初始配置不合理或不公正，只要权限清楚，且产权可自由转让，资源配置的有效性便可保证。因此，积极引导社会资金举办非营利性民办学校，需要明确出资人的权限，并加以切实保护。核心问题在于寻找到出资人、学校和国家的利益平衡点，对出资人的利益进行补偿。充分吸引社会资金进入非营利性民办学校，必须构建非营利性民办学校出资人财产权制度，切实保护出资人的财产性权益。

（一）出资人出资的保值增值保护机制

实行营利性和非营利性民办教育分类管理，出资举办非义务教育阶段的民办学校，可以自主选择营利性或非营利性，出资举办义务教育阶段民办学校，只得举办非营利性民办学校。对于已经存在的义务教育阶段民办学校来说，绝大多数出资人并不是出自捐赠的意愿，继续办学只能选择举办非营利性民办学校。正如前面分析，出资非营利性民办学校不属于捐资行为，具有有限的特别财产权，那么，出资人的财产性权益理应得到法律保护。否则，社会组织和公民将不会出资举办非营利性民办学校，这将极大损害教育事业的健康

发展。在法治社会里,坚持一切合法的劳动收入和合法的非劳动收入都应该得到保护,这是法治社会的一项重要准则。因此,出资人通过出资举办非营利性民办学校,在为社会增加教育资源、培养人才的同时,也应该得到出资保值和增值的保护。

当然,保护出资人举办非营利民办学校的财产性权益的同时,并不能侵害学校和社会公共利益。建立规范的非营利性民办学校财产管理制度就显得特别重要,非营利民办学校要依法依规对出资资金、财政拨款、政府补助资金、受赠资产以及办学积累形成的资产进行分类登记,严格实行分类会计核算。作出这种严格规制,就是防止非营利性民办学校出资人,借公益之名,把财政拨款、政府补助资金、受赠资产等转移为个人出资财产,侵吞国有财产和社会公共资源。

与此同时,学校主管部门应关注学校的运行情况,严厉打击举办者非法干预学校运行、管理、抽逃出资、挪用学校办学经费等违法行为,切实加强监管,对可能影响所举办学校的重大事件及时了解、快速预警,督促学校规避风险、平稳运行。非营利性民办学校办学结余不得用于分配,不得用于营利性项目。学校终止办学时,依法清偿后的剩余资产,可以返还出资人的出资,对增值部分出资人可以按照法律规定取得相应的补偿或者奖励,剩余部分由审批机关安排,继续用于非营利性教育事业。只有这样,才能更好体现出资非营利性民办学校的财产性权益,把社会资金吸引到非营利性民办学校领域,促进民办教育事业的发展。

(二) 出资人的退出保护机制

由于各种各样的原因,非营利性民办学校出资人需要撤回出资财产,这就需要建立健全非营利性民办学校出资人的撤资和退出机制。现实中一些民办学校出资人转让出资资金时有发生,有的登记管理机关和审批机关不予认可,也有民办教育管理机关及法院认可出资转让行为具有合法性。所以,明确非营利性民办学校出资人的撤资和退出的条件和程序,成为出资人的撤资和退出的关键。

从非营利性组织的性质和使命来看,非营利性民办学校出资人出资转让,不能违反法律规定,同时需要符合民办非企业单位的章程。非营利性民办学校出资人转让出资财产,必须经过管理机关登记,这是出资转让有效的重要条件。与此同时,由于民办学校的特殊性,出资人转让出资资金,实际上导致举办人变更。所以出资人转让须由举办者提出,在进行财务清算后,经学校理事会或者董事会同意,报审批机关批准,这是出资人出资转让的程序性要求。此外,非营利性民办学校出资人出让出资资金,受让人必须具有政治权利和完全民事行为能力。所以,出资人转让出资资金时,可以要求受让人提供无犯罪记录证明或已犯罪但未被剥夺政治权利的相关证明文件,以确认个人具有政治权利。并根据受让人的年龄、智力状态、精神健康状况等因素,判定其是否具有完全民事行为能力。只有这样,转让行为才能合法有效,顺利完成转让行为。建立非营利性民办学校出资人的撤资和退出制度,才能促进出资非营利性民办学校的资金有序流转,对非营利性民办学校出资人的权益进行保护,也才能确保非营利性民办学校健康发展。

总之,非营利性民办学校举办者的出资行为既不是捐赠行为,也不是经济领域的投资行为。举办非营利性民办学校出资人具有出资财产的经营管理权、出资转让权和剩余财产奖励权等财产性权利,这是一种特别财产权,需要法律提供保护。实施营利性和非营利性民办教育分类管理，需要加强非营利性民办学校出资人的财产性权利保护工作，这也是关乎民办教育健康快速发展的一项重要工程。

参考文献：

[1] 杨卫安.教育公益性的持守与营利性教育的界限[J].教育理论与实践，2008(1)：20-23.
[2] 赵应声，钟秉林，洪煜.积极稳妥地推进民办教育分类管理——我国民办高等教育改革与发展探析(三)[J].中国高教研究，2011(10)：20-23.
[3] 高丹桂，张志强.浅论产权残缺和削弱——兼论中国农地产权残缺的问题[J].经济与管理，2006(7)：12-14.
[4] 沈剑光，钟海.民办学校法人财产权与民办教育分类管理[J].教育研究，2011(12)：37-40.
[5] 楼常青，吴建.民办学校出资人权益强制执行初探[J].金华职业技术学院学报，2011(1)：65-69.
[6] 施新华.民办学校投资人的退出机制研究[J].吉林农业科技学院学报，2016(2)：61-64.

作者：吴回生，广东第二师范学院教育学院教授；柯小青，广东轻工职业技术学校高级讲师。

（原载《广东第二师范学院学报》2019年第6期）

独立学院财务风险管控研究
——以浙江省独立学院为例*

陈　浩

摘　要：面对日益复杂的经济形势，独立学院财务风险的防控已成为中国当前亟待解决的重大问题。本文紧紧围绕浙江省独立学院财务风险管理的现状，从组织、投资代理、环境三个维度，采用因子分析等方法，研究浙江省独立学院财务风险影响因素并提出相应的风险控制策略。

关键词：独立学院；财务风险；数据分析

一、引言

独立学院是我国高等教育办学体制机制改革创新的一项重大举措，在一定程度上开启了高等教育大众化的另外一扇大门。作为一种特殊的办学模式，独立学院在办学经费、运营管理等方面都与普通公办院校、高职院校以及民办院校截然不同。独立学院在短短10多年内，逐步走上正轨，办学机制也日渐清晰，但为了扩大规模，大部分独立学院超常规经营，资金运作极其不规范，直接导致资金供求失衡。若不引起重视，不制定应对策略，将对独立学院的可持续性发展构成一定的威胁。因此，为有效防范独立学院的财务风险，应当准确捕捉财务风险的核心影响因素，并为控制独立学院财务风险管理提供可靠的理论依据和实践指导，推进独立学院体制机制改革的创新。

本文在对浙江省独立学院财务风险管理现状进行初步调查的基础上，借鉴国内外关于高校财务风险管理的相关文献，编制最终的调查问卷。基于调查问卷的样本数据，运用因子分析等方法，确定独立学院财务风险管控的影响因子。在此基础上，结合独立学院特有的办学体制机制，从组织、投资代理、环境三大维度，探究独立学院财务风险的核心影响因子，并对此提出相应财务风险控制策略。

二、高校财务风险研究回顾

近年来，社会各界对高校财务风险问题引起高度重视和关注。国内外学者对高校财务风险的成因、识别路径和方法、应对策略都进行了系统的研究，提出了很多可行性的观点和方案。

---

*　基金项目：国家社会科学基金一般项目（17BGL232）；浙江省教育厅2018年度一般科研项目（Y201840519）；杭州电子科技大学信息工程学院教育教学研究与改革基金项目（XXJG1810）。

（一）财务风险成因的相关研究

高校经济活动日趋复杂，由于内部和外部因素影响，高校的财务风险日益加剧。大部分学者根据高校财务风险的特点，对风险成因进行系统分析。王秉祯[1]认为高校的财务风险主要还是因资金的运动而产生非正常支付，无力承担科研和教学正常支出。何仁强[2]指出高校缺乏对投资项目科学的论证，大量利息支出挤占了科研教学支出，加大了隐形的财务风险。

（二）财务风险识别路径、方法的相关研究

一些专家学者借鉴企业的财务风险管理体系，根据高校的发展特点，选择不同模型，挖掘样本数据，对高校的财务风险管理进行系统的实证研究。郑鸣等[3]运用多元统计和Logistic 回归分析对高校的非财务数据信息进行研究，并构建了我国高校财务风险预警模型。窦伟[4]充分借助"Z 计分模型"对财务风险数据进行预测和分析。

（三）财务风险应对策略的相关研究

伴随着高校资金短缺等各种财务危机频频出现，众多学者开始关注财务风险应对策略。张笑涛等[5]提出了"五维财务风险防控框架"，并对"财务维度"等五个利益相关维度进行整体分析，指出建立财务风险管控的重要性。一些学者利用贝叶斯网络分类模型、逻辑回归分析等方法，提出了适应高校的新风险评价机制[6]。

研究成果表明，目前国内外关于财务风险的研究侧重对象公办高校，针对独立学院这一特殊高等教育组织的财务风险形成和发展的理论性和实证性研究较少。除此之外，国内外专家学者主要还是通过构建模型或选取偿债盈利能力的财务指标，研究高校财务风险的控制措施，少有针对学校的全部经济活动探究财务风险的具体管控手段。因此，结合独立学院具有营利性和公益性的双重性质，从学院的整体经济活动来研究财务风险影响因素，对学院财务风险管理具有现实意义。

三、浙江省独立学院财务风险管理现状

（一）浙江省独立学院财务风险管理的调查结果与分析

通过梳理国内外关于高校财务风险管理的相关文献，结合浙江省独立学院财务风险管理现状，本文编制最终包含 30 项独立学院财务风险测量条款的调查问卷，测量条款和测量条款来源如表 1 所示，并选取浙江省 19 所独立学院为样本，向长期从事财务管理工作的一般职员、中层管理者、高层管理者发放问卷 135 份，回收 120 份，其中有效问卷 99 份。

表 1　独立学院财务风险测量条款和测试条款来源

编号	测量条款	测量条款来源
Q_1	学院运行机制缺乏活力	刘英姿(2007)
Q_2	学院招生规模加大，存在基建投资需求	蔡洋宏(2017)
Q_3	领导实行任期制，资产投资项目的透明度不强	刘东(2003)
Q_4	扩张速度快，但偿债能力低	王秉祯(2012)
Q_5	贷款规模大	丁毅(2006) 颜承志(2009)

续 表

编号	测量条款	测量条款来源
Q_6	国家货币政策调整及利率变化产生影响	颜承志(2009)
Q_7	受国家政策影响较大	夏志强(2006)
Q_8	捐赠意识不强	郭继秋(2015)
Q_9	学院的外部效益很难衡量	韩淑娟(2007)
Q_{10}	学生住宿、饮食、医疗等条件设置情况	曾令如(2007)
Q_{11}	学院法人资格模糊	黄映芳(2006)
Q_{12}	缺乏对学院发展战略和外部效益的研究	陈舒(2014) 陈志成(2008)
Q_{13}	学院之间存在攀比现象	王俊华(2006)
Q_{14}	学院发展存在趋同化,缺乏办学特色,一味求大求全	曹青林(2006)
Q_{15}	学院管理层容易受短期政绩影响	刘英姿(2007)
Q_{16}	因社会保险等因素,致使人工成本增加	彭柯(2012)
Q_{17}	财务预算的软约束机制	黄文秀(2003) 华兴夏(2011)
Q_{18}	科研活动产生的资产流失	居淑芳(2010)
Q_{19}	因学院外界影响力下降,导致融资困难	赵冠群(2017)
Q_{20}	学院承担提升国民素质的责任	任芳(2007)
Q_{21}	就业率下降导致学生读书积极性减弱	王梓(2004)
Q_{22}	高校优质生源的激烈竞争	夏志强(2006)
Q_{23}	经济责任不强	孟金莲(2005)
Q_{24}	内部控制完善程度	曹青林(2006)
Q_{25}	重大问题民主化缺乏	张小明(2011)
Q_{26}	财务风险意识弱	李素红(2005)
Q_{27}	促进地方经济与发展	夏志强(2006)
Q_{28}	行政职能复杂导致非教学成本增大	张向东(2009)
Q_{29}	师资力量和教学设备投资大	张小明(2011)
Q_{30}	院系管理权限不清	刘正兵(2013)

根据问卷调查的反馈结果,目前浙江省独立学院财务风险管理存在的问题主要表现在以下三个方面:

第一,学院产权法人地位模糊。独立学院区别于母体高校的最大特征之一是投资主体的社会化,筹资渠道多元化。但是,在实际调查中发现,47.37%的被调查人员认为法人地位模糊。独立学院尽管经教育部批准具备独立法人资格,但是母体高校限制了独立学院的人员招聘、教学支出等一系列管理自主权,并且母体投资的固定资产、无形资产也未办理过户手续，导致独立学院的责、权、利模糊不清。

第二，独立学院管理决策者财务风险意识淡薄。在对浙江省19所独立学院调查人员的风险意识调查中发现，36.8%的被调查者认为独立学院的管理决策者风险意识弱，而仅有5.7%的被调查者认为学院的管理决策者风险意识较强。由于学院管理决策者缺乏战略性的财务风险运作规划意识，导致财务状况总量失衡。尤其是部分独立学院新校区建设过程中，基建实际投入金额超过运营结余。这种任意盲目扩张的负债经营做法，很难保证独立学院经营中财务杠杆的正效应。

第三，独立学院内部控制机制不健全。在实际的调查过程中，52.63%的被调查人员认为目前独立学院的内部控制制度比较健全，但是监管效果欠缺。21.05%的被调查人员认为内部控制流于形式，对重大财务决策并没有集体讨论研究，完全是纸上谈兵。正如调查显示，各独立学院尽管建立了详细的内部控制体系和防范机制，但是停留于表面，并没有在经济业务发生的事前、事中和事后发挥监管作用，存在较大的隐患，使得独立学院体制机制在改革运行过程中偏离方向。

综上所述，独立学院财务风险管理既存在外部问题(学院产权法人地位模糊等)，也存在内部问题(管理决策者财务风险意识淡薄、内部控制不健全等)。这些问题对独立学院的财务管理体制产生一定的影响，在一定程度上对学院财务正常运行产生较大的阻碍作用。

(二) 浙江省独立学院财务风险与财务管理体制的关系

独立学院财务管理体制是学院财务管理的根本组织结构体系，直接支配学院整体的财务管理工作。开展财务风险管理分析是提高独立学院财务风险防范处理能力和实现独立学院财务管理体制改革创新的重要途径。因此，独立学院从建立法人地位、加强财务风险的控制意识、完善学院内部控制体系三方面着眼，进行财务风险管控。

1. 明确法人地位，有助于创新财务管理组织机制

通过明确法人地位，实现学院办学独立自主权，发挥法人自身战略决策、监督管理的作用，加强对重大事项的监督和指导，寻求集体审批制度带来的边际效益，推动财务管理体制创新。

2. 确定财务风险预警机制，有助于优化财务管理体制

独立学院在开展日常教学和科研活动时，需加强对所用资金进行科学判断和可行性的论证，确定合理的资金结构，充分利用财务杠杆，以提高学院负债经营效益[7]。

3. 完善内部控制体系，有助于改善财务管理体制

科学合理的内部控制运行机制对深化和完善财务管理体制起着举足轻重的作用。根据独立学院的实际情况，完善各项财务管理制度，对各项财务经济活动进行监督和控制，为改善财务管理体制提供有利条件。

四、浙江省独立学院财务风险影响因素研究

基于浙江省19所独立学院问卷调查分析，找出影响独立学院财务风险的因子是独立学院财务风险管控研究的重要一环。通过识别独立学院财务风险影响因子，有助于加强财务风险管控，从而促进独立学院财务管理水平的提高，并有效地推动独立学院正常的体制机制改革。

(一)基于主成分分析法分析独立学院财务风险影响因子

本文基于主成分分析法,借助 SPSS 25.0 软件,对独立学院财务风险影响因子进行实证研究。样本 KMO 和 Bartlett 检验结果如表 2 所示。从检验结果可以发现,样本的 Bartlett 检验值为 3 313.563,且显著性概率为 0,小于 0.001;同时,样本的 KMO 测试系数为 0.723,这表明可以对样本数据进行因子分析。

表 2 KMO 和 Bartlett 检验结果

KMO 取样适切性量数		0.723
Bartlett 球形度检验	近似卡方	3 313.563
	自由度	435
	显著性	0.000

1. 提取因子变量

通过 SPSS 25.0 软件对指标数据进行标准化处理后,公因子旋转后的特征值、累计方差贡献率等数据信息如表 3 所示。本文取特征值大于 1 的 7 个因子为公因子。

表 3 公因子及总方差解释表

公因子	特征值	方差贡献率(%)	累计贡献率(%)
1	6.637	22.124	22.124
2	3.924	13.081	35.204
3	3.354	11.179	46.383
4	3.158	10.526	56.909
5	2.485	8.283	65.192
6	2.301	7.671	72.863
7	1.890	6.299	79.162
8	0.976	3.255	82.417
…	…	…	…

2. 命名变量因子

为了能对提取的公因子含义进行更有效解释,运用方差最大法旋转原始载荷矩阵,得到结果如表 4 所示。如果该公因子上的值大于 0.5,则认为该变量在对应公因子上有较大的负荷。从表 4 可知:①Q_6、Q_7、Q_8、Q_9、Q_{10}、Q_{16}、Q_{17}、Q_{19}、Q_{20}、Q_{21}、Q_{22}这 11 个变量旋转后,在公因子 1 上有较大的负荷。它们切实反映了外部因素对学校发展和财务风险的影响程度,故将公因子 1 命名为外部效益因子。②Q_2、Q_3、Q_{18}、Q_{24}、Q_{26}这 5 个变量在公因子 2 中有较高的负荷。学院的财务监管程度直接影响财务的运行状况,故将公因子 2 命名为监管因子。③Q_1、Q_{11}、Q_{15}、Q_{25}这 4 个变量在公因子 3 中有较高的负荷。它们诠释了权力和责任对等的影响程度,故将公因子 3 命名为产权因子。④Q_{12}、Q_{13}、Q_{14}这 3 个变量在公因子 4 中有较高的负荷。它们对财务风险的影响主要体现在独立学院发展目标奋斗的程度，将公因子 4 命名为发展战略因子。⑤Q_4、Q_5 两个变量在公因子 5 中有较高的负荷。在政府支持减少，自有资金匮乏的情况下，学院的还贷能力和扩张速度直接影响贷款程度，将公因子 5 命名为贷款因子。⑥Q_{28}、Q_{30} 两个变量在公因子 6 中有较高的负荷。合理的组织管理将直接影响机构的运行程度，将公因子 6 命名为组织管理因子。⑦Q_{29} 在公因子 7 中有较高的负荷。科研与教学支出离不开大量地人员经费和资产投入，影响着学院运营的好坏程度，将公因子 7 命名为运营因子。

表 4　根据方差最大法进行因子旋转的结果

编号	公因子 1	公因子 2	公因子 3	公因子 4	公因子 5	公因子 6	公因子 7
Q_6	0.546	0.365	0.116	0.028	−0.088	0.049	−0.034
Q_7	0.836	0.297	−0.193	−0.054	0.024	0.039	0.097
Q_8	0.786	0.270	−0.056	0.169	0.151	0.008	−0.004
Q_9	0.616	0.464	−0.189	−0.342	−0.071	0.001	−0.074
Q_{10}	0.758	−0.226	0.345	−0.024	0.047	0.200	−0.137
Q_{16}	0.565	0.449	−0.020	−0.379	−0.011	−0.075	0.485
Q_{17}	0.645	0.075	0.366	−0.166	0.131	0.093	0.450
Q_{19}	0.860	−0.030	0.206	0.121	0.217	0.196	0.150
Q_{20}	0.779	0.084	0.189	0.036	0.328	0.141	0.323
Q_{21}	0.707	0.462	−0.163	−0.098	−0.075	0.115	0.300
Q_{22}	0.768	−0.108	0.242	0.177	0.094	0.092	0.343
Q_{18}	0.217	0.853	−0.180	0.233	0.023	−0.023	0.083
Q_2	0.149	0.588	0.128	−0.052	0.335	0.145	−0.272
Q_3	−0.048	0.679	−0.225	0.000	0.535	−0.069	0.142
Q_{24}	0.052	0.784	0.337	0.180	−0.126	−0.164	0.115
Q_{26}	0.326	0.560	0.033	−0.394	−0.112	0.092	0.295
Q_1	0.256	0.129	0.711	−0.097	0.100	0.442	0.220
Q_{11}	0.435	0.002	0.552	0.005	0.154	0.480	0.019
Q_{15}	−0.029	0.085	0.794	0.419	0.064	0.045	0.055
Q_{25}	0.030	−0.112	0.856	0.133	−0.063	0.010	−0.051
Q_{12}	0.103	0.078	0.157	0.895	−0.017	−0.020	−0.120
Q_{13}	−0.006	−0.094	0.211	0.913	0.135	0.055	−0.104
Q_{14}	0.099	0.471	−0.028	0.709	0.265	0.077	0.124
Q_4	0.088	−0.033	0.156	0.200	0.901	−0.033	−0.011
Q_5	0.245	0.105	−0.028	0.054	0.874	0.155	0.138

专题四

续 表

编号	公因子 1	公因子 2	公因子 3	公因子 4	公因子 5	公因子 6	公因子 7
Q_{28}	0.044	−0.076	0.380	0.001	0.226	0.787	0.114
Q_{30}	0.121	−0.032	0.012	0.109	−0.107	0.831	0.070
Q_{29}	0.233	0.091	0.044	−0.131	0.092	0.135	0.745
Q_{23}	0.426	0.031	0.458	0.198	0.213	0.335	0.441
Q_{27}	0.347	0.397	−0.093	−0.287	0.100	0.447	−0.016

3. 建立因子得分函数

结合SPSS运行获得的因子得分系数矩阵,如表5所示。根据表5建立独立学院财务风险影响因子得分函数:$F_i=\beta_1 Q_1+\beta_2 Q_2+\cdots+\beta_{30} Q_{30}$,$i=1, 2, \cdots, 5$。

表5 因子得分系数矩阵

编号	成分						
	公因子 1	公因子 2	公因子 3	公因子 4	公因子 5	公因子 6	公因子 7
Q_1	−0.059	0.066	0.225	−0.098	−0.002	0.105	0.025
Q_2	−0.009	0.203	0.102	−0.109	0.147	0.050	−0.330
Q_3	−0.108	0.180	−0.045	−0.028	0.232	−0.024	0.060
Q_4	−0.008	−0.048	0.046	−0.041	0.421	−0.121	−0.069
Q_5	−0.015	−0.032	−0.059	−0.042	0.386	0.008	0.011
Q_6	0.108	0.082	0.044	0.005	−0.083	−0.020	−0.146
Q_7	0.179	−0.005	−0.109	0.026	−0.038	−0.017	−0.070
Q_8	0.181	−0.002	−0.064	0.067	0.013	−0.053	−0.134
Q_9	0.134	0.095	−0.022	−0.107	−0.037	−0.017	−0.211
Q_{10}	0.209	−0.109	0.082	−0.049	−0.002	−0.017	−0.259
Q_{11}	0.036	0.007	0.136	−0.057	0.019	0.143	−0.132
Q_{12}	0.052	0.017	−0.041	0.316	−0.102	0.004	−0.025
Q_{13}	0.022	−0.031	−0.042	0.307	−0.025	0.033	0.002
Q_{14}	−0.043	0.112	−0.106	0.264	0.017	0.070	0.115
Q_{15}	−0.059	0.076	0.285	0.052	−0.019	−0.095	0.010
Q_{16}	0.028	0.062	0.020	−0.090	−0.030	−0.115	0.223
Q_{17}	0.058	−0.044	0.102	−0.062	0.018	−0.100	0.184
Q_{18}	−0.027	0.236	−0.062	0.108	−0.060	0.033	0.011
Q_{19}	0.173	−0.096	−0.016	0.041	0.035	−0.014	−0.042
Q_{20}	0.112	−0.069	−0.005	0.011	0.091	−0.052	0.088
Q_{21}	0.091	0.057	−0.105	0.037	−0.102	0.041	0.097

续 表

编号	成分						
	公因子 1	公因子 2	公因子 3	公因子 4	公因子 5	公因子 6	公因子 7
Q_{22}	0.139	−0.125	−0.010	0.088	−0.028	−0.072	0.148
Q_{23}	−0.018	−0.033	0.056	0.068	0.011	0.064	0.237
Q_{24}	−0.074	0.268	0.197	0.026	−0.106	−0.125	0.028
Q_{25}	−0.007	0.027	0.351	−0.064	−0.034	−0.141	−0.099
Q_{26}	−0.030	0.150	0.052	−0.114	−0.074	0.018	0.096
Q_{27}	0.008	0.109	−0.065	−0.091	0.014	0.250	−0.144
Q_{28}	−0.099	0.007	0.008	−0.020	0.042	0.388	0.013
Q_{29}	−0.088	−0.042	−0.061	0.030	−0.013	0.018	0.521
Q_{30}	−0.048	0.002	−0.175	0.107	−0.141	0.511	0.031

注:提取方法为主成分分析法。旋转方法为凯撒正态化最大方差法。

(二) 基于关联分析和回归分析甄选独立学院财务风险核心影响因子

1. 相关性分析

选取本文 7 个影响因子为自变量,组织、投资代理(学院投资所有者委托学院投资建设和日常运营)、环境三大维度为因变量,运用皮尔逊相关系数分析法,判别浙江省独立学院财务风险 7 个影响因子和组织、投资代理、环境三大维度之间的相关性。从表 6 的结果数据可看出,组织、投资代理、环境与 7 个关键因子均存在一定关联。外部效益因子、产权因子、组织管理因子在 0.01 水平上与组织风险显著相关;发展战略因子在 0.01 水平上与投资代理风险显著相关;外部效益因子、监管因子、发展战略因子在 0.01 水平上与环境风险显著相关。

表 6　7 个影响因子与组织、投资代理、环境三个维度风险的相关性

因变量		外部效益因子	监管因子	产权因子	发展战略因子	贷款因子	组织管理因子	运营因子
组织维度	皮尔逊相关性	0.419**	−0.080	0.574**	0.003	0.170	0.378**	−0.042
	Sig.(双尾)	0.000	0.429	0.000	0.974	0.093	0.000	0.680
	个案数	99	99	99	99	99	99	99
投资代理维度	皮尔逊相关性	0.166	0.097	0.023	0.848**	0.117	0.172	0.117
	Sig.(双尾)	0.101	0.342	0.820	0.000	0.247	0.089	0.250
	个案数	99	99	99	99	99	99	99
环境维度	皮尔逊相关性	0.564**	0.473**	−0.175	−0.335**	−0.068	−0.016	−0.067
	Sig.(双尾)	0.000	0.000	0.083	0.001	0.504	0.874	0.511
	个案数	99	99	99	99	99	99	99

注:** 表示在 0.01 级别(双尾),相关性显著。

2. 回归分析

从组织、投资代理、环境三大维度进一步甄选出独立学院财务风险核心影响因子。根据上文得到的因子得分函数,取得 99 个样本的 7 个影响因子变量值,并选取组织、投资代理、环境为因变量,进行多元回归分析。通过逐步回归法,得到分析结果如表 7 所示。

表 7　7 个影响因子与组织、投资代理、环境各维度风险的回归分析结果

模型	未标准化系数		标准化系数	t	显著性	R	R 方	调整后 R 方	F	显著性
	B	标准错误	Beta							
(常量)	0.248	0.408	—	0.608	0.545	0.712[d]	0.507	0.486	23.954	0.000[e]
产权因子	0.547	0.070	0.569	7.813	0.000	—	—	—	—	—
组织管理因子	0.309	0.071	0.319	4.376	0.000	—	—	—	—	—
外部效益因子	0.274	0.079	0.253	3.480	0.001	—	—	—	—	—
贷款因子	0.160	0.069	0.168	2.303	0.024	—	—	—	—	—
因变量:组织										
(常量)	0.840	0.411	—	2.041	0.044	0.636[c]	0.405	0.386	21.300	0.000[d]
发展战略因子	0.556	0.079	0.558	7.014	0.000	—	—	—	—	—
组织管理因子	0.230	0.081	0.227	2.847	0.005	—	—	—	—	—
贷款因子	0.240	0.090	0.212	2.668	0.009	—	—	—	—	—
因变量:投资代理										
(常量)	1.163	0.522	—	2.230	0.028	0.681[c]	0.464	0.447	27.120	0.000[d]
外部效益因子	0.544	0.095	0.434	5.730	0.000	—	—	—	—	—
监管因子	0.402	0.084	0.360	4.761	0.000	—	—	—	—	—
发展战略因子	−0.368	0.088	−0.319	−4.204	0.000	—	—	—	—	—
因变量:环境										

从表 7 的结果可知:①影响组织维度风险的最主要核心因子为产权因子。学院通过完善治理结构,能有效保证所有者的利益,防止领导的短期行为。②影响投资代理维度风险的最主要核心因子为发展战略因子。独立学院作为一个“代理人”,应当行使学院投资者或所有者(委托人)对学院的各项权利,并制定适合学院自身的发展战略,在竞争中谋求发展。③影响环境维度风险的最主要核心因子为外部效益因子。正向的外部效益加大学院的影响力,实现较大的财务回报,避免各种财务风险。

五、独立学院财务风险控制策略

鉴于实证分析,发展战略因子、产权因子、外部效益因子分别是独立学院组织、投资代理、环境三个维度的重要核心影响因子。良好的战略规划、明晰的产权、完善的外部效益

机制，将降低财务风险危机发生的概率，对优化财务风险管理起到事半功倍的效果。因此，独立学院应着重从以下三方面完善财务风险控制。

（一）独立学院的发展战略

独立学院在确定发展战略的时候，要处理好“尽力而为”和“量力而行”之间的关系，准确把握学院自身的办学特色和办学目标，并且符合国家和地方建设发展的需要，切勿好高骛远。

1. 构建政府和谐关系，促进学院战略蓝图

认真贯彻教育部关于支援西部等相关文件，在学院内部制定相关奖励政策，号召和鼓励广大师生投身西部地区建设。从短期看，大量的支援西部的奖励经费将增加财务压力，但从长期看，赢得政府相关部门的支持，提升了社会的认可度和美誉度，从而带来更多的优质生源，有利于独立学院发展战略的有效实施。

2. 发挥发展战略评估作用，为实施分阶段财务监督管理服务

独立学院的战略发展与财务风险管理监督相互制约，相互联系。为充分发挥财务风险监督的作用，独立学院在推进发展战略时，应该分阶段执行，并评估实施的可行性。根据评估反馈结果，适度调整战略，优化战略决策，避免不合理的战略决策对学院发展的制约。

（二）独立学院的产权

独立学院应当建立完善的产权管理责任机制，推进各级领导对财务风险的责任意识，从微观和宏观两个方面，实现权力与责任的对等机制。

在宏观方面，独立学院应设置平等或民主的董事会，拓宽社会各界人士参与的渠道。母体作为股东方，可出席学院的董事会行使表决权，履行指导、规范、督察、考核等职能。平等或民主的独立学院董事会还能避免学院领导的短期政绩行为，提高董事会议案的科学性，切实保证学院的正常运转与科学决策。除此之外，在独立学院董事会中引入独立董事，为母体高校、投资方以及利益相关者搭建一座桥梁，客观公正地为学院发展建设提供建议，供董事会参考，防范“一股独大”的财务风险。

在微观方面，建立民主管理和监督机制，完善独立学院产权治理结构。实现全面预算管理，利用信息技术平台，高度集成财务流程与内部控制流程，有效地将预算管理与财务风险管理相融合，真正实现全面预算在实际经营活动中的财务管控作用。充分发挥内部控制的监督职能，通过数据挖掘与分析，构建内部控制、外部审计、评价制度一体的独立学院财务风险控制体系。

（三）独立学院的外部效益

高校在办学绩效、教学质量、学术研究和社会服务等各方面，一旦赢得社会的认可，必然会获得较多的社会资源。因此，独立学院需积极引入社会力量，建立友好合作关系，促进学院跨越式发展。

为了充分发挥学院自身的科研能力和教学能力，可以与企业开展产学研合作。通过与企业的合作，了解企业的实际需求，修订培养计划，适当增设市场亟须的课程或专业，共同培养紧缺人才。同时，学院也可以为企业专业技术人员授课，提升企业技术人员的专业知识，促进产品创新和服务创新。

六、结语

独立学院财务风险受多方面因素影响。本文实证研究表明:①浙江省独立学院财务风险主要受到外部效益因子、监管因子、产权因子、发展战略因子、贷款因子、组织管理因子和运营因子的影响,这7个因子的累计方差率达到79.162%,解释原始信息的能力分别达到22.124%、35.204%、46.383%、56.909%、65.192%、72.863%和79.162%。②7个影响因子与组织、投资代理、环境三大维度风险存在较强关联。其中,产权因子、发展战略因子、外部效益因子分别对组织、投资代理、环境三个维度有较大影响,成为各维度的核心影响因子。

参考文献:

[1] 王秉祯.关于高校财务危机的思考[J].财会通讯,2012(1):143-145.
[2] 何仁强.高校贷款财务风险及对策研究[J].南昌高专学报,2006(3):66-67.
[3] 郑鸣,赵璧辉.基于非财务信息的我国高校财务绩效评价实证研究[J].教育科学,2008(1):54-58.
[4] 窦伟.修正的Z值风险模型——高校财务风险预警指标体系探析[J].河南财政税务高等专科学校学报,2007(2):32-34.
[5] 张笑涛.利益相关者理论视野中的民办高校财务风险规避[J].教育财会研究,2012(6):26-30.
[6] 郑鸣,黄光晓.我国高校财务困境预测研究[J].经济纵横,2008(5):80-81.
[7] 华兴夏.论独立学院财务管理创新机制的构建[J].会计之友,2011(2):118-119.

作者: 陈浩,杭州电子科技大学教授。

(原载《会计之友》2019年第17期)

民办学校退出与学生受教育权的保护

——基于国家义务视角*

张利国　于海波

摘　要：受教育权是人权的重要组成部分，也是我国宪法赋予公民的一项基本权利。作为民办学校退出机制的核心问题之一，受教育权保护需从国家义务配置的视角加以审视，并从退出机制的整体框架中寻求解决之策。在国家义务配置方面，当前受教育权保护存在相关规定整体操作性不强、政府辅导与救助功能缺位以及司法救济途径相对有限等问题，成为制约受教育权有效保障的关键因素。为此，应完善现有法律法规，允许有条件地适用重整制度，在条件成熟时制定专门的民办学校变更退出实施细则；建立民办学校退出预警机制，完善政府对困难学校的辅导救助义务；建立健全受教育权相关救济机制。

关键词：民办教育；民办学校；退出机制；受教育权；国家义务

近年来，民办学校倒闭导致学生学业中断或无学可上的事件时常被媒体曝出，有的甚至引发严重的群体性事件，不仅对民办教育造成很大的负面影响，也对社会稳定产生消极影响。当前学界关于民办学校退出过程中学生受教育权保护的研究整体较为薄弱，主要聚焦于两个方面：一是针对《民办教育促进法》以及相关立法，对学生安置相关法律条款和规范的研究[1-2]；二是针对私立学校或民办学校本身，对退出时如何保障学生利益的研究[3-4]。但从国家义务配置的视角看，对民办学校退出时受教育权保护问题的相关研究暂付阙如。民办学校退出时学生的安置问题，主要体现在《民办教育促进法（2018 修正）》第五十七条"民办学校终止时，应当妥善安置在校学生。实施义务教育的民办学校终止时，审批机关应当协助学校安排学生继续就学。"按照规定，民办学校是承担学生安置义务的主体，而代表国家意志的审批机关仅对义务教育阶段的学生承担"协助"义务。民办学校与学生是紧密相关的利益共同体，保护受教育权是民办学校退出机制的核心问题，毋庸置疑，民办学校应发挥受教育权保护的主体作用。但是，我国民办学校具有典型的政府主导下的强制性制度变迁的特点[5]，其发展与政府政策密切相关，甚至可用唇亡齿寒来形容[6]。因此，从国家义务视角审视当前民办学校退出时学生的受教育权保护，具有重要的理论和实践价值。

* 基金项目：国家社会科学基金一般项目（16BGL164）；辽宁省教育科学"十三五"规划重点课题（JG18DA003）；大连民族大学大学生创新创业训练计划项目（201912026070）。

一、受教育权国家义务配置的法理分析

(一)受教育权是人权的一项重要内容

由于教育在提升国民素质、培养人才、传播文明及提高国家整体竞争力等方面具有独特而重要的作用,教育权与受教育权历来受到国际社会的高度重视。作为公民的一项基本人权,受教育权不仅在《世界人权宣言》《经济、社会及文化权利国际公约》《取缔教育歧视公约》等规范性国际文件中予以规定,而且作为一项基本权利在绝大多数国家的宪法中加以明确。1954年我国颁布的《宪法》第九十四条首次对受教育权作出规定,使其成为公民的一项基本权利。此后,历次宪法修订都对受教育权作出明确规定,2018年颁布的《宪法》第四十六条不仅规定了公民的受教育权,亦从人才培养目标角度对国家义务作出规定。国家义务作为与公民基本权利相对应的宪法基本范畴,是基本权利的根本保障[7]。按照德国宪法学有关理论,受教育权所对应的国家义务主要呈现三种样态:对应受教育权防御权功能的国家消极义务(不予以侵犯的义务);对应受教育权受益权功能的国家给付义务(请求国家积极作为的给付义务);对应受教育权客观价值秩序功能所衍生的国家保护义务(竭尽全力促进基本权利实现的义务)[8]。在具体运用方面,国家义务突出表现为通过立法机关、行政机关和司法机关等国家职能的设定与履行等方式来实现,如在立法领域,目前我国已初步形成以宪法为基础、以教育法和其他教育法为核心、以教育法规和各类教育规章为主体的多层次的教育法律体系,以保障公民的受教育权。

受教育权的人权意义不仅体现在其被越来越广泛地运用于国际条约和各国宪法之中,也体现在学界对受教育权本质认识的不断深化和持续争论。按照民法“利益说”观点,权利的本质是法律所承认和保护的利益[9]。受教育权究竟为何种权利,受教育者据此可获得什么利益,对其自身有何意义?我国学者从人权角度,结合受教育权本质学说的演变进程,将受教育权本质的争论观点划分为四种学说,即公民权说、生存权说、学习权说和发展权说,其中“公民权说”强调公民的政治权利,“生存权说”强调公民的经济权利,“学习权说”侧重公民自身的发展完善,“发展权说”强调受教育权的最终意义是使受教育者获得身心全面和谐的发展[10]。尽管这四种学说对受教育权本质的认识都有失偏颇,但呈现两个鲜明的特点。一是受教育权内容具有丰富性。受教育权不仅包括政治权利、经济权利,还包括对受教育者主体发展和人格完善等权利。它在本质上是一项复合权利,是受教育者的“公民权或政治权”“经济、社会或文化权利”“发展权”及“学习权”[11]。二是国家义务主体具有主导性。国家不仅应承担为受教育者主动提供有助于其受教育权实现的学习条件与机会、消除妨碍其受教育权实现的不利环境与条件等积极义务,也要承担不得损及受教育者正当学习权与学习效果的消极义务。这也表明,受教育权不仅是主权国家必须履行的法定义务,也是联合国各成员国和国际人权公约缔约国义不容辞的国际责任[12]。

(二)对国家义务的认识不能脱离受教育权具体的法律关系

法律关系是以权利、义务为主要内容的社会关系。在任何法律关系中,一方主体权利的实现,意味着对方主体必然要承担相应的法律义务,反之亦然。民办学校受教育权涉及多重法律关系,主要有政府(教育或工商行政部门等)与民办学校之间形成的管理关系以及学校与学生之间形成的特殊教育行政关系。

1. 政府与学校之间的法律关系

我国民办教育的形成、发展与政府相关法律法规和政策息息相关①,因此,该法律关系尽管不直接涉及学生,但对学生利益影响重大。在探讨民办学校退出对受教育权影响以及保护等问题时,不能脱离对国家义务配置的思考,这种义务可能体现在政府对民办学校的辅导、指导与救济等多重义务中。

2. 民办学校与学生之间的法律关系

这主要有一般行政法律关系说、特别权力关系说及其改良说、教育契约关系说、监护代理关系说、民事与行政关系兼有说等[13]。在受教育权纠纷处理实务中,大多采用一般行政法律关系说和教育契约关系说。我国民办学校具有典型的投资办学特征,其提供的教育产品兼具公共产品和私人产品属性,具备公益性和营利性双重特征,简单用一种学说来解释民办学校与学生之间的法律关系难圆其说。因此,很多学者反对用单一的民事或行政法律关系来处理受教育权纠纷,也不主张从整体上确定民办学校与学生之间的基础法律关系,而是强调按照办学性质、教育阶段和具体行为等不同情形来确定受教育权法律关系,即"学校在活动时,根据条件和性质的不同,可以具有两种主体资格。当其参加行政法律关系,取得行政上的权利和承担行政上的义务时,它就是行政法律关系的主体;当其参与民事法律关系,取得民事权利和承担民事义务时,它就是民事法律关系的主体。"[14]学者也普遍认为,义务教育阶段不论公办教育抑或民办教育,受教育权体现的是一种行政法律关系;非义务教育阶段则视具体行为而定。招生录取、资格审查、学籍管理、退学以及开除学籍等纪律处分、颁发毕业证和学位证等,都可视为一种授权性行政行为,此时学校与学生之间构成一种行政法律关系。民办学校为学生提供的后勤、餐饮、邮寄、保管等业务以及营利性民办学校(主要是各种民办非学历教育性质的培训机构)开展的培训、补习等教育活动,可视为一种教育服务合同关系,通常按照民事法律关系来处理。

民办学校一旦倒闭或退出,很可能导致学生无法继续或终止学业,民办高校可能还面临学生无法获得毕业证和学位证等风险,这对受教育者影响重大。按照行政法的信赖保护原则②,作为国家法律法规明确的授权性行政行为,获得学业、学位权不仅体现在《中华人民共和国教育法》《中华人民共和国高等教育法》《中华人民共和国学位条例》及《中华人民共和国学位条例暂行实施办法》等法律法规中,而且在处理有关学业、学位权的司法案例时也坚持授权性行政行为的做法。如果因民办学校退出导致学生无法获得学业、学位权,明显违反了行政法的信赖保护原则。此外,教育具有投入高、周期长、时间连续和相对稳定等特点,学业一旦中断或终止,学生或家长都需要花费大量的时间、精力去调整和适应,其间所花费的成本难以估量。因此,无论民办学校抑或政府相关部门,都应积极担负起保障学生受教育权的义务。

---

① 民办教育发展过程中"政策风险"不容忽视,甚至影响民办学校的兴衰成败。比如,2002 年出台的《关于举办高等医学教育的若干意见》和 2004 年下发的《关于取消高等教育学历文凭考试的通知》,使全国大部分医学类民办专修学院和学历文凭考试试点的学校大多走向倒闭或破产。现在的分类管理政策一定程度上不仅会影响民办教育整体的结构与布局,而且可能导致一批劣质学校退出。

② 亦称保护合法信赖原则或者尊重合法信赖原则,指行政主体应当确保管理活动的明确性、稳定性和连贯性,以树立和保护行政相对人对行政主体及其管理活动真诚信赖的原则。

二、民办学校退出时学生受教育权保护的制度省思

大多数民办学校从“出生”到“死亡”是一个渐进的过程,这一结果的出现既与民办学校自身有关,也与法律法规制度滞后、政府辅导与救助不力等国家义务配置的缺失有关。

(一) 相关规定整体操作性不强

目前,民办学校退出的相关法律法规主要体现在《民办教育促进法》第八章“变更与终止”、国务院《关于鼓励社会力量兴办教育 促进民办教育健康发展的若干意见》第十条“健全学校退出机制、《民办非企业单位登记管理暂行条例》第十六条至第十八条、第五章“罚则”部分、《民办学校分类登记实施细则》第十三条以及《营利性民办学校监管实施细则》第七章“变更与终止”等具体规定中,实践中也参照适用《中华人民共和国企业破产法》《中华人民共和国公司法》《事业单位登记管理暂行条例》(国务院令第 252 号)、《中华人民共和国民事诉讼法》等法律法规。与原有立法相比,民办教育新法新政在退出方面的规定存在以下不足。

1. 学生安置问题没有明显的突破

新修订的《民办教育促进法》(以下简称“新《民促法》”)仅在原法第五十九条基础上增加了一款有关“非营利性民办学校和营利性民办学校清偿财务后剩余财产处置”的规定。从各省(市、区)出台的相关政策来看,针对学生安置问题有一些亮点,比如浙江、天津、陕西、内蒙古、宁夏、江西、云南、四川等明确提出要制定详细的“师生安置方案”。陕西规定,民办学校退出时,应事先公告,经批准后有序退出,依法保护受教育者和教职工的合法权益;湖北提出,要完善申请退出和责令强制退出机制,依法保护学生的合法权益;宁夏强调,应当在优先保障师生权益的前提下,依法依规进行财务清算;浙江明确,民办学校应在学生和教职工权益优先、全面保障的基础上开展各类清算工作,民办学校清算时应编制教职工和学生安置方案,清算组负有拟订教职工和学生安置方案,必要时向审批机关提出将学生安置到其他学校的申请的职责。但整体上各地对受教育权保护问题没有作出实质性的修改,更多还是对新《民促法》相关法条的简单复制,整体立法品质不高。

2. 学生安置相关规定较为粗糙、难以操作

按照新《民促法》第五十七条的规定,代表国家的审批机关仅对义务教育阶段终止的民办学校负有协助学校安排学生继续就业义务。2018 年司法部公布的《民办教育促进法实施条例(修订草案)(送审稿)》第六十二条和第六十三条分别就民办学校举办者及其实际控制人、民办学校侵犯受教育者合法权益的法律责任作了规定,也证明民办学校对学生安置问题负有法定义务,而相关国家机关的义务则被排除在外。尽管新《民促法》规定了义务教育阶段审批机构具有协助安置学生的义务,但对于在多大程度上协助、不协助或怠于协助有无法律责任等事项语焉不详,这使缺乏法律责任约束的“协助”义务在现有审批机关人力、财力资源相对紧张的情况下,可能沦为仅凭其道德良心和角色自觉维系的道德义务,难以保障民办学校退出时学生的受教育权。

(二) 政府辅导与救助功能缺位

国家是受教育权重要的保障主体和义务主体。对于陷入困境的民办学校,除自身开展积极的自力救济外,政府辅导与救助也非常必要,因为如果通过辅导救助使其不退出、

少退出或有序退出，都能对学生的受教育权起到极大的保护作用。比如，日本政府设定了经营判断指标对私立学校进行预警，对陷入困境的私立大学持续开展跟踪辅导，不仅给予资金方面的帮助，而且通过建立私立学校重整再生制度，创造合并机会，帮助其应对危机和转型发展[15]。

目前，我国民办教育相关法律法规和制度性文件对民办学校辅导与救助的功能是缺失的，表现在：一是缺乏退出风险预警机制，对民办学校的经营状况难以作出有效的甄别和判断，也无法开展有针对性的辅导和救助；二是尽管强调公办学校与民办学校在法律地位上的平等，但更多的是形式上的平等，实践中难以落实或落实不到位。由于针对陷入困境的民办学校的专门辅导与救助几乎空白，民办学校退出时处于失序状态，有些宁愿选择方式更为简单、交易成本更低的“自灭式”退出。

（三）权利救济途径相对有限

按照“有权利必有救济”的法学理念，受教育权的充分实现也离不开健全的司法救济保障。在实践中，受教育权司法救济的路径较为有限，对受教育权的保障也存在不当之处。

1. 短期内难以直接通过违宪审查和宪法诉讼保障受教育权

目前，学界和实务界对审判实践是否援引宪法仍存在很大争议，导致地方法院实际援引宪法的案例稀少、态度谨慎。同时，由于我国缺乏宪法解释机制，受教育权本身的内涵又难以界定，其核心价值难以涵射到具体的法律规范中[16]。

2. 受教育权申诉渠道不通畅

新《民促法》第四十三条规定：“民办学校侵犯受教育者的合法权益，受教育者及其亲属有权向教育行政部门和其他有关部门申诉，有关部门应当及时予以处理。”不过，按照2016年新修订的《普通高等学校学生管理规定》第五十九条“学校通过成立学生申诉处理委员会，受理学生对处理或者处分决定不服提起的申诉”，上述条款可能会导致实践中的运行困难。

新《民促法》只笼统地规定了教育行政部门和其他有关部门处理申诉的相应内容，并没有明确具体的申诉处理机构。此外，对申诉人员构成、申诉时效和处理期限及不履行或怠于履行申诉职责所应担负的法律责任，均未作出明确规定。在当前政府行政部门大多处于人手紧张、任务繁重的情况下，针对民办学校退出受教育权纠纷等专业性、复杂性较高的问题，恐怕很难通过申诉的途径获得救济和保障。实践中，因民办学校退出而提出受教育权保护的诉讼凤毛麟角，以教育及相关行政部门为被告提起诉讼的案件更是罕见。

三、完善受教育权保护的思维进路

受教育权保护贯穿于民办学校整个发展阶段，涵盖教育、法律和社会保障等一系列制度，因此，从国家义务配置角度看待民办学校退出受教育权保护问题，不仅应聚焦受教育权保护的法律法规等，也应主动置于退出机制整体框架下，从宏观角度对该问题进行设计。

（一）坚持微观与宏观结合，完善法律法规

1. 完善现有法律条款

一是建议将新《民促法》第五十七条“实施义务教育的民办学校”改为“从事学历教育

的民办学校”,明确其终止时,审批机关应当积极指导和协助学校安排学生继续就学。这样就将审批机关的协助义务对象由义务教育阶段民办学校扩至所有从事学历教育的民办学校。因为一些民办本专科院校一旦退出将涉及原有学业的承续和学生最终学历、学位证书获取等问题,而这些学校不同于义务教育阶段的学校,往往受地域、专业和课程等因素限制,在所在区域很难找到与原学校类似的转学学校,完全寄希望于已陷入终止困境的民办学校来解决显然不切实际,因此需要借助教育及相关行政部门进行跨区域、跨行业的“积极协助”来完成。同时,可借鉴《独立学院设置与管理办法》(中华人民共和国教育部令第 26 号)有关学校终止后学生安置的规定①,采用类推适用原则,对具有挂靠单位的民办学校,一旦终止可由所挂靠单位承担学生安置责任[17]。二是为防止审批机关消极不作为,可以在新《民促法》第六十三条或正在修订的《民办教育促进法实施条例》中增加“审批机关不履行或怠于履行法定职责,造成严重后果的”相应法律责任,以督促审批机关认真对待学生分流安置问题。

2. 允许有条件地适用重整制度

重整是指对可能或已经破产但又有挽救希望与挽救价值的法人型企业,通过对各方利害关系人的利益协调,强制性进行营业重组与债务清理,以使企业避免破产、获得再生的法律制度[18]。对于民办学校可否适用企业法上的破产重整制度,学界有“赞成说”和“否定说”。在境外,重整或再生已成为美国、日本私立教育法一项重要的法律制度,并在实践中发挥了积极作用。从长远看,重整制度为经营困难的民办学校提供了一个摆脱困境、重获新生的机会,为防止直接进入破产清算阶段而引发各类社会风险起到了减震器和缓冲带的作用,其价值和意义值得提倡。民办学校可有条件地适用重整制度,但重整的对象应该是那些办学规模大、社会影响广且具有一定重整再生能力的民办学校。

3. 制定专门的民办学校变更退出实施细则

以营利性和非营利性民办学校为基本框架,制定两类学校变更退出的实施细则。细则内容主要涵盖两类学校的退出标准、退出程序、退出条件、清算问题及相关法律责任等。其中,师生权益保护问题既可单列一章,也可分散到清算制度、辅导救助和罚则等相关章节。对于非营利性民办学校,要坚持以民办学校为主体、政府积极履行辅导救助义务的受教育权保护思路,建立起事前预警(将招生数量变化作为重要考察指标)、明确政府辅导救助义务、引入重整再生制度及完善退出程序(如学生权益保护优先、学生安置方案合理性合法性审查前置)等在内的受教育权保护机制。除保障学生的学费返还请求权以及必要的损害赔偿请求权外,受教育权更要侧重对学生学业继续权的维护。对于营利性民办学校,则应坚持以市场退出为主导、加强政府监管的总体思路。民办学校退出时,应事先公告,经批准后有序退出。完善信息披露制度,对办学状况持续恶化有退出之虞的民办学校,可引入责令强制退出机制。要加强对“自灭式”退出行为的监管和处罚力度,避免营利性民办学校因随意退出对学生权益造成侵害。

此外,鉴于民办学校一般采取先缴费后上学的收费方式,为有效避免学校中途退出对

① 《独立学院设置与管理办法》第五十二条规定,独立学院终止时仍未毕业的在校学生由参与举办的普通高等学校托管。对学习期满且成绩合格的学生,发给独立学院的毕业证书;符合学位授予条件的,授予独立学院的学士学位证书。

学生学费返还权的侵害，建议设立风险保证金、学费补偿储备金或建立学费责任保险制度，当出现因学校退出导致学费难以返还时，学生可以获得相应的补偿或保险理赔。

（二）建立退出预警机制，明确政府辅导救助义务

1. 建立民办学校退出预警机制

在这方面，日本和我国台湾地区的相关做法可供借鉴。日本通过设定经营判断指标，对私立学校进行先期预警。我国台湾地区在2009年和2013年先后制定《私立高级中等以上学校转型及退场机制方案》《辅导私立大专院校改善及停办实施原则》，构建了相对完善的私立学校预警机制，前者主要从财务、招生及教育质量等方面确立了12项营运风险评判指标，后者主要从入学学生数、校务评鉴结果、积欠教职工薪资情况以及学校是否存在掏空校产、买卖董事会席位等违法行为4项指标来判断，以此作为衡量学校经营状况、决定是否列入观察名单、执行行政督导或决定是否停办的标准[19]。

借鉴上述做法，政府可采取以定量为主、定性与定量相结合的评估办法，增加常态现金结余率、设备更新指数、减薪指数和在校生保留率等定量指标，结合民办学校在财务管理、法人治理和办学质量等方面的主要风险类型，设计民办学校预警指标体系，定期开展风险评价和预警等级评定，并根据风险等级情况决定对困难学校的介入时机和采取的措施。政府也可在现有年审制的基础上，针对民办学校在财务、招生和培养质量等方面的风险易发点，建立弹性预警机制。运用现代信息技术手段，搭建包括信息收集管理、预警分析评估与决策输出管理等模块在内的综合风险预警系统。结合风险预警指标，定期收集和整理民办学校主要办学信息，开展预评估，对超出预警阈值的，由预警分析评估系统作出评估，并给予"红""黄"牌警告。同时，将该评估结果输送给专业人士或权威机构进行综合研判，以决定是否采取补救措施和采取何种措施，对情况恶劣或连续三年红牌警告的民办学校，可以责令其停招或退出。

2. 明确政府辅导救助义务

一是对受到预警的学校（困难学校），政府可以积极介入，组织专家辅导小组深入学校进行咨询辅导，协助并监督学校执行《经营改善计划书》，通过减免税费、提供业务指导以及创造合并机会等形式，帮助民办学校改善经营状况。对经辅导无改善迹象的，启动退出机制。二是建议由政府相关行政部门牵头，整合民办学校、相关企事业单位资源，建立跨区域、跨行业的民办学校振兴事业团体。该团体主要负责为陷入困境的民办学校提供合并信息和重整机会，提供企业支援和业务合作的机会，协助学生安置的跨区域协调等事务。同时，对经营改善计划进展顺利、重整希望较大的民办学校，提供融资及申请补助金等方面的辅导。上述资金可由各地方政府民办教育专项基金以分摊的方式予以支持。三是发挥民办教育协会、民办教育联盟等第三方机构的作用，及时帮助退出学校收集相关学校转学信息，提供调解帮助。对义务教育阶段的民办学校，政府应按照就近原则和不低于原学校基本教学质量的原则，义务为学生提供转学学校。必要时，教育行政部门可向其他学校分派学生，其中产生的必要费用由原学校承担[19]。

（三）建立健全受教育权相关救济机制

1. 明确受教育权的权益内容

因民办学校退出而导致的受教育权保护问题，主要涉及学业继续权、毕业证和学位证

获得权以及学费返还请求权等。因学校退出产生的学业继续权,既包括退出学校积极履行学生安置义务、保证转学学校基本办学质量不得低于原来学校的义务,也包括审批机关对义务教育阶段学校履行积极协助的义务。其中,民办学校对学生的安置义务本质上属于基于合同的民事法律关系,可以提起违约诉讼。但从我国《侵权责任法》的相关规定来看,受教育权不属于该法中民事权益的范围,因而不能提起侵权之诉。对于审批机关没有履行或怠于履行民办学校(主要为民办学历教育机构)受教育权积极协助义务并造成严重后果的,可增设为新《民促法》第六十三条规定的法律责任的一种情形,并依据该项规定承担相应的民事、行政和刑事责任。对于因学校退出学生无法获得毕业证、学位证的情形,按照学界通说和司法实践,颁发毕业证、学位证是一项授权性行政行为,学生及其亲属可以提起行政诉讼。因学校退出产生的学费返还请求权,本质上是基于教育服务合同而形成的民事法律关系,学生及其亲属可据此提起民事诉讼。

2. 完善受教育权申诉制度

进一步明确教育及相关行政部门受理受教育权申诉的具体机构,规范申诉基本程序、明确相关部门的义务责任和申诉方的权利义务,畅通申诉救济渠道。同时,优化申诉人员构成和组织程序。对争议较少或对受教育权影响较小的一般申诉,可简化申诉机构人员构成,提高工作效率;对争议较多或对受教育权影响较大的特别申诉,要严格规范人员构成、申诉时效、回避制度和后续救济等制度程序,保障结果的公正与科学[20]。

3. 扩大受教育权宪法规范的解释力

当前,宪法还无法适用于受教育权具体的司法实践,但在“基本权利—国家义务”的框架下,要自觉运用受教育权合宪性的立法精神和原则来解释具体适用的法律规范,从而在更高的位阶上对所涉及的民事或行政法律关系产生影响,以更好地保护受教育权。鉴于民办学校退出时学生受教育权保护具有典型的群体性和广泛的社会性等特点,建议将其适时纳入公益诉讼范畴,以扩大受教育权救济途径。当然,受教育权作为宪法规定的一项基本人权,其最直接和有效的保护还是依赖于宪法诉讼的救济,因此,有必要逐步建立宪法诉讼制度并适用于受教育权司法实践,使受教育权获得更有力的保障。

参考文献:

[1] 郑毅.《民办学校终止后学生安置的法律问题及规范完善——以义务教育阶段为例[J].中国法律评论,2016(3):238-246.

[2] 王鹏,龚纬.论民办高校破产后受教育权的法律保护[J].山东审判,2011(5):75-78.

[3] 郑丽君.美国私立高校退出问题研究[J].黄河科技大学学报,2008(2):12-16.

[4] 应倩.民办学校破产能力及相关问题研究[D].上海交通大学,2009:30-31.

[5] 张利国,袁飞.民办高校分类管理中政府职能的重塑[J].黑龙江高教研究,2014(10):89-93.

[6] 高桂娟,许志娥.我国民办高等教育发展的政策分析[J]. 教育与教学研究,2009(9):39-41.

[7] 龚向和,刘耀辉.基本权利国家义务是宪政的产物[J].法治研究,2010(6):33-38.

[8] 张翔.基本权利的规范建构(增订本)[M].北京:法律出版社,2017:67-71.

[9] 黄茂荣.法学方法与现代民法[M].北京:中国政法大学出版社,2001:45.

[10] 龚向和.受教育权论[M].北京:中国人民公安大学出版社,2004:18-26.

[11] 杨成铭.受教育权的促进和保护:国际标准与中国的实践[M].北京:中国法制出版社,2004:45-55.

[12] 方妍,黄明东.从我国法律和国际公约视角解读大学生受教育权[J].河北法学,2011(9):150-155.
[13] 陈绍峰.受教育权纠纷及其法律救济[M].北京:教育科学出版社,2010:48-61.
[14] 劳凯声.中国教育法制评论(第5辑)[M].北京:教育科学出版社,2007:19.
[15] 岩崎保道.私立大学再編の現状と私立大学再建のたあの政策検討——自主再建を目的とした経営改善策の提言[J].大学評価・学位研究,2008(8):101-112.
[16] 聂帅钧.我国学前儿童受教育权法律保障机制的完善——基于国家义务的视角[J].河北法学,2018(8):145-160.
[17] 郑毅.民办学校终止后学生安置的法律问题及规范完善——以义务教育阶段为例[J].中国法律评论,2016(3):238-246.
[18] 王欣新.破产法[M].北京:中国人民大学出版社,2001:247.
[19] 张利国,石猛.新政背景下民办学校退出机制的反思与重构[J].中国教育学刊,2018(8):13-17.
[20] 张利国,李力.中国内地高校学生申诉制度之完善——以台湾地区学生申诉制度为视角[J].大连民族学院学报,2013(4):469-472.

作者:张利国,大连民族大学教授,法学博士;于海波,大连民族大学行政管理系,本科生。

(原载《浙江树人大学学报》2019年第6期)

专题四

我国民办高校董事会的运行特征与优化路径*

高 飞 于 滨

摘　要：我国民办高校普遍实行董事会领导下的校长负责制。基于系统论的分析框架发现，民办高校董事会表现出的构成要素不完整、组织架构不规范以及职能履行不健全等问题，容易使董事会沦为举办者操控学校和为个人获取利益的工具。为实现系统内部以及系统与环境间的良性互动，董事会机制的完善、民办高校内部关系的理顺以及政府规范与扶持的并重等，应成为董事会健康发展的重要优化路径。

关键词：民办高等教育；民办高校；系统论；董事会

董事会是民办高校的最高权威代表和最终权力拥有者，其能否实现规范运作，直接关系到民办高校办学机制灵活性与优越性的发挥程度。董事会根据学校章程设立，是具备法定人数的决策组织，采取集体领导的方式，在推动高校建设中发挥着定位规划、沟通协调以及监督评估等作用。系统论作为研究系统模式、原理和规律的一门科学，将处理对象作为一个系统即一个整体来对待，认为系统是各构成要素之间通过关联与互动而形成的有机整体，系统有机整体具有各构成要素单独所不具备的属性与功能[1]。从系统论视角出发，探讨民办高校董事会的运行特征与优化路径，有助于确立董事会作为民办高校最高决策机构的地位，进而推动民办高校的健康可持续发展。

一、我国民办高校董事会的构成要素

各构成要素是系统存在和发展的基础，就民办高校董事会而言，主要包含目标、制度和人员三个要素。

（一）目标要素

系统目标具有导向、激励、评价以及协调等多重作用，致力于保证组织成员朝着共同的战略方向行动。董事会既是意识机关又是执行机关，同时拥有对外代表权和对内执行权。如美国私立大学董事会通过扮演监督人、缓冲器和仲裁者等一系列角色，保障高校利益，回应社会需求。鉴于我国民办高校的复杂性与差异性，各校设置董事会的目标不尽相同，归纳起来有以下四种类型。

1. 决策型董事会

该类董事会致力于推动高校更科学地进行集体决策和战略管理，这是最为理想的状

*　基金项目：国家社科基金教育学一般项目（BIA180168）。

态，也是对董事会最为科学、合理的定位。一般来说，非营利性民办高校都属于此类。

2. 控制型董事会

该类董事会主要目标在于加强举办者对高校的掌控。有的举办者基于投资办学的动机，希望从中获取更多的回报，而董事会又是名义上的最高权力机关，举办者自然希望借此加强对学校的控制并获得收益。有的举办者尽管不追求经济回报，但因对民办高校投入了时间、资金、精力和感情，往往将学校视为自身甚至家族产业。

3. 象征型董事会

该类董事会的出现是为了满足教育行政部门评估检查的外在要求，单纯为应对法律程序要求而存在，其作用往往流于形式，只具名义象征意义。

4. 咨询型董事会

该类董事会主要是为了帮助高校吸纳更广泛的资源，包括经济资本、文化资本和社会资本等。

当然，董事会在实际运行中往往以某种类型为主，但又是多重目标的混合。我国民办高校董事会的组织目标有待进一步厘清，要设法杜绝象征型董事会的存在，规范控制型董事会的权力，引导咨询型董事会发挥更多样化的作用，并推动各校董事会朝着决策型的方向发展。

（二）制度要素

高校董事会制度在纵向上包括三个子系统，即个体间治理结构、私人制度和公共制度，后两者都属于集体治理结构[2]。个体间治理结构即董事会作为代理人和委托人双重身份的相关安排；私人制度是个体或组织自愿组成的机构及其规则安排；公共制度安排涉及公共组织机构和公共法律政策。以此为对照，我国民办高校董事会制度要素表现出如下特征。

1. 个体间治理结构不健全

在董事会内部制度建设中，最重要的就是学校章程，但现实中存在不少问题。一是透明性不足，只有极少数民办高校在官网上公布了学校章程。二是规范性不够，章程对包括董事会在内的各项制度阐释不到位，多数民办高校缺少关于董事会的遴选机制、会议制度以及任职条件的阐释。一方面，很多民办高校只将章程视为应付审批登记的手续，未将董事会真正视为最高决策机构，认为不需要或不愿意对董事会进行清晰界定。另一方面，民办高校自主权有限。不少教育行政部门将章程视为程式化、形式化的文件，常常不允许民办高校在既定框架内做过多的修改和调整。在章程之外，重要信息公开制度、重大信息内部报告制度、投资人关系制度以及审计工作制度等核心制度，也尚未建立起来。

2. 私人制度不完善

许多面向民办教育的全国性和地方性组织均已建立，对于促进民办高校的重要事业，不愿轻易让出管理权和控制权。各组织之间的交流和壮大民办高校的力量发挥了重要作用，但因缺少相应的仲裁、监督和评估机制，在推进董事会科学治理方面的影响相当有限。

3. 公共制度不到位

2016 年 11 月，新修订的《民办教育促进法》颁布，尽管董事会的最高决策地位一直得到肯定，但现有法律中保障其应有地位的相关条款并不完善。

(三) 人员要素

2017年,笔者曾对我国106所民办高校进行调查,发现很多民办高校的董事会规模总体偏小,董事会人数在5～22人,平均规模为8人。而美国私立高校董事会人数在5～81人,平均是29人[3]。适当的规模,对董事会正确履职至关重要。此外,董事的教育层次、职业身份及社会经历等与董事会的建设、优化息息相关,我国民办高校董事群体呈现以下共同特征。

1. 董事总体素质较高,但年龄偏大

民办高校绝大多数董事属于社会精英,往往是知名企业的创办者或负责人、现任或曾任政府部门的重要官员、著名的学者和资深教授、一流大学的管理者或文化领域的著名人物等。有些民办高校董事中,多人是全国或省市人大代表或政协委员。即使有的董事是因亲属关系进入董事会,也往往拥有知名学府的就读经历或有在高校、企业中担任过重要职务的经历。在调查样本中,近60%的人具备研究生学历,近90%的人具备高级职称。董事群体精英化的特征明显,这与董事会的属性有关,毕竟它是民办高校的最高权力机构。但是,董事的年龄普遍偏大,平均年龄为61.7岁,其中年龄最小的为35岁,年龄最大的为94岁,61～70岁的占31.6%。究其原因,民办高校既想通过聘请德高望重的人士担任董事来提升知名度,又不愿董事会受到非亲信人士的过多干预,因而退休的政府官员或高校领导就成为首选,从而造成董事整体年龄偏大的现象。

2. 校内董事比重过大,利益相关者参与不足

在被调查的231名董事中,校内任职者有107人,占比达46.3%。107人具体任职情况如表1所示。

表1 民办高校董事校内任职情况一览

职务	校长、副校长	书记、副书记	院长、副院长	职能处室负责人	教师	本校退休人员
人数/人	58	24	6	6	5	8
占比/%	54.2	22.4	5.6	5.6	4.7	7.5

由表1可见,我国民办高校董事会中在校内任职者比重较高,职务分布以校级领导人数最多,退休人员也大多曾在学校管理层任职;部分民办高校赋予中层领导一定的话语权;极少数情况下,普通教师代表可以进入董事会。在一个校内董事人数过多的董事会中,尽管董事对于本校的情况十分熟悉,但也背离了董事会存在的初衷。一方面,由于内部董事在决策时既要考虑委托人的要求,又要兼顾自身管理层的利益,更倾向自身利益的最大化,这就造成多名学校成员进入董事会的情况,甚至出现集校长、书记和董事等多重身份于一人的现象,致使董事会难以发挥在法人治理中应有的制衡作用。另一方面,校内董事人数过多限制了来自社会其他行业的专业人士进入董事会,减少了其参与决策的机会。与高校无直接利益关系的校外董事在履职时具备更宽广的视野,能更好地保护受托人的利益,防范权力过度集中,可以提升民办高校的整体运作效率。

3. 举办者单方控制色彩浓重,共同治理体现不足

调查发现,在231名董事中,100人是举办者代表,占43.3%,其中41人担任董事长、

副董事长或秘书长等职务，26 人担任校内管理职务，12 人同时在董事会和行政部门任职。个人举办的民办高校董事呈现较强的家族化色彩，本人及其亲属在行政机构和董事会中担任要职，如某校 8 名董事中有 5 人分别是举办者本人、举办者妻子、举办者妻妹以及举办者的 2 个孩子，其余 3 人则是校长、督导专员以及另一名投资者。特别是对于规模较小的董事会来说，举办者或出资人更容易利用个人关系进行操控。公司集团举办的民办高校有多名公司代表进入董事会，如某大型民企参与举办的高校，其董事会中有一半成员来自该集团。多集团合作举办的民办高校，其董事的分布往往更加分散，如某混合办学的民办高校董事会由 5 个举办单位和 3 个出资单位各出 1 名代表构成。

举办者参与董事会既可以保障学校不偏离举办者的初衷，又可以凭借自身的影响力帮助学校争取发展资金、推动校企合作以及提高社会声望。但允许举办者参与管理，并不意味着其对董事会享有绝对控制权，特别是在非营利性民办高校，董事会作为捐赠者和学生的代理人，应以公益性为首要目的，以保护受教育者和维护社会利益为主旨。

二、我国民办高校董事会的组织架设

系统内部各要素通过相互联系、相互制约，彼此间形成的相对稳定的联系方式、组织秩序以及互动关系的内在表现形式，就成为系统的结构。民办高校董事会的组织架设涉及以下内容。

（一）机构设置

我国民办高校董事会一般设立董事长、副董事长和秘书长等职务，有的还设置董事长助理，但助理不一定是董事会成员。调查发现，在 106 所民办高校中，有 25 所在官网上明确了董事会作为最高决策机构的地位，46 所公布了董事长的个人信息，22 所公布了全体董事的姓名。由此可见，尽管董事会在法律上享有重要地位，但在实践中被认可度并不高，且缺乏健全的组织架构。部分高校设置了董事长办公室作为日常联络机构，主要负责董事会与学校行政机构工作的协调、董事会会议的筹备安排、督促董事会决议事项的落实以及对外联络接待等工作。只有个别民办高校在董事会内部进行了细化分工，如武汉学院在校董会下又设立了教育战略委员会（负责学校的战略规划整体运营）、财务审计委员会（监督学校的财务资产使用）等六个组织。在董事会内部设立多个委员会，依靠分工合作推动董事会的专业化发展，是美国等西方国家私立大学内部管理体制的一贯做法。

董事会与校内行政机构、监督机构间也存在着复杂的关系。决策权、行政权和监督权既互相独立又彼此制衡，是法人治理结构能够真正发挥作用的基础所在。然而，现实情况并不理想。一方面，董事会与校长之间的委托—代理关系并未普遍建立起来。特别是在依靠滚动发展、产权不清晰的民办高校中，不论是董事会还是行政机构，往往都由举办者直接或间接掌控，校长权力被架空。在由大型企业集团投资、产权较为明晰的民办高校中，校长拥有相对较大的自主权，但也主要限于教学、科研等学术事务。只有在捐资为主的公益性民办高校中，校长作为首席行政长官的地位才得以彰显，真正实现对学校的全面管理。另一方面，监督机构也是一个薄弱环节。调查显示，对民办高校进行监督的形式主要有三种：一是省派督导专员，一般由教育行政部门任命，在民办高校内部担任党委书记，但作用往往限于党务方面；二是监事会，少数民办高校设立了监事会，具备与董事会同等的地位,人员上董事与高级管理人员不得兼任监事;三是教职工代表大会,多数情况下流于形式,因为很多代表本身就是领导者,而且相对于举办者和管理者而言,教职工处于弱势地位,难以真正行使监督权力。

(二) 工作程序

董事会的工作程序主要包括人员产生方式、任职期限以及议事规则等。我国民办高校董事会的成员来源较为单一,投资办学的民办高校董事会成员包括举办者及其代表、校级或中层领导、省政府下派的督导专员,有的还有少量企业家和专家学者等独立董事以及本校教职工。相对而言,捐资办学的民办高校董事会成员更加多样,本校人员、政府官员、企业代表以及专家学者等都占有一定比例,为共同治理奠定了更加坚实的基础。

董事会成员是否有任期和最高年龄的限制,是关系到董事会建设科学性程度的重要问题。有的民办高校对此有明确规定,也已按规定进行了人员轮换,有的则缺少相关说明,甚至实行董事或董事长终身制,不利于民主决策的实现。

议事规则涉及董事会开会频率、参会人数以及开会方式等方面。很多民办高校董事会隐秘性较强,因而其议事规则也体现出不规范和不公开的特征。调查显示,大多数民办高校的董事会每年召开 2—4 次会议,但也有的几乎不开会,有的是否开会取决于举办者的意愿[4]。不公开体现在董事会的开会时间、会议有效人数以及讨论事项等内容很少披露,教职工不甚了解。当然,一些民办高校董事会已建立起较完善的运行机制,如北京经贸职业学院理事会章程中明确规定:理事会会议召开前,召集人应将会议议题提前一周通知理事会成员;理事会指定专人对所议事项做会议记录;出席会议的理事均须在会议记录上签名并对理事会的决议承担责任;理事会会议有 2/3 以上理事出席方能召开;理事会议记录由理事长指定的人员存档保管[5]。有的民办高校将董事会会议的信息公布在官网上,以便教职工和公众及时了解董事会的工作情况。

(三) 决策方式

维克托·弗鲁姆等将决策方式区分为授权型、专断型、磋商型以及团体型[6],后三者是最常见的决策方式。在专断型和磋商型中,最终决策权都掌握在领导者手中,不一定反映其他成员的观点。在团体型中,领导者扮演着组织者和主持人的角色,不会用自身的思想去影响群体,也不会强迫他人接受自己的提案,并愿意接受和落实集体支持的方案。相较而言,团体型特别适合领导者无法获得完全信息、决策质量又至关重要且员工承诺是一个必要条件的组织之中。可见,高校董事会特别适用于团体型的决策方式,董事会的优越性正体现在其集体领导和民主决议方面。

有学者研究发现,关于董事会重大决策的表决方式,采取"无记名投票、多数通过"的民办高校仅占 4%,而采取"民主协商,董事长裁决"或者"董事长个人说了算"的民办高校高达 60%[7]。投票方式就是团体型,代表了我国民办高等教育的发展趋势。调查发现,部分民办高校在审核财务预算、确定办学定位以及选聘校长等重大事项方面,都会集体讨论形成决议,真正践行一人一票的民主集中制原则。协商方式属于磋商型,虽然不是最理想的状态,但毕竟已经开始朝着民主化和高参与度的方向发展,如某民办高校董事会在讨论新校区建设时,尽管举办者持支持态度,但由于多数董事认为学校的资金状况不适合大规模投入基建，举办者最终放弃了该计划。“董事长个人说了算”的方式体现出专断型的特征，调查中有民办高校董事指出：“董事会就是一个空架子，没有发挥实际的功能，定调子的都是老板，其他人就是提意见和讲风险。”在民办高校发展初期，领导专断型决策确实有助于统一指挥、提高效率，但在民办高校内涵提升阶段，必须果断转变决策方式，否则会使学校的凝聚力和执行力大打折扣。

三、我国民办高校董事会的职能履行

系统的功能是系统与外部环境相互联系和相互作用中表现出来的性质、能力。夏克·扎赫拉等(1989)总结出董事会具有服务、战略和监控三大职能[8]。

(一) 服务职能

民办高校董事会对外要与社会各界建立广泛的联系，对内要为管理者提供切实可行的建议。我国民办高校董事会表现为举办方和校内人员数量偏多的特征，而且董事长一般都是举办方代表，造成人员组成背景单一以及服务功能不能充分彰显。政府相关部门主办的民办高校，其董事会成员中政府官员往往占据较大比重，具有浓厚的官方色彩；企业集团投资举办的民办高校，其董事会中集团成员占据重要席位，来自其他企业的独立董事寥寥无几；个人举办的民办高校董事会成员来源较为复杂，捐资型的大多会广泛邀请社会贤达，投资型的则由家族成员把控。由此，主要由举办方和内部成员构成的董事会成为相对封闭的组织，对外联系功能未得到真正的发挥，不仅无法充分吸纳社会精英参与民主决策，反而可能成为单一群体的代言人，甚至沦为举办者获取个人利益的工具。在董事会对内沟通方面，根据对 5 所民办高校共 158 位教师的调查，针对“是否清楚学校董事会的组成”的问题，回答“完全不清楚”“不太清楚”“知道一些”“比较清楚”和“非常清楚”的比例，依次为 5.7%、36.9%、41.4%、14.0%和 1.9%，后两者仅占 15.9%[9]。尽管董事会作为决策机构，已将具体事务的管理权委托给以校长为首的行政团队，主要通过与校长及高层管理者的沟通来治理高校，但这并不意味着董事会不需要与教师和学生等群体进行沟通。董事会可以通过参与校内庆典、参观考察课堂、选举任命教师董事、邀请教师列席会议以及加强与教职工代表大会的联系等方式，加深对学校的了解，增强与校内成员的沟通。

(二) 战略职能

大学战略覆盖发展规划、愿景使命以及预期目标等多项内容，指明了高校的布局重点并引领未来走向。作为决策机构，董事会的作用就是合理规划高校的基本布局、重点领域和总体定位，并确保高校有能力积累必要的资源以维持发展、参与竞争和实现愿景。我国民办高校董事会一方面人数较少、规模偏小，容易被举办者控制，导致个人专断集权，使战略职能大打折扣；另一方面很少形成健全的机制，设置委员会的更是凤毛麟角，不少专家学者不仅无缘进入董事会，而且即使就职于董事会，或因缺乏有关高校的真实数据，或因缺少实质话语权，仅仅是名义上的代表。当然，一些民办高校已越来越意识到校外专业人士在董事会中的重要作用，如调研发现，有 3 所民办高校因设有与医学相关的院系，选聘了具有医学专业背景的董事。董事会成员应既具有学术水平、了解高校内部运作，又能提供专业知识和技能，才能真正履行好战略职能。

(三) 监控职能

董事会的监控功能主要作用于资金、人事和质量三个重要领域。在资金方面,董事会应通过审核高校年度预算、决算来确保资金是否得到合理分配,有没有根据战略重点优化配置,但董事会不能借此干涉学校的日常经费管理。有的民办高校超过一万元的经费校长就无权审批,必须由董事长即举办者审批,这种过度控制会影响高校的正常运转。在人事方面,董事会直接控制着校长选拔的过程,对于高层管理者的任免具有重要发言权,并自行选举出绝大多数的董事。校长遴选是董事会最主要的职责之一,目前民办高校校长的产生方式不一,有的举办者本人就是校长,而且会将子女作为重要的接班人选;有的倾向直接聘任公办高校退休的管理者;有的推选在本校长期工作的管理者;有的采取对外公开招聘的方式。尽管遴选方式因校而异,但公开选聘、民主选举以及多方认可是必然趋势。董事会在确定好校长人选之后,不应过多干预校长的工作,但可以通过评估校长的工作来保障其正确地执行董事会的决策。在质量方面,董事会有责任为高水平大学建设贡献力量,要致力于将更多的社会资源引入高校,也要赋予教师在教学、科研和服务方面充分的自主权。董事会越独立于高校管理层,越可以更好地发挥监控职能。

四、我国民办高校董事会的优化路径

系统论关注要素、系统以及环境之间的联系与互动,其任务不仅是认识系统的特点和规律,更重要的还在于协调要素关系、调整系统结构以及促进系统优化。以系统论为指导,我国民办高校董事会的优化路径可从以下三个方面着手,理顺董事会内部、董事会与其他治理主体之间以及董事会治理与政府监管之间的关系。

(一) 董事会自身机制的健全与完善

董事会应完善各组成要素,厘清组织结构,明确定位功能,从而推动自身的专业化、民主化以及透明化建设。在专业化方面,董事会一方面应广泛吸纳各个利益相关群体的加入,基于目前民办高校董事会中举办方和校级领导已经占据相当比例的现状,要更加注重吸纳本校和校外的专家学者,并尝试建立专门的委员会来推动董事会内部的合理分工;另一方面,要加强对董事会成员的选聘、培训和评估工作,引导他们明晰自身职责并利用自身知识经验服务于高校。在民主化方面,董事会的科学决策有赖于集体智慧,任何董事无权单独作出具有约束力的决策,集体决策应享有最高权威。在透明化方面,新修订的《民办教育促进法》提出要建立民办学校信息公示制度,因而民办高校有责任公开董事会的人员构成、组织机构以及基本职责等重要信息,董事会举行的重要会议和出台的重大决策也应及时向校内成员通报。

(二) 民办高校内部治理关系的厘清

以董事会为代表的决策机构、以校长为首的行政机构以及以监事会为代表的监督机构,应各司其职又通力合作,才能保障民办高校得到有效治理。在董事会与行政机构的关系中,要防止错位或越权情况的发生。有的民办高校董事会办公室直接负责学校的财务运行和干部选派,干涉学校的日常运行,影响了以校长为首的行政机构权力的发挥。在董事会与监督机构的关系中,监督机构肩负着对包括董事会在内的整个高校表现的评估和监管任务。要赋予监事会与董事会同等的地位,且组成人员不能有过多交叉。监督机构的介入，有利于确保董事真正履行注意义务和忠实义务，而在民办高校中，董事不认真履职者不在少数，有的只是挂名，有的任意抽调办学资金用于企业发展或投资与办学无关的项目。要杜绝此类现象，监督机构须真正发挥作用。要完善法人治理结构和理顺内部治理关系，必须赋予党委、校长以及教代会话语权，实现对董事会权力的监督和制约。有效的大学治理结构应该“将决策控制权按照实际需要，合理地分布于不同的治理主体手里，并使不同主体之间产生权力依赖和制约关系”[10]。

（三）政府对民办高校的规范与扶持

民办高校董事会的良性运转，离不开政府的规范与扶持。《民办教育促进法》修订后，政府对民办高校的相关政策更为清晰，一方面允许营利性民办学校的存在，另一方面加大对非营利性民办学校的资助。目前民办高校董事会中存在的诸多问题，实际上都源自分类管理政策的未完全落实。新修订的《民办教育促进法》规定：非营利性民办学校举办者不得取得办学收益，学校的办学结余全部用于办学；营利性民办学校的举办者可以取得办学收益，办学结余依法处理。由此，法律进一步明晰了两类民办学校举办者的权利和责任，防止其通过董事会等机构获取不当利益，也为两类民办学校的内部治理提供了保障。非营利性民办学校应采用利益相关者共同治理的方式，广泛吸纳各类董事的参与，特别是社会公众的代表，从而更多体现多元性、公开性与透明性的特点；营利性民办学校可以借鉴公司管理模式，出资者凭借投资成为股东组建董事会，以企业化管理方式运作，在服务学生的同时保障投资方的利益。政府对民办高校的政策规范、财政支持以及监督管理，都是推动民办高校董事会不断优化的重要保障。同时，政府对民办高校的信息公开、监督机制提出的新的要求，可为民办高校董事会的健康运行提供外部保障。

参考文献：

[1] 董健，李兆友.系统论视野中的政府创新[J].系统科学学报，2019(2)：111.

[2] 王绽蕊.系统性：美国高校董事会制度的基本特征[J].比较教育研究，2010(8)：26.

[3] 董泽宇.美、日大学董事会的特点及对我国的启示[J].外国教育研究，2011(9)：50-54.

[4][9] 王一涛，刘继安.中国民办高校董事会规范结构和行为结构偏差的实证分析[J].复旦教育论坛，2015(4)：77-78.

[5] 北京经贸职业学院理事会章程[EB/OL].http://www.csuedu.com/content.html?id=127.

[6] 常健.现代领导科学[M].天津：天津大学出版社，2007：115-116.

[7] 董圣足.民办院校良治之道——我国民办高校法人治理问题研究[M].北京：教育科学出版社，2010：232.

[8] ZAHRA S A, PEARCE J A. Boards of Directors and Corporate Financial Performance: A Review and Integrative Model[J]. *Journal of Management*, 1989(2)：291.

[10] 龚怡祖.大学治理结构：现代大学制度的基石[J].教育研究，2009(6)：24.

作者： 高飞，浙江树人大学中国民办高等教育研究院副研究员，教育学博士；于滨，浙江水利水电学院副教授，博士。

（原载《浙江树人大学学报》2019年第3期）

专题四

专题五　教育史与比较教育

民初私立大学的生存境遇与办学理念的选择
——以私立南开大学的早期创办为例(1915—1922 年)*

金　国

摘　要： 20 世纪 20 年代前后，美国大学理念逐步取代德国大学理念对中国大学的影响。不少学者从文化传统、认识论等角度阐释了中国大学办学理念变迁的成因，却少有学者从学校自身生存与发展的角度阐释何以选择美国大学理念。通过对私立南开大学早期创办的个案分析，可知民初私立大学的生存空间逼仄，强调应用型人才培养的美国大学理念更切合私立大学的办学实际。生存与发展的压力对于民初私立大学办学理念的选择似乎更具决定意义。私立大学是民初中国大学的重要组成部分，对此问题的分析有助于深化理解当时中国大学理念的倾向。

关键词： 私立大学；办学理念；私立南开大学

20 世纪 20 年代前后，美国大学理念逐步取代德国大学理念对于中国大学的影响①。究其原因，学界有多种说法，如庚款留美学生的大批回国并逐渐掌握了教育行政部门和大学的领导权；美国教育家杜威、孟禄等相继来华讲学和考察；出版界的推波助澜；一战后美国国际地位迅速上升，国人对其认同度提高等。但这些都不足以充分解释这一现象[1]。周谷平等人认为，“中国传统的实用主义文化与工具理性主义认识论和美国现代大学理念中的实用主义内容很容易契合，因此，美国现代大学理念的传入与占据主导地位更重要的是社会的选择与接受”[2]。这一见解颇有见地。但若聚焦近代中国私立大学及其发展境遇，或可发现办学理念的选择另有成因。与国立大学相比，近代中国私立大学的办学环境尤为艰难，迫于生存与发展的压力对其办学理念的选择似乎更具决定意义。

私立南开大学在民初私立大学的创办中具有一定的代表性。虽然私立南开大学正式创办于 1919 年，但早在 1915 年便试办高等教育专门科(班)，并初步设想创建契合德国大学办学理念的“大学”。遗憾的是，专门科(班)以失败告终。随后，校长张伯苓赴美游学并考察美国高等教育。归国后，以美国大学办学理念为模板的私立南开大学得以正式创办。本文即以私立南开大学早期(1915—1922 年)办学理念的转变为例，分析私立大学生存与发展的时代境遇，阐释张伯苓选择美国大学办学理念的原因。

---

* 基金项目：江苏省社会科学基金青年项目(17JYC005)；苏州大学名城名校融合发展战略项目(MZ33702319)。

① 本文认同周谷平等人对于德国大学理念与美国大学理念的概括与总结。他们认为，德国大学理念是指德国大学所奉行的以学术研究至上、教学与研究统一、学与术的分离为代表的理念，价值理性主义成为它的特征；美国现代大学理念所代表的是建立在知识本体意义上的实用主义理念，它既有纯粹学术研究的内容，又具备实用主义理念的元素。参见周谷平等《中国近代大学的现代转型——移植、调适与发展》，浙江大学出版社 2012 年版，第 36 页。

一、专门科(班)的尝试与德国大学理念的初步设想

创办大学是张伯苓与严修的共同梦想，也是南开学校办学规划中不可或缺的一环。早在1904年，张伯苓、严修赴日考察教育时就初步规划了南开学校的发展图景。经考察，二人认为“彼邦富强，实出于教育之振兴，益信欲救中国，须从教育着手，而中学居小学与大学之间，为培养救国干部人才之重要阶段，决定先行创办中学，徐图扩充”[3]。为稳妥起见，张伯苓试办专门科(班)，为大学的创建奠定基础。

1915年8月，张伯苓首次创办英语专门科[4]，其目的主要为有志出国深造的中学毕业生创造学习语言的便利条件[5]。为充实师资，同年10月张伯苓致电其胞弟张彭春，聘其负责教授专门科课程[6]。1916年，张彭春从哥伦比亚大学学成归国，参与南开学校高等教育的谋划和创办。

当然，张伯苓之所以开设英语专门科，除因“徇中学毕业生之请”[7]，为毕业生出国深造创造条件之外，还与其担任清华学堂教务长的经历有关。就办学目的而言，南开学校英语专门科的创办有着清华学堂的“影子”。1911年5月4日，时任清华学堂监督范源廉聘请张伯苓担任清华学堂教务长，虽然张伯苓“终以南开故，任事半年余，辞职返津”[8]，但清华学堂教务长的任职经历应对其创办英语专门科产生了积极的影响。清华学堂成立于1911年4月29日，前身为游美肄业馆，主要是政府为选拔赴美游学生而设立的机构。在张伯苓担任教务长之前，游美肄业馆于1909至1910年间录取两批学生，共118人[9]。1909年8月，南开学生梅贻琦、金邦正等被录取，同年11月赴美留学；次年8月，另一名南开学生张彭春被录取，同年9月赴美留学。清华学堂作为留学选拔培养机构，张伯苓在此任职应有所触动。加之陆续有南开学子通过清华学堂获得出国留学机会，也强化了张伯苓开办英语专门科的理由。此外，不可否认的是，张伯苓创办英语专门科，也与其早年在北洋水师学堂的教育经历有关。在学堂，张伯苓“用的是洋文，念的是洋书”[10]，英文是其熟悉和擅长的科目。

继英语专门科之后，南开学校于1916年开设高等师范专门班，招收有志从事教育工作的青年学习高等师范课程[11]。为强化组织领导并为筹备大学部作准备，同年8月21日，南开学校“添设专门部，以张彭春为主任”[12]。张伯苓开办师范专门班并非一时心血来潮，而是有所准备。早在1915年11月张伯苓即与严修商议筹建师范班事宜[13]，且曾短暂代理北洋女子师范学校校长一职[14]。

南开学校开设高等师范专门班，有着特定的时代背景。自南洋公学师范院建立始，师范教育便在政治与社会转型变革中起着重要作用，它不仅培养了师资，也成为国家意识形态的传播机构[15]，政府对其开办有着严苛的规定。在政府看来，统一的教育是国家统一的基础，而统一教育的方法即重新规划师范学校。为此，政府将“高等师范学校定为国立，由教育总长通计全国，规定地点及校数，分别设立”，并且规定“高等师范学校经费，以国库金支给之”，“学生免纳学费，并由本学校酌给校内必要经费”[16]。以1915年为例，全国共划分为六个师范区，设有10所高等师范学校。高等师范学校的设立主要为“造就师范学校、中学校教员之所”[17]。按规定，私立南开并不具备创建高等师范专门班的资格，但严修、张伯苓是如何与政府博弈，并与北洋大学总教习展开合作创办高等师范班的，由于史

料阙如，已无从得知。

英文专门科与高等师范专门班的顺利开办，加之直隶巡按使朱经田加拨常年补助费五千银元，使得私立南开对于大学的创办信心满满。1916 年 8 月，张彭春在南开学校开学典礼上讲到了未来大学的办学理念与学科设置："今专门部将改为大学，即系期望诸生深造……大学科目有政治、社会、哲学、心理、经济、教育、中国文学、英国文学、历史等门。德文拟定为随意科之一……将来悬想之标的，使南开大学生纵不能发明新理，为世界学问之先导，亦决不令瞠乎欧美开源之大后，必与之并驾齐驱。至年限上，则为预科年半，本科二年半。"[18]

从拟定科目及办学宗旨来看，其办学理念更接近蔡元培对大学的定义，也即德国经典大学的办学理念。蔡元培在《大学令》中，将大学办学宗旨确定为"教授高深学术，养成硕学闳才"。他认为，虽然"大学分为文科、理科、法科、商科、医科、农科、工科"，但应以"文理二科为主"[19]。因为"在蔡元培的眼里，似乎只有文、理二科的纯学术才算得上是'高深学问'"[20]。初步设想的私立南开大学显然以文科为主，其办学目的具有学术研究、发明新理之导向，基本符合蔡元培对大学的期待，也契合德国大学办学理念。

然而，从学业年限上看，虽然《私立大学规程》中并未明确各科的修业年限，仅规定"各科之授业时间及学生选修之科目，由校长订定呈报教育总长"[21]，但私立南开"预科年半，本科二年半"的年限设置，远低于《大学令》中"大学各科之修业年限三年或四年，预科三年"[22]的规定，而更接近专门科的人才培养年限。如法政专门科其修业年限要求为"本科三年，预科一年"[23]。从修业年限的对比可见，私立南开设想的未来大学具有"速成"的特点。

总体而言，私立南开初步设想的未来大学具有鲜明的德国大学办学理念的特点，但同时也具有专门科修业年限的相关特征。这也大体反映了民初办学者对大学的不同认知和理解。然而，不管何种理念、何种认知与理解，应该说，南开学校对于大学的筹建颇具信心。1916 年 11 月 18 日，张彭春更是在敬业乐群会召开的特别演讲大会上报告第二年改组大学的计划。然而，随着南开学校办学规模的扩大，所费甚巨，终因"经费困难，教授缺乏"[24]，以致英语专门科、高等师范专门班先后停办。

二、赴美游学与美国大学理念的接引

专门科（班）的失败，使得张伯苓认识到开办私立大学的不易。借由天津青年会总干事格林的帮助，张伯苓于 1917 年 8 月进入哥伦比亚大学师范学院研修教育并考察美国高等教育。研修期间，张伯苓"每天两次到学院听课，主要学习近代教育学、教育哲学、心理学、教育行政等课程"[25]。1918 年 4 月 5 日，严修取道日本赴美游历[26]。1918 年 5 月 19 日，严修抵达纽约与张伯苓会合[27]。自此，张伯苓、严修遍访纽约、芝加哥等地的各类教育或教育管理机构，诸如幼稚园、小学、初级中学、高级中学、大学、教育局等，拜访或交流人员包含大学校长、中小学教师、教育官员、知名学者等，谈话内容涉及教学法、美国学制、学校、教育管理机构设置、学费、专业设置、董事会运作、教育经费等[28]。

当然，张伯苓、严修尤其关注私立大学相关议题，并考察美国私立大学办学状况。1918 年 7 月 4 日上午，张伯苓前来与严修探讨"教育与实业"，直至"午饭之后又谈至 3 时乃止”[29]。此外,张伯苓还拜访了哥伦比亚大学师范学院凯尔鲍德里教授,凯尔鲍德里特别强调美国教育注重“建校筹款(纳税)及学生自动等”[30];在拜访孟禄时,获赠“各种考验学科之标准”[31];1918 年 11 月 7 日,参观格林奈尔学院,注意到该校“建筑多系毕业生捐资为之”,且该校“建自教会,资本金全由募捐而来,故校长常不在校”[32]。通过考察,张伯苓、严修对于美国私立大学办学有了较为深刻的认识和理解,同时在办学理念方面也有所启发。

1918 年 3 月,张伯苓在哥伦比亚大学发表演讲,在谈及中国教育问题时说道:“中国新教育最要之目的,即为训练青年人以服务社会心。”[33]这奠定了私立南开大学人才培养的基调,即培养服务社会之人才。1919 年 2 月 14 日,张伯苓在南开学校发表讲演,在陈述创办大学的缘由中述及了办学宗旨:“现在教育在另一方面而言,即使青年合于将来社会的习惯,加大学即将其习惯加长,使造成益形坚固之习惯;中学毕业后,直接在社会做事不足,故需要有大学的培养;此外,仍有一个次要的原因,即国立、教会立的大学,虽是不少,然而真正民立的大学却不多见。”[34]就办学宗旨而言,张伯苓办理大学的目的在于进一步培养和提升中学毕业生的就业能力,以便学以致用,服务社会。

中学毕业生就业能力不足,是不争的事实。据黄炎培考察,天津公立中学“毕业生升学者占三之一,谋事而未得事者占毕业总数二之一”。而江苏的情况则为“毕业生升学者百分之二十五,谋事而不得事者三十。夫毕业百人,失业者三十。”[35]中学教育本应培养社会中坚人物,而实际却造就了一批“特别游民”,“无复独立之生活能力”[36]。究其原因,正如教育部所言,学校“教授理论重于实用,致以社会需要不能相应”[37]。此外,高质量的私立大学欠缺亦是事实。据 1918 年教育部的统计,前经立案认可的私立大学共有 5 所,后因各种原因,或停办或整合,现存立案在册的私立大学仅 3 所(北京私立朝阳大学、北京私立中国大学、武昌私立中华大学)[38],私立专门学校 21 所[39]。就张伯苓的办学理想而言,其对私立大学情有独钟,而非仅仅办理专门学校。就私立大学数量而言,“真正民立的大学”确实不多,与美国相比相去甚远。美国的情形是“大学之组织,有赖于私人经营之力为独多”[40]。张伯苓所要创办的“真正民立的大学”,其实质是以美国大学理念为模板的私立大学。当时美国大学在杜威实验主义教育哲学的影响之下,正呈现出实用主义的办学特点[41]。“美国人往往把高等教育视为向快速发展的社会提供所需知识和训练有素的人力资源的一种手段。”[42]

具体来说,张伯苓所要创办的私立大学,在人才培养上注重学以致用,以社会需求为导向,培养服务社会的应用型人才。不可避免的是,在学习美国办学理念的过程中,也存在照搬照抄、机械模仿的问题,以致“一入图书馆,琳琅满架者,多为美国出版之书籍也;入实验室,见分部陈列,精巧悦目者,美国制造之仪器也;论教员则除数人外,皆美国留学生;论教材则数科外,皆美国之教本”[43]。甚至在校内开设美国书店,便于学生购买美国书籍。如此现象,曾引发教育家们关于如何使之“中国化”的思考和探讨。这是另一话题,故不赘述。一言以蔽之,初创之时,私立南开大学即是以美国大学办学理念为借鉴,以培养服务社会的应用型人才为目标的私立大学。

三、理念选择背后的生存境遇:私立属性与时代背景

张伯苓赴美游学与考察对私立南开大学办学理念的选择起着重要的启发和引导作

用。但若分析民初私立大学的生存境遇，或可知在初步设想的德国经典大学理念与业经考察的美国大学理念之间，张伯苓似乎只能选择后者。因此，在讨论私立南开大学何以选择美国大学理念之前，有必要论述民初私立大学的生存境遇，以回到历史的“规定情境”之中。

私立大学的生存境遇是建立在私立属性基础之上的。在资源依赖理论看来，社会组织“生存的关键在于获取和维持资源的能力”[44]。作为非营利性的民间组织，由于办学经费多依靠自身筹措，因此，相比国立大学，私立大学对办学环境的依赖更为显著。尽管20世纪20年代前后，国内政局动荡，教育经费多被政府挪用，甚或爆发以谋求教育经费独立为诉求的教育独立运动，但总体而言，国立大学办学经费来源相对稳定。而私立大学虽办学经费来源渠道多元，但经费获取却异常艰巨。获得办学经费是维系私立大学生存与发展的关键所在。一般而言，民国时期私立大学办学经费来源主要有三个方面：一是个人捐资；二是政府补助；三是学费[45]。其中捐款是私立大学最为重要的来源，也是私立大学创办的先决条件；政府补助具有奖励性质，缺乏连续性和稳定性；学费是私立大学较为稳定的经费来源，也是私立大学维持办学的重要保障[46]。鉴于私立大学的办学实际，在学界的呼吁下[47]，教育部于1934年出台了《私立专科以上学校补助费分配办法大纲》，借以奖助优良私立专科以上学校的发展[48]。在此文件指导下，1935年教育部核准私立大学补助款项，并按其用途进行指定性拨款[49]。但在此之前，教育部几无补助。因此，对于民初私立大学而言，最为主要的办学经费其实来自捐款与学费。而这两类经费来源均与办学环境密切相关。私立大学想要获得办学经费，以维持生存并谋求进一步发展，则必须加强与外部环境的密切互动。

此外，因属私立，为确保办学质量，政府对于私立高校的创办有着较为明确的规定，私立大学的创办所费甚巨。例如，要有一定的办学经费以及维持经费的办法；校地、校舍、校具及其他需要者均须完全设备；校舍除各种教室及事务室外，应备设图书室、实习室、实验室、器械标本室、药品室、制炼室等，以供实地研究。除此，还特别规定文科应设历史博物馆、人类模型室、美术室等；理科应设附属气象台、植物园、动物园、临海实验所等；商科应设商品陈列所、商业实践室等；医科应设附属医院；农科应设农事试验场等；工科应设各种实习工厂等[50]。没有大量的经费投入，难以维持私立大学的生存与发展。当然，办理专门科的难度相对较低，投入经费相对较少。教育部对专门科的校舍仅作如下要求：“一、普通教室及各种特别教室；二、事务室；三、其他必须具备之室，如实验室、实习室、图书室、器械标本室、药品室、制炼室等。”[51]这也是张伯苓之所以先从专门科开始徐图扩张的原因。正因为专门科的创办相对容易，其数量要远多于私立大学。以1915年为例，教育部立案认可的私立专门以上学校共21所，其中专门学校16所，私立大学仅有5所[52]。即便专门科的创办相对容易，其经费投入也远多于办理中等教育。不过，一个不得不承认的事实是，很少有私立高校完全符合教育部的规定，如前所述，1918年教育部立案认可的私立大学仅存3所，更多的私立高校是以专门科的形式存在。对于私立大学而言，办学经费是其生命线，非有巨额资助，实难维持。事实上，即便教育部立案认可的私立大学，在其发展过程中亦存在入不敷出、办学经费支绌的情况。如中国公学即存在“收支年有不敷”的状况，为此“前校董冯总统曾月助千元，并向各省劝募，藉(借)以维持”[53]。总之，办理大学不是件容易的事情,对办学经费的要求较高。然而,民初社会环境对私立大学发展的支持力度有限。南开专门科(班)的失败,某种意义上即与办学环境的“不友好”密切相关。

从政治环境来说,民初私立高校的创办面临着袁世凯政府颁布的《大总统教育纲要》(简称《纲要》)的严格规束。《纲要》严格限制私立专门学校的办学门类,仅限于办理与民生相关的农、工、商、医四类专门学校,而之前 1912 年 10 月教育部颁布的《专门学校令》中列举了 10 类专门学校。显然,政府加强了管控,抑制了私立专门学校的创办。在私立大学方面,《纲要》相比《大学令》(1912 年)亦作了严格的限定。《纲要》只准许民间团体办理法、商大学,其余均须由国家办理。相比《纲要》颁布之前,私立高校包括私立大学的创办自由度大为降低,创办难度大为增加。

就经济环境而言,袁世凯政府采取了抑制经济发展的策略,工商业的发展对于私立高校创办的支持力度有限。“从理论上推断,辛亥革命推翻了清朝的封建专制,建立了中华民国,有关的社会政治生活理应较诸清末更为民主,也更有利于民间社会的生长,但事实却并非如此。仅从当时《商业法》规定的裁撤全国商会联合会和总商会、降低商会的地位以及力图在各方面对商会予以控制等条文即可看出,民初的中国在很大程度上可以说只是挂一块民国的招牌,袁世凯控制的北洋政府对待民间社会的政策甚至不及清末的清政府。”[54]在此政策下,工商业发展缓慢。以本文案例所在天津地区的纺织业为例,一战前,天津只有一家五千枚纱锭的官办直隶模范纱厂[55]。再以天津面粉业为例,1920 年以前面粉业发展缓慢,至 1916 年才设有四家面粉厂。其中最大的面粉厂日产面粉 3 000 包,且属于中日合资企业[56]。此时,天津金融业也尚处于萌发阶段,对办学的支持力度有限。总体来说,在私立南开试办专门科(班)时,天津商业经济环境尚未完全发育,未能给予其足够的办学支持。

此外,从文化层面来说,公共精神的缺失也制约着私立高校的创办。具体来说,公共精神的缺失影响社会民众对于私立高校的捐赠。鉴于社会环境对于私立高校的支持力度有限,教育部于 1913 年颁布《捐资兴学褒奖条例》,鼓励“人民以私财创立学校或捐入学校”[57]。虽然政府出台激励政策,但收效甚微。为此,张伯苓曾在诸多场合阐述美国民众对于高等教育的支持和帮助,并以此倡导和培育国内民众的公共精神[58]。

综上,在南开专门科(班)创办前后,社会环境并未成为支撑私立高校生存与发展的保障。南开专门科(班)的失败,似可说明私立高校的创办离不开社会环境的支持,甚或在某种意义上,社会环境对于私立高校生存与发展的影响是决定性的。虽然上文分析时指向袁世凯政府以及天津地区的小环境,事实上全国范围亦复如是。袁世凯称帝失败之后,虽然相关政策被废止,但派系纷争、军阀混战不断,私立大学的生存境遇更令人担忧,所能支持私立大学生存与发展的力度更为有限。

除社会办学环境之外,还有一些非制度性的因素,诸如学界派别、权力政治也在某种程度上影响着近代中国私立大学的资源获取[59]。当然,也包括因北洋政府教育治理能力的欠缺所带来的私立大学发展的诸多乱象[60]。无论是学界派别、权力政治等非制度性因素,还是因教育治理缺位所呈现的私立大学发展乱象,在某种程度上均加剧了私立大学资源获取的难度。以上这些因素共同构成了民初私立大学生存与发展的外部环境。总体来说,这些外部环境均不利于私立大学的生存与发展。

四、生存境遇的应对:大学理念的选择与资源获取

美国大学理念注重实用主义,突出表现为注重应用性、实用性学科的设置。为应对不太“友好”的生存境遇,选择美国大学理念更有利于民初私立大学获取办学资源。美国大学理念之所以能够助益民初私立大学争取办学资源,主要体现在两个方面:

其一,应用性、实用性学科的设置强化了私立大学与社会各界的往来互动,为办学资源的获取提供了可能和便利。如前文所分析的,民初私立大学办学经费来源主要有捐款与学费收入,但无论捐款抑或学费收入,都需要与社会各界保持互动。具体来说,即通过学科设置与人才培养加强与外部环境的密切联系,获得社会的信任与认可,并以此谋求社会各界的捐赠,维持私立大学的生存与发展。南开专门科(班)的失败,即从反面论证了这一点。无论是“徇中学毕业生之请”而设的英语专门科,还是与国家政策相抵牾的高等师范专门班,均非私立大学理想的学科设置。

私立南开大学正式创办时,除响应教育部“号召”设立文理科之外,还设有实用性较强的商科,随后又增设了矿科。私立南开大学矿科的设置是学校多方寻求办学资源、强化各界互动的典型案例。1920年实业家李组绅允诺每年补助南开大学款项三万元专办矿科,毕业后学生在矿场做事[61]。同年10月,南开大学矿科董事会详细研究了课程设置以及入矿实习练习等事宜。1921年9月1日,矿科正式成立,并招生42人[62]。然而,因“近年以来国内战乱不止,公司营业既长久停顿”,且“前拟持久之策至此亦格而难行,遂致矿科经济积欠至数万之多”[63],不得已最终于1926年停办。通过合作办学的方式,南开大学培养了一批矿科人才。据1934年南开学生郭荣生统计,大部分矿科学生仍服务于矿业,“平均有二十四人在他的本位事业上作事,矿科成绩之佳,可以想见了”[64]。

其实,不仅私立南开大学在学科设置上注重实用性、应用性学科,同时代的其他私立大学,其学科设置大体也以实用性、应用性学科为主。以1918年为例,私立朝阳大学设有大学部、专门部,大学部设有法科、商科,专门部设有法律科、预科;私立中国大学同样设有大学部、专门部,其大学部设有法科(政治门、经济门、商科)、预科(文科、法科、商科),专门部设有法科、政治经济科、商科、预科法科;私立武昌中华大学大学部设有文科哲学门、法科经济门、商科、预科,专门部设有预科[65]。从办学性质来看,专门部自不待言,主要以培养专门人才为主。考其大学部的学科设置,也多以实用性、应用性学科为主。另外,辅以私立专门学校为例,1915年教育部立案认可的专门学校共有16所,均为法政学校[66]。据1918年教育部的统计,全国共有21所私立专门学校,而其中法政专门学校多达14所。之所以如此,一个重要的原因就在于迎合就业市场的需求,如法政学科成为私立大学乃至私立专门学校常设的学科。专门学校虽然不是本文重点讨论的对象,但同属私立高校,其学科设置的内在逻辑应有相似之处。维持生存与发展是私立高校首要考虑的问题,唯有借助实用性、应用性学科的设置,才有可能广泛建立起与社会各界的联系,为谋求办学资源提供便利。

其二,除有利于强化与社会各界的互动之外,实用性、应用性学科的设置,还有利于私立大学招揽生源,扩充办学经费。面向社会需求,或者说面向就业市场的学科设置能为私立大学带来生源,而生源是办学经费的重要保障。民初政府对国立大学及专门学校的学

费征收有所规定,但对私立学校不作要求[67]。因此,私立大学在学费征收方面有较大的自由度。一般来说,私立大学的学费比国立大学高。据研究,20 世纪 20 年代,私立高校的学费在 70—100 元,而国家资助的公立高校学费在 40—60 元[68]。例如国立北京大学每学年学费本科 30 元,预科 25 元,体育会费 1 元;国立北洋大学每学年学费本科 30 元,预科 20 元,每学年住宿费 12 元,体育费 2 元,膳费每月约 5 元。而私立朝阳大学每学年学费大学部本科 48 元,大学预科及专门部各科 36 元,讲义费各科 6 元;私立复旦大学每学年学费 80 元,电灯及膳食费 60 元,宿费 20 元,运动费 4 元,阅书费 2 元,午膳者每学期膳费 10 元。私立南开大学 1921 年本科生、专科生每年学费 36 元,旁听生每习学科 1 绩点学费 2 元,寄宿费每学年 24 元,印刷费每学期 5 角,试验费按科规定并预缴试验室赔价费 3 元,膳食费每月 5 元①。1923 年私立南开大学每学年学费 50 元,寄宿费全年 30 元,印刷费、体育费每学期 1 元,预偿费每学期 5 元,膳费每月 5 元,此外还有书籍、试验费等若干[69]。若简单以学生人数乘以学(杂)费(学费+寄宿费),大体可以估算出每年学(杂)费的收入(实际数字应高于此算法),借此可以明晰学(杂)费收入在私立大学总体收入中的占比情况。1921 年南开大学学生人数为 224 人,1923 年为 288 人,学(杂)费总收入分别约为 13 440 元与 23 040 元。而 1921 年南开大学年度收入为 96 526 元,1923 年为 92 734元,学(杂)费所占年度收入比例分别为 13.92%、24.8%②。与大额捐赠相比,学(杂)费虽然收入有限,但相对稳定且有保障,已然成为私立大学办学经费的重要来源。

"私立大学的校长们因绝少有幸获得国家的资助,所以他们的策略是向市场寻求资金。"[70]于私立大学而言,为筹措办学经费,一个较为可行的办法即扩大招生规模。而要扩大招生规模,就必须向市场看齐,设置易于就业的应用性、实用性学科。1917 年私立复旦大学之所以增设商科,以及随后增设法律、政治、市政、银行等实用性强的学系,即是为了适应上海职业需求和商业发展的需要[71]。与之形成鲜明对比的是,1913 年李登辉担任复旦校长后,曾花大力气办理文、理本科,但规模很小。自 1917 年筹办商科之后,入学人数大幅上升[72],并且此后商科在校人数经常处于全校之冠[73]。以 1927 年为例,复旦该年度在校生总数为 931 人,而商科学生最多,计有 326 人[74]。有了生源,私立大学的办学经费才有保障。一些私立大学甚至一度依赖学费收入。如早在复旦公学时期,校长李登辉在办学经费遭遇困境之际,即通过扩大招生人数、提高学费等方式挽救濒临破产的学校[75]。后在复旦大学初创期,学校的经常费用亦是依赖学费收入[76]。可见,私立大学想要获得办学经费,较为直接的办法即招揽生源,扩大招生规模。而扩大招生规模的重要途径则是强化应用性、实用性学科的设置,以回应社会经济发展对专门人才的需求。

而反观德国大学理念,其强调和奉行的学术研究至上原则,不利于私立大学获取办学资源。德国大学(除工业及专门性高等学校外)从本质上排除一切实际和实用性考虑,以

---

① 参见商务印书馆编著的《全国专门以上学校指南》,1923 年出版。该指南主要是为专门以上学校学生转学以及中等学校毕业生投考准备的参考用书。此外,关于 20 世纪 20 年代私立大学学费的研究,参见叶文心《民国时期大学校园文化(1919—1937)》,中国人民大学出版社 2012 年出版。

② 南开大学学生人数与年度经费入款数据来源于《六年来之南开大学(历年学校经费出入表)》,载《南开周刊(南开学校二十周年纪念号)》,1924 年。

至20世纪20年代一位德国著名的教育官员说，对于德国人来讲，大学与实用性考虑、专门和职业性教育在本质上是毫不相干的[77]。秉承德国大学理念的蔡元培亦认为，“大学实止须文理科，以其专研学理也。而其他医、工、农、法诸科，皆为应用起见，皆偏于术，可仿德国理、工、农、商高等学校之制，而谓之高等学校”[78]。为此，蔡元培在北大进行学科设置改革，扩充文、理科，停办工、商等学科，并试图将法科分离出去。北京大学为国立大学，办学经费来源政府，蔡元培如此改革的背后无须太过担心办学经费问题。而对私立大学而言，如此办学则阻碍了与社会各界的往来联系，最终不利于办学资源的获取。

综上，相比以学术研究为宗旨的德国经典大学理念而言，美国大学的实用主义理念更契合民初私立大学生存与发展的实际状况，更有利于私立大学加强与社会各界的往来互动，从而为办学经费以及其他办学资源的获取创造条件。

五、结语

现有研究在分析私立南开大学之所以选择美国大学办学理念时，多聚焦美国大学办学理念或办学模式的影响，以及张伯苓基于国情所作的自主选择。如此理解有一定的道理，但仅仅基于美国大学的影响与国情来理解私立南开大学办学理念的选择是不够的。美国大学的办学理念或者办学模式固然对近代中国私立大学办学有所影响，但这种影响从来没有成为支配性的力量[79]。在多种办学理念、办学模式之间，私立大学仍有选择的余地和空间。私立南开大学早期对德国经典大学理念的初步设想即是例证。此外，与其说是基于“国情”，不如说是基于“校情”所作的自主选择。“国情”不仅之于私立大学，也同样之于蔡元培等所执掌的国立大学。“国情”往往催生办学热情与教育理想，而“校情”往往决定办学能否持续发展。生存与发展始终是私立大学的第一要务，办学资源的获取也始终是私立大学办学者首先需要思考和解决的问题。在“国情”与“校情”之间，抑或在办学理想与生存境遇之间，往往后者对于办学理念或者办学模式的选择更具决定意义。这对私立南开大学案例而言，尤其如此。民初私立大学的生存空间逼仄，强调应用型、实用型人才培养的美国大学理念更切合私立大学办学的实际需求。私立南开大学选择美国大学办学理念更有利于其生存与发展。

一直以来，学界关于近代中国大学办学理念变迁的讨论多建立在“影响—接受”的叙述模式之上。如民国学者庄泽宣即认为：“留学美国专研究教育的郭秉文、蒋梦麟诸先生也先后回国（1914 及 1917），中国已办教育多年的范源廉、严范孙诸先生又赴美考察（1918），后来全国高师校长又组织赴美教育调查团（1919），南京高等师范又聚了一班美国留学生，发表了许多的文章，造就了好些学生，于是中国的新教育大有美国化的倾向。”[80]近年来有学者如许美德、周谷平等从文化传统、认识论的角度阐释大学理念变迁的内在因素，这些见解丰富和深化了近代中国大学办学理念变迁的认知和理解。但问题是，作为社会组织机构，办学理念变迁的主体——私立大学则少有人关注，即人们较少从私立大学自身生存与发展的角度阐释其何以选择美国大学理念。

就办学规模与体量而言，私立大学已然成为近代中国大学的重要组成部分。据统计，1918年国立大学共有3所，教育部直辖专门学校5所，各省区公立专门法政学校21所，公立农、工、商、医、外国语等各专门学校 26 所。私立大学立案数量与国立大学相当;经备案或认可的私立专门学校数量占专门学校总数的 27.78%。就学生数量而言,私立大学学生占大学总人数的 37.71%,私立专门学校学生占专门学校总人数的 29.60%①。正因为有如此规模和体量,所以在分析 20 世纪 20 年代前后中国大学的美国化倾向时,不应忽略私立高校的存在,以及其办学理念选择的内在逻辑。作为社会组织,学校并非教育家们的"试验田",而有其自身生存与发展的规律。迫于生存与发展的压力,在德国大学与美国大学办学理念之间,民初私立大学与美国大学理念的契合度更高。换言之,在分析美国大学理念何以逐步取代德国大学理念的时候,应该考虑大学的生存状态,尤其是私立大学的生存状况。本文认为,民初私立大学在接引美国大学理念的过程中,其生存境遇不应被忽视,从某种意义上说,私立大学的生存境遇在其办学理念的选择中起着重要乃至决定性的作用。私立大学作为民初中国大学的重要组成部分,对此问题的分析和探讨有助于从不同视角理解 20 世纪 20 年代前后中国大学的美国化倾向。

参考文献:

[1][2] 周谷平,张雁,孙秀玲,等.中国近代大学的现代转型——移植、调适与发展[M].杭州:浙江大学出版社,2012:36-37.

[3] 张伯苓.四十年南开学校之回顾[M]//王文俊,杨珣,郑致光,等.张伯苓教育言论选集.天津:南开大学出版社,1984:248.

[4][6][8][12][13][14][25][33][34][61][62][63] 梁吉生.张伯苓年谱长编(上卷)[M].北京:人民教育出版社,2009:145-395.

[5] 梁吉生.允公允能 日新月异——南开大学校长张伯苓[M].济南:山东教育出版社,2003:57.

[7] 赵光宸.张伯苓先生年谱[M]//郭荣生,张源.张伯苓先生纪念集.台北:文海出版社,1975:20.

[9] 苏云峰.从清华学堂到清华大学(1911—1929)[M].北京:生活·读书·新知三联书店,2001:16.

[10] 张锡祚.先父张伯苓先生传略[M].天津:南开大学出版社,2016:8.

[11] 梁吉生.张伯苓教育思想研究[M].沈阳:辽宁教育出版社,1994:201.

[15] 丛小平.师范学校与中国的现代化:民族国家的形成与社会转型(1897—1937)[M].北京:商务印书馆,2014:1-4.

[16] 师范教育令[J].教育部编纂处月刊,1913(3):2.

[17] 大总统特定教育纲要[J].中华教育界,1915(4):9.

[18][43] 南开大学校史编写组.南开大学校史(1919—1949)[M].天津:南开大学出版社,1989:84,97.

[19][22] 大学令[J].中华教育界,1913(2):29-30.

[20][72] 周川.1917 年的中国大学:变革及其意义[J].高等教育研究,2017(5):86-93.

[21][50] 私立大学规程[J].中华教育界,1913(4):48,47-48.

[23] 法政专门学校规程[J].教育部编纂处月刊,1913(5):7.

[24] 姚渔湘.张伯苓先生的生平[M]//郭荣生,张源.张伯苓先生纪念集.台北:文海出版社,1975:11.

[26][27][28][29][30][31][32] 严修.严修日记[M].陈鑫,整理.天津:天津古籍出版社,2015:8341-8603.

[35] 黄炎培.考察本国教育笔记(再续)[J].教育杂志,1915(5):3-4.

① 相关数据均根据 1918 年相关统计计算而来。详见《教育部公布全国大学概况(1918)》,载中国第二历史档案馆编《中华民国史档案资料汇编·第三辑·教育》,凤凰出版社 2010 年版,第 176—190 页。

[36] 教育总长汤化龙关于中学教育之谈片[G]//中国第二历史档案馆.中华民国史档案资料汇编·第三辑·教育.南京:凤凰出版社,2010:289.
[37] 教育部通饬中学校添授簿记[G]//李桂林,戚名琇,钱曼倩.中国近代教育史资料汇编·普通教育.上海:上海教育出版社,2007:794.
[38][39][65] 教育部专门教育司.全国专门以上学校一览表(全国大学一览表)[Z].1918:1-37.
[40] 华午晴,伉乃如.十六年来之南开大学[G]//王文俊,梁吉生.南开大学校史资料选(1919—1949).天津:南开大学出版社,1989:2.
[41] 布鲁贝克.高等教育哲学[M].王承绪,郑继伟,张维平,等,译.杭州:浙江教育出版社,1998:25.
[42] 博克.走出象牙塔:现代大学的社会责任[M].徐小洲,陈军,译.杭州:浙江教育出版社,2002:70.
[44] 费弗,萨兰基克.组织的外部控制——对组织资源依赖的分析[M].闫蕊,译.北京:东方出版社,2006:2.
[45] 王炳照.中国私学·私立学校·民办教育研究[M].济南:山东教育出版社,2002:414.
[46] 金国.资源获取与政治参与:张伯苓的角色困顿与抉择(1919—1946)[J].北京大学教育评论,2018(3):165-186.
[47] 青士.政府应补助立案之私立大学[J].教育与职业,1934(143):168-169.
[48] 私立专科以上学校补助费分配办法大纲[J].教育部公报,1934(21/22):43-45.
[49] 二十四年度私立大学补助费[J].全国学术工作咨询处月刊,1937(1):88.
[51] 公立私立专门学校规程[J].中华教育界,1913(3):44.
[52][66] 国立公立私立大学及专门学校一览表[N].顺天时报,1915-09-05(4).
[53] 校史[M]//北京中国大学.北京私立中国大学概览.北京:北京中国大学出版部,1925:5.
[54] 章开沅,马敏,朱英.中国近代史上的官绅商学[M].武汉:湖北人民出版社,2000:559-560.
[55][56] 祝淳夫.北洋军阀对天津近代工业的投资[G]//文史资料研究会.天津文史资料选辑(第4辑).天津:天津人民出版社,1980:148-150.
[57] 教育部公布捐资兴学褒奖条例令(法令)[J].教育杂志,1913(6):51.
[58] 宋秋蓉.私立时期南开大学校长张伯苓公共精神的研究[J].江苏高教,2012(4):152-155.
[59] 金国.学界派别、权力政治与近代中国私立大学的资源获取——以私立南开大学与中华教育文化基金董事会的互动为例(1924—1931)[J].高等教育研究,2017(2):73-83.
[60] 金国.立案、失序与调适:北京政府时期的私立大学治理(1912—1927)[J].高等教育研究,2018(3):80-90.
[64] 郭荣生.南大毕业生近三年之职业调查[G]//王文俊.南开大学校史资料选(1919—1949).天津:南开大学出版社,1989:340.
[67] 教育部公布学校征收学费规程令[J].教育杂志,1912(9):25-26.
[68][70] 叶文心.民国时期大学校园文化(1919—1937)[M].冯夏根,胡少诚,田嵩燕,等,译.北京:中国人民大学出版社,2012:134-138.
[69] 南开大学.天津南开大学一览[M].天津:协成印刷局,1923:17-18.
[71][81] 许美德.中美教育交流:以复旦早期校史为例[J].钱益民,译.复旦教育论坛,2005(5):24-32.
[73] 金以林.近代中国大学研究(1895—1949)[M].北京:中央文献出版社,2000:86.
[74] 复旦大学十六年秋季分科分级统计表[Z]//复旦大学.复旦大学章程.上海:复旦大学出版社,1927:8.
[75][76] 复旦大学校史编写组.复旦大学志·第一卷(1905—1949)[M].上海:复旦大学出版社,1985:250,107.
[77] 陈洪捷.蔡元培的办学思想与德国的大学观[J].高等教育研究,1994(3):24-29.
[78] 高平叔.蔡元培全集(第三卷)[M].北京:中华书局,1984:331.

[79] 许美德,巴斯蒂.中外比较教育史[M].上海:上海人民出版社,1990:11.
[80] 庄泽宣.如何使新教育中国化[M].上海:民智书局,1929:12-13.

作者: 金国,苏州大学教育学院讲师,浙江大学教育学院博士后研究人员。

(原载《高等教育研究》2019 年 11 月)

行政与司法之间的博弈：美国营利性高校管理透视*

吴会会

摘　要：美国《高等教育法》第四款赋予的联邦政府学生财政资助资格诱致美国营利性高校招生欺诈现象严峻，学生贷款违约严重。为化解危机，美国教育部制定《滥用招生规定》和《有薪就业规定》，通过扩大“失实陈述”定义、取消对招生人员的激励性薪酬，设立“债务衡量规则”、评判学校促进学生成功就业的潜能，为营利性高校办学设定标准。针对这两项政策规定，私立高等教育协会先后三次起诉邓肯教育部。在相关司法裁判中，行政权力行使的合法性与正当性遭到质疑，“债务衡量规则”的有效性成为论争焦点。行政和司法之间的博弈展现了美国营利性高校的生存之道。

关键词：营利性高校；高等教育法；滥用招生；有薪就业；美国

美国营利性高校基于私人投资或捐赠而设立，以向受教育者提供职业教育为主，经认证后可授予准学士、学士、硕士以及博士学位，法律形态为商业公司。作为高等教育系统的有机组成，营利性高校在丰富、创新大学知识生产模式，扩大高等教育入学机会的同时，亦存在侵犯消费者受教育权益、背离教育逻辑之风险。如何在尊重商业属性的前提下，合理有效地管理营利性高校，成为美国自 1972 年《高等教育法修正案》(Higher Education Act Amendments)赋予营利性高等教育获得联邦政府财政资助合法地位之后的重要议题。联邦高等教育法律、教育部的政策规定以及法院的典型判例共同构成了审视营利性高校管理的重要“观察窗口”。法律、政策及相关判例多次修订、修正或出台，实际上是立法、行政与司法等不同力量介入营利性高校的结果，也是“学”与“商”之间矛盾与冲突的映射。梳理美国营利性高校管理的背景、内容与争议，深入分析行政与司法之间的动态博弈过程，有助于更好地理解私立教育法律关系的复杂性。

一、法律授权：《高等教育法》第四款诱致营利性高校出现重重问题

1965 年，美国国会通过《高等教育法》(Higher Education Act)，其第四款(IV Title)明确规定就读公立高校和非营利性学院的合格学生可获得联邦政府财政资助，包括只需提供证明而无须偿还的佩尔补助金和需要偿还的联邦担保贷款。营利性高校起初未被纳入财政资助范围，但凭借面向广大成人学生群体、为边缘群体提供教育服务以及高效率、低成本的办学模式，其满足了 20 世纪 70 年代到 80 年代不断增长的高等教育需求，营利

* 基金项目：全国教育科学“十三五”规划 2018 年度国家一般课题(BAA180023)。

性高校逐步获得合法地位。1972 年,美国国会在修订 1963 年《职业教育法》(Vocational Education Act)、1965 年《高等教育法》和《初等和中等教育法》(Elementary and Secondary Education Act)的基础上颁布《高等教育法修正案》,将第四款规定的联邦政府财政资助范围扩大到通过认证的营利性高校,旨在通过政府财政支持减轻学生的经济负担、扩大高等教育入学机会。资助的类型包括佩尔助学金、补助教育机会助学金(Supplemental Educational Opportunity Grants)、帕金斯贷学金(Perkins Loans)、斯塔福德贷学金(Stafford Loans)、学生家长贷款(Parent Loans For Undergraduate Students)、联邦直接贷学金(Federal Direct Student Loan)等形式[1]。其中,佩尔助学金对营利性高校的影响最大。这直接导致 20 世纪 80 年代初营利性高等教育机构数量速增,使得营利性高等教育发展并扩展为广泛的、有利可图的产业,拥有了进入成人继续教育市场的"更具闯劲"的入门证[2]。到 20 世纪 90 年代,美国营利性高等教育迎来"华尔街时代"①。

进入 21 世纪,多数营利性高校由在大型证券交易所交易的公司或私人所有。数据显示,2009 年,政府对营利性高校的投入额高达 320 亿美元,同时拥有一个或多个营利性高等教育机构的上市公司的平均利润率为 19.7%,税前利润总额达 32 亿美元。营利性高等教育机构 90%的收入来源于联邦学生资助,其余部分来自退伍军人的教育资助和学生贷款,学生人数从 2001 年的 76.6 万增加到 2010 年的 240 万。联邦政府财政资助在促进营利性高等教育兴起尤其是规模增长的同时,也滋生了招生欺诈、学生贷款违约等尤为突出的问题,表现出"双刃剑"的特点。正如教育历史学家埃蒙德批评的:"营利性学校包括了美国性格的所有缺点和优点。"

(一) 招生欺诈现象严峻

联邦政府财政资助金额与学生人数直接挂钩,因此为获得尽可能多的资助资金,营利性高校不惜将办学经费大量地投入招生及相关广告宣传,对专职招生人员进行专门的招生策略培训并提供激励性薪酬奖励。也因此,有研究将营利性高校的招生办公室形容为推销办公室,将招生人员描述成推销人员[3]。受薪酬激励与解雇风险的共同影响,招生人员采取编写虚假收入数据、扩大文凭价值、虚报就业率、美化就业前景等形式吸引生源。甚至将目标锁定在经济困难家庭或享有军事教育福利的退伍军人,运用心理和情感战术向不懂教育和经济的学生及边缘化群体进行失实陈述。

1992 年《高等教育法修正案》为此确立"85/15"原则,规定营利性高校获得的联邦政府贷款收入不得超过总收入的 85%。由于限制严格,众多营利性高校濒临倒闭,所以开始进行大规模游说。1998 年,美国国会将"85/15"原则修改为"90/10"原则,并在 2005 年《高等教育法修正案》中再次予以确认。然而,宽松的规制环境很快让营利性高校重蹈招生欺诈的覆辙。2010 年,美国政府问责局调查指出,一些营利性高校的确采用了极为激进、近乎欺诈的招生策略。这些学校未遵照承诺向弱势群体学生提供优质且可负担的教育,学生教育收益甚微。许多学生指出招生未说明学校提供的学位在就业市场的被认可程度,所宣扬的教育优势与质量具有误导性,不是"奖赏"而是"骗局"。例如,科林斯学院

① 20 世纪 90 年代,戴维瑞公司(DeVry)、阿波罗教育集团(Apollo Education Group)、教育管理公司(Education Management Corporation)等一批大型营利性机构纷纷上市,美国营利性高等教育进入华尔街时期/时代。

(Corinthian College)就曾因招生欺诈而面临多起诉讼，2015 年宣布破产。以生源数量为首要考量而不顾及学生学习兴趣与能力的激进式招生策略，势必为营利性高校教学质量低下、学生就业前景不明朗埋下隐患，无怪乎被称作"营利性文凭工厂"。

（二）学生贷款违约严重

营利性高校 94%的学生依赖于联邦政府提供的财政贷款，而公立高校和非营利性私立高校的这一比例分别为 57%和 70%。目前营利性高校学生数虽只占高等教育总学生数的 13%，但其贷款违约数量却接近所有高校学生贷款违约数量的 50%。令人关切的是，2012 年，有 85 万笔营利性高校学生贷款违约，债务总额超过 80 亿美元。2014 年，营利性高校约有一半的学生贷款违约，22%的学生在毕业三年内仍然拖欠贷款，学生贷款债务总额超过 1 万亿美元，是 2004 年学生贷款债务总额的 3 倍并高于信用卡和汽车贷款债务。营利性高校学生贷款债务危机大致源于三个方面。第一，教学质量低下导致大量学生难以毕业，不具备偿还贷款的能力。美国参议院 2012 年对选定的营利性高校的调查显示，2008—2009 年注册的学生有一半以上没有取得学位或文凭，63%的学生没有获得两年制副学士学位，而有些营利性高校的学生贷款率超过 75%，学生背负债务却无文凭。第二，营利性高校毕业生无法找到工作、获得薪酬。美国教育部的一项研究表明，营利性高校约有 72%的毕业生平均收入低于高中毕业生，即使一部分学生能顺利毕业，但找到有薪工作并偿还贷款的困难仍较大。第三，政府财政资助难以覆盖持续上涨的学费也成为学生贷款违约率上升的原因之一。时任里根政府教育部部长威廉·本内特曾预测联邦政府学生资助将可能直接导致学费上涨，被称作"本内特假说"。这一预言得到了印证。数据显示，营利性高校的平均学费比公立两年制学院的平均学费高出 4 倍，比公立四年制大学的平均学费高出 67%。对此，一位营利性高校的前院长评价其任职的卡普兰大学(Kaplan University)"说到底是冷血的骗局，通过从政府获得的助学贷款赚钱，让学生背负无力偿还的债务"[4]。营利性高校学生贷款违约恶化成为美国营利性高等教育新危机的导火索，引起了美国社会的普遍担忧。

二、政策规定：《滥用招生规定》《有薪就业规定》为营利性高校办学设定标准

为化解美国营利性高校招生欺诈及学生贷款违约带来的危机，以及促进《高等教育法》第四款规定的联邦政府学生财政资助的有效使用，美国教育部分别制定了《滥用招生规定》(Abusive Recruitment Regulations)、《有薪就业规定》(Gainful Employment Regulations)，以联邦政府学生财政资助资格为杠杆，对营利性高校的"招生营销"与"学生就业"问题予以行政规制。

（一）《滥用招生规定》：扩大"失实陈述"定义，取消对招生人员的激励性薪酬

1992 年《高等教育法修正案》曾明确禁止依据招生数量给予招生人员报酬，但没有限制为招生人员制定一般的招生配额要求，营利性高校在招生方面具有大量的操作空间。2002 年，小布什政府教育部设立 12 个招生"安全港"①，规定招生奖励不能直接与注册学

① 12 个招生"安全港"是 2002 年美国教育部设置的允许对招生人员进行特定类型薪酬激励的规定，又称 12 项"例外条款"。

生数直接挂钩,可基于完成学业的毕业生数等间接因素给予招生人员特定类型的薪酬奖励。招生误导与欺诈行为并没有被有效约束。美国政府问责局发布调研报告披露招生欺诈行为的严重后果,将营利性高校“招生营销”问题推至舆论的风口浪尖。2009 年,美国教育部正式出台《滥用招生规定》,取消 2002 年设立的 12 个招生“安全港”,明确并扩展“失实陈述”的定义范围,统一要求营利性高校参加有关招生问题的测试,旨在对具有误导性和欺骗性的招生行为进行有效规范,帮助“准学生”在自由、知情的条件下作出合理的教育决定。规定出台后不久,阿波罗教育集团下属的凤凰城大学(University of Phoenix)即宣布取消与招生薪酬奖励有关的经费预算。需要注意的是,此规定无法对营利性高校在读或已毕业学生遭遇的同样问题进行规范。

(二)《有薪就业规定》:设立“债务衡量规则”,评判学校促进学生成功就业的潜能

学生贷款违约率不断上升与学生本人难以毕业或无法成功就业关系密切,在根源上可归结为营利性高校因过于看重利润而只提供社会价值较低的教育产品,造成学生偿还联邦政府贷款的能力不足。2011 年,奥巴马政府教育部出台《有薪就业规定》,要求营利性高校重视教育品质与就业质量,保证其提供的教育项目有利于促进学生成功就业。其中重要的一项规定是基于学生毕业、就业、还贷等客观指标设定“债务衡量规则”(Debt Measure Rule),将指标衡量结果作为学校获得联邦政府财政资助的依据。作为教育部实施行政监管的基准,“债务衡量规则”具体包括“债务—收入标准”(Debt-To-Income Standard)和“贷款—偿还标准”(Debt Repayment Standard)。前者通过测量、比较毕业生的教育债务和收入水平,以判断某一教育项目是否成功地促进了学生就业。据此,营利性高校毕业学生每年还贷额不能超过年度收入的 12%或可自由支配收入的 30%。后者重在衡量在读和毕业学生的还贷情况,要求还贷学生总比率至少达到 35%。若在 4 年内有 3 年达不到上述标准,营利性高校获得联邦政府学生财政资助的资格将受到直接影响。《有薪就业规定》赋予教育部监督营利性高校教育项目、副学士学位课程和某些学士学位课程的“法定权力”。对新增教育项目,教育部根据“项目批准规则”(Program Approval Rule)进行审批,通过对比历史项目,综合评估项目的产品、运营和前景等要素,重点考察营利性高校运营现有项目的财务与管理能力,进而对学校促进学生成功就业的潜能作出评判。

三、司法裁判:营利性高校管理的合法性与正当性考察

美国法律制度既不是纯粹的判例法制度,也非仅由法律和法规编纂构成,而是表现出混合制度的特点[5],重点表现为通过司法裁判对法律制度进行解释与发展。教育部制定《滥用招生规定》和《有薪就业规定》虽为营利性高等教育产业格局带来了诸多重大而有意义的变化,但因行政权力行使的合法性、正当性与规则的有效性问题而面临私立高等教育协会的多次起诉。

(一)针对《滥用招生规定》之诉:行政权力行使的合法性与正当性遭到质疑

教育部批准通过《滥用招生规定》之后,私立高等教育协会(Association of Private Sector Colleges and Universities)(以下简称“协会”)代表营利性高校对规定内容的合法性与正当性提出质疑并诉诸司法。2012 年 6 月 5 日,在私立高等教育协会诉邓肯案Ⅰ

(Association of Private Sector Colleges and Universities v. Duncan I)中①，协会声称教育部制定《滥用招生规定》明显超出了《高等教育法》赋予的权力范围。法院认为，这种越权表现在"实质性失实陈述"和"补偿性薪酬规制"两个方面。前者在《高等教育法》中是指"任何虚假、错误或具有误导性的陈述"，教育部规定将其界定为"任何倾向于欺诈或可能存在误导的陈述"，因背离上位法的范围和宗旨而无效。至于后者，法院认为教育部在缺乏充分解释与有力证据的情况下取消12个"安全港"、限制招生薪酬奖励，将给少数族裔等特殊群体学生入学带来不利影响。综上，法院认为教育部的规定缺乏合理性、明确性和稳定性，并以程序为由认定其内容无效，同时要求教育部对未能解决特殊群体学生入学问题作出必要解释。该判决导致《滥用招生规定》难以发挥实效。

作为回应，教育部从现行《高等教育法》禁止以学生入学为基础进行薪酬奖励的规定切入，修改了《滥用招生规定》的前言，修改解释为"学生若不先入学就无法顺利毕业，要求基于学生毕业设定薪酬奖励需要以学生入学作为必要准备"。据此认为，《高等教育法》禁止基于学生入学设定薪酬奖励即为禁止基于学生毕业设定薪酬奖励，基于学生毕业的薪酬奖励可能会助长学校不重视学术能力或课程质量，刺激招生人员只关心学生完成课业的速度和难易，降低学生标准或"失实陈述"教育项目，还可能导致一些学校通过制定、实施分级政策确保学生毕业。此外，为鼓励招收少数族裔学生、发展多样化学生群体，前言明确指出规定之目的在于"防止所有种族和不同背景的学生被敦促或哄骗参加不能最好地满足其教育需求的项目"，避免招生欺诈行为。然而，此番修订并没有阻止私立高等教育协会就《滥用招生规定》提起上诉。

私立高等教育协会对修订内容提出质疑，认为"教育部未能以确切的证据和确凿的断言支撑其所作规定"，教育部却认为其满足了哥伦比亚特区巡回上诉法院的有限要求。2014年10月2日，哥伦比亚特区地方法院受理、裁定私立高等教育协会诉邓肯案III (Association of Private Sector Colleges and Universities v. Duncan III)，对协会的诉由予以支持，表示教育部"未能解释、证实对基于学生毕业设置薪酬奖励的大规模禁令"，建议其聚焦于如何作出"更好的解释"及"证据提供"。法院反复强调修订理由陈述缺少必要的佐证，判定修订后的《滥用招生规定》无效，要求教育部再作修订。协会认为教育部只是重申了禁止基于学生入学设置招生薪酬奖励的法定权力，并没有回应此规定将给招收少数族裔学生带来的不利影响。教育部被特别要求解决该问题、明确说明在新规定下少数族裔学生入学人数是否会减少等具体问题。此判例表明，美国教育部规范营利性高校的初衷是发挥行政权力功能并获得司法尊重，系列裁判却充分体现了行政权力对营利性高校的实质性监管存在司法障碍。

（二）针对《有薪就业规定》之诉："债务衡量规则"的有效性成为论争焦点

《有薪就业规定》被认为将会减少穷人接受高等教育的机会，因有违教育公平而成为营利性高校持续攻击的焦点。2012年6月30日，在私立高等教育协会诉邓肯案II (Association of Private Sector Colleges and Universities v. Duncan II)中②，教育部制定

① "私立高等教育协会诉邓肯案Ⅰ"中的"邓肯"是指时任的美国联邦教育部部长，全名为阿恩·邓肯(Arne Duncan)；该案是在协会向地方法院起诉无果的情况下，向哥伦比亚特区巡回上诉法院提起的诉讼。

② 在"私立高等教育协会诉邓肯案I"判决后数周，协会针对《有薪就业规定》向哥伦比亚特区地方法院提起诉讼，被称作"私立高等教育协会诉邓肯案II"。

《有薪就业规定》是否超越《高等教育法》赋予的法定权力这一议题进入司法视野,“债务衡量规则”的有效性成为论争焦点。法院认为,“债务衡量规则”是“对模糊的法定命令作出的合理解释”,教育部没有超越法律赋予的权限。但就程序而言,“债务衡量规则”的部分内容无效,原因在于“贷款—偿还”标准的规定较为任意、武断且反复无常,不仅“根本没有任何事实依据”,而且“没有专家研究或行业标准表明,教育部规定的比率可以恰当衡量教育项目为学生就业所作的准备”。虽然对“债务—收入”标准未有异议,但由于教育部反复强调“贷款—偿还”标准和“债务—收入”标准是一体化政策设计的结果,在此意义上,“债务衡量规则”整体被架空。为防止相关机构规避“债务衡量规则”,法院认为“项目批准规则”不能与“债务衡量规则”分开。此案消解了教育部为解决营利性高校学生贷款债务问题所做的努力,教育部不服法院判决提出的上诉被驳回,被要求重新拟定相应规定。

2014 年 3 月 14 日,奥巴马政府教育部对 2011 年的规定做了重大修改,修改后的新规定于 2014 年 10 月 31 日获批通过,于 2015 年 7 月 1 日生效。新规定仍然包含“债务衡量规则”,但取消了“贷款—偿还”标准与“项目批准规则”,保留了“债务—收入”标准并降低了指标要求。根据之前的规定,“债务—收入”标准要求毕业生每年还贷额不得超过总收入的 12%,或为可自由支配收入的 30%或以下,而新规定的相应指标分别降至 8%和 20%。通过删除“贷款—偿还”标准,教育部期待新规定获得法院支持,但遗憾在于规定未涉及中途辍学、未完成学业学生的贷款债务问题,未能有针对性地面向背负巨大贷款债务的最重要人群,也没有就学校的相关责任作出必要规范。私立高等教育协会对 2014 年《有薪就业规定》再次提起诉讼,称“新规定非但没有纠正 2011 年规定的缺陷,反而重复并加剧了这些缺陷”。总之,新规定的效力受到较大限制。

四、行政和司法的博弈:美国营利性高校的生存之道

营利性高校是融合了企业和教育机构特点的独特的组织。理查德·鲁克曾在其著作《高等教育公司:营利性大学的崛起》中将营利性大学的本质归属于公司,认为营利性大学的主要目标是获得商业成功,其教育宗旨与市场紧密挂钩,用商业术语描述机构活动、讨论各种倡议、评估各种结果,甚至将认证过程亦当作商业目标看待,以效率与利润为最大追求。作为高校诚信和质量的监护人,市场在揭示学校性质和提高学校质量方面的作用非常有限[6]。正因如此,市场逻辑与教育逻辑的交叠与冲突、商业文化与学术文化的交叉与对立在营利性高等教育管理中是必然存在的,这是行政与司法之间出现博弈困局的根本原因。重要的教育益处不能武断地用结果、经济或者其他手段来测量[7],而要在追求绩效与利润的同时,关注到教育的公益性,保护大学的核心教育功能与文化,实现市场秩序与公共利益的平衡。美国营利性高校管理深嵌于美国的文化和自由市场经济,具有典型的美国特点。相关制度与实践涉及营利性高等教育共通的本质问题,值得深入思考。

一是如何兼重规范与支持,平衡营利性高校存在、发展的合法性基础与动力基础。合法性基础是指法律规范凭借其在国家规制体系中的根本地位,决定并构成的营利性高校生存与发展所必需的合法性空间。由于“对年长一些的学生来说,获得大学教育是包括工作和家庭在内的数个社会责任之一;对部分外来民族学生来说,为了提高社会和经济地位亟需大学教育;而对所有的学生来说,寻求的是一种对服务对象友好的、有支持作用的、既

能让钱花得值又能提供有用文凭的大学经历"[8],因此营利性高等教育具有不同于国家公共性的新公共性含义。美国通过法律秩序的建构、行政规范的嵌入以及司法力量的介入,明确质量认证、联邦政府财政资助与教育部行政监管的内容与限度,构建营利性高校的合法性,维护并提升营利性高等教育的公共性。动力基础是指规范并保障营利性高校发展活力的制度框架。平衡合法性基础与动力基础的最终目的是在规范与支持并重中促进营利性高校发展,它亟待以"合法性"逻辑为价值原则、以"最佳性"逻辑为功能旨归,全面审视并建构营利性高校管理的方式与内容。换言之,营利性高校管理的目的并不是为了"管理"而"管理",也不是以减损一部分学生合法权益为代价的"管理",更不是给高等教育事业带来负外部效应的"管理",而应是在立法中明确营利性高校的基础性定义,形成以政府财政资助为杠杆引导学校内涵式发展的政策路径,并借由司法途径促进营利性高等教育的市场逻辑与教育逻辑动态平衡的"管理"。

二是何以发挥立法技术的协调作用,形成立法、行政与司法等不同规范力量之间的"制度性互动",形塑营利性高校的管理秩序。在美国,管理营利性高等教育主要是州政府的职能,但联邦政府和非政府认证机构也发挥着重要作用[9]。联邦一级的全面立法是管理营利性高校、减少学生贷款债务总额的理想途径,州一级的立法有助于更实际、更直接地解决问题。营利性本质上是一个法律技术问题,与现行法律体系对高等教育机构性质及监管的认同密切相关[10]。作为一种制度,立法规范具有"元治理"(meta-governance)功能,是规制营利性高校发展的基础性准则。它是依照一批在司法和行政过程中使用的权威性法令来实施的高度专门形式的社会控制[11],决定着行政规范与司法规制的内容、密度与强度。例如,《高等教育法》特别规定了营利性高等教育机构必须满足的特殊要求,私立高等教育协会多次、接连起诉邓肯教育部的原因在于对《高等教育法》赋予教育部的权力范围存在争议。美国的法律框架保护了营利性机构生存的基本权利,政府试图阻止营利性高等教育机构设立和运行会因为违宪而无效,行政权与司法权之间的博弈也主要围绕"立法技术"问题而展开[12]。营利性高等教育难以界定或衡量,对提供不良教育的法律规制往往存在不足。要实现立法、行政与司法等不同规范力量之间巧妙的"制度性互动"、形塑营利性高校的管理秩序,必须既要考虑到营利性高校兼具市场逻辑与教育逻辑的特殊性,又要设法降低或减少不同规范领域的差异,确保"结构性耦合"。未来还可采取"对自我规制的控制"这类更为复杂、抽象和间接的规范形式,重视营利性高等教育的"内在逻辑",引导营利性高校进行内部自我管理,立法、行政与司法等外部规制方式则应从直接控制转向程序化控制。

参考文献:

[1] 杨红霞.营利性高等学校研究——以美国为例[D].上海:华东师范大学,2006:68-69.

[2][3][6][7] 鲁克 R.高等教育公司:营利性大学的崛起[M].于培文,译.北京:北京大学出版社,2006:114,101,75-146,75.

[4] BEAVER W. Fraud in For-Profit Higher Education[J]. Society, 2012(3):277.

[5] 哈伊.美国法律概论[M].沈宗灵,译.北京:北京大学出版社,1983:7.

[8] 古尔德.公司文化中的大学:大学如何应对市场化压力[M].北京:北京大学出版社,2015:64.

[9] KINSER K. From Main Street to Wall Street: The Transformation of For-Profit Higher Education [M].San Francisco: Jossey-Bass, 2006: 111.
[10][12] 周详.美国营利性高等教育的困局及其对教育立法的启示[J].中国高教研究,2016(6):46,44.
[11] 庞德.通过法律的社会控制[M].沈宗灵,董世忠,译.北京:商务印书馆,1984:22.

作者: 吴会会,北京师范大学教育学部教育基本理论研究院博士研究生。

(原载《比较教育研究》2019年第9期)

美国营利性高校的公益性保障机制简析*

王　玲

摘　要：营利性高校具有营利性与公益性双重属性，但在历史发展进程中，营利性高校的营利性常对其公益性形成冲击，使其被削弱甚至消解。针对这一问题，美国采取了多元化的措施，通过将营利性高校纳入高等教育事业体系之中，确立包括联邦政府、州政府和第三方高等教育质量认证机构在内的三维结构保障主体，并根据营利性高校的特殊性，重点建设消费者权利保障制度和教育质量保障制度两类制度，最终构建了营利性高校公益性的保障机制，有效地减弱了其营利性对公益性的冲击。该保障机制于我国营利性民办高校公益性保障机制的构建具有较大的借鉴价值。

关键词：营利性高校；公益性；保障机制；美国

从组织属性的角度来讲，营利性高校本质上是一个商业机构，遵循的是市场逻辑，追求的是利润最大化，但我们不能否认，由于高等教育本身的公益性，营利性高校的公益性也是不容忽视的。从国际营利性高校发展历程中我们可以观察到，逐利与公益经常是一对矛盾，而且若不给予适当干预，营利性高校的公益性很容易被削弱，甚至消解。这一问题在美国营利性高校发展进程中曾非常突出①，为了保障、彰显营利性高校的公益性，美国逐步构建了以将其纳入高等教育公益性事业体系中为基础，以联邦政府、州政府和第三方高等教育质量认证机构（下文简称“认证机构”）为保障主体，以消费者权利保障制度和教育质量保障制度两类制度为核心的保障机制。这种保障机制对于我国营利性民办高校的公益性保障机制建设具有重要的借鉴价值。

一、营利性高校纳入高等教育公益事业体系

在美国，营利性高校几乎有着与非营利性高校一样悠久的发展历史，但由于营利性高校大多以职业技能培训为主，因此在很长一段时期里都被排除在高等教育体系之外。第二次世界大战之前，美国政府关于高等教育的统计中并不包含营利性高校，在所有统计中主要采用的是公立、私立二元分类方法，而这里的私立高校指的是非营利性私立高校[1]。除了人才培养目标、人才培养模式、学术水平方面的差异之外，营利性高校的营利属性也是导致其被排除在高等教育体系之外的重要原因。第二次世界大战之前，很多州政府是

---

* 基金项目：国家社会科学基金“十二五”规划2014年度教育学一般课题（BIA140109）。

① 本研究所指的美国营利性高校主要是实施学历教育的营利性高校。

将营利性高校纳入企业管理体系的,采取与其他企业同样的管理方式[2]。显然,在企业管理系统下,营利性高校的公益性很难得到应有的认可与重视。第二次世界大战之后,为了满足退伍军人、“婴儿潮一代”的高等教育需求以及知识经济发展需求,美国需要更加丰富、多元的高等教育资源。而在回应这种需求方面,营利性高校显示出了比其他类型高校更大的优势,即营利性高校灵活的教学组织形式很好地满足了那些有工作或需要照顾家庭的成年人的高等教育需求;营利性高校相对偏低的入学标准为那些难以达到传统高校入学标准的青年提供了高等教育机会;在联邦政府学生资助制度的促进下,营利性高校吸纳了大量的低收入群体学生和少数族裔学生[3]。在美国高等教育大众化与普及化发展过程中,营利性高校发挥了重要作用。

营利性高校在满足人们多样化高等教育需求方面的优势之所以能够日益凸显,除了与其自身办学定位与办学特点有关之外,还与其实现了从“企业”到“高校”的身份转变,被纳入高等教育公益性事业体系当中也密切相关。在这个过程中,联邦政府起到了重要的促进作用。其一,1944 年的《退伍军人权利法案》(G.I. Bill)并没有将营利性高校排除在退伍军人可选择的教育机构之外,这不仅为营利性高校带来了重要的发展契机,同时也开启了营利性高校实现身份转变成为高等教育公益事业体系中一员的进程。其二,联邦政府为了避免“文凭工厂”的出现,保障参与退伍军人资助项目和大学生资助项目的营利性高校的办学质量,要求其必须通过教育部认可的认证机构的认证。这种认证制度的确立不仅在客观上促进了营利性高校办学质量的进一步提升,同时对于营利性高校实现身份转变,进入高等教育公益事业体系具有里程碑意义。美国地区性认证机构之前之所以会普遍拒绝为营利性高校提供认证服务,与其更多地将营利性高校视为企业密切相关。其三,在联邦政府的影响下,州政府也逐步加强了对营利性高校的质量监管,并将其纳入高等教育管理体系之中,如在新成立的州教育委员会中吸纳营利性高校代表,将其纳入与传统高校相同的评估体系之中,等等。在联邦政府的推动之下,营利性高校就这样逐步被纳入高等教育公益事业体系之中。目前,在美国高等教育数据统计中,营利性高校已经成为重要的统计类别。

二、三维结构的公益性保障主体的确立

联邦政府、州政府和认证机构是保障美国营利性高校公益性的三大主体。从历史角度来看,这三个保障主体均是在第二次世界大战之后确立起来的,其中联邦政府起到了重要的促进作用;从地位与关系的角度来看,三者是相互独立,同时又相互依赖、相辅相成的;从功能的角度来看,联邦政府主要发挥的是宏观监控功能,州政府对营利性高校实施具体的监管,而认证机构发挥的主要是专业化质量评估功能。

(一) 宏观调控主体:联邦政府

学生补助与贷款项目是联邦政府宏观调控营利性高校办学行为、促进其提升办学质量的主要政策工具。联邦学生补助与贷款资格的获得加速了美国营利性高校学生规模的扩展。但随着学生规模的扩展,有关营利性高校的“文凭工厂”、招生欺诈等丑闻也不断曝出,这引起了联邦政府的高度关注。最终,联邦政府改变了单纯依赖州政府对营利性高校办学行为与质量进行监控的做法,并在 1952 年的《退伍军人权利法案》修正案中对参与联

邦学生资助项目的营利性高校资格提出了更多的要求，即除了有州政府的许可或授权之外，还必须通过由教育部认可的认证机构的认证。之后，在1965年的《高等教育法》(Higher Education Act)、1972年和1992年的《高等教育法》修正案的作用下，一方面联邦学生补助和贷款项目进一步扩展，另一方面营利性高校“必须通过认证机构的认证”的资格要求被进一步强化。

联邦政府主要运用学生资助与贷款政策工具宏观调控营利性高校的办学质量与行为，使其作为高等教育的公益属性得以彰显。同时，运用学生资助与贷款政策工具，联邦政府也成功地调动了州政府和认证机构的主动性与积极性，促使其成为营利性高校公益性的保障主体之一，完善了营利性高校公益性的保障主体布局。

（二）直接监管主体：州政府

州政府掌握着实际的教育管理权，因此州政府承担的是直接监管营利性高校的职责。而在政策工具选择方面，州政府主要采用行政化管制这种强制性政策工具。州政府对营利性高校的管制主要通过两种途径实现。其一，基于营利性高校的特殊性，通过建立一个专门的营利性高校管理机构，对其质量进行专门的监管，如加州设置了私立中等后教育和职业教育办公室(Bureau of Private Postsecondary and Vocational Education, BPPVE)、消费者事务部等机构(Department of Consumer Affairs)来对州内营利性高校实施监管。BPPVE要求营利性高校每年要提交一次质量报告，并接受其入校检查，以确保营利性高校的办学质量是符合标准的[4]。其二，将对营利性高校的监管权赋予公立高校监管机构，如西弗吉尼亚州的公立高等教育监督机构——州高等教育政策委员会被授予了监管和关闭该州陷入困境的营利性高校的权力，该委员会有权要求营利性高校向其提供有关学生留校率、转学信息、许可通过率和贷款违约率等相关数据[5]。

在州政府的行政化管制中，许可制是核心的政策工具。许可制是一种强制实施的制度，通过许可制度，州政府可以限制那些并不满足州所设立的最低标准的营利性高校的设立。早在1888年，马萨诸塞州政府便开始对营利性教育机构实行许可制度。[6]因此，许可制是州政府最早采用的监管营利性高校办学行为与办学质量的政策工具。美国各州的营利性高校许可标准虽有所差异，却大多集中于最低的质量标准、机构发展的可持续性、消费者权利保护制度等几个方面，其中消费者权利保护是州政府最为关注的问题，包括学生权利、学费退还、毕业要求、就业率等多方面问题[7]。所以在很长的一段时间里，许可制度在保障营利性高校办学质量方面的作用是有限的。随着营利性高校的不断发展壮大，同时也为了促进营利性高校提升办学质量，规范办学行为，除了主要采取许可、授权等政策工具之外，州政府还采用了许可制与认证制度相结合、提供学生资助、曝光问题等多元化的政策工具，以提升监管水平[8]。

（三）专业化质量评估主体：认证机构

对于营利性高校而言，认证机构的专业化质量评估功能并不是一开始就具有的，是20世纪50年代随着全国性认证机构的建立与发展才得以发挥的①。相对于联邦政府和

---

① 美国全国性认证机构主要对全国范围内的特殊教育机构进行认证，这里的特殊教育是指学科专业局限在非常狭窄的领域如神学、希伯来语等，或使用非传统方式授课如用互联网远距离教学等。

州政府,认证机构可谓是营利性高校办学质量的专业"守门员"。一般而言,高等教育质量认证包括5个步骤:第一,认证前的初评,以确定是否具有认证资格;第二,根据认证机构所设置的标准,学校进行自我评估;第三,认证机构派人进行实地考察;第四,认证机构做出评估判断并给予学校上诉的机会;第五,通过定期报告和重新认证访问进行持续监测[9]。一所学校的初次认证至少持续几个月,最多的要花费4年的时间。对于大多数营利性高校而言,通过认证前的初评阶段,即获得认证资格就是一件较为困难的事情。但这样一种严格、专业的质量评估程序与方式却有效地促进了那些有认证需求的营利性高校不断规范办学行为、提升办学质量,进而不断彰显其公益性。

目前在美国,全国性认证机构是为营利性高校提供认证服务的主体,地区性认证机构从20世纪70年代开始也越来越多地为营利性高校提供认证服务。两类机构在认证方式和认证标准方面存在较大的差异:在认证方式方面,全国性认证机构更多的是对高校内的教育项目进行认证,而地区性认证机构则倾向将高校看作一个整体进行评估[10];在认证标准方面,全国性认证机构比较关注营利性高校的特殊性,而地区性认证机构更倾向运用与公立高校同样的指标体系去评估营利性高校。因此,申请地区性认证机构认证的营利性高校大多数是拥有学位授予权且采用较为传统的教学管理模式和教师聘用模式的,如60%以上的申请地区性认证机构认证的营利性高校是运用与公立高校相同的指标体系来描述自己的教师队伍,特别注重具有学术权威的全日制教师的聘用;一些营利性高校也建有宿舍,体育运动场所、学生俱乐部等和公立高校相同的学生校园生活元素[11]。

三、重点建构两类公益性保障制度

基于营利性高校的营利属性,美国政府除了从教育视角出发构建相应的质量保障制度之外,还重点从商业视角出发构建相应的消费者权利保障制度,由此主要形成了两种类型的营利性高校公益性保障制度。

(一)消费者权利保障制度

与公立高校相比,营利性高校的大部分学生来自工薪阶层家庭、低收入家庭和少数族裔家庭,同时以成年学生居多——在成年学生中很大一部分是退伍军人[12]。对于美国社会而言,营利性高校将这些人作为主要招生对象是一把"双刃剑",一方面确实有利于扩大高等教育机会,进一步提升教育公正水平;但另一方面,在利益的驱动下,这些本就在贫困边缘挣扎的学生的权利有可能进一步受损,进而引发更大的不公正问题,这使得营利性高校的消费者权利保护具有更为重要的社会意义。实践也证明,构建针对营利性高校学生的消费者权利保护制度是十分有必要的。在二十世纪七八十年代营利性高校快速发展的时期里,招生欺诈、提供低质量课程、学生毕业后需偿还高额债务、学生贷款违约率高等负面问题频繁暴露出来,营利性高校学生的消费者权利不断受到侵害,随着新型网络营利性大学的出现,营利性高校学生规模进一步增长。在如此大规模的在校生背后,对社会公正形成威胁的消费者权利侵害问题更为突出。

为了避免这些社会不公正问题的出现,联邦政府和州政府进一步加强了对消费者权利的保障力度。如2011年美国教育部颁布了"较高薪酬就业"制度,要求营利性高校必须确保其毕业生获得与其所受教育相称的职业,并且所得薪酬足以偿还联邦贷款。在联邦政府的带动与影响下，州政府也加强了对营利性高校消费者权利的保障。与联邦政府主要围绕学生补助与贷款项目资格提出系列的规制性政策、宏观调控营利性高校的办学行为不同，州政府主要运用行政管制手段对营利性高校提出强制性要求，并列出办学行为负面清单。

（二）教育质量保障制度

营利性高校公益性的实现主要依赖于为学生提供高质量的教育，因此，联邦政府和州政府一直致力于促进营利性高校不断提升教育质量。从实践中可以观察到，联邦政府、州政府和认证机构是营利性高校的质量保障主体，许可制和认证制度是最主要的质量保障制度，而州政府在相关制度建设方面表现出更多的活力。

许可制是州政府层面营利性高校教育质量保障制度体系中的核心制度。对于营利性高校而言，获得州许可的最直接意义就是获得合法的身份。但是，美国很多州的许可制并不仅仅停留在"使其合法"的层面上，还同时肩负着质量监管的责任。有的州要求申请许可的营利性高校必须满足最低质量标准，如果这些州的营利性高校想参与联邦学生资助项目的话，就必须在获得许可的基础上通过认证机构的质量认证；有的州为了避免不参加认证的"文凭工厂"的出现，直接规定不通过认证的营利性高校不能获得办学许可，如南达科他州；有的州即使在许可的过程中未提出必须通过认证的要求，但也会要求获得许可的营利性高校必须申请认证，如路易斯安那州[13]。总之，州的许可制度是营利性高校教育质量的重要保障。虽然很多州为了达到更好的质量保障效果，将许可制与认证制捆绑在一起，这常常使人们忽视许可制度在质量保障方面的作用，但不能否认的是，许可制从制度层面上加强了州政府对营利性高校的质量监管职责与监管力度，同时对于那些不参加联邦学生资助项目或者说不参加认证的营利性高校学生而言，州的许可制度是最主要的质量保障制度[14]。

随着在线教育成为营利性高校发展的主要路径，如何保障在线教育的质量问题日益受到联邦政府和州政府的关注。按照联邦政府要求，任何高校的在线教育都必须得到州政府许可才能实施，这常使得营利性高校必须获得很多州的许可才能在各个州的辖区内实施在线教育，而在各州许可标准不统一且均需要缴纳一定费用的情况下，这种许可要求大大增加了在线教育的运营成本，进而限制了在线教育的发展速度。为了解决这一问题，远程高等教育监管委员会于 2013 年 4 月发布了名为《通过监管改革提升高等教育入学率：关于实施"州许可互惠协议"的基础、基本原则和实施建议》的报告，在该报告中提出了"在线教育州许可互惠协议"，该协议旨在各州间构建统一的在线教育监管体系，即在教育质量、消费者保护及财政责任等方面构建起统一的要求[15]。与各州独立的许可要求不同，参与"在线教育州许可互惠协议"的学校或在线教育项目必须经过教育部认可的认证机构的认证，才能获得在协议成员州内实施在线教育的许可。截至 2016 年 1 月，已经有 36 个州 613 所教育机构加入了"州许可互惠协议"[16]。由此可见，一种州与州之间联合保障营利性高校教育质量的趋势正在显现。

四、结论与启示

虽然营利性高校具有明显的营利属性，但是美国政府，尤其是联邦政府仍十分看重其公益属性,并致力于相应公益性保障机制的建设。目前这种公益性保障机制已经基本形成,实践证明,这种保障机制虽然仍存在较多不完善之处,但是也较好地减弱了营利性高校的营利属性对公益属性的冲击,令营利性高校的公益属性日益彰显。美国的营利性高校公益性保障机制启示我们,认可营利性高校的公益属性是其公益性保障机制建设的前提条件和重要基础;营利性高校和非营利性高校之间的属性差异也决定了它们的公益性保障机制也必然存在差异。虽然美国营利性高校与非营利性高校的公益性保障主体都是联邦政府、州政府和认证机构,但是保障制度建设的侧重点却是不同的,只有尊重这种差异性,充分考虑营利性高校的特殊性才能构建更有效的公益性保障机制。

借鉴美国经验,同时结合我国实际,建议在我国营利性民办高校公益性保障机制建设中,第一,可将营利性民办高校纳入我国高等教育管理体系之中,与公办高校、非营利性民办高校一起进行统一的管理与规划,使其公益性得到真正的认可;第二,形成中央政府宏观调控,地方政府(包括省市两级政府)直接监管,第三方认证(评估)机构提供专业评估的多元化保障主体体系;第三,可为营利性民办高校设置建立门槛,提出最低质量标准,同时设立认证或定期评估制度,以促进其不断提升办学质量;第四,在质量保障制度建设方面,地方政府可成为主体,以增强制度建设的灵活性与适应性;第五,除了加强质量保障制度建设之外,可着重以保障社会公正为主要价值取向,加强消费者权利保障制度建设。

参考文献:

[1] Considering the Third Sector: The New Prominence of For-Profit Higher Education [R]. ASHE Higher Education Report, 2006.

[2][3] TIERNEY W. Too Big To Fall: The Role of For-Profit Colleges and University in American Higher Education [J]. Change, 2011 (6): 27-32.

[4][6] Creating the Playing Field: State and Federal Regulation [J]. ASHE Higher Education Report, 2006 (5): 111-124.

[5] HARRIS J. Private, for-profit colleges face increased state oversight [N]. Charleston Gazette, The (WV). 2012-09-06.

[7] State Licensure versus Accreditation of Proprietary Schools and Colleges: A Review and Comparison of Roles and Functions [R]. California Postsecondary Education Commission, 2004.

[8] CHALOUX B. State Oversight of the Private and Proprietary Sector [R]. State Higher Education Executive Officers Association, 1985: 9.

[9][10] FOSTER L. For-Profit Postsecondary Educational Institutions: Overview of Accreditation and Federal Oversight [R]. California Research Bureau, California State Library, 2004: 24, 20, 3.

[11] KINSER, KEVIN. A Profile of Regionally-Accredited For-Profit Institutions of Higher Education [R]. Presented at the Annual Meeting of the Association for the Study of Higher Education, 2003: 11.

[12] SALEMME C. Unpatriotic Profit: How For-Profit Colleges Target Veterans and What the Government Must Do to Stop Them [J]. BYU Journal of Public Law, 2017(1): 89-116.

[13] CARR S, FOSTER L. State Struggle To Regulate Online Colleges That Lack Accreditation [N]. Chronicle of Higher Education, 2001-03-28.

[14] HARNISCH T, NASSIRIAN B, SADDLER A. Enhancing State Authorization: The Need For Action By

States As Stewards Of Higher Education Performance [R]. Education Commission Of The States, 2016.
[15][16] ONWUAMEZE N. State Authorization Reciprocity Agreement: Participation and Access to Higher Education [J]. The Journal of Open, Distance and E-Learning, 2017(2): 137-146.

作者：王玲，济南大学高等教育研究院副教授，厦门大学博士后。

（原载《国家教育行政学院学报》2019 年第 1 期）

专题五

民国时期我国私立大学校长研究*

王彦才

摘　要： 私立大学校长对私立大学发展起着至关重要的作用。民国时期，由于私立大学在经费来源、机构设置、运行机制等方面不同于公立大学，导致私立大学校长在产生方式、办学自主权、任职年限、奉献精神等方面有别于公立大学校长。与公立大学校长主要由政府任命不同，私立大学校长的产生有董事会或办学者聘任、办学者自任、师生公推、政府委任等多种方式；私立大学校长在经费使用、教学改革、学校管理等方面有较大的自主权；私立大学校长不由政府任命，受政治经济等因素影响较小，能安心于教育工作，大多数校长任职年限较长，有较强的奉献精神，把全部时间和精力投入教育事业。

关键词： 民国时期；私立大学；大学校长；办学自主权

一位大学校长会影响一个大学的发展方向甚至决定其命运。对于私立大学来说，校长的作用尤其重要。如果说一名优秀公立大学的校长是一位坚持原则、忠于职守、廉洁奉公、精通学校管理的官员，那么，一名优秀私立大学的校长除此之外，还应具有较强的筹集经费、社会交际、善于斡旋和调节各方面关系、根据不断变化的情况灵活调整办学策略的能力。民国时期，私立大学校长在产生方式、办学自主权、任职年限、奉献精神等方面有别于公立大学。

一、私立大学校长的产生方式有多种

民国时期公、私立大学校长的选任方式完全不同，公立大学校长由政府任命。1929年7月26日，国民政府颁布的《大学组织法》第九条规定："大学设校长一人，综理校务。国立大学校长由国民政府任命之；省立市立大学校长，由省市政府分别呈请国民政府任命之。"[1] 与公立大学校长由政府任命不同，私立大学校长的选任有多种方式。虽然当时有关法规规定，私立大学校长由董事会聘任，但在实践中私立大学校长除由董事会聘任外，还有办学者聘任、师生公推、办学者自任校长、政府委任等。

（一）办学者或董事会聘任

遴选一位优秀的校长来经营管理校务，是私立大学董事会重要的职责之一。也是法律规定的选任校长的重要方式。实践中校长主要由办学者或董事会聘任。前者主要是在

*　基金项目：国家社会科学基金项目（BOA160028）。

学校开办之初，学校还未成立董事会，或学校虽然成立了董事会，但董事会主要由办学者说了算。如厦门大学的两任校长实际上是办学者陈嘉庚聘请的。私立大学董事会成立后，其校长即由董事会聘任。在校长更迭的情况下，也由董事会来推荐和聘任校长。如1913年复旦校长马相伯退休后，校董事会董事长孙中山推荐李登辉继任。1928年3月中国公学发生学潮，引起校长辞职，受校董事会的推荐，胡适于1928年4月3日就任中国公学的校长。校长由董事会聘任，是私立大学最重要和最普遍的校长任用方式。

（二）办学者自任

私立大学办学者自任校长的情况在当时也很普遍。校长既是学校创办人，也是决策者和管理者。如中华大学的创始人陈宣恺、陈时父子分别于1912年5月和1917年11月自任校长。立信会计专科学校的创始人潘序伦和上海美术专科学校的创办人刘海粟也都是自任校长。当时，刘海粟为了逃避父亲的包办婚姻，只身来到上海，计划东渡日本。父亲追到上海劝阻，父子最后达成协议：刘海粟不去日本，但要在上海办一个美术学校，父亲同意每月汇50块钱作为其办学经费，就这样，中国第一所私立美术学校"上海图画美术院"于1912年11月23日诞生了①。刘海粟从1912年建校到1952年一直担任该校校长。此外，当时很多以营利为目的创办的"学店"或野鸡大学，根本没有设立董事会，这些私立大学基本上是办学者自任校长。

（三）师生公推

与前两种校长任用方式相比，校长由师生公推的私立大学数量较少。复旦公学第一任校长（后改称监督）由全体师生公推马相伯担任，1907年马相伯东渡日本，1910年师生又公请归国的马相伯复任校长。光华大学校长张寿镛先生对帝国主义列强侵略中国无比愤怒，1925年6月，张寿镛先生应圣约翰大学离校师生之请，筹办光华大学并出任校长。1924年4月，厦门大学300多名师生因对学校当局不满而集体离校到上海，请求原厦大教授欧元怀等9人筹建新校，师生公推马君武为校长。1923年4月出版的《中国大学学生奋斗史》一书记载了私立中国大学学生普选校长的事例：

> ……我们的校长依董事会章程论任期已满，当然要有继任的校长……校长问题暂趋紧急，而董事会又将开会，对于继任之校长，只有理想的而无实际的，于是普选的声浪一天高似一天了。此种声浪嚷至5月26日的时候，乃经评议部议员及干事部干事多数同意之后，乃决定于27日开评干两部会议。是日到会者有80余人之多，即由评议部主席为主席，开始讨论继任校长问题，讨论达2小时之久，始决定采取普选校长的制度，以免除各个人对于校长人选的争端。这个制度是由全体学生心目中所有将来的校长2人写在记名的选票上面，然后将这个选票投入投票柜内，全体投完后，再将票数最多的两个人，请愿于董事会，要求容纳学生的公意。若是董事会容纳三个要求后，那么学生这次的奋斗可算完全成功。经过这样详细说明之后，即选出筹备人10人，筹备选举事宜，又选出代表6人出席董事会旁听，并说明全体学生的公意与要求。散会后即开全体大会，将此种情形报告后，在全体学生的鼓掌与欢呼后，闹到一个月有余的校长问题，从此始告一段落。

① 出资人乌始光为上海图画美术院首任校长，刘海粟为副校长，1919年7月始任校长。

很隆重的"28日上午10时普选校长的大会"开幕了……自上午10时至下午2时始选举完毕,经大会认为无误后,即在公众监视之下,将票柜打开,而王迁、梁启超、王正廷、梁启超……的名接二连三的报告出来了。约1点钟之久,在群众欢呼声中王正廷、梁启超先生当选中国大学的候补校长了。于是由学生会干事部文书股具公函稿子,送达董事会,而29日董事会开会时的候选校长名次,已排在议案上了。经学生代表一次说明请求的理由后,董事会即完全采纳学生的要求,敬请王正廷先生为本校校长。校长问题得告第二个段落了。而普选校长制度的被我们首先采用,竟达到完全的目的,也足以自慰与自勉。[2]

(四)政府委任

个别私立大学在个别时期,其校长由政府派员担任。政府派员担任校长的私立大学一般是学校卷入了政治风潮,政府为了控制学校而采取了强制委派校长的措施。如复旦大学师生历来有爱国救亡的传统,当局早就有控制复旦的意图。国民党最高当局在对复旦武力镇压失败后,曾经考虑封闭复旦大学,但因复旦是一所有革命传统的大学,并为孙中山先生所关注,当局不得不有所顾虑,于是就采取软的一手,阴谋将支持学生爱国运动的李登辉校长免职。李登辉校长被迫离职,改由吴南轩主持学校工作。再如,素有抗日救亡运动著称的朝阳学院,也是国民党的"心腹之患"。1939年初,蒋介石在全国范围内掀起第一次摩擦,教育部长陈立夫即在全国大专院校强化其所谓的"党化教育"。朝阳学院首当其冲。1940年上学期开学时,陈立夫撤换了院长张知本,解聘了一些爱国进步教授,强令校董事会另推江庸来当院长。

二、私立大学校长有较大的办学自主权

办学自主权是校长自主管理学校的权力。与校长自主权密切相关的问题是校长的职权。校长只有具有一定的职权才可能拥有相应的自主权。当时法律对于校长职权的规定采取了概括的方式,即只是笼统地规定了校长的职权。如1912年10月24日教育部公布的《大学令》及1917年9月27日公布的《修正大学令》都规定"大学设校长一人,总辖大学全部事务"。1929年7月26日国民政府公布的《大学组织法》和《专科学校组织法》都明确规定大学(或专科学校)"设校长一人,总理校务"。从学校内部来看,大多数私立大学以概括的方式规定了校长的职权。如1921年厦门大学大纲规定"本大学设校长一人,总理全校一切事务";1943年的中国大学组织大纲规定"本大学置校长一人,总理全校校务";1933年的朝阳学院组织大纲规定"本学院设院长一人,总辖全院事务"。可见,公、私立大学校长的职权都很大:总理全校一切事务。但实际上,校长的职权会受到各种限制,对于公立大学校长来说,主要受到来自政府部门的限制;对于私立大学校长来说,主要受到学校董事会的制约。私立大学董事会大多与校长关系比较协调,董事会很少干预校长管理校务的职权。因此,私立大学校长所受的限制比公立大学校长要小,从这个意义上来说,私立大学校长的自主权比公立大学校长的自主权要大。

20世纪初,自由主义思潮已经在中国广为传播并为更多的人所接受。特别在新文化运动时期,自由主义思潮更是深入人心,这为私立大学校长独立行使管理权提供了较宽松

的外部环境。在当时很多人眼中，私立大学比公立大学有更大的自主权。曾有人指出："私立大学可以实现一种特殊的教育部门理想，与现在流行的社会制度与陶冶思潮不甚相同的理想，一种更优的新社会和更合理的新教育的理想。"[3]私立大学虽然会不可避免地受到时局及客观条件的影响，但与公立大学相比，自主权还是比较大的。如南开大学，"学校有充分的办学自主权，官方的干涉较少，可以自行决定经费的筹集和使用；自行决定招生、专业与课程设置、人员聘任、待遇等。在当时的历史条件下，它比一般国立大学较易发挥办学的积极性和主动性"[4]。

私立大学校长自主权不仅表现在经费的筹集和使用上，还表现在学校管理和教学改革等方面。很多私立大学的校长在教学管理和教学改革方面拥有较大的独立性和自主性。民初建立的上海美术专科学校，校长刘海粟以"创新""善变"而著称。刘海粟在全国率先使用裸体模特儿进行人体写生，这在当时无疑是一种惊世骇俗之举，遭到了封建卫道士们的诋毁，他们称校长刘海粟为"教育界的蟊虫"。刘海粟不屈于世俗的压力，据理力争，最终将人体写生定为学校正式课程。刘海粟的反叛精神和冲决网罗的勇气，得到了郭沫若的称赞，郭在 1923 年刘海粟给他画的《九溪十八涧》的题词中，称刘海粟"艺术叛徒胆量大，别开蹊径作奇画，落笔如翻扬子江……"[5]为了锻炼学生的绘画技术，陶冶他们的情操，刘海粟独辟蹊径地把"旅游写生"定为必修课，这在当时是个创举。刘海粟还大胆改革，首开招收"选科生"的先例。校长刘海粟大胆的创新、全新的改革，使上海美术专科学校很快成为全国美术行业办学的佼佼者。

大学招收女生、实行男女同校在近代中国同样肇始于私立大学。广东光华医学院在创办初期（1908 年）就大胆冲破传统的束缚，开始招收女生，开创了男女同校上课的先例。比北京大学开始招收女生早了 11 年。此外，在北京大学以前实行男女同校上课的私立大学还有大同大学（1915 年）和上海美术专科学校（1919 年）。同样，选科制最早（1912 年）也是在私立大同大学开始实行的。与选科制相适应，大同大学采取了弹性教学管理制度，学生可以根据自身情况决定选课的多少，并不强求一律。学生可以提前毕业，也可以延迟毕业。与大同大学相似，无锡国学专修学校也实行弹性教学管理制度，如允许贫困学生中途休学，工作一段时间后积攒了学费再来申请复学。除了在教学改革方面具有较大的自主权外，私立大学在其他很多方面也有较大的自由度。如中华工商专科学校的校园氛围十分宽松，有人概括了这样几句话：别处不能唱的，这里可以唱；别处不能说的，这里可以说；别处不能看的，这里可以看；别处不能听的，这里可以听。有人比喻中华工商专科学校是上海的一个"小解放区"[6]。

私立大学比公立大学有较大的独立性和自主权，私立大学的办学者和校长也因此可以始终坚持维护学校的私立性质，即使在学校办学经费十分紧张、学校难以为继的情况下，也不愿意把学校交给政府改为公立。中国公学停办前不久，学校忽然接到教育部命令，要尽快恢复校舍，否则要停止招生，无奈，校董事会迅速聘请上海市市长吴铁成担任了该校校长，希望借助他的力量重建校舍，可吴铁成想趁机把学校改为市立大学，但在校董事及广大师生的反对下，得以保全[7]。1946 年中华大学迁回武昌后，原校舍 60% 以上被毁，图书资料仅存一半，学校面临无法开学的窘境。时任教育部长的陈立夫想趁人之危，提出如果陈时把学校交给政府，政府愿以三个条件予以交换：一是让他做中华大学终身名誉校长,另选一人继任;二是让他出任行政院的部长;三是给他 50 万光洋,请他退出中华大学。陈时听后勃然大怒,指责陈立夫侮辱了其人格,严正声明“我不是为当官发财办学的!”[8]毅然决然地维持学校的私立性质。

再以大夏大学为例,1942 年,国民政府教育部擅自决定将大夏大学与贵州农工学院合并,改为国立贵州大学,并内定教育部秘书主任张廷休为校长。当行政院通过改大夏为国立贵州大学这一消息传出时,立即激起了大夏师生、校董、校友们的愤慨,舆论哗然。特别是在校学生反对最为强烈。董事长王伯群召集全校学生讲话。他说:“大夏是我一手扶植成长起来的,在过去 18 年的岁月里,我当了 15 年校长,对大夏耗尽了心血,但我一无所求。对大夏的爱护,我不落人后。大夏的成败荣辱,与我分不开,我可以向大家保证,我能把学校完整地迁回上海去,教育部设立贵州大学,那是他们的事,让他们去办,与我们大夏无关。教育的自由和学术的自由,如人身的自由一样,是受法律保护的,是不容许他人或集团侵犯的。我们有团结一致的全体师生员工和分布各地的广大校友,还有全国各公、私立大学和舆论的支持,任何力量、任何困难都动摇不了我们的学校。”王伯群的讲话,受到了全体学生的热烈拥护。接着,王伯群与教授代表和校友会代表赴重庆向教育部长陈立夫提出质问。王伯群说:“大夏乃私人出钱所办,并非政府所办。公立学校,政府可以任意为之,今政府对于私立学校未经征得捐资创办人之同意,而欲收归公有,于法何据? 今日施之于大夏者,焉知明日不施于其他私立大学? 试问当今世界各民主国家有此先例吗?”其他私立大学闻讯,也对大夏拒改国立表示支持。后经何应钦向行政院提请复议,才收回成命,大夏仍保持私立性质[9]。为了维持学校的独立性,大夏大学在行政院已经决定将学校改为公立后,仍不改初衷,经过艰苦交涉,使政府收回成命。这种事情在近代是少有的,反映了广大师生力争维持学校独立性的坚定决心。

近代中国大学校长的楷模蔡元培既当过公立大学(北京大学)校长,也做过私立大学校长(1920 至 1922 年兼任私立民国大学校长,1922 至 1927 年兼任私立华北大学校长)。在公、私立大学校长自主权这个问题上他最有发言权。他是近代中国大学校长的佼佼者,他在北京大学践行了“思想自由,兼容并包”的办学方针。然而,即使像北京大学这样以“自由”著称的大学,校长的自主权仍然是有限的。

三、私立大学校长任职年限较长

在积贫积弱的近代中国,教育经费持续紧张,大学学潮迭起,很多大学校长每感难安于位。教育经费紧张短缺导致校长辞职事件屡见不鲜。一般来说,公立大学校长受教育经费等因素影响较大,更换较频繁。1921 年 4 月,北京八所学校校长(北京大学代理校长蒋梦麟、北京高等师范学校校长邓萃英、北京女子高等师范学校校长熊崇煦、北京法政专门学校校长王家驹、北京医学专门学校校长张黻卿、北京农业专门学校校长吾宗栻、北京工业专门学校校长俞同奎、北京美术学校校长郑锦)因政府拖欠教育经费而集体辞职。在 20 世纪 30 年代,“经费最困难的学校,如北平的师大,如南京的中大,校长一席几乎无人敢就。师大与中大近来的校长问题,其实背后都是一个经费问题(师大徐炳昶先生辞职由于经费领不到;中大任鸿隽先生不就因为经费无办法;青大杨振生先生月前辞职,也由于经费问题)。”[10]曾经担任北平大学校长的李书华因教育经费的困扰而辞职。1930 年下半年，因经费短缺，当时的北京师范大学代理校长李蒸辞职，继任校长徐炳昶也因经费短缺于当年11月愤而辞职。由此一度引发学潮。下面的史料记载了当时中央大学校长频繁更迭情况：

> 号称首都最高学府之中央大学……自去年江苏教育经费各管理处每月减拨五万后，经费开支已感困难，最近半年内，管理处以省库奇绌，停止发给，而国库空虚，亦无切实弥补之法。迨"一·二八"事变发生，教育经费，尤感竭蹶，该校员生以经费无着，呈杌陧不安之状态，而教授索薪，迎拒校长各问题，亦因以风起云涌。兼之半年以来，自朱家骅而刘光华、而桂崇基、任洪隽(1931年12月，中央大学校长朱家骅第三次请辞获准后，国民政府于1932年1月8日任命桂崇基为校长，然而却遭到学生的抗拒，当月下旬，桂崇基即辞职。1月26日，国民政府又任命此前师生强烈呼吁执校的任洪隽为中央大学校长，然而由于时任中华教育文化基金董事会干事长的任洪隽正致力于发展中国科学，坚持不就，行政院乃命法学院院长刘光华于4月起代理校务，然而两个月后，刘光华又请辞，获准——著者注)，校长更易不定，学校经济更入于复杂之状态……[11]

当时号称首都最高学府的中央大学校长尚且因经费紧张更换频繁，其他大学就可想而知了。当时，由胡适等人主编的《独立评论》发表了一篇《论学潮》的文章指出："师大与中大近来的校长问题，其实背后都是经费问题"，而"政府如有诚意收拾学潮，整顿学风，第一件任务应该作到不拖欠教育经费"[12]。相比之下，由于私立大学由私人出资兴办，其校长多由办学者或董事会聘任，或由办学者自任校长，其任职相对稳定。另外，中国近代私立大学校长很多是"教育救国"理念的信奉者，认为拯救中国的唯一途径是教育，客观上却导致了他们能安心于教育工作而对政治采取冷漠的态度，从而少受政治的影响。少问政治虽然脱离了中国近代社会革命的主旋律，但有利于提高学校的办学质量，维护正常的教学秩序。20世纪20年代，胡适提出了"少谈些主义，多研究问题"的实用主义主张。当时涌现了很多矢志兴学、无心仕途的私立大学校长。他们中很多人长期担任校长职务，有的长达几十年。如南开大学校长张伯苓以终身从事教育为己任，先后拒绝出任教育总长和天津市市长。后来张伯苓在《四十年南开学校之回顾》一文中，总结的南开学校发展的原因主要有三点，其中第一点是"个人对教育之信心"，自称"苓于教育事业，极感兴趣，深具信心，故自誓终身为教育而努力……当十五六年之交，政府谬采虚声，拟畀苓以教育总长及天津市市长等职，因志在教育不在政治，均力辞不就，仍以一心办理南开。因是个人事业赖此得以保全，而南开校务，亦因此而得发展"[13]。正是由于对教育事业的执着追求，使张伯苓担任南开大学校长达30年之久。复旦大学校长李登辉同样一心专注教育，一生无意仕途，从未参加任何政党和政府。南京国民政府曾一度聘请他担任教育部部长，被他谢绝。时人称他为"做大事而不愿做大官"的人。李登辉从1912年起主持复旦校务直至1937年，长达25年之久。中华大学校长陈时一生虽担任多项社会职务，但很少是政府任命的官职，他"不问政治，专办教育"，倾其全力从事社会改造工作。他从创办中华大学时起，担任校长职务长达30年。厦门大学校长林文庆多次拒绝做官，选择了办学，他担任厦门大学校长职务长达16年。私立大学校长由于较少受政治、经济等因素影响，很多学校特别是办学成绩优良的私立大学,其校长任职时间都比较长。通过查阅一些公立大学和私立大学校史资料,很多私立大学校长的任职年限比公立大学校长任职时间长。本研究选取一些案例,详见下表。

表1　部分公、私立大学校长任职年限比较表

私立大学	姓名	任职年限(年)	公立大学	姓名	任职年限(年)
武昌中华大学	陈时	30(1917—1946 年)	北京大学	严复	1912 年
上海美术专科学校	刘海粟	34(1919—1952 年)	北京大学	胡适	5(1945—1949 年)
无锡国学专修学校	唐文治	31(1920—1950 年)	北京大学	蔡元培	11(1917—1927 年)
南开大学	张伯苓	30	北京大学	蒋梦麟	16(1930—1945 年)
复旦大学	李登辉	24(1913—1936 年)	清华大学	罗家伦	3(1928—1930 年)
光华大学	张寿镛	21(1925—1945 年)	清华大学	梅贻琦	8(1931—1948 年)
中国大学	何其巩	10(1936—1945 年)	北洋大学	茅以升	4(1928—1931 年)
广东国民大学	吴鼎新	22(1928—1949 年)	成都大学	张澜	6(1926—1931 年)
厦门大学	林文庆	17(1921—1937 年)	武汉大学	周鲠生	5(1945—1949 年)
立信会计专科学校	潘序伦	13(1937—1949 年)	武汉大学	王星拱	13(1933—1945 年)
中国学院	王正廷	16(1921—1936 年)	浙江大学	竺可桢	14(1936—1949 年)
湘雅医学院	张孝骞	12(1937—1948 年)	中央大学	罗家伦	10(1932—1941 年)
大夏大学	王伯群	15(1928—1942 年)	中央大学	吴有训	4(1945—1948 年)
民国学院	鲁荡平	20(1930—1949 年)	广东大学	邹鲁	3(1923—1925 年)
中法大学	李麟玉	25(1925—1949 年)	中山大学	邹鲁	9(1932—1940 年)
朝阳大学	汪有龄	15(1913—1927 年)	中山大学	许崇清	2(1940—1941 年)

从上表可以看出,很多私立大学校长的任职年限都在 10 年以上,有的甚至长达 30 多年。相比之下,很多公立大学校长的任职年限都不到 10 年。

四、私立大学校长有较强的奉献精神

民国时期,我国很多私立大学办学者或校长为了兴建学校而倾尽家产。近代著名爱国实业家陈嘉庚,抱着教育救国的信念,将其一生所得的财产绝大部分捐献给了教育事业。1919 年 7 月 13 日,陈嘉庚在陈氏宗祠对各界人士 300 余人发表了慷慨激昂的演说,并当场捐开办费 100 万元,经常费 300 万元。他在逝世前夕仍然心系教育事业,将其国内所有存款,捐献给教育和公益福利事业,一分钱也不留给他的子孙[14]。武昌中华大学的校长陈时将其毕生的精力和财产都奉献给了教育事业,他动员家族变卖财产用来资助中华大学的创办。在中华大学的创办和发展过程中,陈氏家族几乎倾其所有,捐款、捐田、捐书。在艰苦的抗战中,陈时生活极其困难,二三十年的校长都是纯尽义务。为了节省开支以支持学校,陈时一家常常借贷度日。陈时无私奉献、艰苦办学的事迹受到了周恩来的赞赏和肯定，周恩来称赞陈时是“一位清苦的教育家”[15]。马相伯为了筹建复旦大学，将祖传遗产良田3 000亩(约2平方千米)、英法租界地产八处(时值十余万两)作为办学基金，后来他又捐款现洋4万元。这样，马相伯将全部财产都捐献出来了。大夏大学的历任校长都曾为学校筹集经费而无私奉献、东奔西走。校长马君武第一次对全体学生与教职员的讲话即以“三苦精神”与师生互勉。所谓“三苦精神”，就是教授要苦教，职员要苦干，同学要苦读[16]。南开大学校长张伯苓终身从事教育事业，拒绝涉足官场，可谓无私奉献的楷模。张伯苓的生活十分俭朴，把省吃俭用节约的钱全部捐给学校。上海立信会计专科学校经费十分紧张，经常入不敷出，建筑费更是捉襟见肘。每当学校遇到经费困难时，校长潘序伦总是迎难而上，千方百计筹措资金。建校之初，他曾经向学校捐助图书、房舍和6万元现金。抗战胜利后，学校由重庆迁回上海，学校既无校舍也无经费，他毅然捐出自己的私宅作为立信会计学校临时校舍，并向学校捐助3万美元。

此外，很多私立大学校长还有锲而不舍、不怕困难、百折不挠的筹集经费的毅力和勇气。中华大学校长陈时堪称筹措经费的典范。他担任校长之时，时局动荡，经济衰弱，当时中华大学的主要问题就是一个“穷”字。陈时为了募集办学经费，四处奔波；在筹集经费时常常碰壁，却从不灰心。他经常给学生讲清末武训“行乞兴学”的故事，激励自己要向武训学习，即使再难也要把中华大学办下去。1932年，在庆祝中华大学20周年校庆时，陈时在为校庆特刊所作的《弁文》中写道：

> 回忆二十余年之经过，艰苦备尝。有时潜心默祷，有时梦寐呼天，每逢年关节序，辄惊心动魄，算到难谋之时，也曾动自杀成仁之念，旋即觉为小丈夫怯懦之行，用以自制。此种情景，年必数遇。未尝不叹一事之经历，若忠心耿耿以赴之，如孤臣孽子，操心危，虑患深……[17]

字里行间道出了募捐的艰辛。复旦大学继任校长李登辉花费了大部分时间为学校募捐。他在募捐时，常遭冷遇，却从不灰心，一旦发现合适的募捐对象，便不厌其烦多次写信，还多次登门拜访。

南开大学校长张伯苓为南开大学的创办和发展呕心沥血，为了筹措经费，往往要写许多信件，请求各方大力捐助，经常亲自出马，游说各地。很多人对张伯苓的做法很不理解，甚至对他冷嘲热讽。面对困难，他毫不气馁，他认为为了南开大学的发展，为了国家的教育事业向别人募捐毫不羞耻。他说：“我虽然有时向人家求见捐款，被其挡驾，有辱于脸面，但我不是乞丐，乃为兴学而作，并不觉难堪”[18]。厦门大学创始人陈嘉庚在募捐过程中也多次遭遇挫折。1922年3月，陈嘉庚力图说服堪称全侨首富的某华侨，劝其向厦门大学捐款500万元，遭到该华侨的拒绝，这是陈嘉庚第一次募捐失败；1924年春天，又向万隆某华侨募捐，又遭到拒绝，这是陈嘉庚第二次募捐失败。但他没有因前两次募捐的失败而灰心，仍为厦大尽“奔走之责任”继续向某富侨劝捐，不料又遭到拒绝，这是陈嘉庚第三次募捐失败。虽然陈嘉庚几次募捐都遭到碰壁，但他仍不气馁，继续到处募捐。厦门大学校长林文庆原来在南洋经商，生意兴隆，资产颇丰，应陈嘉庚邀请，放弃了南洋优越条件到厦门大学任校长。此后，林文庆多次四处奔波为厦大募捐。林文庆舍弃富贵，从事清苦教育事业的精神感动了曾同他一块到南洋募捐的同事曾郭棠，曾郭棠在《林文庆在星洲的地位及其为厦大奋斗牺牲的精神》一文中写道：

> 陈校董在厦来电，请其回厦担任校长……他便放弃其在星洲优越的地位，来从事此清苦的教育工作了……他从前有产业颇多，因为委托不得其人，损失最巨。这是他到了厦门大学以后在物质上直接间接所受的牺牲。说到他这一回到南洋替本校募捐的精神，那更是可以使我们钦佩不置的了！他每天是在五时左右起床，九点多钟出发工作，一直到晚上一、二点钟才得睡觉。每天都要沿门叩户募捐，说了不少的话，跑了不少的路……每天中午或晚上要停止工作的时候，他常常这样问："今天一共捐了多少了?"把数目告诉他，他便很高兴的这样说："假如天天能够捐得这样的数目，就是天天这样跑，我们非常愿意这样做的!"有时碰到不大明白的人，劝募最难，所费的力量也最大，他甚至向他们这样说："我求你，请你帮助厦大，为祖国培养建设的人才!"他们才很感动的答应了募捐的数目！我们想想看，林校长年纪这样高了，为什么要牺牲他在星洲那么高尚的地位，那么多的财产?！这一回更要亲身跑到了南洋去奔波，去受苦?！我们对他老人家这样为厦大奋斗牺牲的精神，应当要怎样地对他表示敬意啊?![19]

在积贫积弱战火连年的近代中国，私立大学的发展可谓步履维艰，校长在学校发展中起着非常重要的作用，一个好的大学校长造就了一所好的大学。民国时期，涌现了一批像复旦大学、南开大学、厦门大学等办学成功的私立大学，这些私立大学取得的成绩与校长们专心办学、艰苦奋斗、百折不挠、无私奉献的精神是分不开的。对民国时期私立大学校长进行研究，对当前高校办学具有一定借鉴价值。

参考文献：

[1] 中国第二历史档案馆.中华民国史档案资料汇编：第五辑 教育[C].南京：江苏古籍出版社，1994：171-173.

[2] 中国大学学生奋斗史[A]//中共北京市委党史研究室.中国大学革命历史资料.北京：中共党史出版社，1994：13-14.

[3] 邱椿.我国私立大学之前途[J].中华教育界，1938(6).

[4] 南开大学校史编写组.南开大学校史[M].天津：南开大学出版社，1989：138.

[5] 周川，黄旭.百年之功：中国近代大学校长的教育家精神[M].福州：福建教育出版社，1994：62.

[6] 上海文史资料选集：第59辑[G].上海：上海人民出版社，1988：449.

[7] 陈明章.学府纪闻：私立中国公学[M].台北：南京出版有限公司，1982：349.

[8] 娄章胜，郑昌琳.陈时教育思想与实践[M].武汉：华中师范大学出版社，2001：236-237.

[9] 中国人民政治协商会议等.抗战时期内迁西南的高等学校[M].贵阳：贵州民族出版社，1988：153.

[10] 谢长法.借鉴与融合——留美学生抗战前教育活动研究[M].石家庄：河北教育出版社，2001：147.

[11] 田正平，谢长发.借鉴与融合：留美学生抗战前教育活动研究[M].石家庄：河北教育出版社，2001：148-149.

[12] 臧晖.论学潮[N].独立评论，1932-07-17.

[13] 张伯苓.四十年南开学校之回顾[N].南开四十周年纪念校庆特刊，1944-10-17.

[14] 王增炳，余纲.陈嘉庚兴学记[M].福州：福建教育出版社，1981：1-2.

[15] 陈庆中.武汉文史资料：第2辑[G].武汉：武汉出版社，1985：84.

[16] 陈明章.学府纪闻:私立大夏大学[M].台北:南京出版有限公司,1982:36.
[17] 陈时.牟文[M].武昌中华大学 20 周年纪念特刊,1932.
[18] 南开大学校史编写组.南开大学校史[M].天津:南开大学出版社,1989:111.
[19] 曾郭棠.林文庆在星洲的地位及其为厦大奋斗牺牲的精神[J].厦大周刊,1935(18).

作者: 王彦才,海南师范大学教育科学研究院教授,博士。

(原载《河北师范大学学报》(教育科学版)2019 年第 7 期)

新中国成立以来我国民办教师历史及启示
——以H省N地区为例*

胡 艳 刘 佳 姜思羽 邓楚琳

摘 要：民办教师政策是我国当代解决乡村学校师资短缺的重要途径。本研究以中部H省N地区为个案，研究民办教师产生、发展和消亡的历史，探讨落后地区教师补充的机制和意义。研究发现，民办教师的出现、发展是经济、教育欠发展时期国家不得不采取的权宜之计，是中央和基层政府，以及人民群众共担教育责任的结果；民办教师本地人兼农人的身份促进了教师与学生、与学生家长的关系，密切了学校与乡村社会的密切联系，他们为乡村的教育和文化建设做出了不可磨灭的贡献，对今天的乡村教师补充仍有很大的借鉴意义。

关键词：民办教师；师资短缺；乡村教师队伍建设

乡村或落后地区师资短缺是我国乃至世界上很多国家教育发展过程中长期面临的问题。在美国，乡村教师工资低、工作负荷重，工作条件艰苦、孤立，以及教师资格证要求高，成为招募和留住乡村教师四大挑战[1]。俄罗斯、印度乡村学校长期面临着财政资源缺乏、信息不足和缺乏必要的文化设施、工作负担重等问题，致使乡村学校难以招募到教师，且在任教师流失率高[2]。非洲加纳，如何招到和留住有资质的教师同样是乡村学校长期面临的问题[3]。

如今，虽然国家实施了公费师范生、特岗教师、乡村教师支持计划等补充、稳定乡村教师队伍政策，但乡村教师队伍结构性短缺、骨干教师流失、工作投入等问题依然存在且短期内难以解决。我国当代教育史上，为解决农村教师短缺问题采取了民办教师（以下简称"民师"）政策，截至2000年"民师"问题基本解决，"民师"在当代中国存在60年，他们一度是教育发展的主力。本研究希望通过对这一群体的历史研究，探讨"民师"政策在落后地区教师补充中的作用，以及对今天教师队伍建设的借鉴。

一、研究方法及研究对象

民办教师是指由国家补助、集体支付工资，并经政府认定，长期从教的中小学教师[4]。自1951年第一次全国初等教育与师范教育会议上教育部提出"地方政府统筹与依靠群众办学相结合""提倡群众办学"[5]以来，招募本地有文化的农民作为乡村学校师资的重要补充，屡次被国家政策确立，"民师"在长达30多年的时间里也成为乡村教师的主要来源

* 基金项目：北京市社会科学基金重点项目（16JYA001）。

(1986年,教育部才明确提出各地一律不得再吸收新民师,否则追究领导者责任)[6]。基于时间、经费和获取资料的方便程度,本文以H省N地区为例开展此研究。H省是我国的农业大省,其"民师"在全国民师队伍中比例最大。本研究通过历史文献资料、群体和个体访谈、实物收集等方式研究民师的历史。访谈对象主要为两个群体:一是曾经的民师,二是与民师招募、管理相关的人员。访谈对象的选取以工作时间长、经历民师政策实施的主要时期且记忆力好、保存并愿意提供详细数据者为目标,具体选取N地区①的11位不同时期从教的民师、1位曾任乡村学校校长、1位乡教办主任、1位教育史志编撰人员、1位接待民师的行政部门干部(见表1)。

表1　主要受访人群基本信息

代码	出生年份	性别	初始学历	入职时间	民转公时间	身份
TW3	1929	男	中师	1961	公办教师	教办室主任
TY1	1930	男	师范肄业	1949	1980	民转公教师
TZan	1938	女	中专肄业	1970	1999	民转公教师
TW1②	1939	女	初中	1959	未转正	民办教师
TZ	1943	男	中师毕业	1963	无	公办教师
TG	1943	男	高中	1962	1972	民转公教师
TZ	1950	男	初中	1969	2000	民转公教师
TD	1946	男	高中	1969	1982	民转公教师
TY2	1946	男	高中	1965	1995	民转公教师
TW2	1946	男	桑蚕学校	1968	1995	民转公教师民办校校长
TX	1947	男	初中	1968	1995	民转公教师
TL	1948	男	高中	1969	1981	民转公教师
HL	1950	男	高中	1974	1982	民转公教师
HZ	1950	男	高中	1975	1988	民办教师/总务
RL	1962	男	师专	1982	1982	市教科所所长
HQ	1966	男	大学	不详	不详	省信访办

二、民办教师——当代乡村教师补充的经验

中国素有民间办教育的传统。中华人民共和国成立初期,由于经济落后,教育基础薄弱,国家无力举办全民普及性教育,广大农村和偏远落后地区依袭传统,出现了依靠集体力量举办学校的情况,其师资则采用"能者为师"的办法,由公社、大队自行在村里聘用合适人选。这些人有一定的文化基础,但未受过专门训练,不占国家编制,仍具农民身份,我

① N地区包括N市和N县,下文不再特别说明。
② TW1老师1960年上速成师范后转为公办教师;1962年公办教师下放,她回到本村又成了民办教师。

们统称“民办教师”。

根据民师发展的规模、影响，结合我国社会和教育发展的基本状况，本研究把民师的历史分为四个阶段：萌芽期(1949—1956 年)、蓬勃发展期(1957—1976 年)、整顿期(1977—1993 年)、消亡期(1994—2000 年)。具体情况如下：

(一) 民办教师的萌芽期(1949—1956 年)

中华人民共和国成立后，为实现“民族的、科学的、大众的文化教育”[7]，在基础教育领域，1951 年第一次全国初等教育与师范教育会议上，教育部提出了“十年之内争取全国学龄儿童基本全部入学，今后五年内争取使全国学龄儿童 80%入学”[8]的目标。在经济和教育基础极端落后的当时，国家不得不采取“两条腿走路”的方针实现这一目标，提出“各市县人民政府应根据群众需要与自愿的原则，提倡群众办学，如发动群众出工、出料、出钱修建校舍，添置校具，解决公杂费开支，聘请教师等”[5]。农村发动群众出钱、出人、出力办学，城市依靠工矿、机关办学成为当时办学的主要思路。民师作为教师队伍补充，特别是农村教师队伍的主要力量应运而生。

1949 年以来最早的民师来自解放前设立的私立学校，1949 年全国有小学、中学民师为 10.5 万人和 2.8 万人，占当时小学、中学教师总数的 12.6%、42.4%。1951 年提倡群众办学以来，民师特别是小学民师数量急剧上升。当年小学、中学民师分别占全国小学、中学教师总数的 34.8%(42.5 万)和 31.2%(2.3 万)。1954 年教育部《关于整顿和发展民办小学的指示》颁布，政府逐渐承担更多的教育责任，将那些不是群众自愿，且难以支撑的民办小学改为公立，并增设公立小学。民办中小学数量减少，民师比例下降。到 1956 年，小学、中学民师分别占全国小学和中学教师总数的 5.2%(9.1 万)和 0.8%(1 497 人)[6]。

H 省 N 地区的情况也如此，从有限的文献发现，N 地区最早的民师出现在 1950 年代初。当时全区中小学开始全面恢复，公办教师数量不足，各地吸收有文化者为代课教师，这部分教师国家不发工资，由生产队记工分，为和公办教师区别，称之为民办教师[9]。其实，记工分是人民公社时期，此期主要是由村里提供粮食，是粮薪制。

本研究访谈的 TY1 就是 1949 年成为民师的。当时中师肄业的他(因战乱未完成最后半年学业)接受短期培训后本可成为一名公办教师，因未到组织分配的地区从教，即和自己的同学在本地办了一所小学，自封为校长，同学为教导主任，由此成为一名民师。当时不少民师是这个时间招募的，据称因师资匮乏，招募条件很松，只要有文化，即可从教。当时学校还会招募一些不发薪水的“义务教师”。“教师招够了，就不让这些义务教师来了”。本研究所调研的 46 位乡村教师口述史中有 4 位是此期成为民师的。他们有中师肄业，师资速成班毕业，也有私塾或高中肄业的[10]。

此期民师的薪水主要由村里统筹支付，TY1 教师的薪水是 145 斤/月①。当时国家规定村小教师最低工资标准每月 180～200 斤粮食[5]。可见该村并未按国家要求发放。TY1 刚开始办学时，他和合伙人都是义务老师，后来“村里给你拿钱，给你发粮食”。半年后，他又被上级派到邻村办学，工资依然每月 145 斤麦子。据称，这是当地农村的普遍

① 访谈者的原话：那时候的工资是按粮食发的，最低的小学教师工资是一月 140 斤麦子。教三四年级是一月 145 斤麦子。教五六年级是 150 斤到 155 斤麦子。校长加五斤，就是 160 斤。我那时候是 145 斤麦子。那个麦子是没脱壳的原粮，加工成面粉才能吃。粮食是由村里给的，是村里群众筹的，每个月都能按时拿到。(访谈时间 2015 年 4 月)

情况。

可见,新中国最早的民师多数学历较低。1954 年 43%的小学教师不到初级师范水平,如果包括不到中师水平的教师则高达 80%[11]。这些不合格的教师多为民办教师,但他们是当时农村稀有的知识者,承担起现代教育的重任。

(二) 民办教师队伍的飞速发展期(1957—1976 年)

我国民师获得较大发展时期是"大跃进"和"文革"时期。

1. 民办教师急剧扩充时期

1950 年代中后期,随着第一个五年计划的圆满实现,我国快速建设社会主义的热情被极大地激发。1956 年教育部制定《十二年国民教育事业规划纲要》,明确提出"7 年内基本普及义务教育,1962 年 40%的高小毕业生升入初中,大力发展高中教育"的目标[12]。1958 年 3 月,教育部在第四次全国教育行政会议上提出,"反掉保守思想,促进教育事业大跃进"。同年 9 月,中共中央、国务院发布了《关于教育工作的指示》,提出"全国应在 3 年到 5 年的时间内,基本上完成扫除文盲、普及义务教育、农业合作社社社有中学和使学龄前儿童大多数都能入托儿所和幼儿园的任务"[13]。在国家各方面条件有限的当时,如何实现教育的"大跃进","谁受益谁办学"是当时的普遍选择。

1957 年,主管部门屡次指出小学教育的发展必须打破由国家包下来思想,在城市提倡街道、机关、厂矿企业办学;在农村,提倡群众办学[12],允许私人办学[14]。1960 年代初,刘少奇提出建立"两种教育制度、两种劳动制度",鼓励农村举办半耕半读的农业中学,耕读小学[15]。

在国家政策的引导下,我国农村掀起了群众办学的热潮。大量的简易小学、耕读小学、农业中学出现。以小学为例,1958 年小学生在校生比 1957(6 428.3 万人)年增长34.41%,学龄儿童入学率上升到 80.3%[13]。其中,25.3%的小学生在民办小学就读[6]。

在这样一个学校扩张的时代,师资缺乏可想而知。为此,各地主要采取"群众办学",采取"'志愿兵'的办法组织革命的教师队伍……目前教师来源,主要是就地取材,能者为师"[16]。由此,民师得以迅速扩充。据统计,仅 1958 年,全国小学、中学民师分别达 4.2 万人、55.6 万人,分别占全国小学、中学教师总数的 13.8%和 55.6%[17]。同年 H 省 77 个县市分别增加民办小学、中学教师 25 034 人、7 252 人。1959 年,N 地区共有民师 4 968 人,占教师总数的 24.6%[9]。

这些民师一般是通过队社举荐与群众推荐相结合的办法选聘,大多是本村本乡经过一定时间劳动的往届中小学毕业生,他们"一般政治质量好,工作热情,群众关系较好,文化水平不太高,没有教学经验,暂时教学有困难,经过培养提高,可以胜任教学工作"①。这和笔者研究一致②。

2. 民办教师数量迅速膨胀时期

"文革"期间是我国民师激增的时期。由于鼓励生育,这段时期我国人口由 7.3 亿发

① H 省档案局资料:1958-全宗号 J109-案卷号 872。

② 这一时期各公社、大队,甚至村落都设有小学,教师多是公社、大队干部聘用的,他们一般考虑几个因素:一是有知识有文化;二是出身好;三是品行好。在教师聘用过程中,关系成为是否得到教职的隐性因素。参见:胡艳,郑新蓉.1949—1976 年中国乡村教师的补充任用——基于口述史的研究[J].北京师范大学学报(社会科学版),2018(4):15-25.

展到9.4亿[18]，在"上小学不出村，上初中不出队，上高中不出社"，以及"农村普及小学五年教育，有条件的地区普及七年教育，大力提倡群众集体办学"的政策影响下①，各地不顾条件盲目发展中小学校，学生人数激增。1957—1976年，我国小学在校生增加2.33倍，中学在校生增加9.29倍[6]。如此庞大的在校生数必然带来师资的需求。1968年，山东两位教师提出了"侯王建议"被主管部门采纳[6]，导致大量的公办学校下放为集体民办。同时，很多正规大专院校，包括师范院校停办、撤销或合并，中小学师资缺乏来源，各地采取前期提出的"就地取材，能者为师"的方略，民师的数量激增。

如H省N地区的公办教师回原籍任教后，农村特别是山区公立学校教师严重缺乏，各校不得不吸收"民师"来补充[9]。据受访TW3老师反映："1968年公办小学下放大队办学既是最艰难的时期，又是教育大发展的时期。原来有学校的村基础还好一些，原来没有学校的村困难更大，选校址、盖房子、买设备、选用教师等，都摆在村干部面前。好在乡村非常重视，今天开大会，明天开小会，安排专干亲自督导，全乡个个都忙起来，动起来，掀起了办学的热潮。"在这样的办学热潮下，民师被大量聘用，本研究访谈的12位"民师"中有9位是此期补充的。据TD老师反映，他们获得教职的方式是大队推荐："1968年高中毕业以后回到老家了……1969年，回去有一年多一点，大队通知说让我去学校当老师，那时基层行政单位是大队。"TX说："当时公办教师缺口大，大部分都是民师，乡村90%的教师都是民师。那时候小学都是村里办的，公办老师一个学校也就一两个。我们村的小学9月份开学了，学校需要老师了，大队就通知让我去学校了。"

全国情况也如此。1957年，中、小学民师为14.1万人和1.68万人，分别占中小教师总数的7.5%和7.2%。但到1976年年底，中、小学民师增加到341.6万人、98.7万人，分别占中、小学教师总数的64.6%和36.2%[17]。H省的情况更是触目惊心，1978年，H省民办中、小学教师占中、小学教师总数的56.68%和83.99%[19]，比之前增长了约2倍。我们缺乏N地区的详尽数据，但1978年N区中、小学民师分别占中、小学教师总数的67%和90%[9]。受访老师HL称："我们那个村里(学校)民办教师占2/3以上。"TX所在学校"有一个公办校长走了之后，剩下的百分之百都是民师"。据称，不少农村学校全部是民师。可见，民师已经支撑起农村教育的大半边天。

(三)民办教师队伍的整顿期(1977—1993年)

1977年，我国重启现代化历程。教育作为现代化的重要基础开始恢复，但教师队伍的质量堪忧。据统计，当时高中、初中、小学教师中合格学历者仅为33.2%、14.3%和28%。"有不少教师是中学程度教中学，小学程度教小学"[20]。教师队伍如此状况主要源于之前群众办学政策。民师整顿成为提升我国师资质量，规范用人制度的一项重要举措。

1. 国家的政策引导

1978年，教育部出台《关于加强中小学教师队伍管理工作的意见》，要求对中小学教师队伍进行全面整顿，严格任用标准。对民师明确其任用需要经学校、大队提名，公社推荐，行政部门审查、批准，发给证书[21]。1980年《关于普及小学教育若干问题的决定》进一

① 即所有公办小学下放到大队来办，国家不再投资或少投资小学教育，教师由大队记工分，国家不再发工资。参见《中国教育年鉴(1949—1981)》，中国大百科全书出版社1984年版，第94页。

步提出，要逐步减少民师比例，每年通过安排一定的专用劳动指标，或师范院校招生培养等方式，分期分批将民师转为公办教师，几年内将其比例降到30%以下[22]。1983年，教育部出台《关于中小学教师队伍调整整顿和加强管理的意见》，要求从政治思想表现和工作态度、教育业务能力和教学效果、文化程度三方面对教师进行考核，考核成为民转公，或进入师范院校培养，或解聘的依据[23]。1986年，教育部提出各地一律不再吸收新的民师，否则追究领导责任[6]。

1992年，国家教委等多部门发布《关于进一步改善和加强民办教师工作若干问题的意见》，明确提出"关、招、转、辞、退"的整顿方针[24]：关，停止吸收新的民师；招，师范学校定向招收民师；转，转优秀民师为公办；辞，指辞退不合格民师；退，让年老病残民师离岗退养。该政策成为相当长时期民师整顿的指导政策。

2. H省的民办教师整顿工作

H省的民师整顿是20世纪70年代末开始的。方式如下：

（1）考核整顿。1978年秋，N县文教局根据省政府和N地区行署文件精神，采取异地整顿的方式，成立专门的工作队对全县6 805人（占教师总数的77.8%）民师进行考核。根据文化、业务考核结果和群众评议，县文教局共任用5 810名民办教师，辞退一批不称职者[9]。

（2）身份确立。1980年，N县按照省里部署对民师再次考核整顿，合格者为计划内名师，是年全县认定计划内民师5 230人[25]，以后又进行多次认定。

1989年，H省采取"以评代整"的办法对民师进行身份确立，把获得聘任的民师列为计划内民师，由省教委颁发《中小学教师任职资格证书》和《中小学教师职务聘任证书》。是年全省共有30.37万民师转为计划内民师①。

（3）师范培养。1982年年初，N区教育局下发通知，要求师范院校拨出专门名额给民师。1982年、1983年两年，分别有197、480名民师经考试进入师范院校[9]。随后，师范院校不定期面向民师招生，1988年有500名民师到中师学习[9]。

（4）公办招录。1987年，H省出台《关于1986年选招部分民办教师为公办教师的通知》，要求通过考试招录1982年后的计划内在职民师为公办教师。通过业务考核、文化考试、政审和体检，以及向获得县级以上先进工作者和教龄长者倾斜的政策，全省有10 000民师转为公办，其中一般教师占70.7%，中小学校长、教导主任占29.3%[26]。随后，该省又进行了几次这样的转招考试。

经整顿，H省的民师数量急剧下降。1980—1992年，民师数量下降20多万人，在整个教师队伍的占比由1980年的72.2%降到1992年的45.2%②。

（四）民办教师队伍的逐步消亡时期(1994—2000年)

1990年代，我国教育事业的发展由此前对"量"的满足转为对"质"的追求。1993年《中国教育改革和发展纲要》明确提出"必须把经济建设转到依靠科教进步和提高劳动者素质的轨道上来"。民师群体已不再适应高质量教育需求，解决民师问题成为必然。

① 来源：该地区内部资料。
② 根据H省档案馆文件和教育年鉴提供的相关数据统计。参见H省教育厅文件《X教人字〔80〕103号(1980年)》。

1994 年,在第二次全国教育工作会议提出争取今后六七年内基本解决民师问题[27]。1996 年,国家教委明确提出 2000 年教师队伍建设的目标:小学、初中教师学历合格率分别达到 95%、80%以上,高中、职业中学教师学历合格率分别达到 70%、60%左右[28]。1997 年国务院办公厅发出《关于解决民办教师问题的通知》,提出"争取在本世纪末基本解决民办教师问题",具体措施:实行地方责任制;全面贯彻关、转、招、辞、退的方针;分区规划,分步实施,逐年减少民办教师的数量[29]。民师整顿进入最后阶段。

H 省在国家政策指导下全面解决民师问题。他们通过考试转正、师范院校培养、清退不合格者和违反政策者(如计划生育),将符合转正条件的超龄民师采取退养等方式,解决留存民师问题。据访谈得知,此期民师转正更为宽松,1998 年 N 区民师转正考试被临时取消,所有计划内民师转为国家正式教师。到 2000 年,民师整顿工作结束,民师成为历史。

三、结论与启示

(一)民办教师是新中国农村基础教育的重要支撑力量

我国普及教育的目标自晚清提出,到国民党统治时期制定严格的义务教育普及方案有半个世纪,却因师资匮乏、没有适宜的师资补充机制、政治腐败和战乱等因素,到 1949 年小学学龄儿童入学率仅 25%,中学生入学率为 3%[30]。自 1949—2000 年,我国基础教育,特别是农村基础教育获得了长足的进步,而发挥重要作用的是民师。我们从农村基础教育发展的四个阶段可窥其貌:

第一个时期(1956 年之前),民师是我国实现工农大众教育的基础。正是有了他们,一些地方建立了最早的现代学校,一些地方的学校有了较大的发展,中小学生入学率迅速提升,达到晚清以来最好的成绩(1956 年小学学龄儿童入学率为 62.6%,中学在校生增加 3.97 倍)[6]。

第二个时期(1957—1976 年),是农村基础教育发展最快的时期,也是民师激增的时期。虽然我们对此时期的学校质量持怀疑态度,但此时确是农村基础教育基本普及的时期。1957—1976 年,学龄儿童入学率增长到 96%;中学在校生数增加 8.29 倍[6]。在这个骄人的成绩背后是民师的坚守和付出。如果没有此期的基础,我国很难在 2000 年普及九年义务教育。

第三个时期(1977—1993 年),此时期是国家主导下的基础教育发展时期,虽然此时民师因低学历、非专业,开始作为整顿对象被刻意减少,但民师依然是农村尤其是欠发达地区义务教育的基础性力量。1977—1993 年我国中学民师由 65.8%(343.9 万人)减少到 34.8%(193 万人),小学民师由 39.9%(127.3 万人)减少到 7.1%(22.6 万人)[17]。但他们主要在农村任教,是农村教育的基本力量。

第四个时期(1994—2000 年),此时期国家制定了普及高质量义务教育的目标,主管部门也制定各种政策提升教师队伍的质量。经历了半个世纪的民师通过"关、转、招、辞、退"等方式不再列入基础教育师资队伍。

总之,民师是新中国农村基础教育发展的中坚力量,也许未必提供了高质量的知识教育,但在培养学生的集体意识、劳动习惯、基本读写算知识以及踏实做人等方面卓有成效。

（二）民办教师是政府补充教师的权宜之计

新中国“民师”产生发展一直是政府主导的结果。无论是初期，还是民师补充较快的时期，国家从未把民师作为中小学师资的正规补充渠道，而是把它作为经济、教育不发达但民众需要基本教育的现实情境下的权宜之计。

新中国成立初期，我国提出的“十年之内争取全国学龄儿童基本上全部入学，五年之内争取全国学龄儿童80%入学”的目标就当时的条件而言是不可能实现的。地方政府统筹和依靠群众办学相结合成为素有民间办学传统的我国首选策略，也成为不同时期促进教育发展权宜之计。无论是“以民办为主，国家补助为辅”，鼓励“群众自办自管”，采取“就地取材，能者为师”的方式，还是“建议所有农村公办小学下放到大队来办”，都体现出国家在面对有限的条件与人民群众强烈需求之间巨大矛盾时，在人、财、物极度匮乏的年代为普及教育不得不做的选择。正是这种另辟蹊径，农村教育现代化才成为可能。

（三）民办教师任用给今天教育落后地区师资补充的启示

后发展国家和地区要实现教育的现代化，到底是等各方面条件具备后开展，还是创造条件因陋就简同步进行？我国显然是选择了后者。我国农村基础教育的发展是国家与基层组织甚至人民群众自己共担教育责任的结果。这使我国农村教育具备两个特点：一是基层政府（大队、公社）把本地教育发展视为己任；二是师资任用以本村本土为原则。这两个特点使得当时农村教育具有别样的风景。

研究发现，当基层政府把本地教育发展视为己任时，就会用尽心思、尽其所能为本地的孩子提供较好的教育条件（笔者这些年做的口述史访谈证实这点）。社队把当地最好的建筑，如祠堂、庙宇、地主的宅院，甚至队、社的办公室、仓库等作为校舍，或是在学校建设发展的历程中，社队倾其所能帮助学校建造、修缮校舍[10]。为了让教师安心从教，社队给教师提供远高于农民的待遇。如很多受访教师都说，在集体劳动时代，自己的工资是以工分加补贴的形式获得，工分基本是按满劳力拿，远高于一般农民所得的工分额度（除非体力强壮又不惜力者，很少有农民能拿到满工分）。这也是改革开放之前农村民师具有相当吸引力的重要因素。

由于学校是社队自己办的，教师又是本地人，学校和农村社会，教师与学生及家长关系密切。当时的农村学校，师生都要以“学农”的形式参加本社队的生产劳动，学校也要开设与农业生产有关的课程[31]。其结果一方面加强了学校与农村社会的联系，另一方面也强化了乡村教师的身份感。作为本村子弟，教师最大的优势是熟知本地的风土人情，学生的家庭背景、性格特征、兴趣爱好，在农村这种熟人社会中，教师以子侄教育承担者的角色对待自己的工作，虽然其专业水平不一定高，但他们普遍尽心尽力，且极其稳定，也更易得到家长、乡亲的支持，不存在如今大学毕业生由于异地分配产生的“水土不服”和隔膜。

今天，国家对基础教育的管理越来越深入并承担所有责任，其好处是各地基础教育的发展有了国家强力的支持，不会因地方发展基础薄弱，或地方行政的不作为受影响；其弊病是割裂了学校与乡村社会（或者社区）的关系、责任。事实上，随着现代教育的全面铺开、国家力量的全面渗透，学校与乡村社会越来越疏离，学校培养出来的人也越来越远离乡村，乡村逐渐空心化，乡村的发展由此受阻。今天，我们在探讨乡村教育建设问题之时，应该重新思考基层组织在其中的责任，思考如何加强乡村学校与乡村社会之间的关系，思考乡村教师任用的本地化问题。

参考文献：

[1] HAMMER P C, HUGHES G, MCCLURE C, et al. Rural Teacher Recruitment and Retention Practices: A Review of the Research Literature, National Survey of Rural Superintendents, and Case Studies of Programs in Virginia[J]. Appalachia Educational Laboratory at Edvantia, 2005(2): 185-198.

[2] 董静，于海波.印度农村初等教育教师：短缺现状、补充策略及启示[J].外国教育研究，2014(5): 91-99.

[3] COBBOLD, COSMAS. Attracting and retaining rural teachers in Ghana: the premise and promise of a district sponsorship scheme[J]. Journal of Education forTeaching: International Research and Pedagogy, 2006, 32(4): 453-469.

[4] 国家教委关于《中华人民共和国教师法》若干问题实施意见[A]//何东昌.中华人民共和国重要教育文献(1991—1998).海口：海南出版社，1998:3884

[5] 韦悫.巩固和发展新中国的初等教育和师范教育——在第一次全国初等教育与师范教育会上的报告[A]//何东昌.中华人民共和国重要教育文献(1949—1975).海口：海南出版社，1988:110.

[6] 刘英杰.中国教育大事典(1949—1990)[M].杭州：浙江教育出版社，1993:37-701.

[7] 中国人民政治协商会议共同纲领(节录)(1949年9月29日)[A]//何东昌.中华人民共和国重要教育文献(1949—1975).海口：海南出版社，1988:1.

[8] 钱俊瑞.用革命的办法办好人民教育——在第一次全国初等教育与师范教育会议上的总结报告(1951年9月11日)[A]//何东昌.中华人民共和国重要教育文献(1949—1975).海口：海南出版社，1998:114.

[9]《N市教育志》编纂委员会.N市教育志[M].郑州：大象出版社，2010:260-261,245,173.

[10] 胡艳，郑新蓉.1949—1976年中国乡村教师的补充任用——基于口述史的研究[J].北京师范大学学报(社会科学版)，2018(4):15-25.

[11] 教育部关于加强小学在职教师业余文化补习的指示(1955年7月19日)[A]//何东昌.中华人民共和国重要教育文献(1949—1975)[G].海口：海南出版社，1998:486.

[12] 十二年国民教育事业规划纲要(草稿)(教育部1956年1月11日)[A]//何东昌.中华人民共和国重要教育文献(1949—1975).海口：海南出版社，1998:551:123-125.

[13] 中国教育年鉴编辑部.中国教育年鉴(1949—1981)[M].北京：中国大百科全书出版社，1984:92,125.

[14]1956—1967年全国农业发展纲要(修正草案)(1957年10月25日)[A]//何东昌.中华人民共和国重要教育文献(1949—1975).海口：海南出版社，1998:786.

[15] 刘少奇.我国应有两种教育制度、两种劳动制度(1958年5月30日)[A]//何东昌.中华人民共和国重要教育文献(1949—1975).海口：海南出版社，1998:834.

[16] 中共中央关于半农半读教育工作的指示——转发教育部党组关于全国农村半农半读教育会议的报告(1965年7月14日)[A]//何东昌.中华人民共和国重要教育文献(1949—1975).海口：海南出版社，1998:1358.

[17] 王献玲.中国民办教师始末[M].北京：知识产权出版社，2007:78-79.

[18] 中华人民共和国国家统计局.中国统计年鉴(2016)[M].北京：中国统计出版社，2016:33.

[19]《中国教育年鉴》编辑部.中国教育年鉴(地方教育)(1949—1984)[M].长沙：湖南教育出版社，1986.

[20] 教育部印发关于加强和发展师范教育的意见[A]//何东昌.中华人民共和国重要教育文献(1976—1990).海口:海南出版社,1998:1649.

[21] 国务院转批《教育部关于加强中小学教师队伍管理工作的意见》[A]//何东昌.中华人民共和国重要教育文献(1976—1990).海口:海南出版社,1998:1590.

[22] 中共中央、国务院关于普及小学教育若干问题的决定[A]//何东昌.中华人民共和国重要教育文献(1976—1990).海口:海南出版社,1998:1878.

[23] 教育部关于中小学教师队伍调整整顿和加强管理的意见[A]//何东昌.中华人民共和国重要教育文献(1976—1990).海口:海南出版社,1998:2119.

[24] 国家教委、国家计委、人事部、财政部关于进一步改善和加强民办教师工作若干问题的意见[A]//何东昌.中华人民共和国重要教育文献(1991—1997).海口:海南出版社,1998:3365-3366.

[25]《N市W区教育志》编纂委员会.N市W区教育志[Z].2004:199.

[26] 王日新,蒋笃运.河南教育通史(下)[M].郑州:大象出版社,2004:353.

[27] 李鹏.动员起来,为实施《中国教育改革和发展纲要》而努力——在全国教育工作会议上的报告(1994年6月14日)[A]//何东昌.中华人民共和国重要教育文献(1991—1997).海口:海南出版社,1998:3654.

[28] 国家教委印发《关于师范教育改革和发展的若干意见》的通知(1996年12月5日)[A]//何东昌.中华人民共和国重要教育文献(1991—1997).海口:海南出版社,1998:4096.

[29] 国务院办公厅关于解决民办教师问题的通知(1997年9月7日)[A]//何东昌.中华人民共和国重要教育文献(1991—1997).海口:海南出版社,1998:4265-4266.

[30] 麦克法夸尔,费正清.剑桥中华人民共和国史(1949—1965)(上)[M].谢亮生,杨品泉,张书生,等,译.北京:中国社会科学出版社,1990:194.

[31] 郑新蓉,胡艳.泥土上的脚印:新中国第二代乡村教师口述史[M].南宁:广西教育出版社,2018.

作者: 胡艳,北京师范大学教育学部教师教育研究所教授;刘佳、姜思羽、邓楚琳,北京师范大学教育学部教师教育研究所研究员。

(原载《教师教育研究》2019年第4期)

民国时期私立厦门大学董事会的构成、困局及改组*

任小燕

摘　要：民国时期，私立厦门大学董事会在16年间由商业精英担纲，高度集权，掌控校政决策。虽经两度改组，却依旧保持着这一制度特征。厦大董事会制度深受儒家精英主义之影响，甚至直接翻版了陈嘉庚公司的管理模式。这一由商界精英群体主导的"外行决策型"董事会治校模式，迥异于其他私立大学"投资保护型"董事会，以及由学者精英群体主导的评议会治校模式，难以获得民国社会的普遍认同。随着两次改组，厦大董事会也呈现出从外行决策到多方议决的制度转向，这也是民国教育实践的普遍选择。

关键词：民国时期；私立厦门大学；董事会制度；外行决策；大学治理；陈嘉庚

民国初期，近代国人自办的私立大学开始出现，大学董事会作为私立大学一种重要的制度形态逐渐形成。由于私立大学在民初属于新生事物，在教育政策法规缺失和缺少稳定性的情形下，大学董事会的制度形态也不尽相同。私立大学董事往往由官员政要、军阀、商人、学者名流等校外人士担任，人数一般在10人左右，董事会往往被赋予经费筹划、聘请校长的基本职能，并不参与校务决策。然而，考察私立厦门大学(1921—1937)①董事会，无论是董事人数、董事身份、董事会职权，还是校内权力结构安排，都是私立大学董事会中特立独行的一个。

一、商人担纲与权力叠加："特立独行"的三人董事会

1921年的《厦门大学大纲》(以下简称《大纲》)奠定了私立厦门大学董事会改组之前(1921—1933)的学校组织结构以及厦大董事会的基本样态。厦门大学校董设有四种：名誉校董、永久校董、当然校董、校董，董事会由后三者组成。其中，创办人为永久校董，校长为当然校董。一般校董以"学识经验者为主，其捐助本大学巨款者"[1]。名誉校董为"捐助本大学款项达五万元以上，或对本大学有殊勋者"[1]，并不参加董事会决策。《大纲》还规定，校董"任期为九年。每三年改选三分之一，得连选连任。"[1]除永久校董及当然校董之外，校董名额不得超过15人。此外，厦大董事会分定期会议和临时会议，定期会议于春季

* 基金项目：国家社科基金2018年度后期资助项目(18FJK001)；江苏高校教育学优势学科建设工程资助项目(PAPD)。

① 私立厦门大学成立于1921年。1937年由南京政府接管，改为国立厦门大学。

举行，每年一次；临时会议于必要时举行，须经5位以上的校董提议方可召开。举行董事会会议，须有半数以上的董事参加[1]。

实际上，私立厦门大学首届校董会仅由陈嘉庚（永久校董）、林文庆（当然校董）、陈敬贤（校董）三人组成，三董事皆为著名的闽籍华侨企业家。陈敬贤为陈嘉庚七弟、厦大"二校主"，陈嘉庚公司领导层的核心成员。林文庆是新马华人领袖，多家侨办银行和保险公司的董事长或董事[2]，新马"橡胶之父"，为陈嘉庚投身橡胶生意的事业前辈和引路人。陈嘉庚对林文庆这位年长自己五岁的事业前辈、具有公司管理才能的社会名流充满尊敬和信任。私立厦大筹办之初，林文庆在关键时刻出掌厦大，陈嘉庚更是对林充满感激之情。

陈嘉庚曾就"厦大前未多举董事之原因"作出解释。陈嘉庚坦言，理想校董应是"忠诚维护或赞助厦大之人"[3]，既愿意出资赞助厦大教育，又真诚地愿意帮助厦大发展，"教育关系后生极为重要，董其事者必以公忠热诚为主方能收效，否则，不免贻误青年。"[4]此外，"厦门政局屡有变动，得彼失此，尤当审慎。至资本家方面，畏厦大如蛇蝎，谁敢参加，其他挂空名无裨事实，更非厦大所宜。最当注意者，恐董事中受人嘱托，屡介绍教员或学生，职员及其他等等。若不接受，则恐发生恶感，如接受，则最高学府机关，权限不明，贻误非轻。"[3]可见，政局不稳、校董挂名却不作为、校董人情牵绊等因素是陈嘉庚限制厦大校董人数的重要考量。故而在1921—1933年，厦大董事会一直维持着由华侨商界精英担纲的三人董事会结构。

私立厦门大学的权力结构由董事会、评议会、校长三者组成。《大纲》规定，董事会的基本职权是筹划与审查经费，聘请校长；评议会为校内议事机关和决策中心；校长为"当然校董"，由董事会聘请，实行终身制，拥有教职员人事任免权[1]。三者权力分配表面上各司其职，事实却并非如此。厦大三人董事会中，陈敬贤病体孱弱，一心向佛，不问校政；陈嘉庚远在南洋经营公司，不参校务，将治校权全权委托给校长林文庆。因此，厦大董事会所谓定期会议和临时会议，均无从召集，厦大董事会实则由林文庆一人主导，缺少议事环节。同时，评议会名义上虽是"议事机关"，但《大纲》并未对评议会的权力范畴和议事规则作出界定，实践中难以规范执行。评议会作为"议事机关"权力旁落，校内又难以形成有效的权力制衡，1930年评议会被撤。由此，董事会与校长乃至评议会的权力发生叠加，身为"当然校董"的校长集经费分配权、校务决策权、人事任免权于一身，成为厦大绝对的权力中心。

在当时几乎所有学校的董事会均具有相当规模，罕见的厦大三人董事会不禁引起了社会的质疑。如1927年2月20日的《教育杂志》对厦大董事会的组织结构提出了质疑，文章认为，厦大作为一个高等教育机构，并非私人企业，因此本应设立"比较健全之董事会负责"，然而事实上，厦大董事会却是一个"有名无实之畸形董事会……今日厦大之所谓董事，其组织系陈嘉庚为永久董事，林文庆以校长资格而为当然董事，因单数关系，再配一向不问事之陈敬贤君，'陈嘉庚胞弟'为董事。实则所谓董事会者，陈嘉庚与林文庆二人耳。"[5]文章还指出，南洋医生出身的林文庆不善行政，对于代表厦大教职员意见之评议会不以为然，并由此引发校内师生的诸多不满[5]。厦大两次学潮中，面对舆论质疑，林文庆表示，"在厦大无'德谟克拉西'可言。我办事固取绝对的专制者。诸君不满意，可就读别校。此间殊无改革余地，亦无通融之可能"[6]，"我不称职，陈嘉庚可解我职，他人无权亦无理令我去职"[6]。当然，陈嘉庚也了解林文庆的工作方式有疏忽，并坦言"深知林君有时易忽于事”[7]，却并未因此而对“当然校董”的权力进行约束。

从资产所有权与经营管理权的关系上看，由于厦大为陈嘉庚全资投入，身为校主的陈嘉庚显然更希望通过投资厦大来实现自己的教育理想，并不希望因地方政治、其他资本通过投资行为介入厦大，以及通过安插各类校董进而干预校政。为此，陈嘉庚苦心组织了国内罕见、人数精炼的三人董事会。然事有利弊，陈嘉庚竭力为厦大排除了外部多重力量之干扰，却在厦大内部权力安排上过于集中，造成了校内权力失衡，而厦大既有的权力结构对此束手无策。

二、游离于政策文本之外：两度改组与权力起伏

厦大两次学潮暴露出董事会及校内组织管理问题，即治校权高度集中于董事会，学校重大决策往往由身为“当然校董”的校长一人决断，而无须经过评议会讨论。二次学潮之后的 1929 年，邱大年、杜佐周等厦大教育科教授向林文庆提出了改组评议会、组建教授会的建议，以期实现合理的校内权力结构安排。

1927—1929 年，南京政府先后颁布《私立大学及专门学校立案条例》《私立学校条例》《私立学校校董会条例》《私立学校规程》《私立学校董事会设立规程》等一系列文件，规定私立大学设立者为“当然校董”，若设立者人数过多，则互推 1～3 人为当然校董；董事会规模不得超过 15 人，且“至少有四分之一之校董，以曾经研究教育或办理教育者充任”；厘清董事会、校长的权力界限，校长负责校政，董事会主要负有学校经费筹划、预决算、财物保管与监察等职责，无权过问校政[8]。

厦大经费于 1933 年已然入不敷出[9]，1934 年因陈嘉庚公司“歇业清理”更是雪上加霜。林文庆不得不求助于某些南京政要。1934 年秋开始，教育部每年补助厦大 9 万元，经费支持力度为两年前的 3 倍[10]。1935 年 5 月，厦大重组校董会，增加南京政要及投资人为名誉校董，厦大经费开始有了多元保障，这也成为厦大董事会改组的直接诱因。

在风潮迭起、政策调整、经费困境等多重背景之下，厦大董事会文本也先后经历了四个版本：1921 年《大纲》、1927 年申请立案文本、1933 年《厦门大学组织大纲》（以下简称《组织大纲》）、1935 年《私立厦门大学校董会章程》（以下简称《校董会章程》）。厦大董事会经历两度改组和权力更迭，然而通过考察发现，不仅厦大董事会文本游离于南京政府政策文本之外，而且厦大治校实践也游离于厦大董事会文本之外。

（一）从商人董事到董事多元化

1933 年，著名侨商曾江水因向厦大捐助资金 15 万元而被厦大聘为“名誉校董”，这也是厦大校史上首位“名誉校董”。校董人数由此增至 4 人。1935 年，校董结构发生重大调整，新增一些政要为“名誉校董”，5 位商、学界人士为校董[11]，“永久校董”陈嘉庚兼任董事会主席，校长林文庆继续担任“当然校董”。

厦门大学董事会成员结构改组体现出两个明显的特征。首先，校董身份多元化。厦门大学在董事会改组前，校董仅有创办人及其亲友等 3 位商业精英，成员结构单一。改组之后，校董结构由单一的商人校董，改为包括投资人、政要、银行行长、教授代表等组成的多元校董。其次，董事会功能多元化。改组之前，厦大董事会是投资与决策机构。改组之后，由于增加了政要等身份[12]，又多了一层政策保护的功能。需要说明的是，名誉校董并

不参与董事会议议决校政，参与议事的校董实则7人。在7人董事会里，闽籍商业精英达6人，教授仅1人，商业精英依然是厦大议事校董的绝对主导[13]。此外，虽然南京政府规定“当然校董”由大学设立者担任，但是厦大“当然校董”依然由校长而非大学设立者担任，厦大设立者称为“永久校董”。据此文本，以及考察厦大治校实践可知，厦大校长的地位和权力非同一般，远远高于一般私立大学校长，在相当程度上可以全权代行董事会权力，作出校政决策。

（二）文本中的权力起伏

《大纲》规定董事会职权包括筹划经费、保管基金、聘请校长、审定预算、审查决算[1]，校长掌握人事任免权。根据文本的制度安排，在厦大学校组织系统中，董事会并非一个校务管理机构，评议会为厦大“议事机关”，下设行政会议、各委员会、教务处、总务处、会计处、编译处等行政机构。申请立案文本增加了董事会监察大学财务、处理其他财务事项、选任副校长的职权。

《组织大纲》又增加了董事会议决各学院、各学系与各机关之设立、废止或变更，议决各学院、各学系讲座之设立，审定大学重要规程，授予学位等职能[14]。厦大在扩张董事会权力的同时，取消评议会，改设校务会议。校务会议负责审议大学预算、学院与学系之设立及废止、大学课程、大学各种规程、学生试验事项、学生训育事项、建筑设备事项，以及校长交议事项，为校政议事机关[14]。董事会作为创办人与投资人之代表，是校内最高权力机关，校务会议的审议内容须报董事会决议后方可生效。《组织大纲》显著扩张了董事会的职权范畴，使其不再局限于经费管理的范畴，而是涵盖了系科变更、讲座计划、学位授予等教学与学术领域，掌握着经费、学术、教学在内的治校权，成为名副其实的校政决策中心。

由林文庆草拟并经董事会会议通过的《校董会章程》，取消了董事会关于院系与机关之设立、废止或变更的议决权，院系讲座之设立权，大学规程之审定权，大学学位之授予权等四项学术与教学权力。董事会重新定位为筹资与咨询机构。此外，在《组织大纲》的基础上补充了董事会议事细则，规范了董事会会议程序。

厦大董事会文本权力的起伏，与厦大组织结构的初期设计缺陷有关。《大纲》仅对董事会作出职权规定和会议规则，却并未对评议会的职权范畴和议事规则作出明确规定，因而在实践中难以具体执行，这也是造成厦大董事会和校长权力叠加和过度集中的制度原因。厦大评议会缺少执行规则的情形一直持续到1930年，被校务会议所取代。《组织大纲》赋予董事会以院系设立权、讲座设立权、规程审定权、学位授予权，同时赋予校务会议以院系设立之审议权，却依然没有明确校务会议的运行规则，容易引起权力交叉，造成董事会左右学术与教学权力。两年后，厦大董事会职权的文本回归，在制度设计上规避了董事会干预校内学术与教学事务之可能。

（三）最高决策中心：基于议事董事与董事会议题的分析

改组之后的1935年至1937年间，厦大召集了校史上仅有的两次董事会会议。

1935年9月，厦大召开第一次董事会议，出席者有校董黄伯权（厦门中国银行行长）、洪朝焕（厦门华侨银行行长）、陈延谦（洪朝焕代）、林文庆、陈嘉庚（孙国栋代）、黄建中（教育部代表、南京教育部高等教育司司长兼代理常务次长）、郑贞文（福建省教育厅厅长）、詹汝嘉（秘书）。林文庆任董事会临时主席。李俊承（马来西亚商人）、黄廷元（厦门某公司创始人之一)2 人缺席。会议议题包括:①讨论并修正通过由林文庆草拟的《校董会章程》;②讨论并通过增加两位校董的提议;③选举陈嘉庚为董事会主席;④议决林文庆提请的预算案;⑤议决林文庆提请的宽筹大学经费案[15]。

1936 年 4 月,厦大召开第二次董事会议,出席者有校董洪朝焕、黄鸿翔、林文庆、李俊承(洪朝焕代)、黄廷元(黄鸿翔代)、陈泮藻(教育部代表、参事)、郑贞文、詹汝嘉。林文庆任董事会临时主席。校董黄伯权、陈延谦、林鼎礼(曾任厦门同文书院院长)3 人缺席。主要议题包括:①学校补助费情况汇报;②林文庆报告请辞校长职务;③讨论系科调整,课程调整与合并;④在实验费、办公费、招生、学生助教等方面裁减经费,教职员酌量捐薪;⑤重新改编预算;⑥校董改选等事项。会议议决对系科进行调整,将教育学院归并文学院,教育心理学系归并教育系归属文学院,将中国文学系与外国语文学系并为文学系,理学院算学系、物理学系并为数理学系[12]。议题涉及学术、教学、财政预算与分配等各种事项。

出席两次董事会会议者有当然校董、校董、教育部代表、福建省教育厅厅长、董事会秘书。陈嘉庚虽然作为董事会主席,但从未出席董事会会议,而是由"当然校董"林文庆兼任董事会临时主席,并代行董事会主席之职。这表明,董事会(主席)与校长权力叠加的情形依然存在。

第一次董事会议议题包括大学筹资、规程审定之范畴,但第二次董事会议议题却并未遵照第一次董事会议议决的《校董会章程》对董事会权力的文本约束,依然延续着《组织大纲》所赋予的极大权力,涉及大学系科与课程的调整等明显在文本定位上已属校务会议权力范畴的议题。显然,《校董会章程》并未付诸实施,董事会依旧是厦大名副其实的校政决策中心。

三、制度之源的一种解释:儒家精英主义与公司制度翻版

在酝酿筹建厦门大学和集美学校之时,陈嘉庚曾派人考察过外省学校,但就考察内容来看,并未关注学校管理制度。陈嘉庚及其团队既没有赴美考察或学习学校管理的经历,又并未考察或学习国内的学校管理,可以合理推测,陈嘉庚并不认为或者并未明确意识到,学校和公司属于两个完全不同的领域,学校管理和公司管理存在本质的差别。因此,陈嘉庚个人的公司管理理念影响下形成的陈嘉庚公司管理模式被直接复制到厦大,成为影响厦大董事会模式以及校长权力叠加的制度根源。

包括陈嘉庚公司在内的华侨家族公司管理模式,有着儒家文化的思想渊源[16]。传统儒家思想强调的忠、和、等级、集权,在陈嘉庚管理理念中得到充分展现。陈嘉庚崇尚儒家精英主义,并认为西方式民主管理浪费时间,缺乏效率,不足取法[17],在公司管理上尤其强调"家长制""人治"和"地缘效忠"。

陈嘉庚公司是典型的海外华人家族公司,这类公司组织管理上的一个重要特征即是"管理权"与"所有权"合一,家族公司往往由创办人担任董事会主席,掌握公司决策权,总经理由创办人亲属担任,掌握行政。"管理权"与"所有权"合一的目的是保证家族对公司的控制[18]。陈嘉庚公司的管理是典型的"家长管治"模式,权力高度集中于公司领导层,决策者往往秉持家长主义作风,对公司负有强烈的责任意识。陈嘉庚认为,一个强势且具有献身精神的领袖,是决定公司成败的关键,公司领导者必须拥有至高地位和决策权威。

表现为在公司管理上事必躬亲，决策方式上高度集权，决策过程自上而下，即“向心权威”[18]。陈嘉庚采用了“创办人兼经理”的传统管理模式，陈嘉庚公司的创办人与总经理之间不设“托管”型中间环节，以便于创办人对公司的直接掌控。

陈嘉庚公司在大陆分公司设有管理层。《陈嘉庚公司分行章程（民国十八年）》（以下简称《分行章程》）规定，分行经理是分行的全权负责人，由总行指派，对总行负责，拥有包括人事权、财务权在内的分行最高管理权。“训练兵战在主将，训练商战在经理”[19]，经理是分行的领导核心。经理作出分行各种事务决策，无须经过征求意见或者经过会议讨论，而是完全凭借分行经理的个人判断，“如认有不称职者，得随时辞退”，事后仅需“呈报总行备案”即可[19]。《分行章程》虽然也规定了财政员、书记员二职拥有对经理的“建议权”以及向总行的“直接报告权”，形成职权安排上的某种监督与制衡，但这对于经理的最高决策权并无削弱，通常情况下并不影响分行经理作出最高决策。

陈嘉庚公司管理上存在重“人治”、轻“制度”的情况[18]。《分行章程》并未设计共同议事的制度及规则，分行的管理权高度集中于经理一人，经理决策过程完全是“人治”方式，而非共议方式。既然经理拥有分行最高决策权，且一人独断，因此公司各项决策完全依赖于经理自身的能力、人品、责任以及对公司的忠诚度，即使建立了制度也并不致力于推行。

受儒家“地缘效忠”观念影响，陈嘉庚在用人上有着明显的地缘主义倾向，主要表现为唯血缘、唯地缘、内外有别，公司领导层和管理层几乎都是陈嘉庚的亲友团，任命家族成员进入公司最高管理层，并形成职员关系上的“差序格局”。此外，大量任用同乡也是陈嘉庚的用人特点。陈嘉庚公司绝大部分职员是福建人，另有不少厦门大学和集美学校两校的福建籍毕业生。

陈嘉庚公司的管理特征在厦大董事会实践中均有明显体现。

第一，人事上的“地缘主义”。私立厦大三董事均为闽籍，学校管理层也以闽籍人员为主导，如首任校长邓萃英、教务主任郑贞文、总务主任何公敢等。厦大的重要校董都与陈嘉庚家族有着密切的商业或亲情关联，有些校董甚至就是陈嘉庚的家族成员，如林文庆是陈嘉庚橡胶事业的前辈和领路人，陈敬贤是陈嘉庚的七弟，李光前是陈嘉庚的女婿，曾江水、叶玉堆是陈嘉庚的亲家。

第二，“所有权”与“治校权”合一。这从厦大董事会四个文本中的权力变化可以看出。在前三个文本中，董事会职权范畴从资金的筹划、保管、审定与聘任校长，到财务监察、处理与聘任正、副校长，再到全校的财政、教学与学术事务。董事会权力呈逐步扩张之态，并未停留在资金筹划这一基本职能上，而是逐步将权力渗入厦大校政的各个领域，从财政“审议”到财政“监察”，从聘任正校长到聘任正副校长，从财政事务扩张到教育学术事务，从而保证了董事会对整个厦大校政的掌握。即便在困局之下，董事会的文本权力不得不回归原点，但在实践中依然维系着校政决策中心的地位。

第三，高度集权。林文庆在两次学潮中态度强势，是典型的“家长制”作风。身为“当然校董”之校长，实际上拥有无须会议讨论商议的最高校政决策权。长期以来，厦大并未设立“托管式”董事会，校长实际上扮演着学校“经理人”的角色，董事会与校长权力合二为一，“当然校董”由校长而非创办人担任，凸显了校长在治校权上的地位，与南京政府规定的私立学校董事会“不得参与校政”、“当然校董”由创办人担任等文本规定相去甚远。

四、外行决策:难被主流认同的董事会治校模式

作为行走在舆论风口之上的个案,厦大董事会处处体现出其“非主流”的一面。在民国私立大学多由政要、学者、商人等共同参与的“投资保护型”董事会模式较为普及的背景下,在蔡元培极力倡导以学者精英群体担纲的评议会治校模式的背景下,私立厦大由商业精英担纲的“决策型”董事会治校模式,显得与众不同。

民国私立大学创办人往往是政、学、商界名流,校长亦由教育专家担任。比如私立南开大学,历届董事会成员皆由教育专家和文化名流担纲①。其中虽不乏政治官员、民族资本家,但一般仅为名誉董事,学者精英始终占据主导。大夏大学董事会由政要、商人、闻人组成,在投资之外,亦有保护功能。复旦大学也多有官员、商人等入董,但往往是挂名董事而非校政评议董事。与此不同,私立厦大乃至侨商办学的共同特征是,由教育界之外的商人担纲董事,而缺少政、学两界的参与。这一特征与南方侨商公司普遍缺少官方势力支持有关。厦大校主、校长皆为商界精英,董事一度完全由商界精英担任,即便在改组之后,商界精英依然在议事董事数量上占据绝对主导。可以说,厦大董事会是一种较为典型的由商界精英担纲的“外行”治理模式。

民国私立大学设立董事会,往往是为了确保教育投资,寻求政策保护,提高大学声誉。南开等校便是如此,董事会权力被限定在筹划与审核经费、制定预决算、聘请校长的事项上,在此之外的“发给学生毕业证书并授予学位”之权,也在维系了九年(1923—1932)之后被撤销。南开大学评议会被赋予评议校政方针、规划校内组织、预算支配、评议各种建议等实质性决策权,是实际上的治校权力中心。因此,私立南开大学实行的是“评议会治校模式”。与此不同,厦大董事会掌握着全校的财政、学术、教学、行政等核心事务,是真正意义上的权力中心和决策中心。不论是改组前的三人董事会,还是改组后的七人董事会,抑或是否召集会议,不论制度文本如何变动,厦大董事会作为权力中心和决策中心的地位并未改变。可以说,厦大实行的是“董事会治校模式”,在商人投资和政治保护的基本功能之外,厦大董事会是典型的“决策型”董事会。

就观念史而言,滥觞于清乾隆年间的书院“董事制度”,一直以来形成了“内行治校”的传统,外部捐资人并无治校权。民国时期,随着民族工商业的发展壮大,民族资本家因投资大学教育而成为校董的情形较为普遍。然而,从政府到民间,从校内到校外,中国社会依然无法认可商人这一教育“外行”成为大学管理者,享有治校权。甚至连商人担任挂名校董的行为,都频繁引发校内师生的抵触与抗议。时人在钦佩陈嘉庚捐资兴学之举的同时,也认为“陈氏为一纯粹的中国格式商人,不知学校组织法,致各种祸根全伏于此”,陈嘉庚只能是厦大的“财团法人”,而不应干涉或专断厦大校政[5]。陈独秀更是一度撰文贬斥陈嘉庚为“不知教育为何物”的“市侩”,厦大教职员皆为陈的“雇用人”[20]。显然,厦大实

---

① 私立南开大学1919年校董有严修、范源濂等;1920年又有严智怡、孙子文、李金藻、蒋梦麟、王秉喆、陶孟和、刘芸生等文化名流加入校董。1932年校董有丁文江、王秉喆、卞俶成、李晋、胡适、陶孟和、颜惠庆、严智怡等。严修,清末翰林院编修、贵州学政、学部左侍郎,北方学界耆宿。严智怡,严修之子,河北省实业厅厅长。孙子文,水产学校校长,天津红十字分会理事长。李金藻,直隶省学务处视察,直隶巡按使公署教育科主任,大营门中学校长,教育部编审员,天津市教育局局长,河北省政府委员兼教育厅厅长。王濬明,直隶省议会副议长。卞俶成,天津农商银行襄理,天津中央银行经理,天津“八大家”之一。李晋,字组绅,河南六河沟煤矿董事长。

专题五

践的由商界精英担纲的“决策型”董事会治校模式，难以获得民国社会的普遍认同。

五、从外行决策到多方议决：困局之下的制度转向

厦大董事会的改组，呈现出从商人独资办学到依靠政府、学界等多重力量参与和保障的制度转向。这一转向，虽为南京政府多项新政之产物，却更充分地呈现出商办私立大学因办学力量局限进而重组资源、因多方力量加入进而共同治校之必然。

近代商人独立办学存在某种与生俱来的局限性，即将学校的生存完全系于所办公司的经营状况。陈嘉庚公司经营收入的绝大部分都投入了厦大和集美学校，厦集两校的经费几乎靠陈嘉庚公司维系。早在 1926 年，陈嘉庚公司陷入了经济危机，大量拖欠银行债务，1929 年起更是出现严重的资金周转问题和巨额赤字，公司被迫改组为有限公司，直至 1934 年宣布歇业。即便艰难如此，陈嘉庚依旧不顾公司内部的强烈反对，坚持每年向厦集两校提供经费，1926 年至 1934 年共向厦集两校提供经费 335 万元，年度拨付额度逐年递减：1926 年 90 万元，1927 年 70 万元，1928 年 60 万元，1929—1931 年 100 万元，1931 年 8 月至 1934 年 2 月（计 31 个月）15 万元（年均约 5 万元）[21]。在陈嘉庚公司入不敷出时，厦集两校随即发生了财政危机的连锁反应。陈嘉庚生活极其俭朴，甚至将自己的薪水按月寄给集美学校，还批评女婿李光前：“我赚钱是为了办教育，你赚钱却为发财。”[21]然而，仅靠投资办学者教育救国的满腔热忱和道义责任，往往是独臂难当。办学资金链过于单一，缺少多元力量的扶持和平衡，使得商人独资学校的生存能力较其他学校而言，更为脆弱，一旦遇到资金困局，难有周旋与缓冲余地。

我国历史中缺少单纯的民间捐资或捐赠传统，也是私立大学的一大困局。厦大筹办初期，陈嘉庚和林文庆向南洋富侨筹款办学，然三次募捐均告失败。陈嘉庚感慨，“可怪者我国人传统习惯，生平艰难辛苦多为子孙计，若夫血脉已绝，尚复代人吝啬，一毛不拔。既不为社会计，亦不为自身名誉计，真其愚不可及。”[22]不仅闽籍侨商如此袖手，粤籍侨商更是囿于省界畛域之见而成旁观之状，陈嘉庚一度对厦大筹款事宜“灰心无望”[23]。多次筹款失败说明，中国传统社会中并未形成社会捐赠的理念。中国传统中也有义庄、义学等捐赠行为，但往往局限于家族内部，服务于家族成员，受到家族族长、族规的约束，并且存在地域局限。深受传统家族制度和家族观念的影响，人们的捐赠行为很少在家族之外发生。在厦大出现资金困局之时捐资厦大的名誉校董曾江水，也与陈嘉庚有着亲家的亲缘关系。同时，民国社会还远未形成较为成熟和深受信赖的社会捐赠体系，难以形成对捐赠行为的有效保护。因此，单纯依靠民众力量自发捐资办学，在当时难度很大，至于办学资金的稳定性和持续性，更是无从谈起。

相比之下，官商盛宣怀、绅商张謇也创办了一批近代公司和学校。虽是商人办学，但不论是其公司还是学校，均与政府、学界保持着极为紧密且特殊的联系，从而保证公司和学校相对稳定的发展。身为李鸿章的重要幕僚，盛宣怀所主持的一批“官督商办”公司均受李鸿章的权势和政策庇佑，并垄断了晚清轮船、电报等国家重要经济命脉。盛宣怀所创办的北洋大学堂和南洋公学，其办学资金主要来自清政府和盛的公司。南洋公学总理基本由政府官员担任，之后的交通大学董事也基本由政府官员、学界名流共同担任。南开、复旦等非商办学校，更是广泛争取多元力量合作办学。依靠政府、学界等多重力量共同参

与大学治理,成为民国教育实践的普遍选择。随着厦大董事会的改组和政、学、商等多重力量的加入,厦大董事会开始发生从外行决策到多方商议的制度转向。

参考文献:

[1] 厦门大学大纲(1921年3月)[A]//黄宗实,郑文贞.厦大校史资料(1921—1937):第一辑.厦门:厦门大学出版社,1987:21-24.

[2] 林文庆博士诞生百年纪念刊委员会.林文庆传[Z].林文庆博士诞生百年纪念刊,1969:11-13.

[3] 陈嘉庚.厦大前未多举董事之原因(《南洋商报》1935年3月7日)[A]//杨进发.战前的陈嘉庚言论史料与分析.新加坡:南洋学会,1980:48-49.

[4] 陈嘉庚.新加坡华侨中学新校舍之建筑[A]//陈嘉庚.南侨回忆录.上海:上海三联书店,2014:29.

[5] 厦门大学第二次学潮之爆发[J].教育杂志,1927(2):3-5.

[6] 私立厦门大学风潮记[J].教育杂志,1924(7):3-5.

[7] 纪念陈嘉庚先生创办集美学校七十周年筹备委员会校史编写组.集美学校七十年[M].福州:福建人民出版社,1983:21.

[8] 私立学校规程(教育部1933年10月19日修正公布)[A]//宋恩荣,张咸.中华民国教育法规选编(1912—1949).南京:江苏教育出版社,1990:141-143.

[9] 本校经费(1933)[A]//黄宗实,郑文贞.厦大校史资料(1921—1937):第一辑.厦门:厦门大学出版社,1987:332.

[10] 洪永宏.厦门大学校史(1921—1949):第一卷[M].厦门:厦门大学出版社,1990:119-120.

[11] 厦门大学董事会[A]//黄宗实,郑文贞.厦大校史资料(1921—1937):第一辑.厦门:厦门大学出版社,1987:54-55.

[12] 私立厦门大学校董会第二次会议记录[A]//福建省档案馆.福建华侨档案史料:下.北京:档案出版社,1990:1376-1378.

[13] 陈娟英.板桥林家与闽台诗人林尔嘉[M].福州:海风出版社,2011:11.

[14] 厦门大学组织大纲(1933)[A]//黄宗实,郑文贞.厦大校史资料(1921—1937):第一辑.厦门:厦门大学出版社,1987:49-52.

[15] 私立厦门大学校董会第一次会议记录[A]//福建省档案馆.福建华侨档案史料:下.北京:档案出版社,1990:1373-1375.

[16] 林孝胜.新加坡华社与华商[Z].新加坡:新加坡亚洲研究学会,1995:165.

[17] 颜清湟.从历史角度看海外华人社会变革[M].新加坡:新加坡青年书局,2007:489.

[18] 颜清湟.海外华人的社会变革与商业成长[M].厦门:厦门大学出版社,2005:30-41.

[19] 陈嘉庚公司分行章程(民国十八年)[A]//厦门市私立集美学校委员会.案卷:陈嘉庚公司分行关于民国十八年公司分行章程(二)(1929)(A003-1929-A03-Y-0002):4-5.

[20] 陈独秀.厦门大学学生也有今日(《向导》1924年6月4日第68期)[A]//郑文贞,肖学信.厦门大学党史资料:第一辑.厦门:厦门大学出版社,1987:71.

[21] 杨进发.华侨传奇人物陈嘉庚[Z].李发沉,译.厦门:陈嘉庚纪念馆,2013:59-60.

[22] 厦大第三次募捐无效[A]//王增炳.陈嘉庚教育文集.福州:福建教育出版社,1989:25.

[23] 募捐理想之失败[A]//王增炳.陈嘉庚教育文集.福州:福建教育出版社,1989:25.

作者: 任小燕,南京师范大学教育科学学院副研究员,教育学博士。

(原载《北京教育学院学报》2019年第1期)

日本私立大学多样化招考规范化发展内外部机制探析
——以东京医科大学为例*

胡永红

摘　要：多样化高校招考的本质在于尊重考生个性与学校特色，助益高校与考生的双向选择。但是，多样化意味着个性化，非统一性的考试必然潜藏着非公平公正的危险基因。日本爆发的私立东京医科大学“2018 招考事件”，以其迅捷高效、合理合法的处理过程，展现了高校多样化招考在规范化建设中所形成的内外部机制。

关键词：私立大学；多样化招考；2018 招考事件；东京医科大学

20 世纪 60 年代，日本开启多样化高校招考改革，私立大学以其特有的市场敏感度迅速成为推动主体。依托私立大学的积极参与，多样化招考模式在全国高校中迅速普及，成为推动日本高等教育大众化的重要载体，也是日本高校构建多元评价体系不可或缺的手段。多样化意味着个性化与多元性，是对高校与考生双方的尊重。但是，无论政策制定如何周全，非统一性的考试必然潜藏着考试不公、教育不公的危险，特别是私立大学自身有着对接市场需求的强烈欲望，在市场化需求与公共伦理之间，随时有可能逸出正轨。政府管理私立大学有两大抓手：一是《私立学校法》确保了私立大学学校法人的合法地位，是政府以“放风筝”方式管理私立高校的法宝；二是“私立学校补助金”制度是政府牵制私立大学、避免其偏离教育公共性轨道。但是，更广泛、稳定与持久的约束机制还是各级各类法律法规。在自由与规范之间游走的私立大学，要学会遵守法规约束，自我监督与完善，才可能获得可持续发展。

2018 年 7 月 4 日，东京医科大学(以下简称“医大”)的招考事件犹如一颗扔向高等教育领域的重磅炸弹，引发了社会各界广泛关注。文部科学省、厚生省经过深入调查，查明昭和大学、神户大学、岩手医科大学、金泽医科大学、福冈大学、顺天堂大学、北里大学、日本大学、圣玛利亚医科大学等 9 所大学的医学部存在不同程度的擅自调整分数的问题。十余所私立大学的招考事件浮出水面，不啻为日本私立高校招考的一次小地震，促进了日本多样化考试改革规范发展，对我国规范高考多样化改革具有一定的借鉴意义。

一、东京医科大学“2018 招考事件”

东京医科大学是历史悠久的综合性私立大学，下设医学部医学科与医学部护理学科。

---

*　基金项目：教育部哲学社会科学研究重大课题攻关项目(18JZD052)。

“2018招考事件”发端于2018年7月4日，东京地检特搜部以收受贿赂为由逮捕了文部科学省科学技术·学术政策局前局长佐野太，由此揭开了医大招考中隐藏的一系列暗箱操作：医大前理事长臼井正彦(以下简称“臼井”)与前校长铃木卫(以下简称“铃木”)以不正当手段帮助佐野太的儿子通过了2018年2月医大入学考试。作为回报，佐野太帮助医大入选2018年度文部科学省“打造品牌”的私立大学支援事业项目。事发后，臼井辞职并被捕，铃木也辞职。这次事件仅是冰山一角。此前，臼井为了获取更多捐赠，非法私自修改分数已成“传统”。2013—2018年，医大招考事件的受害者(这些学生虽然分数已经达到录取线，但是因为校方人为的分数调整而未能如愿入学)数合计178人。具体数字详见表1。

表1　东京医科大学招考事件中的受害学生数

(2013—2018年)

单位：人

性别	2013年	2014年	2015年	2016年	2017年	2018年	合计
男生	27	7	4	5	8	6	57
女生	15	17	18	16	11	44	121

数据来源：https://www.tokyo-med.ac.jp.

医大问题的爆发有其历史根源。早在2008年，医大就曾经发生过“入学考试疑虑”事件，第1次学力考试、第2次非学力考试的分数都没有公开，教授会也没有看到第2次考试成绩。通常，与第2次的非学力考试相比，第1次学力考试才是裁定录取与否的核心要素，但是，当年医大的考试评价，两次考试成绩各占50%。在文部科学省的督促下，医大在同年11月19日设置了“入学考试检讨委员会”，做出如下调整：向教授会公开考试成绩；废止第1次、第2次考试五五开的比例决定，按照第1次考试成绩决定排名；向教授会提交第2次考试的合格者名单；禁止教授会成员、理事长、理事、评议员、校友会会长等与入学考试委员会委员接触。2008年事件之后，由于第1次考试成绩不便“调整”，于是，第2次非学力考查的小论文、面试等弹性考查模式成为了“调整”成绩的主渠道。但第2次考试是多人打分制，一旦有人打分过高，则要另请评分教师打分，并召开包括所有评分教师在内的专门研讨会，这样更容易暴露问题，因此，这条渠道的人为操控也存在不小的障碍。为此，相关人员想出了为第1次考试人为加分的方法，即列出所有特殊关照考生的准考证号与姓名，酌情加分，并将加分后的成绩提交入学考试委员会。

医大力图通过人为方式“调整”分数的原因有两方面。从学校层面看，医大有三个附属医院，这是大学收益的主要来源。大学医院的运营者为了维持内部系统的良好循环与运转，希望医大培养更多拥有国家医师资格证并能一直在医院工作的人才。考虑到女生与多年复读生通过国家医师考试的比例都很低，而且女生也面临由于生孩子而中断工作等问题，医大便人为降低了这两类学生的录取率。2018年的推荐入学考试中，铃木明确指示“2017年要多招收女生，2018年要多招男生”。由此影响甚至主导了入学考试委员会对合格者名单的定夺。从个体层面看，通过“调整”分数被录取的考生的家长不仅要支付给医大相当金额的捐赠(一般1分支付100万日元)，也要向臼井与铃木个人支付谢金。在公私利益最大化原则的驱使下，理事长联合校长滥用权力、干预招考，依赖内部关系网延展了自身权力，违背了考试公正原则。

二、东京医科大学的招考体系扫描

东京医科大学创建于1916年，历史积淀丰厚，是日本医科类大学的领军校。医大招考因为人才培养的特殊性与重要性更具多元化的特点。二战后初期，各医大之间并无统一招考，基本以考查学力水平的笔试为主，结合高中调查书来决定录取结果。1979年开始利用全国共通学力考试，考试内容为5教科（日语中的“教科”类似汉语中的“学科领域”）8科目，依然沿袭学力考核重点模式。以学力为评价核心的招考制度有利于选拔擅长考试且基础扎实的人才，却无法对考生仁慈之心、性格、兴趣等因素进行判断。考虑到培养一名医师所费时间、财力、物力远高于一般学科，为确保招收到真正适合并愿意终生从事医学事业的优质学生，医大在1988年引入推荐入学、AO入学等多样化招考方式。在招考中不局限于学力型的考试，也通过面试、小论文等方式考查考生的综合素质，综合判定考生是否适合本校学习。为避免小论文、面试、适性考查等考查办法存在有违考试公平的因素，医大内部构建了比较规范的招考体系。

（一）东京医科大学的招考体系

医大招考具有统分结合、多元考查、综合评价的特点，具备比较完善的招考体系，详见表2。

表2　东京医科大学的招考体系

<table>
<tr><th>招考种类</th><th>考试内容</th><th>合格与否的决定流程</th></tr>
<tr><td>一般考试</td><td>第1次学力考试＋第2次非学力的小论文、适性考查、面试</td><td rowspan="4">（1）第1次考试结束，学务科职员根据考生成绩高低依次录入，在入学考试委员会会议上将合格者选定名单提交给各委员；入学考试委员会成员共同决定获得第2次考试资格的考生名单与候补名单，并提交教育委员会与教授会审议；若均无异议，则公布第2次考试考生名单
（2）小论文考试的分数分配
2017年度：60分（30分×2名评卷者）
2018年度：100分（50分×2名评卷者）
小论文评卷采用匿名模式，评卷者只需要在最后的成绩登记表上填入所评试卷分数即可，学务科职员将表格数据输入考试专用系统，最后得分是各分数总和
（3）学务科职员综合第1次考试与小论文成绩，由高往低排名
（4）适性考查：包括限时客观选择题与“树木画”心理测试。评价教师为心理学专业出身，以A、B、C评级，结果输入合格者选定名单的备注栏，备综合评价参考
（5）面试：多名教师联合面试，教授根据“面试评价表”规定的事项提问，各自打分，综合各教授得分为最后分值，以A（6分以上）、B（0～5分）、D（－1分以下）评级。结果同样输入合格者选定名单备注栏，备综合评价参考
（6）入学考试委员会委员综合以上考试，按照由高往低的考试成绩排名，结合非学力考试的评定级别，确定正规合格者与候补合格者名单（候补名单是为了应对报到率问题，日本考生可以同时报考多所大学，最终入校的可选择性很大，因此，报到率往往较低）</td></tr>
<tr><td>中心考试</td><td>中心考试＋第2次非学力的小论文、适性考查、面试</td></tr>
<tr><td>一般公募推荐入学</td><td rowspan="2">高中校长推荐书、高中调查书、志愿书＋小论文、适性考查、基础学力检查、面试</td></tr>
<tr><td>区域特别推荐</td></tr>
</table>

注：① 只有通过了第1次考试的考生才有资格参加第2次考试。

② 区域特别推荐面向茨城县与山梨县，遴选立志为上述地区的医疗事业做贡献者，以为地方医疗机构培养医师。

资料来源：根据东京医科大学网站提供的相关资料整理而成。

(二) 东京医科大学招考相关的组织机构

从上述体系可以看到医大招考建立了统分结合、形式多样、评价多元的体系,这意味着大量人力、物力、财力的投入,为此医大构建了层级分明的招考组织机构,详见表3。

表3 东京医科大学招考相关的组织机构

组织	入学考试相关职责	成员	相关规程
教授会	审议校长提出的以下各事项的决定,发表意见: (1) 入学、升级、毕业、转学、退学、休学及留学等与学生身份相关的事宜 (3) 入学考试相关事项	校长、学科长、主任教授、医大医院院长、茨城医疗中心院长、八王子医疗中心院长、一般教育主任及其他学科长指定人员	学校章程第13条 教授会规程
教育委员会	协助制定学生入学相关事项	校长、副校长(医学科长、研究科长)、副校长助理(基础社会医学主任、临床医学主任、西新宿校区整备室长)、大学医院院长、学生部长、医学教育学主任教授、毕业前教育检讨委员长、医学教育推进中心长、一般教育主任、医学科教授会选出的教育委员、校长指定的其他人	学校章程第15条 教育委员会规程
入学考试委员会	接受教育委员会的委托,审议学生入学、退学相关事项中与入学者选拔实施相关的必要事项	校长、副校长(医学科长)、副校长助理(基础社会医学主任、临床医学主任)、从教育委员会中选出的2人	学校章程第15条 教育委员会规程第5条第2项 入学考试委员会内部规程

资料来源:https://www.tokyo-med.ac.jp.

根据2015年3月18日修订的"医大章程",结合各相关的规程,梳理出医大招考的基本权力构成:即核心是医大招考,周边分别有教授会、教育委员会、入学考试委员会,机构之间从上到下,层级明晰又环环相扣,形成了上下左右相互衔接的综合体,多个组织聚焦同一任务,基于多个角度展开协作,这是医大在问题爆发后可以快速应对、高效处理的组织保障。

三、东京医科大学"2018招考事件"规范化处理的内外部机制

私立大学占据日本高校教育大半江山,基于《私立学校法》对大学自主权的保护,私立高校的招考具有充分自主权。文部科学省每年都会公示"大学入学者选拔实施要项",但这只是方向性的指导文件,并无细化的规程,具体的自主裁量权都交付各大学。因此,公正的考试是考生与大学之间达成契约的前提,一旦大学违背了该基本原则,必然要接受从上到下、从内到外的各种监督与批判。此次医大事件的处理充分彰显了高校招考规范化建设中内外机制相辅相成的重要性。

(一) 东京医科大学"2018招考事件"规范化处理的内部机制

医大事件的内部应对机制包括内部调查委员会与第三者委员会,两个组织基于各种法律法规,推动合法、周密的调查取证,以揭示真相。2018年7月4日事发第二天,医大

就委托本校法律顾问——田边综合律师事务所成立由13名成员组成的“内部调查委员会”，全面调查事件发生的背景、不正当行为产生的原因、大学该有的应对与未来的预防措施。委员会访谈臼井等14位相关人员，检查这些人自2016年1月以来利用学校邮箱发送的邮件，并向其他42名人员发放问卷，以获取更客观、有效的资料，调查期限为一个月。

为了确保调查客观、中立、公正、透明，根据2010年日本律师联合会制定的“企业问题中第三者委员会指南”，医大设立“第三者委员会”调查医大2017、2018年度招考事件。委员会共8人，其中，委员长1人，为原最高法院法官那须弘平；委员2人，分别是青山学院大学原理事长兼校长、现TMI综合法律事务所顾问半田正夫，医大学院医齿学综合研究科大野京子教授；5名协助律师，均来自朝日法律事务所。委员会的相关调查分为五大途径：①与25名在校职员与外部相关人员举行30次沟通；②从医大与内部调查委员会中收集相关材料信息；③对阅读客观题的机器实施科学调查；④以理事长、监事、主任教授为对象展开问卷调查；⑤开设信息提供窗口，开通所有人与第三者委员会之间的沟通途径。

第三者委员会深入调查后结合内部委员会的调查结果，披露了医大招考中存在以下问题行为：

第一，医大在2018年招考中确实存在针对性别、是否复读生、地域出身等属性所做的分数“调整”，“调整”分数的公式详见表4。

表4　东京医科大学2018年招考中根据考生属性的分数调整公式

属性调整后的分数	小论文得分×0.8＋加分
加分额度	(1) 高中代码≥51000　　0分 (2) 高中代码＜51000 男生：应届10分，复读1年生10分 　　　复读2年生10分，复读3年生5分，其他0分 女生：0分

注：高中代码是对考生高中学业出身校的区隔，51000是设置“高中毕业程度认定考试即大学入学资格检定”的高中；其他代码为52000国外学校、53000文部科学大臣指定者、非入学同等资格认定、55000国外教育机构、56000专修学校高等课程。

资料来源：https://www.tokyo-med.ac.jp.

从表4可以清晰地看到女生与多年复读考生遭受的不公正待遇。针对上述问题行为，委员会要求学务科根据现有保存最为完善的数据分析结果复原合格者选定名单，并对新旧名单进行比较，结果详见表5、表6。

表5　2018年度一般考试中新旧合格者选定名单中男女生录取比例的比较

名单	合计	男生	女生
旧合格者选定名单	230人	187(81.3%)	43(18.7%)
新合格者选定名单	240人	158(65.8%)	82(34.2%)

资料来源：https://www.tokyo-med.ac.jp.

表6 2018年度中心考试中新旧合格者选定名单中男女生录取比例的比较

名单	合计	男生	女生
旧合格者选定名单	83人	57(68.7%)	26(31.3%)
新合格者选定名单	81人	50(61.7%)	31(38.3%)

资料来源:https://www.tokyo-med.ac.jp.

综合表5、表6,我们看到在两次不同性质的考试中,女性考生的个体权利遭受了极大歧视。本应该有113位女生合格录取,却减至69位,意味着44位女生在毫不知情的情况下失去了入学机会。

第二,医大考试相关组织机构功能发挥失效。作为大学经营部门最高层的臼井,从最初照顾部分校友子弟,以从校友中获得更多捐赠与个人谢金,渐渐演变为主动通过各种不正当交易谋求更多学校捐赠与个人谢金。

委员会对上述不正当行为的裁定揭露了医大问题的本质,即不考虑考生本人资质的内在属性,而以监护人的社会地位、经济状况等外在属性提高某特定考生成绩,不仅偏离了入学选拔的目的,损害了高校招考公正性原则,违背了大学公共性特征。另外,作为校长的铃木没有尽到自身作为大学教育部门最高领导的职责,默许并协助臼井完成相关"调整"分数的事宜,损害了理事长与校长之间相互牵制与监督的功能。不仅如此,大学从上到下的各级各类招考相关组织机构也没能好好履行监督的职能。大学经营部门与教育部门之间合谋,漠视高校招考的中立性、公正性,导致问题的严重化。

此外,学校的招考专用设备设施与系统的管理也存在隐患。放置入学考试专用PC的办公室,只要是学务科职员都可以自由出入,而且电脑不会留存使用者的使用记录,因此存在安全隐患。入学考试委员会的内外部成员构成不合理性,为人情请托留下漏洞。入学考试选拔相关审议过程不透明,教育委员会与教授会也没能真正担负起事后检证的职责,需要在强化内部监督的同时增加外部监督,避免入学考试委员会与学务科职员不正当行为的再发生。

为此,第三者委员会对医大提出下述建议:①入学考试委员会要尽快根据复原的合格者,选定名单、公布追加录取名单,并实施追加录取。②至少应该赋予2018年度追加补录的学生在2019年4月进入医大的权利,2017年度追加补录的学生是否享有该权利,由医大自身裁定。但是,应该诚恳、认真对待所有追加补录学生的经济补偿请求。2018年12月15日,文部科学省柴山昌彦大臣在记者招待会上表明,在确保教育的前提下,许可医大等存在招考不当行为的大学,在2019年4月的招生中临时性超额。所超招生数将在2020—2024年采用削减一定招生数的方式前后均衡。2018年12月7日,医大对此作出最终决定:同意44名有重新入学意愿的受害者考生于2019年4月入学。

配合第三者委员会推动调查的同时,医大重新设立了大学入学考试委员会,并于2018年7月18日设立"入学考试改善委员会",从基础社会医学系的主任教授与一般教育的教授中选出4名委员。入学考试改善委员会向新设的入学考试委员会递交的提案详见表7[5]。

表 7　东京医科大学入学考试改善委员会的提案内容

提案	入学考试完善举措
完善入学考试业务环节	● 放置入学考试专用 PC 的办公室安装摄像头 ● 保存 PC 用户的使用记录 ● 学务科职员将成绩录入 PC 时，入学考试委员会的委员要在场监督 ● 放置 PC 的办公室装设静脉认证装置，除了与入学考试相关的学务科职员外，他人都不得进入
变更入学考试委员会的构成其选任条件	● 执行部（校长、副校长、副校长助理）不得担任入学考试委员会委员 ● 任期中可能有亲属要报考本校的人员不得担任入学考试委员会委员 ● 入学考试委员会委员要提交遵守入学考试委员会规程的誓约书 ● 制作入学考试委员会议事录（记录决议过程要领与结果，议长与 2 名委员署名并摁印）
新设入学考试监查委员会	● 委员会任务：①检证入学考试委员会、教育委员会、教授会的审议过程的正当性；②检证入学考试中合格者选拔的公平公正性 ● 向理事长与校长提出与确保入学考试公正性相关的事项 ● 委员任命经校长推荐，经过理事会审议后理事长宣布 ● 委员中须含 3 名外部人员
提高 AO 部门的工作效能	● 向入学考试委员会提交如何遵循本校招生目标，完善招考制度的议案
增加小论文与面试评价者	2019 年小论文的评分者与面试中的面试官各新增 1 人，从原来的 2 人增至 3 人
彻底排除不正当要求	● 实施与入学考试相关的监事监查制度 ● 设置独立于理事长的新的内部通报途径 ● 向大学利益相关者公布内部通报窗口并倡导大家积极利用

资料来源：https://www.tokyo-med.ac.jp.

依据入学考试改善委员会的提案，新入学考试委员会提出了 2019 年入学考试的四条完善举措，详见表 8。

表 8　东京医科大学新入学考试委员会提出的 2019 年招考完善举措

事项	入学考试完善举措
列席入学考试委员会	外部监事、顾问律师事务所的律师列席判定考生合格与否的相关会议
完善教育委员会、教授会的审议	教育委员会与教授会与入学考试委员会一样，要审议记录了各科目成绩的合格者选定名单
确认入学考试专用系统	信息体系办公室要确认软件公司提供的系统中是否存在不正当的计算公式
公开成绩	如果考生提出索要成绩要求：第 1 次考试、第 2 次考试、推荐入学考试，可以提供合格分数线与该考生成绩；为虽然达到合格线，但是由于小论文与面试成绩不理想没能合格的考生提供相关说明

资料来源：https://www.tokyo-med.ac.jp.

（二）东京医科大学“2018 招考事件”规范化处理的外部机制

内部机制是推动此次事件快速高效并规范应对的根本，在自上而下的传递中，医大基于考生主体地位,在内部监控与外部监督、对接考生需求等方面做出了实质性调整,但是医大的高效应对也是迫于外部机制中媒体与民间团体的舆论压力,各媒体几乎都用了“不正当”一词批判医大招考事件,呼吁尽早披露真相。日本媒体相对中立,更多基于自身主体地位和需求调查剖析事件,而且关注追踪性深入报道。因此,医大招考丑闻发生后迅速占据舆论平台核心,从传统媒体到新媒体无所不在,详见表 9。

表 9　东京医科大学“2018 招考事件”的相关媒体报道

媒体类型	媒体名称
报纸	朝日新闻、每日新闻、读卖新闻、日本经济新闻、西日本新闻、神户新闻、福井新闻、教育新闻、财经新闻、中日新闻、日本海新闻、佐贺新闻、东京新闻
广播电视	产经新闻、Nifty News、47News、日本电视新闻、神奈川电视新闻、NHK 新闻、大百科新闻、东京新闻、TBS NEWS、J-CAST NEWS、富士电视台、朝日电视台、大分广播
网络	东洋经济、共同通信、大学日报在线、日刊体育、Business Journal、河北新报、日本医事新报、福岛民报

资料来源:根据日本雅虎网站相关资讯整理得出。

部分民间团体也积极支援受害者。如创办于 1967 年的一般社团法人“全国医学部长医院院长会议”针对以医大为首的 2018 招考事件,专门组织了“大学医学部入学考试制度检讨小委员会”,检视大学医学部的入学考试制度后补充相关规章:从 2019 年开始,被小委员会判定未能遵守“大学医学部入学考试制度规范”的大学将被该会议开除。该会议由全国 80 所大学的医学部共同组建,是获得国家认定与国际认可的大学医学部集合体。这个组织的发声无疑是对此次招考事件的严重警告,也是对后续招考规范性、公正性的预警。除此之外,2018 年 12 月,2006—2018 年招生丑闻所涉的 24 名受害女生在公益法人“消费者机构日本(COJ)”的帮助下,依据消费者裁判手续特例法,向东京地方法院对医大提起诉讼,提出索要补偿金的申请,以一次考试 10 万日元计,总计 769 万日元。东京樱花共同律师事务所针对医大入学考试受害者组建了公益性的辩护团,并推动了两次网络问卷,调查医大入学考试受害者的个人诉求。2018 年 11 月 22 日,日本 NHK 电视台报道了“日本医学教育评价机构”对医大此次事件的反馈,决定取消对其的资格认定。这样的决定可能导致医大的学生或毕业生将无法在美国考取医师资格证书。

四、东京医科大学“2018 招考事件”规范化处理对我国的启示

尽管我国民办高校在数量和质量上与日本相距甚远,但民办高校在我国高等教育普及化进程中扮演着越来越重要的角色,推动多样化招考也离不开具有超强市场敏感性的民办高校,因此,借鉴日本私立高校招考规范化发展的经验,探索我国民办高校多样化招考的规范化发展具有重要的现实意义。

梳理此次日本招考事件的处理过程,厘清了一系列应对快速高效、过程公开透明、结果清晰明了的措施。日本政府在《私立学校法》中引入“学校法人”制度,强化学校法人基于自身主体地位自律自守。一旦被国家认定为“法人”,意味着国家对该组织人格的认定,

作为组织成员理应坚持公共性，坚守义务，秉持透明性、公正性原则行事，不允许遗忘初心，偏离公共性，谋求个体私利。从对私立高校“法人”身份的认定开始，日本政府通过构建上下递阶、内外补益的法律法规体系，推动私立高校的自我约束与监管。对于私立高校的招考规范，政府只设定纲领性指导方针，具体细则由各高校依据政府相关法律条文，结合本校实际制定。表10显示了医大与招考相关的法律法规支撑体系。

表10　东京医科大学招考中相关的法律法规

相关法律法规	具体内容
日本国宪法 第14条、第23条	● 全体国民，法律面前人人平等，不应该因为种族、信仰、性别、家庭出身、社会地位、政治、经济与社会关系等因素而被区别对待 ● 尊重大学自治
日本国民法 第532条第3项	● 应聘者（考生与家长）无权评价判定者的价值优劣，但是，如果判定结果有违判定者自身所规定的标准、手续，有违信义原则，则可以提出判定无效的主张
男女共同参与的 社会基本法第3条	● 要形成男性与女性共同参与的社会，要尊重男性与女性的个体尊严，禁止区别对待，确保男性与女性都享有发挥个体能力的机会，尊重男性与女性其他方面的人权
学校教育法 第7条、第93条	● 必须尊重大学自主性、自律性等其他大学教育研究相关的特性 ● 学校事务决定宜在听取教授会意见的基础上由校长决定
大学设置基准第2条	● 大学入学选拔应该基于公正妥当的方法，形成合理的体制来推动
医大章程第13条	● 医学部医学科与护理学科，各自设置教授会 ● 教授会审议校长提出的以下各事项的决定，发表意见 ◆ 入学、升级、毕业、转学、退学、休学及留学等与学生身份相关的事宜 ◆ 入学考试相关事项
医大教授会规程 第3条	● 教授会审议校长提出的以下各事项的决定，发表意见 ◆ 入学、升级、毕业、转学、退学、休学及留学等与学生身份相关的事宜 ◆ 入学考试相关事项
医大教育委员会规程	● 教育委员会由教授会设置，负责协助制定“学生入学相关事项”
医大入学考试委员会 内部规定	● 接受教育委员会的委托，审议以下事项： ◆ 入学考试的实施方针 ◆ 与入学考试相关的专门委员（命题委员、评卷委员、健康诊断委员、面试委员及其他所需委员）的遴选事项 ◆ 与入学考试合格者的选考相关的事项 ◆ 其他与入学考试相关的事项

资料来源：根据以上法律法规的相关文档整理而成。

总体而言，日本私立高校的招考相关法律法规具有体系完备、权责明确的特点。该体系分三层：第一层次的《日本国宪法》《日本民法典》《男女共同参与的社会基本法》为教育法提供了基本指导思想和立法依据，成为招考体系的后盾；第二层次的《学校教育法》《私立学校法》《大学设置基准》提供了纲领性的基本法律规范，成为招考体系的基本保障；第三层次由医大制定的招考规程等是本校招考的基本依托。日本招考相关法律法规的制定除了具有逐级下降、层次清晰的特点外，还具有很强的针对性与可操作性，一些考试问题都可以细化到各具体条款中，避免因过于笼统带来的盲目性与不可操作性，这对确立责任主体与问题性质都必不可少。相对完备的招考法律法规体系保障了日本私立高校多样化考试的基本规范,也正是因为有这个层级分明的法律法规体系,在问题爆发后第一时间,各方可以依法办案。将高校招考纳入法律轨道中,消除问题处理过程中的随意性和人为性,使其更为有序化、规范化实施,以保护相关人员的合法权益,也实现了大学在自主担负中维护大学社会公共性、对社会负责的职责。

医大在招考事件发生后,第一时间组织了内外部调查委员会展开细密自查,同时委托外部第三者委员会实施更为客观的调查,基于相关法律规程等逐一厘清性质与责任,也依据已有法律法规分析解决问题,同时又针对问题发生的根源,适时修订规程,使其不断完善。内外结合的两股力量形成了推动日本私立高校招考规范化发展的机制,使多样化招考具备强有力的法律法规保障。

我国是高等教育大国,每年的高考考生数有一千万左右,招考问题也时有发生。考试相关法律法规的制定滞后于现实发展,一旦发生高校招考事件,在巨大的舆论压力下,可能导致行政力量过度干预,以政治逻辑取代教育规律、考试规律。多样化是未来高校招考改革的必然趋势,考试法作为规避考试问题的法律保障是必需的。结合我国高校招考多样化的特质,吸收日本经验,政府要构建适合我国当下普通本科与高职院校分类高考的相关法律法规,高校结合自身实际制定相关考试规程与实施细则,以确保考试问题发生时有章可循、有法可依。概言之,立法是我国民办高校招考多样化发展的保障,具有前瞻性的立法能促进民办高校多样化招考的有序发展,也有利于我国高校招考的规范化建设。

作者: 胡永红,厦门华厦学院副教授,教育学博士。

(原载《教育与考试》2019年第4期)

英国私立高校第三方评估模式及其借鉴*

李先军　陈　琪

摘　要：私立高校发展与其教育质量评估模式密切相关。20 世纪 90 年代以来，英国通过独立的第三方组织——高等教育质量保障署为主的评估机构，对全英高校教育质量进行评估。高等教育质量保障署针对私立高校发布了专门的评估手册，运用周期性评估和年度审核调查交替进行的方式开展评估。高等教育质量保障署在对私立高校白金汉大学的评估中，主要从设立和维持学术标准、学生学习机会的总体质量、学习机会的信息质量以及学生学习机会的促进 4 个维度来实施评估。其评估模式注重以学生发展为中心，具有规范性、连续性和有效性的特点。高等教育质量保障署虽然只在白金汉大学的教育质量评估中起辅助作用，但其评估结果却颇具权威性和公信力。目前，我国的第三方评估机构多隶属于政府部门，缺乏相对独立的第三方评估机构。鉴于此，应着手建立独立的第三方评估机构，不断实现评估的标准化和科学化，重视评估过程的双向性和连续性，以促进私立高校的持续发展和质量提升。

关键词：第三方评估；私立高校；高等教育质量保障署；白金汉大学

一、问题的提出

2009 年世界高等教育大会（World Conference on Higher Education，WCHE）以“新动态：私立高等教育”为主题，表明私立高等教育发展已成为全球关注的一个重要议题。我国私立高校起步于 20 世纪 80 年代，目前呈现快速发展之势。私立高校的教育质量和评估问题也由此逐渐成为学者们关注的主流话题。2017 年 1 月 18 日，国务院印发的《关于鼓励社会力量兴办教育 促进私立教育健康发展的若干意见》（国发〔2016〕81 号）发布，文件提出要健全监督管理机制，建立私立学校第三方质量认证和评估制度。在国家对私立高校的质量评估提出要求的背景下，当下思考如何优化私立高校的外部评估体系、提高私立高校的教育质量，十分紧迫和必要。英国作为发达国家高等教育的典范，教育质量位居世界前列。20 世纪 90 年代英国就建立并形成了较为完善的第三方质量评估体系。高等教育质量保障署（Quality Assurance Agency，QAA）作为第三方评估机构，对全英高校进行质量评估，其评估模式趋于成熟且卓有成效。本文将以高等教育质量保障署对私立高校白金汉大学的评估为例，来探讨高等教育质量保障署的评估模式，以期对我国建立健

* 基金项目：中央高校基本科研业务费专项资金资助项目（CCNUSZ2017018）。

全第三方评估体系有所借鉴。

第三方评估滥觞于西方国家,其发展和成熟经历了一个历史变化的过程。20世纪初,第三方评估开始发展。20世纪中叶,第三方评估获得了迅速发展。1975年,美国通过整合已有的教育评估机构,建立了独立的第三方评估机构——高等教育评估与认证委员会(Council of Postsecondary Accreditation, COPA)。20世纪80年代以来,诸多发达国家和国际组织相继进行了第三方评估。例如,1985年,荷兰成立了非政府评估组织——荷兰大学协会(Vereniging van Nederlandse Universiteiten,VSNU);20世纪90年代,英国成立了独立的第三方评估机构——高等教育质量保障署;2000年,澳大利亚成立了独立于政府的非营利性中介组织——大学质量保障署(Australian Universities Quality Agency, AUQA)。目前,尽管英国、美国、法国、日本、荷兰、澳大利亚等国高校的第三方评估模式较为成熟,但国外关于高校教育质量第三方评估的研究却比较零散,多聚焦于第三方评估的特性方面。研究普遍认为,第三方评估多指独立于政府和高校的中介组织,具有独立性、专业性和权威性。著名学者伯顿·克拉克(Burton Clark)呈现了"国家权力""市场""学术权威"的"三角协调图",其中英国接近于"学术权威",主要通过著名专家学者参与中介组织,对英国高校教育进行评估[1]。伊莱恩·伊尔·卡瓦斯(Elaine El-Khawas)在接受全球大学创新网络(Global University Network for Innovation, GUNI)采访时指出,从政府和第三方机构本身这两个评估主体看,第三方机构在高校质量评估中发挥着重要作用,具有可信度、独立性和连续性,能够满足公众的需求[2]。

目前,我国关于私立高校教育质量及评估的研究颇多,主要聚焦于第三方评估的相关理论、内涵、特点、模式等方面。关于第三方评估的相关理论,李志军的专著《第三方评估理论与方法》具有代表性,他提出了公共治理理论等六大理论框架[3];关于第三方评估的内涵,学术界莫衷一是,较有代表性的观点是:第三方评估是介于政府、高校和社会的中介组织实施的专门性评估机构,具有独立自主的法人地位[4]。纵观第三方评估特点的研究,第三方评估具有独立性、中介性、客观性、专业性和公正性的特点。关于第三方评估模式的探讨,学者们主要通过对英、美、日、法等国家的第三方评估体系进行实践考察,进而提出对构建我国高校教育质量第三方评估模式的思路。例如,王报平等建议,应借鉴美国和日本成熟的第三方评估模式,从评估人员、法律体系和政策框架这3个维度推动我国高校第三方评估模式的建立[5]。

此外,国内学者还关注了私立高校质量保障体系的构建方式、评估过程中存在的若干问题等。例如,黄要知认为我国私立高校应从多元化资金投入体系、师资队伍和学科专业的人力资源保障体系、学校内部三级教育质量评估体系和学校外部评估体系4个方面建构教育质量监控体系,而教育行政部门则应组织成立"半官方性质"的第三方评估机构[6]。欧阳霞等的研究表明,我国私立高校的评估存在诸如评估机构单一、评估标准单一、评估模式单一和评估信息来源渠道单一等问题[7],在第三方评估过程中,高校参与热情度低,评估机构缺乏专业性[8]。概言之,政府是私立高校教育质量评估的权威,我国缺乏独立的第三方教育评估组织,而且现有的评估模式缺乏制度规范。

二、英国私立高校教育质量的第三方评估体系

根据投资方式,英国高校分为公立高校和私立高校,但是全英仅有一所完全私立的大

学，即白金汉大学（The University of Buckingham）。2015—2016学年，英国共计228万大学生，有162所高校获得公共资助[9]。根据英国商业、创新和技能部（Business，Innovation and Skills，BIS）2016年5月发布的报告，英国共有732所私立高校，为大约25万～30万学生提供服务。截至2017年，英国共有7所私立高等教育机构拥有独立的学位授予权[10]，其中非营利性私立高校白金汉大学便是其一。根据运营模式，英国私立高校分为营利性和非营利性，两者的区别主要在于如何使用剩余价值。尽管目前大部分英国私立高校都是营利性的，但随着市场竞争的影响，两者之间的差异逐渐缩小。同时，英国大部分私立高校都具有规模小、经费自筹的特点。

（一）第三方评估体系的建立

英国高校之所以以优质的教育质量闻名于世界，与其高校建立了较为完善的质量评估体系密不可分。英国高校在历史的发展过程中形成了以“内部监督为主、外部监督为辅”的多元质量评估体系。外部质量评估机构包括高等教育质量保障署、高等教育基金委员会（Higher Education Funding Council，HEFC）、专业团体及新闻媒体机构。其中，高等教育质量保障署是一个独立实体，不受政府控制和管辖，对全英的高校进行外部质量评估。高等教育基金委员会是一个中介组织，以合同形式向高等教育质量保障署拨款，委托高等教育质量保障署对全英所有接受委员会资助的高校进行质量评估和认证。高等教育基金委员对高等教育质量保障署的评估工作进行监督，直接对接受委员会拨款的高校进行科研评估（Research Assessment Exercise，RAE），大约每5年一次，评估结果与拨款挂钩。专业团体也是独立于政府的社会组织，是高等教育质量保障署和高等教育基金委员会的有效补充机构，对私立高校进行质量评估和认证，尤其重视对医学、法律类专业的评估和认证。新闻媒体机构也是重要的评估组织。例如，《泰晤士高等教育》（Times Higher Education，THE）就是英国评估高等教育质量的重要新闻媒体机构，其发布的《泰晤士高等教育世界大学排名》（Times Higher Education World University Rankings）是世界四大最具影响力的全球性大学排名之一。这些第三方组织虽然独立于政府，但并非与政府毫无关系，而是处于政府与高校之间的缓冲区间。一方面，第三方机构与政府目的一致，均旨在提升高校的教育质量。另一方面，第三方机构（如高等教育质量保障署）并非直接对高校的质量进行审核和评估，而是对高校内部质量评估的运行进行监督，其角色是间接性的，由此保障了英国高校内部的教育独立与自由，也“符合学生、企业界和政府的期望”。

英国高校素有高度自治的传统，具有很大的独立性和自主权，尤其是私立高校。但是，许多英国的私立高校也具有很强的质量监督和保障意识，积极参与第三方质量评估过程，主动接受英国高等教育质量保障署的评估。作为第三方评价机构，高等教育质量保障署在英国私立高校的质量监控中扮演着重要角色。

（二）高等教育质量保障署的成立

受新自由主义思想的影响，英国20世纪80年代高等教育的关键词是“效率”。20世纪80年代中期以前，任何关于质量和标准的辩论都主要围绕高等教育系统的内部问题。20世纪80年代以后，英国政府发布了一系列关于高校质量的报告并出台了相关法案，高等教育大发展引发学生数量的极大扩张，高校之间为获得更多的“市场”（资源和生源）进行激烈竞争，市民希望探寻和获得更好的公共服务，这引起了市民对于高等教育质量与标准的关注[11]。到了20世纪90年代,英国高等教育的标准转向了"质量"。

高等教育质量保障署的成立经历了一个历史演变的过程。20世纪70年代,英国形成了双轨制的高等教育体制,分为大学和多科技术学院、教育学院两部分,并存在与之相对应的高校外部质量评估机构。1988年英国政府出台《教育改革法》(Education Reform Act),建立了符合英国高等教育双轨制的双重教育拨款基金委员会,且确定了教育质量与拨款挂钩的原则。1991年,英国政府发布了一份白皮书——《高等教育:一个新的框架》(Higher Education: A New Framework),宣布废除英国高等教育的双轨制,将多科技术学院升格为大学,并呼吁建立一个新的双重质量保障体系,将所有高校的教育和学习活动规则全部纳入一个整体的框架之中,加强对英国高校的质量评估。双重质量保障体系由高等教育基金委员会和高等教育质量委员会(Higher Education Quality Committee, HEQC)两部分组成。高等教育质量委员会于1992年成立。1992年英国政府出台《继续教育和高等教育法》(Further and Higher Education Act),废除了双重教育拨款基金委员会,建立了一个统一的拨款机构——高等教育基金委员会。至此,由高等教育质量委员会和高等教育基金委员会构成的双重质量评估体系就于1992年建立,并于1993年开始实施评估。鉴于双重质量评估体系的重叠性以及存在的其他问题,自1993年始,大学校长委员会(Committee of Vice-Chancellors and Principals, CVCP)、英格兰高等教育基金委员会(Higher Education Funding Council for England, HEFCE)以及政府部门就如何建立一个单一的质量保障机构进行协商。三方于1995年达成协议,于1997年成立了一个新的机构——高等教育质量保障署,执行高等教育基金委员会和高等教育质量委员会的评估职能,并实行新的评估标准。2001年,由于一些大学对政府进行了大规模游说,高等教育质量保障署的评估标准被废除了。在征得院校同意后,高等教育质量保障署于2002年采用新的评估方法,发布了新的《院校审核手册》(Handbook for Institutional Audit)。2017年高等教育质量保障署根据需要发布了新修订的高等教育质量评估准则。新的质量评估准则包括3个要素:①预期,即高校在设立和维持学位授予标准以及质量方面应达到的水平;②实施,即高校达到预期结果的方式;③建议和指导。

高等教育质量保障署是一个具有独立法人地位的非营利的第三方机构,在人员选聘、经费使用、内部管理等方面有应然的自主权,在全英国(苏格兰、英格兰、威尔士、北爱尔兰)开展工作,总部设在英格兰,旨在提高英国高等教育的标准和质量。资金来源主要包括英国高等教育基金委员会、英国大学和学院的年费、英国政府、社会投资等。接受高等教育质量保障署进行教育质量评估的高校需要为高等教育质量保障署的评估活动支付费用。高等教育质量保障署的教育审核费用分为3个部分:申请费、评估费和教育监督年费,而且高等教育质量保障署会将费用详情进行信息公开(公布于官网)。

高等教育质量保障署的主要任务包括:第一,制定英国高等教育的学术规则和"质量准则",高校须以之作为内部指导;第二,对高校进行院校审核,聘请经验丰富的高校专业人员和学生参与审核过程,评估高校如何维持和提高学术水平并发布权威报告;第三,调查高校关于学术标准和质量存在的疑问,这些问题皆由高校的学生、工作人员提出;第四,提供培训和指导,帮助英国高校建立和完善学校的质量保障体系;第五,给政府建议,就学院是否有权申请学位授予权、更名为"大学"等给予相关建议。

高等教育质量保障署评估高校的方式受多种因素的影响，如高校的办学基础、层次类型等。高等教育质量保障署针对私立高校采用私立高校评估法，并发布了私立高校评估手册，提出了维持学位资格的学术标准、为学生提供达到学位授予资格的学习机会、提供相关信息、有效提高高等教育办学质量的总体目标等。高等教育质量保障署的评估结果以总体目标为基准，同时在具体的评估实践中，高等教育质量保障署也会做出相应的调整，以适应不同层次学生或者不同类型院校的需要。

高校评估法由两部分组成：一是对高校进行财务可持续性、管理和治理（Financial Sustainability, Management and Governance, FSMG）检查，通常在质量评估之前完成，而且高校必须提供其在财务上具有可持续性的证据；一是对高校学术标准和质量进行评估。

依据高校的规模，高等教育质量保障署的评估组成员一般二至五人，且要确保人员的多样性。关于人员的任命，高等教育质量保障署有具体的遴选标准和培训计划。高等教育质量保障署实行同行审议，每个评估组中至少有一名是来自另一高校的学术人员。较大的评估组可能至少包括一名管理或高等教育服务领域的专家。此外，学生在高校质量评估中有举足轻重的作用，一般而言，审查小组通常包括学生审查员。学生一旦被任命为评估组成员，则需要承担 9 项责任，如帮助评估小组选定会面的学生、在评估组审核调查期间提供建议、参加最终审查会议、向学生团体传达有关审查的信息等。

（三）高等教育质量保障署的评估过程

1. 周期性评估过程

第一，准备阶段。高校以表格形式申请教育监督评估，高等教育质量保障署提供申请表以及相关指导性说明，这一活动一般在进入调查阶段的 24 周前进行。申请表内容包括高校相关信息，所有申请审核的高校必须在公司事务处（Companies House）注册或者注册为慈善机构；学生人数和高校课程情况；高等教育学位资格情况等。提交申请约 4 周后，成功申请者将被通知评估日期以及审核费用。大约在评估调查的 18 周前，审核组召开一次预备会议，就审核的整个流程进行讨论（见表 1）。

表 1　高等教育质量保障署周期性评估的准备阶段

时间	活动
约 24 周前	高校提交申请表和提名学生代表；审核组告知申请人评估调查日期以及审核组规模
约 20 周前	审核组告知申请人及学生代表相关简要简报；告知申请人审核组人员
约 18 周前	预备会议（Preparatory meeting）（可访问也可虚拟进行）
18 周前	提交 FSMG 文件并支付费用
12 周前	高校上传自评报告以及支持性材料；学生代表提交资料；审核小组进行桌面分析
9 周前	通知高校提交额外的证明性文件
6 周前	高校上传额外的证明性文件（如果需要）
4 周前	审核组召开第一次会议（一天），确定评估调查的时间等事宜

专题五

续 表

时间	活动
约4周前	审核组告知高校评估调查的时间和计划以及需要的文件
0	评估调查(Review visit)

资料来源:https://docplayer.net/29215725-Higher-education-review-alternative-providers.html.

第二,评估调查阶段。高等教育质量保障署承诺以公正、公平、独立、诚实和专业的态度进行评估。评估调查时间具有灵活性,一般在1周内进行,始于周一,且每天的评估内容不同。审核组积极鼓励大量的学生参与会议,以便获得相关一手资料。在评估调查的最后一天,审查小组评定其调查结果。调查结果按照不同的维度,分为不同等级(见表2)。“赞赏”和“符合预期”表示令人满意的评估结果;“需要改善以达到预期”和“不符合预期”表示令人不满意的评估结果。评估结果显示为“赞赏”,表明高校达到了所有的预期目标,而且有“良好行为”。高等教育质量保障署每4年进行一次周期性全方位高校评估。

表2 高等教育质量保障署的评估结果

维度	结果
学术标准的设立与维持	符合预期,需要改善以达到预期,不符合预期
学习机会,相关信息,质量促进	赞赏,符合预期,需要改善以达到预期,不符合预期

资料来源:同表1。

第三,报告阶段。在评估调查完成两周后,审核组将重要调查情况以信件方式寄给高校。6周后,审核组将草案审查报告(Draft review report)发送给高校和主要学生代表。9周后,高校和主要学生代表进行事实修正(Factual corrections)。12周后,审核组发布报告。高校与学生协商制订行动计划,以回应这些调查结果。22周后,高校发布其行动计划。

2. 年度审核调查过程

高等教育质量保障署与高校是一种长期合作的关系,为了维持和有效保障高校的教育质量,高校支付高等教育质量保障署教育监督年费,高等教育质量保障署对高校进行年度审核和监控调查。年度审核调查是整体评估不可或缺的部分,所有高校都应向高等教育质量保障署递交一份年度报告(Annual return),一般在上一次评估或者审核调查(Monitoring visit)9~10个月后。年度报告包括高校的行动计划。依据年度报告,高等教育质量保障署决定是否有必要对高校进行审核调查,或者部分、全面评估调查(如图1所示)。审核调查持续一天,包括与高校工作人员及学生的会面交流。

根据高等教育质量保障署对38所英国私立高校2015—2016年的评估结果,其中80%以上的私立高校获得了肯定的结果;30%的私立高校至少一个方面尚未达标;高等教育质量保障署针对4所私立高校存在的问题给予了改进建议;部分私立高校的评估结果是否定的,如卢顿国际学院(Luton International College)、阿迪伦达克冒险-汉密尔顿学院(Adirondack Adventure-Hamilton College)和伦敦商学院(London Business School)。高等教育质量保障署对伦敦商学院发布了2013—2015年度审核报告,2016年的周期性评估报告显示,伦敦商学院在学生学习机会质量和学生学习机会促进这两个维度上未达标准。高等教育质量保障署关于私立高校的评估引发了《泰晤士报》和英国《卫报》的诸多评论，由此可见第三方评估角色的影响力。

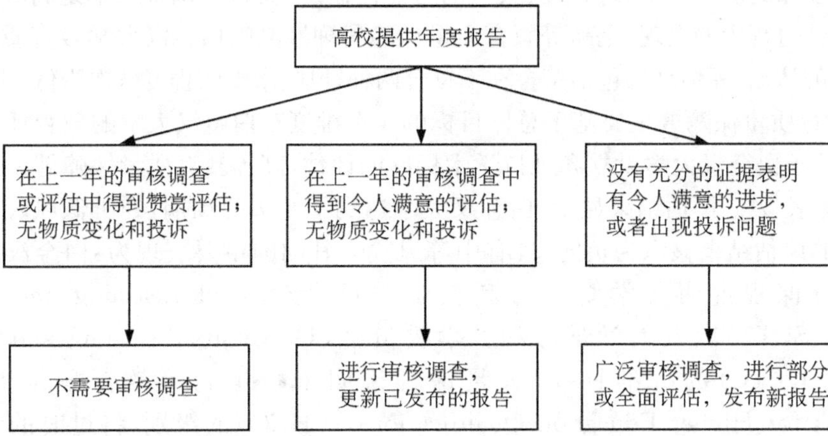

图 1　高等教育质量保障署的年度审核调查过程①

三、高等教育质量保障署对白金汉大学教育质量的评估过程

白金汉大学是英国一所完全独立的非营利性私立高校，注册为公益性“慈善组织”，建立于 1976 年，1983 年升格为白金汉大学。根据白金汉大学 2016 年年度财政报告，白金汉大学 66.4％的资金源于学费，18.4％源于捐赠，0.8％源于科研拨款，14％源于住宿和餐饮等。白金汉大学拒绝接受政府的拨款，具有极大的自主性和独立性。鉴于其性质，白金汉大学有 3 个权责明晰的机构：校董会(Council)、校务委员会(Senate)和学术咨询委员会(Academic Advisory Council)。校董会是最高权力机关；校务委员会为学术权威机构，旨在指导和规范大学的教学与科研工作；校外资深学术专家是学术咨询委员会的成员，由校董会任命，在质量保障中至关重要，他们针对一些学术问题向校务委员会和校董会提出相关建议，并批准任命所有的校外监审成员。

(一) 高等教育质量保障署对白金汉大学的质量评估及分析

白金汉大学虽然有其内部质量评估体系，但也逐渐意识到外部质量评估的重要性。2001 年以来，白金汉大学开始主动接受高等教育质量保障署的评估和监控。高等教育质量保障署对白金汉大学的质量评估采用私立高校评估法，包括周期性的高等教育评估，如白金汉大学 2002 年院校审核、2007 年院校审核(Institutional Audit)、2012 年院校评估(Institutional Review)、2017 年高等教育评估(Higher Education Review)；也包括一些年度调查报告，如 2016 年 4 月高等教育质量保障署发布了关于具体指定课程(Specific Course Designation)的审核调查报告。可见，高等教育质量保障署对白金汉大学的评估已经实现了标准化。

2017 年白金汉大学高等教育评估报告主要分为两部分：重要调查结果和解释。重要

---

① 资料来源：http://www.qaa.ac.uk/docs/qaa/guidance/annual-monitoring-for-eo-and-eoea-18.pdf?sfvrsn=2cdefc81_2.

专题五

调查结果又细分为4个部分:评估、良好行为、建议和行动计划认可。其中,评估由四部分组成:预期、参照的质量准则、调查结果以及预期结果与风险水平。预期,即高等教育质量保障署根据其发布的质量准则和白金汉大学的特点而制定的目标;调查结果是高等教育质量保障署在评估过程中的发现,是高等教育质量保障署理性判断白金汉大学教育质量是否符合预期目标的依据;评估结果包括符合和不符合两种;风险水平的程度依次为低、中、高。

高等教育质量保障署主要基于总体目标的4个维度对白金汉大学的教育质量展开评估。其一,关于白金汉大学设立和维持学术标准的评估,高等教育质量保障署设立了7项预期要求(见表3)。评估结果显示,白金汉大学达到了6/7的预期,处于低风险水平。仅预期A2.2的评估结果显示为负向,具有中等风险。其问题主要表现为:白金汉大学手册中的大部分课程说明无学院学习和教学委员会(School Learning and Teaching Committee, SLTC)以及大学学习和教学委员会(University Learning and Teaching Committee, ULTC)的批准日期,大量课程说明未指定高等教育学位资格框架(Framework for Higher Education Qualifications, FHEQ)的级别,将过时的学科基准(Subject Benchmark Statements)作为参考点。评估组针对白金汉大学存在的问题给予了相应的建议。总体而言,白金汉大学确立和维持的学术标准符合英国的学术要求。

表3 高等教育质量保障署对白金汉大学设立和维持学术标准的评估①

预期	质量准则	预期结果和风险水平
A1:学位授予机构满足高等教育学位资格框架的相关要求,考虑高等教育质量保障署关于资格的指导和相关学科基准等,以确保达到学术标准的门槛	A1:英国和欧洲的学术标准参考点	符合,低风险
A2.1:学位授予机构建立透明的全面的学术框架和规则	A2:学位授予机构的学术标准参考点	符合,低风险
A2.2:所批准的每门课程和资格,保留确定的记录	A2:学位授予机构的学术标准参考点	不符合,中等风险建议
A3.1:学位授予机构建立并实施批准所授科目和研究学位的流程,符合英国的资格门槛标准和学校内部的学术框架与规则	A3:确保学术标准和基于成果的学位授予方法	符合,低风险
A3.2:学位授予机构确保学分和资格的授予符合以下条件:学习结果通过评估证实;满足英国学术标准的门槛和学校内部的学术标准	A3:确保学术标准和基于成果的学位授予方法	符合,低风险
A3.3:学位授予机构确保审核和课程评估的程序达到了英国的学术标准门槛	A3:确保学术标准和基于成果的学位授予方法	符合,低风险
A3.4:学位授予机构在制定和保存学术标准的关键阶段使用外部独立的专家,保证透明性和公开性	A3:确保学术标准和基于成果的学位授予方法	符合,低风险

① 资料来源:http://www.qaa.ac.uk/en/ReviewsAndReports/Documents/University%20of%20Buckingham/University-of-Buckingham-HER-AP-17.pdf.

其二，关于白金汉大学学生学习机会质量的评估，高等教育质量保障署设立了11项预期要求（见表4）。每项皆达到了预期标准，即为低风险。其中，预期B3和B4的评估结果显示为符合，而且属于“良好行为”。“良好行为”主要源于两个方面：一方面，白金汉大学自主的个性化学习方式和导师制（小组学习）的教学方式极大地激发了学生学习的热情。英国《完全大学指南》（*Complete University Guide*）数据显示，2017年白金汉大学拥有全英大学最佳的生师比（9.6∶1）和最高的学生满意度（4.36）。而且，白金汉大学对学生学习和教师教学质量采取了多样的监督、评估和反馈机制。另一方面，白金汉大学为学生提供了灵活多样的学习路径和资源以及就业信息，如图书馆、虚拟学习环境、学生就业能力战略，以及职业服务，为学生顺利完成学业服务。评估组对于白金汉大学已经采取的两项行动予以认同：①行动一是白金汉大学采取措施为研究生提供教学机会（B3和B11），促进研究生教学技能的提升；②白金汉大学使用数据仪表板（Data dashboards）系统，提升了数据管理的质量和准确性（B8）。

表4　高等教育质量保障署对白金汉大学学生学习机会质量的评估①

预期	质量准则	预期结果和风险水平
B1：高校制定和维持学术标准，确保和提升学习机会质量，有效执行课程设计、发展与批准的程序	B1：课程设计、发展与批准	符合，低风险
B2：招生、选拔与录取政策和程序遵循公平性、透明性、可靠性、有效性和包容性的原则	B2：高校的招生、选拔与入学	符合，低风险
B3：高校与学生、教师等合作，审查和促进学习机会和教学实践的质量，使每个学生都能够作为独立的学习者而获得发展	B3：学习和教学	符合，低风险良好行为
B4：高校对使学生能够发展其学术、专业等的安排和资源进行监督和评估	B4：促进学生发展和获得成就	符合，低风险良好行为
B5：高校采取相关措施，提高学生的教育活动参与度	B5：学生参与	符合，低风险
B6：高校实施公平、有效和可靠的评估过程	B6：学生评估和先前学习认可	符合，低风险
B7：高校严格使用外部审查员	B7：外部审查	符合，低风险
B8：高校有效、定期、系统执行课程监督和评估程序	B8：课程监督与评估	符合，低风险
B9：高校运用公平的程序及时处理学生对学习机会质量的投诉等	B9：学术诉求和学生的上诉	符合，低风险
B10：学位授予机构对学术标准和学习机会的质量承担最终责任，其他提供学习机会的组织也进行有效管理	B10：与其他人一起管理高等教育办学	符合，低风险
B11：研究生学位授予的条件：为研究方法、方式、程序等的学习提供可靠的学术标准	B11：研究生学位	符合，低风险

① 资料来源：http://www.qaa.ac.uk/en/ReviewsAndReports/Documents/University%20of%20Buckingham/University-of-Buckingham-HER-AP-17.pdf.

其三,关于白金汉大学学习机会的信息质量评估,高等教育质量保障署根据质量准则“关于高等教育办学的信息”设立了一项预期标准C,即英国高校给其目标受众提供有关高等教育的相关信息,这些信息具有易得性和可信赖性。高等教育质量保障署所参照的质量准则为“关于高等教育办学的信息”。白金汉大学的学生和工作人员可以获得各种关于学习机会的信息,如内容说明书(关于申请过程、课程、教学模式等的详细信息)、关于大学的重要事实、学生章程、入学程序、规章制度和行为准则、学生支持服务、手册等。评估结果虽为“符合”,但是具有中等风险。问题在于白金汉大学缺乏信息监督机制,白金汉大学无保证信息(尤其是课程层面的)准确性的有效程序和政策。因此,高等教育质量保障署建议白金汉大学制定监督公共信息的程序,以确保信息的准确性和完整性。

其四,关于白金汉大学学生学习机会促进的评估,高等教育质量保障署设定了一项预期,即白金汉大学采取措施以改善学生学习机会的质量。评估结果显示,白金汉大学实施了质量保证程序和管理机制,改善了学生学习经验的质量,符合预期标准(低风险)。值得一提的是,白金汉大学将成为欧洲第一所积极大学,大学采用积极心理学方法,让学生们更快乐地参与学习。英国高校学生的心理健康问题处于危机之中。积极大学的实践活动旨在保持学生的心理健康,为学生提供福利。白金汉大学提出了积极大学的十项行动计划。高等教育质量保障署认为,白金汉大学的积极大学倡议活动属于“良好行为”。

(二)评估特点

高等教育质量保障署对私立高校白金汉大学的质量评估具有以下特点。

第一,辅助性和规范性。高等教育质量保障署致力于从外部评估促进白金汉大学内部质量监督体制的完善和健全,提升白金汉大学的教育质量。高等教育质量保障署虽然在白金汉大学的质量评估中只扮演着辅助角色,但其评估结论却极具权威性。高等教育质量保障署的评估过程极具规范性和计划性,评估的每个维度皆有相对应的指标。

第二,连续性和有效性。高等教育质量保障署对白金汉大学的评估包括周期性评估和年度审核调查,后者是前者的重要组成部分,前者是后者的重要参考。审核与评估尤其会参照由高等教育质量保障署提出的建议以及大学的行动计划,以解决大学在质量评估中存在的问题。例如,根据2014年12月“对白金汉大学高等教育标准和质量的担忧”的调查建议,白金汉大学提交了一份相应的行动计划以应对这些建议,高等教育质量保障署于2015年9月审议了行动计划,对白金汉大学已采取的必要行动表示满意。2017年白金汉大学高校评估报告显示,白金汉大学尚未达到预期A2.2,且预期A2.2和预期C具有中等风险。高等教育质量保障署针对这些问题提出了相应的2018年改进建议,白金汉大学继而制定了2018年行动计划。高等教育质量保障署对白金汉大学的质量评估表现出一种连续性,双方基于一种长期自愿的合作关系,以问题解决和质量促进为彼此的最终目标。正如高等教育质量委员会前首席执行官罗杰·布朗所言,教育质量的改善是评估的最终目的,我们应当摈弃质量评估是最终目的的观念[12]。

第三,体现学生的诉求。一方面,学生的参与度高。高等教育质量保障署认为,学生是高等教育评估的核心。高等教育质量保障署对白金汉大学的每一次审核与评估,评估的每一个维度,必有学生代表的参与,学生代表有权发出自己的声音,代表和维护学生群体的利益。学生代表在白金汉大学内部评估中也发挥重要作用,在学校一些决定的制定方面扮演重要角色。据统计，白金汉大学学生代表在他们的学习期间，参加了至少 20 次评估。另一方面，高等教育质量保障署所制定的质量评估维度，对白金汉大学评估的 4 个维度均达到了预期水平，皆以学生为核心，以学生的发展为本位，致力于提升学生的学习质量。

四、对我国第三方教育评估的启示

据统计，2016 年我国私立高校共计 741 所(含独立学院 266 所)，存在 813 所非学历教育的私立高等教育机构①。私立高校已成为我国高等教育的重要组成部分。在教育实践中，我国私立高校的教育质量缺乏第三方评估体系。为了保障私立高校的教育质量和办学水平，建立私立高校教育质量的第三方评估体系是大势所趋。英国已经建立了比较成熟的第三方评估体系。英国高等教育质量保障署对私立高校白金汉大学的评估模式，对我国私立高校第三方评估模式的建立和发展具有重要启示。

(一) 建立具有独立自主法人地位的第三方评估机构

我国应致力于建立真正具有独立意义的第三方评估机构，强化对私立高校的教育质量评估。实际上，我国民间也存在地方性第三方教育评估机构，但主要“下属”或“隶属”于政府机构，由官方任命机构人员并提供经费资助，这些评估机构没有应然的自主权，并非法律意义上的第三方评估组织，如上海市教育评估院、江苏教育评估院、辽宁省教育评价事务所、云南高等教育评估事务所等。而且，这些机构的评估范围多限于公立高校。鉴于政府在高校评估中的绝对权威，往往导致评估流于表面化和形式化，使评估这一手段演变成目的，影响评估的质量。真正具有独立性的第三方评估机构应在人员任命、经费筹措、机构管理和运行、质量标准制定、评估过程等方面具有独立的权利，能充分地履行质量评估职责，在外部质量评估中体现其权威性，形成对私立高校的理性评估。第三方评估机构应通过其客观、权威的评估结果使社会和高校信服，并拓宽其资金渠道，保障第三方评估的持续运作。因此，“独立性”是保障第三方评估的结果公正的起点。

(二) 不断实现评估的标准化

第三方机构的评估应摒弃随意性，使评估的过程更加标准化。考虑时间、人力、物力等因素，我国第三方评估机构应该界定所评估的领域，过泛则有损其专业性和有效性。第三方评估机构应根据各方的诉求建立较为完善的外部质量评估模式，确定评估目标、评估方法、评估阶段、评估内容、审核人员等，制定评估的质量准则。首先，评估目标应具有可操作性，以促进学生最大化发展。其次，评估内容应体现科学性和标准化，评估的维度和指标应具体化。再次，评估期限和阶段应具有计划性，运用桌面分析和实地调研相结合的方式对私立高校的教育质量进行评估。最后，评估人员的专业素养对私立高校的评估以及学生和教师未来的发展至关重要[13]。因此，第三方评估机构应审慎选择其评估组成员，明确审核人员的职责。此外，评估体系的标准化也需要遵循透明性原则，以提升第三方评估的公信力。第三方评估机构应公开相关的质量评估标准和更新的评估手册，发布所有的评估报告，以便于学校、学生和社会及时了解相关学校的教育质量状况，维护学生

---

① 资料来源：2016 年全国教育事业发展统计公报。

和社会的利益，贯彻第三方评估的评估宗旨。同时，私立高校也应该发布与质量评估相关的文件（如支持性文件等），确保评估内容的全面性。可见，专业化和标准化是第三方评估结果公正的基础。

（三）重视评估过程的双向性和连续性

调查显示，我国私立高校校长颇有战略眼光，他们赞同由权威性的民间机构对高校办学质量进行评估，倡导评估主体的多元化[14]。私立高校自身也意识到第三方评估的重要性。评估主体和评估对象并非管理者与被管理者或上级与下级之间的关系，评估并非单向度式的，而是基于评估机构与私立高校的双向关系，评估主体坚定中性立场进行客观评估，被评估高校积极主动参与评估。同时，私立高校与第三方评估机构应建立长期的合作关系，第三方机构对私立高校进行连续性评估应采取“长时段”评估与“短时段”评估相结合的方式。第三方评估机构应指出评估学校的教育质量结果，对私立高校存在的问题给予及时反馈。此外，私立高校应及时就反馈的信息做出相应的调整，在不断发现问题与解决问题的循环过程中螺旋式上升，最终达到质量提升的目的。学生群体作为私立高校的成员，也应参与第三方机构的评估。整个评估过程还应体现第三方评估的合作性和动态性，其中评估是手段，改善私立高校的教育质量是目的，促进学生的发展是宗旨。

五、结语

质量是 21 世纪高等教育的标语。私立高校教育质量第三方评估机构的建立健全，有利于对私立高校的教育质量形成外部监督，在高等教育市场中形成竞争力，从而推动私立高校教育质量的提升。因此，我国应建立具有独立自主法人地位的第三方评估机构，健全高校外部质量评估体系。第三方评估机构基于对高校的桌面分析和实地调查，建立标准化和客观化的第三方评估模式。第三方评估机构和私立高校应精诚合作，即第三方评估机构的评估结果和高校的行动计划相结合，以调动私立高校参与评估的积极性，增强高校教育质量第三方评估的有效性。值得注意的是，第三方评估只能扮演辅助性角色，坚持以私立高校内部评估为主，从而保障高校教育的自由性和自主性。作为私立高校和社会之间的中介，第三方评估能够促进符号资本的生成和蕴蓄，塑造私立高校的社会身份，保存私立高校的生命线。概言之，第三方机构的评估应与高校内部质量评估和国家宏观评估相结合，共同构成我国私立高校质量评估体系，从而促进私立高校在教育信息质量、学习机会质量等方面的改善，推动私立高校教育质量的提升。

参考文献：

[1] 克拉克 B.高等教育系统：学术组织的跨国研究[M].王承绪，徐辉，译.杭州：杭州大学出版社，1994：159-160.

[2] GUNI. Elaine El-Khawas[EB/OL].[2008-01-22]. http://www.guninetwork.org/guni-talks/elaine-el-khawas.

[3] 李志军.第三方评估理论与方法[M].北京：中国发展出版社，2016：37-53.

[4] 漆玲玲.我国高等教育质量第三方评估模式研究[D].武汉：武汉大学，2011：1-189.

[5] 王报平，仇鸿伟.高等教育第三方评价：美国与日本的启示与借鉴[J].科研管理，2015(S1)：477-482.

[6] 黄要知.民办高校教学质量保障与监控体系研究:以湖南涉外经济学院为例[D].长沙:湖南师范大学,2011:1-84.
[7] 欧阳霞,陈申华,周守军.民办高校教育评估之“应为”[J].现代教育科学,2010(9):125-127.
[8] 孔宇航,武超红.我国高等教育第三方评价的问题及潜在风险[J].中国高等教育评估,2017(1):3-6,23.
[9] HESA. Higher Education Statistics for the UK 2015 /16[EB/OL]. https://www. hesa. ac.uk/data-and-analysis /publications /higher-education-2015-16.
[10] HEFC. Alternative providers[EB/OL]. http://www. hefce. ac. uk/analysis/HEinEngland/providers/aps/.
[11] GREEN D. What is quality in higher education? [M]. London: The Society for Research into Higher Education and Open University Press,1994: 5.
[12] BROWN R. Quality assurance in higher education: the UK experience since 1992 [M]. London: RoutledgeFalmer, 2004: 162.
[13] MEDLAND E. Assessment in higher education: drivers, barriers and directions for change in the UK [J]. Assessment & evaluation in higher education,2016,41(1): 81-96.
[14] 张博树,王桂兰. 重建中国私立大学: 理念、现实与前景[M]. 北京: 教育科学出版社,2003: 228.

作者: 李先军,华中师范大学教育学院副教授,教育学博士;陈琪,华中师范大学教育学院硕士。

(原载《重庆高教研究》2019 年第 5 期)

专题五

后　记
西安外事学院办学理念

西安外事学院自1992年创办以来，已经在这片土地上成长了28年。学校以“明道、修身、利他、共荣”为核心理念，践行着“学无长幼、校无大小、教无高下、育无国界，人人都有理想的教育”的良好愿景，将“多元集纳、自强创新”的精神内核贯穿于教学、生活的方方面面。

20多年来，“化鱼成龙”的精神早已熔铸于学校发展的灵魂之中。我们一直秉持初衷，让进不了普通高等教育学校的学生也能享受基本的大学教育，同时不断提高自身专业及技能教育水平，在这一过程中培养出一大批能够自力更生、满足社会经济需要、满足企业需要的人才。学校的就业率一直保持了较高的水平，学生在实践中也都做出了很好的成绩，获得社会各界的好评和认可。这些事实证明，学校在专业人才和职业技能的培养上，已经取得了突出的成绩。

在完成专业学科教育的同时，我们也关心着每一位学生的全面发展与生活实践。我们把以“礼”“乐”为根本点的“正蒙通识教育”理念，从大学延伸开来，建立了从幼儿园、中学、大学以及终身教育的贯穿终生的培养体系，将个人的发展容纳于学校教育的目标之中，从幼儿藤信园的“诚信”理念，到中学的“精英”理念，以及大学的“明道、修身、利他、共荣”思想，都汇聚为一个方向，即始终将培养身心健康、人格独立、精神自由，具有人文修养、民族根基、世界视野的现代人才作为最终的教育目标。与此同时，不断完善以正蒙导师为核心的育人团队，结合“学院十书院”的育人模式，将“立德树人”的精神贯穿于教学、生活，从教师的道德、才学、作风、素养、治教等方面严格要求，在完善教学水平与科研成果的同时，把“善、爱、诚”的精神理念用行为和品质潜移默化地传递给广大学子，真正形成“勤、恒、乐”的淳淳学风。

2019年，学校成立老子学院，以期把正蒙通识理念与对人类幸福生活的理想辐射广大社会人群，我们把“琴、棋、书、画、花、香、茶”以及音乐、武术、养生等具体技艺不断推广延伸，将美好的传统文化体验融注于每一个个体的生活方式之中，向社会群体传递幸福和健康的生活理念。同时，学校把“道”与“真理”作为精神旗帜，在自身的发展中回望过去、探索未来，联合来自清华大学、中国社科院、复旦大学等120余位专家、教授，成立世界本原文化研究院，将“通世界本原之道，明天下普遍之理，立人类未来之基”立为宗旨，以《原点》为阵地，与学校的办学发展目标相契合，以期寻求人类更具普遍性原则与未来发展的新思想、新理论与新道路，使个人乃至人类在文化的沉浸中寻找到精神的家园与归宿。

我们期望，通过教育这一项关乎人类发展的伟大事业，将个人的实践发展与思维涵养结合，将中国精神与世界精神交融汇通，探索出一条真正关怀全人类发展的真理之路。